Einladung zur Subskription

FÜR

BEKENNTNISSE UND

ERLEBNISSE

VON

EDITH CADIVEC

—

AVALUN-VERLAG · HELLERAU-DRESDEN

BEKENNTNISSE UND ERLEBNISSE

VON EDITH CADIVEC

—

Umfang etwa
360 Seiten im Format dieses Prospektes
In einem Halblederband M. 28.—, Vorzugsausgabe: 100 numerierte,
von der Verfasserin handschriftlich signierte Exemplare
in Ganzleder Mark 50.—

—

Bedingungen der Subskription:

Zur Subskription sind lediglich zugelassen: Bibliotheken und Wissenschaftler (Mediziner, Philosophen, Kulturhistoriker, Literaturhistoriker, Soziologen und Juristen).

Das Verleihen dieser Ausgabe ist verboten.
Es werden nicht mehr Exemplare
gedruckt, als subskribiert werden.

Schluß der Subskription: 15. Juli 1931. Die Ausgabe der subskribierten Exemplare erfolgt versiegelt und nur für den Subskribenten bestimmt etwa Ende Juli 1931.
Nach Ausgabe der subskribierten Exemplare wird der Verlag über kein Exemplar des Werkes mehr verfügen. Das Werk gilt sodann bei ihm als vergriffen. Nach diesem Zeitpunkt kann daher keine Subskription mehr entgegengenommen werden.

Bekenntnisse und Erlebnisse

von

Edith Cadivec

sind der Aufschrei einer vom Schicksal gequälten Seele. Der Verlag hat die ausschließlich für Wissenschaftler bestimmte Publikation dieser Bekenntnisschrift übernommen, weil hier der einzig dastehende Fall vorliegt, daß eine Frau, die einen leidenschaftlichen Kampf gegen die von der Allgemeinheit aufgestellten Normen des sexuellen Lebens führt, durch Intelligenz, Bildung, schriftstellerische Begabung und einen vehementen Idealismus die Fähigkeit besitzt, ihr Triebleben so darzustellen, wie es sich ungehemmt auswirkt, so wie es ihrer Natur entspricht, ohne Rücksicht auf die bestehenden Sittengesetze.

Edith Cadivec schildert ihre erotischen Empfindungen und Erlebnisse als Kind, Mädchen, Frau und Mutter mit einer Aufrichtigkeit und Kühnheit, wie sie in der Literatur ohne Beispiel ist. Niemals ist ein ehrlicheres und tapfereres Buch geschrieben worden. Hinter jeder Zeile steht der strenge Geist der Wahrhaftigkeit, der mit den Problemen des Lebens ringt, und die Überzeugung, daß das, was sie fühlt und empfindet, was ihrer Entwicklung, ihrem seelischen Glück entspricht, natürlich sein muß, daß nur das Ausleben einer ihr natürlichen Sexualität sie glücklich machen und erlösen kann.

Wenn wir diese mit Blut, Herz und Geist geschriebenen Bekenntnisse für einen kleinen wissenschaftlichen Kreis veröffentlichen, so übernehmen wir damit selbstverständlich keine Wertung sexueller und psychischer Anomalien, sondern erfüllen hierdurch lediglich die Pflicht, den Wissenschaftlern über Dinge Aufschluß zu geben, die sie bisher ignoriert haben.

Der berühmte Kriminalist und Sexualforscher Erich Wulffen sagt in seinem Werke »Irrwege des Eros« (Avalun-Verlag 1929) über Edith Cadivec: Es scheint offenbar zu werden, daß ihre polaren Empfindungen sich als erotisch konzentrierte Abbilder der beiden großen Welt- und Lebensauffassungen darstellen, die in Friedrich Nietzsches Willen zur Macht und in Schopenhauers irdischer Abkehr vom Leben und Selbstaufgabe zum symbolischen Ausdruck kommen und die Welt der hohen Geistigkeit erfüllen. Und ich glaube wohl, daß die Weisheit Nietzsches wie Schopenhauers, auf das Erotische stärkstens konzentriert, die höchsten orgastischen Wonnen der Ekstase in sich schließt, die nur wenigen Sterblichen beschieden und von uns anderen mit scheuem Sehnen ihnen beneidet werden. Es sind wundersame, für den Sexologen übrigens durchaus glaubhafte Bekenntnisse, die einen tiefen Blick in unser menschliches Allzumenschliches und dessen Zusammenhang mit wichtigsten Kulturerscheinungen gewähren. Hinter diesem Menschentum versinken die kleinlichen Kriminalia des Falles Edith Cadivec, und eine Märtyrerin steigt uns empor. —

So wird dieses Werk nicht nur als erschütterndes Document humain des weiblichen Empfindungslebens seinen Wert behalten, sondern auch als Dokument der Zeit und der Kulturzustände, denen es entstammt.

Der Verlag

Edith Cadivec

Zur Einführung

Dieses Buch ist nur für Wissenschaftler bestimmt. Mit allversöhntem Herzen den Schein begreifend, mit erkennendem Auge die Beschaffenheit der Welt durchschauend, überblicke ich darin, wie aus bösem Traume entrückt, mein bisheriges Leben, wie es voll Unruh, Leiden und Elend gewesen ist. Ich gebe darin nicht Literatur, sondern ich zeige gelebtes Leben, vollendeten Weg.

In diesem Buche zeige ich die Entwicklung e i n e r mit dem Problem des Lebens ringenden Frau. Eine solche Frau will nichts anderes als Mensch sein. Der entscheidende Akzent für die Ausstrahlung i h r e s Wesens liegt in ihrer Persönlichkeit und ihrem Wollen. Immer und überall liegt ihr daran, ihr innerstes Selbst zu bewahren, ihm gemäß zu leben und es möglichst rein nach außen darzustellen.

Das, worauf es mir in diesem Buche weiter ankommt, ist: Die latente Sexualität, die das Leben gestaltet wie Geburt und Tod, in mir selbst gründlich, reinlich, vollständig und ehrlich zu erkennen und ihren Einfluß auf das Handeln zu überblicken. Für den Mann ist im allgemeinen die geschlechtliche Handlung mit dem Sexualakt erschöpft; nicht so für die Frau. Die Frau liebt mit jeder Tat, in jedem Werk. Ihr hat die Natur in der Mutterschaft, in der Erziehung der Kinder eine Steigerung ihres Trieblebens gewiesen, wodurch sie vom Manne unabhängig ist. Die geschlechtliche Tätigkeit des Mannes findet ihre ewige Wiederholung bis zum Überdruß im normalen Koitus. Das hat seinen Grund darin, daß die Männer diese monotone sinnliche Funktion, ohne jemals über sie nachzudenken oder sich ihrer unwürdigen Art bewußt zu werden, so mechanisch, wahllos und eifrig betreiben, daß sie der Frau bald enttäuschend, langweilig und widerwärtig zu werden beginnt. Die höher organisierte Frau besinnt sich auf ihr eigenes Empfindungsleben, blickt in ihre eigene Tiefe und wird sich bewußt, um wieviel reicher, schöner und würdiger sich die Schätze in ihrem Innern entfalten können, wenn sie nicht nach Belieben des Mannes sich zu seinem ausschließlichen Lustobjekt degradieren läßt. Der gewöhnliche Mann aber ahnt nichts von dem Reichtum des Herzens dieser Frau, und verständnislos ist er geneigt, sie lasterhaft und entartet zu schelten, wenn sie seine kalte Geschlechtsgier auf andere Wege zwingt.

Das Leben ist für diese Frau nur erträglich, wenn Geist und Körper in Harmonie sind. Kultur und Charakter haben sie gelehrt, die Triebimpulse zu sublimieren und die wünschende Phantasie von der Handlung zu scheiden. Wenn sie aber geschlechtlich nicht immer zu ihrer vollen Befriedigung handeln kann, will sie über sich wenigstens vollkommen klar und bewußt geschlechtlich denken.

Erste Stufe der Entwicklung: Die Geschlechtlichkeit nicht zu verdrängen, sondern zu sublimieren. Nicht mehr eine Gefangene des Trieblebens zu sein, sondern ein starker Wille, der zu wissen und zu erkennen verlangt, den bloßen Schein verachtet und nichts vortäuscht. Ich rang mit mir, ich rang mit dem Leben und rang mit der Welt. Ich wollte die Unterschiede der Geschlechter verwischen und eine Basis finden, wo es nicht mehr Mann und Weib, sondern nur mehr Mensch und Mensch gibt. Mein Streben nach sublimierter Geschlechtlichkeit läßt sich mit dem ähnlich gesteigerten, immer sublimierter, immer reinlicher befriedigenden Begriffe des sokratischen Eros im Symposion des Platon vergleichen.

Alles war inneres Erleben und kein äußerer Stillstand. Niemals ein Sein, sondern immer ein rastloses Werden und alle Wandlungen in meiner Lebensentwicklung habe ich ungewollt durchlaufen und durchlebt. In meinen Bekenntnissen lasse ich in Abgründe blicken, wo Denken und Fühlen noch im bittern Streite liegen. Aus Tod und Tränen erhebe ich mich wieder zu Kampf und Widerstand. Ich zeige den Schauplatz meines Handelns und Wandelns und zeige die Erweckung der magischen Kräfte, die Entwicklung der latenten Energien, die mich dahin führen mußten, wo alle Fesseln und Schlacken persönlicher Beschränkung fallen, und der Mensch zur Freiheit und ethischen Allmacht gelangt.

Anfangs waren es minder ausgeglichene Zusammenklänge. Das Chaos meines Kindes- und Jugendalters zeigt die Dissonanzen einer noch mitten im Widerstreit mit der Umwelt stehenden erwachenden Seele. Dann folgen andere, aber auch grelle Disharmonien, Ausbrüche der Seelenqual, weit entfernt noch von der Lauterkeit des Wissens. Und endlich erklingt die sieghafte Intonation eines starken Willens, um diesen dahin zu bringen, die letzte Selbstvollendung zu erreichen.

Die erotischen Hintergründe rätselhaft erscheinender Handlungen liegen in den Tiefen des weiblichen Trieblebens verborgen. Der Trieb zur Mutterschaft mit seinen Auswirkungen und seinem Willen zur Macht ist heute noch so gut wie unerforscht. Was die wissenschaftliche Sexualforschung für die Klärung dieses Problems nötig hat, rücke ich dem Verständnis des objektiven Betrachters für das Menschlich-Allzumenschliche im Weibe nahe — ohne lügenhafte Umhüllung, als reine Naturtatsache, jenseits jeder moralischen Wertung.

Heute ist keine Sexualforschung mehr möglich mit der alten, starren Formel von Normal und Abnormal, von Unzucht und Unmoral und dem Gedanken an Schuld und Strafe! Das Sexuelle — wie immer es beschaffen sein möge — als naturgegeben zu erkennen und als Kulturproblem zu begreifen, ist eine notwendige Forderung der Gegenwart geworden. Möge mein Buch diesen Zweck erfüllen.

Edith Cadivec

EDITH CADIVEC

BEKENTNISSE UND ERLEBNISSE

Mit Beiträgen von
Neda Bei, Johannes R. Birlinger, Armand Coppens,
Julius Epstein, Robert Müller, Alfred Polgar,
Harald Seyrl und Erich Wulffen

Herausgegeben von
Michael Farin

belleville

BIBLIOTHEK DES BIZARREN
BAND I

Die BIBLIOTHEK DES BIZARREN ist eine lose Folge
apokrypher Literatur, an der Grenze des Humanen,
bietet Blicke in eine Welt der Gewalt,
in Einbahnstraßen der Psyche und Traumakästen des Selbst.

Alle Rechte vorbehalten
© 2008 belleville Verlag Michael Farin
Hormayrstr. 15 • 80997 München
Satz: Heidi Sorg & Christof Leistl
Druck/Bindung: Steinmeier, Nördlingen
ISBN 978-3-923646-84-5

INHALT

Einladung zur Subskription I – VIII

Edith Cadivec
Bekenntnisse und Erlebnisse (1931)
7–346

Dossier

Robert Müller
Sadistenprozess in Wien (1924) 349

Alfred Polgar
Ein Kriminalfall (1924) 357

Johannes R. Birlinger
Das grausame Weib (1928) 359

Erich Wulffen
Edith Cadivec (1929) 365

Julius Epstein
Der Fall Cadivec (1933) 382

Harald Seyrl
Der Fall Kadivec (2003) 391

Neda Bei
Zum Strafverfahren gegen Edith Kadivec
im Wiener »Sadistenprozess« (2007) 397

Armand Coppens
Memoiren eines Erotica-Händlers (1969) 443

Bibliographische Verweise 447

BEKENNTNISSE UND ERLEBNISSE

VON

EDITH CADIVEC

—

Dieses Buch wurde als Privatdruck in einer nur für Bibliotheken und Wissenschaftler bestimmten Subskriptions-Ausgabe hergestellt. Alle Rechte vorbehalten.

Dies ist ein Exemplar der 100 numerierten, von der Verfasserin handschriftlich signierten Vorzugsausgabe und trägt die Nummer

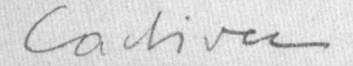

90

Cadivu

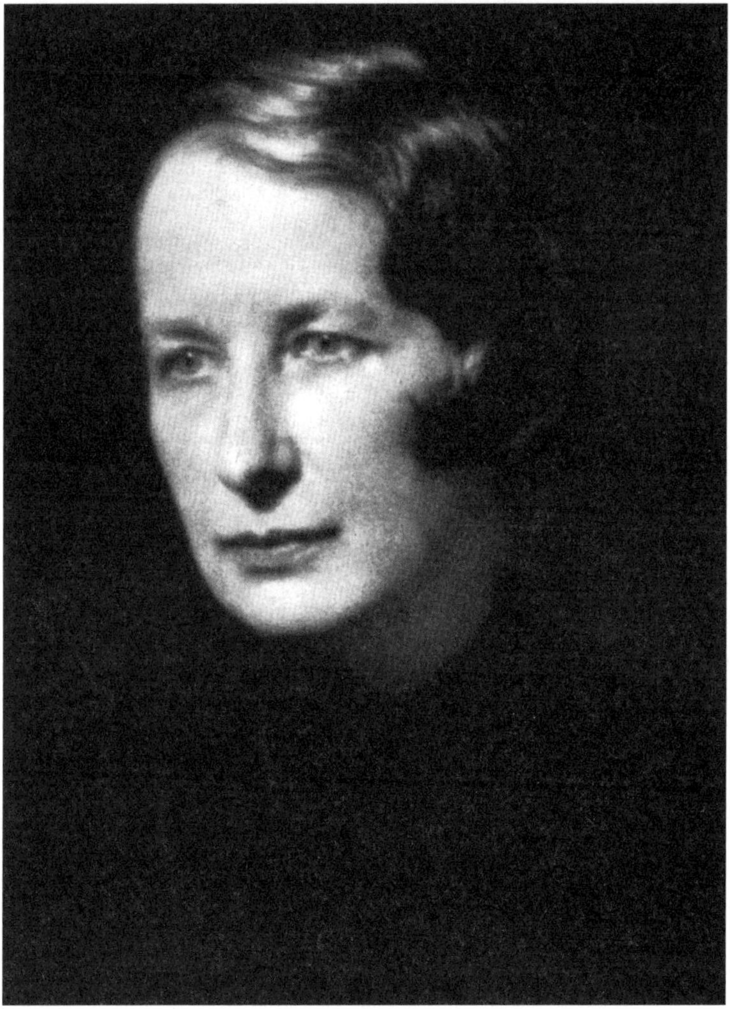

I.

KINDHEITSERLEBNISSE

Ich trat als zweites Kind meiner Eltern in mein gegenwärtiges Dasein und kam in San Marino zur Welt. Mein Vater, Sohn eines Arztes, wollte selbst Arzt werden, mußte aber infolge eines Augenleidens seine medizinischen Studien im fünften Semester aufgeben und trat als Verkehrsbeamter in den Bahndienst ein. Er kannte damals bereits meine Mutter und tat dies vielleicht auch, um eine Familie gründen zu können. Meine Mutter stammte aus einer seit Generationen in Kärnten ansässigen Gutsbesitzerfamilie. Großvater und Großmutter mütterlicherseits waren sehr wohlhabend und erreichten ein hohes Alter. Diese Großeltern hatten vier Töchter und drei Söhne, worunter meine Mutter die Älteste war, sich als einzige verheiratete und aus dem Vaterhause schied. Die andern drei Töchter blieben unverheiratet im Elternhaus, widmeten sich der Hauswirtschaft und erbten den Besitz.

Meine Mutter gab die innigen Beziehungen zu ihrer Familie niemals auf; alljährlich weilte sie mit uns Kindern längere Zeit im Kreise ihrer Schwestern und Brüder, mit welchen sie in großer Liebe verbunden war.

Von der Familie meines Vaters ist nicht viel zu sagen, weil die Beziehungen zu ihr dauernd sehr locker blieben. Der Vater selbst trat mit seiner Verheiratung ganz in den Familienkreis meiner Mutter über und vernachlässigte den Verkehr mit seinen eigenen Familienangehörigen. Wohl weilte zeitweise eine Schwester des Vaters, die Tante Regina, mit ihrem einzigen Sohn, Peter, bei uns zu Besuch, doch konnte sie niemals heimisch werden, weil sie von uns allen wie eine fremde, fernstehende Verwandte betrachtet wurde. Sie kam meistens nur, um den durch die Krankheit meiner Mutter in Unordnung geratenen Haushalt wieder in Ordnung zu bringen und die zerrissene Wäsche zu flicken. Hatte sie dies besorgt, reiste sie mit Peter unbedankt und unbeliebt wieder in ihre ferne Heimatstadt zurück.

Meine Mutter litt an schweren epileptischen Anfällen, die während ihrer Ehe auftraten und an Heftigkeit und Häufigkeit immer mehr zunahmen. Viele Jahre hindurch war sie die Patientin des berühmten Nervenarztes Professor Notnagel in Wien, von dessen Behandlung sie Heilung erwartete. Mein Vater selbst las sehr viele medizinische Bücher, um die Krankheit der Mutter zu erforschen. Dieses böse Leiden meiner Mutter trübte arg das Familienglück.

Meine Schwester Gabrielle war zwanzig Monate älter als ich. Der Vater hatte sie in sein Herz geschlossen, bevorzugte sie vor mir, und dies nicht nur als Erstgeborene, sondern noch viel mehr als sein Ebenbild und erklärtes Lieblingskind. Der Traum des auf dieses Kind stolzen Vaters war, seine Gabrielle Ärztin werden zu lassen; sie sollte in der Schweiz studieren, dem einzigen Lande, wo damals das Mädchenstudium möglich war. Das, was er selbst nicht zu erreichen vermochte, sollte sein Lieblingskind erfüllen.

Bis auf sein quälendes, chronisch gewordenes Augenleiden, war mein Vater von guter Gesundheit. Im Alter von dreiundfünfzig Jahren begann er an Magenkrebs zu leiden – der Krebs war in seiner Familie mütterlicherseits erblich – und starb an dieser Krankheit drei Jahre später, unter qualvollen Schmerzen.

Die schreckliche Krankheit der Mutter wurde uns Kindern verheimlicht; es war aber unvermeidlich, daß wir als ganz kleine Mädchen schwere Anfälle von Epilepsie ungewollt zu sehen bekamen. Bei solchen Anlässen war ich so sehr erschüttert, daß ich tagelang nicht zur Ruhe kommen konnte. Angst und Schrecken verfolgten mich überall hin und verzerrten das Bild der Mutter in Qual und Grauen. Gabrielle aber, meine besonnene Schwester, lief rasch fort den Vater zu holen; der hob die Kranke in seinen Armen vom Boden auf und trug sie auf das Bett. Dabei durfte Ella dem Vater helfen; sie öffnete eilig die Türen, deckte das Bett auf, machte Eiskompressen und stand dem Vater hilfreich zur Seite. Mich aber lähmte das Entsetzen, und ich wurde streng weggewiesen. Meine Schwester kam sich sehr wichtig vor, blieb immer unbewegt und kalt, kannte weder Furcht noch Grauen, denn sie besaß die starken Nerven des Vaters. Viel gesünder und seelisch robuster als ich, spottete Ella über meine krankhafte Empfindlichkeit.

Als Baby bis zum Alter von achtzehn Monaten war ich so dick wie eine Kugel; dann fing ich an zu laufen und magerte ab. Ich war das Ebenbild meiner Mutter und ihr verhätschelter Liebling. Damit teilte sich unsere Familie in zwei Lager: drüben Vater und Gabrielle, hüben Mutter und ich. Meine Schwester war dem Vater »wie aus dem Gesicht geschnitten«, hatte seine Charakterzüge geerbt und besaß auch seine physischen Merkmale. Bei ihnen beiden machte sich das Gesetz der Gleichartigkeit restlos geltend: der Vater und seine Tochter Gabrielle harmonierten vollkommen miteinander, nie hatte einer an dem andern etwas auszusetzen, nie gab es Konflikte und Differenzen zwischen ihnen, sie verstanden und liebten sich auf ihre Art. Ich erinnere mich nicht, daß meine Schwester jemals vom Vater getadelt oder gar bestraft worden wäre. Der Vater hatte Ella in sein Herz geschlossen, er sah sich selbst in seinem Kinde und liebte es umsomehr.

Ich aber war zu verschieden von meiner Schwester, als daß der Vater mich hätte lieben können. Und auch ich liebte weder Vater noch Schwester, sondern hing an der Mutter wie eine Klette. Ich hatte das brennende weibliche Bedürfnis zu lieben und geliebt zu werden. Für mich war die Mutter der Inbegriff alles Zärtlichen, Warmen, aller Liebe und Geborgenheit. In frühester Kindheit hatte ich die vage Vorstellung, in den Körper der geliebten Mutter für immer zu verschwinden, um darin geborgen zu sein vor allem Drohenden und Feindlichen, insbesondere vor Vater und Schwester, die mir dahin nicht folgen durften.

Als ganz kleines Kind, soweit ich mich erinnern kann, verbarg ich mich gern unter die Kleider der Mutter; es war eine Leidenschaft von mir, die mir durch keine Schläge abzugewöhnen war. Soviel ich weiß, ließ es meine Mutter gutwillig geschehen, ja, es kam sogar vor, daß sie meinen Kopf und mein Gesicht besonders innig an ihren warmen Körper preßte, und ich fühlte, daß die Berührung mit dem weichen Kinderkörper ihr selbst Wohlgefühl bereitete. Nur wenn der Vater in der Nähe war, ließ sie es nicht zu und tat so, als ob sie mich wegstoße und sehr böse auf mich sei. In Wirklichkeit nahm sie dann meinen Kopf fest zwischen ihre Beine, beugte sich über meinen Rücken nieder und klatschte mit der Hand meinen nackten Popo so tüchtig, daß es mich brannte.

Der Vater sah es gern, daß mich die Mutter auf diese Art strafte. Er ermunterte sie immer dazu, indem er sagte: »wichs sie nur gut durch, Du verwöhnst sie zu sehr! Das Kind darf nicht so verzärtelt aufwachsen!« — und nach den Schlägen stellte er mich heulend in die Ecke. Nach einer Weile holte mich die Mutter aus meinem Winkel und war so überschwänglich zärtlich mit mir, daß ihre Küsse und stürmischen Liebkosungen mir den Atem raubten. Sie rieb und streichelte mir den rotgeprackten Hintern, küßte ihn sogar solange und fest, daß ich in ein ekstatisches Lachen ausbrechen mußte. Auch wenn ich bei ihr im Bette lag, Körper an Körper geschmiegt, ihre Brust fühlen konnte und mit meinen kleinen Füßen die weichen, haarigen Schwellungen ihres Geschlechts berührte, war ich trunken vor Seligkeit.

Alle diesen süßen Dinge erschienen mir so natürlich, daß es mir gar niemals in den Sinn kam, ein Wort darüber zu sprechen. So wie der Zucker süß ist, und man immer wieder nach diesem Süßen verlangt, war für mich die Mutter das Süße, das Beseligende, nach welchem ich immer wieder Verlangen trug. So oft ich konnte, kletterte ich auf ihren Schoß und vergrub mein Gesicht an ihrer weichen, warmen Brust. Die Mutter schloß mich zärtlichst in die Arme, küßte mich dabei und drückte mich so fest an sich, daß es fast schmerzte. Dies alles tat sie nur heimlich, wenn sie mit mir allein war und Vater und Schwester es nicht sehen konnten. Denn der Vater duldete keine Verwöhnung, und am meisten haßte ich ihn, wenn er dies der Mutter in scheinbar bösem Ton verbot.

Zwischen Vater und Schwester wurden niemals Zärtlichkeiten getauscht. Es war eine Zuneigung anderer Art, die gar nichts Sinnliches an sich hatte. Die Liebe zwischen mir und der Mutter war unbewußt erotisch: die eruptive mütterliche Zärtlichkeit einerseits und meine leidenschaftliche kindliche Forderung danach anderseits, ausschließliche Zuneigung zur Mutter — Abneigung gegen Vater und Schwester, die mich von der Mutter loszureißen drohten.

Einmal, als ich bereits drei oder vier Jahre alt war, schlüpfte ich meiner Mutter wieder unter die Kleider und verbarg mich dort. Ich klammerte mich an ihren Beinen fest und wollte weder loslassen noch hervorkommen. Schließlich zog mich die Mutter doch hervor und wurde so böse, daß sie mich dafür ohrfeigte und tüchtig schlug. Beschämt, verprügelt und in

Aufruhr gebracht, stand ich wie hypnotisiert von ihrer ungewohnten Grausamkeit und Strenge vor ihr.
Das Chaos meiner Empfindungen verwirrte mich vollends. Die schwüle Wärme und der Körperduft der schwangeren Mutter, der Kontakt mit ihrer strengen Hand, deren Schläge auf meiner Haut brannten, hinterließen in meiner kindlichen Seele so starke Eindrücke, daß die Erinnerung daran heute noch in mir wach ist. Dann wird die Sehnsucht nach dem Körper der Mutter so stark und zwingend, die ewige Sehnsucht, wieder eins zu werden mit der geliebten Mutter, daß ich in Verzückung dabei gerate. — Gleichzeitig aber empfand ich zitternd die abweisende Strenge der Mutter, ihre Macht und Grausamkeit, die in meinem Innern Angst und Scham auslösten und alle Gefühle in Erregung versetzten.

Ein weiteres erotisches Kindheitserlebnis war für mich die Schwangerschaft der Mutter und die Geburt eines Brüderchens, das nur einen Tag lebte. Eines Morgens wurden meine Schwester und ich aus dem Schlaf geweckt, und an das Bett der Mutter geführt, um das schreiende kleine Familienmitglied zu begrüßen. Er gefiel mir gar nicht ein bißchen, ich forschte nur gespannt nach, ob es der Mutter aus dem Leib geschnitten worden war, weil ich blutige Leintücher bemerkt hatte.

— »Wie erkennt man denn, daß es ein Bub ist?« — konnte ich mich nicht enthalten, den Vater zu fragen. Dieser antwortete mir ausweichend, daß man es doch am Gesicht erkenne; und ich glaubte ihm seine Lüge nicht.

Tagsdarauf lag das Brüderchen in Windeln gewickelt, als Leiche auf der Bahre. Wir durften es wieder ansehen und wurden dann aus dem Zimmer geschickt. In einem unbewachten Augenblick schlüpfte ich aber, von kindlicher Neugier geplagt, verstohlen wieder in das Zimmer, kletterte auf einen Stuhl und betastete mit forschender Hand unter den Windeln den Körper der kleinen Leiche. Ich sah nichts, aber fühlte deutlich die Formen des männlichen Geschlechts. Alles geschah voll Angst und in größter Erregung. Heimlich wie ich gekommen, huschte ich wieder aus dem Zimmer und war befriedigt von meinem Wissen. Niemand hatte etwas bemerkt.

Nach dem Brüderchen kam kein Kind mehr.

Als Gabrielle fünf einhalb Jahre alt war, begann mein Vater mit uns beiden den Elementarunterricht. Er lehrte uns Lesen,

Schreiben und Rechnen, und ich mußte das gleiche lernen wie meine ältere Schwester. Ich wollte lieber mit Hund und Katze spielen und lehnte das Lernen noch ab: jedoch der Vater zwang mich dazu. Ella lernte gut, faßte rasch auf, war sachlich und konnte sich konzentrieren. Ich wurde durch meine Phantasie abgelenkt, verfolgte meine Chimären, und der Vater ärgerte sich über meine Unaufmerksamkeit. Lob und Bevorzugung meiner Schwester bildeten das Ergebnis; — Tadel, lieblose Scheltworte und Schläge verschwendete der Vater an mich. Schlechte Triebe kamen bei mir zum Vorschein. Zeitweise würde ich von einer wahren Wut erfaßt, den Vater und Ella zu ärgern. Ich log, ich nahm meiner Schwester alles weg, was sie vom Vater als Belohnung erhielt, zerstörte und zerriß alles, woran sie Freude hatte, war trotzig, unfolgsam, feindselig und bösartig, kratzte und zwickte meine Schwester, riß sie an den Haaren, und aus Bosheit gegen sie tat ich Dinge, die sie kränkten und verletzten. Ella verklagte mich dann immer beim Vater. Dieser griff wie ein Raubvogel nach mir, zog mich wortlos an sich, klemmte mich unter seinem linken Arm fest gegen seine Hüfte, so daß ich in der Luft zappelte, und bei hochgehobenem Kleidchen prackte er mir mit seiner derben Hand gehörig die Hinterbacken aus. Ich schrie und wehrte mich aus Leibeskräften, bis er mich auf die Erde stellte. Ich war auf das höchste empört, denn vom Vater wollte ich nicht geschlagen werden. Von ihm ließ ich mich nicht berühren und haßte ihn nach der aufgezwungenen Züchtigung nur umsomehr. Nur der Respekt, den man mir eingepflanzt hatte, hielt mich davon ab, den Vater anzuspucken und mit Fußtritten zu regalieren. In Gedanken tat ich es reichlich und mein wilder Zorn beschwichtigte sich dabei.

Gabrielle war sieben Jahre alt, als sie in die zweite Klasse der öffentlichen Schule aufgenommen wurde. Zugleich mit ihr, ließ mich der Vater in die erste Klasse einschreiben, damit wir zwei Schwestern zusammen die Schule besuchen konnten. Mein Vater weilte damals in nächster Nähe Wiens in einem Orte, wo wir fünf Jahre lang blieben.

Ella brachte in ihren Schulzeugnissen stets die besten Noten nachhause, war ein Muster von Bravheit und Wohlerzogenheit und wurde von allen Seiten gelobt. Ich dagegen hatte in meinem Zeugnis auch mindere Punkte, war ein Ausbund von Wildheit und Eigenwilligkeit, und erfuhr immer Tadel, Strafen und Zurücksetzung. Ich hatte das schmerzliche Gefühl, als liebte mich niemand mit Ausnahme meiner Mutter, die immer gleich zärtlich, und wenn sie in Aufregung geriet, immer gleich strenge zu mir war.

Oft stieß auch sie mich von sich, wenn ich besonders unartig war, stellte mich in einen Winkel oder sperrte mich ein, nachdem sie mich gebührlich gezüchtigt hatte. Aber wenn sich mein Schluchzen beruhigt hatte, holte sie mich aus der Ecke, nahm mich in ihre Arme und überflutete mich mit ihrer aufgespeicherten, wilden Zärtlichkeit. Fast verlor ich die Besinnung unter ihren leidenschaftlichen Küssen, aber ich fühlte die Seligkeit der mütterlichen Umarmung. Wie verwirrend erschien mir ihre kalte Strenge in der zitternden Erwartung des ungestümen Gegenteils, das unfehlbar nachfolgen mußte! Ihre maßlose mütterliche Liebe erschütterte mich im Innersten.

Durch ihre schwere Nervenkrankheit wurde meine Mutter geistig und körperlich immer elender. Nach der Geburt des letzten Kindes häuften sich die Anfälle von Sinnesverwirrung, die Auswirkungen ihres schrecklichen Leidens wurden immer trostloser, und je größer und verständiger ich wurde, desto fürchterlicher erschien mir das Siechtum meiner Mutter. Ich hing mich an ihre Rockfalten und zwang ihr alle Zärtlichkeiten ab, nach denen ich hungerte. Und wenn sie mich in klaren Augenblicken wieder fest an ihre Brust drückte, mich küßte und leidenschaftlich umklammert hielt, daß mir der Atem stockte, dann fühlte ich, wie ein Schauer der Seligkeit meinen ganzen Körper durchbebte...

Infolge ihrer materiellen Gleichgültigkeit, kümmerte sich meine Mutter gar nicht um die Dinge des Alltags: weder der Haushalt, noch Erziehung und Unterricht ihrer kleinen Mädchen war für sie von Bedeutung. Alles blieb dem Vater überlassen, der sogar für unsere Kleider und Wäsche sorgen mußte, und sich mit Dienstboten herumschlug.

In der Schule war ich unaufmerksam, träumte in den Tag hinein und hatte wenig Freude an planmäßigem Lernen. Gabrielle jedoch übertraf alle Erwartungen an Fleiß und tadellosem Verhalten in der Schule, und der Vater blickte voll Stolz in die Zukunft seiner wahren Tochter. Er selbst fing an, ihr

Latein- und Französischunterricht zu erteilen, wobei ich nur zuhören, aber nicht teilnehmen durfte.

Damals brachte ich den Lehrgegenständen, die nicht gleich durch praktische Anwendung ihren Nutzen erweisen konnten, wenig Interesse entgegen. Ich liebte es dagegen, mich mehr mit dem lebendigen Leben um mich herum zu beschäftigen. Ich interessierte mich lebhaft für meine Mitschüler, ihre Familienangehörigen und die Art ihrer Lebensgewohnheiten. Niemals unterließ ich es, meine Schulkameraden nach Eltern und Geschwistern, nach Strenge oder Zärtlichkeit in der Familie zu fragen, auszukundschaften, ob sie für gewisse Unarten bestraft werden und auf welche Weise dies geschehe, wen sie von Vater oder Mutter mehr liebten, oder ob sie selbst von Vater oder Mutter bevorzugt oder bestraft werden... Dies waren meine Lieblingsfragen, die ich an jedes Kind stellte. Und mein Wissensdurst wurde immer befriedigt.

Gabrielle fand wenig Sympathien unter den Schulkollegen, sie war nicht interessant genug und ihre musterhafte Artigkeit langweilte die Meisten. Übrigens gab sich auch Ella sehr wenig mit Kindern ab, sondern bevorzugte die Gesellschaft Erwachsener. Ich war offen »schlimm«, aber arglos und anteilnehmend an dem Geschick der andern; mir flogen die Herzen zu, ohne daß ich besonders liebenswürdig gewesen wäre. Schlecht und schadenfreudig war ich nie. Das Leitmotiv meines Verhaltens lag in dem Satz begründet: Liebe deinen Nächsten wie dein Nächster dich liebt. Und das war praktische Vernunft.

Im Elternhause fand ein reger Verkehr zwischen befreundeten Familien statt, die mit ihren Kindern sehr oft zu Besuch kamen. Ganz besonders aber gaben mir die wechselseitigen Einladungen unter Schulfreundinnen oft Gelegenheit zur Betätigung meiner Neigungen. Gabrielle fühlte sich in der Nähe des Vaters am wohlsten; ich jedoch trieb mich mit gleichaltrigen, jüngeren oder ganz kleinen Kindern herum, die ich beliebig dirigierte und beherrschte.

Meine Lieblingsspiele wählte ich immer so, daß mir selbst eine dominierende Rolle dabei zufiel. Das Mutter- und Kind-Spiel war sehr beliebt, insoweit ich die Mutter sein und diese Rolle sogar von der Geburt eines Kindes an spielen konnte. Ich stopfte mir die Brüste aus und einen dicken Bauch, wurde krank und ließ mir schließlich das Kind aus dem Leibe schneiden. Immer war es eine in Tücher gewickelte Puppe, die die Ausstopfung des Bauches bildete und bei der Geburt hervorgezogen wurde. Das Neugeborene ließ ich an meiner Brust trinken. Plötzlich war das Kind groß, die Puppe wurde durch einen Spielkameraden ersetzt, den ich hernach meine ganze mütterliche Strenge fühlen ließ. Dieses Spiel endete mit Zank und Zerwürfnis zwischen »Mutter« und Kind, und fand bei den Mitspielenden wenig Beifall.

Auch das Schulespielen war für mich eine Quelle des Vergnügens, insofern ich die strenge, unerbittliche Lehrerin spielen konnte, die über ihre Schüler drakonisch den Rohrstock schwingt. Auch dieses Spiel war niemals von langer Dauer, da die malträtierten »Schüler« bald weinend mit der Erklärung davonliefen, daß sie nicht mehr mitspielen, weil die »Lehrerin« fest und wirklich dreinschlage.

Nach solchen Mißerfolgen schlug ich gleich ein anderes Spiel vor, das bei mir ebenso beliebt war wie die vorigen: Arzt und Kranke! Ich wollte stets der Arzt sein, ein anderes Mädchen war die Mutter, die ihr krankes Kind zu mir brachte. Mein Hauptvergnügen in meiner Rolle als Arzt bestand darin, den Körper des »Kranken« genau zu untersuchen, wobei es immer die intimsten Körperstellen waren, mit welchen ich mich sehr lange und eingehend befaßte. Ich erwarb mir dadurch außerordentliche Kenntnisse in der Anatomie weiblicher und männlicher Genitalien und befriedigte meine geheime Sehnsucht, splitternackte Buben- und Mädchenhintern zu sehen, zu betasten und sie gelegentlich auch zu zwicken. Alles geschah heimlich und kein Kind durfte etwas davon verraten. Das Spiel endete ebenfalls damit, daß die »Kranken« sich weigerten, dem »Arzt« gefügig zu sein, da er ihnen durch kleine Quälereien Schmerz verursachte.

Als acht- bis zehnjähriges Mädchen war ich auch öfters bei meinen Freundinnen eingeladen. Gewiß, wir harmonierten aufs beste, aber dennoch waren Streitigkeiten unvermeidlich. Man widersprach sich, man zankte und nachdem man sich derart gerauft hatte, daß es unmöglich wurde, festzustellen, von welcher Seite das erste Unrecht kam, beklagte man sich bei der Mutter. Die Mutter des Hauses eilte herbei und fragte zuerst nach der Ursache und dem Urheber des Streites. Ich fühlte mich als Gast meiner Freundin vor jeder Insulte sicher und klagte dreist über die Unverträglichkeit der andern Kinder. Ich brachte dabei so viel Böses über sie vor, daß die Mutter, in Zorn und Aufregung versetzt, ohne viel Umstände ihren vermeintlich schuldigen Sprößling vor aller Augen mit der Rute, dem Rohrstock oder der flachen Hand auf das von den Hosen befreite Gesäß züchtigte.

Das gellende Geschrei und das Gezappel der oder des Gezüchtigten, sein splitternacktes, glühendrot leuchtendes Gesäß unter der sausenden Birkenrute der strengen Mutter, die faszinierende Macht der Strafenden, dies alles zusammengenommen wirkte ganz unwiderstehlich auf das Gemüt der umstehenden Kinder. Sie hatten zwar Angst vor Schlägen, jedoch das Schauspiel, wenn ein anderes Wichse bekam, übte einen prickelnden Reiz und eine unaustilgbare Anziehung aus.

Ich selbst stand starr, wie hypnotisiert vor dem suggestiven Ereignis, war fasziniert und unfähig mich zu bewegen, erschüttert und beherrscht von dem ungeheuren Eindruck, den die mütterliche Züchtigung auf mich ausgeübt hatte. Ich bewahrte das Bild in meiner Phantasie, meine Seele war in Aufruhr, ich konnte mich selbst gar nicht verstehen. Voll Bewunderung blickte ich zur strengen Mutter auf; leidenschaftlich wünschte ich mich an die Stelle des Gestraften! Dabei trat die Erinnerung an meine eigene Mutter in mein Bewußtsein, deren Körperduft und -Wärme mich ehedem so berauscht hatte.

Und abends im Bett durchlebte ich nochmals alles im Geiste, was mich am Tage so erschüttert hatte. In meiner Phantasie war ich die Mutter des schlimmen Mädchens, das wegen seiner Unarten die Rute bekam. Ich durchlebte die ganze Prozedur der schamvollen Züchtigung: Ich selbst sah mich als strenge Mutter, ich führte meine Hände unter das Kleid des Kindes, knöpfte seine Hosen ab, zog sie herunter, legte das bitterlich weinende Mädchen über meinen Schoß, entblößte sein ganzes Hinterteil, nahm die Rute und peitschte quer darüber, daß es auf der Haut brannte – immer fester und stärker, je mehr das Mädchen sich ängstigte und wehrte, je mehr es jammerte und schrie, je mehr sein nackter Popo glühte und schmerzte, – desto schärfer und brennender fielen meine beißenden Rutenhiebe, desto durchdringender und gellender klang mir sein

Geschrei als liebliche Musik in den Ohren... Unter solchen Phantasien wurde mir heißer und heißer, ein wunderbarer Schauer der Lust ging durch meinen Körper, ich verstand, daß eine innere Beziehung vorhanden war zwischen der Rutenzüchtigung eines nackten Gesäßes und dem prickelnden Glücksgefühl in meiner Seele.

Kleineren Kindern gegenüber fühlte ich mich selbst gern als Mutter, der es willenlos ausgeliefert ist. So unumschränkt wünschte auch ich über ein Kind zu verfügen. Manchmal geschah es, daß ein Kleines unartig war; sofort führte ich es zu seiner Mutter und klagte über seine Schlimmheit. Ohne viel Federlesens verabfolgte damals jede erzürnte Mutter ihrem Knirps ein paar tüchtige Klapse auf den Hintern. Diese Schläge wollte ich herbeiführen, es befriedigte mich, wenn es vorkam und das gezüchtigte Kind in ein wüstes Geschrei ausbrach, – nicht so sehr der Schläge wegen natürlich, sondern aus Scham darüber, daß es sein blankes Gesäß dazu hatte hergeben müssen.

Bewundernd fühlte ich mich zu dieser Mutter hingezogen; ich schmiegte mich an sie und ahnte, was sie empfinden mußte, wenn sie ihrem Sprößling die unbedingte mütterliche Macht fühlen ließ. Wie schön war damals noch das Verhältnis zwischen Mutter und Kind! Es war ein heiliges Autoritätsverhältnis, in dem man sich in kindlichem Zutrauen geborgen fühlte, und in ehrfürchtiger Liebe zu der Respektsperson, die die strenge Mutter verkörperte, aufblickte!

Als ich im neunten Lebensjahr stand, starb meine Mutter. Bereits viele Monate vor ihrem gänzlichen Erlöschen war sie in geistige Umnachtung gefallen. Nun hatte nach jahrelangem Siechtum ein Herzkrampf ihrem Leben ein Ende bereitet. Ich konnte ihren Tod nicht fassen, weinte Tag und Nacht, ohne zu wissen warum. Das ganze Haus erschien mir traurig, nutzlos und verödet. Ohne Mutter wollte ich nicht länger hier bleiben.

Vater und Gabrielle ordneten kalt und vernünftig die notwendigen Dinge nach dem Ableben der Mutter. Sie weinten nicht, zeigten ihre Alltagsgesichter, und mir schien, als ob sie den Tod dieser armen Kranken als eine erwünschte Erlösung hinnahmen. Trotzdem blieb es ein harter Schlag für uns alle.

Die Schwester meines Vaters, Tante Regina, Witwe eines frühverstorbenen Bezirksrichters, kam wie schon so oft, auch nach dem Tode der Mutter in unser Haus, um nach dem Rechten zu sehen. Der Haushalt war sehr vernachlässigt, die Garderobe der Kinder lag im Argen und unsere Erziehung ließ viel zu wünschen übrig. Tante Regina blieb diesmal einige Monate bei uns, und dies mehr ihres Bruders wegen als ihren mutterlosen Nichten zuliebe. Sie fand uns durchaus nicht so wohlerzogen und liebenswert wie ihren eigenen Sohn Peter, der bereits erwachsen war. Die Tante war jedoch der Aufgabe, den Haushalt ihres Bruders dauernd zu leiten, nicht gewachsen und kehrte bald wieder in die Einsamkeit und Ruhe ihres Witwensitzes zurück. Und dies war sicher die Ursache, daß sich Vater entschloß, schon ein Jahr nach dem Tode der Mutter ein zweites Mal zu heiraten.

Die Stiefmutter war eine Dame von fünfunddreißig Jahren. Als sie der Vater heimführte, war sie eben Witwe geworden nach einem achtundsiebzigjährigen Arzt, mit dem sie vier Jahre verheiratet gewesen war. Früher war sie Erzieherin mehrerer Kinder vornehmer Familien gewesen.

Äußerlich war sie angenehm, ohne eigentlich hübsch zu sein. Praktisch, materiell und klug wie sie war, hatte sie meinen Vater nur deshalb geheiratet, um versorgt zu sein. Sie war das Muster einer guten Hausfrau, kochte gut, war hinter dem Staub her, bekämpfte jedes Loch im Strumpf und tyrannisierte das ganze Haus mit ihrer eingefleischten Ordnungsliebe. Ich wurde durch sie aus meinen Träumereien aufgerüttelt und zu Handarbeiten angehalten. Gabrielle mußte im Haushalt helfen und Strümpfe stricken. Müßig sein und spielen durften wir nicht mehr.

Wir Schwestern entdeckten bald, daß die Stiefmutter eine sehr energische und strenge Dame war, die immer ihren Willen durchzusetzen verstand. Sie forderte pünktlichen Gehorsam, Artigkeit und eisernen Fleiß von uns. Ihre kalten, stahlgrünen Augen konnten so strenge blicken, daß es uns heiß und kalt über den Rücken lief, wenn sie böse wurde und uns mit ihren Blicken durchbohrte. Unsere Freiheit wurde beschränkt und wir mußten jetzt immer pünktlich auf die Minute zuhause sein.

Trotz ihres Erziehungseifers zeigte die Stiefmutter uns Kindern nicht die geringste Zuneigung. Dem Vater gegenüber trat sie mit ostentativ zur Schau getragener Zärtlichkeit auf.

Er war glücklich an ihrer Seite, stand ganz unter ihrem Pantoffel und überließ ihr sogar die Erziehung seiner Töchter, die er bisher allein geleitet hatte.

Als unsere geisteskranke Mutter noch lebte, war die Atmosphäre im Elternhause schwül und ungesund, voll Geheimnissen und Schauern. Phantasiegestalten krochen aus allen Winkeln auf mich zu, die Unordnung in den Zimmern war anziehend und unheimlich zugleich: man scheute sich an den märchenhaft verzauberten Dingen zu rühren. Eine angefangene Näharbeit blieb wochenlang unberührt an einem Platze liegen, verstaubte, die Katze legte sich darauf und schlief. Die Spielsachen der Kinder lagen zerstreut umher und ihre Schulsachen träumten in einer Ecke. In den idyllischen Frieden dieser träumenden Dinge brachte die Stiefmutter Ordnung und Zweckmäßigkeit hinein. Sie musterte gründlichst alles aus, was ihrem praktischen Sinn im Wege stand.

Wenige Monate nach dem Eintritt der Stiefmutter in unser Haus geschah es, daß die dreizehnjährige Ella nicht pünktlich um ein Uhr zum Mittagessen nachhause kam. Es wurde wie gewöhnlich gegessen, und als Gabrielle gegen eins und einhalb Uhr endlich heimkehrte, bekam sie ihr Mittagessen nachserviert und mußte allein essen. Die Stiefmutter machte böse Augen, sagte aber kein Wort, solange der Vater anwesend war. Gabrielle entschuldigte sich beim Vater damit, daß sie ihre Schulfreundin nachhause begleitet hatte, und glaubte, die Sache sei erledigt. Während sie mit gutem Appetit ihr Mittagessen verzehrte, zogen sich Vater und Stiefmutter wie gewöhnlich nach Tisch in ihr Schlafzimmer zur Ruhe zurück.

Nach der Mittagsruhe, als der Vater aus dem Hause gegangen war, trat die Stiefmutter in das Zimmer, wo Ella und ich mit Schularbeiten beschäftigt saßen. Sie ging gerade auf meine Schwester zu und fragte sie in bösem Ton und mit hochrotem Gesicht:
»Wann solltest Du immer zu Hause sein?«
»Um ein Uhr,« gab Gabrielle ruhig zur Antwort.
»Gut! Und um wieviel Uhr bist Du heute nachhause gekommen?«
»Um halb zwei Uhr, weil ich meine Freundin begleitet habe.«
»Jawohl! Du weißt aber, daß ich immer und immer ver-

langt habe, daß Du pünktlich um ein Uhr zu Hause bist! Jetzt kommst Du mit mir!«

Die Stiefmutter packte Gabrielle am Arm und zog sie widerstrebend mit sich in das Schlafzimmer, das neben dem Wohnzimmer lag, in welchem wir saßen. Es war uns beiden klar, daß jetzt etwas Fürchterliches geschehen würde. Auch Gabrielle fühlte, daß ihr etwas Schreckliches bevorstand. Starr, wie an allen Gliedern gelähmt, blickte ich ins Leere. Das Herz schlug mir in der Kehle, und die Luft war voll schwüler Rätseln, die mir den Atem raubten. Ella fing an zu weinen, zu bitten und zu versprechen, daß sie es gewiß nie wieder tun würde. Aber die Stiefmutter hörte sie nicht und zog sie nur schweigend mit sich. Als sie mit Gabrielle im Schlafzimmer verschwunden war, verriegelte sie die Tür.

Die Vermutung, daß es Prügel geben sollte, wurde zur Gewißheit. Angstbeklemmende Stille herrschte um mich herum, so daß ich jeden Laut vom Schlafzimmer hören konnte. Ein Stuhl wurde hervorgezogen und dann hörte ich, wie die Stiefmutter zu Gabrielle sprach:

»Jetzt, mein Mädchen, ist es mit meiner Geduld vorüber. Wenn Du nicht hören willst, mußt Du fühlen. Jetzt bekommst Du die Rute zu kosten auf dein nacktes Gesäß. Vielleicht wirst Du Dich danach in Zukunft besser meiner Worte erinnern!«

Statt jeder Antwort ertönte drinnen das eindringliche Bitten und Flehen um Verzeihung. Gabriellens Versprechungen wurden laut, ihr Weinen wurde stärker und stärker, ihr Geschrei immer herzzerreißender... Eine Erschütterung ging durch meinen Körper, ich zitterte wie Espenlaub.

»Hier!« – rief die Stiefmutter im Schlafzimmer, und Gabrielle jammerte mit rätselvoll klingendem Weinen und angsterfüllter Stimme:

»Nein! – Nein! – – Du darfst meine – Hosen nicht abknöpfen! – Ich will brav sein – brav und pünktlich, – wie Du es willst, Mutter! – Ich will es ja nie mehr tun! – – Aber nicht die – – Hosen – – nein! – – – – n-e-i-n ...«

Ein gellendes Gebrüll erfolgte und verriet, daß Gabriellens nacktes Gesäß den ersten Schlag mit der Birkenrute bekommen hatte, – und den ersten Rutenschlag überhaupt, der von der Stiefmutter bei uns gegeben und hingenommen worden war! Ja, es war das erste Mal, daß Gabrielle die Rute zu kosten bekam, — aber nicht das letzte!

In wahnsinniger Spannung hörte ich das Sausen der Rutenhiebe, die auf den entblößten Körper meiner Schwester niederpfiffen. Huit! — Huit! — Huit! ... Es war mir, als wollte die Rutenzüchtigung gar kein Ende nehmen, so viele Schläge bekam Gabrielle. Nie vergesse ich diesen Tag, — meine Seele war wie aufgewühlt und mein Blut raste wie im Fieber...

Eine ganz neue Epoche wurde mit diesem Ereignis eingeleitet; denn von nun an kannte die Stiefmutter keine andere Strafe für uns Kinder als die Birkenrute, und immer auf das völlig entblößte Gesäß. Seit jenem Tage verging kaum eine Woche, ohne daß meine Schwester oder ich von der Stiefmutter in das Schlafzimmer gerufen wurden. Die ältere Gabrielle mußte sich immer selbst die Hosen abknöpfen, mir, der jüngeren, wurden sie von der Stiefmutter wie einem ganz kleinen Mädchen heruntergezogen. Als ich das erste Mal die Rute bekam, konnte ich es fast nicht aushalten. Die glühenden, wie geschmolzenes Blei auf das nackte Gesäß wirkenden Schläge brannten auf meiner Haut wie ein höllisches Feuer.

Nie bekamen wir die Rute, wenn der Vater zuhause war; aber wir lebten in beständiger Angst, uns eine Strafe zuzuziehen. Eines Tages verklagte Ella die Stiefmutter dem Vater gegenüber deswegen, weil sie, großes Mädchen von bald vierzehn Jahren, die Rute bekommen hatte. Sie wollte sich dies nicht mehr gefallen lassen. Aber der Vater antwortete ihr nur ruhig: »Dann hast Du sie sicher verdient, mein Kind.« — Und als der Vater fortgegangen war, wurde Gabrielle von der Stiefmutter in das Schlafzimmer gerufen und empfing dort so gründlich die Rute, daß sie nie wieder die Stiefmutter beim Vater verklagte, und sich in Zukunft nur demütig ihren Züchtigungen unterwarf.

Mit gespannten Nerven wartete ich immer auf solche Ereignisse, die meine Seele aufwühlten. Forschend betrachtete ich die Züge der Stiefmutter und versuchte darin die Rätsel ihres Innern zu lesen. Nie glänzten ihre Augen strahlender, das Lächeln, das ihre Mundwinkel umspielte, war nie bezwingender, als wenn sie die blanken Gesäße ihrer Stieftöchter mit bissigen Rutenhieben heimsuchen konnte. Dann schlug sie langsam und fest, und durchschauerte mich mit ihren seltsamen Empfindungen.

Später, als ich selbst das Geheimnis meines So-Seins erkannte, als sich meine Augen und Sinne für diesen süßen Genuß der Rute weit geöffnet hatten, tauchte oft das Bild der Stiefmutter vor mir im Geiste auf. Dann sah ich ihre glühenden Wangen, ihre funkelnden Augen, und verstand ihren Eifer, mit welchem sie Anlässe suchte, uns große Mädchen von dreizehn und fünfzehn Jahren ins Schlafzimmer zu rufen. Zweifellos war dies der größte Genuß der Stiefmutter. Später erfuhr ich auch, daß sie als Erzieherin ebenfalls die Rute gebraucht hatte, um ihre unartigen Zöglinge zu bestrafen.

Merkwürdigerweise lenken sich in diesem Augenblick meine Gedanken auf unsere Hosen, die meine Schwester und ich damals getragen haben. Wir kannten nie die offenen Flügelhosen, die im Kloster Vorschrift waren. Unsere waren eng anliegend über Schenkel und Gesäß, mit hübschen Spitzen besetzt, geschlossen und mit Bändern gebunden: die vordere Klappe wie gewöhnlich auf dem Rücken, die hintere auf dem Bauch. Eine Näherin kam mitunter ins Haus, um sowohl Ober- als auch Unterkleider für uns Mädchen zu nähen. Kurz nach Ankunft der Stiefmutter wurde diese Näherin ins Haus bestellt, um für uns Wäsche anzufertigen und auch neue Hosen. Meine Schwester mußte ihr Kleid hochheben und die Hosen probieren, damit die Stiefmutter in Gegenwart der Näherin sehen konnte, wie die Hosen saßen.

Nach genauer Untersuchung und Prüfung gab die Stiefmutter der Näherin den Auftrag, die Hosen handbreit tiefer in den Seitenschlitzen herunterzuschneiden, damit — wie sie bemerkte — »die Hosen beim Auf- und Abziehen nicht gesprengt werden«. — Wir machten ganz nutzlose Einwendungen, so große Seitenschlitze zu bekommen, aber die Stiefmutter wollte sich gar nicht dazu verstehen! — Nun kommt mir diese Episode ins Gedächtnis und die kristallklare Erklärung dieses Hosenphänomens! Es war der Stiefmutter selbstverständlich nur darum zu tun, unsere hintere Hosenklappe noch tiefer abstreifen zu können. Also schon damals dachte die Stiefmutter bereits mit »Liebe und Sorgfalt« an unsere in den Hosen verborgene Popos und an ihre Birkenrute! Damals hatte noch keine von uns die Rute bekommen und deshalb, wahrscheinlich, konnte mir die Bestimmung der tiefen Seitenschlitze nicht früher in den Sinn fallen.

Nach Einführung dieser »praktischen Hosen« konnte man, wenn die vordere Schleife gelöst war, die Hinterklappe bis mitten der Schenkel abstreifen, und wenn dann auch Kleid und Hemd bis zur Taille hochgehoben wurden, lag das volle Gesäß bis zur Mitte der Schenkel blank und bar und – einladend für die Rute bereit.

Auf ein so entblößtes Gesäß bekam Gabrielle ihre erste Züchtigung. Stiefmutter hatte selbst – da Ella sich weigerte – sie an sich gezogen, ihre vordere Hosenschleife gelöst, die Hinterklappe abgestreift und hernach Ella über einen Stuhl gelegt, Kleid und Hemd hochgehoben und das Schlagfeld bloßgelegt. Abends war ich selbstverständlich wie versessen, das Gesäß meiner Schwester zu sehen, ob noch Spuren zu bemerken waren. Ella mußte beim Zubettgehen ihr langes Nachthemd aufheben und ich sah mit Entsetzen eine Menge deutlicher, feiner Streifen, teils rote, teils rotblaue und auch blaue; besonders aber waren die gelbblauen Flecken auf der rechten Seite ihrer Gesäßhälfte stark bemerkbar – es war gerade die Stelle, wo die Spitzen der Rutenzweige eingeschmitzt hatten.

Es war begreiflich, daß mich dieser Anblick aufs tiefste erregte und mit bebender Angst erfüllte. Welche von uns würde wohl die nächste sein, die ihr blankes Gesäß so durchgepeitscht erhalten sollte? – Oh, auch ich lag zahllose Male wie Gabrielle und bekam die Rute auf meinen nackten Hintern! Anfangs war es mir wie meiner Schwester ein Rätsel, wenn die Stiefmutter geheimnisvoll ins Zimmer trat oder auch nur ihren Kopf aus der Schlafzimmertür herausstreckte, mit dem Zeigefinger winkte und rief: »Edith, komm Du mal her!« Nach und nach aber wußten wir, was das zu bedeuten hatte: immer die Rute, immer die hintere Hosenklappe abgestreift, um das Gesäß entblößt zu bekommen, immer mit dem Gesicht nach abwärts über den Schoß oder – namentlich, als wir älter waren – über einen Stuhl gelegt! Und während sie dem Züchtling nochmals sein Vergehen vorhielt, entblößte sie mit vieler Sorgfalt das Gesäß, schmähte es aus, daß es notwendig sei, ein so großes Mädchen auf das n a c k t e – sie legte einen so sonderbaren Nachdruck auf »nackte«, daß man dabei am liebsten vor Scham in die Erde gekrochen wäre – ja, nackte Gesäß zu birken.

Damals war es mir, als wäre eine vollständige Umwälzung in meiner Seele vor sich gegangen. Bisher war ich ein kleines Schulmädel gewesen. Meine Gedanken teilten sich zwischen meinen Schularbeiten, meinen Spielkameraden, meiner Schwester und den Angelegenheiten unseres Hauses. Seit der Einführung der Rutenzüchtigung durch die Stiefmutter waren bei uns ganz neue Verhältnisse entstanden, worunter für uns Schwestern das strenge Erziehungsregime die am meisten hervortretende Rolle spielte. Dieser Umstand wurde jedoch anfangs von uns nicht anders als eine aufregende Verschärfung unserer Erziehung betrachtet, als etwas nicht zu Umgehendes, unter das wir uns mit Resignation zu beugen hatten. Und anders wurde dieser Umstand bestimmt nie von meiner Schwester Ella aufgefaßt.

Nur ich wurde im Laufe der Jahre von der erotischen Gewalt der Rutenzüchtigung verschlungen! Warum? – Diese Frage ist oft in meinen Gedanken gewesen. Ist es ein Zufall oder habe ich die Anlage dazu von Geburt an besessen? Oder lag es in meiner Seele von der Urzelle an und wartete nur auf diesen Anstoß, um mit elementarer Gewalt hervorzubrechen? – Ich weiß es nicht.

Zu jener Zeit hatte ich noch ein anderes Erlebnis, das mich tief erschütterte. Vater und Stiefmutter hatten sich wie gewöhnlich nach dem Mittagessen in ihr Zimmer zurückgezogen. Da kam irgend jemand zu uns ins Zimmer und verlangte den Vater zu sprechen. Ich machte mich erbötig, ihn sofort zu verständigen. Ahnungslos trat ich ins Schlafzimmer ein, dessen Tür nicht verriegelt war, und überraschte die Eltern gerade mitten im Geschlechtsakt. Das Bett, worin dies vor sich ging, stand der Tür gegenüber. Ich erblickte den Vater rittlings über dem Körper der Stiefmutter sich im Rhythmus auf- und niederbewegend. Vom Schrecken gelähmt, blieb ich wie angewurzelt, starr auf die Stelle gebannt, stehen, und konnte keinen Laut hervorbringen. Der Akt war im vollen Gange... Ich wollte schreien und hatte keine Stimme, wollte weglaufen, doch die Beine versagten...

Minuten, – vielleicht eine Ewigkeit verstrich, da schien die Stiefmutter die offene Tür zu bemerken. Sie hob den Kopf, erblickte meine verstörte, auf die abstoßende Szene starrende Gestalt in der Tür und brüllte wütend: »H i n a u s ! Was suchst Du hier!!!« —

Im Nu sprang der Vater aus dem Bett und auf mich zu, packte mich am Arm, stieß mich zur Tür hinaus und drehte dann den Schlüssel zweimal im Schloß herum.

An allen Gliedern zitternd, verwirrt und im Innersten zerrissen, lief ich taumelnd in den Garten hinaus, warf mich ins Gras und weinte — weinte — weinte — — —

Als ich mich halbwegs beruhigt hatte, hörte ich vom Hause her die Stiefmutter meinen Namen rufen: einmal — zweimal — dreimal! Mechanisch gehorchte ich und ging ins Haus, wo die Stiefmutter mich erwartete. Wortlos ließ ich mich ins Schlafzimmer führen, denn es war mir ganz klar, daß ich für die »Störung« eine tüchtige Züchtigung zu erwarten hatte. Doch die Züchtigung an diesem Tage wurde für mich zur Schicksalsstunde meines Lebens! In dieser Stunde befand ich mich auf »le seuil de la conscience«, und nun überschritt ich diese Schwelle des Bewußtseins.

Das Gefühl, mit welchem ich meine Züchtigung damals empfing, hatte ich noch nie gekannt. Die Worte meiner Stiefmutter erschienen mir in einem ganz andern Licht als sonst. Noch heute klingen mir ihre Worte in den Ohren, diese bösen — quasi bösen! fühlte ich plötzlich — Worte der Stiefmutter, als die Tür verriegelt und ich allein mit ihr war:

»Schämst Du Dich nicht, daß Du mein Verbot, ins Schlafzimmer zu kommen, übertreten hast? — Du kannst doch nicht in Abrede stellen, daß ich Dir abermals und abermals verboten habe, ungerufen in dieses Zimmer zu treten! Oder kannst Du es wohl? Du bist zu groß, um nicht augenblicklich zu gehorchen. Jetzt bekommst Du dafür Deine wohlverdienten Prügel. Knöpfe Dein Beinkleid ab!«

In wahnsinniger Erregung versuchte ich die Stiefmutter zu besänftigen; jedoch ich fühlte instinktiv, daß sie mich unter gar keinen Umständen aus ihren Händen lassen wollte. Schließlich schrillte mir die Stiefmutter in so brutalem Ton ins Gesicht, daß ich zusammenfuhr: »Knöpfst Du Deine Hosen ab, ja oder nein!« — und eine schallende Ohrfeige begleitete ihre Worte.

Mit sichtlichem Wohlgefallen hörte die Stiefmutter mein

Schluchzen und eindringliches Betteln, sie fühlte meine zitternde Angst und begriff, daß ich mich schämte, mein nacktes Gesäß ihren Schlägen preiszugeben. Unerbittlich, in wilder sinnlicher Erregung erreichte sie endlich ihr gewünschtes Ziel. In wohlgeführten Hieben ließ sie ihre Birkenrute sausend über meinen entblößten Hintern tanzen ... Es durchrieselte mich plötzlich wie eine heiße Quelle und ich fühlte die Erregung, die die Stiefmutter beim Rutengeben empfand, auch auf mich überströmen. Mir war es ein ganz unverständliches Erlebnis, ich schwebte in ungeahnter Seligkeit und weinte herzzerbrechend vor – Wonne. Immer und immer fielen die Schläge auf mein splitternacktes Gesäß, und jeder Schlag wurde mir ein süßes Leiden für meine eigene aufsteigende und erwachende Wollust ...

Nach beendeter Züchtigung lief ich taumelnd in mein Zimmer, warf mich auf mein Bett und tat etwas mit so zwingender Notwendigkeit, für das es keinen Ausweg gab ... Immer schwellender und drängender wurde das kitzelnde Glücksgefühl in meinem Geschlecht, das gepeitschte Gesäß brannte wie Feuer – – Ich preßte die Beine fest gegen einander und verstand gar nicht, was in mir vorging. Niemals vorher hatte ich ein solches Gefühl gekannt! Ich wußte noch nicht klar, daß es Wollust war, die immer mehr drängte, noch höheren Genuß auszulösen ... Ich wurde wie wahnsinnig, dieses Gefühl hervorzurufen – ich kannte noch nicht die Technik, und schließlich weinte ich bitterlich vor unstillbarer geschlechtlicher Erregung ...

Das Kitzeln, das Drängen und Toben in meinem Geschlecht erhob sich immer mächtiger und stärker, meine Schamlippen waren geschwollen, meine Klitoris starr erigiert. Ich rieb die Beine aneinander, es tat mir gut, aber dadurch wurde das Kitzeln nur noch gesteigert und endlich konnte ich es nicht mehr aushalten! Meine Hand m u ß t e auf die kitzelnde Stelle hin, um dort lindernd einzuwirken, doch auch diese Einwirkung forderte immer mehr Nachdruck, ich rieb mit dem Finger die Schamspalte, und je mehr ich rieb, je rasender sich meine Finger im Zentrum meiner Wollust bemühten, desto seliger wurde das Glücksgefühl, meinen Lippen entrang sich ein Stöhnen und die Bilder meiner Phantasie erfüllten meine Sinne mit nie geahnten Wonnen ... Schneller, immer schneller mußte meine Hand am Brennpunkt reiben — ich war ja noch völlig Novize — bis zuletzt der Orgasmus wie eine Lawine von Wollust meinen ganzen Körper durchbebte. Dann schwanden mir die Sinne...

— — — — — — — — — — —

Nie noch hatte ich eine so wunderselige Stunde erlebt, und als ich aus dem Traum erwachte, wandelte ich wie eine Betrunkene umher. Jetzt erst erkannte ich die himmlische Wollust beim Rutengeben, und nach und nach durchtränkte diese Passion mein ganzes Empfindungsleben. Und von dieser Stunde an begann ich auch die Stiefmutter zu verstehen, und ganz von selbst fühlte ich mich zu ihr hingezogen. Ich begann sie zu lieben — trotzdem ich noch immer ihre Birkenrute auf mein Gesäß zu spüren bekam. Es schmerzte mich ganz so wie früher, und doch konnte ich es nicht unterlassen, mich an sie zu schmiegen, sie zu küssen und zu liebkosen.

Und auch die Stiefmutter schien meine Gefühlsänderung zu erkennen. Wenn sie mich ins Schlafzimmer rief, nahm sie mich immer eng an sich, nannte mich ihren »Schatz«, küßte mich und bedauerte, daß sie gezwungen sei, mein Gesäß zu entblößen. Sie liebkoste mich zärtlich, und unter diesen Liebkosungen schlich sich ihre rechte Hand verstohlen unter mein Kleid, um mir die Hosen abzustreifen... Sie liebkoste mir förmlich die Hosen herunter.

In jener Zeit war es auch, daß ich unser Dackelpaar vor dem Hause in geschlechtlicher Vereinigung antraf. Ich rief die Tiere, schlug auf sie ein, doch gelang es mir nicht, sie zu trennen; sie rissen hin und her und konnten nicht mehr auseinander. Ich war nun wissend geworden und entsetzte mich nicht mehr, die entfesselten Naturtriebe zu beobachten. Katze und Kater, Henne und Hahn sah ich dasselbe tun, und auch die mit dem Hinterleibe verbundenen Schmetterlinge und Käfer auf den Grashalmen betrachtete ich mit Interesse. Denn jetzt wußte ich um das Geheimnis der Zeugung. Die Dackelhündin bekam Junge, die sie nicht säugen wollte. Ich hatte das liebe Tier sehr verhätschelt und verwöhnt, es schlief lieber bei mir im Bett als bei seinen Jungen im Hundekorb.

Ich war ganz anders geartet als meine Schwester Gabrielle, aber um die Zeit der beginnenden Pubertät herum verschärften sich unsere Gegensätze so sehr, daß wir keine Berührungspunkte mehr fanden. Wir waren zu verschieden, um zusammen zu leben. Von schwesterlicher Zuneigung und Liebe, von Verstehen und Anteilnehmen war keine Rede. Gabrielle besaß keine überragenden Lebenseigenschaften, und was sie am wenigsten besaß, war Wärme und Zärtlichkeit. Ich war durstig nach Liebe und von einer unendlichen Reizfähigkeit: ein Wort, ein Zeichen von Sympathie, ein Vorwurf ließen mich in Tränen ausbrechen. In überschwenglicher mütterlicher Liebe küßte ich die Katzen und die Kätzchen, die Dackelhündin und unsere kluge Clarisse, die menschlich-verständige Stute.

Mein Aufwachsen zum Bewußtsein in mütterlich-erotischer Richtung hatte sich in meiner Kindheit vollzogen. Jetzt war ich auf dem Wege zur höchsten Wollust, die mir das Leben angeboten hatte. Ohne Bedauern nahm ich Abschied von meiner Kindheit, die ich mehr leidvoll als freudvoll empfunden hatte. Der tiefste Schmerz, den ich erlitt, war der Tod meiner Mutter. Sie starb mir allzu früh hinweg, aber ich weiß, daß meine Gefühle ihr gegenüber bis zum Ende unverändert geblieben waren.

Die Erinnerung an sie bleibt in meinem Herzen fest verankert.

II.

PENSIONAT

Die erwähnten Familienereignisse, wie Tod der Mutter und Eintritt der Stiefmutter, veränderten Haushalt und Lebensführung von Grund aus. Dazu kam noch, daß der Vater dienstlich an einen andern Ort versetzt wurde, wo es keine Möglichkeit gab, die höhere Ausbildung der Kinder in die Wege zu leiten. Mit dem Wechsel des bisherigen Aufenthaltsortes fiel die Lockerung des Familienverhältnisses zwischen Eltern und Kindern zusammen.

Meine Schwester und ich kamen zur weiteren Ausbildung in ein klösterliches Pensionat, das mit einer Lehrerinnenbildungsanstalt verbunden war und in der kleinen Provinzstadt Graz ein verborgenes Dasein führte. Es gab dort interne und externe Schülerinnen, die, von Nonnen unterrichtet, sich für den Lehrberuf ausbildeten oder selbst die Neigung in sich fühlten, ins Kloster einzutreten.

Bei dem Eintritt in dieses Internat stand ich im dreizehnten und Gabrielle im fünfzehnten Lebensjahr. Der Abschied vom Elternhaus war nicht schwer; ich freute mich besonders darauf, ständig unter Nonnen und Mädchen leben zu können, wo es keinen Vater gab, der die reine Atmosphäre trübte. Und in der Tat, ich befand mich recht wohl an diesem »fremden Ort«, der mir trotz anfänglichen Heimwehs bald vertraut wurde. Die mönchische Abgeschlossenheit und die isolierte Lage der Anstalt entsprach ganz meinen Wünschen und Neigungen. Das einzige Bedrückende waren für mich die religiösen Übungen, die mitzumachen meinem Innern widerstrebte.

Diese materialisierte, dogmatische Religion, die mit dem Gefühlsleben des Einzelnen nichts mehr zu tun hatte, fand in meinem Herzen keinen Boden. Meine heidnische Natur sträubte sich gegen eine aufgezwungene Gläubigkeit, die zu einem starren Mechanismus geworden war und jedem ohne Ausnahme, der dieselben Dogmen glaubte und dieselben Riten erfüllte, dieselbe ewige Seligkeit verhieß. Zuhause wurden wir ohne Religion erzogen, da der Vater Freigeist war und die Mutter höchst gleichgültig der Kirche gegenüber stand. Wir besaßen die ganze Freiheit des Geistes, aber ein offizieller Austritt aus der Kirchengemeinschaft war damals noch nicht möglich, ohne von hoch und gering gemieden zu werden.

Wir waren römisch-katholisch geboren und wurden im Kloster im Sinne dieser Religion erzogen. Es herrschte ein Zwang, alle religiösen Übungen mitzumachen. Ich mußte so tun, als ob ich fromm wäre und tat dies voll Scham, weil ich fühlte, daß es etwas Falsches, meinem innersten Wesen Zuwiderlaufendes war, das ich nach außen hin durch mein Handeln bekundete. Dieser Zwiespalt verfälschte meinen Charakter, ich fühlte mich unbehaglich in Kirche und Religionsstunde, beim Hersagen der Gebete und besonders bei der Beichte! Alles dies war mir zuwider, weil ich gezwungen wurde, so zu scheinen wie ich nicht war.

Alles Natürliche war Sünde in den Augen dieser geistlichen Lehrerinnen und katholischen Priester, und ich m u ß t e zur

Heuchlerin werden. Innerlich ein Chaos von tausend nach außen drängenden Trieben und Leidenschaften, äußerlich eingezwängt in Systeme, Vorschriften und Verbote, kam ich aus den Konflikten mit mir selbst und mit der Umwelt nicht heraus. Gabrielle hatte es scheinbar sehr leicht, sich in alles zu fügen. Sie lehnte sich gegen gar nichts auf und bewahrte in allen Dingen ihr unerschütterliches Phlegma. Ich hingegen war durch mein lebhaftes Temperament immer die Widerspenstige, die Sündhafte, die Verführerin der Guten und eine Gefahr für die andern Mädchen.

Das Leben des einzelnen Zöglings in allen seinen Beziehungen ging in diesem geschlossenen klösterlichen Internat völlig auf. Die Mädchen wurden den Nonnen nicht bloß zum Unterricht, sondern auch zur Erziehung, — und nicht nur zur Geistesbildung allein, sondern auch zu ihrer Charakterbildung von ihren Eltern mit Übertragung aller elterlichen Rechte anvertraut. Hier fanden die jungen Mädchen in der Totalität ihrer Ausbildung noch mehr als ein zweites Elternhaus, worin sie die wichtigsten Bildungs- und Entwicklungsjahre, vom Backfischalter bis zum völligen Erwachsensein zuzubringen hatten. Daher nahmen alle absolvierten Zöglinge aus diesem Pensionat für das ganze Leben das bestimmte Gepräge einer gewissen Charakterfestigkeit mit, die ganz von selbst mit innerer Notwendigkeit aus dem strengen Geist der Disziplin hervorging.

Die Früchte dieser klösterlichen Disziplin und Erziehung waren nicht so sehr wissenschaftliche Leistungen, sondern vielmehr die Tatsache, daß die Zöglinge ganze Menschen wurden, daß sie an Gehorsam, an strenge und pünktliche Pflichterfüllung, an Selbstbeherrschung, an ernstes Arbeiten, an sicheren Takt und selbstbewußte Festigkeit im Umgang mit der Welt gewöhnt wurden. Körperliche Züchtigungen schon für geringe Unarten und Fehler wirkten mit Gründlichkeit und Methode jeder Mangelhaftigkeit entgegen.

Das strenge Erziehungssystem der Nonnen kannte nur Körperstrafen, die mit Birkenrute oder Leder-Martinet auf das entblößte Gesäß der Schuldigen verabfolgt wurden. Es gab nur sehr wenig Zöglinge unter den Internen, die dieser Fatalität entgingen. Gabrielle zum Beispiel führte sich so musterhaft brav auf, daß sie im Pensionat niemals bestraft werden mußte. Sie galt als eine der allerbesten Schülerinnen ihrer Klasse. Die Kränkungen und Zurücksetzungen, die ich ihretwegen durch die lobenden Äußerungen über sie erlitt, drängten mich zu Bosheit und Rache. Ich verübte mit Lust kleine Untaten gegen sie und wurde dafür gezüchtigt.

Eines Tages wurde ich ins Konferenzzimmer gerufen, um wegen einer solchen Mißetat meine Strafe zu empfangen. Es war das erste Mal, daß ich mich im Kloster dieser Situation gegenüber befand, alles war mir noch fremd und ich fröstelte vor Angst und Scham. Die Züchtigungen wurden in einem besonderen Raum, Strafzimmer genannt, vorgenommen. Bange, ungewisse Minuten wartete ich zähneklappernd im Konferenzzimmer, bis ich ins Strafzimmer gerufen wurde, das gleich anschließend durch eine Tür zu betreten war. Ich wußte, daß vor mir ein anderes Mädchen aus meiner Abteilung die Rute bekam, weil es in der Rechenstunde nicht mitgearbeitet hatte. Es hatte statt dessen nackte Männchen in sein Rechenheft gezeichnet, wurde ertappt, und befand sich nun im Strafraum. Es hieß Dionysia, war so alt wie ich, groß und sehr hübsch; seine Haare waren ganz blond, es hatte dunkle Augenbrauen und große tiefblaue Augen. Der Gedanke, daß dieses schöne, große Mädchen die Rute auf sein nacktes Gesäß bekommen sollte, regte mich maßlos auf. Ich zitterte an allen Gliedern und horchte gespannt auf jeden Laut, der im verschlossenen Zimmer verklang.

Es war das erste Mal in meinem Leben, daß ein fremdes, schönes Mädchen in meiner nächsten Nähe gezüchtigt wurde. Die sinnlichen Empfindungen, die auf mich einstürzten, waren so übermächtig, daß ich zu seufzen begann, als das laute Schluchzen des gezüchtigten Mädchens, das zischende Sausen der Lederstreifen und das klatschende Niederschlagen auf sein blankes Gesäß durch die geschlossene Tür ins Konferenzzimmer drang. Es durchrieselte mich siedend heiß, als ich mir vorstellte, daß dieses große, schamhafte, wunderschöne Mädchen dadrinnen sein splitternacktes Gesäß der züchtigenden Peitsche darbieten mußte ...

Groß und anschwellend empfand ich dieses wahnsinnige Kitzeln in meinem Geschlecht, es war mir, wie wenn es ganz groß zwischen meinen Schamlippen wurde, wie wenn etwas drängte und mich zwang, immer noch größere Wonnen auszulösen ... Mächtiger und stärker schwoll es an, es war wie eine ungeheure Brandung in meinem Innern ... Ich kreuzte die Beine, preßte sie fest zusammen ... Mein Ohr verschlang gierig jeden Laut, jedes Geschrei, jedes Klatschen auf den nackten — ja, n a c k t e n Hintern dieses süßen, großen Mädchens ...

Oh, wie gern wollte ich im Zimmer sein! Nie vorher war diese aufwühlende Seligkeit, diese überflutende Wonne so überwältigend stark, nie vorher war ich so heftiger geschlechtlicher Erregung unterlegen! Es war mir wieder ein ganz neues, unverständliches Erlebnis, das mich ahnungslos überfiel ... Meine Schamlippen wurden heiß und feucht und schwellend, ich fühlte darin ein Zucken und Toben, und alles in meinem Innern war gespannt und drängte nach Auslösung, zu immer höherer Wonne, zu immer größerem Genießen ... Und immer noch fielen die Schläge auf das entblößte — wie süß! w i e s ü ß ! ! ! — Gesäß des großen, schönen, schamerfüllten Mädchens ... Und jeder Schlag und jeder Schrei steigerte meine brennende Wollust ins Unermeßliche ...

Endlich öffnete sich die Tür und Dionysia, das Gesicht mit dem Taschentuch bedeckt, trat in Begleitung einer Nonne aus dem Strafzimmer. Wie im Nebel sah ich sie schwankenden Schrittes durch das Konferenzzimmer gehen, an mir vorbei, ohne mich anzublicken ... Da legte sich die Hand der Nonne auf meine Schulter zum Zeichen, daß ich an der Reihe war. Willenlos folgte ich dem Wink und trat mit der geistlichen Erzieherin in den Bußraum ein. Hier umfing mich eine Atmosphäre schwüler Sinnlichkeit, die in mir das Bewußtsein für die realen Geschehnisse trübte.

Widerstandslos ließ ich mich über die gepolsterte Strafbank legen. Die Nonne schlug mir die Kleider auf den Rücken zurück, knöpfte meine Hosen ab, griff nach einer frischen Birkenrute und verabfolgte mir in gemessenen Intervallen, langsam und fest, zehn sehr beißende Hiebe quer über die höchste Wölbung meiner blanken Popohügel. Als es vorbei war, fühlte ich, daß es mir gut tat. Ich bat die Nonne spontan um Verzeihung für meine Fehler und versprach Besserung. Sie reichte mir ihre strenge weiße Hand zum Kuß, mit welcher sie die Rute geführt hatte, streichelte sanft meine Wange und entließ mich in Gnaden.

In meine Klasse zurückgekehrt, erblickte ich Dionysia am Fenster, mit einer Handarbeit beschäftigt, sitzen. Ihre schönen Augen waren klar, ihre Wangen lieblich gerötet und ihr Gesichtsausdruck schien heiter. Sie hatte die Rutenzüchtigung bereits verschmerzt und empfand nur die wohlige Nachwirkung davon. Ich näherte mich ihr, sie zog mich an, denn meine Gedanken drehten sich um ihr gepeitschtes Gesäß...

»Wie hübsch Du das machst«, sagte ich zu ihr und legte meinen Arm um ihre Schulter. Ich tat zuerst so, als ob ich die Handarbeit bewunderte; dabei glitt mein Arm von der Schulter etwas tiefer herab, über den Rücken um Taille und Hüften. Erst furchtsam und zögernd, dann immer mehr ohne Scheu betastete und befühlte ich die Wölbung ihres Gesäßes. Und als ich die runde Form recht genau fühlte, mit der tiefen Furche dazwischen, und an die roten Striemen dachte, welche die Züchtigung hinterlassen haben mußte, durchrieselte mich ein Wollustschauer. Ich konnte es nicht mehr unterlassen, mit meinen scharfen Nägeln diese Gesäßbacken so fest zu zwicken, daß Dionysia vor Schmerz aufschrie. Und welche Lust gewährte es mir, daß ich ihr einen Schmerz in dem noch brennenden Hintern zugefügt hatte!

Unter den Zöglingen meiner Abteilung gab es auch einige externe Schülerinnen, die nicht von den Nonnen bestraft wurden, sondern — wie ich bereits wußte — zuhause die Rute bekamen. Auf diese Mädchen richtete sich mein ganzes Interesse. In meiner Klasse gab es vier, von welchen ich mit Sicherheit erfuhr, daß sie von der Mutter eine Rutenzüchtigung erhielten, sobald sie schlechte Noten nachhause brachten. Wenn dieser Fall eintrat, weinten die Mädchen schon in der Schule bitterlich im Vorauswissen, was sie zuhause erwartete.

Am nächsten Tag mußten sie mir den ganzen Vorgang der Züchtigung erzählen, ja — ich forderte sie sogar auf, mir ihre gestriemten Hintern zu zeigen! Zu diesem Zweck zogen wir uns in ein verschwiegenes Kabinett zurück und verriegelten die Tür. Ich setzte mich auf den einzigen verfügbaren Sitz, zog das Mädchen auf meinen Schoß, liebkoste es und drückte ihm mein tiefes Mitgefühl für seinen schmerzenden Popo aus. Darauf fragte ich teilnehmend, ob es seinem kleinen Hintern sehr weh getan hatte. Die Antwort war selbstverständlich immer ein anklagendes »Ja«. Und dieses Ja benutzte ich dazu, die Kleine zu bewegen, mir ihr Gesäß sehen zu lassen.

Nie hatte ein Mädchen Widerstand geleistet, im Gegenteil, sie waren immer sehr willig, ihre Hosen abzuknöpfen, um auf dem wunden Gesäß von mir gerieben und gestreichelt zu werden. Ich liebkoste die beiden Popohälften mit dem tiefen Einschnitt dazwischen innig und lange, führte meine zärtlichen Finger kosend durch alle Schlupfwinkel der Lust, daß sich in uns wie von selbst die orgiastischen Wonnen auslösten. Wie schwer war es uns zu verbergen, wenn wir ganz trunken taumelten und die tiefsten Seufzer der Wollust kaum mehr zurückhalten konnten ...

Meine Schwester Gabrielle kannte niemals solche Sensationen ihres Empfindungslebens. Sie war mit fünfzehn Jahren riesig groß, grobknochig wie der Vater, mit eckigen Bewegungen ganz ohne Anmut, während ich schlank, zart und geschmeidig, von grazilem Körperbau den Gegensatz zu ihr bildete. Ella liebte mich nicht. Darüber war ich sehr unglücklich und hegte im Stillen den Wunsch, von ihr geliebt zu werden, um sie wieder lieben zu können! Es gab zwar keinen Haß zwischen uns, wohl aber so etwas wie lieblose Indifferenz gegen einander. Und je älter wir wurden, desto weiter entfernten wir uns von einander. Später lebte jede von uns ganz für sich, ohne Berührungspunkte für eine Verständigung zu finden.

Die Begabung Ellas für reale Gegenstände war sehr groß, aber sie war außerstande, die Umwelt und äußeren Eindrücke gefühlsmäßig in sich aufzunehmen. Alle Erscheinungen und Wahrnehmungen wurden von ihr verstandesmäßig aufgefaßt, weshalb sie verstandesmäßige Lehrgegenstände gut beherrschte. Ich dagegen versagte in Mathematik, Geometrie, Religion und glänzte in Sprachen, Geschichte, Naturgeschichte. Leidenschaftlich liebte ich Musik. In meiner Natur lag eine Hochschätzung — vielleicht Überschätzung alles Großen und Ungewöhnlichen, das mich gefühlsmäßig erschütterte, und eine dementsprechende Abneigung und Verachtung für alles, was nur den materiellen Interessen diente.

Schon als Kind erblickte ich das borniete Leben meiner engsten Umgebung als Zerrbild des Daseins. Mit unheimlicher Deutlichkeit sah ich die Schwächen und Fehler meines

Vaters, die darin bestanden, allen Schwachen seine Überheblichkeit und Herablassung fühlen zu lassen, statt ihnen taktvolle Schonung und Zurückhaltung zu bezeigen. Ich erkannte die Mittelmäßigkeit meiner Schwester, ihre sogenannten Tugenden stießen mich so sehr ab, daß ich ihr nicht gleichen wollte. Ungehorsamkeit und Trotz gefielen mir besser als Fügsamkeit und feiges Sich-Ducken! Mein Stolz verbot es mir, krumme Wege zu gehen, und Lüge und List verschmähte ich ebenso sehr wie Feigheit und Niedertracht.

Offene Widerspenstigkeit schuf immer neue Zustände und Aufregungen, die den Alltag aus dem Gleichgewicht brachten. Immer dachte ich: Warum muß man gehorchen? – Ungehorsam stärkt den Willen und macht hart! Die einzige Form der Gemeinschaft für mich war, mich kriegerisch zu behaupten, aber nicht, mich willenlos einzufügen. So wurde mein Geist stark. Lehren waren mir lästig, ich wollte erst alles selbst erproben. Und so stand ich allein auf meinen Füßen. Niemand durfte sich an mir ein Beispiel nehmen, denn ich wurde stets als Muster hingestellt, wie man n i c h t sein soll!

Ich hatte nichts gegen eine strenge Erziehung und eine harte Disziplin zur rechten Zeit, also in jenem Alter, wo es noch stolz macht, viel von sich verlangt zu sehen. Denn dies unterscheidet die harte Schule als gute Schule, daß viel und streng verlangt wird, daß jede Nachsicht fehlt, daß Lob selten ist, Tadel und Strafe dagegen scharf, sachlich und ohne Rücksicht auf die Person des Zöglings. Die Jugend hat eine solche Erziehung in jeder Hinsicht nötig, das heißt körperlich und geistig: denn nur eine strenge Disziplin macht die Menschen tüchtig. Mit dem Wertprädikat »Tüchtig« bezeichne ich eine Haltung der Seele, die dem ganzen Wesen das Gepräge gibt, und sich vor allem in Großmut und Hochherzigkeit äußert. Es ist das, was den vornehmen Menschen vor dem gemeinen auszeichnet.

Die internen Zöglinge blieben das ganze Schuljahr über im Pensionat, nur die großen Sommerferien verbrachten sie im Elternhaus. Auch Ella und ich kehrten alljährlich zwei flüchtige Sommermonate lang zu Vater und Stiefmutter zurück; wir fühlten uns aber vielmehr als Gäste und Besucher der Eltern, denn als zur Familie gehörig. Es war die erste Lockerung der Bande durch das Leben, und der Unabhängigkeitssinn machte sich darin bemerkbar.

Meine große Schwester und ich schliefen in einem Zimmer, worin unsere schmalen, weißen Mädchenbetten, rechts und links vom Fenster, sich gegenüber standen. Eines Abends, als Ella bereits früher zu Bette gegangen war, bemerkte ich in ihrer Wäsche Blutflecke. Ich hielt ihr boshaft das Hemd vor die Augen und fragte, was sie denn da gemacht habe. Glutrot vor Scham, riß mir Gabrielle das Hemd aus den Händen und steckte es flugs unter ihre Bettdecke. Damals ahnte ich noch nichts von den biologischen Erscheinungen im Weibe, die sich ein Jahr später auch bei mir zeigten und mir das geheimnisvolle Herkommen des Blutes erklärten.

Meine Neugier, bei andern Mädchen Blut zu sehen, veranlaßte mich, sie beim Auskleiden im Schlafsaal zu belauern. Ich konnte aber niemals etwas bemerken. Meine Erinnerungsassoziation brachte diese Dinge konstant mit dem der Mutter aus dem Leibe geschnittenen Kinde in Verbindung, und meine vagen Ideen über die Funktion der weiblichen Geschlechtsorgane verwirrten sich gänzlich. Hierüber konnte ich mich an niemand um Aufklärung wenden, denn bei der damaligen Prüderie in natürlichen Dingen, hätte mir auch niemand die richtige Auskunft gegeben. Ganz im Gegenteil, es würden mich seitens der Erwachsenen nur Tadel und Vorwürfe getroffen haben, so sehr war es zu jener Zeit mit der »Reinheit« eines jungen Mädchens unvereinbar, über die Vorgänge in seinem eigenen Körper etwas zu wissen und über die persönlichsten Fragen der Wahrheit gemäß aufgeklärt zu sein!!!

Mit Beginn der biologischen Reife, durften die Zöglinge des Internats nicht mehr die geschlossenen »Kinderhosen« tragen, sondern mußten laut Vorschrift mit sechs Paar offenen Flügelhosen, sogenannten Frauenbeinkleidern, aus starkem Chiffon, neu ausgestattet werden. In jenem Jahr, wurde es auch für meine Schwester und mich notwendig, mit vorschriftsmäßigen »Frauenhosen« versehen, das neue Schuljahr zu beginnen. Die Stiefmutter bestellte die Näherin ins Haus, die für uns zwölf Paar vorgeschriebene, offene Anstaltshosen nähte. Ich war zwar entsetzt über diese »unverschämten« Hosen, wie ich sie nannte, beruhigte mich aber bald wieder, denn vorläufig brauchte ich mich von meinen geschlossenen Hoserln noch nicht zu trennen.

Meine Beziehungen zur Stiefmutter und zum Vater blieben seit dem Abgang aus der Familie kalt und förmlich. Jede Vertraulichkeit den Eltern gegenüber wurde mir zur Unmöglichkeit, denn sie schienen mir in einer andern Welt zu leben. Deshalb langweilten mich die Ferien und ich war jedesmal froh, wenn sie zu Ende gingen. Das Klosterleben gefiel mir unvergleichlich besser, weil ich dort die Anregung fand, die mein Empfindungsleben suchte. Der Schulbeginn war daher frohes Erwarten! Im Stillen hatte ich meiner geliebten Freundin Dionysia ewige Treue geschworen und war ungeduldig, sie wiederzusehen ...

Dionysia trug schon die Beinkleider der großen Mädchen und wurde sehr oft gezüchtigt. Es gab jetzt kein Hosenabknöpfen mehr, sondern ein einfaches Auseinanderziehen der Hosenflügel nach rechts und nach links, wodurch das volle, runde Mädchengesäß in weißer Umrahmung der Hosen leuchtend hervortrat. Die entzückende Dionysia gab den Lehrerinnen fortwährend Anlaß zur Unzufriedenheit, weshalb schon ganz geringfügige Unarten bei ihr nicht übersehen wurden. Ihre üppige Schönheit forderte die Rute heraus.

In der Handarbeitsstunde mußte Dionysia zur Verschärfung der Strafe vor der ganzen Klasse mit entblößtem, rotgepeitschten Gesäß, das Gesicht zur Wand gekehrt, in einer Ecke knien. Das Kleid wurde ihr hochgehoben und an den Schultern mit Stecknadeln befestigt; die beiden offenen Hosenflügel wurden ihr wie ein Vorhang auseinandergezogen, und damit sich diese nicht wieder über dem Gesäß schließen konnten, mußte das Mädchen beiderseits die Ränder der Hosenflügel weit geöffnet auseinander halten. Schluchzend und mit zitternden Händen erfüllte Dionysia dieses Gebot. Darauf wurde das kurze Hemdchen im Hosenschlitz nach oben gezogen und ebenfalls am Rücken der Trägerin festgenadelt. Die geistliche Handarbeitslehrerin bereitete mit sichtbarem Wohlgefallen der unverbesserlichen Schülerin diese beschämende Lage und trat dann mit zufriedener Miene beiseite.

Oh – welch unvergeßlicher, wahnsinnig erregender Anblick! Die ganze Klasse starrte fasziniert auf den aus der blendend weißen Umrahmung des weit geöffneten, klaffenden Hosenschlitzes glühendrot wie eine vollerblühte Pfingstrose leuchtenden Mädchenpopo, dessen wohlgerundete Backen, durch eine tiefe, geheimnisvolle Furche geteilt, vor Scham leise erbebten. Die süße Dionysia weinte und schluchzte herzzerbrechend in sich hinein, hielt das Köpfchen tief gesenkt, das Gesicht im gefalteten Arm vergraben und durch ihren ganzen jungen Körper ging eine Erschütterung ...

Eine wilde geschlechtliche Erregung spannte meine Nerven zum Zerreißen. Ich fühlte meine Schamlippen anschwellen und die Klitoris dazwischen wurde hart wie ein Knopf von Stahl. Meine trunkenen Augen hafteten an dem faszinierenden Mädchengesäß vor mir und konnten das Strickmuster in meinen Händen nicht mehr sehen. Ich ließ die Handarbeit sinken und lauschte auf die Melodie in meinem Innern.

Wie geistesabwesend durchstach ich mit der Stricknadel mein Kleid im Schoß, führte sie behutsam zum Brennpunkt meiner Wollust und bewegte sie dort immer rasender hin und her, — auf und nieder, — und mein Körper bewegte sich wollüstig tanzend mit ihr — auf und nieder, — ich konnte ein Stöhnen kaum unterdrücken, bis zuletzt ein krampfartiges Zucken durch meine Glieder ging und der Orgasmus mir das Bewußtsein raubte ...

Die Handarbeitslehrerin bemerkte meine verdrehten Augen und meinen sonderbaren, ekstatischen Gesichtsausdruck. Sie tadelte mich in strengem Ton und stellte mir nach der Stunde eine Rutenstrafe in Aussicht. Allmählich erwachte ich aus dem Sinnentaumel und fand in die Wirklichkeit zurück. Dionysia wurde in die Bank geschickt und saß nun, mit trotzigem Mündchen über das Strickmuster gebeugt, wie eine beleidigte Schönheit da. Oh, nach solchen Züchtigungen empfand sie ein besonders inniges Bedürfnis von mir »getröstet« zu werden. Und wie gerne hätte ich dies getan in überschwenglicher Zärtlichkeit! Die strenge Überwachung der Zöglinge tagsüber verhinderte jede Möglichkeit hiezu. Abends jedoch, im Schlafsaal, wenn das Licht verlöscht war und alles schon schlief, schlich ich lautlos an das Bett der geliebten Freundin und legte mich an ihre Seite ...

Ich fühlte mit Wonne, wie Dionysias Körper bei der leisesten Berührung meiner Hände zitterte, wie ihr Herz pochte und ihr Blut raste, und wie ich selbst von einer wilden Erregung befallen wurde, in Gedanken an ihren gepeitschten, nackten Hinterteil, der noch immer die schmerzenden Spuren der schamvollen Züchtigung sichtbar und fühlbar an sich trug. Mit tastendem Zugriff faßte ich die festen, runden Hügel, liebkoste und streichelte sie, spielte »Popo-Wackeln«, was Dionysia so sehr liebte, und küßte sie dabei leidenschaftlich auf den wollüstigen Mund... Und heimlich wie ich gekommen, verließ ich das Bett meiner Geliebten, die vor ungestillter Erregung glühend, keinen Schlaf finden konnte...

Tagsdarauf konnten wir dem Schulunterricht kein Interesse entgegenbringen. Meine Gedanken weilten bei Nysia und meine Blicke suchten in ihren süßen Gesichtszügen zu lesen. Meine Geistesabwesenheit, mein förmliches Berauschtsein im Anblick dieser Mitschülerin wurde entdeckt, meine Nachlässigkeit gerügt und die falschen Antworten, die ich gab, mit strengen Worten getadelt. Ich blieb davon unberührt und gleichgültig, und nach dem Unterricht wurde ich bestraft.

In den Bußraum geführt, erhielt ich von meiner geistlichen Lehrerin eine strenge Ermahnung und die verdiente Rutenstrafe auf das entblößte Gesäß. Ich kniete mich auf die Strafbank und neigte meinen Oberkörper in demütiger Haltung nach vorne, um meine Züchtigung zu empfangen. Die Nonne schlug mein Kleid auf den Rücken zurück, wühlte mit den Händen lange suchend in den bauschigen Hosenfalten, um die Hosenflügel nach rechts und nach links auseinander zu ziehen und das Gesäß bloß zu machen. Vergeblich versuchten ihre Hände den Schlitz zu finden. Nach einer Weile bemerkten ihre Augen, daß die Ränder dieses weiten, von vorne nach hinten verlaufenden Hosenschlitzes zugenäht waren.

Das war offene Auflehnung gegen die Vorschrift, offene Hosen zu tragen. Ich hatte mich dagegen schwer vergangen, daß ich den klaffenden Hosenschlitz zunähte! So gerne ich diese Flügelhosen an den andern Mädchen sah, so sehr sie mich reizten, wenn ich unter ihre kurzen Kleidchen hinaufspähte und aus dem offenen Hosenschlitz den langen Zipfel des Hemdes hervorlugen sah, ebenso ungern und widerwillig duldete ich diese »unverschämten und unartigen« Hosen an mir. Immer nähte ich — trotz der Strafen, die ich mir dadurch zuzog — den offenen Spalt meiner Beinkleider wieder zu.

Die Nonne entrüstete sich über die Eigenmächtigkeit meines

Willens, befahl mir aufzustehen und meine Hosen ganz abzuziehen. Ich stand auf und schämte mich wahnsinnig, daß ich durch das Abziehen der Hosen nicht nur mit nacktem Gesäß, sondern auch mit nackten Oberschenkeln vor den Augen der Nonne daliegen sollte. Langsam und zögernd führte ich meine Hände unter das Kleid, löste die Bänder rings um die Taille und ließ die Hosenhülle zu meinen Fußknöcheln niedergleiten. Kaum war dies geschehen, setzte sich die Nonne mit der Rute in der Rechten auf die Strafbank, zog mich zu sich heran und zwang mich über ihre Knie nieder. Sie hob gleich meine Kleider hoch, wodurch im Nu mein blankes Gesäß unverhüllt zum Vorschein kam, und ebenso meine Oberschenkel bis an den oberen Rand der Strümpfe, nackt und bloß und hosenlos über den Schoß der strengen Nonne herabhingen ...

Schon im nächsten Moment fühlte ich die bissigen Küsse der Birkenrute auf meiner Haut brennen. Während die Nonne zwanzig Rutenstreiche langsam aber kräftig über meine Hinterbacken und Oberschenkel niederregnen ließ, brüllte und jammerte ich vor Schmerz und Scham, meine ringenden Hände suchten einen Halt und ich umklammerte in maßloser Erregung das Bein der Nonne unter dem Nonnenkittel und hielt mich daran fest. Meine Hand zauberte mir die Verbindung mit der Mutter vor, meine Wildheit verwandelte sich in hingebende Liebe und diese läuterte meine Sinne und Seele ... Alle Bosheit war aus mir gewichen, ich fühlte mich befreit von allen Dämonen, die in mir hausten und miteinander im Widerstreit lagen. Ich war nur erfüllt von unendlicher Hingabe und Zuneigung für die – M u t t e r !

Als ich geläutert und mit meiner Erzieherin ausgesöhnt aus dem Strafzimmer entlassen wurde, war mein ganzes Hinterteil schwer wie Blei und brannte wie glühendes Eisen. Mit langsamen Schritten wankte ich durch das Konferenzzimmer und erblickte Dionysia, die mit verweinten Augen dastand und ebenfalls auf eine Züchtigung wartete. Ich wollte auf sie zutreten und zu ihr sprechen, aber die Nonne erlaubte es nicht. Ich bat, im Konferenzzimmer auf Dionysias Rückkehr warten zu dürfen. Nein, auch das wurde mir abgeschlagen. Nun, dachte ich bei mir, dann will ich eben an der Tür horchen, ohne daß es jemand weiß, und tat so, als ob ich mich gehorsam entfernte. Wenige Minuten später schlich ich heimlich zurück ins leere Konferenzzimmer. Ich m u ß t e einfach nachgeben, so stark war der Trieb in mir . . .

Leise auf den Zehenspitzen schlich ich bis an die Tür des Strafzimmers und horchte in größter Erregung auf alles, was darin geschah. Ich vernahm das Weinen, das Schluchzen, das Schreien und Brüllen des geliebten Mädchens, hörte die zischenden Rutenhiebe, die auf sein nacktes Gesäß niederfielen, und die beschämenden Tadelworte der strengen Strafmeisterin – – – alles, alles, a l l e s dies hörte ich und erfüllte mich mit wonnigen Schauern der Wollust . . .

Mein Geschlecht war in Aufruhr – in furchtsamer Hast verschwand meine rechte Hand unter meinem Kleid, und in fieberhafter Angst begannen meine Finger so wahnsinnig süß zu onanieren, daß es nicht lange brauchte, mich in Eros' seliges Reich zu zaubern . . .

Ich wartete nicht, bis die Züchtigung im Strafraum zu Ende war, sondern lief wie betrunken an einen diskreten Ort und sperrte mich ein. Nach abgeklungener Erregung erschien ich wieder im Schulzimmer, wo ich Dionysia mit rotgeweinten Augen, schmerzlich auf ihrer Bank sitzen sah. Ich setzte mich zu ihr und fühlte den Drang, die gezüchtigte Schönheit auf meine Art zu »trösten«. Mit zärtlichen Worten überredete ich sie, mir nach dem geheimen Ort zu folgen, was sie nur allzu bereitwillig tat. Dort umfing ich kniend ihren jungen Körper, steckte meinen Kopf unter ihr Kleid, preßte meine durstigen Lippen auf ihre zartbehaarte Vulva, liebkoste mit meiner Zunge ihre rosige Schamritze und das Zentrum ihrer jungfräulichen Weiblichkeit, daß sie vor Wollust verging . . . Durch den offenen Spalt der Beinkleider küßte ich glühend ihren süßen Popo – unendlich lange, bis wir gemeinsam hinschmolzen vor Wonne und Seligkeit . . .

Wir waren unzertrennlich miteinander verbunden, aber niemand konnte ahnen wodurch, denn wir wagten niemals, über unsere wahren aber ungeklärten Gefühle zu einander zu sprechen. Wir beide hatten eine ähnliche Entwicklung durchgemacht, und Dionysia hatte in ihrer Kindheit Erlebnisse gehabt, die sie zu flagellantischen Neigungen hinleiteten. Die Fixierung dieser natürlichen Veranlagung jedoch erlangte sie erst im klösterlichen Internat und erlebte dadurch, so wie ich, die größten geschlechtlichen Wonnen.

Die Sommerferien bedeuteten für uns alljährlich eine schmerzliche Trennung. Die leidenschaftliche Seele der fünfzehnjährigen Dionysia vergoß jedesmal Tränen bittersten Liebesleides, wenn es zum Abschied kam. Sie machte Pläne für die Zukunft, die darin gipfelten, daß wir bis ans Ende unserer Tage verbunden bleiben.

In Erwartung eines Besseren spielten wir zusammen Mutter und Kind, Lehrerin und Schülerin. Wir hatten Glück. Zufällig waren wir auch Bettnachbarinnen im Schlafsaal. Die Gelegenheit zu »sündigen« fehlte uns also nicht, und merkwürdigerweise wurden wir niemals »entdeckt«. Im großen Klostergarten spielten wir immer, abseits von den übrigen Zöglingen, unsere eigenen Spiele allein. Wir setzten uns ins Gras, Dionysia legte sich über meinen Schoß und bettelte mit zärtlich-schmeichelnder Stimme:

»Öffne mir meine Hosen, ja? willst Du? — Das wäre sehr komisch, wenn mein nackter Popo Dich aus dem Hosenspalt anlächelte! — Wie? Aber ich bin doch Dein Kind! — Behandle mich also ganz als Dein unartiges Kind!«

Mit kosenden Händen erfüllte ich ihren Lieblingswunsch, den sie in herber Leidenschaft hervorstotterte. Ich schlug ihr kurzes Röckchen hoch, faßte behutsam die Ränder der Hosenflügel und zog sie so weit auseinander, daß sie klafften. Dann schob ich sorgfältig das dünne Hemdchen fort, und ihre prallen, runden Hinterbacken lagen bar und bloß vor meinen entzückten Augen...

»Oh, wie süß und weich Deine Hände sind!« — seufzte Nysia mit klagender Stimme; — »streichle mich lange, bevor Du schlägst — Du kannst auch Popowackeln spielen — kannst alles machen, was Du willst!... Und dann — Du kannst meinen Popo auch küssen — weißt Du?... wenn Du willst, natürlich... Das fühle ich so süß — so h i m m l i s c h s ü ß...«

Mein Gesicht beugte sich über die geteilte runde Körperform, die meinen Lippen auf halbem Wege entgegenkam. Der feine Duft, den ich so oft einsog, ein Duft, zart und stark zugleich, den der junge Körper ausströmte, berauschte meine Sinne. Ich bedeckte die Gesäßhügel mit heißen Küssen, — biß ganz verrückt ins Fleisch... Das Wolluststöhnen der Geliebten versetzte mich selbst in einen Taumel der Sinnlichkeit...

Es lächelten unsere Herzen, es schwellten unsere Schamlippen, die Klitoris erigierte sich ganz starr, und unsere Nerven waren zum Zerreißen gespannt. Jetzt, jetzt war der süße, so heiß ersehnte Augenblick gekommen...

Und nach und nach kam es zu beharrlicheren Liebkosungen und Seligkeiten. Und seltsamer Weise: wir wurden nicht entdeckt!

Die Sommerferien machten jedesmal diesem Idyll ein Ende. So wie ich, kehrte auch Dionysia in ihr Elternhaus zurück. Ich stand im fünfzehnten Lebensjahr und meine Schwester war sechzehn, als wir mit Vater und Stiefmutter eine Ferienreise mitmachen mußten. Ich fand diese Reise entsetzlich und langweilte mich zu Tode. Während eines Ausfluges nach Veldes am See fühlte ich mich so elend und krank, daß ich der Stiefmutter über mein Übelbefinden klagte. Sie lächelte nur frivol und gab mir lakonisch zur Antwort: »Das ist nichts von Bedeutung«, – aber die Wahrheit über meinen Zustand sagte sie mir nicht!

Die tiefe seelische Depression, die schwere Müdigkeit in allen Gliedern, die krampfartigen Schmerzen im Unterleib und das körperliche Unbehagen, dies alles fühlte ich zentnerschwer auf mir lasten. Nur mit größter Anstrengung konnte ich mich aufrechthalten und fortbewegen. Zum Glück wurde das letzte Stück Weges mit der Bahn zurückgelegt, und als wir in unserem Hotel ankamen, sank ich halbtot ins Bett und bemerkte in meiner Wäsche – B l u t ...

In jenem Sommer, unmittelbar nach der Rückkehr von dieser qualvollen Ferienreise, trat noch ein anderes sehr merkwürdiges Ereignis an mich heran, das ich kurz erwähnen will; nämlich: die erste Liebe, die ein »Mann« mir entgegenbrachte. Max, der sechzehnjährige Sohn des Ingenieurs Rischner, eines Freundes meines Vaters, stellte mir nach und machte mir Liebesanträge, die ich zuerst mit stolzem Unmut mißachtete. Als er mir aber hartnäckig auf Schritt und Tritt nachschlich, fand ich dies sehr unterhaltend. Ich streckte ihm meine Hand hin, die Max sofort ergriff und mit zahlreichen Küssen bedeckte. Später küßte er mir auch die Wangen und den Mund, was ich kühl, mit kritischem Verstande geschehen ließ. Abends hatte ich mit Max im Garten hinter dem Bienenhause Rendez-vous und wir erlebten Frühlingserwachen. Wir saßen im taufeuchten Gras, er hielt mich umschlungen, mein

Kopf lehnte an seiner Brust, er küßte mich und sagte: »Ich liebe Dich!« und preßte meine Hand an sein Herz. Alles war sehr harmlos und kindisch und ich blieb davon ganz unbetört. Manchmal zwickte ich Max scherzend durch die Hosen in die Gesäßbacken und er seufzte tief auf. Manchmal legte ich meine Hand wie zufällig auf sein erigiertes Glied, dessen harte Form ich durch die Hosen plastisch hervortreten sah. Ich empfand dabei gar keine geschlechtliche Erregung, keine berauschenden Sensationen, wie sie die Züchtigung nackter Gesäße in mir hervorrief, und fand die Sache bald langweilig. Sonst geschah nichts.

Gewöhnlich wurden wir durch nahende Schritte oder verwehte Stimmen aus unserer Tändelei aufgeschreckt. Dann machte sich Max unter Küssen und Liebesschwüren verstohlen aus dem Staub. Er hatte Angst, von seinem Vater erwischt und verprügelt zu werden.

Einmal jedoch belauschte uns Gabrielle beim Bienenhaus und verklatschte mich beim Vater. Der Vater sagte es der Stiefmutter, die mich – wie einst – ins Schlafzimmer rief, um mir die Rute zu geben. Es war dies das letzte Mal, daß ich von ihr eine Rutenzüchtigung bekam. Die Wirkung dieser Züchtigung auf mich war reizlos. Und damit war alles zu Ende. Ich war längst ihrer Birkenrute und ihrem Einfluß entwachsen. Auch Max hatte ich damals für immer aus den Augen verloren.

Ein Jahr darauf, als ich sechzehn Jahre alt war, ebenfalls in der Ferienzeit, ereignete sich etwas Unerhörtes. Im Elternhause feierte man aus Anlaß des Hochzeitstages von Vater und Stiefmutter ein kleines Familienfest. Befreundete Familien mit Töchtern und Söhnen waren bei uns zu Gast, ebenso einige junge Mädchen aus dem Kloster, darunter auch meine geliebte Dionysia, deren Einladung ich trotz der heftigen Ablehnung meiner Schwester, die gerade dieses Mädchen nicht leiden konnte, doch noch durchgesetzt hatte.

Es waren einige junge, ledige Freunde meines Vaters gekommen, welche die jungen Mädchen eifrigst umschwärmten. Wir waren aber wenig empfänglich für die banale Galanterie dieser Herren und kümmerten uns nicht um ihre Gunst. Wir unterhielten uns mit Spiel, Tanz und Musik und führten am Abend ein Theaterstück vor den Erwachsenen als Publikum auf. Alles gelang vortrefflich. In gehobener Stimmung setzte sich die Jugend mit den Erwachsenen an den festlich gedeckten Tisch und ließ sich Essen und Trinken gut schmecken.

Ein etwa vierundzwanzigjähriger, sehr hübscher Beamter, namens Wedekind, saß mir zur Linken, machte mir den Hof und verdrehte mir den Kopf, der mir durch den ungewohnten Weingenuß bereits zu schwindeln begann. Dionysia zu meiner Rechten sprach ununterbrochen auf mich ein, aber ich verstand nicht, was sie mir sagte, so sehr war ich in den Bann des bildhübschen, jungen Mannes geraten.

Plötzlich fühlte ich, daß ich einer Ohnmacht nahe war. Das Klappern der Teller, das Gelache und Geschwirre der Gesellschaft klang wie das dumpfe Rauschen eines fernen Jahrmarktes an mein Ohr. Ein paar Sekunden lang mußte ich wirklich besinnungslos gewesen sein, denn als ich zu mir kam, hörte ich jemand neben mir sagen: »Ist Ihnen schlecht? Sie sehen aus wie eine weiße Rose.« —

Wedekind erhob sich und führte mich in ein dunkles Nebenzimmer unter dem Vorwand, mich am offenen Fenster frische Luft einatmen zu lassen. Dort preßte er mich so fest an sich, daß mir der Atem verging, und küßte mich mit einem Kuß, der mir die Besinnung raubte. Dieser Kuß war Mund auf Mund, unendlich lang, festhaltend — festsaugend — und alle Empfindungen auslösend ... Ich fühlte dabei meine Schamlippen feucht werden und anschwellen, und in geschlechtliche Erregung versetzt. Der Mann hätte mich in diesem Zustand widerstandslos geschlechtlich mißbrauchen können.

Wieder war es meine Schwester, die ins Zimmer trat, Licht machte und mich in der Umarmung des Mannes überraschte. Gabrielle tratschte alles brühwarm dem Vater, nannte mich spöttisch »Frau Wedekind«, wie sie mich vorher »Frau Rischner« genannt hatte, als sie mich mit Max en flagrant délit ertappte. An jenem Abend wurde Wedekind ganz unbemerkt vom Vater aus dem Hause gewiesen und bei uns nie wieder gesehen.

Mit dem neuen Schuljahr wanderten wir wieder ins Kloster. Wir waren nun fast erwachsene Mädchen geworden, doch in jeder Hinsicht recht kindlich geblieben. In der Schule begann ich zu glänzen, wurde eine ausgezeichnete Schülerin, nur die Mathematik blieb meine schwache Seite. Ich versenkte mich in die Aufgaben der Schule, besonders in die modernen Sprachen und in meine besonderen Studien. Meine französischen Aufsätze und Meisterung dieser Sprache wurden anerkannt und gerühmt. Ich spielte eine führende Rolle unter jenen Mitschülerinnen, die geistige Regsamkeit zeigten. Von meinen geistlichen Lehrerinnen wurde ich oft falsch beurteilt, weil sie mich in Verdacht hatten, mokant über sie zu sprechen. Aber nichts lag mir ferner als dies. Es ergriff mich nur ein tiefes Mißbehagen gegen alles zwangsläufig mir von außen Aufgedrungene.

Mein Sprachentalent wurde sorgfältig ausgebildet. Eine Französin, eine Engländerin und eine Italienerin, die keine Nonnen waren, sondern als Privatlehrerinnen in der Stadt wohnten, unterrichteten Ella und mich in ihren betreffenden Muttersprachen gründlich durch praktische Übungen. Ich lernte spielend leicht, fast von selbst; es schien mir, als schlummerten die Sprachen in meinem Innern und würden nur durch das Sprechen der Lehrerin geweckt. Ich machte glänzende Fortschritte, Gabrielle hingegen hatte trotz eisernen Fleißes keine nennenswerten Lernerfolge aufzuweisen: das Talent fehlte.

Dazwischen widmete ich mich meinen Fachstudien, die ich ganz von selbst wählte, um mich der Erziehungsarbeit hingeben zu können. Ganz instinktmäßig, darf ich sagen, wählte ich das Lehrfach. Im Augenblick der Wahl war jedenfalls keine bewußte Absicht übereinstimmend mit meinem tiefsten Drange vorhanden. Denn eigentlich erst nachdem ich meine Wahl für den Lehrberuf getroffen hatte, wurde es mir eines Tages blitzklar, daß ich dadurch gerade dorthin geführt werde, wo das tiefste Verlangen meiner Seele, das einzige Streben meiner Sehnsüchte und Wünsche ruhten. Und als mir dieses Bewußtsein aufging, arbeitete ich wie eine Ameise, um mein Ziel zu erreichen.

Mittlerweile gingen meine Studien zu Ende und ich bestand mein Examen mit Auszeichnung. Meine Schwester Gabrielle hatte bereits ein Jahr vorher die Schulanstalt verlassen und bald darauf eine Stelle als Erzieherin in einem Wiener Bürgershause angenommen. Sie ist heute noch dort und wird voraussichtlich bis ans Ende ihres Lebens in diesem Hause als geachtetes Familienmitglied ihre Tage verbringen.

Als gute Tochter, die einseitig im Vaterkult stecken blieb, gab sie niemals den Kontakt mit ihrem geliebten Vater und der Stiefmutter auf. Alljährlich verbrachte sie ihren Urlaub und ihre Ferien beim Vater oder mit ihm bei unseren Verwandten mütterlicherseits. Um mich aber kümmerte sich meine Schwester sehr wenig, sozusagen nur par distance dann und wann, schließlich verlor sie mich ganz aus den Augen. Sie weiß nichts von meiner Wesensart, nichts von meinem Leben, nichts von meinem Schicksal. Der Familienkult, den sie trieb, mit dem Vater als Mittelpunkt, absorbierte ihr ganzes inneres Leben; mich jedoch empfand sie aus der Art geschlagen und, wie sie meinte, »familienflüchtig«. Sie lebte in vollkommener Entsagung und Keuschheit, weil dies ihrer Veranlagung entsprach. Nie konnte sie ein Mann fesseln, nie wirkte sie selbst erotisch auf einen Mann, und damit ist sie vollkommen harmonisch mit sich selbst. Sie scheint das Ideal christlicher Askese zu verkörpern, denn die Leidenschaftslosigkeit lag ihr im Blute und entsprach ganz ihrer Natur.

Gabrielle besaß jenen seelischen Adel, der weder erwerbbar noch verlierbar, sondern eine angeborene natürliche Gefühlskälte ist. Der Gegensatz zwischen uns beiden lag darin, daß Gabriellens Forderung der »Anständigkeit« mehr auf ein korrektes, rechtschaffenes Verhalten hinzielte, das den sozialen Verkehr der Menschen beherrscht, und weniger auf die Ideale, die im Aristokratismus des Einzelnen beschlossen liegen. Innere Kultur aber, wie ich sie anstrebte, läßt alles bloß Pflichtmäßige, Ehrbare, ja selbst Verdienstliche weit hinter sich und bewegt sich in der Sphäre des Hohen, das seine Selbstherrlichkeit in sich birgt.

Über Gabrielle gibt es nichts weiter zu sagen: sie blieb sich in allen Lebensaltern gleich. Ich aber, die ich der Mutter in Liebe anhing, war in den Jugend- und Mädchenjahren auch dem Manne abgeneigt. Ich flirtete nicht, ein Mann wirkte nicht sexuell auf mich, ja, ich behauptete sogar fest und steif, daß ich niemals heiraten werde. Das war mit siebzehn oder zwanzig Jahren. Später betrachtete ich die Männer überhaupt nur als »Lastträger« des Lebens, das heißt, daß sie nur dazu da seien, – wie die Drohnen im Bienenstock – und um Geld zu verdienen, damit sie den Frauen und Kindern den Lebensunterhalt schaffen.

Als ich zwanzig Jahre alt war, hatte ich zwei Ideale: entweder wollte ich bis zu meinem Tode jungfräulich bleiben, oder ich wollte Mutter werden. Ich liebte mehr das eigene Geschlecht als das männliche, liebte besonders die Mütter, die ihre Kinder strenge erzogen. Den Mann konnte ich mir nur als Sohn einer Mutter denken. Das Kind aber liebte ich nicht als Kind, sondern nur als notwendige Ergänzung und Erfüllung der Mutter.

III.

DER ERSTE SCHRITT IN DIE WELT

Nach dem Abgang aus dem Kloster kehrte ich ins Elternhaus zurück und blieb hier ein volles Jahr. Die Stiefmutter glaubte, eine Stütze an mir zu haben, aber die Bleichsucht fiel mich so stark an, daß ich volle vier Monate hindurch nicht auf den Beinen stehen konnte. Während dieser zehrenden Krankheit war ich zu jeder körperlichen Bewegung unfähig, und eine grenzenlose Depression lag auf meinem Gemüt. Ich fühlte mich fremd in dieser Welt und unverstanden, sah die Hinfälligkeit des Körpers, konnte mich des Ekels der Nahrung nicht erwehren, erkannte die Trostlosigkeit des Daseins und die leidvolle Flüchtigkeit aller Erscheinungen.

Ich forschte nach dem Zweck des Lebens und konnte keinen finden. Ich betrachtete das borniert Leben meiner Eltern und die grauenhafte Mittelmäßigkeit, in der alle andern Menschen lebten, als Zerrbild des Daseins, das besser Nichtsein wäre. Meine Angst, in der gleichen Stumpfheit zu versinken, war so ungeheuer, daß ich im Stillen die Sehnsucht hatte, diesem Jammer zu entrinnen. Ein tiefer Lebensekel erfaßte mich und ich hatte Selbstmordgedanken.

Nur in Büchern fand ich einigen Trost; ich war von dem Geist fasziniert, der mir daraus entgegenströmte. Das Buch, das damals am gewaltigsten auf mich wirkte, war Nietzsche's »Zarathustra«. Darin fand ich den Weg vorgezeichnet, den der Mensch zu gehen hatte, um nicht zu entarten: den Weg des eigenen Ich. Dieses Buch ist lange und ausschließlich meine Bibel geblieben. Ich las auch Schopenhauer, glaube aber nicht, daß ich ihn damals verstand. Leichte und seichte Romane interessierten mich nicht; ich haßte die Banalität und Vulgarität ihres Inhaltes und Stoffes. Ich las Tolstoi, Dostojewski, die großen französischen Autoren des geliebten achtzehnten Jahrhunderts, die Geschichtswerke von Taine und Michelet und die Werke bedeutender englischer Schriftsteller. Voltaire, Pacal, Montaigne erschlossen mir unbekannte Geistesregionen, — Shakespeare, Molière, Goethe und Schiller die Abgründe der Menschennatur.

Frankreich, die Franzosen und französische Art zogen mich an; ich fühlte mein Wesen mit ihnen verwandt. Auch mein Vater war frankophil, seine Voreltern stammten aus der Bretagne, waren im Orte Quimper ansäßig. Der Urgroßvater meines Vaters verließ seine Heimat, wanderte aus und siedelte sich in Triest an. Seine Söhne waren Ärzte und Juristen. Einer davon kam als Arzt nach Krain in die Stadt Bischoflack. Aus dieser Familie ging mein Vater hervor. Durch Verheiratung mit südslawischen Frauen kam slawische Blutmischung in die Familie. Der keltische Ursprung und das arische Blut meiner Voreltern sind unvermischt geblieben. Der Familienname Cadivec ist bretonisch, wie dies aus der charakteristischen Endsilbe vec hervorgeht, welche nicht slawisch ist und wek ausgesprochen wird. Slawisch würde diese Endsilbe vic = witz heißen.

Ich verabscheute an den Menschen nichts so sehr, als den Hang zum Lügen. Auch die Dichter logen mir zu viel in ihren Werken, das heißt, sie schöpften zu viel aus ihrer Phantasie, weshalb sie mich langweilten, wenn sie mir nicht gleichzeitig ihre Empfindungswelt offenbarten. Es schien mir nicht so sehr wichtig, die äußeren Verhältnisse des Lebens zu verbessern als die menschlichen Gehirne von den Schlacken vergangener Vorurteile zu befreien. Und dies hielt ich für die schönste Aufgabe des Schriftstellers.

Meine Vorliebe für Bücher und die schriftstellerische Tätigkeit gründete sich auf meine Liebe zur Menschheit. Es schien mir die unkonventionellste Tätigkeit, die dem wirklichen Leben am nächsten stand, und auch die wirksamste, um die Finsternis in den Köpfen zu zerstreuen. Meine Zu- und Abneigung war persönlicher Natur und richtete sich gefühlsmäßig gegen Bücher und Menschen, ja, selbst gegen ganze Gesellschaftsschichten und das Cliquewesen gewisser Stände. Der

Offiziersstand zum Beispiel war mir unsympathisch und stieß mich instinktiv ab, ohne daß ich mit ihm in Berührung kam. Es drückte sich darin mein Protest und die Antipathie gegen den Erzfeind der Welt aus, den Zweckmechanismus der Zivilisation, der alles Organische zerstört und das Leben vergewaltigt. Für mich galt nur der Aristokratismus des Einzelnen, mochte er beschaffen sein wie immer. Nur der selbstherrliche Einzelne hat ein unmittelbares Selbstwertgefühl, das weder durch Lob noch Tadel angreifbar ist. Nur ein solcher Einzelner lebt in einem fraglosen Glauben an sich und braucht sich seinen Wert nicht erst auf dem Umweg über das Handeln oder dessen Beurteilung durch andere zu beweisen.

Als nach monatelangem Siechtum meine Krankheit zu schwinden begann, faßte ich neues Lebensvertrauen und den Entschluß, das Leben meiner Eigenart entsprechend selbstherrlich zu gestalten. Das weite Land der Seele zu erkennen, schien mir wichtiger als die Probleme des Kapitalismus, der Weltwirtschaft oder des Sozialismus. Die Formel der Entwicklung legte ich mir in diesem Schema zurecht: Triebhaftigkeit plus Erkenntnis plus Macht. Allerdings stellte diese Entwicklung ein »Innerlichkeits«-Ideal dar, das nicht nach dem Tun und der Leistung des Menschen fragt, sondern nach seinem S e i n. Alles andere schien mir falsch.

Nach der vollständigen Wiederherstellung meiner körperlichen Gesundheit hielt mich nichts mehr im Elternhaus zurück. Ich beschloß, in Wien meine Lehrtätigkeit auszuüben und nahm wie Ella eine Stelle als Erzieherin an. Jedoch es litt mich nicht in abhängiger Stellung, ich konnte mich dem Alltagstrott der mir fremden Familien nicht einfügen. Ich wechselte das Haus. Die gleiche Unzufriedenheit, das Unbehagen und Mißfallen quälten mich überall, wo ich mit Menschen in Berührung kam.

Ich war bitter enttäuscht. Die ungeheure Überzahl der Menschen hatte nur Sinn für die gröberen und feineren Sinnengenüsse wie Essen, Trinken, Schlafen, die Freuden der Wollust und die Befriedigung der persönlichen Eitelkeit in allen Formen. Ihr ganzes Trachten und Streben ging nur dahin, das Mittel zur Befriedigung dieser Sinnengier herbeizuschaffen: Das Geld. Und ich erkannte, daß die meisten von einer maßlosen Geldgier getrieben, ihr Leben in den Dienst dieser Gier nach dem Mittel gestellt hatten, mit welchem jeder Sinnengenuß zu erkaufen war.

Ich fühlte mich fremd und elend in dieser Welt. Die quälende Frage Schopenhauer's drängte sich in mir auf: »Wer bin ich? Was ist diese Welt, die auf mich gekommen ist wie ein Traum, dessen Anfang ich mir nicht bewußt bin?« — Deutlich fühlte ich, daß unser Verhältnis zur Welt ein irrationales ist, und nur auf dem Wege der Erkenntnis zu durchdringen. Aber wie gelangt man zur Wahrheit? Denn der seichte Alltagsverstand führt nicht auf die Höhen der Erkenntnis! Die große Masse, die im Morast der Zivilisation untergeht, läßt sich gar nicht auf diese Höhen führen...

Ich wechselte die Stelle wieder und wieder. Überall fand ich den gleichen Jammer, die gleiche Gier und Verblendung, die gleiche Genußsucht in allen ihren Formen, den krassesten Egoismus und damit einen Kampf aller gegen alle. Ich wurde überdrüssig, verzweifelte an der Kleinheit, Mittelmäßigkeit und Gemeinheit der Welt, und Ekel vor solchem Treiben überkam mich. Ich nahm keine Stelle mehr an. Lieber jeden Verkehr mit der Welt abschneiden, lieber ein Tier unter Tieren sein, als bewußt in der Erbärmlichkeit des Daseins zu versinken.

Die Selbstmordgedanken, die ich überwunden glaubte, entstanden von neuem und wurden immer zwingender. Eines Tages waren sie so stark, daß ich ihnen nachgeben mußte. Ich schlenderte durch die Straßen an der Peripherie der Großstadt, langsam dem Bahndamm der Nordbahn folgend, solange dahin, bis mir die Gegend genug einsam erschien. Mich interessierte gar nichts mehr. Gegen sieben Uhr abends fing es an zu dunkeln, ich befand mich mitten auf freiem Felde. Hier wartete ich, bis es Nacht wurde. Ich wußte, daß um zehn Uhr nachts der Expreßzug hier vorübersaust. Er wird mich in Atome zermalmen. Ich war ruhig und entschlossen, alle Lebensinstinkte in mir schwiegen. Ich empfand eine unirdische Heiterkeit, — ich sehnte mich nach dem N i c h t s ...

Die Ebene weit hinter der Donaubrücke der Nordbahn, außerhalb der Großstadtperipherie, war völlig menschenleer. Ich setzte mich ins Gras und wartete. Ich hatte auch eine größere Dosis eines Schlafmittels bei mir, das wollte ich vorher nehmen. Ein Pulver nach dem andern schüttelte ich auf meine Zunge und schluckte es mühsam hinunter.

Mechanisch erhob ich mich nun, ging auf den Bahndamm und legte mich quer über das Geleise wie zum Schlaf hin. Die Schnellzugslokomotive m u ß t e mitten über meinen Körper rasen. Im nächsten Augenblick schon wußte ich nichts mehr von mir: ein lähmender Schlaf überfiel mich ...

— — — — — — — — — — —

Als ich aus meiner Bewußtlosigkeit erwachte, befand ich mich in der Polizeiexpositur am Nordbahnhof in Wien, wo mich die Rettungsgesellschaft übernahm und an die Psychiatrische Klinik brachte. Dort erfuhr ich zuerst, daß ein Wächter bei Begehung der Strecke mich bewußtlos auf den Schienen liegend aufgefunden habe. Nun lag ich von unendlicher Müdigkeit umfangen, in einem Spitalsbett, auf dessen Kopftafel über mir die Krankheit bezeichnet war als »Taedium vitae«. Ich schloß die Augen. Schwarze Nacht in mir und außerhalb ...

Man flößte mir Milch ein, hielt mir den Kopf, aber die Müdigkeit war stärker als der Hunger. Kaum lag mein Kopf wieder auf dem Kopfkissen, schlief ich ein. Die Ärzte begriffen, daß ich Ruhe nötig hatte und ließen mich schlafen. Es war ein Schlaf, der Jahre zu dauern schien, tief und schwer wie Blei. Ich wollte erwachen und war verloren in dieser unbekannten Nacht. Ich hörte die Uhren ewige Viertelstunden schlagen, ich konnte nicht atmen, nicht denken, kein Glied bewegen. Ich war gefesselt und geknebelt, ich wollte mich dagegen wehren und — fiel zurück in die Nacht ...

Endlich kam die Morgendämmerung gekrochen, langsam und grau wie ein Nebel. Ich erwachte. Schreckliches Erwachen! ... Warum erwachen? Wozu die Augen wieder öffnen? — Meine Arme und Beine fühlte ich wie von Stein. Ich lag in einem Grab. Oh, Elend des Lebens! Grausame Nutzlosigkeit! ...

Stunden verflossen. Der Arzt kam, ich wendete nicht den Kopf. Er sah mich mit offenen Augen daliegen und fing an, mich auszufragen. Ich fixierte mit starrem Blick den Plafond und antwortete nicht. Der Arzt versuchte meine Melancholie zu zerstreuen, setzte sich auf den Bettrand und plauderte in so lautem, lustigem Ton, daß es mich schmerzte. Mit über-

menschlicher Anstrengung raffte ich mich auf, um zu flüstern:
»Bitte, lassen Sie mich«, — und der brave Arzt änderte sofort den Ton.

Dann ging es mir von Tag zu Tag besser. Ich hatte Zeit, über das Leben nachzudenken, es zu zerpflücken. Ich machte alles zu einem Spekulationsobjekt und dachte insbesondere darüber nach, ob es recht war, diesen Selbstmordversuch zu tun. Ich suchte zu ergründen, warum ich mich ohne Bedauern vom Leben trennen konnte. Die Sehnsucht nach gedankenloser, einfacher Hingabe an das Leben war mir abhanden gekommen. Wie sollte ich da noch weiter existieren können? — Welche Müdigkeit! Ich fühlte mich alt, — alt wie die Welt!...

Ich dachte an meine Mutter und an Dionysia, die Erinnerung an sie löste sich in einem Nebel auf. Ich erschöpfte mich, um zu begreifen. »Warum und wozu hatte ich sie geliebt? Welchen Sinn hatten alle diese Leben, alle diese Freuden und alle Leiden, die auf das Leben hinauslaufen und mit ihm in den Abgrund rollen, — ins Leere?«... Un-Sinn des Lebens. Un-Sinn des Todes...

Ich verbarg mein Gesicht in das Kopfkissen, erlitt einen Weinkrampf und schluchzte, schluchzte... Mir fehlte das Bewußtsein der Zeit, die verstrich. Als ich mich erhob, war ich erleichtert durch meine Tränen. Ich fühlte mein Gemüt frei und heiter. Die Depressionen schwanden.

Einige Tage nachher ließ mich der Professor in den Saal rufen, wo er mich erwartete. Meine Nerven waren entspannt und ich fühlte mich stark erschöpft. Ich ging hinunter und als ich vor dem Professor stand, begann er mir die dramatischen Ereignisse der letzten Wochen zu erzählen. Es war das erste Mal, daß er mir davon sprach. Er fragte mich nach nichts, aber er tadelte in vernünftiger Rede die Zwecklosigkeit meines Tuns. Er meinte sehr richtig, daß kein Mensch länger als bis zu seinem Tode lebe und dieser ihm somit sicher sei, weshalb die vorzeitige Selbstvernichtung nicht nur überflüssig, sondern widersinnig erscheine.

»Es gibt im Leben«, fuhr der Arzt zu sprechen fort, »Zeiten, wo im Hintergrunde des Organismus eine stumme Arbeit der Transformation sich vollzieht. Der Körper und die Seele ist dann den Angriffen der Außenwelt besonders ausgeliefert. Der Geist fühlt sich geschwächt, eine unbestimmte Traurigkeit untergräbt ihn, eine Übersättigung bis zum Überdruß, ein Loslösen und eine Unfähigkeit, sich einzufügen, treiben ihn zur Weltflucht. In Zeiten, wo sich diese Krisen ereignen, sind die meisten Menschen durch häusliche Pflichten gebunden: dies ist ihre Rettung. Es ist wahr, diese Pflichten nehmen ihnen die nötige Geistesfreiheit, um zu urteilen, sich zu orientieren und sich ein starkes, inneres Leben zu errichten. Jedoch die Sorge für die Familie, für die er verantwortlich ist, hält den Menschen aufrecht wie ein Pferd, das angeschirrt zwischen den Lenkstangen eines Wagens, schlafend seinen Weg fortsetzt. — Aber der ganz freie, unabhängige Mensch hat nichts, was ihn aufrechthält in den trostlosen Stunden der Leerheit, und niemand, der ihn zwingt, weiterzugehen. Er geht aus Gewohnheit, er weiß nicht, wohin er geht. Seine Kräfte sind gestört, sein Bewußtsein verdunkelt. Wehe demjenigen, dessen Trott im Augenblick, wo er nachgibt, von einem Donnerschlag unterbrochen wird! Er bricht zusammen . . .«

Verständnisvoll folgte ich der Rede des Professors bis zu Ende, ohne daß ich darauf etwas zu erwidern wußte. In Gedanken versuchte ich mich zu überreden, daß ich leben müsse. Überzeugt, daß das Leben keine Vernunftsgründe hat, wollte ich mir solche zurechtlegen. Ich wurde zuversichtlicher und streckte dem guten Professor die Hand zum Abschied entgegen. Er drückte sie sehr fest und lange, und ließ sie nicht eher los, als bis ich ihm mein Versprechen gab, nicht mehr an Selbstvernichtung zu denken.

Von diesem Augenblick an begann sich mein Leben zu reorganisieren.

Ich wurde aus der Klinik entlassen, nachdem mein Lebensekel wie eine Gemütskrankheit behoben worden war. Ich ging durch die Straßen meiner Wohnung zu, betrachtete die Menschen, die schlafwandlerisch im Alltagstrott der Gewohnheit dahinschlenderten, und dachte an die Worte des Professors von dem Gaul in der Tretmühle. Ihnen wollte ich natürlich nicht gleichen, aber ich fühlte den Willen in mir, meine Persönlichkeit zu entwickeln und durchzusetzen, — und zwar auch gegen eine sinnlos gewordene Gesellschaftsmoral.

Ich erkannte, daß der Mensch hier auf der Erde festzustehen habe, und daß allein im unaufhaltsamen Wollen der

Zweck seiner Existenz beschlossen sei. Wenn auch das Leben den herrlichsten Träumen die Verwirklichung versagt und das Schicksal die kühnsten Pläne vereitelt, so wußte ich jetzt doch, daß es des Menschen Aufgabe ist, der irdischen Hemmnisse Herr zu werden.

In allen Lebenslagen wollte ich mich mutig behaupten, wo es um die Entwicklung von Erkenntnissen ging, nämlich: auf dem Wege zu meiner Selbstverwirklichung.

Dafür arbeiten und leiden, dafür bestehen oder untergehen!

IV.

PARIS

Wien war nicht die Luft und der Boden, wo ich frei und nach eigenem Geschmack leben und wirken konnte: es zog mich nach Paris. Ich hatte dort eine Tante, die älteste Schwester meines Vaters, die im Alter von siebzehn Jahren in ein französisches Kloster als Nonne eingetreten war und nun als Mère Supérieure ihres Ordens in Paris wirkte.

Dieser weitausgebreitete Nonnenorden befaßte sich mit Mädchenerziehung und -Ausbildung, besaß vornehme Pensionate und Unterrichtsanstalten, und hatte nach der Trennung von Kirche und Staat die Berechtigung zuerkannt erhalten, in anbetracht seiner verdienstlichen Tätigkeit um die Mädchenerziehung, im Lande zu bleiben und noch nicht oder nicht mehr schulpflichtige Mädchen zu erziehen, zu unterrichten und in kunstgewerblichen Handfertigkeiten auszubilden.

Ich schrieb meiner Tante einen Brief, worin ich ihr meinen Bildungsgang schilderte und anfragte, ob sie geneigt wäre, mich als Lehrerin in ihrer geistlichen Anstalt aufzunehmen. Sie antwortete zusagend, daß ich als Hilfslehrerin in ihrem Kloster tätig sein könnte, um mir die nötige Praxis und Routine in der Erziehung anzueignen. Wohnung und volle Verpflegung würde mir das Kloster bieten, wofür ich von neun Uhr morgens bis zwei Uhr nachmittags Unterricht und Erziehung der Zöglinge zu übernehmen hätte. Für den Anfang würde ich zwar keine Bezahlung erhalten, dagegen aber hätte ich Gelegenheit, in der freien Zeit ab zwei Uhr Privatunterricht in fremden Sprachen zu erteilen, was in Paris sehr einträglich sei.

Dieser Vorschlag gefiel mir in jeder Hinsicht; er kam mir außerordentlich gelegen und freudig nahm ich ihn an. Eine Woche später traf ich bereits in Paris ein, wurde im Kloster gut empfangen, gastlich versorgt und in den Lehrkörper aufgenommen.

Meine Tante fand ich kalt, streng, unpersönlich und unzugänglich. Erstarrt wie die Religion am Dogma. Der Himmel war ihre Hoffnung und das Irdische ihre Flucht. Sie hatte viel Ähnlichkeit mit meinem Vater. Ihre hoheitsvolle Haltung entfernte jede Vertraulichkeit. Auch mir gegenüber blieb sie neutral und behandelte mich als ihre Nichte um keine Nuance freundlicher als die übrigen Lehrpersonen. Ihre Erscheinung flößte unpersönlichen Respekt ein, aber niemand konnte einen Zug ihres Herzens entdecken.

Nach meiner Ankunft wurde ich unter die Obhut einer ungefähr vierzigjährigen Nonne gestellt, die mich in meine Agenden einzuführen hatte. Ihr wurde ich als Hilfslehrerin zugeteilt. Ich konnte bald ihre wunderbare Erziehungsmethode und würdevolle Haltung als Lehrerin beobachten.

Soeur Marie-Thérèse leitete die Erziehung und den Unterricht einer Gruppe von dreißig Mädchen zwischen dreizehn und fünfzehn Jahren. Ihr oberster Grundsatz war, unerbittliche Strenge und Gerechtigkeit jedem ihrer Zöglinge gegenüber einzuhalten. Dadurch erzielte sie auch bei mittelmäßig begabten Mädchen gute Erfolge. Sie züchtigte ihre Schülerinnen für jede Unstatthaftigkeit, doch kam sie nicht allzu oft in die Lage, Züchtigungen zu verabfolgen, da die Zöglinge sich wohl in Acht nahmen, straffällig zu werden.

Soeur Marie-Thérèse war zweiundvierzig Jahre alt und ich zwanzig. Mir fielen an ihr die glänzenden Augen auf, mit denen sie mich förmlich verschlang. Wenn ich sie ansprach, errötete sie wie ein junges Mädchen, war sehr befangen und antwortete mir auf demütige, devote Art. Das ermutigte mich, sie meinen Machtwillen fühlen zu lassen. Ich fragte sie sehr viel über Schuldisziplin. Sie sagte, daß selbstverständlich eine sehr strenge Disziplin unter so vielen Kindern herrschen müsse, weshalb die Maßregeln seit jeher sehr rigoros seien. Dann faßte sie mich fest an der Hand und gab mir folgende Instruktion, die jeder Lehrerin zur Richtschnur diente:

»Jede Lehrperson hat dafür Sorge zu tragen, daß in ihrer

Abteilung Gehorsam, Fleiß und Ordnung herrschen. Nötigenfalls sind folgende Strafen anzuwenden: Zimmerarrest von einem oder mehreren Tagen; Entziehung von Vergnügungen wie Verbot, an den Spielen der andern Mädchen teilzunehmen; schließlich körperliche Züchtigungen: Ohrfeigen oder Schläge mit der Rute auf das entblößte Gesäß. – Jedes meiner Mädchen bekommt durchschnittlich fünf bis sechs Mal im Jahr die Rute...«

Als Soeur Marie-Thérèse mir diese Auskunft gab, zitterte ihre Stimme vor innerer Erregung und ihre Augen waren gesenkt. Nur meine Hand, die sie in der ihrigen festhielt, fühlte deutlich die Schwingungen ihres Herzens. Ich hatte Macht über sie, ohne mir dessen bewußt zu sein. Ich war der Magnet, der sie anzog und festhielt; der starke Wille, der immer den schwächeren fesselt. Die Ausstrahlung meines Wesens wirkte auf sie wie ein hypnotischer Bann. Und nach und nach verfiel sie mir ganz: Marie Thérèse, die meine Führerin sein sollte, wurde allmählich meine mir willenlos ergebene Magd...

Eines Vormittags um elf Uhr, während einer Unterrichtspause, hörte ich durch das offene Fenster ein herzzerreißendes Weinen und Bitten, vom Spielplatz herkommend, in mein Schulzimmer hereindringen. Ich sah hinaus und gewahrte Marie Thérèse, die ein dreizehn- bis vierzehnjähriges, wohlentwickeltes Mädchen am Arm gefaßt hielt und mit sich zog. Das Mädchen sträubte sich und heulte, bettelte und bat, doch konnte ich die einzelnen Worte nicht genau vernehmen. Marie-Thérèse blieb unbeugsam, sie sprach kein Wort, sondern zog nur das widerspenstige Mädchen mit sich fort.

Eine Erregung erfaßte mich, die ich kaum zu verbergen vermochte. Ich m u ß t e die volle Wahrheit aller Einzelheiten wissen. Nach Schluß meiner Unterrichtsstunde kam Soeur Marie-Thérèse in meine Abteilung, ich sah ihre strahlenden Augen, ihr hochgerötetes Gesicht und fragte sie, was dies zu bedeuten hatte. Und mit erregter Stimme erwiderte sie lebhaft:

»Es bedeutet, daß ein straffällig gewordenes Mädchen die Rute auf sein nacktes Gesäß bekommen mußte. Jetzt will ich Ihnen die Aufklärung geben: Mary hatte die Uhr eines andern Mädchens genommen und wollte sie nicht gutwillig hergeben. Die beiden Mädchen gerieten in Streit und Mary schlug die andere ins Gesicht, daß ihre Zähne bluteten. Sofort führte ich

Mary vom Spielplatz ins Strafkabinett, befahl ihr, die Hosen abzuknöpfen — was sie auch ohne Widerstand tat — und diktierte ihr fünfzehn Rutenhiebe zu, die ich ihr verabreichte. Ihr Gesäß war wie mit Scharlach übergossen als sie die Erlaubnis bekam, sich zu erheben und ihre Hosen wieder anzuknöpfen. Sie weinte und brüllte wie wahnsinnig, und ich stellte ihr für das nächste Mal fünfundzwanzig Streiche in Aussicht, falls sie sich nicht bessere. Jetzt kniet Mary in einer Ecke des Schlafsaales, um zur sittlichen Einsicht zu gelangen.«

Als ich diesen schlichten Bericht aus dem Munde Marie-Thérèsens vernahm, geriet ich in den Zustand höchster geschlechtlicher Erregung. Eine Wollustwelle ging durch meinen Körper und Marie-Thérèse schien dies zu merken. Ein seliges Lächeln umspielte ihre Lippen, denn sie wußte jetzt, daß sie meine Empfindungen mit der starken Leidenschaft ihres Eros zum schwingen bringen konnte. Von diesem Augenblick der Gewißheit an, versäumte sie es niemals mich zu bitten, bei ihr anwesend zu sein, wenn sie eine Schülerin bestrafte.

Die klassische Methode der Rutenstrafe führte sie so wundervoll aus, daß dieses Schauspiel — abgesehen von den erregenden Momenten — einen wirklichen aesthetischen Genuß bedeutete. Die leidenschaftliche Forderung der Strafenden und die demütige Hingebung der Gestraften verschmolzen zu einem Akkord vollkommener Schönheit und Harmonie. Als Zuseherin empfand ich solche Eindrücke als unerhörtes Erlebnis, das die feinsten Regungen meiner Seele in Mitleidenschaft zog und tagelang in meinem Innern fortwirkte. Marie-Thérèse fühlte das Beben meiner Nerven, das Rasen meines Blutes, den Taumel meiner Sinne und — triumphierte...

Eines Tages ereignete es sich, daß eine vierzehnjährige Schülerin ihrer Kamaradin heimlich ein Heft entwendete. Soeur Marie-Thérèse stellt in ihrer gütigen aber strengen Art das Mädchen zur Rede. Die kleine Spitzbübin leugnet frech, erzählt eine erlogene Geschichte über die Herkunft des Heftes und will ihren Fehler durchaus nicht bekennen. In eisiger Ruhe diktiert Marie-Thérèse der verstockten Übeltäterin eine tüchtige Rutenzüchtigung zu. Dann wendet sie sich an mich und bittet mich zum ersten Mal, nach dem Unterricht diese hartnäckige Lügnerin unter ihrer Assistenz zu bestrafen.

Eine Blutwelle schießt mir zu Kopf bei dem Gedanken, daß

ich die heilige Pflicht einer Mutter zugewiesen erhalte. Verwirrt und beglückt zugleich, drängt sich mir unwillkürlich die Vorstellung auf, dieses große, hübsche Mädchen vor mir, zitternd vor Angst und Scham, mit hochgehobenen Kleidern, abgestreiften Hosen und splitternacktem Gesäß, auf der Strafbank liegend, unter meiner Rute sich windend und krümmend, zu sehen! Der Riemen ist rings um ihre Taille stramm befestigt, damit es ihr unmöglich wird, das Gesäß den Schlägen zu entziehen ... Völlig preisgegeben liegt es vor mir und empfängt aus meinen mütterlichen Händen die wohltätige Züchtigung! ...

Marie-Thérèse bemerkt meine Verzückung und preßt mir heimlich die Hand. Eine heiße, rieselnde Welle geht mir durch Körper und Nerven bei dieser spontanen Berührung ... Ich bin vollständig im Bann meiner Sinnlichkeit. Ich wußte ja, daß Marie-Thérèse Hals- und Handrechte über ihre süßen Zöglinge hat, welchen sie eine strenge, unerbittliche Erzieherin ist. Ich wußte, daß sie die Rute und die nackten Mädchengesäße kaum weniger liebt als ich, daß sie überhaupt keinen seligeren Genuß kennt, als einen lockenden Popo, von abgeknöpften Hosen und hochgehobenen Röcken umrahmt, zu züchtigen! Aber ich ahnte nun, daß sie den Gipfel des Genusses erst erreicht, wenn sie diese himmlischen Genüsse mit einer gleichempfindenden Seele teilt ...

Nach der Schulstunde fasse ich die Kleine an der Hand und führe sie, in Begleitung von Soeur Marie-Thérèse, in den Bußraum (chambre de poenitence), wo alle Züchtigungen vor sich gehen. Dieser Strafraum war weiß getüncht und kühl wie eine Kapelle. Die Schmerzensschreie vieler Generationen Gezüchtigter waren sozusagen in den Wänden eingefangen. Über dem Fußboden aus großen gelben Steinplatten lag der Länge und Breite des Zimmers entlang ein roter Kokosläufer gebreitet. Das einzige gotische Fenster mit farbigen Scheiben bildete eine tiefe Nische in der Mauer. Durch die rot-blau-grün-gelb-violett gewürfelten Fensterscheiben fiel das Licht in den Raum und verlieh den Gegenständen eine magische Wirkung. Auch die Gesichter der eingetretenen Personen veränderten sich durch die bunten Lichtreflexe, flackerten unruhig und leuchteten in allen Farben auf.

In der Nähe des Fensters, von allen Seiten frei zugänglich,

stand eine diwanähnliche Bank ohne Arm- und Rückenlehne, hart gepolstert und mit braunem Leder überzogen. An den beiden Längsseiten dieser Bank, in der Mitte, war je ein Lederriemen mit Schnalle befestigt. Links vom Fenster, in der Ecke befand sich ein überlebensgroßes Kruzifix mit der verrenkten Figur des Gekreuzigten darauf, das den Raum beherrschte und ihm eine unheimliche Note gab. Rechts vom Fenster, an der Wand stand ein breiter, niederer Schrank mit einer Lade und zwei Türen. Im Hintergrunde des Zimmers stand ein langer Betstuhl, und rechts und links davon zwei riesige altertümliche Lederfauteuils mit hohen Lehnen und ausgehöhlten Sitzen, die aussahen, als wären die Sitzenden darin eingeschlafen und gestorben ...

Als wir hier eingetreten waren, begab sich Marie-Thérèse zum Schrank, öffnete die versperrten Türen und ließ mich in sein Inneres blicken. Nach der Größe geordnet, sah ich darin die verschiedensten Züchtigungsinstrumente auf Haken hängend: Leder und Riemenpeitschen in allen Längen und Stärken, Chats à neuf queues, Ledermartinets mit langen, breiten oder kantigen Riemenstreifen, kurze Martinets aus gedrehten Hanfstricken mit großen Knoten für Kasteiungen, Ruten für Geißelungen des ganzen Körpers, Rohrstöcke, dünn und biegsam, mit feinem Leder überzogen und eine Anzahl frischer, in einem hohen mit Salzwasser gefüllten Tonkrug gestellter Birkenruten grünte sozusagen in der rechten Ecke des Kasteninnern zu den leblosen Züchtigungsinstrumenten empor. Ich erfuhr, daß alle diese Instrumente den Nonnen zu regelmäßigen Bußübungen und Kasteiungen dienten, die der strenge Orden zur Abtötung des Fleisches seinen Adepten vorschrieb.

Niemand von uns sprach ein Wort. Erstaunt und ergriffen von der ungewöhnlichen Fülle dieser geheimnisvollen Dinge, starrte ich in den Schrank, während Marie-Thérèse sachkundig aus dem Tonkrug eine frische, eingewässerte Birkenrute hervorzog. Sie läßt sie einige Male durch die Luft sausen, um die Feuchtigkeit aus den feinen Zweigen zu entfernen. Das Zischen der Rute erregt meine Nerven. Kein anderes Züchtigungsmittel, fühle ich, kann sich der Rute an die Seite stellen. Die Rute, die Rute, immer die Rute!!! — Es ist das süßeste und schamerfüllteste Strafmittel für große vierzehnjährige Mädchen. Überdies verwendet Marie-Thérèse ihrer Instruktion gemäß nur die Rute. Der Rohrstock kommt nur über die Hosen zur Anwendung, was ihrem Geschmack nicht entspricht. Es muß das nackte Gesäß sein ...

Über die Mädchengesäße in ihrer Abteilung hat sie die volle Autorität, sie darf ihren Zöglingen die Hosen abknöpfen, so oft sie es wünscht, wenn sie einen plausiblen Grund dazu hat. Und heute überträgt sie mir dieses Recht und diese Pflicht!

Ich weiß, Marie-Thérèse findet in der Züchtigung der nackten Hinterteile eine grenzenlose Befriedigung ihrer erotischen Bedürfnisse. Sie kann ihre Sexualgenüsse in ihrem Beruf finden, so viel sie will. Ihre Wollustgefühle, ihre Sinnlichkeit ist heiß, glühend heiß, und sie kennt keinen süßeren Weg zur Erfüllung ihres tiefsten Dranges als die Rute und die entblößten, schamvollen Mädchengesäße.

Ganz sachlich reicht mir Marie-Thérèse die Birkenrute. Sie wendet sich an das abseits stehende Mädchen, ruft es zu sich und spricht zu ihm mit eisiger Strenge:

»Louise Gamber, Du hast gestohlen und gelogen und willst auch angesichts der Rutenstrafe Deine Fehler nicht gestehen. Du erhälst zur besseren Einsicht eine Züchtigung von fünfzehn Rutenstreichen zudiktiert. – Willst Du Deine Strafe annehmen, Louise Gamber? Dann bitte darum!«

Schluchzend trat das Kind vor Marie-Thérèse, faltete die Hände und sagte mit stockender Stimme, ohne die Augen zu erheben:

»Ich bitte um meine Strafe.«

Marie-Thérèse wies das Mädchen mit einer leichten Handbewegung an mich. Ich stand mit der Rute in der Hand erregt neben der Nonne und beugte mich zu der Kleinen nieder, die mit gesenktem Köpfchen, und Tränen in den Augen vor mir wartete. Ich bemerkte, daß sie ein entzückendes Geschöpf war und ein reizendes, schwellendes Gesäß besaß, das eine ordentliche Menge von Rutenschlägen zu ertragen vermochte. Ich fühlte deutlich, wie sie vor Angst zitterte und am liebsten vor Scham in die Erde versunken wäre.

»Hast Du gestohlen, Louise Gamber?« – fragte ich sie liebevoll.

»Ja«, – nickte sie und brach in Schluchzen aus.

»Hast Du gelogen?«

Wieder nickte sie verzweifelt mit dem Kopf.

»Warum hast Du Deine Fehler nicht gleich eingestanden?«
»Weil – weil ich mich geschämt habe ...« kam es stockend hervor.

»Jetzt aber wirst Du Dich wohl mehr schämen müssen, mein Mädchen«, – fiel Marie-Thérèse mir ins Wort; – »wenn ein unschuldiger Körperteil die Schmerzen für ein verstocktes Herz auf sich nehmen muß!«

Diese aufreizenden Worte erregten mich maßlos.

In praktischen Züchtigungen war ich ganz und gar Novize und sollte nun zum ersten Mal ... Es schwindelte mich, das Blut siedete in meinen Adern, meine Pulse flogen wie im Fieber, meine Gedanken schweiften zu jenen Vorstellungen zurück, wo Marie-Thérèse selbst in meiner Gegenwart ihres Amtes waltete. Visionen tauchten auf, wo sie einem straffälligen Mädchen ein ‚Gesäßvoll‘ oder gar ein ‚gehöriges Gesäßvoll‘ mit der Rute aufgezählt hatte ... Wie viel Schläge sie im letzteren Fall gab, wußte ich nicht anzugeben, denn es schien mir wie ein Hagel ... Nun war ich ihre Stellvertreterin!

Schon als Kind bewunderte ich die Erziehungsgewaltigen in ihrer unumschränkten Macht über die zu Erziehenden. Immer träumte ich als junges Mädchen davon, einmal selbst Lehrerin und Mutter geworden, die gleichen lebenssteigernden Machtgefühle zu betätigen! Nun befand ich mich auf der Schwelle zur Erfüllung meiner tiefsten Sehnsucht.

Ich raffte mich auf und meine Erregung niederzwingend, blickte ich das Mädchen streng an und befahl in eiskaltem, strengem Ton:

»Auf die Bank mit Dir, Du unartiges Mädchen, – und die Hosen herunter!« – Louise Gamber, von der Wirkung dieser Worte getroffen, wagte nicht, sich zu widersetzen. Mit zitternden Händen hob sie die Kleider, nestelte an ihren Hosen, zog sie ganz herunter und legte sich weinend, mit dem Gesicht nach abwärts, auf die gepolsterte Strafbank hin. Sie tat dies mit größter Selbstverständlichkeit, denn es war nicht das erste Mal, daß sie die Rute bekam. Sie war mit der Prozedur vertraut.

Marie-Thérèse trat wortlos hinzu und begann die Vorbereitungen. Ich bemerkte, was ich schon früher beobachten konnte, daß sie dabei eine außergewöhnliche Sorgfalt entwickelte, um eine so umfangreiche Entblößung des Gesäßes als nur möglich zu erzielen. Mit einem geschickten Griff schlug sie zuerst die Kleider auf den Rücken zurück, so daß Louise nur mit dem Hemd bedeckt dalag. Dann widmete sie sich dem langsamen Hochraffen des Hemdes. Ganz leise faßte sie mit beiden Händen den Rand zwischen Daumen und Zeigefinger und zog das Hemd so hoch nach oben, daß die Hälfte von Louisens Rücken entblößt wurde. Darauf schnallte sie sehr zeremoniell den Riemen um die Taille fest und stopfte sorgfältig alle störenden Kleidungsstücke darunter.

Nach diesem Vorgang lag Louisens Gesäß völlig entblößt und splitternackt von der Mitte des Rückens bis über die Oberschenkel vor unseren Augen. Es war ein volles, üppiges Gesäß, fast wie das eines vollentwickelten Weibes. Ich stellte keine Betrachtungen an, inwieweit dies mit den häufigen Züchtigungen zusammenhing, denen es ausgesetzt war, sondern fand die kallipygischen Reize dieses vierzehnjährigen Weib-Mädchens nur sehr auffallend und bemerkenswert.

Bei dieser umfangreichen Enthüllung ihres Gesäßes schluchzte Louise vor sich hin, vergrub ihr Gesicht vor Scham in ihr Taschentuch und stieß abwehrend die schamvollsten »Nein! – nein! – n-e-i-n-!« hervor, jedesmal, wenn sie spürte, daß ihr Gesäß von allen Seiten noch mehr bloßgelegt wurde.

Als Marie-Thérèse zurücktrat und mir mit einer leisen Handbewegung den Platz anbot, glühte sie wie eine Rose und aus ihren Augen blitzte eine nicht zu mißdeutende Glut, die mir mehr sagte als Worte es vermögen. Ihre geschlechtliche Erregung steigerte sich so offensichtlich, daß sich diese in allen ihren Bewegungen und Mienen abspiegelte. Endlich gab sie das Zeichen, indem sie sagte:

»Une bonne fessée de quinze coups sera convenable, allons!«

Meine trunkenen Augen blickten auf das splitternackte, von bunten Lichtreflexen umspielte Gesäß, das demütig meine Rute erwartete. Wie im Traum hob ich den Arm und peitschte zum ersten Mal in meinem Leben im vollsten Ernst ein wunderschönes, entblößtes, sich in Angst und Scham windendes Mädchengesäß ...

Ein gellendes Geschrei ertönte bei jedem Schlag und drang mir in die Ohren und durchschnitt mir die Nerven, und breite rote Striemen glühten auf der weißen Haut hervor und entzückten meine Augen ... Meine Schläge fielen zuerst langsam, dann immer rascher und rascher auf die beweglichen Halbkugeln nieder, ich fühle die Wollust der Qualen, ich peitsche – am ganzen Körper starr im Krampf der Ekstase ...

Marie-Thérèse steht mir gegenüber auf der andern Seite der Strafbank, ihre rechte Hand tief in den Schlitz ihrer Nonnenkutte versenkt, und an den schüttelnden Bewegungen des Oberarmes errate ich, daß sie in rasender Lust an sich onaniert ... Ihr Gesichtsausdruck verzerrt sich im Orgasmus und ihr lautes Wolluststöhnen vermengt sich mit dem Schmerzgeschrei der Gezüchtigten und verschmilzt mit diesem in einem Hymnus brünstiger Liebeslust ...

Marie-Thérèse hat die Augen starr auf mich gerichtet, ich schließe die Lider fast ganz und peitsche im Rauschzustand weiter – bis das Maß voll ist – Mein Herz pocht im Rhythmus ihrer Leidenschaft, ich brenne und verbrenne in ihrer Glut und mit dem letzten Rutenschlag schwelgt Marie-Thérèse im Krampf ekstatischer W o l l u s t ...

Ich unterliege ganz der Hypnose ihres Orgasmus, mein Blick und meine Glieder werden starr – ich kann nur noch leise stöhnen unter der Gewalt der Bilder, die ich lebendig und greifbar vor meinen Augen sehe ... Dann wird alles blutrot in mir und vor meinen Augen und vom Wahnsinn des Geschlechtsrausches erfaßt, taumele ich zurück und schließe die Augen ...

— — — — — — — — — —

Rasch löse ich den Riemen und gebe das Mädchen frei. Es erhob sich von der Bank, rieb sich sein schmerzendes Hinterteil, bedankte sich für die Züchtigung und versprach sich zu bessern. Einer spontanen Regung folgend, küßte es mir und der Nonne die Hand, nahm seine Hosen und hüpfte flugs zur Tür hinaus.

Marie-Thérèse und ich standen uns nun allein gegenüber. Der ekstatische Ausdruck ihres Gesichtes verriet den Aufruhr ihres Geschlechts. Wir wußten nicht zu sagen, welche von uns wilder erregt war. Ich selbst konnte kein Wort sprechen. Und ehe ich wußte, wie es geschah, versinke ich in den breiten Lederfauteuil und sie liegt vor mir auf den Knien ... In ihren Augen sehe ich große Wolusttränen schimmern ...

Im nächsten Augenblick verschwindet ihr Gesicht unter

meinen Kleidern. Ich fühle meine Beine sanft emporgehoben und rechts und links über die Armlehnen gelegt. Mein geöffneter Schoß liegt glühend vor ihr... Durch den offenen Spalt meines Beinkleides weht ihr heißer, sengender Atem über mein zuckendes Geschlecht... Mein ganzer Körper bebt im Rausch der Wollust... Mit glühenden Küssen saugt sich ihr Mund an meinen Schamlippen fest, ihre durstige Zunge verschwindet tief in meiner Schamspalte, durchirrt das Labyrinth meiner liebesfeuchten Vulva und bleibt an meiner starr erigierten Klitoris haften, um mir dort, am Brennpunkt der Geschlechtlichkeit, durch ihr wollüstiges Spiel die Wonnen zu verschaffen, deren himmlische Seligkeit ich bisher noch nie kannte... Jede Sekunde bringt mir neue nie gefühlte Ekstasen, und in einem ununterbrochenen Aufstöhnen sinke ich zurück – in ein Chaos der Wollust – – –

Als ich aus diesem ekstatischen Rausch erwache und der wahnsinnige, durch inbrünstige Zungenliebkosungen hervorgerufene Orgasmus verklungen war, erhob sich Marie-Thérèse vom Boden und floh wortlos zur Tür hinaus. Mein erstes großes Erlebnis mit der Rute war vorüber, aber seine Nachklänge wirkten lange, lange in mir fort...

Abends klopfte es an meiner Zimmertür. Erst zaghaft, dann immer eindringlicher. Mit voller Bestimmtheit wußte ich, daß sie es war, die zu mir wollte. Ich war wie gelähmt, konnte nicht öffnen. Sie klopfte wieder, bettelnd, zudringlich und laut. Durch die verschlossene Tür empfand ich die Schwingungen ihres Verlangens... Es schnürte mir die Kehle zusammen...

Endlich öffne ich. Marie-Thérèse lag auf den Knien vor meiner Tür und glitt lautlos auf den Knien in mein Zimmer. In tiefster Unterwerfung verharrend, lispelte sie mit exaltierter Stimme:

»Du beherrschest mich ganz, meine Sinne und Seele! Nimm mich hin und schalte über mich nach Lust und Laune. Ich will Dir dienen und alles was Du mir auferlegst, wird mir Seligkeit sein.«

Es mißfiel mir, daß sie mich attaquirte, aber es gefiel mir gleichzeitig, daß ich Macht über sie besaß. Es reizte mich wahnsinnig, sie zu erniedrigen und zu quälen.

»Ich will nicht, daß Du zu solcher Stunde zu mir schleichst

wie ein Dieb! Laß mich in Ruhe, sonst jage ich Dich mit der Peitsche fort!« — stieß ich in leidenschaftlicher Erregung hervor und floh einige Schritte vor der in Ergebung am Boden Knienden.

»Ja, jage mich fort, schlage mich, peitsche mich, Du änderst nichts in mir. Ich bin Deine willenlose Sklavin geworden, befiehl, was ich tun soll!« — erwiderte Marie-Thérèse in Verzückung und streckte beide Arme nach mir aus.

»Ich befehle Dir, mir aus dem Weg gehen!« — sagte ich herb und abweisend und ließ mich auf das Sopha nieder. Minutenlanges Schweigen. In unserem Innern tobte und brannte ein Vulkan, der ausbrechen wollte, aber die Zeit war noch nicht gekommen ...

Was waren die süßen, harmlosen erotischen Betätigungen der halbwüchsigen Mädchen im Pensionat, dem ich kaum entwachsen war, im Vergleich zur überwältigenden Wucht der elementar durchbrechenden Sinnlichkeit einer fanatischen, vollreifen Frau, die als Nonne ein Leben lebte, das eine einzige Ekstase war? — Ich war zu jung, zu herb und zu unerfahren, um diese Feuerseele ganz zu erfassen. Ihre sinnliche Glut erdrückte mich, und ihre restlose Hingabe an mich, den Gegenstand ihrer übermächtigen Leidenschaft, unterjochte meinen Willen. Meine herrische Natur wehrte sich ganz instinktiv dagegen, um nicht zu unterliegen: Kalt und brutal stieß ich die Winselnde zurück, tyrannisierte, quälte sie, weil meine Macht darin lag, mich ihr zu versagen und sie dadurch leiden zu machen. Ich peitschte sie bis auf's Blut, bis ich selbst in wahnsinnigem Orgasmus mitten im Taumel über ihren flammenden Leib zusammenstürzte ...

In solchen Ekstasen genoß sie die Wollust des Schmerzes und der Erniedrigung durch mich in glühenden Wonneschauern bis zur letzten Neige, verharrte dann endlos in seliger Verzückung, bis ich von tiefstem Mitleid überwältigt, sie mit reinen Schwesterküssen weckte und zur Besinnung brachte. Ich wusch die an ihrem Körper in orgastischer Lust entstandenen Striemen und blutunterlaufenen Wülste mit Eau de Cologne und küßte ihre Wunden ...

Nach solchen Erlebnissen folgte ein tagelanges, wochenlanges Meiden meinerseits. Marie-Thérèse lechzte nach einem Blick, einem liebenden Wort, einem zärtlichen Händedruck von mir, welche ihr Seligkeit bedeutet hätten. Ich tat es nicht und vermied es absichtlich, ihr zu begegnen. Und wenn endlich der Fall eintrat, daß eine Schülerin unserer Klasse straffällig wurde, da suchte mich Marie-Thérèse auf und mit glänzenden Augen bat sie mich, das Mädchen in ihrem Beisein zu züchtigen.

Diesmal war es die vierzehnjährige blonde Renée, die wegen Unfleiß eine Strafe zu erwarten hatte. Als Marie-Thérèse mir dies mitteilte, fühlte ich augenblicklich eine wollüstige Spannung im Körper, ein Würgen am Hals, ein Stocken des Atems und den unwiderstehlichen Reiz in der Vulva so elementar und übermächtig, daß ich — auch wenn ich gewollt hätte — gar nicht ablehnen konnte.

»Wann?« — brachte ich nur tonlos hervor und Marie-Thérèse antwortete, meine starke Erregung bemerkend, mit gesenkten Lidern: — »Gleich nach Schluß der Unterrichtsstunde im Strafzimmer!« — Sie faßte nach meiner Hand und drückte sie so fest und innig, daß es mir bei ihrer Berührung heiß und kalt über den Rücken lief. Dann verschwand sie eilig im Dunkel des Klosterganges...

Die geschlechtliche Spannung ließ mich nicht mehr los, bis zum Ende des Unterrichtes. Ich ging hinunter ins Strafzimmer und fand Marie-Thérèse mit der widerspenstigen Renée, die durch ein Machtwort ihrer Lehrerin zu einer Züchtigung verurteilt worden war. Renées schluchzende Bitten um Verzeihung und Nachsicht der für sie entsetzlichen Strafe erreichten wohl die Ohren der strengen Lehrerin, jedoch nicht, um sie milde zu stimmen, sondern im Gegenteil, um ihre Erregung noch mehr zu steigern...

Ich trat ein, und das Mädchen bestürmte mich mit seinem Betteln um Gnade und seinen Versprechungen, sich zu bessern... Ich stieß es beiseite und sagte in strengem Ton: — »Ton derrière nu en gardera bien le souvenir. Te voilà prête à revevoir une bonne fessée, petite incorrigible que tu es...« — Marie-Thérèse war damit beschäftigt, im Schrank, der die Züchtigungsinstrumente barg, eines davon auszuwählen. Sie kam mit einem Ledermartinet auf mich zu, drückte ihn mir in die Handfläche und schloß meine Finger über dem Griff... Diese Geste vollführte Marie-Thérèse im Bewußtsein, daß sie dadurch mein Innerstes aufwühlte. Ich seufzte tief und war hemmungslos meinem Trieb ausgeliefert.

»Prépare-toi, petite;« — befahl Marie-Thérèse dem Mädchen, das zitternd und angsterfüllt seine Hosen gänzlich abstreifte. Dann zog sie es an die Strafbank heran und legte es wie ein Paket darüber. Renée brüllte wie wahnsinnig und wehrte sich mit Händen und Füßen. Marie-Thérèse war stark genug, um sie zu bändigen. Sie klatschte ihr vier schallende Ohrfeigen rechts und links ins Gesicht, die Renée von der Nutzlosigkeit alles Wehrens überzeugten. Willenlos fügte sich nun Renée der strengen Gewalt ihrer Lehrerin, die sie zwang, sich auf dem Bauche liegend auf die Strafbank auszustrecken. Ich kam zu Hilfe und hielt Renées Füße fest, während Marie-Thérèse das Mädchen an Brust und Unterschenkel mit Lederriemen an die Bank festschnallte. Nun hob sie mit einem Griff das Kleid hoch, der nackte schön gewölbte Hinterteil Renées kam zum Vorschein und blendete unsere Augen und Sinne. Hemd und Kleid wurden sorgfältig mit Stecknadeln an den Schultern befestigt, um sie am Zurückfallen zu verhindern. Dann nahm Marie-Thérèse ein Tuch von schwarzem Cloth aus dem Kasten und hüllte damit den Kopf und das Gesicht des Mädchens ein, um — wie sie bemerkte, — das schrille Geschrei zu dämpfen...

Schon wollte ich den Arm zum ersten Schlag erheben, da geschah etwas, das mir alles Blut zu Kopfe trieb: Marie-Thérèse kniete vor mir nieder, verschwand blitzschnell mit ihrem Kopfe unter meinen Kleidern und preßte ihre trunkenen Lippen durch den offenen Spalt der Hosen innig an meine feuchten heißen Schamlippen... Ich spreizte die Beine ein wenig, um ihr überall freien Zutritt zu geben, und als ich ihre wollüstige Zunge am Brennpunkt meiner Nerven spielen fühlte, da begann ich in wilder Sinnlichkeit den jungen blanken Mädchenhintern vor mir zu peitschen... zu peitschen...

Mit jauchzender Lust hörte ich die Schmerzensschreie der Gezüchtigten, das helle Klatschen des Martinet auf das nackte Fleisch, — mit unendlicher Wonne empfand ich den brennenden Schmerz zugleich mit der himmlischen Lust, die die kosende Zunge am Zentrum der Wollust mir spendete... immer anschwellender... immer stärker... das peitschende Aufklatschen der breiten Lederriemen auf den splitternackten, hochroten, tanzenden und sich windenden Hinterteil ... das gellende Wehgeschrei des Mädchens unter dem Tuch ... der heiße keuchende Atem Marie-Thérèsens unter meinen Kleidern ... die wollüstige Arbeit ihrer Zunge ... alles ... a l l e s aufgewühlt ... ein rasender Liebes- und Wollustrausch in meinem Innern ... ich peitsche ... ich höre ... ich sehe ... ich fühle ... alles ... a l l e s i n e i n G a n z e s, G r o ß e s, U n g e h e u r e s zusammenströmen ... die ganze Seele ... alle meine Sinne ... der Vulkan in meinem Körper ... und im Triumphe der vehementesten Eruption verliere ich die Besinnung und winde mich am Boden in ekstatischen Zuckungen ...

— — — — — — — — —

Die Luft des Raumes war schwül und geschwängert von der Glut des berauschenden Sinnengenusses, als ich trunken die Augen aufschlage und zur Wirklichkeit zurückfinde. Mit matten Bewegungen befreit Marie-Thérèse die Gezüchtigte aus ihrer Lage, löst sie aus den doppelten Fesseln, nachdem sie ihr zuerst das hochrote, glühende Gesäß mit einem nassen Schwamm gekühlt hatte ... Sie sprach liebvolle, verzeihende Worte zu Renée, ermahnte sie zum Guten und entließ sie.

Seit dieser Begebenheit gab es für mich nur noch diese eine vollkommenste Art geschlechtlicher Befriedigung durch körperliche Züchtigung eines nackten Mädchengesäßes in Verbindung mit den gleichzeitigen rasenden Zungenliebkosungen ... In brünstiger Dienstbereitschaft schwelgte Marie-Thérèse in der Orgie meines sich in rasender Glut verzehrenden Geschlechts ...

Wie virtuos und meisterhaft verstand sie sich auf die süßesten Liebeskünste, wie fanatisch hingebend kitzelte, streichelte und koste sie mit ihrer liebeslüsternen Zunge meine erigierte Klitoris, wie flink bewegte sich ihre wissende Zunge in meiner Schamspalte in allen Richtungen auf und nieder, von vorne nach hinten den süßen Weg nehmend, entlang der tiefen Gesäßfurche, den Anus zärtlich besuchend — und von hinten nach vorne den süßen Weg wieder zurücknehmend, um sich dann festzusaugen an dem Zentrum der Wollust und im richtigen Augenblick die Wonnen überirdischer Ekstasen zu erhöhen ...

Oh, wie war ich befeuert zum Peitschen, wie brennend sausten die Küsse meiner Rute auf den blanken, tanzenden, schmerzenden Mädchenhinterteil nieder, wie hüpfte und krümmte er sich vergebens, um den glühenden Hieben zu entkommen! Wie tranken meine Ohren das schrille Geschrei, meine Augen den zu einer Pfingstrose erblühten Popo, meine Sinne die tolle Symphonie geschlechtlicher Lust, um einen Augenblick lang in der Ewigkeit des Himmels zu versinken...

Marie-Thérèse unter mir hielt mit jeder Hand eine meiner Gesäßkugeln zärtlich umfaßt, rüttelte sie sanft, zwickte sie wollüstig und vergrub ihre Nägel tief in meine Haut... Sie hob sie und schob sie beliebig auseinander, wenn sie mit ihrer Zunge eine Stelle suchte, die tief zwischen den weichen Hügeln eingebettet lag...

Es gab in unserer Klasse mindestens alle zehn bis vierzehn Tage einen triftigen Grund zu Züchtigungen. Wenn aber Marie-Thérèse von der Lust nach geschlechtlicher Befriedigung elementar befallen wurde, — was ich ihr deutlich anmerken konnte, wußte sie immer und jederzeit einen bei den Haaren herbeigezogenen Grund zu finden, um ein hübsches, besonders schamhaftes und empfindsames Mädchen in das Strafkabinett zu begleiten.

Und es tat den Zöglingen gut; sie waren alle sehr lebhaft, aufgeweckt, intelligent und blühend gesund, ihr Empfindungsvermögen und ihre Empfänglichkeit für alles Große entfaltete sich zu ungeahnter Höhe. Marie-Thérèse liebte sie alle wie eine Mutter und verschonte daher ihre blanken, runden, wunderbaren Gesäße nicht.

Nur wenn Marie-Thérèse zu mir ins Zimmer schlich, war sie ganz demütige Magd, die die strenge Hand der Herrin ersehnt. Körperliche Schmerzen und seelische Demütigungen waren für sie ein starkes sichtbares Symbol ihrer Unterwerfung und Preisgabe unter meinen herrschenden Willen. Der Hauptinhalt ihres Empfindens war die Sehnsucht nach Schmerzen und der Trieb nach dienender Hingabe in Liebe. Und wenn ich sie von mir wies, dann hob sie langsam den Kopf, ein unendlich schmerzlicher Ausdruck lag auf ihrem Gesicht. Demütig kroch sie an mich heran, drückte wortlos den Saum meines Kleides an ihre fiebernden Lippen und glitt auf den Knien zur Tür hinaus.

Eine beklemmende Stille schwebte im Raum...

Ich war im Innersten aufgewühlt und konnte nicht schlafen. Die Ereignisse hatten mich verwandelt. Mein Machtwille war geweckt worden. Ich wollte ihm nicht verfallen, aber die Lust daran ließ mich nicht los. Tagsdarauf, während des Schulunterrichtes, kam ich wieder mit Marie-Thérèse in Berührung. Meine Augen blickten kalt und gleichgültig über sie hinweg. Ihre heißen Blicke aber hingen unablässig an meiner Gestalt, an meinen Bewegungen und an meinem Gesicht, und ich fühlte aufwühlend, was sie empfand...

Sie litt unerhörte Liebesqualen um meinetwillen...

———

In meiner Lehr- und Erziehungstätigkeit hatte ich bald schöne Erfolge aufzuweisen. Für Vorgesetzte und Zöglinge war ich eine maßgebende Pädagogin geworden, eine Respektsperson, die sich durchzusetzen verstand. Ich blieb nicht lange Hilfslehrerin, sondern rückte schon nach Jahresfrist in den Rang einer Hauptlehrerin mit festem Gehalt vor. Meine Abteilung galt als Musterklasse. Ich unterrichtete meine Schülerinnen mit Strenge und Ernst, sie wurden viel tüchtiger als früher.

Beim Unterricht forderte ich absolute Ruhe und Aufmerksamkeit, jede Abweichung davon wurde augenblicklich bestraft. Ein nachlässiges Mädchen wurde sofort zum Katheder herausgerufen und mußte sich mit auf dem Rücken gekreuzten Händen kerzengerade vor mich hinstellen. Ich faßte mit der linken Hand fest sein Kinn und verabreichte ihm mit der rechten eine schallende Ohrfeige. Ich wechselte dann um und es bekam auf seine rechte Wange eine ebenso klatschende Ohrfeige. Wenn ein Mädchen nicht gesonnen war, still und gehorsam seine Ohrfeigen hinzunehmen, sagte ich eiskalt und gelassen: »Willst Du lieber mit mir in den Bußraum gehen? Du kannst ja selbst wählen, aber Du weißt, daß es dann heißt: die Hosen herunter!« — Eine so stramme Zucht wurde von allen Vorgesetzten anerkannt und gutgeheißen und ich konnte selbst beim Ohrfeigengeben die intensivsten sinnlichen Wonnen empfinden.

Die freien Nachmittage verwendete ich für Privatunterricht und zu meiner weiteren Ausbildung. Durch Stundengeben erhöhte sich mein Einkommen, ich besuchte Vorlesungen an der Sorbonne, ging oft ins Theater, um klassische und moderne

Stücke zu sehen, konnte meiner Leidenschaft für Bücher nachgeben und in Konzerten gute Musik auf mich einwirken lassen. Ich bestrebte mich, das moderne Leben in jeder Hinsicht zu verstehen. Bisher hatte ich noch nichts vom bildenden Einfluß der Gesellschaft erfahren. Aus Büchern und Beobachtungen glaubte ich das Leben zu kennen, aber dies war falsch. Meine ganze Leidenschaft lag in der Welt der Erkenntnis. Für alles Grob-Materielle hatte ich nur sehr temperierte Empfindungen übrig.

Durch Erteilen von deutschem, französischem und englischem Unterricht an erwachsene Schüler kam ich mit Menschen in Berührung, die ich interessant und anregend fand. Damals begann meine Freundschaft mit Dr. Albert van Steenberghe, dem belgischen Augenarzt, der seine Studien in Paris und Wien absolvierte und bei mir die deutsche und englische Sprache erlernte; mit Antonin Guiselin, einem französischen Leutnant aus der Schule St. Cyr, der bei mir deutschen Unterricht nahm, ferner Jean und Marie Rohan, deren treue Freundschaft für mich sich trotz feindlicher Gewalten durch Krieg und Not und Unglück standhaft bewährte, — und noch viele andere.

Ich versuche hier, meine damalige Erscheinung innerlich und äußerlich zu schildern, wie ich als exzentrisches junges Mädchen meine Persönlichkeit ausdrückte, und will damit darlegen, wie sich ein freier Charakter, unbeeinflußt von fremden Elementen, zu seiner Selbstverwirklichung durchrang.

Ich war frei von jeder Koketterie, natürlich-dezent in Haltung, Kleidung und Lebensform. Eitelkeit und jedes »Gefallenwollen« war mir fremd. Das Fehlen alles Konventionellen, Gekünstelten, Absichtlichen verlieh mir Macht über andere. Es war nicht mein Verdienst, daß ich auf dieser Höhe stand, sondern die gute Aufzucht durch mehrere Geschlechterfolgen, Muttererbe und strenge Kinderstube hatten das Phänomen hervorgebracht.

Ich war groß, schlank, hüftenlos wie die griechischen Epheben. Meine Augen waren blau, die Haare blond und leicht gewellt, Gesicht und Hände schmal. Meine körperliche Gestalt war gynandrisch. Meine geistige Einstellung, meine starken Lebensinstinkte, meine Energie im Wollen, der Drang nach Unabhängigkeit waren nach den damaligen Begriffen des

Frauenideals »unweiblich«. Dieses Urteil wurde mir in keiner Weise gerecht, denn man übersah das in Linien nicht zu Bannende meines Weibtums: die Mütterlichkeit. Sie barg im Letzten die Enträtselung und das Anziehende meines Wesens in sich. In mir wohnte die Dämonie der Mütterlichkeit, die sich mit ursprünglicher Selbstverständlichkeit auf Kinder und Erwachsene, Tiere und Dinge niederneigte und meinen Rang bestimmte.

Meine Sprache war klar, mit individuellen Ausdrücken gesprochen und verriet die Natürlichkeit meines inneren Wesens. Meine Stimme war weich und leise und wurde angenehm und melodisch empfunden. Nie war ich befangen oder verlegen, immer besaß ich die Sicherheit meiner Eigenart. Phrasen und Redensarten machte ich nicht. Ich schloß niemals Kompromisse, machte niemals Konzessionen — nicht einmal dem Leben selbst.

Männer unterlagen wohl meinem Einfluß, aber nicht wie der Mann dem Weibe, sondern wie ein schwacher Wille dem stärkeren unterliegt. Das Geschlecht eines Menschen hatte für mich keine Bedeutung. Der »Mann« im Manne war mir gleichgültig, ich suchte den Menschen in ihm oder vielmehr noch das Kind, das in jedem Mann steckt. Im Manne, im Weibe und im Kinde suchte und liebte ich immer das hingebende Mitgeschöpf, das nach irdischem Wohlsein verlangt.

Sinnliche Begierden eines Mannes mir gegenüber verletzten mich: von einem Manne wollte ich nicht als Sexualobjekt betrachtet werden. Ich wollte die Unterschiede der Geschlechter verwischen und eine Basis finden, wo es nicht mehr Mann und Weib, sondern nur mehr Mensch und Mensch gibt. Mit meinem Ausdruck wollte ich Mann und Weib, auf einer höheren Stufe, einander gleichstellen, denn im gleichen Niveau angelangt, sind sie nicht mehr und nicht weniger.

Ich zeigte nicht den blassesten Schimmer für das, was man »männliche Würde« nennt und männliche Dünkelhaftigkeit konnte vor meinen Augen nicht bestehen. Als Ideal des höheren Typus Mensch schwebte mir von Jugend an die Entwicklung einer selbstherrlichen Frau von Geist und Charakter mit den Eigenschaften eines Gentleman vor Augen. Woher mir dieses Ideal kam, weiß ich nicht, es lag schlummernd in meinem Innern und kam mir sicherlich nicht von außen.

Allem Konventionellen war ich tief abgeneigt. Ich verabscheute nichts so sehr als den anmaßenden Gecken, der seine innere Hohlheit durch vornehmes Getue und Prahlerei zu verdecken suchte. Die Beherrschung der gesellschaftlichen Umgangsformen war für mich niemals Komödie. Ihr Sinn schien mir gerade darin zu liegen, daß der sie beherrschende Mensch mit freundlichem Wort, liebevoller Gesinnung und guter Tat, sowohl offen als auch verborgen, seinen Mitmenschen und der Umwelt begegnet. Der vollkommene Mensch soll wirklich auch innerlich das sein, was er nach außen darstellt.

Für die »Frauenfrage«, die in jener Epoche auf der Tagesordnung stand, interessierte ich mich nicht. In meinem Geiste lebten die Frauen bereits als vollkommene, freie Persönlichkeiten von eigenem Wert, eigenem Charakter und eigenen Interessen mitten unter der arg verheuchelten Gesellschaft. Ich selbst tat ganz so, als ob eine wesentlich bessere Welt bereits existiert hätte. Ich ging unbekümmert meine eigenen Wege...

Das Ziel der Frau schien mir nicht zu sein, dem Manne als Sexualobjekt zu dienen, sondern ihren eigenen Lebensinstinkten zu folgen. Es schien mir das Muttertum des Weibes und jene überpersönliche Mütterlichkeit, die ich Erziehung nenne. Der Mann kann nicht erziehen, es sei denn, daß er eine so ausgesprochen feminine Natur ist wie Pestalozzi und Froebel. Der Mann sollte sich zeitlebens von der Frau erziehen lassen, sonst fällt er leicht in den unerwünschten Urzustand des Raubtieres zurück.

Sexuell ist das Weib von Natur aus viel inniger an das Kind gebunden als an den Mann. Ihn kann es geschlechtlich entbehren, aber nicht das Kind. Für den Mann erschöpft sich die geschlechtliche Handlung mit dem animalischen Sexualakt, für das Weib aber ist er der Ausgangspunkt zum geschlechtlichen Handeln. Ihr hat die Natur in der Mutterschaft eine Fortsetzung des Liebesprozesses und Steigerung ihres Trieblebens gewiesen. Die höher organisierte Frau betrachtet die naturgewollte Geschlechtsvereinigung zwischen Mann und Weib als animalischen Akt ohne Seele und Geistigkeit, dessen Rechtfertigung sie nur anerkennt, wenn er der Arterhaltung dient. Die erotische und sexuelle Geistigkeit beginnt für sie mit der Sublimierung der Naturtriebe, die den Menschen von allem

Animalischen befreit und zur Geistigkeit der höchsten Wonnen hinaufleitet.

Die Entwicklung einer höheren Art Mensch ist nur dort möglich, wo die Region des Geistes beginnt. In der erotischen Einstellung der Frau zum Kinde wirkt sich ihre Mütterlichkeit als souveräne, gestaltende Kraft des weiblichen Urinstinktes überpersönlich aus. Die Erziehung und Pflege des Kindes ist für die Frau eine lustbetonte erotische und sexuelle Handlung, die ihr ganzes Leben ausfüllt. Sie l i e b t, wenn sie erzieht. Sie liebt, wenn sie z ü c h t i g t, denn ihre scheinbare Grausamkeit ist nur ein höherer Grad ihrer Zärtlichkeit.

Ich selbst war schon sechzehn und siebzehn Jahre alt, als ich noch immer gezüchtigt wurde. Es war mir eine unbeschreibliche Sensation, eine beispiellose Erschütterung der Nerven, ein Zusammenströmen des Blutes in rasendem Tempo und ein mit nichts zu vergleichendes seelisches Erlebnis von solcher Stärke, daß es meinem innersten Wesen die höchsten Fähigkeiten und Eigenschaften entlockte. Nach solchen Erschütterungen war ich am fähigsten, das Höchste an Leistungen zu vollbringen, ich war emporgehoben und befreit von aller irdischen Schwere des Körpers. Alles Schlechte in mir schwieg und ich fühlte mich einem Engel gleich.

Niemand sprach über solche Wirkungen. Aber es ist klar, daß sie dem Kinde notwendig sind. Alles war unbewußt in mir und ich dachte nicht weiter darüber nach. Ich hielt mein So-Sein für etwas ganz Natürliches, betrachtete es als normal und glaubte, daß die andern Menschen ebenso beschaffen wären.

Heute bin ich überzeugt, daß ein Kind – vielleicht jedes Kind – die Sensation der körperlichen Züchtigung durch die Mutter oder die dazu berufene Frau braucht, um sein Empfindungsleben nicht in der indifferenten Eintönigkeit einer rein materiellen Erziehung verkümmern zu lassen.

Warum vermeidet man denn in der Erziehung so ängstlich, das Kind »aufzuregen«? Das Kind sucht und braucht solche »Aufregungen«, und es ist gewiß, daß dadurch allein der Geist und das Empfindungsvermögen des Kindes ins Ungeahnte gesteigert werden. Es gibt so viele armselige Menschen, die gar nicht erotisch empfinden können und das Wesen der Kunst nicht begreifen, weil ihnen der Geist fehlt. Sie alle sind unselige Opfer einer rein materiellen Erziehung zur Nützlichkeit und nicht imstande, sich über das Animalische ihrer Geschlechtsfunktionen zu erheben.

Meine Jugenderziehung ohne schwächliche Verzärtlung zeitigte das Phänomen, daß mein erotischer Machtwille mir die höchste und schönste Erfüllung als Mutter und Erzieherin gewährte. Das Strafen der Kinder wirkte erregend auf mich, ohne daß ich etwas Besonderes darin gesehen hätte. Die erotischen Hintergründe dieser rätselhaft erscheinenden Handlungen lagen in den Tiefen meines Trieblebens verborgen. Der Trieb zur Mutterschaft mit seinen Auswirkungen und seinem Willen zur Macht ist eine Naturtatsache, die jenseits jeder moralischen Wertung liegt.

Was von der Urzeit her das metaphysisch Weibliche ausmacht, das Muttertum, darin liegt das Typisch-Sexuelle der Frau und zugleich die verschiedene Zielrichtung des männlichen und weiblichen Eros.

V.

NEUE EINDRÜCKE

Die Atmosphäre des Pariser Lebens, der Aufenthalt und die mich fesselnde Betätigung im Kloster, die Berührung mit Menschen, die mir wertvoll schienen, wirkten auf meine Entwicklung sehr günstig ein. Gemütsdepressionen und Selbstmordideen waren geschwunden. Aber auch das Elternhaus war für mich versunken und untergegangen. Ich hatte kein Verlangen nach persönlicher oder brieflicher Verbindung mit Vater oder Stiefmutter oder Schwester. Mein Kontakt mit ihnen löste sich von selbst durch die räumliche und zeitliche Entfernung, hatte sich aber vollends verflüchtigt durch mein geistiges Abrücken von einer Welt, der ich längst nicht mehr angehörte.

Die erotischen Beziehungen zwischen mir und Soeur Marie-Thérèse nahmen ganz gesetzmäßig ihren Lauf bis zum Höhepunkt der Leidenschaft. Abend für Abend, auch wenn ich nach Mitternacht heimkehrte, fand ich die Liebende in demütiger Haltung vor meiner Zimmertür, barfüßig, in langem Nonnenhemd und weißem Nachthäubchen hingekauert, in bebender Angst, von andern Nonnen gesehen und der Oberin angezeigt zu werden. Lautlos huschte sie hinter mir in mein

Zimmer, half mir beim Auskleiden, diente mir mit der hündischen Demut einer frommen Magd, verschaffte mir mit ihrer kosenden Zunge ekstatische Liebeswonnen und ging stillschweigend fort, wenn ich sie wegwies. Niemals äußerte sie ein Wort des Mißmutes, niemals erfuhr sie von mir die leiseste Vergeltung ihrer Liebesdienste ...

Eines Nachts aber wollte sie mich nicht verlassen. Sie machte den Eindruck einer Irrsinnigen. Die fieberhaft weitaufgerissenen Augen starr ins Leere gerichtet, das kongestionierte Gesicht waren die Anzeichen des Wahnsinns ...

»Du meine Göttin, stoße mich heute nicht von Dir! Vernichte mich, doch erst laß mich Dir sagen, was mich vernichtet: Die Liebe zu Dir in meinem Herzen, die zehrende Sehnsucht nach Dir, nach D e i n e r Liebe tötet mich!« — stieß sie stammelnd hervor.

Ich sah sie in ekstatischer Hingebung vor mir auf den Knien liegen und der Machtrausch fiel mich an: w o e i n e S k l a v i n w i n s e l t, m u ß e i n e H e r r i n h e r r s c h e n! — durchzuckte es mich. Mein ganzer Körper stand in Flammen wie noch nie zuvor. Ich fühlte plötzlich: sie ist die Ergänzung zu meinem Wesen. Mit ihr verbunden zu sein, hieße für uns beide, ein Ganzes sein. Sie und ich waren einzeln nur arme Halbheiten, die nach Ganzheit strebten.

»Ich besitze magische Kräfte und Du fühlst sie«, sagte ich zu ihr, um sie zu quälen; »Du liebst mich und bist meiner Macht mit Leib und Seele verfallen! — Ich aber liebe Dich nicht!«

Marie-Thérèse empfand qualvoll meine abweisenden Worte, die kalt und brutal an ihr Ohr schlugen. In der Liebenden erhob sich die letzte Schlacht. Der Kampf, der sich zwischen Liebenden vor der äußersten Preisgabe abspielt, bildet auch den letzten und unlösbarsten Seelenzwist. In jenem entscheidenden Augenblick verlangt die Liebe die Höchstbetonung beider Elemente. Die demütig hingebende Kreatur wehrt sich nicht weniger gegen das übergroße Selbstbewußtsein als die selbstherrlich machtvolle Seele gegen die selbstlose Hingabe der Partnerin.

In atemloser Stille hörten wir unsere Herzen schlagen. Dieses elementare Ereignis unserer Gefühle empfanden wir in uns zu einer unendlich angespannten, höchsten Notwendigkeit anwachsen. Wie im Traum riß Marie-Thérèse Nachthemd und Häubchen von sich. Eine Ledergeißel fiel dabei zu Boden, deren Riemenstreifen sich wie Schlangen wanden. Mit inbrünstiger Bewegung faßte Marie-Thérèse nach dem leblosen Instrument und hielt es mir entgegen. In ihren zitternden Händen bekam die Geißel Leben und schlängelte sich an mich heran.

»Peitsche mich und züchtige mich, um mir die sündhaften Triebe auszutreiben. Ich allein vermag dem Bösen nicht zu wiederstehen! Geißle mich bis aufs Blut, bis ich bei Lebzeiten ausgeglüht, erloschen bin, — kühl und heilig geworden im Herzen...«

Ihre ekstatischen Worte trafen mich mitten ins Herz. In Verzückung lag die Liebende vor mir auf den Knien, der hüllenlose, schöne Körper leuchtete in blendender Weiße, das Gesicht war tief über die wohlgeformte Frauenbrust geneigt, die im Nacken kurzgeschnittenen braunen Haare fielen in weichen, wirren Strähnen über Stirn und Augen, die blütenhaft zarten Hände ausgestreckt, reichten mir die Peitsche empor... Die suggestive Gewalt dieses ungewöhnlichen Bildes wirkte auf meine erregten Sinne...

Instinktiv nahmen meine Hände die dargebotene Geißel entgegen. In wilder Leidenschaft sausten die breiten Lederriemen Schlag auf Schlag in klatschenden Akkorden auf Schultern, Rücken, Gesäß und Schenkel der von rasender Sinnlichkeit trunkenen Nonne nieder. Ihr Körper wand und wälzte sich unter meinen Hieben, ihre Hände vergruben sich zwischen den Schenkeln, ihre Finger verloren sich in der geheimnisvollen Spalte zwischen ihren Schamlippen und rieben in fanatischem Eifer das brennende Zentrum der Wollust... Und ihrem Munde entrang sich ein lautes Stöhnen... Klagend und voll brünstiger Glut tönte es an meine Ohren: »...Noch! ...oh... noch mehr!... ich vergehe... noch... n o c h ...ohhhhhh...Du meine Geliebte... Du meine Göttin... mehr... mehr... jetzt... oh, meine G e l i e b t e... j e t z t... jetzt... jetzt...«

Immer wilder fielen meine Schläge, immer inbrünstiger nahm sie der verzückte Körper hin — bis sich die Wollust des Schmerzes mit dem Orgasmus himmlischer Seligkeit vermengte...

Stundenlang dauerten die Wonnen, die fürchterlichste Erregung ergriff mich, ich fühlte die wunderbarsten, süßesten Zuckungen in meinem Geschlecht, es jubelte in meinem Herzen: ich l i e b e Dich, Marie-Thérèse, – ich l i e b e D i c h mit meiner ganzen Seele – und während ich sie grausam peitschte, empfand ich die wonnigsten Gefühle der zärtlichsten Liebesglut in meinem Schoß ... Stundenlang sah ich das süße Bild vor meinen Augen und stundenlang hörte ich das klagende Wolluststöhnen der Geliebten ...

Mit solcher Inbrunst durchlebten wir Ekstasen reinster und höchster Erotik – losgelöst von jeder sinnlichen Funktion. Marie-Thérèse versank in die Verzückungen mittelalterlicher Heiliger. Ich war der Heiland, der sie erfaßte, sie erhob ihre Augen anbetend zu meinem Gesicht, das mit mystisch-grausamen Lächeln auf sie herabsah und dessen Züge nur eines verrieten: den unbeugsamen Willen zu herrschen.

Was wäre dieses Erlebnis denn gewesen ohne die Allmacht ihrer Suggestion, der ich unterlag? Eine alberne Komödie, nichts weiter. So aber war es das Stärkste, Mächtigste, das ich mit ihr erleben konnte ... In mir war ein immerwährendes Gespanntsein der ganzen Persönlichkeit, des Geistes und des Körpers, eine Spannung durch Marie-Thérèse, und sie allein konnte mit jeder Regung ihrer Seele meine Empfindungen zur Auslösung bringen ...

Diese geheiligten Ekstasen dauerten Monate und Monate. Endlich überschritten sie den Höhepunkt. Marie-Thérèse begann mir lästig zu fallen. Ganz leise kam die Erkenntnis über mich, daß dieses Erlebnis mir die Befreiung meines Selbst von den Fesseln erotischer Gebundenheit gebracht hatte. Ich mied Marie-Thérèse wo ich konnte, stieß sie zurück. Je brutaler ich sie von mir wies, desto zäher klammerte sich die unglücklich Liebende an mich. Stumm blickte ich in ihre Augen und die Ahnung wurde in mir wach, daß nicht die »Persönlichkeit« an uns das Wesentliche ist. Ich neigte mich ganz nahe zu ihrem Gesicht und fragte mit eisiger Kälte die Frage, die mein Inneres erfüllte: »Wozu das alles?« – Sie senkte die Augen, ließ die Arme schlaff herabhängen und wußte keine Antwort ...

Mir waren diese fürchterlich aufwühlenden, aber auch wunderbaren Ekstasen ein wichtiger Abschnitt meines Lebens. Vielleicht der Wichtigste, denn sie waren die Grundlage geworden für das, was nachher kam. Ich mußte erst im Innersten erschüttert und umgewühlt werden, um der Erfüllung meines Wesens entgegenzureifen. Ich mußte erst alle Höhen und Tiefen erotischen Erlebens durchwandern, um zu erkennen, daß hierin nicht das Letzte und Endgültige lag.

Ich fühlte die Atmosphäre des Klosters schwül und drückend auf mir lasten. Zu welchen Ufern, zu welchen Zielen führt mich mein Weg? — Der Hunger nach Ewigkeit, nach Verneinung aller Schranken konnte sich doch nur in der L i e b e erfüllen. Nur in der M u t t e r l i e b e !

Ich war fünfundzwanzig Jahre alt und wirkte bereits fünf Jahre im Kloster. Ich war meiner Stellung überdrüssig und wollte fort. Ich teilte der Oberin meinen Entschluß mit und ersuchte um meine Entlassung. Sie wurde mir gewährt und es schien mir, als öffneten sich mir von selbst alle Tore der Welt. Mein Blick war weiter und freier geworden und mein Lebensvertrauen grenzenlos.

Zufällig kam mir eine Wiener Zeitung in die Hand, worin ich eine Anzeige las, die mir auf den ersten Blick gefiel. Eine Dame der Gesellschaft suchte eine französisch sprechende Gesellschafterin. Ich schrieb, daß ich bereit wäre, diese Stelle anzunehmen. Ein Brief aus Baden bei Wien brachte mir die gewünschte Antwort, ich möge kommen. Die Dame hieß Maria Denka, hatte keine Kinder und langweilte sich an der Seite ihres Gatten. Rasch entschlossen nahm ich Abschied vom Kloster, verließ Paris und reiste nach Wien, um neue Eindrücke und Erlebnisse zu empfangen.

In Wien angekommen, mietete ich ein Zimmer und schrieb nach Baden, daß ich angekommen sei. Zwei Tage später erhielt ich den Besuch einer Dame. Sie war ungefähr zweiunddreißig Jahre alt, sehr elegant und hübsch, mittelgroß und von voller, üppiger Gestalt. Ihr Äußeres entsprach vollkommen dem Ideal tschechischer Frauenschönheit. Das runde Gesicht mit den vollen, roten Wangen war liebreizend und sympathisch, die großen tiefblauen Augen blickten sanft und seelenvoll. Eine reiche kastanienbraune Haarfülle bauschte sich unter dem breitrandigen Sommerhut hervor. Die ganze Erscheinung ihres Wesens war von liebreizender Anmut umflossen und nahm gleich für sich ein.

»Wollen Sie jetzt mit mir nach Baden kommen?« fragte

nach formeller Begrüßung und Vorstellung Frau Denka mit verbindlichem Lächeln um die feinen Lippen; »ich fühle mich so einsam und brauche Anregung. Sie werden auch gleich beurteilen können, ob es Ihnen bei mir gefällt. Wenn ja, was ich hoffe, dann bleiben Sie ganz bei mir.«

Gern willigte ich ein, mitzukommen, packte das Nötigste ein und fuhr mit Frau Denka nach Baden. Während der kurzen Bahnfahrt erzählte sie mir sehr offenherzig von ihrem leeren, nutzlosen Leben, von ihrer banalen Ehe und ihrer trostlosen inneren Einsamkeit. Wortlos hörte ich ihr zu, denn was sie erzählte, klang mir so fremdartig und wenig angenehm, daß ich nichts zu erwidern wußte.

In ihrer luxuriös eingerichteten Villa in Baden stand mir ein Mansardenzimmer zur Verfügung, in welches mich Maria gleich nach unserer Ankunft führte. Zum Tee sollte ich erst hinunterkommen.

Ich erschien im Salon und lernte ihren Gatten Zdenko kennen. Typus: österreichischer Reiteroffizier nach Körperdrill und Mentalität. Gestalt: groß, schlank, schmal und elegant, guter Reiter, guter Jäger, gute Manieren. Salongespräch: übliche Phrasen, Klatsch über abwesende Freunde, Tratsch über Frauen, frivole Witze und langweiliges Geplapper. Neben ihm: sein Freund Kary, sein Ebenbild und Schatten, mit dem er auf das intimste liiert schien, was beide äußerlich durch gleiche Kleidung, gleiche Neigungen, gleiche Redensarten und forcierte Unzertrennlichkeit ostentativ zum Ausdruck zu bringen für chic fanden.

Mit Maria war ich sehr bald vertraut. Sie führte tatsächlich ein inhaltleeres, banales Gesellschaftsleben, das ich anfangs gezwungen war, an ihrer Seite mitzumachen. Dieser Umstand machte mir den Aufenthalt in ihrem Hause recht lästig. Vormittags: Tennispartie, Musik im Kurpark, Promenade, Rendez-vous mit Bekannten der gleichen Gesellschaftssphäre, Austausch der ewig gleichen Phrasen und Meinungen, leeres Geschwätz und nichtssagendes Geplauder untereinander. Mittagessen zu Hause unter Beiziehung einiger Gäste. Siesta. Nachmittags: Ausflüge oder Ausfahrten, Jause, Kartenspiele und Tanz. Abends: Gesellschaft, Theater und Konzerte. Tag für Tag das gleiche Nichts. Und ich als Staffage, ganz beziehungslos überall mit dabei.

Zunächst freilich fügte ich mich scheinbar in das banale Treiben, aber es war ein völliger Leerlauf meines Lebens. Meine Werte lagen einzig in geistigen Dingen und so konnte ich mich nur als Fremdling unter diesen Menschen fühlen. Die Mittel, nach denen ich griff, um meinen Unmut auszudrükken, bestimmten Maria, mich von unbequemem Umgang und Verdrießlichkeiten fernzuhalten.

Mein Mißfallen richtete sich hauptsächlich gegen den widerlichen Geschlechtsmaterialismus, den diese sonst so prüde und verheuchelte Gesellschaft offen zur Schau trug, aber auch gegen die Mißachtung und Verhöhnung anderer Menschen und anderer Meinungen.

Von jenen ersten gesellschaftlichen Erfahrungen in Baden blieb mir für immer eine tiefe Abneigung gegen die »Geschlechtsmoral« der sogenannten »guten« Gesellschaft zurück. Mein Verweilen in dieser Umgebung schien mir ein faux pas. Ich hatte mich eben den Menschen und Dingen hingegeben, ohne sie zu kennen. Ich fand die Art ihres Auftretens äußerst geschmacklos, frivol, abstoßend und hohl. Ich hielt mit meinem ungünstigen Urteil Maria gegenüber nicht zurück und sie gestand mir offen, daß auch sie darunter leide.

Eines Tages, an einem verregneten Nachmittag, fand ich Maria weinend in ihrem Boudoir, auf der Chaiselongue hingestreckt. Sie schien sehr unglücklich zu sein und klagte mir in bitterer Empörung, daß ihr Mann furchtbar roh zu ihr sei und sie brutalisiere. Ich tröstete sie so gut ich dies vermochte, kehrte alle Lichtbilder ihres Gatten mit der Vorderseite gegen die Wand, so daß die leere Kehrseite des Rahmens das Zimmer verunzierte. Maria lächelte unter Tränen. Zärtlich nahm sie meine Hand, zog mich ganz nahe zu sich heran und wünschte, daß ich mich an ihre Seite auf die Chaiselongue lege, um mit ihr auszuruhen. Ich tat bereitwillig, was sie verlangte. Meine heiteren Worte wirkten wie Balsam auf ihre sanfte Seele.

Nach dem Abendessen gehe ich in mein Zimmer hinauf und schreibe Briefe. Gegen Mitternacht höre ich an meiner Tür leise klopfen. Es ist Maria, die mit aufgelöstem, bis zu den Knien reichendem Haar, nur mit einem langen Batisthemd bekleidet, zu mir ins Zimmer tritt. Ich lege zärtlich meinen

Arm um ihre Schultern, küsse sie flüchtig auf die Wange und führe sie wortlos an mein aufgedecktes Bett.

Mit halbgeschlossenen Augen liegt sie selig lächelnd an meiner Seite und läßt sich liebkosen. Der matte Schein der Deckenlampe beleuchtet ihren weißen Frauenkörper. Ich bemerke Spuren von Mißhandlungen, Striemen, blaue Flecke und rotunterlaufene, geschwollene Wülste. Fragend blicken meine Augen in ihre süßen Züge und fordern Antwort. Sie errötet und lispelt beschämt das Wort »Zdenko«. Nun wußte ich, daß er sie schlug. Ich fragte nicht mehr und verschloß ihr den Mund mit Küssen...

In meinen Umarmungen genoß sie die Liebe, die sie bisher noch nicht kennen gelernt hatte. Ihre Lebensinstinkte schlummerten noch und mußten erst geweckt werden. Der eheliche Koitus ihres Gatten hatte ihr niemals den Geschlechtsgenuß bereitet, nach dem sie sich unbewußt sehnte. Sie hatte auch noch niemals selbst onaniert. Die Liebe war für sie eine terre inconnue, die ich ihr erst kundig erschloß...

Von nun an war Maria Nacht für Nacht bei mir. Tagsüber weinte sie nicht mehr, sie wandelte selig wie im Traum umher, ihre Augen strahlten in unergründlichem Glanz und ein süßes Lächeln verklärte ihre Züge. Sie schien unendlich verschönt und verzaubert, und das Geheimnis der Liebe umwitterte ihre Gestalt...

Nach kurzer Zeit brachte meine Anwesenheit im Hause Denka's Abwechslung und Anregung in die gewohnte Gesellschaft. Ich revoltierte gegen ihre sinnlosen Vorurteile und die Beschränktheit der Geister. Zdenko, Maria und alle Freunde des Hauses standen bald im Banne meiner Ideen. Ich war überzeugt, daß mich niemand verstand, wenn ich sprach, und daß es niemandem einfiel, auch nur eine Sekunde über meine Gedanken nachzudenken. Man lauschte meiner Stimme, meiner Art zu sprechen, aber nicht dem Inhalt meiner Worte und nicht dem Sinn meiner Rede.

Ganz besonderen Eindruck schien ich auf einen angeblich schöngeistigen Offizier gemacht zu haben, der bei Denka's verkehrte und Erwin Szaro de Nagy-Eged hieß. Er war der einzige Sohn eines ungarischen Generals, wirkte als Lehrer an einer Kadettenschule und stand im Begriff, den Militärdienst wegen unbefriedigter Neigung zur Schriftstellerei zu verlassen.

Sein literarisches Gebiet waren Militär-Humoresken, die beliebteste und seichteste Lektüre der damaligen guten Gesellschaft.

Dieser Mensch im Alter von sechsunddreißig Jahren war ein Koloß an Stärke und Dicke und hatte bereits als Militärschriftsteller einen Namen. Ich fand nicht das geringste Gefallen an ihm. Merkwürdigerweise verliebte er sich gerade in mich, die ich rein äußerlich sein Gegensatz war.

Seine maßlose Verliebtheit kam in seinem Verhalten zu mir offen zum Ausdruck, wurde von der ganzen Welt bemerkt und gab zu Eifersüchteleien Anlaß. Zdenko witzelte über ihn, machte ihn in meinen Augen lächerlich und suchte alles zu hindern, was einem Zusammentreffen zwischen mir und ihm günstig gewesen wäre. Erwin aber tauchte überall dort auf, wo er mich zu treffen vermutete. Es war unvermeidlich, daß jeder Schritt und Tritt mich mit ihm zusammenführte. Er hieß deshalb der »Unvermeidliche«. Er wartete vor der Villa, um uns zur Kurmusik abzuholen; er vereinbarte mit mir ein Rendez-vous und lauerte mir beim Hause auf, um sich mir gleich anzuschließen. Er zeigte die alberne Verliebtheit eines Siebzehnjährigen und hatte höchst komische Einfälle, um mir seine Gefühle zu beteuern.

Mir mißfiel der Offizierstand als sichtbar gewordenes Prinzip des befohlenen, kriegsmäßigen Menschenmordes. Ich begriff nicht, daß sich diese Leute nicht mißbraucht fühlten, entwürdigt, entmenschlicht zum Werkzeug des starren Mechanismus der »Wehrmacht«. Erwin Szaro de Nagy-Eged kannte meine tiefe Abneigung gegen seinen Stand und schämte sich seiner Uniform, wenn ich zu ihm davon sprach.

Eines Abends, als ich schon zu Bett gegangen war, pochte es stürmisch an meiner Zimmertür. Ich wußte, daß Maria wegen Unwohlsein zu Bett lag und nicht zu mir kommen konnte. Auch trat sie immer ohne anzuklopfen herein, denn für sie blieb meine Tür immer unversperrt zugänglich. Sie konnte es also nicht sein. Ich glaubte, es sei das Stubenmädchen und rief es beim Namen. Statt jeder Antwort, erneutes Klopfen. Es konnte doch nicht Erwin sein, der mich auf eine so ungehörige Art störte...? Ich schob den Riegel nicht fort, sondern fragte nochmals, was man von mir wünsche. Eine winselnde Männerstimme antwortete draußen im Flüsterton:

»Mach mir auf! Du machst mich ja verrückt! Du behandelst mich wie einen Hund! – Mach auf oder Du treibst mich zum Wahnsinn!«

Es war Zdenko! Ich stand in seinem Hause unter seinem Schutz und war empört, beschämt und voll grimmigen Zorn. Vor meiner Tür draußen winselte der Mann in sinnlichem Aufruhr:

»Gefällt Dir denn der Dickwanst besser als ich? – Wie? Ich werde nicht dulden, daß er Dir nachstellt... ich schieße ihn nieder! – Mach auf und laß mich zu Dir... tu mit mir, was Du willst! – Ich will Dir angehören... mach mir auf!... Laß mich zu Dir hinein...«

Ich war starr vor Entsetzen, rührte mich nicht und blieb stumm. Atemlose Minuten vergingen... Zdenko winselte und drohte vor Wut. Dann verlegte er sich auf schmeichelndes Bitten und bettelndes Flehen:

»Nimm mich nur als Deinen Sklaven, behandle mich als Deinen Hund, der gehorcht, wenn Du befiehlst... Laß mich doch zu Dir!... Mach mir auf...«

Als alles nichts fruchtete, ging er fort. Aber nach einer Weile kam er wieder, klopfte wieder – ununterbrochen, flehte, bat, drohte, befahl, ging wieder weg und – kam wieder an meine Tür. Jetzt war es sinnlose Raserei, die ihn antrieb, fortriß und irrsinnig machte. Röchelnd vor Ohnmacht, stieß er wilde Drohungen und wüste Beschimpfungen aus und tappte in der Dunkelheit umher:

»Wenn Du mir nicht auf der Stelle öffnest, sprenge ich die Tür auf und überfalle Dich! – Spiel nicht mit mir, Du... Mach auf, oder ich knalle Dich nieder... und ihn... diesen Schuft... Ich gehöre Dir! Mach mir auf... mach mich nicht rasend... sonst – – – Oh! Du weißt nicht... wie ich Dich l i e b e...«

In diesem Ton ging es fort, endlos. Ich hielt den Atem an, lauschte auf jedes Geräusch und sah gespannt nach der Tür. Zdenko stemmte sich draußen mit seiner ganzen Körperkraft gegen die schwache Tür, die Füllung wölbte sich merklich unter der Gewalt dieses Rasenden. Rasch sprang ich aus dem Bett, eilte ans Fenster und war entschlossen, in den Garten hinunterzuspringen, wenn die dünne Tür unter der Kraft des Irrsinnigen nachgab. In abgebrochenen Sätzen fluchte, winselte, flehte, drohte, pochte und polterte dieser Mensch draußen vor meiner Tür weiter ...

Der Morgen graute bereits, es mußte schon gegen vier Uhr sein. Die Tür gab nicht nach. Jetzt endlich wurde es still. Ich hörte seine davoneilenden Schritte. Wie ein Betrunkener torkelte er die Treppe hinab und war fort. Befreit aufatmend, stiegen mir Zorn und Empörung ins Bewußtsein auf. Meine Verachtung für diesen Menschen war so grenzenlos tief, daß ich keine Sekunde unter seinem Dache bleiben wollte. Ich kleidete mich an, packte meine Reisetasche, schrieb an Erwin einige Zeilen, daß er um sieben Uhr einen Wagen vor die Villa schicken und mich am Bahnhof zur Abfahrt des Wiener Zuges erwarten möge; es sei etwas Unerhörtes geschehen und ich müsse unverzüglich von hier fort.

Ich klingelte dem Mädchen und ersuchte, den Brief sofort durch den Gärtner an Erwin bestellen zu lassen. Dann trug ich auf, Frau Denka mitzuteilen, daß ich ihr Haus verlasse; den wahren Grund würde sie später brieflich von mir erfahren. Ich fügte noch hinzu, daß jeder Versuch, mich zurückzuhalten, nutzlos und überflüssig sei.

Maria ließ mich in ihr Schlafzimmer rufen. Ich ging hinunter und sagte ihr zum Abschied ein trostloses Adieu. Sie saß in ihrem Bett und blickte mich mit erstaunten Augen verständnislos an. Sie sah meine traurige Miene, den übernächtigen, todmüden Ausdruck in meinem Gesicht und fragte, über mein schlechtes Aussehen erschreckt, in ahnungsvoller Besorgnis:

»Was ist geschehen? Was hat man Dir getan? Warum fliehst Du ...?«

Ich antwortete ihr nicht, stand stumm und starrte zu Boden.

»Sprich Dich doch aus zu mir, ich kann Dir ja helfen!«

»Bitte, frag mich um nichts,« gab ich verstört zur Antwort. »Versuche auch nicht, mich zu halten. Es wäre verfehlt, wenn ich bliebe ...«

»Du willst Dich mir nicht anvertrauen? Wie? So wenig bin ich Dir?«

»Doch, Liebste, ich will Dir alles schreiben, wenn ich fort bin. J e t z t k a n n ich nicht sprechen, aber Du hast ein Recht, alles zu wissen. Bleib mir gut. — Lebwohl, Maria!«

»Lebwohl, — und innigen Dank! Und denke an mich! Versprichst Du mir bald zu schreiben? – Ich werde Dich nie vergessen . . .«

»Ja. Ich verspreche es Dir! Adieu, Liebe!« . . . brachte ich mühsam hervor, schloß sie ein letztes Mal in meine Arme, küßte sie stürmisch auf Mund und Wangen und, ohne mich umzuwenden, stürzte ich aus ihrem Schlafzimmer.

Der Fiaker stand vor dem Hause, ich stieg ein und fuhr zum Bahnhof. Zdenko stand verstohlen hinter den Fenstervorhängen und sah meiner Flucht zu. Am Bahnhof wartete Erwin. Hastig und verworren erzählte ich ihm das Vorgefallene. Ich vertraute mich ihm völlig an. Er begriff, daß ich schutzlos dastand und fühlte, daß er für mich einzutreten hatte. Er betrachtete mich als seine Braut, wollte meine Ehre rächen und sich mit Herrn Denka duellieren. Ich beschwor ihn, nichts dergleichen zu tun, sondern nur den Verkehr abzubrechen. Ich versprach, nur für ihn allein und für sonst niemand in meinem Wiener Logis erreichbar zu sein.

In Wien angekommen, litt es mich nicht in meinem Zimmer. Ich konnte weder allein sein, noch unter Menschen gehen, so sehr fühlte ich mich durch dieses Abenteuer aus dem Gleichgewicht gebracht. Mechanisch ordnete ich meine Habseligkeiten im Reisekoffer wie für eine Abreise, studierte, ohne feste Absicht, die Eisenbahnfahrpläne, wählte einen Fernzug, der gerade bequem zu erreichen war und floh nach Sils-Maria. Ich hatte dies nötig, um die entsetzlich häßlichen Eindrücke der letzten vierundzwanzig Stunden loszuwerden und allen Verdrießlichkeiten zu entrinnen.

Nach einigen Tagen der Ruhe und Entspannung, schrieb ich von Sils-Maria einen Brief innigen Gedenkens an Maria Denka, berührte aber darin mit keiner Silbe das schwere Verschulden ihres Mannes, um die klare Erinnerung unseres Zusammenseins nicht zu trüben. Auch wollte ich sie nicht kränken durch die Preisgabe des Vorwurfes, der ihr gastliches Haus belastete. Sie war unter allen Umständen schuldlos wie ein Engel. Jedoch als Abschluß meines Briefes konnte ich nicht umhin, folgenden Satz niederzuschreiben: »Zdenko verdient die Peitsche!« – Hinterher ärgerte ich mich über diese unüberlegte Bemerkung, die besser unterdrückt worden wäre. Aber der Brief war bereits fort.

Dieser letzte Brief von mir an Maria gelangte niemals in

ihre Hände. Zdenko, der die Post übernahm, unterschlug die Briefe an seine Frau, behielt auch diesen für sich und antwortete mir darauf nach Sils-Maria, daß er bereit sei, von meiner Hand seine verdiente Züchtigung ergeben hinzunehmen. In seinem Schreiben erging er sich in Selbstvorwürfen und Entschuldigungen für seine unverzeihliche Handlungsweise und in eifersüchtigen Warnungen vor Erwin.

Dies war das letzte Lebenszeichen, das ich aus Baden empfing. Ich selbst habe niemals wieder geschrieben, bin Zdenko und Maria Denka in meinem späteren Leben nie wieder begegnet und habe auch niemals wieder etwas von ihnen gehört.

Als Erwin durch meine Nachrichten von meinem Aufenthalt in Sils-Maria erfahren hatte, reiste er mir nach und überraschte mich eines Tages buchstäblich mit seiner Ankunft. Er gestand mir offen seine tiefe Zuneigung und Liebe für mich, und daß er nichts sehnlicher wünsche, als mit mir einen Bund fürs Leben zu schließen.

Zwar liebte ich ihn nicht, zog aber die Aufrichtigkeit seiner Gefühle für mich nicht mehr in Zweifel. Ich machte zur Bedingung, daß er den Militärdienst verlasse, falls er ernstlich an eine Heirat mit mir denken wollte. Ich sagte ihm auch ohne Hinterhalt, daß ich wenig Eignung zur Ehefrau in mir fühle und bisher noch niemals in einen Mann verliebt gewesen sei.

Nach einigen in bestem Einvernehmen verbrachten Wochen verließen wir Sils-Maria und kehrten zusammen nach Wien zurück. Hier richtete mir Erwin eine Wohnung ein, ließ sich mit Wartegebühr vom Militärdienst entheben, um angeblich seine enorme Fettleibigkeit zu kurieren und suchte bald darauf um seine Pensionierung an. Zu jener Zeit zog er zu mir in die kleine Wohnung.

Unser Zusammenleben in der gemeinsamen Wohnung führte seitens Erwin zu intimer geschlechtlicher Annäherung an mich. Nur mit Widerstreben ließ ich dies anfangs geschehen. Ich fühlte nicht die Spur einer geschlechtlichen Erregung und verfolgte, kritisch beobachtend, die Taktik des männlichen Angriffes zur Erreichung des geschlechtlichen Zieles. Ich wehrte mich gegen die Zumutung, daß Erwin sich mit seiner schweren Körperfülle auf mich lege, fand sein sexuelles Begehren widerlich und abstoßend und den agressiven Zustand des männlichen Körpers in Bezug auf das Weib unästhetisch und unerträglich.

Als ihm endlich nach tagelangem Abmühen meine Deflorierung gelungen war, reagierte mein ganzer Organismus darauf mit Krankheit. Ich litt wochenlang an Brechreiz und Übelkeiten und lag von Fieberfrösten geschüttelt zu Bett. Von sexueller Erregung keine Spur! Es war mir widerwärtig etwas zu tun, das nur Unlustgefühle hervorbrachte.

Mein Körper wappnete sich mit unsichtbaren Waffen, umgab sich mit magischen Schutzkräften. Er strahlte einfach Abwehr-Wellen aus, deren Schwingungen so stark waren, daß sie den Mann in seiner geschlechtlichen Funktion lähmten und impotent machten, sobald er im Begriffe stand, den Sexualakt an mir zu vollziehen. Erwin, sonst ein kräftiger, normaler, sehr potenter und sinnlicher Mann, brach unter der Tatsache seiner geschlechtlichen Ohnmacht mir gegenüber seelisch zusammen. Für mich aber war es höchstes Vergnügen zu sehen, wie ich ihm mit magischer Gewalt seinen Geschlechtsgenuß verdarb, den er an meinem Körper befriedigen wollte! Es war mir eine köstliche Freude zu wissen, daß ich Kräfte besaß, die über die mächtigsten Elementartriebe der Mitmenschen gebieten konnten und mich vor dem bewahrten, was in meinen Augen bloß kalte Gemeinheit war...

Mir gefielen nur effeminierte Männer mit weiblichem Empfindungsleben und von androgyner Gestalt. Es lag nicht in mir, dem Triebe der Göttin Astarte zu frönen und mich als Lustobjekt des Mannes preiszugeben. Nur jenem andern Trieb hatte der Geschlechtsakt zu dienen, der vom Weibe ausgeht und heilig ist: dem Trieb zur Mutterschaft. – Aber noch wollte ich mich nicht fortpflanzen und Erwin war nicht der Mann, von dem ich Kinder wünschte...

Ich stand im sechsundzwanzigsten Lebensjahr und konnte die sexuelle Gemeinschaft mit diesem Mann nicht ertragen, der mir alles bot und mir jede Sorge um Gegenwart und Zukunft aus dem Wege räumte. Meine Unfähigkeit zur Ehe war offen zu Tage getreten und ich stellte Erwin die Unmöglichkeit einer ehelichen Verbindung mit mir vor Augen. Trotzdem ließ er mich nicht. Ja, es schien sogar, daß er infolge meines Widerstandes noch größeres Verlangen hatte, mich geschlechtlich zu besitzen. Nur seine häufige Abwesenheit von Wien machte mir das gemeinsame Leben einigermaßen erträglich.

In jener Periode der inneren Konflikte mit mir selbst, konnte ich fast täglich bei meinen Ausgängen meine Schwester Gabrielle auf der Straße oder im Stadtpark begegnen, wenn sie ihre Schülerin Hertha von der Schule heimbegleitete. Wir gingen aneinander vorüber wie Fremde. Sie trug Brille und mußte mich bemerken. Ihre abweisende Haltung verhinderte, daß ich zuerst auf sie zutrat. Der Gedanke, daß sie als Einzige, die demselben Blute entsprossen, an mir vorüberging, ohne mich zu grüßen, — kalt, gleichgültig und fremd, ohne Gefühlsregung im Herzen, ließ ein schmerzliches Empfinden der Bitterkeit in mir aufsteigen. Ich war einsam und allein. Von Vater und Stiefmutter wußte ich nichts, mit ihnen hatte ich jeden Kontakt verloren.

Schließlich ertrug ich das Zusammenleben mit Erwin nicht mehr. Der Mann war mir buchstäblich zum Ekel geworden. Als er bei seinem Vater in Ungarn zu Besuch weilte, um alles Nötige für die bevorstehende Verheiratung mit mir in die Wege zu leiten, packte mich die Sehnsucht nach Entrinnen aus dieser Erbärmlichkeit, nach Geborgenheit vor aller Gier — nach dem Mutterschoß. Ich konnte diesem Drang nicht widerstehen, ergriff vor dem Mann die Flucht und reiste Knall und Fall nach Paris, wo ich mich in meinem Kloster verbarg. Von hier aus teilte ich Erwin schriftlich meinen festen Entschluß mit, alle Beziehungen zu ihm endgültig zu lösen.

Die Symbolik des Mutterschoßes übertrug ich auf das Klosterleben. Dort fand mein Gemüt fern vom Weltgetriebe die heitere Ruhe und den inneren Frieden. Unbesessen und ohne Besitz zu leben, dachte ich daran, die Ordenspflichten der Nonnen auf mich zu nehmen. Meine Gedanken konnten nach allen Richtungen auseinanderströmen, sehend, erkennend und wissend wollte ich über die Welt hinauswachsen, um im Augenblick des Todes ganz aus ihr herauszutreten. Mann und Weib fand ich zu heterogen, um sich kampflos nebeneinander behaupten zu können. Ich hatte genug von meinen Erfahrungen...

Wie früher, wohnte ich auch jetzt im Kloster, widmete mich der Lehrtätigkeit, war beruhigt und wünschte keine Veränderung.

Nur wenige Monate dauerte die Meeresstille meines inneren Friedens. Erwin traf in Paris ein, suchte neuerdings den Kontakt mit mir und trat wieder mit Heiratsabsichten an mich heran. Sein greiser Vater war gestorben, er hatte alle Bindungen mit Österreich gelöst und war freiwillig aus dem Militärdienst ausgeschieden. Das väterliche Erbe hatte er vom heimatlichen Boden losgelöst, um sich dauernd in Paris niederzulassen. Hier lebte er nun als Privatmann seiner Neigung gemäß und befaßte sich mit belletristischen Arbeiten.

Allmählich bahnten sich die Beziehungen zwischen uns wieder an, die ich endgültig gelöst zu haben glaubte. Erwin gesellte sich meinem Freundeskreis zu und verstand es ausgezeichnet, sich darin zu behaupten. Wir sahen uns täglich, besuchten Theater, Konzerte und machten öfters Ausflüge und kleine Reisen. Nichts trübte unser gutes Einvernehmen, solange seine sinnlichen Begierden mich nicht belästigten.

Beruhigt durch sein zurückhaltendes Benehmen, willfahrte ich seinem standhaften Beharren und willigte in eine Ehe mit ihm ein. Der Anstoß ging nicht von mir aus. Im Jahre 1907 schlossen wir am Pariser Standesamt diesen Bund »fürs Leben« – wie es so schön heißt – und ich zog als seine Gattin zu ihm. Er besaß im Stadtbezirk Passy eine sehr elegant eingerichtete Wohnung, die ich jetzt mit meinen schönsten Vorsätzen betrat.

Es war ein Irrtum und eine Enttäuschung! Zu spät erkannte ich, daß ich unter allen Umständen meinem innersten Wesen hätte treu bleiben müssen.

VI.

EHE UND EHEBRUCH

Erwin war vermögend und lebte nun ganz seinen geistigen Interessen und persönlichen Neigungen, die sich so ziemlich in dem Besitz einer geliebten Frau und einer behaglichen Häuslichkeit erschöpften. Aber wie vorauszusehen, gestaltete sich diese von ihm so heiß begehrte Ehe auch für ihn höchst unglücklich. Es war nicht meine Schuld, denn ich hatte immer betont, daß ich ohne Zwang leben müsse. Erwin war optimistisch und gab die Hoffnung nicht auf, sein Glück an meiner Seite zu finden.

Zwei Jahre brachte ich in dieser Ehe mit einem Manne hin, der meiner Eigenart völlig fremd gegenüberstand. Er begriff mich nicht, hatte aber das Unglück, als mein Gatte mich rein egoistisch zu lieben und zu begehren. Aus innerster Notwendigkeit heraus versagte ich mich ihm. Ich empfand nicht den leisesten Schimmer einer sinnlichen Erregung, wenn er sich mir geschlechtlich näherte, nur Ekel, E k e l. Ich hielt seinen ehelichen Verkehr für nichts anderes, als daß mein Ehegatte in meine Geschlechtsorgane hinein onanierte, so oft er es wünschte... Und ich verabscheute es, sein männliches Sperma in mich aufzunehmen. Er wollte nur mein Geschlecht b e s i t z e n, um beliebig zu allen Tages- oder Nachtzeiten seinen sexuellen Begierden zu frönen. Sein mechanischer Coitus war mir widerwärtig, zu Cunnilingus fehlte ihm die natürliche Fähigkeit und Eignung – ja, von ihm hätte ich diese Art geschlechtlicher Befriedigung weder gewünscht noch ertragen.

Mein Weibtum war triebbedingt, der Trieb zu herrschen stand im Vordergrund, aber der Trieb zu funktionell geschlechtlichen Eigenschaften fehlte. Nur die Mutterinstinkte in mir, die zur Herrschsucht drängten, fühlte ich stark und lustbetont, als Gipfelpunkte weiblicher Erotik. Gattenliebe blieb mir fremd.

Daß ich dem verliebten Drängen des Mannes zur Ehe, die meinem innersten Wesen widersprach, nachgab, hatte ich hinterher an mir abzubüßen! Erwin war nicht zu bewegen, mich frei zu geben. Infolge der magischen Abwehrwellen, die ich gegen seine unerwünschte geschlechtliche Annäherung an mich aktivierte, büßte er knapp vor Erfüllung seiner »ehelichen Pflichten« seine männliche Potenz ein und klappte dadurch physisch und psychisch in sich zusammen wie ein geknicktes Schilfrohr. Erwin fühlte sich vernichtet, und dem Irrsinn nahe, daß ihm seine ungeschwächte Manneskraft im entscheidenden Moment diese unerklärlichen Schnippchen spielte! Und ich triumphierte über ihn wie Delila über Simson!

Ich beherrschte diesen Mann durch meinen Willen, der selbstherrlich war. Ich besaß magische Waffen, die ihn zu sexueller Ohnmacht niederzwangen. Ich schlug seine Männlichkeit in Banden, um mich seiner geschlechtlichen Inanspruchnahme zu entrücken. Er l i t t unsäglich. Ich empfand ein unerhörtes Vergnügen, ihn leiden zu sehen... Das Leiden des mich sinnlich begehrenden Mannes bereitete mir L u s t...

Während dieser zweijährigen ehelichen Gemeinschaft trat bei mir eine vollständige Lahmlegung des Gefühlslebens ein. Dumpf und stumpf, in ewiger Abwehr vor den verhaßten Versuchen des ehelichen Beischlafs, vegetierte ich an der Seite dieses Menschen dahin. Es ereignete sich nichts, ich fühlte alles in mir erstorben und erloschen. Selbst meine geistigen Interessen schlummerten. Ich las keine Bücher, verfolgte nicht mehr die Bestrebungen der Zeit und hatte kein Verlangen nach anregendem Umgang mit Menschen.

Plötzlich brach eine große Verachtung über mich herein. Mit Grauen blickte ich in die Wüste, die sich in meinem Innern ausdehnte. Ich erkannte, daß die Ausübung der ehelichen Pflicht mit meinem verfeinerten sittlichen Empfinden im Widerspruch stand, und daß ich mich durch den rein äußeren Bestand dieser Ehe allein einer solchen Möglichkeit aussetzte. Nur widerwillig und zähneknirschend hatte ich mich anfangs gefügt. Jetzt wurde mir schon der Gedanke daran zum Ekel. So wollte und konnte ich nicht weiterleben. Ich war längst schon hinausgewachsen über die sittlichen Begriffe einer bürgerlichen »Rechtsordnung«. Ich versagte mich meinem Gatten in offener Auflehnung und schloß mich in meinem Zimmer von ihm ab. Erwin jedoch bestand auf seinem »Recht«, das er ohnedies nicht auszuüben imstande war, wenn ich seine Sexualfunktion durch meine Abwehrwellen lahmlegte.

Nach wochenlanger Absperrung trat ich eines Tages vor Erwin hin und schilderte ihm ganz sachlich meinen Gemütszustand. Er begriff mich nicht, für ihn gab es keine Konflikte zwischen Recht und Sittlichkeit. Er hielt mir meine krasse Undankbarkeit vor und stellte mir vor Augen, wie viele Frauen froh wären, und sich glücklich schätzten, wenn sie an meiner Stelle sein könnten. Darauf erwiderte ich ihm klar und deutlich:

»Ja, Du hast recht. Ich muß mich von Dir trennen. Ich kann diese Ehe nicht mehr aufrechterhalten, ohne mich zu opfern. Und wenn ich mich schon opfere, muß ich wissen wofür. Für die materielle Versorgung an Deiner Seite will ich kein Opfer bringen. Laß mich fort.«

Erwin starrte mir eine Weile verständnislos ins Gesicht.

»Wohin – willst Du – denn gehen?« stotterte er endlich mit hohler Stimme.

»Ich möchte einige Zeit allein und unabhängig für mich leben. Das wird mir gut tun. Laß mich in unsere Wiener Wohnung zurückkehren und warten, bis ich mir über mich und meine Zukunft klar geworden bin.«

»Und an m i c h denkst Du gar nicht? Was soll denn i c h tun?«

»Du bleibst natürlich, wo Du bist; aber ich m u ß von hier fort! An deiner Seite bleibt mir das Leben verschlossen. Vielleicht fühle ich wieder das Bedürfnis nach Dir, komme zu Dir zurück – vielleicht für immer...« – sagte ich milde, wie um ihn zu beruhigen. Als Mensch tat er mir leid.

Nach tagelangen inneren Kämpfen rang sich Erwin zu einem Entschluß durch. Er gab mich frei und fügte hinzu, daß er unter allen Umständen mein bester Freund bleiben werde, auf den ich unerschütterlich bauen könne. Aber er rechnete unfehlbar mit meiner baldigen Rückkehr. Ich wußte immer, daß er ein anständiger Charakter war und eine gute Gesinnung besaß. In dieser Hinsicht hatte ich ihm nichts vorzuwerfen. Seine aufrichtige Betrübnis über meine Abreise ging mir nahe. Seine Gleichgültigkeit hätte ich besser ertragen.

Die Raschheit meines Handelns entsprach ganz meiner innersten Natur. Nur meinen Instinkten folgend, diente ich dem Leben in seiner zweckfreien Entfaltung. Den zwecksetzenden Zielen eines berechnenden Verstandes ging ich stets aus dem Wege. Von meinem Stubenmädchen Lina begleitet, kam ich nach Wien und lebte hier in völliger Einsamkeit. Anfangs gaben mir Bücher und Kunstausstellungen genügend Anregung für meine Gedanken. Bald aber erkannte ich, daß der lebendige Mensch und seine Wirkung auf den Menschen unentbehrlicher sei als Kunst und Wissenschaft.

Ich kannte keinen Menschen, den ich hätte aufsuchen mögen. Meine Schwester Gabrielle kam mir in den Sinn und ich bat sie, mich zu besuchen. Sie kam zu mir, aber unser Wiedersehen nach so langer Zeit war sehr frostig. Ich wollte sie bei der Begrüßung umarmen und erschrak, daß ich es nicht tun konnte. Jede gefühlsmäßige Beziehung zwischen meiner Schwester und mir war ganz unmöglich. Ebenso kalt und fremd, wie sie zu mir gekommen war, ging sie wieder von mir. Meine Sehnsucht nach Schwesterliebe verwandelte sich in Unbehagen und Enttäuschung. Gabrielle erschien mir als meine größte Feindin in der Welt, meine Urfeindin vom Mutterschoß an, deren Liebe zu gewinnen ich mich vergeblich bemühte. Denn von i h r geliebt zu werden, war mein heißes Sehnen, aber es lag nicht in ihrer Natur zu l i e b e n.

Ich war eine auffallende Erscheinung und es ereignete sich öfters, daß ich in den Straßen der Großstadt von Männern verfolgt und angesprochen wurde. Solche Bekanntschaften wurden zwar manchmal geknüpft und weitergesponnen, wenn mir der Mensch genug interessant schien, aber ich ließ sie niemals über das Anfangsstadium hinausgedeihen. Sie erschienen mir sinn- und zwecklos, denn sie zielten auf Liebesabenteuer ab, auf flüchtige Geschlechtsbefriedigung des Mannes, welcher ich mich ganz unzugänglich zeigte.

Die Briefe, die ich aus der Entfernung mit meinem Manne wechselte, handelten ausschließlich nur von materiellen Dingen. Von meiner Seele gab ich ihm nichts preis und meinen Gedanken vermochte er nicht zu folgen. Es war mir jetzt ganz klar, daß ich niemals mehr zu ihm zurückkehren würde. Ich faßte den Entschluß, meine Wohnung zu wechseln, weil sie die unangenehme Erinnerung an das erste Zusammenleben mit Erwin in sich barg. Bald fand ich eine mir zusagende Wohnung und übersiedelte dorthin. Hier fühlte ich mich wohl.

Ich versuchte nun Erwin nahezulegen, in eine Ehescheidung einzuwilligen. Davon wollte er nichts wissen. Er ließ kein Mittel unversucht, um mich zu bewegen, das gemeinschaftliche Leben mit ihm wieder aufzunehmen. Er fühlte sich krank und einsam, hatte allen Lebensmut verloren und – liebte mich noch immer. Ich konnte nicht begreifen, warum er so zäh an mir festhielt, da er mich doch gar nicht ein bißchen verstand und seine Sexualgenüsse besser bei andern dazu disponierten Frauen befriedigen konnte. Nie hatte er mein Geschlechtsempfinden sinnlich erregt und bewegt, nie empfand ich Zuneigung für ihn und litt darunter, daß er mich egoistisch für sich beanspruchte, wo es in alle Ewigkeit keine Zusammengehörigkeit geben konnte.

Mein einsames Leben befriedigte mich nicht. An Stelle der Menschen waren für mich Gedanken und Dinge getreten, die Bücher und alle Gegenstände in meiner kleinen Wohnung, die mir treue Gesellschaft leisteten. Bald aber regte sich mein sexuelles Empfinden. Erotische Machtgelüste stiegen vage in mir auf, gaben meiner wünschenden Phantasie Form und Inhalt und drängten nach Erfüllung. Es war dies bei mir keine bloße Passion, sondern ein wesentlicher Teil meines Selbst, der von mir nicht zu trennen war und sich in einem unbeugsamen Willen, zu herrschen, ausdrückte.

Ich träumte von einem Wesen – männlich oder weiblich war für mich belanglos, denn ich konnte sexuell mit einem Manne wie mit einer Frau verbunden sein, dort, wo der E r o s, die geistig-seelische Liebe, das Bündnis adelte – von einem Wesen träumte ich, das sich mit Körper und Herz, in jeder nur denkbaren Weise unter meinen souveränen Willen beugte. Phallusphantasien und Phallusträume fehlten vollständig in allen meinen erotischen und sexuellen Vorstellungen. Nur rotglühende Mädchengesäße umgaukelten mich im Traum, die, von strengen Mutterhänden gepeitscht, aus der weißen Umrahmung des weit geöffneten Hosenschlitzes hervorleuchteten...

Die Erinnerung an Dionysia erwachte in mir und die strengen Rutenzüchtigungen im Internat, die uns erschütterten... Ich sah mich im Geiste wieder an der Seite Soeur Marie-Thérèsens im Kloster, erlebte die gemeinsamen Züchtigungen wunderschöner, splitternackter Mädchenhinterteile in meiner Phantasie, und die wunderbaren, überirdischen Ekstasen unserer verklungenen Leidenschaft.

So beschaffen waren die Wonnen meiner Gedankenorgien, deren glühende Opfer mein Eros zwingend von mir forderte.

Es war der erste Mai 1909. An diesem Tage spielte zum zweitenmal der Zufall eine Rolle in meinem Leben. Ein anziehendes Inserat in einer Tageszeitung erregte meine Aufmerksamkeit. Der Wortlaut war ungefähr folgender: »Junge Dame wird eingeladen, die Sommermonate in einem idyllisch mitten im Walde gelegenen Forsthause in Gesellschaft eines sich langweilenden jungen Herrn zu verbringen. Antwort erbittet Graf Kilsch, Schloß X. (Böhmen)«

Den Grund der Langweile des Inserenten glaubte ich zu erraten, da ich mich ganz ebenso in derselben Weise langweilte.

Ich entschloß mich gleich zu antworten und schrieb: »...nach zweijähriger Ehe kann ich mit meinem Mann nicht mehr zusammenleben und suche die Verbindung mit einem Menschen nach meinem Geschmack: modern aber außergewöhnlich, mit tiefem Empfindungsleben und frei von beschränkenden Vorurteilen...« usw.

Zwei Tage später traf bereits die Antwort darauf ein, die lautete: »Über Ihren Brief habe ich mich gefreut, beiläufig aus denselben Gründen, die Sie selbst anführen. Übrigens erlaube ich mir, bei dieser Gelegenheit mich gleich etwas näher vorzustellen. Alter: Achtundzwanzig Jahre. Religion: ~ (meine guten Eltern haben mich taufen lassen und ich schätze also, daß ich ein Christ bin). Höhe: 180 cm. Statur: Sehr schlank. Haare: Blond mit einem Stich ins Rötliche. Bart: Seit zwei Monaten gestatte ich meiner Oberlippe diesen Schmuck, früher immer glatt geschabt. Augen: Grün oder braun oder grau oder alles zusammen, weiß es wirklich nicht. Besondere Merkmale: Abstehende Ohren wie eine Fledermaus. Gesamteindruck: Jedenfalls berückend! Sprachen: Deutsch, Französich, Englisch, Spanisch – gut; böhmisch, holländisch, Zulu- und Indianersprache zum Dienstgebrauch. Reisen: Ganz Europa mehr oder weniger, Süd-Afrika, England, Süd-Amerika. Einkommen: Es langt, wird aber von Jahr zu Jahr besser, unberufen. Eltern: Leben noch beide. Geschwister: Eine verheiratete Schwester und ein lediger Bruder. – Das möchte ich gleich erwähnen, daß, falls Sie eine hübsche, junge, elegante Freundin haben, ein Viererzug sehr nett und ihm sehr willkommen wäre. Ja richtig! Ledig bin ich auch (unberufen!).

Und nun zum Hauptpunkte: Ich kann momentan unmöglich nach Wien kommen, habe aber hier alles vorbereitet, daß einem Herkommen von Ihnen nichts im Wege steht. Sie würden hier finden: Einige nette Zimmer in einem reizend gelegenen Försterhause mit recht guter Küche und Bedienung. Mitten im Tannenwalde gelegen. Einige Teiche in der Nähe. Vollständige Ruhe und Gemütlichkeit. Schloßbibliothek zur Verfügung.

Das Forsthaus liegt bei den Prachover Felsen, welche in ganz Böhmen wegen ihrer Reize (leider) bekannt sind – weil uns diese Touristen das ganze Wild beunruhigen. Selbstverständlich würde ich nicht gestatten, daß Sie die Reise hierher sich zu Lasten legen und wären Sie hier mein hochwillkommener Gast. Falls Sie an diesem Arrangement etwas auszusetzen haben, bitte schreiben Sie es mir ganz ungescheut. Wir könnten es jedenfalls auf mindestens einen Monat miteinander probieren, ca n'oblige à rien.

Wenn es Ihnen Ernst ist, mir ein Bild zu senden, so würden Sie mir eine große Freude damit machen. Auch bin ich gerne bereit, auf Wunsch Ihnen meine Photographie zukommen zu lassen.

Ihrer postwendenden Antwort freudig entgegensehend, bleibe ich inzwischen mit herzlichen Grüßen Ihr Franzl.«

Ich antwortete zusagend, schickte mein Lichtbild und schilderte im Brief ungefähr das, was ich bisher vom Leben erfahren hatte und was ich von diesem künftighin erwartete. Franzl schickte postwendend seine Erwiderung, die folgenden Wortlaut hatte:

»Liebe Edith! – Herzlichsten Dank für Ihren so lieben Brief und das wunderschöne Bild! Beide erwecken in mir die Hoffnung, daß das Schicksal da wirklich einmal was Vernünftiges angestellt hat, indem es uns zwei bekannt werden ließ! Hoffentlich werden Sie nicht anderer Meinung, wenn Sie mein Bild sehen. Es ist vor vier Jahren aufgenommen, unmittelbar vor meiner Weltreise, von der ich voriges Jahr im Dezember zurückkam. Seither hatte ich so viel zu tun, daß ich nicht zum Photo-Abknipsen-Lassen kam. Da ich aber inzwischen weder Pocken noch sonst eine entstellende Krankheit hatte, so dürfte sich nicht viel verändert haben, außer – wie schon erwähnt – der Bartkultus, den ich meinem guten Vater zuliebe betreibe. Er hat nämlich die englische Mode nicht gern, und in Kleinigkeiten gebe ich immer aus Prinzip nach.

Ihr bisheriges Leben scheint nicht reich an Sonnenschein gewesen zu sein und es ist höchste Zeit, daß Sie herkommen! Nein, im Ernst, wann gedenken Sie zu kommen? Die beste Verbindung ist folgende: ab Wien 9 Uhr 10 Minuten früh per Schnellzug nach Gitschin. Dort würde ich mir die Freiheit nehmen, Sie zu erwarten. Ist Ihnen das recht?

Ich freue mich schon riesig, Sie persönlich kennen zu lernen! Also bitte, lassen Sie mich nicht allzu lange warten. Schade, daß Sie nicht eine Freundin haben, die mitfahren möchte;

mein armer Bruder ist ein so lieber Kerl und hat hier so gar keine junge Aussprache.

Also bitte um baldige Nachricht, wann Sie eintreffen können und um Angabe der Gepäckstücke, damit ich wegen der Wagen die nötigen Anordnungen treffen kann. Nehmen Sie warme Sachen mit, denn hier ist es manchmal recht frisch und windig. Wollen Sie Ihr Stubenmädchen mitbringen? Notwendig ist dies absolut nicht, aber wenn Sie es wünschen, natürlich. Die Frau des Försters kocht recht gut.

Also auf baldigste Nachricht und auf baldiges Sehen! Herzlichst Ihr Franzl.«

Nach diesem Brief telegraphierte ich meine Ankunft für einen der nächsten Tage, nahm Lina mit mir und reiste ohne alle Bedenken zu Franz Graf Kilsch junior nach Böhmen. Dieser stand bei meiner Ankunft am Bahnhof, der nur von Landvolk frequentiert war, und erwartete mich. Ungezwungen und vertraut traten wir auf einander zu, reichten uns die Hände und blickten uns offen in die Augen. Der Kontakt unserer Seelen war hergestellt, die gegenseitige Sympathie vorhanden, ohne daß ein Wort gesprochen wurde. Der Kutscher besorgte das Gepäck, und nach einstündiger Wagenfahrt durch die sommerliche Natur langten wir in dem mitten im Walde wirklich idyllisch gelegenen Forsthause an.

Wir gefielen uns auf den ersten Blick. Beide gleichaltrig, groß, schlank, offenherzig und ohne Mißtrauen, hatten wir ganz gefühlsmäßig Geschmack aneinander gefunden, ohne Zweck- und Hintergedanken, ohne irgend ein anderes Motiv als die Lust am Leben selbst. Keine Phrasen, keine Umschweife, kein banales Wort von Liebe, kein Wunsch und keine Absichten störten oder beeinflußten im voraus die Ereignisse, die sich ganz von selbst entwickeln sollten. Wir verlangten nichts und alles vom Leben. Wir sprachen uns gleich mit »Du« an und nannten uns bei den Vornamen. Ich wohnte von der ersten Stunde an mit Franz Kilsch unter dem gleichen Dache. Jeder von uns hatte ein eigenes Schlafzimmer, getrennt durch einen dazwischenliegenden kleinen Salon, der als gemeinsames Wohnzimmer diente.

Am Morgen: Frühstück im Garten. Ein zahmes Reh, das frei herumlief, schnupperte nach Brot, eine kleine Katze kletterte auf meinen Schoß und eine schöne Jagdhündin, von vier drolligen Jungen umspielt, lag blinzelnd an der blendenden Frühlingssonne. Lina besorgte den Haushalt, der gut eingerichtet war, und verstand es ausgezeichnet, den Tisch zu bestellen. Das freundliche Förster-Ehepaar besorgte die grobe Arbeit und alle Einkäufe in der Stadt. Der Komfort im Forsthause war vor meiner Ankunft von Franzl eingeführt worden, und das Fehlende sollte ich als Hausfrau nachschaffen.

Franz Kilsch junior erhielt von seinem Vater eine monatliche Apanage, die er mir für den Haushalt zur Verfügung stellte. Er behielt keinen Sou für sich zurück, sondern war von diesem Augenblick an materiell von mir abhängig. Falls ich mit dem Gelde das Auslangen finden könnte, wollten wir nicht mehr an Trennung denken; wenn aber nicht, würde das Idyll nur diesen Sommer lang dauern. Denn der alte Graf wollte sich durchaus nicht dazu verstehen, die Apanage seines Sohnes zu erhöhen.

Ich hatte keine Ahnung von wirtschaftlicher Berechnung und war nicht geneigt, mein Leben durch so kleinliche Dinge zu beschränken. Ich machte mir nichts aus Geld, war durchaus nicht sparsam und gab solange aus, bis ich nichts mehr hatte. Dann hielt ich Franzl die Weisheit entgegen, daß es unpraktisch sei, Passionen zu haben, wenn man nicht auch die Mittel hat, sie zu verwirklichen.

Mein herrschender Wille hatte Macht über diesen Mann. Ich nahm seinen Körper und seine Seele wie einen mir gehörigen Gegenstand und machte sie mir erotisch dienstbar und unterworfen. Franzl wurde ganz Objekt meiner sexuellen Wünsche, er war aus Naturveranlagung der masochische Partner, der zu mir gehörte, der nur darauf wartete, genommen zu werden von der selbstherrlichen Frau, der er sich willenlos unterwarf ... Er wurde ein Bestandteil meines Selbst und gehorchte blind.

Er kniete als Kind vor der angebeteten Mutter, die durch körperliche Züchtigung alles »Männliche« in ihm vernichtete. Er küßte die Hände seiner strengen Gebieterin, deren Willen er mit hündischer Ergebenheit erfüllte. Er war dazu da, mir die geschlechtlichen Genüsse zu verschaffen, die ich verlangte. Ich zwang ihn zu wochenlanger Ohnmacht, hatte Mittel und beobachtete Vorrichtungen, um ihm selbst jedes körperliche Genießen gegen meinen Willen unmöglich zu machen. Warum sollte er denn genießen, wo er nur dazu da war, meine erotischen Wünsche und Launen zu erfüllen? Es bestand die Gefahr, daß durch wiederholten geschlechtlichen Genuß d a s in ihm erweckt würde, was ich bisher unterdrückte, das »Männliche«, das ihn verführen könnte, mich auch als begehrenswerte Frau zu betrachten. Dann wäre ich ja nicht die H e r r s c h e r i n, sondern seine Geliebte gewesen!!! Und das lag nicht in meiner Natur. Mein Liebesgeschöpf d u r f t e ganz einfach bei dem Gedanken an mich keine wollüstigen Vorstellungen haben, die mehr seine eigenen Triebe als meine Wonnen zum Ziele hatten und die nichts von jenem ganz und gar unpersönlichen, geschlechtslosen »Zurverfügungstehen« an sich hatten, das ihm allein zukam ...

Und ich erzog ihn so, wie ich ihn haben wollte. Und wenn er »schwach« wurde, dann nahm ich die Peitsche. Er lebte in meiner engsten Umgebung und ich ließ ihm eine strenge weiblich-kindische Erziehung angedeihen. Bewußt und planmäßig erzog ich ihn zu einem solchen Wesen, das als mein Liebesgeschöpf nur durch mich existierte. Ich legte ihm eine Bandage an, wodurch sein Körper auch äußerlich dem weiblichen ähnlich wurde. Seine männlichen Attribute waren ganz verborgen. Die Anlage der Bandage war sehr schwierig, es dauerte jedesmal fast zwei Stunden, bis sie fest saß. Ich fesselte sein Glied so, daß er nicht eigenmächtig daran hantieren konnte. Er durfte die Binde auch in der Nacht nicht ablegen – nur zum Baden, sonst mußte er sie immer tragen. Und er tat dies in dem beseligenden Gefühl, mir dadurch näher gekommen zu sein.

So nahm ich ihn in meine Hände, in meinen Schoß und formte ihn nach meinem Wohlgefallen zum Kind-Weib in strenger, zielbewußter Zucht. Er war ganz mit mir verwachsen, nur mehr ein Teil von mir, nur mehr eine Funktion meines Willens. In meinem Dienste trug er weibliche Kleidung. In solcher Kleidung fühlte er sich bei mir am wohlsten. Ich fuhr in die Stadt und kaufte für ihn offene Mädchenflügelhosen. Die trug er mit mädchenhafter Scham und versetzte mich in sinnliche Erregung. Ich beschäftigte ihn mit weiblichen Handarbeiten. Seine Arbeiten wurden von mir streng kontrolliert, alle Fehler mit planmäßiger Grausamkeit bestraft. Er mußte sich auf die Strafbank bequemen, ich schlug ihm sein Mädchenkleid auf den Rücken zurück, zog den Spalt der offenen Flügelhosen weit auseinander und züchtigte ihn mit der Rute. Meine geschlechtliche Erregung versetzte mich in einen Rausch. Meine strenge Zucht hatte es bei ihm so weit gebracht, daß alle äußeren Anzeichen seiner Erregung nur sichtbar wurden, wenn ich es wünschte, sonst aber war das weib-kindliche Wesen, das mir zu Füßen saß, ein Bild gebändigter, von meinem Willen bezwungener Ruhe. Die Nacht verbrachte er, wenn ich nicht anders anordnete, auf dem Teppich zu den Füßen meines Bettes — stets zu meinem Dienst bereit ...

Eines Nachts erfaßte mich eine wahnsinnige Leidenschaft von so furchtbarer Dämonie, welche die letzten Fasern meines Körpers und meiner Seele erfüllte. Ich zitterte in wahnwitziger Aufregung den ganzen folgenden Tag dem Augenblick entgegen ... Welchem Augenblick? Ich wußte es nicht!

Vor dem Schlafengehen bin ich in fieberhaft nervöser sinnlicher Erregung. Ich befehle Franzl, sich nackt auszukleiden und die Strafbank zurecht zu stellen. Ich will es und er gehorcht in wollüstiger Erniedrigung. Heute muß er mir opfern! Seitdem er meine Macht über sich fühlt, ist er rasend vor Gier, es vor mir auf meinen Befehl zu tun. Er vergeht vor Scham, aber seine hündische Brunst in ihm ist stärker ... Ich peitsche ihn, damit er vor mir jede Scham vergesse, bis er geil und schamlos alles tut, was ich von ihm verlange ...

Er liegt vor mir, nackt, mit hart erigiertem Gliede, lang ausgestreckt, die Hände mit einer dünnen Kette auf dem Rücken zusammengefesselt, und ich liege bequem auf meinem Lager ... Seine Zunge spielt leise und zart um die Zehen meiner herabhängenden nackten Füße, die Zungenspitze liebkost die Sohlen mit sanftem, wollüstigem Kitzeln ... Lange, lange liege ich so da, dann erwacht mein Machtrausch und ich will stärkere Reizung ... Es bedarf keines Wortes, eine ganz kleine Drehung meines Körpers sagt ihm, was er zu tun hat ... Blitzschnell richtet er sich auf, zart und geschmeidig findet sein Kopf den Weg entlang meiner Schenkel ... Und sein Körper bebt im Rausch der Erniedrigung und Scham ...

Der Duft meines Leibes umfängt ihn und nimmt ihm alle Besinnung ... Dann beginnt seine Zunge flink, gelenkig, zärtlich und behutsam ihren Liebesdienst, zu dem sie von mir erzogen worden ist ... Sein Gesicht preßt sich gegen meinen Schoß, Mund und Nase verschwinden in den Geheimnissen meines Körpers, seine Zunge aber spielt leise und zärtlich an dem Zentrum der Wollust ... Stundenlang! ... Ich wünsche a l l m ä h l i c h e Steigerung bis zur höchsten Ekstase und seine kundige Zunge irrt in den dunklen, geheimnisvollen Falten und Schlupfwinkeln meiner Weiblichkeit, geschickt und hingebend liebkost sie die in der Furche der Hinterbacken tief eingebettete, weiche Öffnung, die unter seinen Küssen wollüstig zuckt...

Allmählich bewegt sich mein Körper stärker, die wollüstige Erregung wächst, der berauschende Duft entflammt auch das keusche Liebesgeschöpf und versetzt es in Raserei ... Seine gelehrige, flinke Zunge kennt meine Wünsche und geht, ohne einen Wink abzuwarten, dahin, wo mir der stärkste Genuß erblüht ... Durch das feuchte Tal zwischen meinen behaarten Lippen zu jenem Brennpunkt der Geschlechtlichkeit... Sie arbeitet schnell und gewandt und in wollüstigem Triumphe, in rasendem Machtrausch löst sich meine erotische Spannung auf, über dem Gesicht meines Geschöpfes, das vor mir kniet, hilflos, wehrlos, unfähig sich selbst zu helfen, in wollüstiger Ekstase, mit inbrünstiger Erniedrigung den h e i ß e n T a u m e i n e r W o l l u s t s c h l ü r f e n d ...

Selige Ruhepause. Erwachen aus Ewigkeitsträumen. Ermattet lehne ich mich zurück, aber Franzl bleibt unbeweglich vor mir knien, die äußeren Anzeichen seiner geschlechtlichen Erregung vergeblich zu verbergen suchend ... Plötzlich richte ich mich auf und trete vor ihn hin. Er weiß, was nun kommen wird: Es ist das, wovor er am Anfang erschreckte, und es hat manche Züchtigung gekostet, bis er auch hierzu abgerichtet war!!!

Ich löse ihm jetzt die auf dem Rücken gefesselten Hände und deute mit einer leisen Handbewegung auf die bereitgestellte Strafbank. – Er gehorcht in unendlich demütiger Hingebung und legt sich darauf ... Auf dem Rücken liegend, fessle ich seinen ganzen Körper mit starken Lederriemen an die Bank fest ... Ich schnalle auch seine Arme und Beine mit Lederfesseln an die Längsseiten der Bank ... Nun ist er wehrlos meiner Gewalt ausgeliefert ...

Sein hochaufgerichtetes, steifes Glied ragt schamlos aus

dem gefesselten Körper empor ... Mit vibrierenden Nerven rauche ich eine Zigarette und ergötze mich an der Ohnmacht meines männlichen Kind-Weibes ... Bis ich vor ihm stehend, meine duftige Hülle teile und mich mit gespreizten Beinen langsam auf sein Gesicht niederlasse ... Nur einen Augenblick sieht Franzl meine weißen Schenkel, bei deren Anblick er zittert vor Erregung ... Dann wird es dunkel vor seinen Augen ... Mein glühender Schoß bedeckt sein Gesicht — sein Mund ist weit, ganz weit geöffnet — er atmet schwer, denn meine Schamlippen sind fest auf ihn gepreßt ... Sein ganzer Körper ist gespannt, seine Muskeln drohen zu zerreißen in der ungeheuren Erregung, in der Wollust der Erniedrigung, in der seine durstige Zunge ihren Dienst verrichtet ... Stundenlang ...

Ich aber sitze rittlings schwer auf seinem Gesicht und blicke auf ihn herab, — ich lächle nicht einmal zu ihm nieder, — ich bin ganz die Göttin, die das sich in ihrem Dienste krümmende und mühende Geschöpf kaum noch sieht, dessen Anbetung ihr gleichgültig ist, das sie höchstens noch als ihren nützlichen Gebrauchsgegenstand, als M i t t e l f ü r i h r e Z w e c k e verwendet ...

Alle glühenden Teile meines Geschlechts, die vor Erregung feucht geworden sind, reizt und leckt seine liebkosende Zunge in langer und sorgfältiger Arbeit, jedes Härchen küßt und streichelt sie, noch einmal durchwandert sie alle Gefilde der Lust in scheuer, inbrünstiger Hingebung ... Aber diesmal lasse ich mich von seiner wollüstigen Zunge nicht ganz zufriedenstellen ... Ich will noch mehr Demütigung von ihm und — das Opfer! ... Ich sehe die Aufgeregtheit seines nackten Gliedes, seine wilde Schamlosigkeit, brünstig aufragend an dem gefesselten Körper ...

Spontan erhebe ich mich von seinem Gesicht, trete etwas tiefer vor die Bank und stelle mich mit geöffnetem Schoß rittlings über sein hoch emporragendes, steinhartes Glied ... Ich fasse es mit meiner Hand, lasse mich langsam darauf nieder, stoße es zwischen meine liebesdurstigen Schamlippen, und senke es tief — ganz tief durch mein Niedergleiten in meinen Leib ... Ich habe es mir einverleibt bis an die Wurzel ... Es füllt mein Inneres ganz aus ... Es ist das Verbindungsglied zwischen dem wehrlos gemachten und dem selbstherrlichen

Körper ... Einige Sekunden halte ich es in meiner engen Vagina fest ... Dann reibe ich es zitternd durch sanfte Körperbewegung ... Mein Kind-Weib stöhnt vor Wollust und vergeht vor Scham und Geilheit ... Immer rasender reibe ich sein großes Glied an den feuchten Wänden meiner Vagina ... Mein brünstiges Geschöpf stammelt das Bekenntnis seiner Erniedrigung, seiner hündischen Geilheit ... Und kann sich nicht bewegen, nicht helfen in seiner Not ... Ich halte sein schamloses Glied in meinem Schoß gefangen und verbiete im grausamen Ton, seinen Samen zu verspritzen, ehe ich es will ... Es muß mir dienstbar sein wie ich es wünsche ...

Mein ganzer Körper über seinem Gliede rast auf und nieder und in wollüstiger Ekstase reibt sich Klitoris an Penis ... Und mein Wille entreißt ihm das Opfer!

Sein wehrlos gefesselter Leib unter mir windet sich in Verzückungen ... Wonnehymnen entringen sich seiner Brust ... Da endlich lodern helle Flammen aus mir und ich schreie ... J e t z t ! ... und in einem rasenden, wahnsinnigen Aufschrei der Wollust bricht er unter mir zusammen, — sein heißes, weißes Herzblut in meinen Körper vergießend ... Wie im Krampf hält meine Vagina das zuckende Glied umspannt und saugt es leer ...

— — — — — — — — — —

Welche Erlösung für uns beide, nach wochenlanger, entsetzlicher Spannung! Diese Auslösung kam, ungeheuer, wahnsinnig, keine Wollust mehr, nein, — ein unerhörter physischer Schmerz, eine todbringende Notwendigkeit, wogegen aller Widerstand, alles Wehren sinnlos gewesen wäre! ... Dann erwachte ich aus dem Rausch, löste die Riemen von Franzls Körper und schickte den Taumelnden schlafen ... Ich selbst saß zwei Stunden lang in meinem Zimmer, allein in stummer Nacht, blickte zu den Sternen empor, unfähig zu denken ... M e i n e S e h n s u c h t h a t t e s i c h i n d i e s e r N a c h t e r f ü l l t ...

Franzl war die sexuelle Ergänzung zu mir: ich hatte ihn für mich genommen. Ich nahm ihn wie ein Werkzeug, bediente mich seiner Körperlichkeit, um mich zu schwängern, ganz unbewußt aus dem Trieb nach Mutterschaft heraus. Ich vollzog die geschlechtliche Vereinigung mit ihm, er stand bereit, und ich hatte meine Zeit, und die Flamme zündete, und es entstand das K i n d . . . Nun sank Franzl zum Nichts herab. Ich wollte nicht den »Mann«, ich wollte die Mutterschaft. Alles andere war ohne Wert für mich.

Eine Gemütsänderung ging in mir vor sich. Ich konnte das Zusammensein mit Franzl nicht mehr ertragen. Ich erachtete es nicht für gut, ihm mein Vertrauen zu schenken. Es ging ihn nichts an! Auch wollte ich nicht sprechen, bevor ich volle Gewißheit hatte. Vier weitere Wochen brachten mir diese Gewißheit: die Menstruation blieb aus.

Durch mein Schweigen kam manches Unfreie und Gezwungene in unsere zerfallende Verbindung. Daß auch er unter diesem Zustand litt, erkannte ich aus seinem Verhalten. Als er mir sagte: »Es geschehe Dein Wille«, da war es ihm heiliger Ernst: er wollte mich nicht zurückhalten.

Seine monatliche Apanage reichte nicht für unsern Haushalt aus, dessen Auflösung wir beschlossen. Er hatte materielle Gründe, ich gefühlsmäßige. Es wäre absurd gewesen, ihm seine nüchterne Klugheit vorzuwerfen, denn auch hierin sagte er wieder: »Es geschehe Dein Wille«. In Geldfragen waren ihm die Hände gebunden, denn er hing ganz von seinem Vater ab. Es hatte keinen Sinn mehr, daß ich blieb. Franzl hatte sich mir restlos hingegeben in diesen kurzen drei Sommermonaten und konnte mir nichts mehr bieten. Meine Abreise war selbstverständlich. Mein Erlebnis mit ihm war ein Traum. Aber die Wirklichkeit, die ich nach meinem Willen gestaltete, war mehr als ein Traum.

Irrational war unsere Verbindung und deshalb blieb sie märchenhaft schön. Unser Abschied war freundschaftlichherzlich, mit dem Versprechen, uns zu schreiben, um uns nicht zu verlieren. Mich befielen ganz unwillkürlich nervöse Weinkrämpfe, die auf meinen Zustand zurückgingen. Wunschlos glücklich in dem Bewußtsein, Leben von meinem Leben zu geben, schwieg ich auch weiter, solange ich es für gut fand. Franzl fühlte deutlich, daß eine Heimlichkeit gegen ihn in mir war, drang in mich, aber ich verriet kein Wort. In wehmütiger Stimmung lehnte er es ab, mich zur Bahn zu begleiten . . .

In meine Wiener Wohnung zurückgekehrt, empfand ich, daß mein Dasein Sinn und Inhalt bekommen hatte. Jeder Augenblick, jeder Atemzug erinnerte mich, daß ich nicht mehr für mich allein lebte. Als nach Ablauf von drei Monaten ein Arzt die Gewißheit meiner Gravidität zweifellos festgestellt hatte, machte ich Franzl davon Mitteilung. Ich sprach zugleich den Wunsch aus, mir bis zur Entbindung das sommerliche Forsthaus als Wohnung zu überlassen. Es dauerte lange, bevor ich seine Antwort bekam.

Unmittelbar nach der Trennung unterhielten wir einen sehr regen Briefwechsel miteinander, der erkennen ließ, wie stark und nachhaltig das Liebeserlebnis in uns beiden fortwirkte. Nach meinem Eintreffen in Wien erhielt ich am selben Tag noch von Franzl folgendes Schreiben als Antwort für das, welches ich ihm im Forsthause hinterlassen hatte:

»... Bin unendlich traurig und todmüde! Warum dieser kleine Mißton gerade jetzt? Es hat doch sein müssen! Und was hätte meine Anwesenheit die letzten Stunden vermocht? Daß wir noch mehr am Morgen gelitten hätten, daß Deine Abreise vielleicht verschoben worden wäre, oder wenn das nicht, daß Du in einer Kondition weggefahren wärst, die Dir dann noch qualvoller erschienen wäre, als der Schmerz allein in der Einsamkeit. – Und ich? Glaubst Du, ich habe herrlich geschlafen? Glaubst Du, mir ist die ganze Trennung nur Kinderspiel? – Du solltest mich doch besser kennen!...«

Ein paar Tage später schrieb Franzl wieder: »... Gestern war ich im Forsthaus. – Mußte hin wegen der Dacharbeiten, die eben im vollsten Gange sind. Ein so elendes Gefühl habe ich schon lange nicht mehr gehabt, als den Ort zu betreten, wo nichts als heilige Erinnerungen in mir aufstiegen. Jede Minute erwartete ich, Dich noch eintreten zu sehen. Ich werde so bald nicht wieder hingehen, das weiß ich. – Deine Rosen waren auch noch frisch in dem Glas auf der Etagère, kurz, alles war so – – –. Na, Schluß davon, es tut kein gut, in so jungen Wunden herumzuwühlen...«

Und ein anderes Mal berichtet er mir wieder: »... aber bei den langen, einsamen Fahrten im Wagen, – da ist wieder etwas ganz anderes Hauptgedanke. Meine geheime Sehnsucht nach Dir wird so mächtig, daß ich verzweifle... Da tauchen dann alle unsere schönsten Momente und Stunden im Forsthaus vor mir auf und ich durchlebe sie wieder und wieder – im Geiste. Das Erwachen ist dann wohl immer schmerzlich und unangenehm.

Vorgestern hatte ich ein paar recht böse Stunden. Denk' Dir, ich mußte eine große Gesellschaft von vierzehn Personen in — das Forsthaus begleiten. Freundlich grinsender Hausherr sein, ihnen alles zeigen, mit ihnen auf unseren lieben Plätzen sitzen und jausnen... Manchmal dachte ich schon ans Aufspringen und Davonlaufen. Und dann kam der »Reck« und die »Hexi« geradeso wie früher. — Nur in die Zimmer ging ich nicht, das wäre sogar für mich zu viel gewesen und ich kann mich ziemlich beherrschen.

Ach! Edith, ich habe unsere Zimmer wieder dem Förster zur Verfügung gestellt. Was soll ich damit? Jetzt schläft vielleicht die Cecilie dort und — schnarcht. Dann kommt vielleicht ein Bauer und — die Spucknäpfe kommen wieder zu Ehren. — So sieht es jetzt in unserem Paradies aus!...«

Die Verbundenheit unserer Seelen lag in dem großen erotischen Erlebnis, daß sich aus uns selbst heraus zu seltsamer Eigenart gestaltet hatte. Die Einzigkeit und Einmaligkeit dieses naturnotwendigen Ereignisses verkettete uns zeitlebens miteinander. Es schien mir unfaßbar, daß Franzl meinen letzten Brief, worin ich ihm mein Geheimnis enthüllte, so lange unbeantwortet ließ.

Endlich, nach wochenlangem Schweigen, traf seine Antwort ein, die mir die Feigheit seines Charakters offenbarte. »... Das darf nicht sein, Edith!« — schrieb er mir ganz brutal. — »Nein, es geht nicht, ich will es nicht. Das Kind muß weg, es darf nicht zur Welt kommen! Ich habe auch nur Dich lieb, Edith, D i c h und nicht jenes Etwas, das werden könnte. Aus Liebe zu Dir bin ich dagegen! Entschieden dagegen. Denk an Deine Zukunft, an Deinen Mann, an Deine ganze Existenz und an Dich! Du trägst die ganzen Leiden Dein Leben lang! Das Kind m u ß weg! — Auch würde mein Vater es nicht dulden, daß Du Dich in diesem Zustand im Forsthause aufhältst. Sei klug und schaffe Dir im beiderseitigen Interesse diese Plage vom Hals... Meine Leute wollen es absolut nicht, wegen des Geredes und der Moral...«

Zugleich mit seinem Brief traf ein Schreiben von seinem älteren Bruder bei mir ein, woraus hervorging, daß so etwas wie eine Familienratssitzung wegen meines Zustandes im Stammschlosse derer von Kilsch stattgefunden hatte. Dieser Brief des Bruders an mich lautete lakonisch: »Liebe Edith!

Franzl ist abgereist und trifft erst wieder nach ein paar Wochen hier ein. Vor seiner Abreise hat er mit Papa Ihretwegen gesprochen. Da wir aus Ihrem Telegramm die Absicht ersehen, zu uns zu reisen und im Forsthaus Wohnung zu nehmen, bin ich beauftragt, Ihnen mitzuteilen, daß Papa unter den gegebenen Umständen Ihre Anwesenheit im Forsthause n i c h t duldet.

Tut mir leid, damit Ihre Pläne kreuzen zu müssen, aber ich teile Papas Ansicht vollkommen. Mit besten Grüßen Ihr Heinrich.«

Beim Lesen dieser Briefe war es mir, als ob mir kaltes Wasser über den Rücken gegossen würde. Was ging diese fremden Leute mein persönlichster Zustand an? Was wollte Franzl? Ich sollte gegen meinen eigenen Körper wüten? — Keimvernichtung erschien mir immer als der größte Frevel an der Natur. Was gingen mich die kleinlichen Interessen und die widerwärtigen Meinungen dieser Leute an? Franzl hatte keinen Anteil an dem Leben meines Kindes. Unabhängig von seiner Abneigung und geschützt vor seinen Vernichtungsplänen, sollte es durch meinen Willen allein entstehen und leben!

Ich war fertig mit diesem Menschen.

Meine Wiener Wohnung gab ich in Untermiete und reiste mit Lina nach Paris zu meinem verlassenen trauernden Gatten. Erwin freute sich über meine Ankunft und überließ mir einen Teil seiner Wohnung. Er liebte mich noch immer und es tat ihm wohl, daß ich bei ihm war. Ich erzählte ihm mit voller Aufrichtigkeit mein erotisches Erlebnis und stellte ihn vor die Tatsache meiner Schwangerschaft durch den andern. Es war ein Affront, der mir endlich zur Lösung und Befreiung verhalf. Jetzt erst willigte Erwin schmerzlich, aber notgedrungen in die Ehescheidung.

Als mein Kind in Brüssel zur Welt kam, war mein Traum von Menschenglück erfüllt. Es war ganz mein Eigen, mein Wille und mein Werk. Keine Macht der Welt konnte es mir entreißen. Die Ehescheidung wurde durchgeführt und ich trug wieder meinen Familiennamen. Erwin stand mir ohne Groll gegenüber, und blickte sogar mit väterlichem Wohlwollen auf mein Kind. Weil es ein Mädchen ist, — meinte er, seine Neigung rechtfertigend, denn einen Knaben könnte er nicht lieben, und verpflichtete sich freiwillig, mir einen monatlichen Unterhaltsbeitrag zu bezahlen.

Damit war ich der materiellen Sorgen für die nächste Zukunft enthoben.

VII.

DAS KIND

Als das Kind in den Leib der Mutter gekommen war, da war ich unberührbar, unversehrbar und weder Mensch noch Mitmensch hatte für mich Bedeutung. Ich war meiner Natur gemäß eine vollkommene Ganzheit geworden. Kein Liebesverlangen nach Männern konnte mich anwandeln, und kein Wesen konnte mich mehr in Leidenschaft umfangen.

Je weiter die Schwangerschaft vorschritt, desto mehr wurde sie für mich ein Zustand ununterbrochener Erregung und Exaltation. Während dieser Zeit war ich völlig verwandelt. Körperlich litt ich unsäglich durch die vielen Beschwerlichkeiten, die sich täglich neu einstellten. Geistig peinigte mich der Ekel an der Häuslichkeit, an dem Zusammenleben mit Menschen, zu denen mir jede Beziehung fehlte. Ich m u ß t e mir Luft machen. Alle Triebe brachen hemmungslos und elementar aus mir heraus. Ich wurde von einem unbezwingbaren Grausamkeitsdrang erfaßt.

Alle Personen meiner Umgebung hatten durch mich Unsagbares auszustehen. Ich tyrannisierte sie, quälte sie psychisch. Nicht nur mein geschiedener Mann, der mich mit taktvoller Rücksicht behandelte, und mein Hausmädchen Lina, das mich pflegte, sondern auch Menschen, die mich besuchen kamen, mir treuergebene Freunde, hatten meine Lust am Wehtun zu fühlen. Sie alle nahmen mir nichts übel: Ich wurde ja M u t t e r !

Jene Zeit mit ihrem unerträglichen Auf und Nieder der Stimmung, war, wie mich dünkt, als eine Art Wendepunkt meiner inneren Entwicklung zu betrachten. Ich litt im höchsten Grade, begann über den problematischen Wert des Lebens nachzugrübeln und reagierte gegen Leiden und Zweifel mit umso höherem Selbstgenuß im Quälen der andern.

Erotisch und sexuell war ich ganz auf das Kind eingestellt. In Phantasien und Wachträumen erblickte ich das Wesen in meinem Leib liegen, beglückt und entzückt, sinnenfällig bald als Mädchen, bald als Knaben, bald als beides in der Einheit. Eine rauschhafte Ergriffenheit umfing mich bei solchen Gedanken. Je größer die Frucht wurde und sich ausdehnte in meinem Körper, desto größer, ungeheurer wurde die sexuelle Spannung in den Organen und spezifischen Nerven, und ich kam aus einer immerwährenden erotischen Ekstase nicht heraus... Immer, immer war das Objekt meiner sexuellen Lust das K i n d in meinem Leib, das sich regte und mir unerhörte Wollustgefühle verschaffte, wie sie zu verschaffen weder Mann noch Weib außerhalb der Körpergrenzen jemals imstande sein können.

Und das ist der magische Selbstschutz der Mutterschaft: Niemand kann diese sexuelle Spannung zur Auslösung bringen als nur allein das Kind im Mutterleib. Die Mutter treibt mit ihrer eigenen Frucht im Leibe die wahnsinnigsten Liebesorgien, sie onaniert wahnwitzig und rast vor glühender Wollust mit ihrem Kinde im Leibe, bis ein himmlischer Orgasmus beide emporreißt in unirdische Regionen der Seligkeit... Solange das Kind in ihrem Körper gefangen ist, ist die Mutter mit ihm so enge verbunden, wie mit keinem andern Wesen weder vor- noch nachher.

Gegen Ende der Schwangerschaft wurde ich von einer rechtsseitigen Lähmung befallen und war hilflos auf die Unterstützung meiner Umgebung angewiesen. Ich ertrug ihre Sorgfalt und Liebe sehr schlecht und wünschte im Stillen, sie samt und sonders in die Flucht zu scheuchen, damit ich in Einsamkeit verweilen könnte...

Meine Nerven waren so empfindlich geworden, daß jedes Geräusch und jede Bewegung in meinem Umkreis mein Gehirn zermarterten. Dem Schmerz und dem Leiden unterworfen, erkannte ich das Elend dieses Naturgesetzes und fing an, darüber nachzusinnen, ob es als ein Glück zu bezeichnen sei, daß ein neuer Mensch entstehe. Ich fand, daß ein neuer Mensch neues Leiden beinhalte und neues Sterben. Neues Entstehen und neues Vergehen. Die ergreifenden Verse Martin Greif's fielen mir ein:

> Jeder Wehruf ist verschollen
> Jede Klage ist verweht
> Wo mit seinem wechselvollen
> Los ein neuer Leib ersteht.

Neuer Jugend goldne Tage
Neuen Alters steile Bahn
Neue Hoffnung, neue Klage
Alles hebt von neuem an!

In Anbetracht meines elenden körperlichen Zustandes sagte ich mir, daß kein Wesen etwas verliere, wenn es nicht geboren werde. Ich führte lange Gespräche über die so plötzlich ganz von selbst auf mich gekommene Lebensverneinung mit meinem Freunde Dr. Albert van Steenberghe, der mich am besten verstand. Er überreichte mir eines Tages die Lehre Gotamo Buddhos in englischer Sprache von Spence Hardy, als willkommenes Geschenk. Während ich das Buch las, erkannte ich die volle Wahrheit dieser Meisterworte, die aus der Welt des Schönen und Unschönen hinübergleiten, wo es keinen Schein gibt.

Wer die Worte Buddhos kennen gelernt hat, wird die Wirkung verstehen, die sie gerade damals auf mich ausübten. Denn dieser Erlöste hat einen Heilplan entworfen, um das in die Irre geratene Menschengeschlecht auf den rechten Weg zu bringen, ihm die Augen zu öffnen und der Welt den Schleier zu nehmen. Ohne zuzureden, ohne abzureden, legt er seine Lehre dar, »deren Anfang begütigt, deren Mitte und Ende begütigt«. Und nicht nur Mönchen verkündet er sie, sondern allen Menschen. Ich fand sie einfach und wahr, klar sichtbar, zeitlos und jedem Verständigen verständlich. Sie wirkte damals wie Balsam auf glühende Wunden ...

Ich dachte an mein Kind, daß nun bald den Weg der Lostrennung von der Mutter nehmen und mir durch seinen Austritt aus meinem Körper die furchtbarsten Schmerzen bereiten würde. Was eine Mutter dem Kinde aus Liebe und Teilnahme, von Mitleid bewogen, schuldet, das gelobte ich mir in meinem Innern, sollte es von mir empfangen. Und das wollte ich halten als mein Gebot.

Als das Hochwasser der Seine im Januar 1910 die tiefer gelegenen Stadtteile von Paris mit seinen Fluten überschwemmte, veranlaßte Erwin, daß mich Dr. Steenberghe nach Brüssel in Sicherheit bringe. Dr. de Boue, ein berühmter Brüsseler Accoucheur, ein Freund und Studienkollege Alberts und ein hervorragender Mensch, nahm mich in seine ärztliche Behandlung. Ich wohnte mit Lina in einem kleinen gemieteten

Appartement im Norden Brüssels, wo ich täglich den Besuch des Arztes und unseres gemeinsamen Freundes Albert empfing. Mein Gemüt hatte sich beschwichtigt und in heiterer Ruhe verweilte ich im Verkehr mit diesen wenigen Menschen, die mich liebevoll umsorgten.

Meine Lähmungserscheinungen und die Lage des Kindes, sowie mein enges Becken waren einem normalen Verlauf der Geburt nicht günstig. Dr. de Boue fürchtete bei der Entbindung Schwierigkeiten, sah eine Zangengeburt voraus und ordnete Ende März meine Überführung in eine Maison de Santé an, wo es möglich war, einen chirurgischen Eingriff, wenn nötig, vorzunehmen. Nach genauer Berechnung sollte die Geburt um den 8. April herum vor sich gehen. Das Datum der Empfängnis blieb mir unvergeßlich.

Die letzten Tage der Schwangerschaft waren mir am beschwerlichsten zu ertragen. Das Warten und Bangen auf den Eintritt dieser natürlichen Katastrophe zermürbte mir die Nerven. Am 13. April wurde ich von schneidenden Geburtsschmerzen befallen, die die ganze Nacht anhielten und am nächsten Tag an Intensität bedeutend zunahmen. Der Arzt sah keine Möglichkeit, die Qual zu mildern und trug der Pflegerin auf, ihn sofort zu rufen, sobald die Eröffnung der Geburt sich ankündige. Aber vorläufig war noch keine Aussicht. Der ganze Tag und die ganze Nacht des 14. April brachten außer wahnsinnigen Leiden keine Veränderung in den Stand der Geburt.

Ohnmächtig und erschöpft durch die ausgestandenen Qualen fand mich Dr. de Boue am 15. April gegen 6 Uhr abends in schrecklich verändertem Zustand vor. Die Pflegerin berichtete ihm, daß vor zwölf Stunden die Fruchtblase geplatzt sei und das Fruchtwasser abgelaufen. Der Arzt machte besorgte Augen und ich flehte ihn mit letzter Kraft, mich von diesen entsetzlichen Leiden zu erlösen. Er zog aus seiner Rocktasche ein bedrucktes Papier heraus und reichte es mir zur Unterschrift. Ohne Furcht gab ich meine Einwilligung zur Operation und bald darauf kam die Narkose wie eine Erlösung über mich...

Wie lange es gedauert hatte, wußte ich nicht. Als ich das Bewußtsein wieder erlangte, war alles längst vorüber. Wie aus weiter Ferne hörte ich die Stimme des Arztes, fühlte an meiner Wange die leichten Backenstreiche, die er mir mit seiner kühlen Hand gab, war aber außerstande, die Augenlider aufzuschlagen, die schwer wie Blei über meinen Augen lagen.

»Madame, vous-avez une petite fille! Madame, regardez donc votre jolie petite fille!« — hörte ich ganz deutlich, war aber unfähig zu sprechen, zu sehen und mich zu bewegen.

Erst am übernächsten Morgen erwachte ich vollends aus dieser dumpfen Betäubung. Apathisch hörte ich das quickende Geschrei meiner Tochter, die neben meinem Bett in einer Wiege lag. Die Pflegerin kam und ging, besorgte das Baby und legte es an meine Seite. Ich schlug die Augen auf, wandte den Kopf und betrachtete erstaunt dieses winzige, noch seelenlose Gesichtchen mit den blinzelnden Äuglein, das nur atmend sein Dasein bestätigte. Noch brauchte es nichts als Luft.

Ich klagte über heftige Körperschmerzen. Das Rückgrat tat mir weh und alle Knochen fühlte ich wie zerschlagen. Ich fragte die Pflegerin nach dem Hergang des Ereignisses und sie gab mir die Aufklärung:

»Wissen Sie, als Dr. de Boue kam, stand der Operationstisch schon vor Ihrer Zimmertür. Nur zum Hereinschieben. Sie wurden in der Narkose gleich auf den Tisch gelegt. Das Kind ist mit der Zange gekommen. Es war eine schwere, sogenannte ‚trockene' Geburt. Und eine Nabelschnurkomplikation . . .«

»Mit der Zange? Wie entsetzlich!« gab ich erschrocken zur Antwort.

Jawohl. So war es. Aber bitte, sagen Sie es nicht weiter, der Doktor wünscht nicht, daß Sie davon erfahren.«

Ich bemerkte, daß das Kind auf der Stirne eine kleine Verletzung trug, die von der Zange herrührte. Die Pflegerin nahm die Kleine, legte sie in die Wiege zurück und begann die Bandage an meinem Körper zu wechseln. Dann schliefen wir beide den ganzen Nachmittag ungestört der Genesung zu.

Dr. de Boue kam in mein Zimmer und sagte, daß die Entbindung für mich und das Kind unglücklich hätte ausgehen können. Er gratulierte mir zum Töchterchen, das er, wie er sich ausdrückte, direkt ins Leben gezaubert hatte. Er fügte hinzu, daß Albert, der in Paris weilte, von dem guten Ausgang und Ergebnis der Geburt bereits benachrichtigt sei.

Am vierten Tag geht es uns beiden bedeutend besser. Das

Baby erholt sich zusehends von den anstrengenden Strapazen dieser Entbindung und auch meine Lähmungserscheinungen beginnen langsam zu schwinden. Zeitweise versuche ich den rechten Arm zu heben, das rechte Bein zu bewegen und bemerke, daß dies von Tag zu Tag besser gelingt. Ich lasse durch die Pflegerin ein Telegramm an Franz Kilsch absenden, um ihm die Geburt des Kindes anzuzeigen.

Die Stille und der Frieden des Krankenzimmers, die leisen Atemzüge des winzigen Geschöpfchens an meiner Seite wirkten sehr wohltätig auf meine Nerven ein. Ich dämmerte, fern vom weltlichen Getriebe, wunschlos der Genesung entgegen. Die »Welt« jedoch dringt auch durch die verborgensten Ritzen; sie machte sich bald in meiner Abgeschiedenheit bemerkbar.

Ein Mann tritt ins Krankenzimmer, ein Beamter vom Magistrat. Er kommt in Begleitung der Pflegeschwester »pour constater la naissance«. Die Schwester wickelt behutsam mein schlafendes Töchterchen aus und zeigt dem Manne das Geschlecht. »Mais c'est bien une petite fille!« — meint sie ärgerlich über die Störung und das Mißtrauen. Der Beamte notiert etwas und geht dann grüßend aus dem Zimmer.

Am Abend bringt mir Dr. de Boue eine sehr traurige Nachricht: Dr. Albert van Steenberghe starb diese Nacht infolge einer schweren Darmoperation in Paris. Ich war erschüttert und vor Aufregung verfalle ich in nervöse Weinkrämpfe. Die Pflegerin warnt vor Gemütsbewegungen und legt mir mein Kind an die Brust.

Der nächste Tag bringt mir wieder eine Überraschung. Dr. de Boue meldet mir bei seinem Besuch, daß Franz Kilsch hier angekommen sei und mich und das Baby begrüßen möchte. Ich gebe meine Einwilligung, er darf kommen. Bedrückt und beschämt, verlegen und unnatürlich steht er vor meinem Bett. Er war auf dem Weg nach London und versprach auf seiner Rückreise wieder durch Brüssel zu kommen, um mich zu besuchen. Er wollte über unsere Zukunft beraten.

Acht Wochen nach der Geburt des Kindes konnte ich die Maison de Santé verlassen. Ich kehrte in meiner Brüssler Wohnung zurück. Lina führte den Haushalt und ich betreute mit inniger Mutterliebe mein Kindchen. Edith-Francoise-Henriette war entzückend. Ich war nur für sie da, sie wurde mein ganzer

Lebensinhalt. Franzl besuchte mich auf der Rückreise wieder und blieb einige Tage mit mir zusammen. Er bemühte sich das frühere Einvernehmen zwischen uns herzustellen, sprach von Heirat und machte Zukunftspläne. Ich lehnte ihn und alle seine Vorschläge entschieden ab. Ich hatte mein Kind und wünschte sonst nichts. Wir schieden kühl voneinander, aber im Guten.

Ich nährte mein Kind selbst und konnte die Wonnen der Mütterlichkeit fühlen, wenn es seinen Hunger an meiner Brust stillte. Zehn Monate dauerte die ununterbrochene Ekstase der Schwangerschaft. Dann konnte ich es kaum erwarten bis es geboren war. Es gehörte mir, ich hatte es schon vorher in mir besessen und besaß es jetzt umsomehr. Mein Liebesverlangen nach andern artfremden Körpern, ob Mann oder Frau, war erloschen.

Alles zwischen Mutter und Kind ist Sexualität und Erotik: die Ernährung, die Pflege und die Berührung, die sich unter gegenseitiger Wollustempfindung vollzieht. Das Verrichten aller körperlichen Bedürfnisse mit einander, vor einander und auf einander, in innigster Intimität, mit höchster Lustbetonung, ohne Hemmung und ohne Scham, aus purer innerster Naturnotwendigkeit heraus, alle Urinstinkte, alle Urnatur, alle Regungen der Zärtlichkeit und der Grausamkeit sind in der Mutter wie im Kinde in wechselseitiger Ergänzung tätig und ergeben das vollendetste Liebesverhältnis, das zwischen zwei Wesen jemals erreicht werden kann.

Das an meiner Brust saugende Kind bereitete mir dieselben geschlechtlichen Wonnen wie ein Liebespartner durch seine Zungenliebkosungen. Die erotische Spannung ging vom saugenden Mündchen des Kindes an meinen erigierten Brustwarzen aus und pflanzte sich fort durch meinen Körper bis hinunter zu den Geschlechtsorganen, die wollüstig anschwollen und nach Befriedigung drängten... Wie klar erkannte und empfand ich den rätselhaften Zusammenhang zwischen Sexualität und Mutterschaft! Nein, es ist kein Zusammenhang, sondern die Mutterschaft ist einfach eine lange Sexualfunktion des Weibes mit seelisch-geistiger Einstellung! Mein eigener Körper bestätigte mir dies.

Das Kind als süßestes Liebesgeschöpf der Mutter, das ihr die Natur selbst in den Schoß und an die Brust legt!!! Dieser

Gedanke versetzte mich in einen Liebestaumel. Wenn die Kleine nach Befriedigung ihrer natürlichen Triebe an meiner Brust einschlief und ihrem entspannten Mündchen die begehrte Warze entglitt, legte ich sie mit zitternden Händen in ihr Bettchen zurück. Ich aber blieb in sexueller Erregung und empfand die zärtlichste Liebesglut in meinem Schoß.

Die Auslösung führte ich selbst herbei. Auf dem Diwan hingestreckt schließe ich die Augen und alle meine Sinne werden voll von meinem Kinde... Ich sehe es vor mir, — nebelhaft, tausendgestaltig, aber immer als das E i n e, als die lebendige Verkörperung meines ureigenen Liebesgeschöpfes, das die reinste und vollkommste Ergänzung zu meinem Wesen bildet... Nur Es, immer nur E s...

Ich fühlte dabei eine sinnliche Erregung, die immer dringender die Auslösung forderte. Durch geschickte Einwirkung meiner Hand steigern sich die erotischen Wonnen immer höher, von Seligkeit zu Seligkeit öffnet sich mein Schoß... Die Sinne beginnen sich zu verwirren... Und ich gleite, alles vergessend, hinüber in E r o s' bodenlos seliges Reich...

Eine Handlung, zu der der Instinkt des Lebens zwingt, hat in der Lust ihre Berechtigung, eine rechte Handlung zu sein. Nichts ist unsinniger als etwas ohne innere Notwendigkeit, ohne individuelle Neigung, ohne Lust zu tun, zu denken, zu fühlen... Der Mensch ist kein Automat der »bürgerlichen Rechtsordnung«, das wäre ein Rezept zum Idiotismus. Und physiologisch betrachtet, beruht alles Angeborne im Menschen auf einem metaphysischen Grund, der eine Berechtigung höherer Art in sich schließt. Mein ganzer Körper ist nur die Sichtbarkeit meines individuellen Willens, den er objektiv darstellt. Dazu gehört auch mein Intellekt und mein Gehirn. Aus demselben metaphysischen Grund aber ist nicht nur die Beschaffenheit meines Intellektes aus der meines Gehirns abzuleiten, sondern auch mein gesamter so beschaffener Charakter mit allen meinen übereinstimmenden Zügen und Eigenheiten. Meine Leidenschaften wirken nicht bloß auf verschiedene Organe meines Körpers, sondern auch umgekehrt: der individuelle Zustand einzelner Organe erregt die Leidenschaften und sogar die mit diesen zusammenhängenden Vorstellungen.

Ich denke zum Beispiel, wenn die innere Drüsensekretion

periodisch mit Hormonen überfüllt ist und es steigen unwillkürlich, ohne besonderen Anlaß wollüstige Gedanken auf, so glaubt man leicht, der Grund dazu sei psychisch. Allein er ist rein physisch und bedingt durch die Überfüllung mit Sekreten und die individuelle Veranlagung des Menschen. Sie hört auf, sobald durch Resorption der Hormone ins Blut die Erregung vorüber gegangen ist.

Es ist also eine Lächerlichkeit, eine N o r m des Menschen aufstellen zu wollen und zu sagen: so und so s o l l der Mensch sein! Jeder einzelne Mensch ist ein Stück Fatum, ein Gesetz an sich, das mit Notwendigkeit in das Ganze eingefügt ist. Ihn »ändern« zu wollen — mit Kerker und Zuchthaus! — ist eine Unmöglichkeit, denn man müßte alles ändern: seine Vergangenheit, seine Zukunft und seine physische Beschaffenheit. Das ist heller Unsinn. Niemand gibt dem Menschen seine individuelle Veranlagung, weder seine Eltern, noch er selbst, noch die Gesellschaft. Niemand ist dafür »verantwortlich«, daß er überhaupt da ist, daß er so oder so beschaffen ist und in diese oder jene Umgebung hineingeboren ist. Die Fatalität seines Wesens ist nicht herauszulösen aus der Fatalität alles dessen, was war, was ist und was sein wird...

Solange ich in Brüssel lebte, sprach ich sehr oft mit Dr. de Boue über alle unausgesprochenen Dinge im Empfindungsleben einer mütterlichen Frau. Er lauschte mit gespanntestem Interesse meinen Eröffnungen und erkannte darin, nach Freud, die unbewußten inzestuösen Momente in den Gefühlsbeziehungen zwischen Mutter und Kind. Er freute sich königlich, die Bestätigung in der Wirklichkeit gefunden zu haben. Ich fragte, scherzend, ob er es vielleicht für nötig halte, mich einer psychoanalytischen Kur zu unterziehen und er antwortete darauf mit staunenswertem Verständnis:

»Was Sie vorbringen, ist mir völlig neu und von größtem Interesse. Aber Sie brauchen gewiß keine psychoanalytische Kur, denn Ihre seelische Gesundheit steht außer Zweifel. Sie sind frei von jeder Neurose und haben ein beneidenswertes Empfindungsleben, das Sie mit Ihrer Erkenntnis durchdringen. In Ihnen ist ursprüngliche Kraft und festes Selbstbewußtsein und trotz seelischer Robustheit die Fähigkeit, feinste und zarteste Eindrücke stark und mit ganzer Seele zu empfinden und auszukosten...«

Mein geschiedener Mann fühlte sich krank und bat mich dringend, mit meinem Kinde bei ihm zu wohnen. Ich bereitete mich zu einer Abreise nach Paris vor und löste meinen Brüssler Haushalt auf. Jedoch, es sollte anders kommen. Statt nach Paris zurückzukehren, wo ich ständig leben wollte, mußte ich nach Böhmen reisen, um bei Gericht die gesetzlichen Ansprüche meines Kindes gegen den Vater zu verfechten. Wohl hatte er vor Gericht seine Vaterschaft anerkannt, wohl war er zur Zahlung eines minimalen Unterhaltsbeitrages verurteilt worden, doch blieben alle Maßregeln erfolglos. Franz Graf Kilsch konnte nicht dazu verhalten werden, die kleinen monatlichen Beträge für sein Kind zu bezahlen. Sein Haß gegen das Kind wurde immer größer und übertrug sich auch auf mich.

Ich w o l l t e und wünschte auch gar nicht, daß dieser Vater teilhabe an der innigen Gemeinsamkeit von Mutter und Kind. Wir verstanden uns längst nicht mehr und ich fühlte mich allein imstande, meiner geliebten Tochter alles zu sein: M u t ter und V a t e r! Meine ausschließliche und ungeteilte Liebe zu ihr ließ sie n i c h t s vermissen.

In Wien begann nun für mich eine friedliche, süße Zeit in innigstem Kontakt mit meinem lieblich aufblühenden Kinde. Mit Linas Hilfe hatte ich mich in meiner Wiener Wohnung häuslich eingerichtet und war in jenen Monaten wunschlos glücklich und heiter. Je mehr ich mich aus allem, was den Weltmenschen erfreut, exiliert hatte, desto wichtiger war es für mich, meine eigenen vier Wände zu haben, wo ich dem Vergnügungswahn des Lebens entronnen war. Unsere Art, die ich mit Freude auch an meiner Schwester Gabrielle wiederfand, hatte nur am »Für-sich-sein« Genügen, wußte sich selbst zu entwickeln und verschwendete sich eher an die Mitmenschen, als daß sie viel von ihnen forderte.

Der anständige Charakter meines Hausmädchens Lina, der mit meinem Temperamente auf das beste zusammenstimmte, half mir über die kleinlichen Plackereien des Alltags hinweg. Ich hatte es vielleicht durch sie günstiger getroffen als andere Menschen, die sich mit fremden Hilfskräften mitunter das Leben vergällen. Ein einfacher Haushalt, ein geregelter Tageslauf, keine aufreizende Geselligkeits- und Vergnügungssucht, das innige Zusammensein mit meinem Kinde, der Besitz meiner exklusiven Auswahl von Lieblingsbüchern — das machte damals mein Leben aus.

Im November 1911 kam plötzlich aus Paris die Nachricht vom Tode Erwins, der im Hospital Necker an Vergiftung — wahrscheinlich Thyroidin — gestorben war. Sein Nachlaß fiel mir zur Gänze zu und ich mußte mich zur Ordnung dieser Angelegenheit nach Paris begeben. Mit Kind und Lina reiste ich von Wien nach Paris, wo ich nach einjährigem Aufenthalt den kostspieligen Haushalt in Passy auflöste.

Meine zweieinhalbjährige Tochter war von ungewöhnlicher Schönheit und Zartheit. Ich ging mit ihr auf Reisen, um der allzu langen Seßhaftigkeit des Hauses zu entlaufen. Ich reiste zuerst an die Riviera, dann zu längeren Aufenthalten nach Genua, Rom, Neapel, Venedig und Mailand. Den Sommer 1913 verbrachte ich auf der Insel Wight in England. Im Herbst dieses Jahres kehrte ich, nach zweijähriger Abwesenheit wieder nach Wien zurück und verblieb hier in meiner Wohnung bis Mai 1914.

Die Sehnsucht nach dem Pariser Frühling überkam mich so elementar, daß ich beschloß, mich für längere Zeit nach Frankreich zu begeben. Ich entließ mein Hausmädchen, das sich mit Heiratsgedanken trug, aus meinen Diensten, nahm mein vierjähriges wunderschönes Töchterchen, versperrte meine Wiener Wohnung und reiste mit großem Gepäck nach Paris.

Hier wohnte ich mangels einer eigenen Wohnung bei Bekannten, und in das gesellschaftliche Leben verstrickt, war ich gezwungen, alles mitzumachen, was dieses mir auferlegte. Um dem zu entrinnen, schützte ich die Erholung meiner Tochter vor und übersiedelte nach meinem geliebten Trouville zum Sommeraufenthalt. Edith-Francoise spielte den ganzen Tag in paradiesischer Nacktheit mit kleinen Mädchen und Bübchen am Strande, badete im Meer, sammelte Muscheln, baute Sandburgen und genoß hier ihre sonnige, ungetrübte Kindheit.

Meine schöne Pariser Freundin Héléne Bergmann fand sich auch bald in Trouville ein. Sie besaß ein Baby im Alter von sechs Monaten, qui tétait encore sa mère, weshalb es ihr von der Nurse überall nachgetragen wurde. Sogar im fashionablen Strandrestaurant des Palace-Hotel oblag sie öffentlich ihren Mutterpflichten. Wir wohnten beide in dem genannten Hôtel und waren täglich beisammen. Diese schlanke, elegante, schwarzhaarige französisierte Italienerin war die mütterlichste und zärtlichste Mutter, die man finden konnte. Wir waren durch gleiche Empfindungen miteinander verbunden und genossen am Strande von Trouville dasselbe süße Mutterglück. Und am Abend begann das mondäne Leben.

Am 28. Juli 1914, nach dem Theater, spielten wir im Kasino von Deauville. Alle Gemüter waren aufgeregt und sprachen vom bevorstehenden Ausbruch des Krieges. Die großen Pferderennen, die alljährlich in Deauville die Hochsaison einleiten und das Hauptereignis des mondänen Lebens bilden, sind abgesagt. Am 1. August bricht der Krieg zwischen Frankreich und Deutschland aus. Wer abreisen will, muß dies binnen dreier Tage tun. Alles gerät in Unordnung. Von diesem Tage an herrscht eine unglaubliche Verwirrung. Alle Fremden fliehen, von allen Seiten strömen Reisende, zur Armee Einberufene der Heimat zu.

Nun bricht das gräßlichste Ungewitter los. Das Palace-Hotel gehört einer deutschen Gesellschaft: Deutschland hat an Frankreich den Krieg erklärt. Der Mob, der unterste Pöbel zieht vor das Hotel, wirft die Fenster ein, verlangt die Auslieferung des Hotel-Direktors, der ein Deutscher ist und von dem sich herumspricht, daß er ein Spion sei. Alle Haustore sind geschlossen, niemand darf das Hotel verlassen. Steine und Schmährufe der aufgehetzten Meute fliegen bis zu unseren Fenstern herauf. Hélène Bergmann flieht entsetzt in mein Zimmer. Durch ihre Heirat ist sie Deutsche und daher fürchtet sie das Ärgste.

Am folgenden Tag räumt die Polizei das Hotel von den Fremden, sperrt es ab, sequestiert es als deutsches Eigentum. Die Gäste werden im Orte Trouville in den einheimischen, wenig komfortablen Gasthöfen untergebracht. Ein Nachtquartier zu bekommen, war für den größten Teil der Fremden unmöglich. Die Bahnhofshallen blieben die Nächte hindurch dicht mit Fremden angefüllt. Alle Fremden mußten sich bei der Polizei einen Permis de séjour verschaffen. Die Trouviller Polizei leistete Unmenschliches in diesem Chaos. Sie hielt die Ordnung aufrecht, war taktvoll höflich gegen jedermann.

Die Familie Bergmann wohnte mit mir in demselben unkomfortablen, kleinen Gasthof. Sie konnte nicht mehr nach

Paris zurückkehren, denn ihre Wohnung, ihre Fabriken, ihre Geschäftsniederlagen sind unter Sequester. Auch ich kann nicht nach Paris zurückkehren, weil ich dort keine Wohnung mehr habe. Mit Österreich aber sind alle Post- und Bahnverbindungen abgeschnitten.

In wenigen Wochen ist Trouville und Deauville menschenleer geworden. Die eleganten Geschäfte und Fremdenhotels sind gesperrt, der Strand liegt verödet, verlassen und hat seine Anziehung verloren. Es ist unmöglich, eine Frau und ein zartes Kind in die Verwirrung der Eisenbahnzüge zu schicken. Alle Züge werden für Truppen requiriert, private Reisende müssen einfach zurückbleiben und haben keine Aussicht, befördert zu werden. Gleich in den ersten Wochen langten auch schon Transporte von Verwundeten ein, wo sie im Kasino, das in ein Lazarett umgewandelt ist, die notwendige Unterkunft und Pflege erhalten.

Auf Tragen und Bahren werden Verwundete und Sterbende aus den Waggons herausgetragen und ich fühlte mich bei solchem Anblick ganz vernichtet. Was ich in jener Zeit litt, ist nicht zu beschreiben. Die klagenden Jammerschreie und das Schmerzensstöhnen der gequälten Verwundeten tönten mir noch monatelang in den Ohren.

Eine ungeheure Empörung, ein entsetzlicher Groll gegen den menschenmordenden Mechanismus des Krieges fiel mich an, das Herz von Mitleid zerrissen. Die Massensuggestion verblendeter Begeisterung für dieses Morden, diese künstlich erzeugte Feindschaft von Mensch zu Mensch — alles war mir unfaßbar. Es schien mir wie ein blinder Wahn, der die Menschen zu Bestien machte. Ich litt unsäglich unter diesen Eindrücken, Erkenntnissen und erschütternden Wirkungen. Um diesem Entsetzen zu entfliehen, blieb mir nur die Zuflucht in mein Kloster übrig.

Während meiner langjährigen Abwesenheit hatte sich im Kloster nichts verändert. Mit offenen Armen wurde ich dort samt meinem Kinde gastfreundlich aufgenommen, bewohnte dieselben Zimmer und alles war wie früher. Soeur Marie-Thérèse war die gleiche geblieben. Sie hatte mir treue Freundschaft bewahrt und schloß auch mein Kind in ihr Herz. Noch immer war sie die strenge Lehrerin und die alten Beziehungen zwischen uns lebten wieder auf.

Marie-Thérèse liebte es, mich an ihrer Tätigkeit als Lehrerin, sowohl am Unterricht als auch an Züchtigungen ihrer Schülerinnen teilnehmen zu lassen. Sie stand andauernd im Bann der Gesäßerotik und mußte, wenn die Erregung sie packte, ein nacktes Gesäß bekommen. Sie m u ß t e das nackte Gesäß, die Beschämung, die Verzweiflung, den Schmerz, das Geschrei, das Drehen und Winden der Hinterbacken in völlig entblößtem Zustand unter ihren unbarmherzig niederzischenden Rutenhieben genießen.

Oh, sie kannte wie keine die süße, süße Jagd nach einem bestimmten Mädchengesäß! Sie hatte vor mir keine Geheimnisse und führte mich durch alle Höhen und Tiefen ihres geschlechtlichen Genießens. Und wie erregten sie solche Gespräche mit mir. In sinnlichem Aufruhr ging sie zum Schulunterricht und ich begleitete sie. Ich fühlte, in welcher Erregung sie sich befand und daß sie förmlich gezwungen war, sich ein Gesäß zu holen... Es m u ß t e sein!

Meine Anwesenheit im Klassenzimmer versetzte die Schülerinnen bereits in eine ungewöhnliche Aufregung, die sich noch steigerte durch die unerhörte Nervenhochspannung, in der sich Soeur Marie-Thérèse befand. Sie unterrichtete Geschichte – es war ihr Hauptfach – und es galt ihr, ein Mädchen bei einem solchen Fehler zu packen, daß sie es nach Schluß der Unterrichtsstunde mitnehmen konnte. Marie-Thérèse war völlig nervös, konnte kaum ihre Fragen ruhig und klar stellen, ihr Unterricht war ganz ohne Zielbewußtsein.

Mein Nahesein, meine eigene Erregung verwirrten ihre Sinne, und die Nachwirkung ihrer Schilderungen von Mädchenpopos, die sich ihrer Rute beugen mußten, ihre Wollust, die sie mir so unglaublich schön und realistisch beschrieb, daß ich alles mit ihr wie zusammengeschmolzen genießen konnte, erhöhte die geschlechtliche Spannung. Das Geschrei der Mädchen, ihre nackten Gesäße, die Striemen der unerbittlich strengen Rute, ihr feuchter Schoß mit den zuckenden Schamlippen und der erregten Klitoris, – alles stand blitzklar vor meinem Auge und ich wußte, daß Marie-Thérèse ganz derselben Suggestion unterlag...

Sie m u ß t e ein Gesäß finden!

Im Verlauf der Stunde hatte sie ein Mädchen von vierzehn

einhalb Jahren geprüft, – Annette hieß sie, – und hatte alle Fragen richtig und gut beantwortet erhalten. Marie-Thérèse prüfte ein anderes Mädchen, während dieser Prüfung verlor Annette ihren Bleistift und bückte sich, um ihn aufzuheben. Durch diese Bewegung straffte sich ihre Schürze über ihren Gesäßbacken so sehr, daß wir den Umriß ihres gewölbten Hinterteiles ganz genau sehen konnten. Marie-Thérèse warf mir einen vielsagenden Blick zu, der mir das Blut in die Wangen trieb. Dann blickte sie wieder auf die zwei verführerischen Rundungen, die uns entgegenschwellten ... Das tiefe Tal dazwischen zeichnete sich reizend ab ...

Annette m u ß t e es sein!

Marie-Thérèse ließ eine kleine Weile verstreichen, dann rief sie Annette nochmals auf. Das hübsche Ding erhob sich und antwortete frech: »Aber ich bin doch schon einmal geprüft.« – Die Lehrerin darauf: »Was sagst Du? Du wagst es, Deiner Lehrerin so zu antworten? Ich will Dich etwas anderes lehren, Du naseweises Mädchen. Nach der Stunde gehst Du mit mir. Verstanden?« – Annette: »Oh, Frau Lehrerin, ich meinte es ja nicht so, ich wollte nicht naseweis sein, ich habe nur geglaubt, Sie hätten es vergessen.« – Marie Thérèse: »Es bleibt wie ich gesagt habe; nach der Unterrichtsstunde folgst Du mit.«

Annette fing zu weinen an, – sie wußte ja, was der Befehl der Lehrerin bedeutete, es war ja nicht das erste Mal, daß sie dem Strafraum einen Besuch abzustatten hatte.

Als nach Schluß der Schulstunde die Glocke schellte, gingen die Mädchen fröhlich auf den Spielplatz, nur Annette blieb im Klassenzimmer zurück. Sie weinte unaufhaltsam und flehte um Verzeihung. Marie-Thérèse war unerbittlich und antwortete, daß ein Vergehen wie das ihrige ganz unverzeihlich sei und daß sie auf eine sehr strenge Bestrafung gefaßt sein müsse. – »Jetzt folgst Du mit uns«, – schloß sie, nahm Annette bei der Hand und lud mich mit einer anmutigen Handbewegung ein, mitzukommen.

Nie hatte ich eine so überwältigende sinnliche Erregung vor einer Züchtigung gefühlt, wie in diesem Augenblick. Wir führten Annette heulend in das Strafzimmer. Marie-Thérèse befahl ihr zu warten, nahm eine geschmeidige Birkenrute aus dem Schrank und legte sie auf einen Stuhl, damit Annette sie vor Augen hatte. Annette steht, das tränendurchnäßte Taschentuch an ihre Augen gedrückt, die Schultern vom Schluchzen geschüttelt, mitten im Raum. Sie hat hier schon viele Rutenzüchtigungen erlebt. Ihr Gesäß ist von schöner Wohlbeleibtheit, fast wie ein vollentwickeltes Frauengesäß, mit festen, schwellenden, weichen, jedoch sehr empfindlichen Hinterbacken. Sie ist sehr schamhaft, wenn es gilt Hosenabknöpfen und Entblößen des Hinterns.

Marie-Thérèse hatte im voraus beschlossen, daß sie selbst bei dieser Gelegenheit Annettes Hosen abknöpfen wollte. Sie befahl ihr deshalb, sich mit dem Gesicht nach abwärts auf die Strafbank zu legen. Annette begriff, daß jedes Betteln um Gnade vergebens sei; sie fügte sich weinend und tat wie ihr befohlen wurde. Als sie auf dem Bauch ausgestreckt lag, spannte Marie-Thérèse den Riemen um die Taille fest. Dann hob sie die Kleider des Mädchens hoch — es trug kurze, bis Mitte der Schenkel reichende Hosen aus dünnem Batist mit hübschen Spitzen. Die Hosen lagen am Gesäß recht prall an, so daß die Formen hervorquollen. Zwischen Hosen und Strümpfen war ein Stück ihrer bloßen Schenkel zu sehen, die weiß und schön leuchteten.

Marie-Thérèse neigte sich über den festgeschnallten Körper und ihre Hände verschwinden unter den Kleidern am Gürtel. Sie suchen die Knöpfe der Hosen, die zu beiden Seiten angeknöpft sind. Wie alle in solcher für sie höchst peinlicher Situation befindlichen Kinder, fleht Annette, als sie die nestelnden Hände spürte, und machte verzweifelte Anstrengungen, um die Lehrerin noch im letzten Augenblick zu besänftigen. Doch sie versteht erst jetzt, daß das Gesäßvoll ihr so sicher ist wie Amen im Gebet.

Stillschweigend knöpft Marie-Thérèse die hintere Hosenklappe ab, zieht sie herunter, und zwischen der heruntergezogenen Hosenklappe und dem Hemd, das knapp das Gesäß bedeckt, kommt ein Stückchen nackten Schenkels zum Vorschein. Feierlich langsam hebt Marie-Thérèse das Hemd empor und enthüllt Annettes blanke Popohügel, die weiß wie Schnee und weich wie Sammt, vor Scham leise erzittern ...

Die Nonne greift nach der Rute ... Alle meine Gedanken sind bei ihr ... Ich genieße diese Züchtigung völlig in dem Gedanken, daß Marie-Thérèse eins mit mir ist ... Sie saugt mit mir jede Bewegung, jede Windung des gepeitschten Gesäßes, jedes Geschrei um Verzeihung, jedes verzweifelte Flehen um Gnade ein, und antwortet darauf mit noch brennenderen Rutenhieben quer über die tanzenden Hinterbacken des Mädchens...

Annettes splitternacktes Gesäß wird gepeitscht wie noch nie vorher. Sie brüllt wie am Spieß und ihr Gesäßtanz beginnt so aufregend zu werden, daß ich kaum etwas ähnliches gesehen habe. Ihre Hinterbacken krampfen sich zusammen, dehnen sich aus, zittern und beben, die Gesäßspalte verschwindet fast ganz, um im nächsten Augenblick in voller Ausdehnung tief und mysteriös sich wieder zu öffnen... Bald sind ihre Popohügel weich wie Seide, wenn sie sie ausdehnt, bald hart wie ein Fußball, wenn sie sie zusammenkrampft... Annette hatte – ich kann es ohne Übertreibung sagen – eines der meist beweglichen Gesäße, das ich jemals unter der Rute sah... Annette ahnte vielleicht, warum sie die Rute bekam und warum das Gesäßvoll so strenge ausfiel – viel strenger, als sie es jemals erhielt...

Mein Schoß ist wie glühend, meine Schamlippen sind geschwollen und meine erigierte Klitoris ist hart wie Eisen... Marie-Thérèse führt die Rute im Rausch der geschlechtlichen Erregung... Ich fühle ihre Spannung in meinen Nerven, fühle auch das Nahen des himmlisch-süßen Augenblicks... Es jauchzt in ihrer Seele... es kommt... e s k o m m t... e-s k-o-m-m-t...

Und mit einem Stöhnen der Wonne auf ihren ekstatisch verzerrten Lippen, verströmte ihre Liebesglut in orgastischen Zuckungen...

So beschaffen waren die Feststunden des Daseins, die mich mit Marie-Thérèse vereinten. Draußen tobte der mörderische Krieg. Während dieser Periode des Welt-Elends wurden im Kloster auch zwei- bis sechsjährige Mädchen und Bübchen verpflegt, die von ihren tagsüber beschäftigten Müttern der Obhut der Nonnen anvertraut waren. Mit großer Freude wählte Edith-Francoise diese Kinder zu ihren Spielkameraden. Im alten großen Klostergarten konnten sie nach Herzenslust herumtollen, entliefen oft der Aufsicht der alten Soeur Monique, und freuten sich, wenn diese sie nicht finden konnte.

Einmal forschte ich nach den verschwundenen Kleinen und

entdeckte sie nach langem Suchen in einem verlassenen Winkel des Parkes. Vor der Lourdes-Kapelle, einer halbverwitterten, imitierten Grotte mit der typischen Statue von Notre Dame de Lourdes waren sie ganz ernsthaft in seliges Spielen vertieft. Ich sah die sechsjährige, dicke Geneviève, meine vierjährige Edith, die dreieinhalbjährige, blondlockige Renée und den zweijährigen drolligen Jacques in schönster Eintracht beisammen. Sie spielten dieselben naturgegebenen Spiele, die ich so gut in Erinnerung hatte: Mutter und Kind, Lehrerin und Schülerin, Arzt und Kranke. Ich freute mich über die natürlichen, rein und unverhohlen zum Ausdruck kommenden Triebe, die so elementar und unschuldig in den Spielen der Kinder zum Durchbruch kamen. Ich war weder entsetzt noch zu Tadel bereit, sondern fand im Gegenteil alles ganz selbstverständlich vom Naturtrieb gegeben. Auch die Kinder blieben bei meiner Annäherung unbefangen und naiv. Sie spielten eifrigst weiter, denn sie empfanden mein Verhalten nicht als Störung. Ich lächelte ihnen verständnisvoll zu und ging beruhigt von dannen.

Bald darauf sah auch Soeur Monique nach den Kindern, die ihren Augen bereits allzu lange entrückt blieben, rief und suchte nach ihnen und fand sie endlich vor dem Lourdes-Heiligtum, mit denselben Spielen beschäftigt auf. Sie war niedergeschmettert über die »Verdorbenheit« der Kinderseelen, die für sie der Inbegriff der »Unschuld und Reinheit« sein sollten! Ihr Zanken und Schmähen, ihre ehrlichen Entrüstungsausbrüche erschreckten die Kinder, rissen sie aus der Seligkeit ihrer natürlichen Spiele heraus und raubten ihnen im Nu die köstliche Unbefangenheit ihrer Gemüter. Es war die Vertreibung von Adam und Eva aus dem Paradies.

Die Erziehung blieb hier im Kloster immer klerikal und altmodisch, besonders wenn sie von geistig beschränkten Nonnen ausgeübt wurde, die keine Ahnung von moderner Kinderpsychologie hatten. Ganz anders wirkte sich das Erziehergenie verbunden mit dem mütterlich-glühenden Herzen von Soeur Marie-Thérèse in ihrer Schulklasse aus. Ich versäumte keinen Tag, um ihre Unterrichtstätigkeit zu bewundern. Obschon es gewiß war, daß in allen Abteilungen Ordnung und Disziplin herrschten, konnte ich nicht umhin, eine Gegenüberstellung von Soeur Marie-Thérèse mit andern Klassen zu machen. Bei Marie-Thérèse gab es keine sklavische Unterjochung. Die Mädchen waren ganz natürlich in ihrem Auftreten und voll reger geistiger Bestrebungen. Das hatte seinen Grund darin, daß die Lehrerin als Klassenvorstand in Verbindung mit den Hilfslehrerinnen sich freundlich und mütterlich den Schülerinnen gegenüber benahmen. Gewiß, die Rute hing immer im Hintergrunde sowohl über die kleinen als auch über die großen nackten Gesäße und die Mädchen wußten dies aus teuer erkauften Erfahrungen. Aber jede Züchtigung wurde von Marie-Thérèse mit sozusagen taktvoller, mütterlicher Diskretion vorgenommen. Kein Wort in der Unterrichtsstunde, wenn eine Schülerin wegen Unfleiß oder eines andern Vergehens straffällig wurde, keine Silbe deutete darauf hin, was ihr nach der Stunde bevorstand. Nur ein vielsagender Blick Marie-Thérèsens – der übrigens vollkommen beredt war – begleitet von ein paar Worten wie: »Heute ist's das dritte Mal, daß Du schlecht vorbereitet bist«, und eine Note wurde ins Klassenbuch eingetragen. Oder: »Heute wieder unaufmerksam«, und eine gleichzeitige Note, während ein rätselhaftes Lächeln die Lippen der Lehrerin kräuselte.

Nach der Stunde aber, wenn die Mädchen auf den Spielplatz stürmten, trat Soeur Marie-Thérèse diskret auf das getadelte Mädchen zu und sagte ihm ein leises Wort ins Ohr. Das Mädchen wird rot, Tränen treten in seine Augen, aber wortlos folgt es der Lehrerin in den Bußraum. Und was sich dort ereignet, ist bei Beginn der nächsten Unterrichtsstunde sehr deutlich zu bemerken. Das bestrafte Mädchen sitzt mit verweinten Augen an seinem Platz. Ohrfeigen hat es keine bekommen, denn seine Wangen tragen davon keine Spuren. Aber es sitzt sehr unruhig auf seiner Bank und verrät deutlich, wo es prickelnde Schmerzen empfindet.

Marie-Thérèse liebte es immer, die Mädchen in meiner Anwesenheit zu züchtigen, weil – wie sie sich andern gegenüber rechtfertigte – dies die Feierlichkeit der Prozedur sehr erhöhte. Mit tausend Freuden tat ich ihr gerne diesen Gefallen!

So flossen die Monate in klösterlicher Abgeschiedenheit dahin, fern von der Welt, die im mörderischen Kriegsgetümmel unterzugehen drohte. Im Kloster war Friede, war Geborgenheit vor der Hölle jener Epoche. – Plötzlich empfing ich von der Außenwelt eine überraschende, unerwartete Nachricht, die mich erschreckte. Ich hatte in Paris in politischen und diplomatischen Kreisen gute Beziehungen, wodurch mir aus Wien Nachrichten vermittelt werden konnten. Meine Wohnung stand dort in Gefahr geräumt zu werden. Durch meine Heirat war ich naturalisierte Französin und wurde in Wien als feindliche Ausländerin betrachtet. Die Folge davon war, daß mein Eigentum beschlagnahmt wurde. Ich durfte und wollte aber mein Hab und Gut dort nicht verlieren. Um es zu retten, war es nötig geworden, unbedingt auf welche Weise immer nach Wien zu reisen.

Mit Paß und Laisser-passer versehen, wagte ich mit meinem Kinde das Wagnis und reiste über Genf nach Wien. Da alle Linien für Truppen-, Verwundeten- und Flüchtlingstransporten gebraucht wurden, gab es keinen geregelten Reiseverkehr. Wir fuhren mit einem Zuge, der belgische Flüchtlinge nach der Schweiz brachte und waren tagelang unterwegs. Endlich in Genf angekommen, erkrankte Edith an Keuchhusten. Sie hatte sich mit dieser schrecklichen Kinderkrankheit während der endlosen Bahnfahrt infiziert. Nun war ich gezwungen, monatelang, zuerst in Lausanne, später in San Remo das Verschwinden dieser fürchterlichen Infektion bis zur vollständigen Genesung des Kindes abzuwarten.

Schließlich war Edith so weit und ich konnte im Herbst 1915 die Weiterreise nach Wien antreten. Nach langen Irrfahrten und vielen Mühseligkeiten kommen wir wirklich eines Morgens um acht Uhr am Wiener Westbahnhofe an. Ich fahre sofort in meine Wohnung, benütze den Lift und öffne ahnungslos mit meinen Wohnungsschlüsseln die Eingangstür.

Als ich ins Vorzimmer trat, erblickte ich fremde Möbel. Ein fremdes Hausmädchen erscheint und gibt mir die Auskunft, daß meine Wohnung seit fünf Monaten an den jetzigen Inhaber vermietet sei. Ich war also delogiert worden.

Ich begab mich zum Hausbesorger und erhielt von ihm alle näheren Aufschlüsse. Gegen Erlag der daraufIastenden Kosten für Mietzins etc., könnte ich meine im Exekutionsgericht lagernden Möbel und Effekten vielleicht übernehmen, meinte er sachkundig, falls die Behörden die Beschlagnahme aufheben. Es blieb mir also momentan nichts anderes übrig, als mich mit meinem Töchterchen in einer Pension einzumieten.

VIII.

GRANDE PASSION

Bis zur Ordnung meiner sehr verwickelten Wohnungsangelegenheit, mußte ich als Gast unter Gästen ein banales, unpersönliches Pensionsleben führen, dessen Zwang ich höchst unangenehm empfand. Edith-Francoise brauchte als kleine Rekonvaleszente eine besondere Diät und dies war nicht zu erreichen. Welch eine glückliche, sorglose Zeit waren doch die im Kloster verlebten acht Monate und später die vier Monate in Lausanne und San Remo im Vergleich zu dieser entsetzlich sich fühlbar machenden Kriegsnot in Wien.

Der unvermeidliche Umgang mit fremden und mir gleichgültigen Pensionsgästen während der gemeinsamen Mahlzeiten machte mich nervös. Dies war ein Zeichen, daß ich mich unter diesen Leuten nicht wohl fühlte. Ich bekam etwas Verschlossenes, fast Bedrücktes, wenn ich mit Menschen zusammensein mußte, gegen die ich in meinem Innern Einwände zu machen hatte. Alle Unehrlichkeit oder Gespreiztheit und eitle Prahlsucht war mir peinlich und schwer zu ertragen. Es lag auch nicht in meiner Art, zu plappern und zu plaudern und mich über allerhand kleinliche Dinge zu unterhalten. Die meisten Tischgäste aber machten viel Redensarten, um ihre Langweile und Leerheit zu verbergen. Und ich beobachtete sie schweigend.

Unter diesen Gästen fiel mir ein auffallend männlich gebautes und ebenso gekleidetes Weib, von schlanker, grobknochiger Gestalt, schwarzen funkelnden Augen, rabenschwarzem Haar und stark hervorspringenden Backenknochen besonders auf. Typus: Ungarische Jüdin, was auch aus der Art der Sprache, dem Akzent und Tonfall der Stimme deutlich hervortrat. Beim Mittagessen hatte dieses seltsame Wesen seinen Platz schräg mir gegenüber auf der andern Seite des Tisches. Es verschlang mich förmlich mit seinen Augen, und wenn mein offener Blick fragend zu ihm hinüberschweifte, schlug es sofort die glutvollen Augen nieder und erötete leise.

Einmal, als ich von ihrer Häßlichkeit und Absonderlichkeit interessiert, ein Wort an diese Frau zu richten versuchte, schoß ihr eine Blutwelle zu Kopf und färbte ihr dunkles Gesicht purpurrot. An meiner linken Seite saß meine Tochter und der Platz zur rechten wurde von einer sehr hübschen und eleganten Dame eingenommen — der Frau eines deutschen Gesandtschaftssekretärs in Konstantinopel, wie ich später erfuhr, — mit der ich sehr bald durch die so nahe persönliche Berührung täglich bei Tisch bekannt wurde. Auch sie fand, daß die pathetische Haltung unseres merkwürdigen Gegenüber nicht seine Größe, sondern seine Schwäche ausdrückte, und offenherzig meinte sie, wer Attitüden überhaupt nötig habe, sei falsch.

Dies schien mir logisch aufgefaßt, und doch geschah es, daß dieses mehr männliche als weibliche Geschöpf mir gegenüber mit dem sonderbaren Wesen, dem ungarisch-jüdischen Akzent in der Sprache meine Nerven in spannendste Unruhe versetzte. Ein Fludium ging fühlbar von dieser Ungarin aus, das auf mich einströmte. Ihr Blick drang durch meine Kleider, kitzelte meine Haut und irritierte mein Innerstes. Der Ton ihrer singenden Stimme betäubte mich und ihre Nähe wirkte auf mich wie Narkose. Nie noch fühlte ich die Ausstrahlung eines Mitmenschen so unwiderstehlich in mir die gleichen Empfindungen hervorrufen. Die Ergriffenheit meiner Sinne und Seele durch diese Erscheinung steigerte sich bald zur Gewalt eines Liebesgefühles.

Wie es zu intimer Annäherung zwischen uns gekommen ist, weiß ich nicht mehr zu sagen. Wir wurden zu einander getrieben, waren ohnmächtig gegen die Macht, die uns zueinander z w a n g. Kata Par folgte mir auf Schritt und Tritt wie mein Schatten. Nie wich sie von mir, auch wenn sie nicht leibhaft anwesend war, war sie doch immer gegenwärtig um mich herum. Ganz plötzlich tauchte sie vor mir empor, traf mich in den Straßen der Stadt, wo ich sie niemals vermutet hätte, und folgte mir heimlich überall nach. Ich wußte es oft nicht, doch verriet mir die Anspannung meiner Nerven, ein Würgen am Hals ihre berückende Nähe. Es begann jenes einmalige, endliche Hinschwinden aller Grenzen, die das Ich beschränken, das Sich-Ergießen in das geliebte Du, worin das Glück, das Wunder und die Seligkeit der Liebe besteht...

Abends, wenn die kleine Edith zu Bett gebracht und eingeschlafen war, schlich ich heimlich von ihr fort in Kata Pars Zimmer, wo sie mich sehnsüchtig erwartete. Die Macht unserer Gefühle überflutete stark und beseligend alle Verwirrung und Hemmungen, und E r o s trat sichtbar in Erscheinung als der große Dämon, der zwei Menschen ergreift... Oh! nicht mit dem einfachen Glücksgefühl des »Besitzes«, sondern mit dem tiefsten Erleben eines wunderbaren Zustandes innerster Bewegung und dauernder Erschütterung des ganzen Menschen.

Zeit- und schlaflos schwanden uns die seligen Stunden dahin! In zärtlichen Ruhepausen, eng aneinander geschmiegt, erzählten wir uns dazwischen unsere Lebensschicksale, um alle Erfahrungen miteinander zu teilen. Kata erzählte von ihrem Elternhause, von ihrer trostlosen Jugend, von ihren düsteren Erlebnissen. Daß sie sich immer als Mann gefühlt habe, ja, daß sie trotz der äußeren Anzeichen ein Mann sei!

Weiter sprach sie von dem Haß gegen ihre Mutter, von dem fanatischen Bestreben, jeden Zug aus ihrem Gesicht zu tilgen, der sie ihrer Mutter ähnlich machte. In verbittertem Haß sprach sie die Worte: »Ich arbeite an mir, daß ich die Stimme, den Tonfall der Sprache und alle Merkmale der verfluchten Rasse meiner Mutter in meinem Wesen vernichte, um dieser verhaßten Megäre nicht mehr zu gleichen...«

Ich war entsetzt über ihren unausrottbaren Haß gegen ihre eigenen Blutsverwandten und Stammesgenossen, von denen sie doch nie loskommen konnte. Ich erkannte den ungeheuren Selbsthaß in ihr, und erkannte zugleich meine armselige Ohnmacht, die der so heiß Geliebten nicht zu helfen vermochte.

»Ich war das jüngste von fünf Kindern«, — erzählte mir Kata weiter; — »in Szegedin geboren und aufgewachsen, — man hat sich nie um mich gekümmert. Im Alter von zwölf Jahren wurde ich von meinem ältesten Bruder überfallen und genotzüchtigt. Ich spielte allein in einem Raum, da stürzte er sich wie ein Vieh auf mich, warf mich quer über das Bett und tat mir Gewalt an. Er war vierundzwanzig Jahre alt und wußte, was er tat. Vor Abscheu und Ekel lief ich vom Hause fort, niemand wußte, wohin und niemand suchte nach mir. Ich führte in Budapest ein abenteuerliches Leben und landete später ohne Mittel in Berlin...«

Und weiter berichtete sie von der endlosen Kette ihrer Leiden- und Liebschaften, woraus ich die Unstetigkeit, das erbärmliche Auf und Nieder ihres armseligen Lebens erraten konnte. Mich erfaßte tiefes Mitleiden für sie. Durch Erlebnisse und Erfahrungen hatte sie die skrupellose Geschlechtsgier des Mannes an ihrem eigenen Leibe kennen gelernt. Gleich mir hatte auch sie eine instinktive Abneigung gegen den Mann als wahllos sich bestätigendes Geschlechtstier erworben. Die einzigen, für Kata vorstellbaren Zärtlichkeiten und erotischen Beziehungen gingen von Frauen aus.

Wir gaben uns als Liebende vollkommen bedenkenlos und bedingungslos unserer Leidenschaft hin. Das ungeheure Glück lag darin, den Grenzen unseres Ich entronnen zu sein und im Du zu versinken. Dieses große Glück hieß eben Vernichtung jener Eigenschaften, mit denen der Mensch in der physischen und sozialen Welt bewertet und eingeschätzt wird.

Zum Frühstück kam Kata im Pyjama in mein Zimmer. Edith fühlte instinktiv, daß uns etwas verbunden hält, zeigt sich irritiert, ist auf Kata eifersüchtig und ihr feindlich gesinnt. »Küß sie nicht!« – ruft das Kind zornig aus und drängt sie beiseite; – »das ist m e i n e Mutter und Du nimmst sie mir weg! Geh fort, Du, laß uns allein, Du gehörst nicht zu uns!«

Auch Kata betrachtet das Kind als etwas Feindliches, Störendes zwischen uns. Um sich der Kleinen gefällig zu erweisen, versucht sie sich nützlich zu machen und will ihr beim Ankleiden helfen. Aber Edith läßt sich von ihr nicht berühren. Ich leide darunter, daß das Kind sie nicht mag. Dieses Geschöpf hat bisher meine ausschließliche Liebe besessen und hat auch ein volles Recht darauf. Jetzt muß es meine Liebe mit Kata teilen, will es nicht tun – wehrt sich dagegen. Auch Kata will meine Liebe ungeteilt für sich haben und erblickt in meinem Kinde die verhaßte Rivalin. Ich will Kata um keinen Preis der Welt verlieren, aber – ich will auch meinem Kinde die Liebe nicht schmälern ...

Solche Gedanken empfand ich sehr schmerzlich; jedoch unsere Liebe war eine unbekümmerte, nur sich selbst wollende Leidenschaft, die dem Höhepunkt zustrebte. Wir brauchten Traumversunkenheit, Stille und Einsamkeit um uns herum, aber keine Stimme der Vernunft. Die Welt und der Alltag versank und alle meine Empfindungen konzentrierten sich auf das bezaubernde Objekt meiner blinden Leidenschaft.

Um den Beobachtungen der Umwelt zu entgehen, übersiedelte ich nach Baden in eine Pension. Kata versprach, mir bald nachzufolgen. Sie hatte hier noch einige Beziehungen zu andern Frauen zu lösen, was ich gebieterisch von ihr forderte.

Nie in meinem Leben kannte ich Eifersucht: nun fühlte ich zum ersten Mal ihre quälenden Regungen.

Eine russische Studentin, namens Karsunska, besaß ältere Rechte und Ansprüche auf Katas Herz und ließ sich nicht so ohne weiters abschütteln. Kata versprach mir aber, sich unter allen Umständen von ihr frei zu machen, denn Karsunska falle ihr selbst lästig. Gleichzeitig sprach sie von dem Zukunftsplan, daß wir — sobald sie frei wäre — uns in Berlin verheiraten und dort als Mann und Frau leben sollten. Auf solche Gipfel erotischen Wahns verstieg sich unsere Leidenschaft. Und wir merkten nicht die Verstiegenheit unserer Träume, nicht die Unzulänglichkeit aller sinnlichen Funktion.

Unsere Geschlechtsbeziehungen waren ganz eigener Art. Es sind nicht die sapphischen Liebesfreuden, die Kata mir bereitet, nein, es ist der Cunnilingus eines männlichen Partners, mit dem sie mich befriedigt — stundenlang, — nächtelang, — in ununterbrochenen Ekstasen... Immer nur sie mir, — niemals ich ihr! Sie genießt und schwelgt in brünstigen Wonnen, indem sie mir den höchsten Orgasmus mit ihrer liebeskundigen Zunge herbeiführt... Kein einziges Mal berührte ich ihren Körper am Geschlecht, weder mit meiner Hand, noch mit meinem Mund... Ja, sie wollte gar nicht berührt sein, es schien, als schämte sie sich ihrer Geschlechtsorgane und hütete ängstlich ein Geheimnis... Ob sie onanierte? Ich wußte es niemals. Ich quälte sie psychisch, aber züchtigte sie nie. Nachts ruhte sie mit dem Gesicht zwischen meinen Schenkeln, die Lippen fest auf meine Schamlippen gepreßt... Ich konnte nur leben, wenn sie mit ihrem Munde an meinem Geschlecht festgesaugt war... Unsere Liebe war eine unaufhörliche Geschlechtsorgie, in der sie sich mir immer wieder opferte. Es war Wahnsinn!...

Jetzt war ich in Baden, Kata blieb in Wien. Zu jeder Tageszeit gingen Briefe, Telegramme, Telephongespräche zwischen uns hin und her. Ich suchte die Waldeseinsamkeit und ließ dort den Reiz von Katas glühenden Liebesbriefen auf mich einwirken. Und meine Sehnsucht nach ihr wuchs ins Übermächtige.

»Meine geliebte Frau!« — schrieb sie einmal, und diese Liebesworte versetzten mich in Verzückung; — »Ich vermisse schmerzlich Deine göttliche Nähe! Ich rufe mir alles zurück, was ich bei Dir empfand... Wenn Deine Augen mich in Blau hüllten... Ich küsse meine Finger, an denen noch das Blond Deiner Haare haftet...«

Ich hielt es nicht mehr aus, von ihr getrennt zu sein, fuhr nach Wien und bestellte Kata auf den Südbahnhof, um mich zu erwarten. Angekommen, sah ich sie warten und nach mir spähen, aber – um sie zu quälen – verbarg ich mich ihren Blicken, – ging unbemerkt hinter ihr vorbei auf die Straße, stieg in ein Auto und fuhr in meine neugemietete Wohnung, um die Tapeten zu wählen. Abends kehrte ich nach Baden zurück, ohne sie gesprochen zu haben...

Katas Verzweiflung darüber war grenzenlos! Schmerzliche Briefe, aufregende Telegramme, quälende Telephongespräche, Festsetzung ihrer nahen Ankunft bei mir. Der vollkommenste Einklang herrschte zwischen uns.

Wochen innigsten Zusammenseins begannen, losgelöst von der Welt, von der Erde, zeitlos in fühlbarer Ewigkeit. Nacht für Nacht riß uns die gleiche wahnwitzige Geschlechtsorgie mit sich fort. Unsere flammende Leidenschaft stand auf ihrem Höhepunkt. So sollte, so mußte es ewig bleiben...

— — — — — — — — — —

Kata litt schwer unter der Ohnmacht, mir restlos alles sein zu können. Die Liebesbefriedigung durch sie brachte mir keine Erlösung, und sie fühlte ihre tragische Unzulänglichkeit bedrückend auf ihrem Gemüt lasten. Tief verstimmende Gereiztheiten, Ausbrüche kleinlichster Eigenheiten ihres Ich kamen zum Vorschein und zeigten die nahende Erschöpfung ihres Liebesempfindens an. Sobald der Rausch des Eins-Seins verflogen war und das Bewußtsein sich wieder einstellte, fühlten wir, daß wir einsam und dem andern fremd waren...

In jener Zeitperiode gerade publizierten Professor Steinach und sein Assistent Dr. Lichtenstern ihre ersten Mitteilungen über die gelungenen Versuche der Transplatation von Keimdrüsen. Sie verursachten begreiflicherweise großes Aufsehen. Weibliche Keimdrüsen, einem männlichen Individuum eingepflanzt, sollten es zum Weibchen machen und umgekehrt, mit männlichen Keimdrüsen versehene Weibchen zu Männchen werden. Die Versuche wurden von Steinach an Ratten gemacht, aber den Nutzen aus solchen Transplatationen mußten nunmehr die Menschen ziehen.

Ich sprach zu Kata über eine solche Möglichkeit. Sie war gleich davon begeistert und meinte, daß ihr dadurch zu ihrer wahren Bestimmung, zur Männlichkeit, verholfen werden könnte. Der Zwiespalt von Katas Natur hatte ihre ganze Tragik hervorgerufen. Wir suchten einen Arzt auf und vertrauten ihm offenherzig unsere Absichten an. Er schüttelte lächelnd den Kopf und sagte wohlmeinend:

»Das macht man nicht! Es laufen so viele Exemplare vollwertiger Männer und Frauen in der Welt herum, daß man nicht nötig hat, aus einem verunglückten Weibe einen Mann zu machen. – Und dann: Wo nimmt man Keimdrüsen her? und dann: ‚Das'« – er deutete mit einer flüchtigen Handbewegung auf sein Geschlecht – »wächst ja nicht von selbst!«

Der Arzt schmunzelte dabei so sarkastisch, daß wir beide kühl dankten und deprimiert, aber ernüchtert, abzogen. Der Traum war zu Ende und das Erwachen war der Tod der Illusion. Ein Blick haßvoller Anklage und wilder Empörung traf mich aus Katas irrsinnig flackernden Augen...

Kata wurde immer elender, ihr Wesen immer verstörter, sie litt an Selbstmordideen, quälte sich mit unsinnigen Selbstvorwürfen, hatte Geldsorgen und Konflikte mit ihrem zweifelhaften Anhang, von dem sie nicht loskonnte. Ihre Leidenschaft, die Kraft der Liebe zu mir ließ zusehends nach. Und allmählich in endlosen Kampf- und Qualszenen reifte in ihr der Plan des Entfliehens.

Eines Abends trat Kata wie gewöhnlich in mein Zimmer und fand mich träumend auf dem Diwan hingestreckt. Sie schmiegte sich zärtlich an mich, liebkoste mein Haar und sprach in traurigem Ton von ihrer Nervenzerrüttung. Statt sie zu beruhigen, wurde ich grausam und riet ihr ernstlich zum Selbstmord, mit dem sie gern liebäugelte. – »Wer das Leben nicht ertragen kann, dem ist doch der freiwillige Tod das Schönste«, – sagte ich im heitersten Ton von der Welt. »Denn wer das Leben überwunden hat, der kann diesem auch äußerlich durch Selbsttötung ein Ende machen« – räsonierte ich ganz ernsthaft weiter und war von der Richtigkeit meines Schlusses überzeugt.

Kata wollte diese Nacht lange bei mir bleiben und über so vieles Ungeklärte zwischen uns sprechen. Jetzt wollte sie in ihr Zimmer gehen, um sich umzukleiden und versprach, gleich wiederzukommen. Ich wartete auf ihre Rückkehr und als es mir zu lange dauerte, ging ich sie suchen.

Ihr Zimmer war leer — ich suchte sie überall im ganzen Hause. Sie war spurlos verschwunden! Und niemand hatte sie aus dem Hause gehen gesehen...

Am nächsten Tage kam ein Brief von ihr. Sie hatte vor mir die Flucht ergriffen und schrieb:

»Geliebteste! — Du wirst es unbegreiflich finden, daß ich gerade im verführerischesten Augenblick vor Dir fliehe... Aber muß ich nicht jedes Gefühl zum Schweigen bringen, wenn der Verstand erkennt, daß alle Schönheit nur dann möglich ist, wenn er verstummt? — Ich stehe lange auf der Straße... Der Schein Deines erleuchteten Fensters hält mich magisch im Bann... Endlich reiße ich mich los und — stürme fort in die dunkle Nacht...«

Ich war auf das tiefste niedergeschmettert und fragte vergebens, warum sie so gehandelt. Weshalb mußte dieses Erwachen, diese Entfremdung, dieses Ende mit Schrecken immer wieder auf jede Liebe folgen??? — Ich wußte, daß Kata vorhatte, nach Berlin zu reisen und alle Beziehungen mit mir abzubrechen. Ich ahnte wohl, daß einmal alles zu Ende sein müßte, — allein die Art ihres brutalen Verschwindens kränkte und verletzte mich bis ins Innerste. Diese Liebe hätte ein schöneres Ende verdient...

Monate hindurch schickte ich ihr an ihre Berliner Adresse, die ich kannte, Brief auf Brief. Wohl nahm sie meine Briefe in Empfang, las sie ganz bestimmt, antwortete mir aber nicht. Verharrte andauernd in starrem, haßerfülltem Trotz. Unbeirrt suchte und forschte ich jahrelang nach Kata — und immer wieder stieß sie meine Annäherung ohne ein Wort der Aufklärung zurück.

Die Liebe hat mit Glück nicht das geringste zu tun! Ich empfand dies schmerzlich und klar, als die unbelehrbare Sehnsucht meiner Liebe das Suchen nach der verlorenen Geliebten nicht aufgab. Es dauerte Jahre und Jahre und blieb ohne Erfolg. Mein Selbstgefühl, meine Vernunft wollten sich aus der Verstrickung mit dem fremden Ich befreien; es gelang ihnen aber erst dann, als sich meine Liebe selbst den Untergang bereitete...

Durch dieses leidenschaftliche, jeder Vernunft spottende

Liebeserlebnis mit Kata Par geriet ich in materielle Notlage, die infolge des Krieges nicht zu beheben war. Meine Pariser Freunde waren nicht imstande, mir mein Bankguthaben zu überweisen. Die Grenzen der feindlichen Staaten waren für jede Verbindung hermetisch gesperrt. Mittellos, verlassen, ohne Wohnung und ohne Erwerb stand ich mit trostlosen Gefühlen dem unerbittlichen Leben gegenüber und hatte noch für meine kleine Tochter zu sorgen.

Zur Bezahlung der aufgelaufenen Schulden in der Badener Pension mußte ich meine Pelze verpfänden. Meine Möbel und sonstige Effekten standen mit allen Lasten zur Versteigerung bereit. Ich logierte in Pensionen, die ich nicht bezahlen konnte, erkannte meine fürchterliche Lage! Ich versuchte Hilfe bei den staatlichen Behörden zu erlangen, doch diese unterstützten nur Angehörige von Kriegsteilnehmern.

Nur durch eigene Kraft also war es möglich, mich vor dem wirtschaftlichen Untergang zu retten. Und ich ging mutig daran, mir eine Existenz aufzubauen. Prinzessin Clementine Melnich war der einzige Mensch, der mir damals in meiner tiefsten Hilflosigkeit die Hand bot. Mit ihrer Hilfe wurden meine Möbel ausgelöst, mit ihrer Unterstützung konnte ich eine neue Wohnung mieten und beginnen, als Sprachenlehrerin den Lebensunterhalt für mich und mein Kind zu erwerben.

In der Biberstraße fand ich ein leeres Atelier, das vorher als Theaterschule gedient hatte. Ich mietete es, ließ die hellen Räume nach meinem Geschmack als Wohnung adaptieren, verkaufte alle überflüssigen Möbel und entbehrlichen Gegenstände und behielt nur das Notwendige und Zweckdienliche. Am 1. Februar 1916 konnte ich bereits in diese neue, sehr behaglich und zweckmäßig eingerichtete Wohnung einziehen und mich hier als Lehrerin der französischen, englischen und deutschen Sprache etablieren.

Durch die warme Empfehlung der Prinzessin Melnich konnte ich sogleich eine Anzahl junger Mädchen aus den ersten Gesellschaftskreisen bei mir empfangen und in Sprachen unterrichten. Meine häuslichen Verhältnisse gestalteten sich ebenfalls gleich von allem Anfang an sehr angenehm und günstig dadurch, daß Frau Amélie Hoffer, eine Dame der Wiener Gesellschaft, die einen Stock tiefer im selben Hause mit mir wohnte, mir ihre besondere Hilfe und Freundschaft zuwendete.

Aber auch sonst kam man mir überall mit größter Sympathie entgegen. Man schien sich meines Wertes bewußt zu sein und auch mir selbst machte meine Lehrtätigkeit durchwegs viel Freude. In meinem ganzen Wesen lag ein Appell an die höchste Leistungsfähigkeit der Jugend, die in den Flegeljahren nicht immer gerne ihren Pflichten obliegt.

Die ernste Frage, die sich mir damals aufdrängte: »Was ist die Aufgabe der Erziehung?«, beantwortete ich in anbetracht der Erziehung meines Töchterchens damit: Zu leben und zu wirken im Sinne der Wahrheit. Nicht nur mechanisch eindrillen und lehren, sondern leben und miterleben! — Ich wollte Menschen bilden, die wahr sind, keine Schonung kennen und sich der Wahrheit opfern. Diesem fernen Ziel wollte ich meine Tochter entgegenführen.

Ich hatte nun meinem jungen Kinde den festen Stützpunkt zu seiner Entwicklung geschaffen und gesichert: Das mütterliche Heim, wo es unter meinen liebenden Augen ungehemmt heranwachsen und sich entfalten konnte. Um sein körperliches Gedeihen in jeder Hinsicht zu fördern, schrieb ich, veranlaßt durch den fühlbar gewordenen Mangel der wichtigsten Nahrungsmittel mitten in der Kriegsnot, an Franz Kilsch, daß er mir für Edith einige landwirtschaftliche Produkte aus der Schloßwirtschaft nach Wien schicke. Denn in der Stadt begannen gerade die Stoffe zu fehlen, die dem kindlichen Organismus zur rationellen Ernährung unentbehrlich waren. Franz Kilsch ließ mein Schreiben unbeantwortet und zog es vor, auch weiterhin wie bisher, verborgen im Hintergrunde, sich um das Kind nicht zu kümmern.

Trotz der väterlichen Hartherzigkeit litt Edith-Francoise keine Entbehrungen. Meine mütterliche Sorgfalt wachte ängstlich über ihren zarten Organismus. Sie wuchs unter meiner strengen Führung zu einem natürlich-wohlerzogenen, liebreizenden Geschöpf heran, das mühelos alle Herzen bezauberte. Ich teilte meine Liebe zu meinem einzigen Kinde nicht wie andere Mütter zwischen andern Kindern und dem Manne, sondern die ganze innigste Liebe und Zärtlichkeit, deren eine Mutter fähig ist, konzentrierte ich auf meine an Leib und Seele wohlgeratene Tochter Edith-Françoise.

Mit höchstem Selbstbewußtsein und mütterlichem Stolz zeigte ich der Welt, daß ich imstande war, aus Eigenem der Gesellschaft einen ausgezeichneten Menschen zu schenken. Die Rechte, die ich geltend machte, und alle Ansprüche, die ich an Welt und Menschen stellte, waren nicht nur egoistische Forderungen, sondern zugleich Aufgaben, denen ich mich verpflichtet fühlte und die ich durch mein Menschentum und meine Lebensführung zu rechtfertigen suchte. Die höchste Rechtfertigung des Lebens einer Mutter aber ist: das Kind.

IX.

BIBERSTRASSE 9

Um in weiteren Schüler- und Elternkreisen bekannt zu werden, kündigte ich zeitweise in den Tagesblättern an, daß ich im Hause Sprachenunterricht erteile. Bald besaß ich einen Schülerkreis, der sich durch gegenseitige Empfehlung beständig erweiterte. Meine Erfolge als Lehrerin waren glänzende Beweise meiner pädagogischen Fähigkeiten, und bald hatte ich den Ruf einer hervorragenden Pädagogin und Lehrkraft, die bei ihren Schülern außerordentliche Leistungen erzielte. Es galt als vornehm und gehörte zum guten Ton, seine Kinder bei mir in Sprachen unterrichten zu lassen.

Wie oft kam ich in die Lage, mit schweren Erziehungsfehlern behaftete Kinder zu übernehmen, um in richtiger Weise auf sie einzuwirken! Wie oft baten mich Eltern, bei ihren Sprößlingen keine Nachlässigkeit im Lernen und keinen Ungehorsam zu dulden! Die eigene Erziehungsschwäche der Eltern sprach aus solchem Ersuchen, das an die Autorität der Lehrerin appellierte. Ich freute mich, die faule und widerspenstige Jugend allmählich in eine lerneifrige und fügsame zu verwandeln, Lässigkeit in Fleiß und Ungehorsam in Achtsamkeit zu verkehren, was natürlich nur durch eine strenge Disziplin zu erreichen war.

Ich begriff, daß die Jugend unbedingt die schrankenlose Führung einer sehr strengen Mutter oder Lehrerin nötig hat und anerkennt, um zu wirklich wertvollen Menschen heranzuwachsen. Aus innerster Überzeugung wendete ich Rute und Rohrstock als letzte Konsequenz pädagogischer Autorität gründlichst an und erzielte dadurch immer die besten Erziehungsresultate.

Ich handelte stets nur im Einverständnis mit den Eltern, wenn ich erziehliche Maßregeln ergreifen mußte, die eigentlich in den Bereich des Elternhauses gehören. Auch die Jugend wollte und mußte hart angefaßt werden und richtete sich gern nach dem Willen einer Respektsperson, in deren heilsamer Zucht sie sich geborgen und wohl befindet.

Während des Unterrichtes hielt ich eine strenge Ordnung aufrecht. Obwohl die Schüler nie ein Wort des Unmutes aus meinem Munde vernahmen, hatten sie doch einen unbegrenzten Respekt vor mir. Für den Betroffenen hatte ich eine unglaublich peinliche und beschämende Art des Tadels, wenn ich in eisiger Ruhe den schlecht vorbereiteten Schüler seiner gestotterten Blamage überließ und nach einer atembeklemmenden Pause mit einem strengen, knappen »so und soviel« aburteilte.

Das war der schärfste Ausdruck meines Tadels und bedeutete die Anzahl der Rutenhiebe, die seinem nackten Gesäß für seine Faulheit gebührten. So schwere Stunden ich meinen Schülern und Schülerinnen auch bereitete, empfanden sie es anderseits doch als Anerkennung, daß ich ihrer Intelligenz soviel zutraute, und hohe Anforderungen an sie stellte. So kam es, daß Schülerinnen, die im Alter von elf oder zwölf Jahren von mir erzogen und unterrichtet wurden, bis zum Alter von achtzehn oder zwanzig Jahren meine Zöglinge blieben. Es war wohl kein Zufall, daß diese jungen Mädchen aus wohlhabenden Kreisen alle in aufrichtiger Anhänglichkeit zu mir emporblickten.

Man erzieht nicht durch eine Methode oder ein System, sondern durch seine Persönlichkeit. Der Strom ursprünglicher Natürlichkeit, Güte und Strenge in Gedanken, Gefühlen und Handlungen, der von einer mütterlich empfindenden Frau auf ihre Umgebung überfließt, ist unendlich wunderbarer in seiner Wirkung, als alle pädagogischen Theorien.

Eines Tages las ich in der Neuen Freien Presse eine Anzeige, womit eine sehr strenge Lehrerin für zwei schwer erziehbare kleine Mädchen gesucht wurde. Ich reagierte darauf und es erschien ein Herr bei mir, der angeblich für die Kinder seiner

Schwägerin eine geeignete Lehrkraft finden wollte. Ich erklärte mich bereit, die beiden Mädchen von zehn und zwölf Jahren zur Erziehung und zum Unterricht zu übernehmen.

»Meines Erachtens wird es leider sehr oft nötig sein, die Kinder auf das strengste zu bestrafen«, begann der Fremde ganz unvermittelt; — »sind Sie Anhängerin der körperlichen Züchtigung bei Kindern?«

»Gewiß«, antwortete ich, »ich bin für körperliche Bestrafung und gegen jede Verweichlichung in der Erziehung. Durch eine falsch verstandene ‚Humanisierung' des Erziehungswesens ist schon viel gesündigt worden. Aber es ist wohl in erster Linie Sache der Mutter, ihre Kinder zu bestrafen, wenn sie es verdienen.«

»Oh! diese Rangen sind meiner Schwägerin längst über den Kopf gewachsen! Die brauchen eine Respektsperson, der sie sich widerstandslos fügen müssen und vor deren Rute sie zittern...«

»Jawohl, das finde ich auch. Die Rute ist das beste Mittel, um unartige kleine Mädchen zur Folgsamkeit zu erziehen.«

Wir sprachen uns sachlich über die Frage der körperlichen Züchtigung aus und es erwies sich, daß der fremde Besucher ganz dieselben Ansichten darüber hatte wie ich, obwohl er weder Vater noch Lehrer war und nur als Onkel seiner schlimmen kleinen Nichten sprach. Und ich erklärte ihm ganz offen:

»Es ist mir immer unverständlich gewesen, wenn gesagt wird, daß es möglich ist, Kindern eine gute Erziehung zu geben ohne irgend eine Anwendung von körperlichen Strafen. Ich selbst bin noch so altmodisch, die Rute als die beste Mithelferin in der Erziehung anzusehen. Es ist für die Charakterbildung des heranwachsenden Mädchens eine große Hilfe, wenn es sich nie vor der Rute sicher fühlen kann; es gibt seinen angeborenen Fehlern nicht so leicht nach, wenn es weiß, daß die Rute sozusagen immerwährend von Morgen bis Abend sein nacktes Gesäß bedroht.«

Der Fremde, der mit sichtlicher Erregung und Begeisterung meinen Worten gelauscht hatte, erhob sich und wollte nach meiner Hand fassen, die ich ihm entzog. Dann setzte er sich wieder und sagte mit bittender Stimme:

»Sie haben mir aus der Seele gesprochen! Bitte, bitte erzählen Sie mir doch einige Fälle aus Ihrer Praxis, verehrte gnädige Frau!«

»Ich möchte lieber selbst mit Ihrer Schwägerin sprechen und die Mädchen erst kennen lernen. Eine Erziehungsmethode muß immer individuell dem Charakter des Kindes angepaßt werden«, entgegnete ich etwas zurückhaltender.

»Meine Schwägerin wird Sie bestimmt besuchen und alles Nähere mit Ihnen besprechen«, erwiderte der Mann, erhob sich von seinem Sitz und reichte mir seine Visitenkarte, um sich vorzustellen.

Ich las seinen Namen, Paul Pander, Teppichhändler, und reichte ihm die Hand zum Abschied. Er empfahl sich mit dem üblichen Handkuß, grüßte sehr umständlich und ging fort.

Zwei Tage später besuchte er mich unangemeldet wieder.

»Meine Schwägerin ist für acht Tage verreist«, fing er, wie um Entschuldigung bittend an; »sie wird erst nach ihrer Rückkehr bei Ihnen vorsprechen. Inzwischen komme ich selbst, um Ihnen meine Aufwartung zu machen.«

Seine billigen Vorwände und Redensarten ließen deutlich die Unaufrichtigkeit seiner Absichten erkennen. Er kam mir sehr ungelegen, ich hatte zu arbeiten und außerdem war mir dieser Mensch höchst gleichgültig. Ich wollte ihn nicht empfangen, aber er ließ sich nicht abweisen.

Meine dreizehnjährige Schülerin Meta hatte soeben ihre Stunde beendet und trat aus dem Zimmer, um sich von mir zu verabschieden. Ich nickte ihr freundlich zu als Zeichen, daß ich mit ihrer Leistung zufrieden war. Inzwischen hatte Paul Pander unaufgefordert Platz genommen und ein wenig zudringlich fragte er, als er das hübsche, blonde Mädchen weggehen sah, ob ich viele solche Schülerinnen habe.

»Jawohl«, entgegnete ich, »diese Kleine kommt täglich zu mir. Sie ist etwas schwer erziehbar, braucht eine sehr strenge Hand, weshalb sie mir ihr Vater zur Erziehung anvertraut. Meta hat nämlich keine Mutter mehr.«

»Bestrafen Sie sie?« fragte Pander in sichtlicher Nervosität weiter. »Mit der Rute oder mit dem Rohrstock?«

»Natürlich mit der Rute.«

»Bitte, zeigen Sie mir die Rute!«

Auf meinem Bücherkasten lag eine frische Birkenrute, deren Zweigspitzen durch einmalige Benützung etwas ausgefranzt waren. Diese holte ich herunter und legte sie vor Paul Pander auf den Tisch. Er wurde hochrot im Gesicht, fing nervös zu zittern an, ergriff die Rute und führte sie entzückt an seine Lippen. Ich war von diesem Gefühlsausbruch sehr überrascht und wußte nichts anderes zu tun, als mich zu erheben und die Unterredung abzubrechen. Ich schützte vor, jemand zum Unterricht zu erwarten und reichte ihm die Hand. Er riß sie stürmisch an sich, küßte leidenschaftlich die innere Handfläche und taumelte in großer Erregung aus dem Zimmer.

Ich empfand seine Art des Verhaltens höchst unangenehm.

Einige Tage später erschien er wieder bei mir. Er fing an, mir lästig zu werden und ich wollte ihn gar nicht mehr empfangen. Er war aber schon eingetreten. Kein Wort mehr über seine Schwägerin und ihre schlimmen kleinen Mädchen! Diese Komödie war nur ein Vorwand gewesen, ein Trick sozusagen, um eine seinen Gelüsten entgegenkommende Person zu finden. Ich durchschaute seine Absichten und verhielt mich äußerst zurückhaltend.

»Ich selbst möchte bei Ihnen französischen Unterricht nehmen, gnädige Frau, weil mir diese Sprache bei meinem Geschäft fehlt. Wollen Sie mich als Ihren Schüler aufnehmen?«

Ich erkundigte mich nach seinen Lebensverhältnissen und stellte ihm meine Bedingungen. Er erzählte mir, daß er seine Laufbahn als Akrobat begonnen habe und nun als Teppichhändler gute Geschäfte mache. Ich nahm ihn als Schüler an und setzte zweimal wöchentlich zwei Stunden für ihn fest. Er bezahlte das Unterrichtshonorar für einen Monat voraus, wie dies bei mir üblich war, und empfahl sich, höchst erfreut über die günstige Wendung der Dinge.

Mehrmals während dieser Unterredung fühlte ich in meinem Innern die Anwandlung aufsteigen, ihn mit seinem Ansinnen abzuweisen. Daß ich mich aus materiellen Gründen zugänglich zeigte, sollte sich später als verhängnisvoller Fehler erweisen.

Zur ersten Unterrichtsstunde erscheint Paul Pander pünktlich mit Buch und Heft, wie ich es angeordnet habe. Ich überzeuge mich, daß ihm die primitivsten Begriffe der französischen Sprache fehlen. Ich führe ihn ein und will seine Aufmerksamkeit auf den Unterrichtsgegenstand konzentrieren.

Seine Intelligenz ist gering, seine Schulbildung sehr mangelhaft und sein Auffassungsvermögen gleich null. Er langweilt sich in der Stunde, findet das Lernen »fad« und plaudert von meinen persönlichen Angelegenheiten. Er ist sehr neugierig und möchte alles wissen. Mein Töchterchen interessiert ihn lebhaft, das mit der Französin eben vom Spaziergang heimgekehrt ist.

»Strafen Sie Ihr Fräulein Tochter auch mit der Rute?« fragte Pander plötzlich mitten in der Conjugation von avoir.

»Aber gewiß, wenn sie es verdient! Warum sollte ich gerade ihr eine weniger gute Erziehung als den fremden Kindern angedeihen lassen?«

Er wollte nun nicht mehr conjugieren und ließ die Unterrichtsstunde ungenützt verstreichen.

Pander wurde bald vertraut in meinem Hause, lernte kein Französisch mehr, bezahlte aber seine Stunden weiter. Mir mißfiel diese Art, einen Eindringling nur deshalb bei mir dulden zu müssen, weil er das Stundenhonorar bezahlte, ohne Unterricht zu nehmen. Ich kündigte ihm die Stunden auf.

Jetzt kam Paul Pander eben ohne zu bezahlen in mein Haus, gerade zu einer Zeit, wo er wußte, daß Kinder anwesend waren. Er lungerte stundenlang in meiner Wohnung herum, las Zeitung, lauschte auf jedes Gespräch, mengte sich unaufgefordert in meine Angelegenheiten und zeigte sich ebenso aufdringlich als lästig. Ich wies ihm energisch die Tür, — er ging, aber tagsdarauf kam er wieder.

Unterdessen erschien ein anderer, ebenso unmöglicher Besucher, der sich ungefähr auf dieselbe Weise bei mir einschmuggelte wie Pander, und mit den gleichen zähen Eigenschaften behaftet war wie dieser. Anfangs wollte er seinen Namen nicht sagen, legte das Honorar für eine einzige Stunde auf den Tisch und bat um ein Diktat. Er sprach zwar gut Französisch, konnte aber kein Wort richtig schreiben. Als ich ihn fragte, wo er seine Kenntnisse erworben habe, erzählte er mir, daß er Pierre Ochs-Roba heiße und sein Französisch von Gouvernanten erlernt habe. Er war zwanzig Jahre alt, hatte als Schüler des Schottengymnasiums letztes Jahr maturiert und studierte jetzt Jus an der Universität.

Statt die französische Orthographie zu erlernen, begann er unaufgefordert von der strengen Erziehung zu berichten, die er bei den Schotten genossen hatte. Nicht nur die Lehrer, — so sagte er — sondern die älteren Studienkollegen hatten die Befugnis, die Zöglinge für kleinere oder größere Vergehen körperlich zu züchtigen. Und wenn er Sonntags einige Schulfreunde zu sich nachhause einladen durfte, ließ er es stets absichtlich zu einer Balgerei kommen, wobei er regelmäßig verprügelt wurde und Orgien feierte, wenn ihn ein Stärkerer überwältigt hatte.

Dieser zarte Jüngling Pierre mit der hohen Mädchenstimme und der schmächtigen Gestalt war ein ausgezeichneter Musiker, aber ein äußerst ungezogener Mensch. Lernen wollte er nicht, sein karges Taschengeld erlaubte ihm keine Sprünge, aber seine lüsterne Perversität kam überall zum Durchbruch. Pierre interessierte sich für alle Vorgänge in meinem Hause, machte sich an jedes junge Mädchen heran, an jedes Kind, das er bei mir traf.

Der junge Mann besaß die Passion, Kinder und junge Mädchen auf den Handrücken zu schlagen, bis sie mit glühroten, gestriemten und geschwollenen Händen dastanden und vor Schmerz weinten. Zuerst wurde die eine Hand so behandelt, dann mußte das Mädchen auch die andere darreichen, um in derselben Weise gepeitscht zu werden — langsam, gründlich und fest, so daß diese Prozedur für das Kind eine grausame Marter wurde. Während Pierre diese Züchtigung mit viel Raffinement vornahm, war seine linke Hand tief in der Hosentasche vergraben und onanierte dort wie rasend...

Er hatte das Verlangen, solchen Gelüsten in meinem Hause zu frönen. Da er es nicht wagen durfte, sich einem Kinde in meinem Hause zu nähern, verlangte er direkt von mir, daß ich in seiner Gegenwart ein Mädchen auf die angegebene Art bestrafe. Pierre gab mir dazu die genauesten Anweisungen: das Mädchen hinter einem Stuhl niederknien zu lassen, seine Hände über die Stuhllehne zu binden und mit dünnen Birkenzweigen oder auch mit doppelt zusammengedrehten Lederschuhriemen, mit zwei bis drei Knoten darin, solange zu peitschen, bis der ganze Handrücken und das Handgelenk hochrot gestriemt, schmerzhaft entzündet und geschwollen, die Spuren der Züchtigung für lange behielt. Das verzweifelte Weinen und Schluchzen des so gestraften, mit den Händen am Stuhl festgebundenen Mädchens, der Anblick der wehrlos Knienden, erhöhte die Lust am Schmerzzufügen des Peinigers und brachte ihm zum höchsten Orgasmus...

Daß solche Vorstellungen in meinem Hause niemals verwirklicht wurden, ist ganz überflüssig zu erwähnen. Wie und wo Pierre seine Phantasien verwirklichte, wußte ich nicht. Aus seinen Erzählungen erfuhr ich aber, daß er auf seine Art Orgien feierte, wenn ihm zufällig ein Kind oder ein junges Mädel – nicht älter als dreizehn Jahre – in die Hände fiel.

Dieser junge Mann lungerte mit Paul Pander um die Wette von früh bis abends in meiner Wohnung herum. Ich wies ihm unzählige Male die Tür und ebenso viele Male kam er wieder. Auch Pander erfand immer neue Vorwände, um seine sinnlichen Wünsche durch mich erfüllt zu sehen. Er trat mit dem Vorschlag an mich heran, arme Kinder bei mir unterrichten zu lassen. Ich willigte ein, weil es mir ein guter Zweck schien. Pander suchte durch ein Zeitungsinserat ein geeignetes Kind und brachte es zu mir. Die ersten paar Wochen bezahlte er das Honorar für den Unterricht. Als er jedoch sah, daß seine Wünsche, bei der Bestrafung eines Kindes anwesend zu sein, von mir nicht erfüllt wurden, weil dies nicht von meinem Belieben abhing, blieben seine Zahlungen aus. Jetzt erst erkannte ich seine List: Ich war die Betrogene, konnte diese Schüler nicht vor die Tür setzen und hatte sie umsonst weiter zu unterrichten.

Im Laufe der Zeit fanden sich immer mehr ungebetene Gäste in der Biberstraße ein. Durch den langjährigen Verkehr mit mir lebten sie in der Intimität meines Hauses und ich betrachtete sie daher ein wenig wie zur Familie gehörig. Einer davon war der Burgschauspieler Hermann Berg, den ich bereits von der Bühne her kannte. Als er zu mir kam, stellte er sich unter dem Namen Rhoden vor und sagte, daß er sein mangelhaftes Französisch auffrischen wolle. Ich nahm ihn als Schüler auf, er erlegte die Vorausbezahlung des Stundenhonorares für einen Monat und erschien pünktlich zu den festgesetzten Stunden zum Unterricht.

Anfangs betrieb Hermann Berg ganz ernstlich seine Studien, aber es dauerte nicht lange, und er wurde sehr nachlässig – mit Absicht, wie ich bemerkte. Er wies auch ausdrücklich darauf hin.

»Dulden Sie denn, daß ich faul bin?« fragte er mich mit

geheucheltem Ernst, als ich seine Unaufmerksamkeit zu übersehen für gut fand. »Ich an Ihrer Stelle würde strenger mit meinen Schülern verfahren!«

»Sie sind ja erwachsen und können nach Belieben lernen oder nicht lernen, ganz wie es Ihnen paßt«, entgegnete ich ihm im gleichgültigen Ton.

»Sie haben keine Macht über mich, gnädige Frau! Wissen Sie, woher das kommt?«

»Ich will doch keine Macht über Sie haben. Sie lieben Komödie zu spielen und mimen bei mir die Rolle des unartigen Buben in der Schule. Ich aber spiele niemals Komödie, wenn ich als Lehrerin wirke!«

»Wir empfinden zu gleichartig, Madame; auch ich fühle mich als Erzieher, weshalb wir uns nicht ergänzen, sondern nur verstehen können.«

Hermann Berg wurde mit mir befreundet, nahm keine Stunde mehr, ging gern bei mir ein und aus und interessierte sich für alle Ereignisse. Er tat nicht so unverschämt wie die andern, aber er profitierte in meinem Hause von der Annehmlichkeit, hübschen jungen Mädchen zu begegnen, deren Erziehung er aufmerksam verfolgte. Nach und nach kannte er alle mit Namen.

Als er mich eines Tages besuchte, unterrichtete ich meine vierzehnjährige Schülerin Irma. Diesmal hatte sie vierunddreißig Fehler in einer französischen Übersetzung gemacht! Mehr als zehn Fehler ließ ich nicht durchgehen, was darüber war, wurde bestraft. Deshalb sagte ich Berg, daß mir sein Besuch sehr ungelegen sei, weil ich arbeiten müsse. Er aber hatte im Vorzimmer meine Strafandrohung an Irma erlauscht und ließ sich nicht abweisen. Er wollte warten und trat unbemerkt ins Nebenzimmer ein. Hier konnte er alles mitanhören, was im Schulzimmer geschah.

Ich fragte Irma in sehr strengem Ton: »Wieviel glaubst Du also?« und sie antwortete darauf errötend: »Fünfzehn mit der Rute«, – so leise, daß nur ich es hören konnte. – »Das findest Du angemessen?« – »Ja, Madame, denn ich habe wirklich nachlässig gearbeitet und schäme mich, solche Fehler gemacht zu haben, die ich bewußt als Fehler erkenne.«

Dadurch, daß ich Irma die Art der Strafe und die Anzahl der Schläge selbst bestimmen ließ, wollte ich bezwecken, daß sie soviel sittliche Einsicht aufbringe, um den Grad ihrer Verfehlung zu beurteilen, und daß sie selbst die ihr hiefür angemessen erscheinende Strafe festsetze. Ich beobachtete diesen Vorgang stets bei älteren Kindern mit eigenem Urteilsvermögen, und erkannte ihn als wertvollen Behelf zur individuellen Selbsterkenntnis.

Irma empfand diese Züchtigung als verdient und nahm sie ohne Widerspruch als gerecht und angemessen entgegen. Nach der Stunde bittet sie unaufgefordert um ihre Strafe, knöpft ihre Hosen ab, während ich die Rute aus dem Bücherschrank hole. Wir können beide unsere innere Erregung nicht verbergen. Sanft fasse ich Irma an der Hand und führe sie an den Diwan. Mit schamhaft gesenktem Köpfchen steht Irma davor und beugt sich anmutig über die Seitenlehne. Ich drücke sie an den Schultern leise auf den Sitz nieder und schlage ihr Kleid auf den Rücken zurück. Langsam hebe ich das Hemd hoch, das als letzte Hülle die prallen Mädchenhinterbacken verbirgt... Hierauf vollziehe ich, fest und sicher quer über die hochgewölbten Hügel schlagend, in mütterlicher Liebe die Züchtigung... Irma hält tapfer und mutig den beißenden Rutenhieben stand, jeden Streich beantwortet sie mit einem unterdrückten Schrei und ihr nacktes Mädchengesäß zuckt und windet sich vor Schmerz. Allmählich erglüht es unter meiner Rute wie eine rote Rose. Gegen den zehnten Schlag ist Irma zerknirscht und bricht in Weinen aus und am Ende der Strafe fühlt sie eine wunderbare Läuterung ihre Seele durchströmen...

Überwältigt von Liebe für die unerbittliche Lehrerin, erhebt sich Irma und fällt mir zärtlich um den Hals. Ich nehme sie in meine Arme, sie küßt meine dargebotene Wange und bittet um Verzeihung. Sie fühlt meine mütterliche Liebe auf ihr ruhen und lächelt unter Tränen. Alles ist gesühnt und verziehen. Irma reibt und betastet ihr brennendes Hinterteil, und mit einem Gefühl der Erleichterung knöpft sie ihre Hosen wieder an. Dann verabschiedet sie sich mit dem Versprechen, künftighin über ihre Fehler zu wachen...

Hermann Berg kommt in höchster Erregung mit hochrotem Kopf aus dem Nebenzimmer heraus und spricht begeistert zu mir über seine Sensationen bei diesem Erlebnis. Er genießt alle Eindrücke als Künstler und Erotiker.

»Wie wundervoll und klassisch können Sie die Rute handhaben! Wie fügsam und demütig wird jeder Eigenwille, wenn Sie streng nach Ihrem pädagogischen Gewissen alles Unzulängliche und Niedrige austilgen. Noch niemals habe ich das künstlerische Problem ‚Lehrerin und Schülerin' tiefer empfunden, als jetzt beim Anblick der gezüchtigten Schönheit und Ihrer unerbittlichen kalten Strenge gegen alles Unvollkommene und Unedle! Das junge Mädchen legt seine biegsame Seele restlos in Ihre Hände und sie tragen sie empor in höhere Sphären. – Nur mit vibrierenden Nerven konnte ich mitschwingen...«

So schwelgte Berg in Gedanken an das vom Nebenzimmer aus miterlebte Ereignis.

»Irma weiß, daß es zu ihrem Besten geschieht. Auch sie empfindet die läuternde Wirkung der Strafe, die von liebender Hand in unendlicher Vertrautheit ihrem Körper aufgezwungen und abgerungen wird«, erwiderte ich nach langem Schweigen. Ich sprach nicht gern über meine innersten Empfindungen.

»Wie sind Sie zu beneiden, gnädige Frau, daß Sie solche Hingabe zu erzwingen imstande sind! Ich empfinde genau so wie Sie und kann Sie deshalb verstehen.«

»Das kann ich begreifen. Aber was suchen Sie bei mir?«

»Mich zieht Ihre Art, Seelen zu beherrschen, an! Wir sind gleichgeartet und empfinden gleich.«

»Ich weiß: ich besitze etwas, das mich ungewöhnlich erscheinen läßt. Aber ich habe kein persönliches Interesse an Ihnen, Herr Berg, es verbindet mich nichts mit Ihnen.«

»Desto größer ist das meinige für Sie, gnädige Frau! Wenn Sie bedenken, daß die Hingebung eines gezüchtigten Kindes an die Lehrerin oder Mutter, um Erziehung zu empfangen, eine völlige Selbstentäußerung ist, so werden Sie begreifen, daß mich die Analogie mit dem Schauspieler interessiert. Auch der Schauspieler gibt sein Ich vollständig auf, um in seine jeweilige Rolle hineinzuschlüpfen, sich von ihr beherrschen zu lassen...«

»Ich verstehe nicht, was Sie von mir erwarten«, unterbreche ich seinen Wortschwall, mit dem er um den Brei herumredet.

»Ich möchte wieder dabei sein, wenn Sie eine Schülerin bestrafen. Würden Sie mir diese Gunst gewähren?«

»Nein, dies kann Ihnen nicht gewährt werden! Diese köstliche Intimität zwischen Mutter und Kind, zwischen Lehrerin und Schülerin schließt ganz von selbst jeden Uneingeweihten aus. Verlangen Sie also nichts von mir, was meinem innersten Empfinden zuwiderläuft.«

Junge Mädchen erschienen zu den Unterrichtsstunden und machten dieser Unterhaltung ein Ende. Hermann Berg erhebt sich, als drei anmutige junge Schülerinnen sich um den Studiertisch gruppieren. Da ich ihm mit aufrichtiger Darlegung meiner Gründe seine Wünsche nicht erfüllen konnte, war sich Berg bewußt, daß er den Verkehr in meinem Hause aufgeben mußte. Er verabschiedete sich mit aller Liebenswürdigkeit seiner Natur und verließ das Zimmer.

Im ersten Sommer meiner Lehrtätigkeit wurde auch Dr. Ernst Stieglitz, damals erster Assistent an der Wiener Augenklinik, mein Schüler. Er kam zu mir in die Biberstraße, um sich in der französischen Sprache zu vervollkommnen. Er wurde aber bald zum Felddienst einberufen, wodurch der begonnene Unterricht von selbst abbrach. Nichtsdestoweniger blieb Dr. Stieglitz mit mir in brieflicher Verbindung. Durch diesen Gedankenaustausch entwickelte sich zwischen uns freundschaftliche Vertrautheit. Nach einjährigem Felddienst kehrte Dr. Stieglitz ins Hinterland zurück und nahm den persönlichen Verkehr mit mir wieder auf.

Dr. Stieglitz, damals noch unverheiratet, schien mir und meiner Tochter in wirklicher Freundschaft zugetan. Von grenzenloser Hilfsbereitschaft erfüllt, verdankte ich seinen ärztlichen Ratschlägen, wenn es sich um die defekte Gesundheit armer Kinder handelte, viel Gutes. Was er aber bei mir und in meinem Hause suchte, war – er gestand es mir offen – sinnliche Anregung! Er, der ausgesprochen sadistisch Veranlagte, hatte mir gegenüber masochistische Anwandlungen: er wollte von mir gezüchtigt werden wie ein kleiner Schulbub. Ich verspürte nicht die geringste Lust, eine läppische Strafkomödie mit ihm aufzuführen. Dr. Stieglitz wirkte ganz und gar nicht erotisch auf mich, und das »Männliche« in ihm stieß mich ab.

In meinem Hause lauerte Dr. Stieglitz – so wie alle andern – nur darauf, bei Rutenzüchtigungen von straffälligen Mädchen anwesend zu sein. Er geriet in wilde Erregung, als einmal die dreizehnjährige Anna sehr verspätet und ohne Aufgabe zur Unterrichtsstunde erschien. Ihre vorgebrachten Entschuldigungen erwiesen sich als faule Ausreden und ich mußte sie dafür bestrafen. Ich nahm keinen Anstand, die Kleine in Gegenwart des Dr. Stieglitz zu züchtigen. Ich schickte Anna ins Kinderzimmer, um die Rute zu holen. Weinend, mit zur Erde gesenktem Näschen, erscheint Anna mit der Rute und reicht sie mir dar. Ich ziehe Anna auf meinen Schoß nieder, knöpfe ihre Hosen ab und zähle ihr auf das entblößte Gesäß zehn Rutenhiebe auf. Sie schrie und strampelte mit den Beinen, aber sie bekam ihr gehöriges Gesäßvoll bis zum letzten Hieb...

Obwohl ich bei der Aufnahme neuer Schüler sehr rigoros vorging, mehrten sich die Anfragen gewisser Leute, die ich mir fernhalten mußte. Es war sprichwörtlich geworden, daß niemand vor meinen Augen Gnade finde, bevor er nicht mehrmals die fünf Stockwerke zu meinem Atelier emporgeklettert sei. Da es keine Möglichkeit gab, auf andere Weise in mein Haus zu gelangen als durch Stundennehmen, ließen sich auch Leute mit unlauteren Absichten herbei, sich als meine Schüler bei mir einschreiben zu lassen.

Zu dieser Art Menschen zählte auch Walter Moldauer, der immer wieder von mir abgewiesen, endlich durch die List, Stunden zu nehmen, Eingang in mein Haus hatte finden können. Anfangs zahlte er das Honorar für einige Stunden, lernte aber nichts, sondern begann gleich damit, mir das Geständnis seiner perversen Veranlagung zu machen. Darauf fuhr er ganz unvermittelt fort:

»Sie selbst sind mir völlig gleichgültig, gnädige Frau. Ich komme auch nicht Ihretwegen, um Französisch oder Englisch zu lernen, sondern will nur sehen, wie Sie die Kinder peitschen. Ich bezahle Ihnen, was Sie verlangen. Welches Kind können Sie also jetzt züchtigen?«

»Sie sind wohl verrückt geworden, junger Mann? Oder

wissen Sie nicht, wo Sie sich befinden? – Gehen Sie nur gleich wieder zur Tür hinaus, Sie haben hier nichts zu suchen!«

»Aber, gnädge Frau, für mich ist das eine reine Geschäftsangelegenheit, dies hat weder mit Gefühl noch mit Geschmack das geringste zu tun«, – hielt mir der freche Eindringling in kaltem Geschäftston zynisch entgegen.

Ich starre ihn sprachlos an. Dieser Kerl wollte mich im Ernst zu seiner Entremetteuse machen, wollte, daß ich für Geld seinen Wünschen entgegenkomme. Das fand ich schändlich. Ich öffnete die Tür und machte diesem Unverschämten ein Zeichen, das nicht mißzuverstehen war. Er blieb sitzen und rührte sich nicht.

Nein! das konnte ich nicht, so etwas lag nicht in meiner Natur! Zu solchen Handlungen konnte ich mich nicht herabwürdigen! Walter Moldauer wurde höchst ungnädig entlassen, aber dessen ungeachtet, kam er wieder zu mir, blieb stundenlang in meiner Wohnung sitzen und verhielt sich genau so wie Paul Pander und Pierre Ochs-Roba. Dieses zudringliche Kleeblatt wich nicht von der Stelle, einer mißtraute dem andern, jeder wünschte den andern zum Teufel und alle drei lauerten insgeheim auf die Gelegenheit, »etwas« zu erleben.

Ich hatte in meinem Arbeitszimmer Unterricht zu erteilen und konnte mich um die lästigen Eindringlinge nicht kümmern. Edith und die andern meiner Erziehung anvertrauten Kinder hielten sich, von der Gouvernante beaufsichtigt, im Kinderzimmer auf und waren mit Schulaufgaben beschäftigt. Pander und Ochs-Roba lungerten teils in meinem Schlafzimmer, teils im Arbeitszimmer herum, während Moldauer sich gern den Kindern zugesellte, um sie bei den Aufgaben zu stören.

Kaum war ich frei, so beanspruchte Moldauer den Platz an meiner Seite. Immer sprach er von Kinderzüchtigungen und von der erotischen Wirkung der Körperstrafen auf sein Sexualempfinden. Ich sagte ihm, daß ich nur Mutter sei und ausschließlich mütterlich empfinde, daß die Mütterlichkeit in mir ein erotischer Komplex sei, der mich zur Erziehung besonders prädestiniere. Ich gab ihm zu verstehen, daß mir der Mann als »Mann« gleichgültig sei, weder sexuell noch erotisch auf mich wirke, daß ich vom Manne nicht als Weib und Sexualobjekt gewertet sein wolle, sondern nur als Mutter.

Walter Moldauer schien mein innerstes Empfindungsleben intuitiv begriffen zu haben. Mit verklärtem Gesichtsausdruck gesteht er mir, daß nur mütterliche Frauen auf ihn wirken und daß er sich mir gegenüber als kleiner Bub fühle und in meinem Hause als Kind unter Kindern ... Ganz instinktiv ergänzten sich unsere Empfindungen, und von diesem Augenblick an, sah ich in ihm nicht mehr den erwachsenen Mann, sondern nur das Kind, zu dem ich mich mütterlich niederneigte. Eine ekstatische Ergriffenheit bemächtigte sich unserer Sinne und hielt uns in dieser Illusion verbunden ...

Walter Moldauer war tatsächlich ein krankhaft perverser, von seiner Mutter her erblich belasteter Mensch. Seine Leidenschaft für mich steigerte sich zum Irrwahn. Er war seinem Trieb so hörig, daß er nicht mehr von mir loskonnte. Durch die erotische Ergänzung fühlte er sich unzertrennlich mit mir verbunden. Er litt darunter, daß ich ihn nicht so liebte wie meine Edith, die doch mein richtiges Kind war. Er sah in mir seine wirkliche Mutter und wollte mein richtiger kleiner Bub sein, der ganz seiner Mutter gehört. Von dieser Wahnidee kam er nicht mehr los.

Mutuelle erotische Erschütterungen binden fester als andere Bindungen, solange die Leidenschaft kulminiert. Walter lebte seit seiner Geburt im Elternhause und war der einzige Sohn eines reichen Großindustriellen. Daß er in sexueller Beziehung nicht normal veranlagt war, bekümmerte den Vater aufs tiefste. Die Abnormität bestand in der Unmöglichkeit des Sohnes, normal geschlechtlich verkehren zu können, bei gleich starker Erregung seines Gliedes und größter Sinnlichkeit, und schließlich in Perversionen, die einem normal veranlagten und empfindenden Menschen schrecklich erscheinen mußten. Ihn erregten überhaupt nur Frauen im Zusammenhang mit Kindern, und zwar nur dann, wenn die betreffende Frau mit dem Kinde in körperliche Berührung kam, zum Beispiel, wenn sie ein Kind an der Brust hatte oder wenn sie es schlug.

Walter Moldauer hatte weder für das Geschäft seines Vaters noch für irgend eine Beschäftigung überhaupt, noch für Theater oder ähnliche Vergnügungen Interesse. Sein ganzes Denken und Fühlen war ausschließlich nur auf das sexuelle abnormale Leben eingestellt. Als er mich kennen lernte, bemerkte er schon in meinem Vorzimmer ein Bild, das ihn sehr erregte. Es stellte eine Psyche dar, die einen kleinen Amor bei den Flügeln festhielt und ihn mit Rutenzweigen züchtigte. Als ich ihm einmal sagte, daß ich als Lehrerin Kinder strafen müsse, wenn ich Erfolge haben wollte, befielen ihn die stärksten Erregungszustände. Er onanierte wahnsinnig. Bei Kinderzüchtigungen wurde er schon allein durch das Klatschen der Schläge auf den Hintern eines Kindes furchtbar erregt. Er bekam sofort eine heftige Erektion seines Gliedes und einen kolossalen Samenerguß. Er blieb dabei vollkommen angezogen und entblößte auch sein Glied nicht. Bei sehr großem Samenerguß, der sich immer einstellte, wenn ich ein Kind in seiner Gegenwart züchtigte, bekam er ein krampfartiges Zucken des ganzen Körpers und wußte in solchen Momenten nichts von sich. Dies hatte mit Epilepsie nichts zu tun, sondern waren nur die Begleitumstände der starken geschlechtlichen Erschütterungen, denen er unterworfen war.

Nach den Kinderzüchtigungen – wenn ich erregt aus dem Zimmer trat, bereitete mir Walter durch stundenlangen Cunnilingus restlose geschlechtliche Befriedigung. Es gab keine andere Befriedigungsmöglichkeit für mich als in der Form, daß sich die Mutter ihres kleinen Buben als sexuellen Werkzeuges bediente, um durch ihn die höchsten orgastischen Wonnen zu genießen. Den normalen Koitus verabscheuten wir beide als unwürdig.

Für mich war diese erotische Verbindung mit Walter allmählich zur sexuellen Hölle geworden, der ich entrinnen wollte. Nach verflüchtigten Ekstasen, wenn ich nüchtern meiner Tätigkeit nachgehen wollte, brauchte ich Ruhe. – Ruhe? – Für Walter gab es keine Ruhe. Seine ewig angriffsbereite Eifersucht mußte quälen, sadistisch quälen ... Er attaquierte jeden Menschen, den er in meinem Hause traf, mit seiner beißenden Bosheit und mit ironischem Spott. Auch mich quälte er Tag und Nacht mit unmöglichen Fragen, auf die es keine Antworten gab. Immer wollte er wissen, ob ich die ‚Andern' mehr liebe als ihn. – Welche ‚Andern'? Er wollte wissen, ob Pander, Ochs-Roba oder Dr. Stieglitz bei Kinderzüchtigungen anwesend sein dürfen, und mit w e m ich ihn betrogen habe ...

Und ich betrog doch überhaupt nicht! Walter wußte es wohl, denn er war Tag und Nacht bei mir, lebte in meiner engsten Umgebung. Wenn ich ausging begleitete er mich, hatte überall Zutritt, wohin ich kam. Nichts blieb ihm verborgen. Er erbrach meine Schreibtischladen, um nach Geheimnissen und Briefen zu spüren, spionierte mir nach und machte mir und Edith das Leben zur Hölle. Er war voll Mißtrauen gegen die ‚Andern‘, die er in meinem Hause traf, er verabscheute sie, weil er ihre Absichten durchschaute und mit sicherem Instinkt wußte, daß Pander, Ochs-Roba und Dr. Stieglitz ebenso wie er selbst vorher, bei mir nur sinnliche Sensationen suchten. Er wollte dieses ‚Lustgesindel‘ aus meinem Hause jagen...

Walter Moldauer schien mir in seinem Eifersuchtswahnsinn nicht mehr zurechnungsfähig und ich legte ihm nahe, mich in Ruhe zu lassen. In erotischen Rauschzuständen, in den Ekstasen der Mütterlichkeit, ja, da war er mein wirklicher kleiner Bub, der nicht loskonnte von der Mutter... Sobald alle Räusche der Sinneslust verflogen waren und meine nüchteren Blicke ihn streiften, sah ich in ihm nur den erwachsenen Mann, den ich verabscheute wie jeden Mann, der es wagte, mich zu begehren, zu beschränken und zu behindern, mich für sich allein zu reklamieren und mit sinnloser Eifersucht zu verfolgen. Ach! es war schon nicht mehr Eifersucht bei ihm, er war bereits dem Verfolgungswahnsinn verfallen, war rettungslos dem Ärgsten preisgegeben... Das Leben war uns beiden zur Qual geworden, und da jagte ich Walter einfach zur Tür hinaus wie einen Hund... Er blieb auf der Stiege sitzen, vor meiner Türschwelle – manchmal auch bis zum nächsten Tag, ohne zur Besinnung zu kommen.

Er stieß mich durch seine Nervenzerrüttung ab – ich mußte mich von ihm befreien...

Auch Paul Pander verschonte mich nicht mit seiner Zudringlichkeit. Er hatte die Gewohnheit, täglich telephonisch oder durch seinen Diener bei mir anzufragen ob »etwas los sein« werde. – Die abweisende Antwort, die ich ihm gab, hatte zur Folge, daß er daraufhin unaufgefordert zu mir kam in der Hoffnung, daß »etwas los sein« werde...

Während ich mit dem Unterricht meiner Schüler beschäftigt war, begab er sich in das anstoßende Zimmer, durchstöberte Edith's Schulhefte nach schlechten Noten, suchte nach Unordnung in ihren Schulsachen, kurz nach allem, was eine Bestrafung nach sich ziehen konnte. Es war ihm natürlich nicht darum zu tun, die Besserung eines Kindes herbeizuführen, wenn er mir — wie so oft! — über Unarten und verübten Unfug der Kinder klagte, sondern immer nur darum, einer Bestrafung durch mich beiwohnen zu können. Er suchte sich solche Gelegenheiten in meinem Hause eigens aus, um seine sinnlichen Gelüste zu befriedigen. Da ich ihn keines Vertrauens würdigte und in nichts einweihte, schnüffelte er selbst überall herum, um die Voraussetzung für Züchtigungen zu entdecken.

Die List, mit der Pander zu Werk ging, um die Züchtigung meiner Tochter oder eines anderen Kindes herbeizuführen, wurde mir erst nachträglich offenbar. Zur Erreichung seiner selbstsüchtigen Ziele paßte er Edith's Klavierlehrerin vor dem Haustor ab und versprach ihr das doppelte Honorar, falls sie mit Edith sehr strenge wäre und sie bei mir verklagte. Die Klavierlehrerin war aufrichtig genug, mir dies zu berichten. Darauf wies ich Pander neuerdings kategorisch aus dem Hause. Er ruhte aber nicht und überredete hinter meinem Rücken auch Edith's Lehrer in der Schule, dem Kinde nichts durchgehen zu lassen und es recht strenge zu klassifizieren. Pander wußte, daß ein ‚Nichtgenügend' auf einer Schularbeit eine Züchtigung nach sich zog. Er versuchte daher, solche Anlässe absichtlich herbeizuführen, in der Meinung, sich damit sinnliche Genüsse verschaffen zu können.

Trotz meiner Abneigung gegen ihn und meiner beständigen Ablehnung, besuchte er mich immer wieder. Eines Abends kam er und fragte recht heuchlerisch, ob Edith brav sei und keine Klage aus der Schule gegen sie vorliege. Ich weise ihn mit kurzen Worten ab und er verabschiedet sich förmlich. Er tut ganz so, als ob er fortgehe, öffnet die Ausgangstür und schließt sie geräuschvoll wieder zu, ohne hinausgetreten zu sein.

Vom Vorzimmer schlich er dann leise in mein Arbeitszimmer, kroch lautlos unter das Klavier. Dort blieb er versteckt liegen, um unbemerkt die mütterliche Züchtigung im anstoßenden Schlafzimmer mitzuerleben... Ebenso heimlich wie er sich einschlich, schleicht er wieder fort, unhörbar, tückisch wie ein Dieb im Dunkel, triumphierend über den Sexualgenuß des Freibeuters. Am nächsten Morgen entdecke ich am Teppich unter dem Klavier die widerlichen Spuren seiner Orgien...

Flammend vor Zorn und Empörung wußte ich nun, wie dieser Kerl meine Arglosigkeit mißbrauchte und mein Haus beschmutzte. Es gab grauenhafte Szenen zwischen mir und Pander, aber loszukriegen war er nicht.

Wie elend und ekelhaft ich solche Erlebnisse empfand, ist nicht zu beschreiben. Trotzdem gehörten sie mit zum Lebenskampf, den ich mutig zu führen entschlossen war. Ich wußte damals noch nicht, daß in gewissen »Lebemännerkreisen« eine Sprachenlehrerin als eine Art Kokotte angesehen wurde, die leicht ein Opfer schnöder Selbstsucht und feiger Ausbeutelust werden konnte. Später wußte ich es und konnte mir den Zuspruch solcher Freibeuter zu meinen Stunden von diesem Gesichtspunkt aus besser deuten. Mir selbst fehlte natürlich jede Absicht und jedes Bewußtsein, eine derartige Anziehung auszuüben. Ich stand wirtschaftlich und gesellschaftlich auf der Höhe meines Lebens, unabhängig, selbstherrlich und umworben von Schülern und Freunden. Ich suchte nichts als Freiheit und Wahrheit. Trotzdem konnte ich nicht verhindern, daß auf meinem Tun ein Dunst von falschen Meinungen und irrtümlicher Ausdeutung liegen blieb.

Daraus war mancher Fehlschluß entstanden.

Auf Grund meiner Unterrichtsanzeigen hatte sich ein fremder Maler aus Innsbruck an mich gewendet und mich gebeten, mit ihm in Briefwechsel zu treten. Er suchte die Verbindung mit mir, um sich ruhig und akademisch über Fragen und Tatsachen auszusprechen, deren Existenz einmal nicht aus der Welt zu schaffen ist. Da aber die Keuschheit der Seele eine subtilere Angelegenheit ist als die des Körpers, empfand er eine Scheu, etwas ganz Intimes seines innersten Wesens einem unbekannten Menschen preiszugeben. Darum drückte er seine Gefühle nicht brieflich in Worten aus, sondern in Bildern...
Diese sollten aufrichtige Bekenntnisse sein, die mehr sagen können als Worte dies vermögen...

Was der Maler Helmut Türk in Innsbruck mit seinen Zeichnungen darstellte? — Er malte zum Beispiel einen Buben, sehr realistisch und doch mit allem künstlerischen Empfinden, — einen Buben, der eingeklemmt zwischen den Beinen einer Frau auf den Knien lag, um auf das splitternackte Gesäß gezüchtigt zu werden! ... Kein Mensch hätte dies zeichnen können, wenn er nicht durch die Vorstellung davon inspiriert worden wäre.

In Wirklichkeit ist ja die Erotik jedes Menschen von Individualität sein G e h e i m n i s, ohne Möglichkeit es von sich geben zu können ... Und das Geheimnis des Malers aus Innsbruck, den ich persönlich gar nicht kannte, lag in seinen Zeichnungen. Ganz instinktiv glaubte er vielleicht, auch sicher zu sein, daß ich Gefallen an seinen Bildern finde. Natürlich freute er sich bei dem Gedanken, daß eine gleichempfindende Seele seine zeichnerischen Darstellungen betrachtet und so sein Geheimnis mit ihm teilt ...

X.

VERWAHRLOSTE KINDER

Der endgültige irreparable Bruch nach dem letzten Konflikt mit Paul Pander ließ mich hoffen, daß es mir gelungen war, diesen Eindringling losgeworden zu sein. Zwei Monate vergingen, ohne daß er sich blicken ließ. Walter Moldauer, der Pander ganz besonders verabscheute, triumphierte am meisten über sein Verschwinden. Es stellte sich aber bald heraus, daß ich von Paul Pander noch immer eine viel zu hohe Meinung hatte, und daß sein Fernbleiben nur den Zweck verfolgte, über die letzten Vorkommnisse Gras wachsen zu lassen.

Erst bedachtsam, dann immer dreister versuchte Pander meine Aussöhnung zu erlangen. Er wagte alles, um mich freundlich gegen ihn zu stimmen, versprach mir Reichtümer, trat wiederholt mit Heiratsanträgen an mich heran und beteuerte, ohne mich nicht leben zu können.

Ich hatte nicht die geringste Lust, ihn wieder bei mir aufzunehmen und war froh, daß ich ihn nicht sah. Durch List und beharrliche Hartnäckigkeit wußte er allmählich doch sein Ziel zu erreichen. Er trat neuerdings mit dem Vorschlag an mich heran, arme Kinder auf seine Kosten bei mir erziehen zu lassen. Kindererziehung war meine Schwäche, meine Neigung zur Betätigung meiner Mütterlichkeit. Wenn Pander aus dem Hintergrunde für die Erziehung eines armen Kindes bezahlte, ohne selbst auf den Plan zu treten, warum sollte ich dann nicht einem Kinde diese Wohltat zukommen lassen? Ob arm oder reich war mir egal, Hauptsache blieb eben die Heranbildung eines brauchbaren Menschen. Ich bot den mittellosen Kindern genau dieselben Lebensbedingungen und -Möglichkeiten, wie ich sie selbst für mich und mein Kind in Anspruch nahm.

Und wirklich geschah es, daß ich von Pander beeinflußt, mich bewogen fühlte, die Vormundschaft über drei ganz verwahrloste Kriegswaisen im Alter von vier bis elf Jahren, deren Mutter in einer Munitionsfabrik arbeitete, zu übernehmen. Das versprochene Bankkonto zur Sicherstellung der Erziehungskosten eröffnete mir Paul Pander zwar nicht, doch erlegte er immerhin das Erziehungsgeld für einen Monat, ohne selbst auf der Bildfläche zu erscheinen.

Die elfjährige Hermine war ein total verkommenes Geschöpf, das erst auf ein menschenwürdiges Niveau gebracht werden mußte. Ihre beiden jüngeren Geschwister, ein Knabe von sieben und ein Mädchen von vier Jahren, wiesen einen ähnlichen Zustand auf.

Zuerst mußte bei der Körperpflege begonnen werden. Die Läuse, die sie auffraßen, die Fetzen, die sie bedeckten, die Unreinlichkeit, in der sie lebten, der Hunger, den sie litten, mußten bekämpft werden. Ich übergoß sie mit Karbolwasser, ließ sie baden, besorgte neue Wäsche und Kleider, gab ihnen zu essen, hielt sie zum Lernen an und beschäftigte sie im Hause mit kleinen Verrichtungen.

Zuzweit ließ ich sie ärztlich untersuchen und klinisch behandeln, um ihre körperliche Gesundheit herzustellen.

Diese meine Mündelkinder mußten sich allwöchentlich jeden Samstag zur Kontrolle ihrer Fortschritte bei mir einfinden, damit sie den persönlichen Kontakt mit mir nicht verlieren und meinen wohltätigen Einfluß fühlen sollten. Ich prüfte ihre Intelligenz, unterwies sie in kleinen Hausarbeiten und behandelte sie in jeder Hinsicht mit mütterlicher Liebe. Je nach Verdienst lobte und tadelte, belohnte und bestrafte ich sie mütterlich-gerecht, und nur wenn es mit Güte nicht gehen wollte, mußte ich sie züchtigen. Schließlich bestimmte ich die Lernaufgaben für die kommende Woche, sorgte für alle Kleinigkeiten, damit ihnen nichts fehle und entließ sie für eine Woche.

Kurze Zeit nach Übernahme dieser Vormundschaft erschien auch Paul Pander wieder in meinem Haus, gerade zu einer Gelegenheit, wo ich mir Zwang antun mußte, ihn nicht hinauszuweisen. Er hatte sehr mit Bedacht eine solche Gelegenheit gewählt, wo ich Rücksicht auf meine Umgebung zu nehmen hatte und gezwungen war, jedes unliebsame Aufsehen zu vermeiden. Seine geduldeten Besuche wurden ihm wieder zur Gewohnheit, er war stets in meiner Wohnung anwesend, wenn meine Schützlinge bei mir weilten. Er bezahlte ja für ihre Ausbildung und glaubte daher ein Recht zu haben, die Erziehungserfolge zu sehen.

Ich beachtete seine Anwesenheit einfach nicht, sprach kein Wort mit ihm, und da mir die Züchtigung eines Kindes als etwas Natürliches und Selbstverständliches erschien, zögerte ich nicht, die straffällige Hermine in seiner Gegenwart mit der Rute zu züchtigen. Auf diese Weise hatte Pander durch seine beharrliche Zudringlichkeit alles erreicht, was er so heiß anstrebte. Ich aber tat, als sehe ich ihn nicht, ich behandelte ihn als Luft.

Das älteste meiner Mündelkinder, die elfjährige Hermine hatte durch die frühe Verwahrlosung solchen Schaden gelitten, daß sie sich in den Straßen mit halbwüchsigen Burschen herumtrieb. Die eigene Mutter klagte über das Kind und legte mir nahe, das Mädchen in einer Besserungsanstalt unterzubringen. Nur meiner Intervention war es zu danken, daß dies unterblieb. Hermine besserte sich unter meiner mütterlichen Behandlung zusehends. Als jedoch nach Monaten die Zahlungen des Herrn Pander wieder ausblieben, merkte ich, daß ich ihm neuerdings auf den Leim gegangen war. Da ich meine Mündelkinder nicht im Stich lassen und auf die Straße setzen wollte, sorgte ich aus Eigenem für sie weiter.

Aber schon nach Ablauf eines Jahres, als diese drei Kinder durch meine erzieherischen Maßnahmen körperlich und moralisch einen durchaus günstigen Eindruck machten, verlangte die Mutter beim Vormundschaftsgericht ihre Rechte zurück, mit der Begründung, daß ich ihre Kinder körperlich bestrafe.

Ich erschien bei Gericht, rechtfertigte mein Vorgehen in jeder Weise und legte zugleich mit der Überreichung des Erziehungsberichtes die Vormundschaft nieder. — Sie war mir wirklich eine schwere Last gewesen.

———

Es kam die Inflationszeit und mit ihr das leichte Geldverdienen, das besonders die unreife Jugend ergriff und verdarb. Auch Paul Pander nützte die Konjunktur skrupellos aus, schwelgte in Geld und trat, nachdem über seinen Wortbruch etwas Gras gewachsen war, wieder mit dem Vorschlag an mich heran, daß ich auf seine Kosten ein armes Kind vollständig zu mir in Obhut und Erziehung nehme. Zur Deckung der Kosten versprach er, mir ein Millionendepot in einer Bank zu eröffnen.

Ich ging darauf ein, weil ich tatsächlich die Absicht hegte, mir ein Mädchen als Hilfskraft im Haushalt heranzubilden, dessen Zukunft durch die dauernde Stellung in meinem Hause gesichert werden sollte. Auf Betreiben des Pander ließ ich mich bestimmen, ein ganz verwahrlostes, schlechtveranlagtes, körperlich und geistig defektes zwölfjähriges Mädchen bei mir aufzunehmen. Die Mutter brachte mir ihr Kind einfach ins Haus und ließ es mit dem lakonischen Bemerken hier zurück, daß ihr Kind keine Unterkunft habe...

Im ersten Augenblick war ich entsetzt über den beispiellos verkommenen Zustand des Kindes und geneigt, es wegzuschicken. Aber von Mitleid überwältigt, dachte ich an die eisige Winterkälte draußen, an die Hartherzigkeit der Menschen und an die bittere Not, die es zu leiden hätte, wenn ich es nicht wenigstens einen Tag behielte, pflegte und nährte.

Grete Pilz war ein verlassenes Findelkind, das bisher auf den elendsten Kostplätzen herumgestoßen worden war und Kohlen führen mußte. Schulunterricht hatte sie keinen genossen und mütterliche Liebe hatte sie nie kennen gelernt.

Als sie in mein Haus kam, war Grete total verwahrlost, krank, unterernährt, im Wachstum zurückgeblieben, nur aus Haut und Knochen bestehend, mit Lumpen bedeckt, verlaust und krätzig, mit kariösen Zähnen und einem ekelhaften Nasenausfluß behaftet. Mit mütterlicher Aufopferung wagte ich mich an die schwierige Aufgabe heran, aus ihr ein menschenwürdiges Wesen zu machen. Vor allem brauchte sie ärztliche Behandlung. Ich verbrachte meine Zeit mit ihr tagelang in Ambulatorien und Kliniken zu, wo sie in der Nase und im Rachen operiert werden mußte. Ich ließ sie Luft und Sonnenbäder nehmen, sorgte für gute Ernährung, damit die geistige Entwicklung einsetzen könne. Mit größter Mühe und Geduld erschloß ich ihr die Kenntnisse der ersten Schulklasse. Nur durch äußerste Anstrengung und Energie brachte ich allmählich das vertierte Geschöpf höher.

Die versprochenen Millionen wurden selbstverständlich von Pander nicht deponiert, aber auf mein Drängen sicherte er mir fünfzig Schilling wöchentlich für Verpflegskosten des Kindes zu. Einige Wochen bezahlte er pünktlich, spätere Zahlungen blieben unbegründet aus. Ich hatte das idiotische Kind auf dem Hals, konnte es jetzt nicht mehr in sein früheres Elend zurückstoßen und bildete es auf eigene Kosten zu meiner Hausgehilfin heran.

Dieses schlechtveranlagte, niedrige Geschöpf zum Menschen zu erziehen, war eine recht undankbare Aufgabe. Seine schlechten Instinkte brachen sich Bahn und nur durch unerbittliche Strenge konnte das Kind zu Reinlichkeit, Ordnung und Gehorsam gezwungen werden. Durch die Übernahme der Vormundschaft hatte ich Grete Pilz als Mündel adoptiert. Ich behandelte sie in jeder Hinsicht wie das eigene Kind. Grete neigte dem Schlechten und Gemeinen zu und hegte die schwerste Abneigung gegen das Lernen. Sie war verstockt und verlogen, lief aus Abenteuersucht aus meinem Hause davon, trieb sich tage- und nächtelang in den Straßen herum und blieb verschollen, bis sie von der Polizei aufgegriffen wurde.

In solchen Fällen lief ich in Angst und Sorge um sie zur Polizei und machte die Abgängigkeitsanzeige. Nach jedem Anfall von Wandertrieb, wurde sie immer wieder zu mir zurückgebracht. Das Kind verursachte mir unendlich viel Mühe und Plage, ohne daß Aussicht vorhanden gewesen wäre, einen brauchbaren Menschen aus ihm zu bilden.

Jeden Donnerstag schickte meine Bedienerin ihren zehnjährigen Sohn Rudi zu mir, damit er an ihrer Stelle das Silber und die Türklinken in meiner Wohnung putze. Ich belohnte den Buben mit einigen Groschen, wenn er seine Arbeit gut verrichtet hatte. Seine Sehnsucht jedoch war, Klavierspielen zu lernen. Ich war bereit, seinen Wunsch zu erfüllen, aber zuerst mußte er Noten lesen können und zu diesem Zweck erhielt er von mir nebst Anleitung dazu, ein Notenheft. Einmal in der Woche sollte Rudi zur Stunde kommen und Neues dazulernen unter der Bedingung, daß er seine Aufgaben zu Hause fleißig und tadellos studiere.

Doch anstatt etwas zu lernen, wußte er von Woche zu Woche weniger. Er schrieb keine Notenübungen und lernte keine Noten, und es war nicht möglich, mit dem faulen Buben über das Notenkennen hinauszukommen. Ich konnte ihm – wenn er selbst nichts lernte, natürlich nichts eintrichtern.

Einmal erschien Rudi keck und anmaßend zur Stunde und sagte, daß er alle Noten tadellos auswendig wisse.

»Es ist auch höchste, daß Du einen Anlauf genommen hast! Ich wollte Dich nicht mehr ernst nehmen als Schüler. Also, du weißt jetzt, wie jede einzelne Note heißt?« – fragte ich Rudi ein wenig ungläubig.

»Ja, natürlich weiß ich!« – antwortete er frech.

»Nun, wir werden ja sehen: wie heißt diese Note da?« – Rudi blickt angestrengt auf die Note und schweigt verlegen.

»Kennst Du vielleicht diese?«
Keine Antwort.
»Aber diese weißt Du doch!«
Pause.
»Und diese? – Auch nicht?«
Rudi grinst höhnisch.
»Schön hast Du gelernt, das sehe ich! Wie heißt diese Note?«
Pause.
»Willst Du jetzt endlich antworten, ja oder nein!«
Leeres Anstarren des Plafonds.
»Wie heißt diese Note? – Ich frage Dich zum letzten Mal!«
Wieder keine Antwort.
»Wie?«
Jetzt antwortet er endlich:
»Wie?«

Das war zu viel! Nichts gelernt und höhnend die Lehrerin nachzuspotten, das war eine beispiellose Frechheit!

Ich griff nach dem Rohrstock, der zum Notenzeigen immer

auf dem Klavier lag, und bemerkte erst jetzt, daß der Bengel auf eine sehr unanständige Art meinen Teppich beschmutzt hatte. Aus reiner Bosheit! Er konnte doch hinauseilen! Ich befahl ihm strenge, seine Hosen herunterzulassen, setzte mich auf einen Stuhl, schlug mein dünnes Foulardkleid weit über die Knie zurück, legte den Buben mit dem Gesicht nach abwärts über meinen Schoß und klopfte ihm mit dem Rohrstock tüchtig die bloße Kehrseite aus ...

Sein Geschrei und sein Strampeln verhinderten nicht, daß er sein wohlverdientes Gesäßvoll bekam. Als es vorüber war, stellte ich den heulenden Bengel mit rotgestriemten Hintern wieder auf die Füße und schickte ihn hinaus ...

Walter Moldauer saß auf dem Diwan, hatte zum Schein eine Zeitung in der Hand, verfolgte aber gespannt mit allen Sinnen, in ungeheurer Erregung alle Phasen der Züchtigung. Die Hand tief in der Hosentasche vergraben, onanierte er wie wahnsinnig, bis der Orgasmus eintrat. Dabei war er vollkommen angezogen und hatte auch sein Glied nicht entblößt.

Als Rudi fort war, stürzte Walter vor mir auf die Knie, sein Kopf verschwand zwischen meinen Schenkeln, und er diente mit seiner wollüstigen Zunge der Mutter, wie ein inbrünstiger kleiner Bub, der ganz zu ihr gehört ...

Am Abend, noch trunken von dem Liebesgenuß, legte ich Edith mit Walter in mein Bett, wo beide in geschwisterlicher Eintracht eng aneinander geschmiegt, das Kommen der Mutter erwarteten. Es war mir ein süßer Anblick zwei Kinder zu haben, ein Mädchen und einen Buben, die sich in der Liebe zur Mutter fanden und verbanden. Wir zeigten uns in natürlichster Intimität vor einander, denn Edith war jede künstlich eingepflanzte Scheu vor dem Körperlichen fremd. Dann kam ich ins Schlafzimmer, entkleidete mich und legte mich zwischen meine beiden Kinder schlafen ...

Walter betrachtete sich ganz zu uns gehörig und fühlte sich körperlich und seelisch unzertrennlich mit uns verbunden. Auf Edith war er nicht eifersüchtig, sondern liebte sie wie ein zärtlicher Bruder. Es war ihm ganz selbstverständlich, alle erotischen Erlebnisse zwischen Mutter und Kind mitzuerleben. Er galt als Sohn des Hauses und wurde überall, wo ich verkehrte, nur »le fils de la maison« genannt. Er wurzelte in meinem Hause mit allen Fasern seines Herzens und war mir verfallen in geschlechtlicher Hörigkeit...

Ganz ebenso wie Paul Pander, strengte sich Pierre Ochs-Roba an, in meinem Hause eine Sensation nach seinem Geschmack zu erlisten. Er war ein ausgezeichneter Klavierspieler und als solcher machte er sich erbötig, — unter dem Vorwand, mir die Kosten des Klavierunterrichtes zu ersparen, meine Tochter unter der Bedingung in Musik zu unterrichten, daß er sie nach seiner Art über die Hände bestrafen könne, falls sie faul und nachlässig wäre.

»Klavierstunden können Sie der Edith erteilen, aber bestrafen dürfen Sie sie nicht. Das ist m e i n e Pflicht als Mutter. Ein Mann aber, ob Vater oder Lehrer, besitzt kein Strafrecht über ein Kind,« — erklärte ich ihm ein für allemal und wies ihn aus meinem Haus.

Pierre ließ sich aber nicht so leicht abweisen und kam auf den Gedanken, in meinem Hause die dreizehnjährige Anna, Tochter meiner Friseurin, aus dem gleichen Grunde im Klavierspielen zu unterrichten. Er bat mich um die Erlaubnis dazu.

»In meinem Hause nicht!« — sagte ich kategorisch; — »machen Sie außerhalb meines Hauses, was Sie wollen, aber lassen Sie mich endlich mit Ihrer Manie unbehelligt.«

Walter und Pierre Ochs-Roba kannten sich vom Sehen als Schulkollegen verschiedener Jahrgänge des Schottengymnasiums, standen sich aber in meinem Hause als erbitterte Feinde gegenüber. Jeder intrigierte bei mir gegen den andern, jeder wußte mir das Übelste über den andern zu berichten, und jeder legte mir insgeheim nahe, den andern ‚hinauszuschmeißen‘ und ihm mein Haus zu verbieten.

So wie Rudi, kam auch ein andrer Junge, der elfjährige Willy, Sohn meiner Büglerin, den ich seit seiner Geburt kannte, zum Nachhilfeunterricht zu mir. Auf Bitten seiner Mutter kontrollierte ich seine Lernfortschritte, gab ihm Schreib- und Rechenaufgaben für eine ganze Woche, damit er in der Schule nicht zurückbleiben müsse. Allwöchentlich Samstag mußte er sich bei mir einfinden. Willy war ein fauler Schlingel und ein Taugenichts, der seiner abgerackerten Mutter viel Kummer machte. Sie bat mich daher sehr dringend, mit dem verlogenen, schlechten Buben sehr strenge zu sein und ihn tüchtig zu züchtigen, wenn er nicht parieren wollte.

Willy brachte mir persönlich die Klagebriefe seiner Mutter, worin sie mir den Unfug und die losen Streiche aufzählte, die der Bengel statt zu lernen, in Schule, Haus und Straße verübt hatte, und bat mich jedesmal, ihn dafür gebührlich zu bestrafen. Denn vor mir – so schrieb diese Mutter – habe ihr Junge großen Respekt und meine Strafen seien immer von bester und nachhaltiger Wirkung.

Sobald ich meine Stunden im Arbeitszimmer beendet hatte, begab ich mich ins Kinderzimmer, um mit allen Anwesenden gemeinsam die Jause zu nehmen. Die alte Gouvernante, die die Kinder zu beaufsichtigen hatte, schlief in einem Fauteuil und merkte nicht, daß die Rangen, anstatt zu arbeiten, Unfug trieben und sich balgten wie junge Hunde. Um diese Tageszeit erschienen gewöhnlich noch weitere Besucher, die sich seit Jahren bei mir eingenistet hatten, auf einander eifersüchtig waren und sich in meinem Hause den Rang streitig machten.

Nach beendeter Jause prüfte ich die Kinder und sah ihre Aufgaben durch. Bei Willy genügten allein schon die brieflichen Klagen seiner Mutter, um ihn meine ganze Strenge fühlen zu lassen. Überdies hatte er nichts gelernt und seine Aufgaben schlecht gemacht. Er mußte um seine Strafe bitten, seine Hosen herunterlassen oder eine Strafhose anziehen und erhielt seine Züchtigung entweder mit der Birkenrute auf den völlig entblößten Hintern oder mit dem Rohrstock über die eng anliegende, straff gespannte Strafhose. Nach der Züchtigung dankte er mir für die Strafe und küßte mir die Hand. Willy atmete befreit und erleichtert auf, als er sein gehöriges Gesäßvoll bekommen hatte, versprach, sich zu bessern und lernte auch tatsächlich fleißiger. Er erhielt noch die Aufgaben für die kommende Woche und ging geläutert heim, sichtlich bemüht, brav und folgsam zu sein.

Mit vibrierenden Nerven rauchte ich nachher in meinem Arbeitszimmer, auf dem Diwan hingestreckt, eine Zigarette. Walter, der das mütterliche Erlebnis mit mir geteilt hatte, kniete vor mir, drückte sein Gesicht in meinen glühenden Schoß ... Sein Kopf verbarg sich unter meinen Kleidern, und in ekstatischer Wollust diente der kleine Bub seiner angebeteten Mutter in jener einzigen Form hingebender Verehrung, die allein der Mutter angemessen schien ... Stundenlang ... Bis zum wildesten, sinnlichen Aufruhr ... Bis zuletzt ein ekstatischer Krampf der Wollust beide Körper durchzuckte ...

— — — — — — — — — —

Walter Moldauer war, unter all diesen Gleichgültigen, die mich täglich umtanzten, der Einzige, mit dem ich seelisch fühlbar verbunden war. Alle andern waren Heuchler, die sich ihre Sensationen in meinem Hause auflasen, die mit einem Minimum von Risken sich ein Maximum von Vergnügen auf meine Kosten zu verschaffen suchten.

Ich brauchte niemanden! Ich hatte mein geliebtes Kind und konnte mit ihm allein leben. Niemals noch trat ich an einen Menschen heran, um meine erotischen Wünsche erfüllen zu lassen. Alle Bedingungen und Voraussetzungen dazu lagen in meinem Empfindungsleben selbst. Ich m u ß t e so sein, wie es meiner Natur gemäß war. Das war der kategorische Imperativ meines Blutes.

Zu meinen Schützlingen zählte auch die dreizehnjährige Anna, die als Tochter meiner langjährigen, täglich bei mir beschäftigten Friseurin meine besonderen Wohltaten genoß. Sie hatte den Vorzug, mit Edith's abgelegten Kleidern bedacht zu werden, so daß sie immer besser gekleidet aussah als die andern Kinder. Anna kam jeden zweiten Tag zu mir zur Stunde, wo ich sie unentgeltlich teils in Klavier, teils in Französisch unterrichtete. Sie war träge und faul und mußte durch Strenge zum Lernen angehalten werden. Wenn sie ihre Aufgaben nicht gelernt hatte und beim Klavierspiel Fehler machte, ging es niemals ohne Züchtigung ab. Die Mutter war mir sehr dankbar für die gute Erziehung, der Anna durch mich teilhaftig wurde.

Auch die zwölfjährige Mizzi erhielt bei mir kostenlosen Klavierunterricht, als sich ihre Mutter brieflich mit dieser Bitte an mich wendete. Sie bat mich inständigst, diese Wohltat für ein armes Mädchen unentgeltlich in Anspruch nehmen zu dürfen. Ich gewährte ihr gern diese Bitte und Mizzi wurde mit bestem Erfolg ein ganzes Jahr lang von mir unterrichtet. Wenn sie Fehler machte, wurde sie bestraft wie die andern mir zur Erziehung anvertrauten Kinder. Mizzi kam mühelos über die Anfangsschwierigkeiten des Klavierspiels hinweg.

Eine andere Schülerin, die ich unentgeltlich in Französisch und Englisch unterrichtete, war Fritzi Langer. Sie hatte bereits das vierzehnte Lebensjahr zurückgelegt, als sie zu mir kam. Ich bestrafte sie genau so wie die andern Kinder, wenn sie es verdiente. Und sie verdiente es oft. Ich züchtigte sie wegen grenzenloser Faulheit und weil sie sich allen Männern aufdrängte, die sie in meinem Hause traf. Sie war eine geborene Dirnennatur. Meine Züchtigungen waren gerecht und angemessen und wurden auch von ihr selbst als verdient anerkannt und hingenommen. Ich ließ sie immer die Art der Strafe und die Anzahl der Schläge selbst bestimmen.

Fritzi stand ganz unter meinem Einfluß und weinte, wenn sie einmal nicht zu mir kommen konnte. Als sie sich im Alter von sechzehn Jahren, in den Kritzendorfer Donau-Auen einem Manne zum Geschlechtsverkehr hingegeben hatte und mir dies berichtete, vollzog ich an ihr die letzte mütterliche Züchtigung und löste daraufhin die Beziehungen zu ihr. Ich schrieb ihr einen Brief, worin ich ihr mitteilte, daß sie meine mütterliche Zuneigung verwirkt habe, und daß ich mich von ihr zurückziehe, jetzt nachdem es an ihr nichts mehr zu schützen gab...

Fritzi aber konnte die Zurückweisung nur schwer ertragen. Nachdem ich den Verkehr mit ihr abgebrochen hatte, besuchte sie mich trotzdem zu wiederholten Malen. Und als ich später mit Übersetzungsarbeiten stark beschäftigt war und eine Hilfskraft suchte, wollte sie bei mir als solche eintreten. Mit unbedingter Notwendigkeit aber setzte ich den Trennungsstrich zwischen mir und sie.

Ich hatte die schmerzliche Erfahrung gemacht, daß Kinder zu viele Leiden und gar keine Freuden bereiten. Die Lust und Freude geht von uns aus, den Müttern, wenn wir Kinder erziehen... Denn Kinder sind Egoisten, bis — ja, bis sie selbst Mütter werden.

Und die Männer bleiben ewig unsere Kinder.

XI.

KONFLIKTE

Der Untergang der Monarchie bedeutete nach dem Umsturz für weite Gesellschaftskreise den vollständigen wirtschaftlichen Ruin. Ehemals wohlhabende Familien standen plötzlich buchstäblich vor dem Hungertode, andere mußten betteln gehen, wenn sie nicht untergehen wollten. Die Umschichtung der Schichten brachte viel Elend über die Menschen. Das merkte ich gar sehr in meiner Lehrtätigkeit: Die Schüler aus kultivierten Kreisen verschwanden rasch in das Dunkel des Daseinskampfes und mußten den zahlungskräftigen Schiebern und Emporkömmlingen weichen. Wer nicht so klug war, sein Geld vor der Inflation ins Ausland zu bringen, der war unrettbar zugrundegerichtet.

Zu jener Epoche hatte Baron Leopold Wendehals, ehemaliger Staatssekretär unter der Monarchie, der sein großes Vermögen in der Schweiz in Sicherheit gebracht hatte, zu wiederholten Malen versucht, sich mir unter den verschiedensten Vorwänden zu nähern. Das erste Mal schützte er vor, für einen vierzehnjährigen Jungen eine französische Lehrerin zu suchen und kam nicht wieder. Einige Monate später erschien er zum zweiten Male unter dem Vorwand, ein kleines Mädchen bei mir erziehen zu lassen. Ich kannte ihn noch nicht dem Namen nach, aber Gesicht, Gestalt und die Art seines Anliegens blieben mir im Gedächtnis und bewirkten, daß ich ihn nicht ernst nahm.

Nach Intervallen von wenigen Wochen kam er zum dritten und vierten Male, immer mit anderen Vorwänden. Endlich zum fünften Male, als er einsehen mußte, daß ich unzugänglich sei und seine versteckten Absichten errate, verfiel Wendehals, — dem es bloß darum zu tun war, bei mir ein und aus gehen zu dürfen, — auf den naheliegenden Ausweg, französische Konversationsstunden zu nehmen, und ließ sich als Schüler bei mir einschreiben.

Es war nicht so einfach als man dachte, Zutritt bei mir zu finden. Jeder, der mit unlauteren Absichten vorsprach, war von zwei besonders auffallenden Umständen zugleich abgehalten und angezogen: Dem guten Milieu einerseits und meiner jeden Zweifel ausschließenden, durchaus ernst zu nehmenden Persönlichkeit anderseits, die alles Anrüchige und Zweideutige in seine Schranken zurückwies. Das fühlte auch Wendehals, und daß er so weitläufig um den Brei herumging, um sein Ziel zu erreichen, war mir ein untrügliches Zeichen, daß es ihm keineswegs um französische Konversation zu tun gewesen war, — er sprach als Diplomat fließend französisch — sondern nur darum, in meinem Hause die Anregung und das Vergnügen zu finden, welche er suchte. Darüber war ich mir keinen Augenblick im Zweifel.

Leopold Wendehals erschien zur Stunde und bat, manchmal auch etwas länger als die bezahlte Stunde in meiner Gesellschaft verweilen zu dürfen. Dagegen hatte ich nichts einzuwenden. Es gelang ihm bald, mit mir vertraut zu werden, indem er sich entzückt zeigte über die Liebe und das innige Verhältnis, das zwischen mir und meinem Kinde bestand. Er kam jeden Tag zur Stunde und blieb ganze Nachmittage lang bei mir. Für die Kinder hegte er ein besonderes Interesse, unterhielt sich, während ich andern Schülern Unterricht erteilte, stundenlang mit Grete Pilz im Vorzimmer, stellte ihr Rechenfragen und zwickte sie in das Gesäß, daß sie schreien mußte.

Er hegte eine Leidenschaft für Kindererziehung, und unsere Konversation drehte sich ausschließlich nur um dieses Gebiet. Sobald ich ein anderes Thema anschnitt, lenkte er das Gespräch sofort wieder auf seinen Lieblingsgegenstand: Die Disziplin in der Erziehung. Ganz besonders aber war Wendehals von dem süßen Liebreiz meiner anmutigen Tochter gefangengenommen und konnte sie nicht genug bewundern.

»Ich bewundere«, sagte er, »Ihre Gabe, Mutter zu sein; Sie sind es mit Herz, Geist und Seele! Ihre liebliche Tochter ist ein lebendiges Kunstwerk, das Sie selbst geschaffen haben.«

»Ja, sie ist mein Kind und bestes Werk. Zu einem neuen großen, reinen Lebensgefühl, entgegengesetzt allem Materialismus und Mechanismus der Welt, will ich sie zu wahrem Menschentum und Menschenliebe führen!«

»Ihre Persönlichkeit allein hebt die Jugend bereits aus der drückenden Banalität und Vulgarität des Alltags in eine höhere Lebenssphäre empor. — Die Wandlung, die Sie in so kurzer Zeit an der beschränkten Grete zum Vorteil des Kindes bewirkt haben, ist überraschend. Verraten Sie mir Ihre Zauberformel, denn Sie scheinen magische Kräfte zu besitzen.«

»Gewiß, die besitze ich. Es ist: Liebe und Strenge. Indem ich der Jugend unbedingt gut erscheine, werde ich zum Ideal, das sie selbst erreichen möchte. Sie liebt nicht eigentlich mich, und ich liebe nicht eigentlich sie, sondern wir lieben etwas, das hinter uns steht: Das Reich des Guten, dem wir instinktiv zustreben.«

»Sie sollten nur begabte, vollwertige Kinder in Ihre Erziehung nehmen«, meinte Wendehals nach einer Pause, als er mit seinen Blicken die defekte Körperlichkeit der Grete abgemessen hatte, die eben durch das Zimmer huschte.

»Auch Gretel, dieses armselige Geschöpf, hat ein Recht auf Entwicklung; es bedarf nur der Erziehung.«

»Es wäre schade um Ihre Mühe, wenn Sie enttäuscht würden!«

»Ich wünsche nichts und erwarte nichts von diesem Wesen, das ich aus Mitgefühl aufgenommen habe; aber ich will ihm das bieten, was es vor Not und Elend schützt: mein Haus, Erziehung zu nützlicher Arbeit, Gesundheit und das Gefühl des eigenen Wertes. Es soll lernen, das harte Wort »Ich muß« in das leichte Lied »Ich will« zu verwandeln und die Treue als die schönste Form der Dankbarkeit erkennen.«

»Vergessen Sie nicht, gnädige Frau: wer niedrig ist in seinen Sinnen und Handeln, der bleibt es durch sein ganzes Leben. Geben Sie acht!«

»Oh, ich merze durch unerbittliche Strenge alles Unzulängliche aus.«

»Bei Grete wird es Ihnen nicht gelingen!«

»Es kommt ja nicht darauf an, keine Fehler zu haben; im Gegenteil, die bestimmten Fehler, die einem Menschen eigen sind, machen ihn erst liebenswerter, menschlicher. Aber falsch, feig und schlecht zu sein im Denken wie im Handeln, das sind Zeichen gemeinster Art und Abkunft; es sind die aus den Herdeninstinkten hervorgegangenen Charakterdefekte, die sich durch richtige Erziehung vielleicht doch bessern lassen.«

Grete Pilz betritt das Zimmer und wir sehen die physischen Mängel des Mädchens, das bisher ohne Pflege, ohne Liebe und Leitung heranwuchs. Sie ist linkshändig und ihre ungeschickten Bewegungen stören arg die ganze Körperharmonie. Edith kommt von der Klavierstunde nachhause, stürmt auf mich zu und begrüßt mich mit überströmender Herzlichkeit. Grete ist kaum ein Jahr jünger als Edith. Der Kontrast in körperlicher und geistiger Beziehung ist der extremste.

»Was wollen Sie aus Ihrer Edith machen, gnädige Frau?« fragte Leopold Wendehals plötzlich etwas unvermittelt.

»Einen möglichst vollkommenen Menschen, zu dem sie sich selbst emporringen muß«, erwiderte ich ihm der Wahrheit gemäß.

»Ich meine, welchen Beruf Sie für Ihre Tochter als geeignet ansehen.«

»Der Beruf ist egal, falls er einem Menschen nur zusagt; aber die natürliche Bestimmung meiner Tochter ist doch: Mutter zu sein!«

»Werden Sie sie also bald verheiraten?«

»Nein, verheiraten werde ich sie sicherlich nicht!!! – Aber ich werde ihr bestimmt nichts in den Weg legen, wenn eine wirkliche Liebe sie mit einem gleichaltrigen Gefährten vereint.«

Leopold Wendehals, der noch ganz konservativ an den alten Traditionen der Eheschließung festhielt, sah mich verständnislos an. Er wußte meine Worte nicht zu deuten und ich erklärte ihm:

»Die Frauen wissen besser Bescheid in der Liebe als die Männer und ein junges, wissendes Mädchen ist wie ein Reh im Walde: es findet die besten Kräuter von selbst . . .«

Nach diesen Worten erhob ich mich, um den Tee zu bereiten. Edith folgt mir, bereitet die Tassen vor und gießt den Tee auf. Inzwischen kehre ich in den Salon zurück und – finde Wendehals in unerhört verfänglicher Stellung mit Grete. Er tat das Unglaublichste und vergriff sich an dem Kinde. Solchen Mißbrauch meiner Gastfreundschaft durch einen Menschen von gesellschaftlichem Range Wendehals' hielt ich nicht für möglich.

Empört über diesen unverzeihlichen Fehltritt, weise ich ihn in französischer Sprache zurecht:

»Was Sie hier tun, ist unverantwortlich! Was denken Sie denn, wo Sie sind? Verlassen Sie augenblicklich mein Haus!«

»Mais ce n'est rien, Madame, je vous assure,« – stottert Wendehals, blutrot vor Scham.

Ich wies das Kind in strengem Ton aus dem Zimmer, und kalt und abweisend machte ich Wendehals meinen Standpunkt begreiflich:
»Die Kinder sind mein Gut, die hat niemand anzurühren. Verlassen Sie sofort mein Haus, Sie haben hier nichts mehr zu suchen. — Hinaus!!!«
Baron Wendehals, seiner schweren Verfehlung wohl bewußt, warf sich vor mir auf die Knie und überhäufte mich mit teils deutsch, teils französisch gestammelten Bitten um Verzeihung. Ja, er äußerte sogar den Wunsch, Grete zu sich zu nehmen und zu erziehen.
Von soviel Naivität war ich gerührt.
»Oh, tun Sie nur das nicht!« sagte ich warnend und streckte ihm meine Hand entgegen zum Zeichen, daß ich ihm verzieh. Ich enthüllte ihm alle schlechten Triebe und rohen Instinkte, die im Kinde rege waren. Den Hang zum Davonlaufen erwähnte ich, die Verstocktheit und das Lügen, die Neigung zum Verrat und wies auch auf ihre im Wachstum zurückgebliebene infantile Körperbeschaffenheit hin. Ich zeigte die Merkmale der Degeneration an ihr auf, die wahrscheinlich eine Folge der chronischen Alkoholvergiftung ihrer Eltern waren. Von ihrer dadurch bedingten geistigen Minderwertigkeit schwieg ich ganz, und daß sie fast Analphabetin war aus geistiger Trägheit und Unfähigkeit.
Während ich so zu ihm sprach, war Leopold Wendehals wieder der korrekte Besucher geworden, und es schien mir kaum glaubhaft, daß er kurz vorher so grobe Verfehlungen verüben konnte. Er verweilte noch einige Stunden, und alles war vergessen und begraben.

Meine Tochter Edith-Françoise war ein großer Wildfang und in der Schule zu losen Streichen gern bereit. Infolge ihrer blütenhaften Zartheit war sie sehr verhätschelt und verwöhnt, und nach dem Eintritt ins Gymnasium mußte sie strenger behandelt werden. Dazu kam noch der Umstand, daß die Kleine, die bisher ausschließlich in Gesellschaft der Mutter und unserer langjährigen Französin gelebt hatte, im Gymnasium unter viele Kinder kam und nicht immer richtig die Wahl ihrer Freundinnen traf. Die ungezogensten Mädchen gefielen ihr stets am besten.

Selbst mit einem lebhaften Temperament ausgestattet, ließ sich Edith manchmal zu tollem Übermut verleiten. Und da sie stets lieber alles auf sich nahm, als ihre Mitschülerinnen zu verklagen, erschien sie den Lehrern als die Urheberin des jugendlichen Unfugs. Ich erhielt von der Schule oft Klagen über meine Tochter und kam so in die Lage, sie bestrafen zu müssen.

Eines Tages schickte mir ein Gymnasialprofessor über Edith wieder eine briefliche Klage ins Haus. Er sagte darin, daß er von jeglicher Schulstrafe absehe, da er wisse, daß ich mich um meine Tochter kümmere. Sollte mir eine solche dennoch erwünscht sein, bitte er mich um Verständigung, wenn nicht, bitte er, meiner Tochter eine häusliche Züchtigung zu erteilen.

Ich antwortete dem Professor, daß ich meine Tochter selbst bestrafen werde, und teilte dies auch der Edith mit, die meine Antwort dem Professor abzugeben hatte.

Im Lauf des Tages fand ich keine freie Minute, um mit meiner Tochter abzurechnen. Die verschiedensten Leute saßen bei mir herum, durchstöberten, als sie allein im Zimmer waren, heimlich meinen Schreibtisch und lasen den Brief des Lehrers. Pander, Ochs-Roba und Moldauer, alle taten verstohlen dasselbe, was einer dem andern so sehr verübelte, und alle waren gleich lüstern nach dieser Sensation! Sie alle lauerten nur auf das »E i n e«.

»Wirst Du Edith heute bestrafen?« fragte mich Walter in sinnloser Glut.

»Bekommt Edith heut abend die Rute?« flüsterte mir Ochs-Roba gierig ins Ohr, und:

»Wird heute etwas los sein mit Edith?« stellte Paul Pander seine typische Frage mit lüsterner Gier . . .

»Was geht es euch an!« gab ich allen zur Antwort und wies sie zur Tür. Alle drei blieben bis zum Abend bei mir sitzen. Keiner wollte diese seltene Sensation versäumen und jeder bat mich insgeheim, die beiden andern wegzuschicken, in der Meinung, daß nur ihm dieser Genuß zufalle . . . Es war eine häßliche Komödie, die diese Männer vor einander aufführten. Am liebsten wäre wohl einer dem andern an die Kehle gesprungen... Aber ein Rest von Hoffnung hielt sie davor noch zurück...

Walter Moldauer, le fils de la maison, wich überhaupt nicht von mir; Paul Pander und Ochs-Roba waren mir nichts als jahrelange Eindringlinge, die sich gegen meinen Willen durch ihre skrupellose Zudringlichkeit im Hause behaupteten. Ich schickte sie energisch zur Tür hinaus, beide zugleich. Sie zögerten lange, sagten schließlich »Gute Nacht« und taten so, als ob sie fortgingen.

Abends vor dem Schlafengehen empfängt Edith aus meiner Hand die mütterlich-strenge Züchtigung mit der Rute, die ihr gebührt. In intimster Vertrautheit mit der Mutter beichtet sie mir allen Schulmädelulk und -Übermut und bebt in zitternder Angst der Läuterung entgegen... Halbentkleidet, im Höschen, steht sie in lieblicher Schönheit vor mir und strömt über vor glühender Zärtlichkeit in Worten und Gebärden, um die Strenge der grausam-süßen Mutter zu besänftigen. Aber unerbittlich ist in mir der Wille zur Macht...

Mein Kind liegt vor mir auf den Knien und stammelt das Bekenntnis seiner schuldlosen Schuld... Durch den dünnen Batist seines Hemdchens schimmern die aufragenden Knospen seiner rosigen Zwillingsbrüstchen... Ich weiß, jeder Druck auf die zarten Knöspchen tut dem Kinde weh... Nur das leise Streicheln meiner Finger bereitet ihm seliges Wohlgefühl...

Mit beiden Armen umfasse ich den Oberkörper des knieenden Kindes und hebe ihn empor und lege ihn über meinen Schoß, mit dem weinenden Gesichtchen nach abwärts, vornüberhängend, damit ich den süßen Brustknöspchen jeden schmerzenden Druck erspare... Edith's Hinterbacken wölben sich hervor, ich löse zu beiden Seiten die Knöpfe des Höschens und schlage die Hinterklappe über die Schenkel zurück... Ich streife das kurze Hemdchen hoch, und der blütenweiße Mädchenpopo meiner Tochter liegt leise bebend vor meinen entzückten Augen... Ich trinke die Schönheit seiner Formen, die Zartheit seiner Haut und die schamhafte Keuschheit seines Ausdrucks in mich hinein... Trunken vor sinnlicher Erregung greife ich nach der geschmeidigen Birkenrute, die in meiner Reichweite liegt... Und grausamzärtlich schwinge ich sie über den süßen Popo meiner Tochter... Ihr Geschrei gellt in meinen Ohren, das Drehen und Winden ihres Körpers, das Strampeln ihrer Beine und die Abwehrbewegungen ihrer Hände erregen meine Nerven... reizen meine Sinne... Und in wilder Verzückung senken sich meine brennendsten Rutenküsse auf die dargebotenen, tanzenden Halbkugeln nieder...

Meine Strenge ist besänftigt, das keusche Gesäß meiner Tochter glüht wie eine Pfingstrose, und ihre gezüchtigte Jugend erschauert in rätselhaften Regungen... Das Gewitter ist vorüber... Strahlend und rein kommt die Sonne der Liebe zwischen Mutter und Kind wieder zum Vorschein und überflutet unsere Herzen mit glühender Zärtlichkeit... Unter süßesten Liebkosungen, ausgesöhnt und beglückt, lege ich mein geliebtestes Geschöpf zu Bett... Aber Edith, in wilder Aufregung, will mich nicht fortlassen. Sie hält mich mit ihren Armen umschlungen und flüstert mir die mich sinnlich erregenden Worte »Mutter! Mutter! M u t t e r!« unter Küssen leidenschaftlich ins Ohr... Ihre kindlichen Liebkosungen und Umarmungen, mit denen sie mich überhäuft, sind für mich unbeschreibliche Ekstasen... Mein Geschlecht ist in Aufruhr und meine Nerven beben...

Edith nimmt meine Hand, bedeckt sie mit unzähligen Küssen und führt sie, entlang ihres Körpers, hinunter zu jenem Zentrum ihrer Empfindungsnerven... Sie tut dies ganz unbewußt... Sie vibriert bei jeder Berührung, die die mütterliche Hand ihr bereitet... Ihre weiche, kindliche Vulva ist durstig nach mütterlicher Liebkosung...

Wir lebten seit Anbeginn ein gemeinsames Leben in innigster Intimität des Körpers und Geistes. Wir zeigten uns in natürlicher Nacktheit vor einander, badeten und schliefen gemeinsam. Keine Gefühlsregung meines Kindes blieb mir fremd, mit mütterlichem Auge verfolgte ich alle Phasen der Entwicklung des Kind-Mädchens zum Weibe. Als bei Edith im Alter von zwölf Jahren die Härchen an der kindlichen Vulva und unter den Armen zu sprießen begannen, zeigte sie mir im Badezimmer voll Stolz jedes einzelne, längere Haar, das sie geschickt mit zarten Fingern in seiner ganzen Länge auszog...

»Siehst Du Mama, jetzt bin ich schon ganz wie Du!« sagte das Kind voll Selbstbewußtsein zu mir, als ich vor seinen

Augen dem Bade entstieg ... und als sie mit den Blicken ihre keimenden Brüstchen mit meiner vollentwickelten Mutterbrust verglich, da fiel sie vor mir auf die Knie und küßte mich inbrünstig am Genitale ... Dies alles geschah spontan und unbewußt, aus der innersten Gefühlsregung heraus, die das Kind mit der Mutter verbindet ...

Wie innig hing doch das Kind an mir, wie unzertrennlich war es mit der zärtlich geliebten, strengen Mutter verbunden! Ich l i e b t e es, wenn ich es z ü c h t i g t e, und diese mütterliche Liebe ergriff das Herz des Kindes mächtiger als alle Nachsicht und Schwäche ihrer unfähigen Lehrer. Ein unsagbares Glücksgefühl war in solchen Augenblicken in uns, ein beseligendes Gespanntsein der ganzen Persönlichkeit ...

Ich überließ mich dieser Spannung, diesem unfaßbaren Glückgefühl, das ich Rausch der Mütterlichkeit nenne, — halte den Atem an, breite die Arme aus und sinke überwältigt auf den Diwan nieder ... Mein Kind schwebt in tausend Gestalten vor mir, ich glaube mit ihm zu verschmelzen ... Da verflüchtigt sich das Traumbild und ein anderes taucht auf: Walter, der kleine Bub der Mutter, der schweigend in trotziger Eifersucht, demütig wartend abseits steht ... Er fühlt das Beseligende, das mich verklärt, als ich nach der Züchtigung meiner Tochter aus dem Schlafzimmer trete ... Er weicht nicht von mir ... Mit geschlossenen Augen am Diwan liegend, flüstere ich kaum hörbar durch die Stille des Raumes:

»Komm zur Mutter, kleiner Bub!«

Glückstrahlend nähert er sich, zaghaft und sanft wie ein verschüchtertes Stiefkind, ruht neben mir, reglos, fest an mich geschmiegt ... lange, lange, — und schweigt ganz still ... Bedingungslose Hingabe an die Mutter — so fühlt er — ist in ihm. Dann kommen ihm quälende Zweifel — mitten in der wunschlosen Seligkeit des Augenblicks ...

»Warum kann ich nicht auch Dein richtiger kleiner Bub sein?« lispelt er wehmütig vor sich hin und preßt sein Gesicht gegen meine Brust.

»Du bist doch mein richtiger kleiner Bub, fühlst Du's denn nicht?« sage ich im Rausch der Verzückung.

»Ja, aber nur in der Ekstase; sobald Du nüchtern bist,

schickst Du mich fort. Da bin ich für Dich ein Mann wie alle andern.«
»Bleib bei Deinem Vater und komm nicht mehr wieder!«
»Für mich gibt es aber nur die Mutter, n u r d i e M u t t e r.«
Schweigen. Dann beginnt er wieder sehr weich und zärtlich-traurig:
»Ich weiß, wie ich Dein wirklicher kleiner Bub werden kann!«
»Wie?«
»Weißt du es nicht?«
»Nein. Ich kann mir nicht denken...«
»Denk' nach! Es gibt nur Eines. Es wäre himmlisch...«
»Ja, vielleicht, wenn ich Dich adoptierte, dann könntest Du stets mit der Mutter leben, gehörtest auch äußerlich zu mir und wärst mein richtiger kleiner Bub.«
»Oh nein! Ich meine etwas ganz anderes, – viel, viel Schöneres!«
»Sag' es mir!«
»Ich trau mich nicht.«
»Du mußt!«
Zögernd, stammelnd und verschämt kommt es heraus, wie unbescheidenes, unerfüllbares, unerhörtes Bitten und Flehen eines Verurteilten:
»Weißt Du es wirklich nicht? – Nun, es muß heraus: In vier bis fünf Jahren könnte mich die Edith heiraten und ich wäre Dein richtiges Kind so wie sie! Du hättest dann zwei wirkliche Kinder und wir würden uns niemals mehr von der Mutter trennen. Wir hätten keine anderen Erlebnisse als durch D i c h ...«
Walter schwieg wieder und verbarg sein Gesicht noch tiefer an meiner Brust. Nun waren es nicht mehr kalte Libertinagen bei ihm, die sich auswirken wollten wie zu Beginn seines Eintritts in mein Haus, damals, als er in brutaler Geschlechtsgier seine sexuellen Abenteuer gegen Geld von mir gefordert hatte. Walter war innerlich ein anderer geworden, seelisch gewandelt durch unser unbedingtes So-Sein und unsere Verbundenheit im Geiste. Meine Gestaltung des Eros aus dem Geiste heraus, brachte die feinsten Empfindungen bei ihm zum

Schwingen und die Fähigkeit zu lieben, die ihm vorher fehlte . . .
Jedoch seine Leidenschaft wurde zum Irrwahn. Walter Moldauer fing an, die gleichgültigsten Menschen in meinem Hause mit seiner Eifersucht zu attaquieren. Er quälte auch mich nächtelang mit der Frage, ob ich ihn mehr liebe als die ‚Andern'.
»Welche ‚Andern'? — Es gibt doch keine ‚Andern'!« fragte ich kalt und abweisend.
»Pander, Stieglitz, Ochs-Roba, Wendehals und wie sie alle heißen, die zu Dir kommen, um Deine Erlebnisse mit Dir zu teilen!«
»Aber tue ich denn das? — Du weißt es selbst sehr gut, bist Tag und Nacht um mich und kennst meine Gefühle.«
»Aber das Geld!« sagte er vorwurfsvoll und in gehässigem Ton.
Walter hatte mein Eintragsbuch durchschnüffelt und darin die Beträge entdeckt, die von Pander als Unterrichtshonorar für die mittellosen Kinder seinerzeit erlegt und darin gutgeschrieben worden waren.
»Das war er mir schuldig.«
»Hast Du ihn lieber als mich?«
»Du weißt recht gut, daß ich ihn verabscheue wie keinen andern Menschen.«
»Warum aber kommt er immer wieder, wenn Du ihn nicht magst?«
»Er ist unverschämt und es gibt kein Mittel, um ihn abzuschütteln.«
»Liebst Du ihn mehr als mich?«
»Ja!« sagte ich ihm zynisch ins Gesicht, nur um ein Ende zu machen, »ich liebe sie alle mehr als Dich. Nun gib Dich zufrieden und geh fort!«
»Die ‚Andern' wollen doch, daß Du ihnen Sensationen bietest gegen Bezahlung? Wenn dies wahr ist, müßte ich sie über den Haufen schießen!«
Das Ende so quälender, nutzloser Debatten war immer, daß ich Walter aus dem Hause jagte. Anders konnte ich mir nicht Ruhe verschaffen.
»Geh fort, sag' ich Dir, Du bist mir unerträglich!«
»Bin ich denn nicht Dein wirklicher kleiner Bub, daß Du

mich fortschickst? Die Edith kannst Du nie, n i e m a l s von Dir weisen, sie ist eben Dein richtiges Kind.«
»Jetzt geh endlich oder ich nehme die Peitsche und jage Dich wie einen Hund zur Tür hinaus!«
Mit schmerzverzerrtem Ausdruck im Gesicht sagte er in namenloser Traurigkeit »Küß-die-Hand«, schleppte sich langsam und bei jedem Schritt zögernd bis zur Ausgangstür, öffnete sie unschlüssig und drehte sich schmerzlich hinaus. Draußen, vor meiner Türschwelle hingebannt, starrte er wie geistesabwesend vor sich ins Leere, fühlte sich mit unsichtbaren Ketten angeschmiedet, — und brach auf der Treppe zusammen...
Und dann kam er wieder, und der Totentanz begann von neuem. Nie, nie waren wir allein, immer waren diese ‚Andern' mit uns, diese Ausgeburten seiner Phantasie, die er einbezog in unsere tiefsten Gefühlsregungen... Es war grauenhaft, mit welcher Tücke und Bosheit er mich peinigte, ausspionierte und beargwöhnte! Und dann begannen seine fürchterlich qualvollen, bestandlosen Vorwürfe. Um kurz abzuschneiden, gestand ich ihm kalt und zynisch, daß ich diese ‚Andern', die nur in seiner Phantasie existierten, liebe... Das aber glaubte er nun wieder nicht, w o l l t e er nicht hören! Er wußte doch zu gut, daß es nicht so war.
Das irritierte ihn maßlos, machte ihn nervös. Er zeigte ein ganz verstörtes Wesen, sprang von seinem Sitz auf, lief im Zimmer umher und murmelte unverständliche Worte vor sich hin. Die Abwehrbewegungen, die er dabei mit den Händen machte, die Art, wie er die Hände an die Ohren legte, wie um sich gegen den Widersinn zu verschließen, der zu seinen Ohren drang, das Hochziehen der Schultern und das krampfartige Zucken seines ganzen Körpers, — dies alles zeugte von seiner hilflosen Verzweiflung, die mich aus der Fassung brachte... Und hernach wurde er ohnmächtig und fiel der Länge nach auf den Boden hin...
Ich kannte ihn lange genug, um die Ursache seiner Gereiztheit und die damit verbundenen Nervenkrisen zu erraten: er wollte dadurch erzwingen, daß ich ihn bei mir behalte. Ich aber hatte von ihm genug, übergenug und mußte endlich Schluß machen. Mein Inneres lehnte sich auf gegen diesen erwachsenen Mann, der mein kleiner Bub sein wollte und mich

abstieß durch seine willkürlich hervorgebrachte Nervenzerrüttung und seine sadistische Lust, mich zu quälen ...

Pierre Ochs-Roba, der sensible, mädchenhafte Musiker und freche Mensch versäumte nicht, tagsdarauf zu mir zu eilen und in sehr vorwurfsvollem, beleidigtem Ton zu mir zu sagen:

»Gnädige Frau, ich bin sehr gekränkt, Sie haben Walter gestern abend doch nicht weggeschickt wie mich. Ich selbst bin nicht fortgegangen, habe bloß gewartet bis der ekelhafte Pander die Treppe hinuntergegangen war, dann habe ich an der Tür gehorcht und die Züchtigung von Edith draußen miterlebt.«

Von Widerwillen überwältigt gegen diesen Menschentyp, der die Erlebnisse anderer parasitisch genießt, wo er nicht liebt, — von unüberwindlichem Ekel erfaßt, wies ich dem Eindringling die Tür ...

Gleich zu Beginn meiner Tätigkeit als Lehrerin kam eine sehr reizvolle Dame italienischer Abstammung als Schülerin in mein Haus. Ich stand gerade mitten in den Schwierigkeiten und Nöten über den Aufbau meiner wirtschaftlichen Existenz, als sie meine Lage überblickte und sich mir gegenüber hilfreich und gefällig erwies. Dies genügte mir, um ihr mein Herz zu öffnen. Allerdings kamen unsere langjährigen Beziehungen über eine rein äußere Freundschaft nicht hinaus. Daran mag wohl hauptsächlich die Verschiedenheit unserer Charaktere Schuld getragen haben.

Obgleich Eugenie Graßl viel Charme und manches Anziehende besaß, war sie doch nur oberflächlicher Gesellschaftsmensch, mit allen Eitelkeiten und Schwächen der Halbwelt behaftet, und sehr launenhaft. Sie lebte in einem Kreis von Menschen, in dem jedermann seinem Vergnügen nachging, alle sehr verliebt, alle sehr gelangweilt und insgesamt eifrig mit sich, mit ihren banalen Liebesangelegenheiten und den Eitelkeiten der Welt beschäftigt. Ich konnte in diesen Kreisen niemals festen Fuß fassen.

Dadurch beschränkte sich der Verkehr zwischen mir und Eugenie Graßl hauptsächlich auf die Unterrichtsstunden bei mir, und späterhin auf die freundschaftlichen Besuche, die sie in herzlichem Einverständnis bei mir machte, oder auf die angenehm und anregend verbrachten Abende, die sie in ihrer Wohnung für mich allein so reizvoll zu gestalten wußte. Als sie den Unterricht aufgab, blieb nichtsdestoweniger unser persönlicher Kontakt weiterhin aufrecht bis zum Schluß.

Walter Moldauer, le fils de la maison, machte sich ihr gegenüber vom Anfang ihrer Bekanntschaft an, höchst unangenehm bemerkbar. Er haßte Frau Graßl wie jeden Menschen, den er in meinem Hause traf, hielt sie für eine Komödiantin, sagte ihr tausend Taktlosigkeiten ins Gesicht, machte sie lächerlich, verletzte ihre Eitelkeit und forderte – wie und wo er konnte – ihre blinde Wut heraus. Es war mir unmöglich, ihn in Schach zu halten. Vergeblich versuchte ich alles, um Walter in die gebührlichen Schranken zu verweisen; er ruhte nicht eher als bis das Unheil losbrach und der sinnlose Kampf zwischen ihnen zu Tätlichkeiten ausartete.

Beide standen als Gäste meines Hauses unter meinem Schutz. Ich mußte mich entschieden auf die Seite der grundlos angegriffenen Frau stellen, denn Walter als angreifender Mann setzte sich selbst ins Unrecht. Er durfte natürlich eine wehrlose Frau weder provozieren noch grundlos beschimpfen. Ich hielt ihm das Ungehörige seines Verhaltens vor Augen und schickte ihn fort. Frau Graßl wies ihm wutschnaubend die Tür. Sie eilte ins Vorzimmer, öffnete weit die Ausgangstür, riß Walters Hut vom Kleiderhaken und schleuderte die Kopfbedeckung in weitem Bogen auf die Treppe.

»Hinaus!« – schrie Frau Graßl zornentbrannt, und zeigte mit dem ausgestrecktem Finger die Öffnung der Tür; – »Dem Hut nach! Marsch!!!«

»Sie haben hier nichts zu reden!« – schrie ihr Walter höhnisch ins Gesicht, – »Ich gehe nur, wenn es mir die Hausfrau befiehlt.«

»Geh, ich bitte Dich, Walter, verabschiede Dich und geh sofort;« – sagte ich energisch, um beide Teile zu beschwichtigen, – »was Du Dir bei mir erlaubst, ist nicht zu entschuldigen. Wenn Dir die Leute in meinem Hause nicht zu Gesicht stehen, hast Du nur fernzubleiben. Geh' jetzt! Adieu!«

Er schämte sich, bat mich um Vergebung, entschuldigte sein Vorgehen, fragte um die Erlaubnis, wiederkommen zu dürfen und schlich dann bedrückt davon. Eugenie Graßl war über das Vorgefallene nicht zu beruhigen; sie ließ sich nicht sagen, daß sie es mit einem Verrückten zu tun hatte.

Ich lächelte im Stillen über die Vulgarität ihrer gehässigen Stimmung und versuchte sie großmütig zu stimmen. Sie zeigte sich jeder milderen Auffassung unzugänglich, setzte sich an meinen Schreibtisch und schrieb in wilder Empörung einen beleidigenden Brief an Walters Vater. Ich versuchte vergeblich, sie davon abzuhalten. Sie erklärte dezidiert, daß sie mein Haus nicht mehr betreten würde, falls dieser Unverschämte noch Zutritt bei mir hätte. Sie verlangte, daß ich ihm ein für allemal das Haus verbiete. Ich sagte ihr dies zu, weil ich es für mich selbst als wünschenswert erachtete. Darauf verabschiedete sich Frau Graßl von mir mit einem Gefühl des Grolls.

Frühmorgens telephonierte ich Walter, — um ihm nutzlose Unannehmlichkeiten und Zerwürfnisse mit seiner Familie zu ersparen, daß ein auf meinem Briefpapier geschriebener rekommandierter Brief von Frau Graßl an seinen Vater unterwegs sei, welchen er auffangen müsse, um einen Skandal zu vermeiden. Es gelang ihm und er verhinderte auch alle Telephongespräche, die Frau Graßl mit Walter's Vater zu führen versuchte.

Es gelang ihm ebenso, vor dem Vater seine Exzesse zu vertuschen, aber Walter's Lage wurde dadurch nicht günstiger. Jetzt war ihm nicht bloß mein eigenes Haus verboten, sondern auch das von Frau Graßl, wo er vorher in Verbindung mit mir gastlichen Zutritt gehabt hatte.

Er konnte nun nicht mehr mit der Mutter sein, wie und wo er wollte. Er lauerte mir an allen Straßenecken auf, umschlich wochenlang mein Haus, saß tagelang und nächtelang in dem kleinen Kaffeehaus gegenüber meinem Hauseingang in der Biberstraße, um mich hier aus der Entfernung aus- und eingehen zu sehen — bis ich ihm endlich wiederzukommen erlaubte.

Die alten Beziehungen begannen jetzt irrsinnige Formen anzunehmen ...

Große Ereignisse werfen ihre Schatten voraus. Als ich den kleinen Rudi meiner Dienerin für seine Faulheit und Frechheit züchtigte, hätte ich mir nicht träumen lassen, daß diese wohlverdienten Schläge, die ich dem Buben in mütterlicher Strenge verabfolgte, das Vorspiel zu dem großen Prozeß werden sollten, der fünfviertel Jahre später mein Leben zertrümmerte. Ohne zu ahnen, war ich damals an einer gefährlichen Wende meines Schicksals angelangt und steuerte dem Abgrund zu.

Nach jener so denkwürdigen Züchtigung des Rudi wurde ich davon in Kenntnis gesetzt, daß die Bedienerin, die inzwischen ohne ein Wort der Entschuldigung ausgeblieben war, gegen mich wegen unberechtigter Züchtigung ihres Buben beim Jugendgericht die Anzeige erstattet hatte.

Bei meiner ersten Einvernahme sprach der Richter sogleich den Verdacht von Sadismus aus und trat den Akt zwecks neuer Erhebungen dem Landesgericht für Strafsachen ab.

Nach monatelangem Warten hörte ich, daß die Erhebungen der Staatsanwaltschaft ergebnislos verlaufen waren, und die Verhandlung beim Jugendgericht stattfinden werde. Dort hatte ich mich wegen Überschreitung des Züchtigungsrechtes zu verantworten.

Meine besten Argumente halfen nichts. Der Richter war voreingenommen, trotzdem der objektive Tatbestand von mir und allen Zeugen übereinstimmend vorgebracht wurde. Schon daraus mußte der Richter die Wahrheit meiner Darstellung erkennen. Ich sagte, daß ich dem Knaben Klavierunterricht erteilte, daß er sich bei der Prüfung ebenso dumm als frech benommen und somit Anlaß genug für eine Züchtigung geboten hatte.

Den weiteren Verlauf aber stellte Rudi so dar, als hätte er meine Aufforderung, seine Hosen herunterzuziehen, zuerst für einen Scherz gehalten. Als er sah, daß es ernst wurde, bekam er Angst, habe sich möglicherweise auch naß gemacht. Ich selbst hätte mich dann auf einen Sessel gesetzt, ihm die Hosen heruntergezogen, mein Kleid bis zur Taille hochgehoben, ihn über meinen Schoß gelegt und mit einer Peitsche gezüchtigt. Dabei sei ein Herr im Zimmer anwesend gewesen, der die Zeitung las.

Dieser zurechtgemachten Schilderung mußte ich durch die wahrheitsgemäße Darstellung des Vorganges entgegentreten. Der Bursche hatte seine Notdurft auf den Teppich verrichtet und dies war für mich der Anlaß gewesen, in Ärger und Erregung zu geraten, ihn zu packen und mit dem zum Notenzeigen dienenden Rohrstäbchen, das auf dem Klavier, in meiner Reichweite lag, auf das entblößte Gesäß zu schlagen. Das Kleid schlug ich mir deshalb über die Knie zurück, um mich nicht schmutzig und naß zu machen.

Zur Bekräftigung dieser Behauptung wies ich ein solches Rohrstöckchen vor. Der Richter wußte zwar, daß dies zu den Behelfen eines Klavierlehrers gehöre, war jedoch erstaunt, ein solches bei mir zu finden. Auch die Begründung des Hochschlagen meines Kleides wollte er nicht als plausibel anerkennen, sondern behauptete, daß von Rudi, der seine Notdurft schon verrichtet hatte, keine Beschmutzung mehr drohte.

Der Richter fand es auch sehr verdächtig, daß ich dem Knaben Wohltaten erwies, deren Motive er auf die Möglichkeit sadistischer Exzesse zurückführen zu müssen glaubte. Der Sachverhalt, meinte er, sei hinreichend geklärt und genügend Gründe gegeben, um mit einer Verurteilung vorzugehen.

Dieser fanatische Richter verurteilte mich zu achtundvierzig Stunden Arrest und Kostenersatz des Strafverfahrens, weil ich meinem Zögling auf den nackten Leib Schläge versetzt hatte, die eine Anzahl rotunterlaufener Striemen auf beiden Hinterbacken zurückließen, wodurch ich die Übertretung der Verletzung der körperlichen Sicherheit begangen hatte.

Gegen dieses Urteil meldete ich sofort Nichtigkeitsbeschwerde und Berufung an, und wurde in zweiter Instanz – f r e i g e s p r o c h e n.

Bald nach diesem kleinen Prozeß war ich genötigt, auch mit Walter Moldauer kurzen Prozeß zu machen, denn sein Liebeswahnsinn nahm geradezu bedrohliche Formen an. Ich fühlte wirklich nur die rein strahlende, latent gegenwärtige mütterliche Liebe zu meiner Tochter in mir und fand die widerwärtigen Quälereien eines erwachsenen Mannes, der à tout prix mein kleiner Bub sein wollte, sinnlos, läppisch und unwürdig.

Es war grauenhaft, mit welcher Hinterlist und Tücke mich Walter ausspionierte, peinigte, verdächtigte und beargwöhnte! Er steckte sich hinter die Grete Pilz, um sie auszufragen, was in meinem Hause vorgehe, ob sie vor den ‚Andern' gezüchtigt werde und wie die Leute heißen, die zu mir kommen. Er verlangte von dem idiotischen Kinde meine Wohnungsschlüssel, drang in meiner Abwesenheit in meine Zimmer ein, durchsuchte meinen Schreibtisch, durchwühlte den Papierkorb nach heimlichen Briefen und las jede Karte, jede Zeile, die er darin auffand.

Von all diesem Treiben ahnte ich nichts. Grete war hinterhältig und von Walter bestochen und berichtete mir nichts. Sie wurde noch verstockter und heimtückischer, als sie nicht nur von Walter allein, sondern auch von Pander, Frau Graßl und Dr. Stieglitz dazu mißbraucht wurde, für Geld Verrat gegen mich zu begehen. Sie alle, die sich meine »Freunde« nannten, bedienten sich dieses Geschöpfes, um mein Haus genau auszukundschaften. Zu welchem Zwecke dies geschah, erfuhr ich erst später durch den fürchterlichen Prozeß.

Ich empfand nur den Druck und das entsetzliche Unbehagen der sinnlosen Eifersucht Walter's auf meinem Leben lasten, und wollte um jeden Preis diesem unerträglichen Zustand ein Ende setzen. Schluß machen mit allem Bedrückenden, das mir von außen kam. Lange genug hatte ich mich dagegen mit Kälte und Zynismus gewappnet, aber länger w o l l t e ich nicht die teuflische Bosheit dieses Mannes ertragen. Ich m u ß t e mich von ihm befreien.

Mitternacht war längst vorbei, als ich eines Abends aus dem Hause der Frau Graßl auf die Straße hinaustrat, um nachhause zu gehen. Ich finde Walter wartend vor dem Hause auf dem Trottoir, fröstelnd vor Kälte und Müdigkeit. Um acht Uhr abends hatte er mich hierher begleitet. Da ihm der Eintritt zu Frau Graßl verweigert wurde, horchte er bis zehn Uhr an ihrer Wohnungstür, um unsere Stimmen zu hören, unsere Gespräche zu belauschen. Knapp vor Torsperre ging er auf die Straße, um hier meine Rückkehr abzuwarten. Endlich bin ich da, er hängt sich an meinen Arm, legt den Kopf an meine Schulter, und wortlos schreiten wir durch die Nacht...

»Die süße Mutter liebt ihren kleinen Buben doch, weil sie endlich gekommen ist,« — sagt er leidenschaftlich mit bebender Stimme und küßt mich auf die Schulter.

»Es ist ja wahnwitzig, so lange in den Straßen zu warten mitten in der Nacht. Warum gehst Du denn nicht nachhause schlafen? Du weißt, daß ich das nicht mag.«

»Der kleine Bub kann eben gar nicht mehr ohne die Mutter sein! Aber die grausame Mutter mag – so scheint es – ihren kleinen Buben nicht mehr!«

»Merkwürdig, meine Edith zweifelt niemals an meiner Liebe. Alles ist schön, natürlich und selbstverständlich zwischen uns.«

»Warum ist es nicht ebenso zwischen uns?«

»Eben, weil Du nicht mein richtiger Bub bist. Edith ist mein richtiges Kind, und wirklich liebt man nur immer das eigene Fleisch und Blut, das ist Naturgesetz.«

Wir waren in der Biberstraße angelangt und er konnte sich von mir nicht loslösen. Wir gingen noch einigemale um den ganzen Häuserblock herum, dann sperrte ich das Haustor auf, trete ins Haus, schließe das Tor wieder von innen mit dem Schlüssel ab und fahre mit dem Lift in meine Wohnung. Der auf der Straße ausgesperrte Walter fängt an zu toben, schlägt mit den Füßen gegen das Tor wie ein Rasender – bis der Portier kommt und ihn einläßt. Atemlos keucht er die fünf Stockwerke zu mir empor, wo er fast gleichzeitig mit dem Lift ankommt. Wie ein Irrsinniger tritt er mit mir in die Wohnung und stürzt dort ohnmächtig zusammen...

Es war nicht möglich, ihn zum Verlassen der Wohnung zu bewegen. Ich rufe den Sohn der Frau Hoffer, die einen Stock tiefer wohnt, zu Hilfe, damit er Walter im Auto nachhause führe. Georg Hoffer, mitten aus dem besten Schlaf gerissen, erscheint, aber richtet nichts aus; Walter zeigt sich ihm gegenüber renitent wie ein Tobender. Er schreit, und weist mit dem Finger auf ihn:

»Was will denn d e r von mir? d e r soll weggehen, ich will bei der Mutter bleiben...«

Endlich, auf mein Zureden in gutem und in bösem Ton, verläßt er mich gegen Morgen. Er geht nicht nachhause, sondern bleibt auf der Stiege sitzen. Edith geht morgens zur Schule, und als sie mittags heimkommt, sitzt Walter noch immer auf der Treppe, hängt sich an sie und tritt mit ihr in die Wohnung hinein... Wieder bleibt er solange, bis ich ihn wegjage...

Gegen Abend kommt er wieder und bringt mir eine kleine schwarze Schachtel mit einem Totenkopf darauf; es ist Gift. Herausfordernd erklärt er mir, daß er sich töten wolle, wenn ich ihn je verstoße. Ich nehme ihm das Gift weg und lege es achtlos in die Lade meines Toilettetisches. Eine Weile später, als ich die Schachtel an einem sicheren Orte verwahren wollte, lag sie nicht mehr dort und blieb verschwunden. Walter hatte sie wieder an sich genommen.

Die erotische Passion des Walters Moldauer für mich drohte damals wirklich in Wahnsinn umzuschlagen. In den Straßen lief er mir überall nach, schrie oft unvermittelt auf, rannte die Türen fremder Wohnungen ein, wenn ich ihn nicht mit mir nahm, lungerte tage- und nächtelang auf den Stiegen und Gängen in meinem Hause herum, lag wie ein Hund vor meiner Tür oder hinter der Bodenstiege verborgen, wo er stundenlang meine Wohnungstür anstarrte – er schien vernunftslos, war nicht zurechnungsfähig. Meine Nerven waren am Ende. So ging es nicht mehr weiter, ich mußte ihn gewaltsam entfernen lassen.

»Du verquälst mir das Dasein, zerstörst meine Existenz, gefährdest Ediths ruhige Entwicklung und Zukunft,« – legte ich ihm eindringlich nahe. Und um einen Ausweg zum Guten zu schaffen, fuhr ich fort: – »Du kannst wohl als mein Schüler zu mir kommen, aber sonst nichts. Du nimmst mir meine Zeit und meine Ruhe. Du bist ein grauenhaft unleidlicher, erwachsener Mann, den ich verabscheue! Verlaß mein Haus und komm mir nicht wieder!«

»Aber alle ‚Andern' können bei Dir bleiben, weil sie Dich bezahlen! Und der kleine Bub kann doch seine Mutter nicht bezahlen, verstehst Du denn das nicht, um Himmelswillen!!!«

»Du bist nicht mein kleiner Bub und mußt mir die Zeit, die Du mir genommen hast, ebenso bezahlen wie die ‚Andern'; verstehst Du das nicht?«

»Verlange doch von mir kein Geld!!!« – flehte Walter händeringend in vollster Verzweiflung. – »Verlange doch nicht, daß ich die heiligsten Gefühle zwischen Mutter und Kind profaniere!«

»Oh ja! Ich verlange, daß Du mir die Stunden bezahlst, die Du mir schuldest! Dann sind wir quitt, ein für allemal.«

Das war mein letztes und härtestes Wort. Wie ein verwundetes Tier brach Walter zusammen, wankte aus meiner Wohnung und fiel auf der Treppe ohnmächtig nieder...

Gegen Abend erschien er wieder an meiner Tür und klingelte lange. Ich wollte ihm nicht mehr öffnen. Edith ging ins Vorzimmer und sprach durch die Türspalte zu ihm:

»Die Mama läßt Dich nicht mehr herein, sei vernünftig und geh fort, Walter.«

»Ich bringe der Mutter bloß das Geld und m u ß es ihr selbst geben.«

»Die Mama braucht kein Geld! Sei artig und geh nachhaus.«

»Oh doch! Die Mutter hat es von mir verlangt! Ich geh nicht weg, bevor sie das Geld übernommen hat.«

Edith kommt zu mir herein und berichtet mir den Inhalt der Unterredung. Ich sage ihr, daß sie das Geld an der Tür entgegennehmen und Walter verabschieden solle. Sie geht, um meinen Auftrag auszuführen. Beim Öffnen der Tür drängt sich Walter ins Vorzimmer und wünscht, mir persönlich das Geld zu übergeben. Ich komme also ins Vorzimmer, wo mir Walter vier Banknoten zu fünfzig Schilling mit den Worten überreicht:

»Mehr habe ich nicht.«

Gleichgültig nehme ich die Scheine entgegen und lege sie achtlos im Vorzimmer auf den Tisch nieder, wo sie liegen bleiben. Nun wollte ich Walter zur Tür drängen, um ihn hinauszuschieben, aber weinend und schluchzend sinkt er auf einen Stuhl, das Gesicht in den Händen vergraben...

Fühllos gegen alles, was ihn betrifft, drehe ich das Licht im Vorzimmer aus und gehe mit Edith ins Schlafzimmer zurück, um sie zu Bett zu bringen. Gegen zehn Uhr trete ich wieder ins Vorzimmer hinaus und finde Walter hier noch immer in unveränderter Haltung auf dem Sessel sitzend vor.

»Jetzt aber, bitte, geh aus dem Hause und komm nicht wieder. Ich habe genug Geduld gezeigt, wir sind fertig!« — sagte ich tonlos in eisiger Kälte.

»Laß mich noch diese eine Nacht bei Dir! Ich kann so nicht aus dem Hause gehen«, — stammelt Walter mit bittender Stimme.

»Nein! Du gehst jetzt und kommst mir nicht wieder ins Haus, verstanden? Habe ich denn meine Wohnung für Dich gemietet?« — halte ich ihm brutal entgegen.

Schmerzlich getroffen, schweigt Walter eine Weile. Schwer und schwül lastet diese Pause im Raum. Dann zieht er mit zitternden Händen seinen Brillantring vom Finger ab, läßt den großen, schön geschliffenen Diamanten im Lichte funkeln und hält ihn mir entgegen:

»Wenn ich Dir diesen Brillanten als Pfand übergebe, läßt Du mich dann bei Dir schlafen?«

»Was gehen mich Deine Brillanten an??? Ich halte doch keine Fremdenherberge!! -- Hinaus mit Dir! Hinaus!! Ich will Dich nicht! Hinaus!«

Tobend vor Wut, begann nun Walter gegen mich die unflätigsten Beschimpfungen und abscheulichsten Anwürfe auszustoßen, die ihm nur wahnwitzigster, tollster Liebeshaß eingegeben haben konnte.

Welche Mutter will für ihre Liebe bezahlt sein??? -- Da hast Du das Geld für das, was Du mir gewesen bist...« höhnte er in unaussprechlichem Haß und warf mir die vier Banknoten vor die Füße...

Als er aber in seinem Irrwahn sogar das Heiligste, was ich besaß, sinnlos angriff und beschmutzte, als er meine Liebe zu Edith durch infame Schmähungen entweihte, da bäumte sich mein flammender Zorn und meine Verachtung gegen diesen Nichtswürdigen auf! Ich brach in nervöses Schluchzen aus, ergriff eine Hundspeitsche und schlug in wahnsinniger Wut auf den Elenden ein, der mein heiligstes Gut auf Erden, meine Tochter, mit schmutzigen Worten zu schänden gewagt...

Ich schlug und hieb mit der Peitsche sinnlos auf Walter ein -- er flüchtete auf die Dachterrasse... Ein erbitterter Kampf auf Leben und Tod begann zwischen uns unter dem mitternächtigen Sternenhimmel... Ich versuchte meinen erbärmlichen Gegner über das Geländer in die Tiefe zu schleudern... Er wehrte sich wie ein Verzweifelter... Meine physischen Kräfte erlahmten... Und er stand aufrecht vor mir...

Ohnmächtig vor Schmerz und Zorn ließ ich ihn stehen -- und floh in mein Schlafzimmer, alle Türen hinter mir versperrend...

Am nächsten Morgen war er verschwunden. Der Boden des Vorzimmers war mit den Schnitzeln seiner Banknoten bestreut. Er hatte das Geld in kleine Fetzen zerrissen und war davon gegangen...

Vormittags finde ich im Briefkasten einen Brief, den er eigenhändig dort hinterlegt hatte. Er war also wieder an meiner Tür gewesen – nach den entsetzlichen, unheimlichen Geschehnissen dieser Nacht. Im Brief schrieb er mir:

»Bitte, laß mich zu Dir!!! Ich werde um zwei Uhr an Deiner Tür klingeln. Meine Sehnsucht nach Dir ist unerträglich! Ich will nichts als wortlos bei Dir sein. – Ich habe das Geld zerrissen; bitte, verbrenne die Schnitzel, die am Teppich verstreut liegen. Zuhause habe ich gesagt, Du habest das Geld zerrissen. – Bitte, laß mich bei Dir sein!!!«

Walter klingelte um zwei Uhr und wurde eingelassen. Er blieb in meinem Arbeitszimmer sitzen, niemand kümmerte sich um ihn. Ich schrieb an seinen Vater, er möge seinen Sohn abhalten, in mein Haus zu kommen. Sein Vater besuchte mich und bat mich, Walter doch nicht von mir zu stoßen, er hänge mit Leib und Seele an mir und Edith; ich möge den Jungen doch nicht zum Selbstmord treiben...

Mein Entschluß aber war gefaßt: Walter durfte nicht mehr in mein Haus kommen! Unmittelbar vor meiner Abreise in den Sommerurlaub 1923, mußte mir Walter unter Ehrenwort versprechen, daß er nicht eher zu mir komme, als bis ich ihn rufe. So gelang es mir, mit Walter Moldauer zu brechen. Wir trennten uns als Freunde und erst ein halbes Jahr später standen wir uns im Prozeß wieder gegenüber, den er selbst in sadistischer Rache gegen mich angestiftet hatte.

Ich rufe mir sein Bild ins Gedächtnis zurück, um einen Zusammenhang zwischen äußerer Gestalt und innerer Bedingtheit an ihm festzustellen. Und ich sehe ihn so:

Der Gesichtsausdruck infantil, die spärlich behaarte Schädeldecke dieses Achtundzwanzigjährigen von zwei Henkelohren flankiert, die wassergrünen Augen nichtssagend kalt, der Blick fremd, verloren, in sich gekehrt, die Pupillen flackernd wie im Rausch, sobald in ihm die Leidenschaft auflodert, in ekstatischer Verzückung. Weiche sinnliche Kinderlippen. Ein Zug von Willenlosigkeit, von Entnervung und vorzeitiger Vergreisung. In seinem bleichen zerfallenen Antlitz zeigten sich die unauslöschlichen Spuren eines unbekannten Martyriums.

Sein Leben war eine einzige erotisch-perverse Passion... Die Süchte des Entarteten stürzten ihn in immer tiefere

Abgründe, in Menschenhöllen. Er schnupft Kokain, er kennt die berauschende Wirkung des Opiums und sein absonderlicher Lebenswandel spielte sich vor meiner Bekanntschaft nur in Gesellschaft von Prostituierten ab. Seine Erotomanie, seine geschlechtliche Hörigkeit, seine sadistische Wollust des Kinderpeitschens — das alles ist schicksalshaft für ihn, Fatum und Naturnotwendigkeit...

Wer hat den traurigen Mut, einen Walter Moldauer schuldig zu sprechen? Wer kann über ihn seine eigenen Schwächen und Gebresten vergessen, und das Erbarmen des Menschenherzens? — Tausendmal schuldiger als er sind jene ‚Andern‘, — jene freigesprochenen Heuchler, die aus Überdruß am Gewöhnlichen, aus Überreizung und Übersättigung sich ihre Sensationen in meinem Hause auflasen und genießen wollten, wo sie nicht liebten...

XII.

VOR UNFASSBAREN EREIGNISSEN

Nach meiner Rückkehr vom Sommeraufenthalt begann ein ruhiges, ungestörtes Leben. Alte und neue Schüler fanden sich ein und auch Leopold Wendehals verkehrte weiter in meinem Hause. Eines Abends war ich gerade mit dem Unterricht der Gretel beschäftigt, als er zu mir ins Zimmer trat. Er bat, mich durch seine Anwesenheit nicht stören zu lassen, setzte sich auf den Diwan und lauschte mit gespannter Aufmerksamkeit den Lernergebnissen des Mädchens.

Gretel hatte seit vier Monaten die Aufgabe zu lernen, wie die Jahreszeiten heißen und wann sie beginnen. Nun sollte sie mir diese der Reihe nach aufzählen, da sie behauptete, alles zu wissen. Das Kind stand vor mir und ich fragte es:

»Wann beginnt der Frühling?«

Grete blickt zur Zimmerdecke empor und bleibt stumm.

»Wenn Du das Lesestück gelernt hast, mußt Du es wissen; antworte jetzt!«

»Der Frühling — beginnt — im — im Herbst.«

»Falsch! — Wie viel Jahreszeiten gibt es?«

»Sieben.«

»Falsch! — Zähle sie auf!«

»Oktober ... Winter ... Juni ... Jänner ...« dabei versagt schon ihr Geist. Sie läßt ihre Blicke wieder zur Zimmerdecke schweifen und kein Wort mehr entringt sich ihrer Kehle. Ich enthalte mich jedes Tadels.

Wendehals zeigt sich sehr entrüstet über die Unwissenheit des lernfaulen Kindes, findet es unbegreiflich, daß ich schweige und äußert mit scharfem Mißfallen: — »Das ist doch unglaublich! Zwölf Jahre ist sie alt! Strafen Sie sie nur gehörig, gnädige Frau, dann wird sie schon lernen.«

Mit größter Geduld stelle ich weiter an Grete lächerlich einfache Fragen, mit gleichem negativen Ergebnis. Diesem stupiden Menschenwesen war jedes Streben nach Wissen fremd.

Sie starrt gelangweilt vor sich hin, in ihrem Kopfe regt sich nichts.

»Gib ihr die Rute, Mama«, — bemerkt Edith ärgerlich. — »Sie verdient sie jetzt wirklich. Das kann ich nicht mitanhören.«

»Jawohl«, — stimmte Wendehals lebhaft bei; — »ich bin als Bub auch tüchtig geprügelt worden, wenn ich nicht lernte.«

Auch ich erkannte in diesem Falle eine Züchtigung als gerechtfertigt an, und im Interesse meiner Autorität als Lehrerin mußte ich die Grete bestrafen.

»Bring die Rute!« — befehle ich ihr im strengen Ton.

Sie verschwindet ins Nebenzimmer und kommt bald mit einer Birkenrute in der Hand zurück. Ich ziehe das Mädel an mich heran, lege es über meinen Schoß, hebe seine Schürze rückwärts hoch, knöpfe die hintere Hosenklappe ab und entblöße das Gesäß. Zehn bis zwölfmal saust die Rute auf die Hinterbacken nieder. Gretel schreit und zappelt ein wenig und legt die Hände schützend über die gefährdete Stelle. Edith kommt herbei und hält ihr die Hände fest.

Als die Züchtigung vorüber war, glühen ihre Hinterbacken in tiefer Scharlachröte und vermitteln ihr einen wohltätigen Blutzufluß ins Gehirn. Sie ist stumpf und unempfindlich gegen Strafen. Mit herunterhängenden Hosen hüpft sie aus dem Zimmer, sichtlich froh, dem Lernen entronnen zu sein.

Während ich meine Tochter zu Bett brachte, entfernte sich Wendehals aus dem Salon und suchte die Grete in ihrem Zimmer auf. Ganz unvermutet wollte ich nachsehen, ob das Mädchen schon schlief und war entsetzt, als ich den Mann bei dem Kinde überraschte.

Wendehals' Gesicht färbt sich purpurn vor Scham. Er stammelt phrasenhafte Entschuldigungen. Es ist mir zu peinlich, die inneren Nöte des Nebenmenschen zu sehen. Aus Scheu und Scham greife ich nicht in sie ein und ziehe es vor, darüber zu schweigen.

———

Bald darauf fanden sich eines Sonntags Eugenie Graßl mit Dr. Stieglitz zusammen unangesagt bei mir zum Tee ein. Ich freute mich über ihren Besuch, weil es seltener vorkam, daß Dr. Stieglitz seit seiner Verheiratung bei mir zu sehen war; umso mehr jedoch war ich überrascht, daß er sich mit Frau Graßl besonders herzlich angefreundet zu haben schien. Aber ich hegte keinen Argwohn gegen meine Freunde, es lag nicht in meiner Art, ihre Absichten mißtrauisch zu erforschen oder ihre gute Gesinnung anzuzweifeln. Ich kam ihnen mit größter Aufrichtigkeit entgegen, weil ich sie meines Vertrauens würdig hielt.

Nach dem Tee, fast gleichzeitig wie auf Verabredung, begannen Frau Graßl und Dr. Stieglitz von mir zu verlangen, daß ich die Gretel in beider Gegenwart sogleich mit der Rute bestrafe. Ich faßte dieses Ansinnen zuerst scherzhaft auf und glaubte die Sache mit einigen Bemerkungen auf ein heiteres Gebiet lenken zu können. Als aber meine beiden Besucher ganz ernsthaft noch weiter in mich drangen, antwortete ich ihnen ganz unverhohlen:

»Aber bitte, wie stellen Sie sich das eigentlich vor? Ohne Grund werde ich das Kind doch bestimmt nicht züchtigen. Das wäre ja unvernünftig!«

»Sie müssen eben ein Diktat oder eine Rechenaufgabe mit Gretel machen, dann haben Sie gleich einen Grund;« — erwiderte Frau Graßl entschlossen, und Dr. Stieglitz meinte beifällig, indem er Frau Graßl ermunternd zunickte:

»Aber gewiß, gnädige Frau, rufen Sie einfach das Mädel heraus und geben Sie ihm eine Aufgabe oder lassen Sie es lesen.«

»Heute ist doch Sonntag und die Kinder haben ihren freien Tag. Ich kann doch keine alberne Komödie aufführen!« — entgegnete ich jetzt sehr ungehalten über solche Zumutungen.

Meine Gäste blickten mit enttäuschten Mienen auf einander; doch im nächsten Augenblick erhob sich Frau Graßl und eilte rasch entschlossen ins Kinderzimmer, um die Grete zu holen. Edith spielte mit ihr Domino, protestierte energisch gegen die unliebsame Störung und verteidigte die Gretel gegen die ungerechten Forderungen der Frau Graßl, indem sie selbstherrlich ausrief:

»Nein! Heute am Sonntag wird nicht gearbeitet!«

Wir hörten die Proteste der Kinder; da trat Dr. Stieglitz auf mich zu, faßte meine Hand und sagte in schmeichelhaftem, vertraulichem Ton zu mir:

»Gnädige Frau, ich komme so selten los und habe heute wirklich gehofft, etwas bei Ihnen zu erleben! Für Sie ist es doch gar nicht schwer, das Kind unter irgend einem x-beliebigen Vorwand zu züchtigen. Tun Sie mir doch diesen Gefallen, bitte!«

»Sie irren, mein Freund«, – erwiderte ich ihm mit sichtlichem Widerstreben, – »wenn Sie glauben, daß i c h Ihnen Ihre Erlebnisse nach Ihrem Belieben bereiten kann! – Wie kommen Sie auf solche Gedanken? Wie können Sie mich zu Ihrer Entremetteuse herabwürdigen? Haben Sie eine solche Meinung von mir? Sie kennen mich doch schon lange genug!«

Ich zeigte mich gar nicht geneigt, mich für fremde Zwecke mißbrauchen zu lassen, weshalb sich Dr. Stieglitz in tiefster Mißstimmung von uns verabschiedete.

Als wir allein waren, erzählte mir Frau Graßl, sie habe Dr. Stieglitz gebeten, ihr Dienstmädchen, das operiert werden mußte, in der Klinik unterzubringen, was dieser auch versprach. Als Revanche für seine Gefälligkeit wollte sie ihm das von ihm gewünschte Erlebnis einer Züchtigung der Gretel durch mich in meinem Hause bereiten lassen, dies sei aber nun an meiner Weigerung gescheitert.

Wenige Tage nach dieser sonderbaren Begebenheit reiste ich mit Edith zu einer kurzen Erholung auf den Semmering. Wie schon öfters in Fällen meiner Abwesenheit von Wien, ließ ich auch diesmal die Grete in der Obhut der Frau Graßl zurück. Auch sie mußte das lernfaule Kind zu Schularbeiten anhalten und mit ihm sehr streng sein, falls es sich ihren Anordnungen widersetzte.

Nach zwölftägiger Abwesenheit kehrten wir gesundheitlich gekräftigt in das gewohnte Leben nach Wien zurück: Edith zur Schule, ich zu meiner Tätigkeit und Grete wieder in meine Obhut. Sie erzählte mir kein Wort von dem, was sich in meiner Abwesenheit zugetragen und mit ihr ereignet hatte. Eugenie Graßl besuchte mich in alter Herzlichkeit, Dr. Stieglitz rief mich telephonisch an, um sich nach meinem Befinden zu erkundigen, aber keiner sagte mir etwas von dem, was in der Zwischenzeit vorgefallen war. Ich erfuhr alles erst nach meiner Verhaftung durch die Polizei.

Grete wurde von Eugenie Graßl zu Dr. Stieglitz in seine Klinik im Allgemeinen Krankenhause geführt. Im Dienstzimmer des Dr. Stieglitz hatte das Kind von Frau Graßl eine Rechenaufgabe erhalten, die es nicht lösen konnte. Daraufhin wurde es abwechselnd von Frau Graßl und Dr. Stieglitz mit einer kleinen Peitsche auf das nackte Gesäß gezüchtigt. Grete hatte die Peitsche selbst mitbringen müssen, wurde über die Sophalehne gelegt, Frau Graßl zog ihr die Hosen herunter und schlug sie mit der mitgebrachten Peitsche auf die Hinterbacken. Dann reichte sie die Peitsche dem anwesenden Dr. Stieglitz, der das Mädchen ebenso peitschte. Und so peitschten es abwechselnd alle beide wieder. Dann bekam Grete ein Stück Schokolade und durfte nachhause gehen. Dieser Tatbestand war einwandfrei erwiesen und konnte nicht abgeleugnet werden.

Grete war bereits dreimal grundlos aus meinem Hause entwichen. Als sie das letzte Mal ihrem Wandertrieb unterlag, wurde sie nach fünftägigem Herumvagabundieren in einem entfernten Bezirk an der Peripherie Wiens von der Polizei in desolatem Zustande aufgegriffen. Ich wollte sie keinesfalls mehr bei mir aufnehmen und da sie in Böhmen heimatberechtigt war, sollte sie dahin abgeschoben werden. Unterdessen fand sie in einem polizeilichen Jugendheim Unterkunft, wo sie wochenlang auf ihre Abschiebung zu warten hatte. Dies war die beste Lösung zu meiner Befreiung von einer dauernden Plage, die mir ein gütiges Geschick damals angeboten hatte. Aber es sollte anders kommen.

Paul Pander ließ sich plötzlich wieder bei mir blicken und drängte mich, die Grete wieder zu mir zu nehmen, jetzt, nachdem ich bereits soviel mühevolle Erziehungsarbeit an dem Kinde geleistet hatte. Auch Grete's stumpfsinnige Mutter erschien bei mir, warf sich vor mir auf die Knie und flehte mich an, ihr Kind wieder bei mir aufzunehmen. Noch nie im Leben sei es Grete so gut gegangen wie in meiner Obhut, sagte das Weib und drohte sogar, sich lieber mit der Kleinen in der Donau zu ertränken, als die Abschiebung in die böhmische fremde Heimatsgemeinde zu überleben.

Und ich ließ mich erweichen! Hörte nicht auf meine Edith, die mir wie ein warnender Engel davon abriet; hörte nicht auf meine eigene innere Stimme, die sich abwehrend gegen meinen unüberlegten Entschluß erhob. Ich fuhr in Pander's Auto in das polizeiliche Jugendheim und holte mir selbst mein Verderben in Gestalt dieses Kindes ins Haus.

Im Oktober 1923 brachte ich, von Mitleid bewogen, die Grete wieder zu mir und knapp vor Weihnachten verschwand sie neuerdings spurlos aus meiner Wohnung. Man hatte sie geschickt, das Abendblatt der »Neuen Freien Presse« zu holen. In eisiger Winterkälte suchte sie bei dieser Gelegenheit das Weite und blieb spurlos verschollen. Alle Nachforschungen über ihren Verbleib und die Erstattung der Abgängigkeitsanzeige waren scheinbar erfolglos.

Am 3. Januar 1924, gegen fünf Uhr nachmittags – ich war mit Edith allein zuhause – klingelt es heftig an meiner Wohnungstür. Ich öffne und sehe zu meiner größten Verwunderung vier große, starke Kerle in Zivilkleidung in mein Vorzimmer eindringen. Auf meine Frage, was sie hier wünschen, legitimierten sie sich als Polizisten und traten geradeaus in mein Arbeitszimmer, wo meine Tochter, die sich unwohl fühlte, ausgestreckt auf dem Diwan lag.

»Leisten Sie keinen Widerstand«, – sagte einer von ihnen derb, – »wir haben bei Ihnen eine amtliche Hausdurchsuchung vorzunehmen, denn das entlaufene Kind hat viel Belastendes gegen Sie ausgesagt.«

Wie von einer quälenden Sorge befreit, wandte ich mich unbefangen an die Polizisten und fragte sie fast freudig erregt:

»Die Grete ist also wohlbehalten aufgefunden worden? Wo hat sie sich denn zwei Wochen lang in dieser Winterkälte herumgetrieben? Und wo befindet sie sich jetzt?«

»Daß Sie es nur wissen«, – gab einer zur Antwort, – »die Pilz ist bei uns in polizeilichem Gewahrsam. Sie hat beim Jugendgericht gegen Sie die Anzeige erstattet und wir haben seither genug Zeit gehabt, alles zu erheben.«

Ich hatte nicht das leiseste Schuldbewußtsein und konnte durch solche Redensarten durchaus nicht eingeschüchtert werden. Erstaunt, aber vollkommen ruhig, sah ich dem Vorgang einer behördlichen Hausdurchsuchung zu. Mein Schreibtisch wurde durchstöbert, alle Briefschaften, Bilder und Photographien wurden beiseite gelegt und triumphierend samt dem in einer versperrten Lade entdeckten Riemen- und Lederzeug als corpora delicti beschlagnahmt. Edith machte entsetzte Augen, erhob sich vom Diwan und wollte bei mir Schutz suchen. Ein Polizist stellte sich ihr in den Weg und sperrte sie von mir ab. Sie wollte zu mir sprechen und wurde auch daran verhindert. Edith fing sogleich zu weinen an, ich tröstete sie mit heiteren Worten, aber es gelang nicht. Ihr war sehr bange zu Mute.

»Wo haben Sie die lange Kassette mit den Peitschen?« fragte ein Detektiv und spähte in alle Winkel und Fächer.

»Ich weiß nicht, was Sie wollen, ich verstehe den ganzen Vorgang nicht!« antwortete ich in gereiztem Ton, »suchen Sie doch selbst!«

Eifrig durchwühlten sie alle Kleider- und Wäschekasten, warfen alle Dinge durcheinander, schauten in jede Lade, in jedes Fach, öffneten jedes versperrte Schloß und fanden endlich das gesuchte Objekt: Die lange Kassette mit den Peitschen! Dann packten sie alles in einen meiner Lederhandkoffer hinein und forderten mich und meine Tochter auf, ihnen zum polizeilichen Sittenamt zu folgen.

Wir schlüpften in unsere Mäntel und gingen, von zwei Polizisten, die den Lederhandkoffer mit den beschlagnahmten Gegenständen trugen, begleitet aus dem Hause, während die beiden andern Detektive in meiner Wohnung zurückblieben, um eventuelle Telephonanrufe, die mir galten, abzuhören und eventuelle Besucher, die bei mir vorsprechen wollten, zu perlustrieren. Ich fand die Sache höchst sonderbar, glaubte aber bestimmt, daß sich alles als Mißverständnis aufklären würde. Ich bedauerte nur mein armes Töchterchen, das sich sorgte, seine Schulaufgaben für den nächsten Tag noch nicht gemacht zu haben. — Wir standen vor einem Rätsel!

Die polizeilichen Verhöre im Sittenamt waren für mich und mein Kind grauenhaft. Der Polizeireferent beschuldigte uns direkt der Kuppelei und Schändung und stellte Fragen, die wir gar nicht zu beantworten wußten. Meine Tochter wurde von meiner Seite gerissen und in einem Heim für gefährdete Kinder zur ständigen Verfügung der Polizei festgehalten. Dort traf sie auch mit Grete Pilz zusammen. Ich selbst wurde vom ersten Moment meines Erscheinens im Bureau der Sittenpolizei als Polizeihäftling behandelt.

Die erste Frage des Polizeibeamten, dem ich vorgeführt wurde, war eigentlich keine Frage, sondern eine direkte Feststellung, die er mir auf den Kopf zusagte, und lautete: »Sie empfinden sadistisch, leugnen Sie nicht! Der verhaftete Walter Moldauer hat es uns bereits gesagt.«

Da es kein Verbrechen ist, sadistisch zu empfinden, sagte ich ohne Überlegung ja, schon um seine Wut, mit der er auf mich losfuhr, zu ironisieren. Ich hätte ebenso gut sagen können, daß ich grün oder rot oder blau empfinde, – so wenig Bedeutung knüpfte ich an ein solches Bekenntnis. Als ich am Schlusse des Verhöres das Protokoll unterschrieb, fand ich an erster Stelle den Satz stehen: »Ich empfinde sadistisch.«

Walter Moldauer, der als erster verhaftet und einvernommen wurde, gab zu Protokoll, daß er und ich sadistisch veranlagt seien. Dann wurden der Reihe nach alle Bekannten meines Hauses ebenfalls verhaftet. Grete Pilz hatte ihre Namen der Polizei ausgeliefert.

―――――

Den Anstoß zu solchem behördlichen Einschreiten gab folgende Vorgeschichte: Grete verschwand am 22. Dezember spurlos aus meinem Hause. Lange vorher wurde sie von Walter Moldauer aufgehetzt und angestiftet, bei der Polizei gegen mich die Anzeige wegen körperlicher Züchtigung zu machen. In den Straßen traf Grete eine fremde Reinigungsfrau, der sie erzählte, daß sie im Hause ihrer Vormünderin geschlagen werde. Diese fremde Person, ohne sich von der Stichhältigkeit der Angaben vorher zu überzeugen, begab sich mit Grete zum Jugendgericht und erstattete die Anzeige. Bei Nennung meines Namens erinnerte sich der Richter sogleich an jene kleine Verhandlung mit Rudi, in der ich mich vor dem

Jugendgericht unter seinem Vorsitz zu verantworten gehabt hatte. Und diese erste Verhandlung bildete sozusagen das Vorspiel zu dem großen Sadisten-Prozeß, der jetzt in Szene gesetzt wurde.

Am 7. Jänner gab die Polizei folgende amtliche Anzeige an die Staatsanwaltschaft weiter: »Schwere sittliche Verfehlungen an Kindern haben sich zu Schulden kommen lassen: Edith Cadivec, Walter Moldauer, Paul Pander, Dr. Ernst Stieglitz, Eugenie Graßl, Leopold Wendehals, Hermann Berg und Dr. Pierre Ochs-Roba. Die Genannten wurden wegen Flucht-, Kollisions- und Wiederholungsgefahr dem Landesgericht eingeliefert.«

Der Polizeibericht über die Erhebungen des verbrecherischen Tatbestandes lautete wörtlich:

»Die heute dem Depositenamte abgeführten Briefschaften der beiden Beschuldigten Graßl und Cadivec bieten einen interessanten Einblick in einen Lebensabschnitt dieser beiden Freundinnen. Die von ihnen verübten Ausschreitungen sadistischer Art können mit Recht als eine aus dem Westen eingeschleppte Seuche bezeichnet werden, die in letzter Konsequenz zum Lustmord führen muß, sowie als Degenerationserscheinungen einer durch die Nachkriegszeit zusammengebrochenen Moral. Der Schaden, den die Opfer genommen, ist weniger körperlicher als weit mehr seelischer und moralischer Natur, da hierdurch ihr Seelenleben vergiftet und ihr Empfinden in eine falsche Richtung — und dies sogar absichtlich — geleitet wurde.

In den Wohnräumen der Lehrerin Cadivec sind die Wände mit Bildern geschmückt, welche die Mutter mit einem nackten Mädchen — angeblich ihre Tochter — in den verschiedensten Stellungen, wo bei dem Kinde immer der Geschlechtsteil zu sehen ist, darstellen! Von den Hausparteien wurde wahrgenommen, daß sich die Schülerinnen dieser Lehrerin im Sommer immer nackt auf der Dachterrasse herumtrieben und die Cadivec selbst nackt unter ihnen weilte. Nachteiliges über die Beschuldigte Cadivec ist sonst im Hause nichts bekannt, doch wurden auf der Dachterrasse unliebsame Wahrnehmungen gemacht.«

Während der amtlichen Untersuchungen war meine Tochter als B e s c h u l d i g t e vernommen worden, um zu verhindern, daß sie als Zeugin gegen ihre Mutter von dem Rechte zur Entschlagung von der Zeugenaussage Gebrauch mache.

Dieses dreizehn dreivierteljährige, sorgfältig erzogene und behütete Mädchen, Schülerin der dritten Klasse des humanistischen Mädchengymnasiums, wurde von den Behörden vier Monate lang in einem Heim für verwahrloste Kinder zur Verfügung der Gerichte festgehalten. Von ihrer Schule ausgeschlossen, isoliert von allen Gutgesinnten, der Mutter und des mütterlichen Schutzes beraubt und wehrlos kalten Behörden ausgeliefert, beschimpft, verhöhnt und verdächtigt, auf die Folter öffentlicher Verhöre gespannt, beschmutzt und fletriert, wütete sinnlose Gemeinheit gegen dieses liebreizende, gutgeartete und feine, kleine Mädchen, das niemals im Leben jemandem etwas zuleide tat, bloß deshalb so unmenschlich, weil es m e i n e Tochter war!

Auf irgendeine Weise wurde mein Kind beim Sittlichkeitsamt dazu gebracht, folgende Angaben zu Protokoll zu geben:

»... meine Mama hat sich meistens nachts, vielleicht im ganzen zweimal, mit meinem Geschlechtsteil gespielt, indem sie mit dem Finger daran herumrieb. Ich wurde dadurch erregt und hatte Freude daran. Die Mama sagte mir, dies sei die richtige Liebe zwischen Mutter und Kind...«

Bei solchen Verhören hatte meine Tochter so sehr gelitten, daß dies durch einen Amtsvermerk auf ihren Vernehmungsprotokollen besonders hervorgehoben wurde. Dieser besagte wörtlich: »Die Angezeigte brach während der Vernehmung wiederholt in Weinen aus, so daß sich eine eingehende Befragung nicht als möglich erwies. Sie macht einen sehr intelligenten Eindruck, sieht in körperlicher Beziehung wie ein fünfzehnjähriges Mädchen aus, und machen ihre Angaben den Eindruck der Glaubwürdigkeit.«

Meine kleine Tochter wurde amtlich auch auf ihre physische Unberührtheit hin untersucht und in einer Polizeinote als »mit augenscheinlich intaktem, halbkreisförmigem Hymen« begutachtet. Trotzdem aber wurde sie ganz überflüssigerweise gefragt, ob sie schon mit Männern geschlechtlichen Verkehr gepflogen habe, worauf Edith, erschreckt und voll Entsetzen, heftig zu weinen begann.

Darf ein uniformierter Mann auf solche Weise die Seele eines dreizehnjährigen Kindes fletrieren? Gibt es denn noch heute ein sexuelles Bevormundungsrecht, wie in vergangenen Jahrhunderten, wo drakonische Bestimmungen seinen Bestand beinhalteten?

Vor hundertfünfzig Jahren bedienten sich die Revolutionstribunale in Frankreich ebenfalls der ahnungslosen Kinder, um ihre Eltern dem Schaffott auszuliefern. Das ergreifenste Beispiel solcher Tragik bleibt die unglückliche Marie-Antoinette, deren kleiner Sohn dazu mißbraucht wurde, sie in seinen Verhören der Blutschande zu bezichtigen. Ein unwissendes Kind bestätigt eben das, was der Henker seiner Mutter von ihm erpressen will.

Einmal in die Fänge der staatlichen Häscher geraten, bleibt einem keine andere Wahl, als der Folter des Untersuchungsrichters zu erliegen. Am schlimmsten trieb man es mit mir. Die heitere Arglosigkeit und Ironie, mit der ich alles zugab, weil ich nirgends Verbrechen wahrnehmen konnte, wurde mir als verruchte Verworfenheit ausgelegt.

Walter Moldauer und ich, als Fanatiker der Wahrheit und in übertriebenem Selbstbewußtsein komplizierten vielleicht den Fall dadurch, daß wir alles sagten, was wir getan und empfunden hatten. Denn was ich tat, konnte ich verantworten, und was ich verantworten konnte, wollte ich auch eingestehen... Schuldlose Naturveranlagung durfte einen Staatsbürger nicht auf die Anklagebank und in den Kerker bringen!

Noch gab es eine Möglichkeit, einen Ausweg, den Vorfall so zu behandeln, daß kein Unheil hätte entstehen können. Wenn Handlungen einer krankhaften Veranlagung entspringen, so verlieren sie ihren infamierenden Charakter und das ist für die Beurteilung ausschlaggebend. Denn Krankheiten lassen sich heilen, Zuchthaus und Kerker aber haften einem Menschen noch über den Tod hinaus an.

Der Gedanke an mein armes verlassenes Kind quälte mich Tag und Nacht. Ich erfuhr von meinem Anwalt, daß eine bekannte Dame, deren Tochter Edith's Schulkameradin war, die größten Anstrengungen machte, um meine Tochter unter ihren Schutz zu bekommen und sie die Studien im Gymnasium fortsetzen zu lassen. Es war alles vergebens – die staatlichen Behörden bewilligten es nicht.

Die volle zwei Monate während Untersuchungshaft war eine grauenhafte Tortur. Die Hoffnung auf baldige Befreiung und der Gedanke, daß die Leiden damit nicht zu teuer erkauft wären, falls der Schmutz, der sich in Form von widerwärtigen Leuten in meinem Hause angesammelt hatte, weggefegt würde, gab mir anfangs Mut und ließ mich den Prozeß voll Zuversicht erwarten.

Die Anklageschrift bildete die Nutzanwendung des Untersuchungsergebnisses. Es war eine Schmähschrift gegen acht angeklagte, harmlose Menschen, nicht besser und nicht schlechter als alle andern. Der Staatsanwalt verfaßte ein Schriftstück, das Charakter und Handlungen der Beschuldigten in schlechtestem Sinne darstellte und versuchte, natürliche Tatbestände ins Kriminelle umzubiegen.

Die Hauptverhandlung war für den 27. Februar 1924 angesetzt und eine Prozeßdauer von drei Tagen festgelegt. Der ungestillte Rachedurst einer sale crapule erwartete mit Jauchzen einen skandalös aufgebauschten, künstlich konstruierten Prozeß, der dem bürgerlichen Gelüste nach Sensationen die erwünschteste Nahrung gab.

XIII.

DER PROZESS

Zwei Monate zermürbender Untersuchungshaft, dieses fossilen Überrestes aus der Folterkammer des Mittelalters, bewirken im Verhafteten das Gefühl vollster Isoliertheit und Preisgegebenheit. Man verliert das Vertrauen zu sich selbst, ist gefoltert von der Ungewißheit, ob es einem gelingen wird, den Fußangeln und Schlageisen der Gerechtigkeit zu entrinnen. Man mag sich noch so schuldlos fühlen, man weiß doch ganz sicher, daß die Fangarme der Justiz mächtiger sind als alle Unschuldsbeteuerungen und Beweisführung!

Zur Entgegennahme der Anklageschrift wurden wir sechs Beschuldigte aus unseren Zellen geholt und in das Bureau des Untersuchungsrichters geführt. Dort wurde in Gegenwart aller sieben versammelten Angeklagten – das Verfahren gegen Pierre Ochs-Roba mußte wegen seiner Flucht ins Ausland ausgeschieden werden – das Schriftstück im Wortlaut vorgelesen.

Zum erstenmal nach der Verhaftung standen wir uns wieder

gegenüber und staunten über die furchtbare körperliche und seelische Veränderung, die Untersuchungshaft und Zwangstortur in unseren Gesichtszügen und an unserem Äußeren bewirkt hatten.

Leopold Wendehals lächelte mir gezwungen mit dem verbindlichsten Lächeln zu und machte mir unverständliche Zeichen mit den Augen; dann schob er sich verstohlen ganz nahe an mich heran, setzte seinen rechten Fuß mit leichtem Druck unbemerkt auf meinen linken, faßte heimlich meine Hand und lispelte mir hastig die Worte ins Ohr: »Courage, madame, je vous aiderai en tout cas, mais ne me trahissez pas, je vous en supplie...«

Ich ahnte sofort, daß er sich meiner Freundschaft versichern wollte, um sich selbst zu sichern. Er schien ein schlechtes Gewissen zu haben, denn sein ohnedies konventioneller Gesichtsausdruck zeigte einen feigen, falschen und intriganten Zug um Mund und Augen.

Walter Moldauer trug einen Stoppelbart über das ganze Gesicht und sah damit sehr unzivilisiert aus. Er machte seine nervösen Grimassen, die ich so gut kannte, und murmelte verächtlich-ironische Bemerkungen vor sich hin, sobald der Untersuchungsrichter gewisse Stellen aus der Anklageschrift vorlas, die ihn peinlich berührten.

Eugenie Graßl war in ein sehr auffallendes Taffetkleid gekleidet und trug eine kokette Coiffure. Unaufhörlich verwendete sie Poudre und Rouge, indem sie den kleinen Taschenspiegel vor ihr Gesicht hielt und allen Bekannten Blicke des Einverständnisses zuwarf. Nur mir allein schien sie zu zürnen, denn sie drehte mir absichtlich ihre Kehrseite zu.

Der Dozent Dr. Stieglitz trug eine heuchlerisch-zerknirschte, masochistische Miene zur Schau. Er trat auf Leopold Wendehals zu und begrüßte ihn offiziell, indem er ihm die Hand schüttelte. Dann verzog sich sein Mund zu einem konventionellen Grinsen, das er solange beibehielt, als die Vorlesung dauerte. Hierauf entspannten sich seine Züge und wurden leidend-schlaff. Er sah sehr herabgekommen aus, ungepflegt und gequält, und sein Anzug machte einen abgeschabten Eindruck.

Paul Pander, der verschmitzteste von allen, verleugnete nicht seinen eitlen Charakter. Er trug seine gewöhnliche Maske und sein Äußeres war nicht so ramponiert wie das der andern Männer. Als unselige Häftlinge boten wir insgesamt einen Anblick, der physisch und psychisch gleich erbarmungswürdig gewesen sein mag.

Nur der Schauspieler Hermann Berg, der elegante und liebenswürdige Künstler, der, obgleich mitangeklagt, in Freiheit belassen wurde, erschien frisch und gepflegt und in normaler Gemütsverfassung. Er war der einzige M e n s c h in dieser beschämenden Versammlung wehrlos gemachter Staatsbürger. Wir andern Gefangenen standen unter dem Druck der entsetzlichen Tortur, ausgeliefert einer mechanischen Gewalt, die das Leben verzerrt und verhöhnt.

Der achte Mitangeklagte, Dr. Pierre Ochs-Roba, der junge Musiker und Ästhet mit den perversen Gelüsten, der zur Zeit der Katastrophe Korrepetitor der Staatsoper war, fehlte in der düsteren Versammlung vor dem Untersuchungsrichter. Er hatte es vorgezogen, so rasch als möglich ins Ausland zu verschwinden, wo seine Eltern einen Schloßbesitz hatten und dort seit dem Umsturz ständig lebten. Er gab schleunigst seine Stellung auf, die er durch hohe Protektion seit einem Jahre innehatte, und flüchtete, um der Katastrophe zu entkommen, in die Geborgenheit des elterlichen Schlosses. Das Verfahren gegen ihn wurde daher ausgeschieden.

Als der Untersuchungsrichter die vierunddreißig Seiten umfassende Anklageschrift zu Ende gelesen hatte, überreichte er jedem Angeklagten eine Abschrift davon und hob die Versammlung auf. Damit war das qualvolle Untersuchungsverfahren abgeschlossen und die Vorbereitungen zur Hauptverhandlung konnten beginnen. Die Akteneinsicht wurde freigegeben und die Verteidigungsberatungen nahmen kein Ende.

Am 27. Februar, morgens um neun Uhr, begann vor dicht besetztem Saal die Hauptverhandlung, die unter Ausschluß der Öffentlichkeit geführt wurde.

Diese sorgfältige Geheimhaltung wurde natürlich zu einer Quelle von Gerüchten, die das vom Sachverhalt ausgeschlossene Publikum immer wieder beschäftigte. Noch immer blieb ich für die unwissende große Menge das sadistische Ungeheuer vampirischer Provenienz, als welches ich der Öffentlichkeit gegenüber, immer unwahr, bis zum Überdruß vorgekurbelt worden war.

Die Anklageschrift behauptete vier Kardinalpunkte, die

dahin zusammengefaßt waren, daß wir sieben Angeklagte Kinder unter vierzehn Jahren zur »Befriedigung der Lüste« auf andere Weise als durch Beischlaf geschlechtlich mißbraucht hatten, wodurch wir das Verbrechen der Schändung, der Verführung zur Unzucht und der Unzucht wider die Natur begangen haben sollten. Ich hätte die minderjährige Grete Pilz auf das entblößte Gesäß geschlagen und somit die meiner Aufsicht und Erziehung anvertrauten Kinder zur Duldung unzüchtiger Handlungen verleitet; dazu hätte ich, sofern dabei Mädchen in Betracht kamen, mit Personen desselben Geschlechtes Unzucht wider die Natur getrieben; überdies hätte ich alle diese Handlungen gegen Entgelt vor Zuschauern veranstaltet.

Auch mein erster kleiner Prozeß mit Rudi vor dem Jugendgericht wurde mit besonderer Berücksichtigung der vom Jugendrichter damals ausgesprochenen Verdachtsmomente in neuer Auffassung dargestellt. Dabei konnte natürlich die Feststellung von meinem in zweiter Instanz erfolgten Freispruch nicht unterdrückt werden.

Einen breiten Raum in der Anklageschrift nahm das Ergebnis der bei mir gemachten Hausdurchsuchung ein, die eine Sammlung von Ruten, Peitschen, Rohrstäbchen, sadistischen Bildern und Briefen zutage gefördert hatte, was die Vorgänge in meinem »Salon« für die amtlichen Vermutungen in grelles Licht rückte. Besonders der Fund einer winzigen Lederpeitsche, auf deren Silbergriff die Widmung »Dominatrix« eingraviert war, wurde als überaus belastend für mich aufgefaßt.

Als Hauptangeklagte, um die sich alle übrigen Mitangeklagten gruppierten, wurde meine Vernehmung zuerst angeordnet. Ich bekannte mich in keinem Punkte der Anklage schuldig. Meine Verantwortung ging dahin, daß ich im Sinne meiner Berechtigung als Mutter, Vormünderin und Lehrerin die mir anvertrauten Kinder zu ihrem Besten wegen grober Vergehen gezüchtigt hatte. Ein Mißbrauch dieses Rechtes und dieser Pflicht meinerseits sei niemals vorgekommen, ebensowenig wie eine Überschreitung der Grenzen des Erlaubten. Auch hatte ich die Strafen stets mit Einwilligung der Eltern den betreffenden Kindern verabfolgt. Meine Handlungsweise sei – führte ich aus – objektiv betrachtet, ganz indifferent und belanglos, also weder recht noch unrecht gewesen, daher auch nicht kriminell; subjektiv aber mir immer nützlich und richtig erschienen.

Ein Verbrechen müsse sich durch ein Delikt offenbaren und keine Justiz der Welt habe die Macht, einen »Hang« oder eine Empfindung als Tat zu werten. Affekte können keine sittliche Bedeutung in sich tragen, weil das »Gute oder Böse« von der Willensfreiheit abhänge, Gefühle aber kein Ergebnis der freien Selbstbestimmung seien. Ebenso habe mir jeder Vorsatz gefehlt, ein Verbrechen zu verüben, und ohne bösen Vorsatz sei es unmöglich, eine strafbare Handlung zu begehen.

Die Lustgefühle in mir sind nichts Gewolltes und Beabsichtigtes gewesen. Sie waren seit Anbeginn latent in mir vorhanden und hatten mein Leben im voraus bestimmt: Die Ergreifung des Lehr- und Erzieherberufes, die ersehnte Mutterschaft und mein völliges Aufgehen darin seien Beweis genug dafür. Ich habe auch fremde, verwahrloste Kinder mütterlich gepflegt und erzogen. Jede spontan erwiesene Wohltat zeige, daß der Mensch, der sie ausübt, in geradem Widerspruch mit dem natürlichen Egoismus des Individuums steht. Deshalb ist jede ganz aus sich selbst heraus geübte Wohltat eine mysteriöse Handlung, ein Mysterium, über das ich mir keine Rechenschaft ablegen könne.

Als Äquivalent meiner ursprünglichen Veranlagung kam meine suggestive Gewalt als Lehrerin in Betracht. Erziehung und Unterricht waren für mich nicht nur ein Beruf, sondern eine schöne Aufgabe, die schönste von allen und die fruchtbarste. Der wahre Erzieher ist für mich derjenige, der durch Wissen und Erkenntnis, durch Geist und Sympathie das Leben erleuchtet, um es der Jugend zu erschließen. Fühlend, lehrend und erhebend bin ich Lehrerin, Erzieherin und Mutter gewesen. Und wenn ich in dieser Eigenschaft ein besonderes Verdienst hätte, verdanke ich dies meiner Wesensbeschaffenheit: denn Lehren, Erziehen und Muttertum bedeute für mich »L i e b e n«.

Wer also aus Lust seine Mütterlichkeit betätigt und daraus eine Tugend macht, eine ersprießliche Tätigkeit als Lehrerin entfaltet und ausgezeichnete Erziehungserfolge hat, armen Kindern höhere Lebensmöglichkeiten schafft und mit restloser Treue und Zuversicht ein vertiertes Kind erzieht und mütterlich versorgt, der hat nur Gutes gewollt und geübt. Aus solchen Handlungen allein sei sein gesamter Charakter abzuleiten ...

Der Staatsanwalt führte in seinem Plädoyer aus, daß er die »Reinheit der Kinder« schützen müsse, und daß die Mitangeklagten harmlose Masochisten seien und meine unschuldigen Opfer!

Niemand protestierte gegen eine so offensichtliche Verkehrung der Tatsachen!

Ich stand vor einem Forum, das von Hyänen und Geiern gebildet war; dennoch rechnete ich mit Freispruch, hatte ich doch keinem Menschen unrecht getan. Die Ergebnisse der Verhandlung deckten sich mit meiner Verantwortung, daß ich Kinder bestrafte, ohne sie auf irgend eine Weise zu mißbrauchen.

Alle Umstände wurden zu meinen Ungunsten gewertet: Ich blieb die Alleinschuldige! Sogar die Briefe und Bilder des fremden Malers aus Innsbruck wurden als Beweis meiner Schuld herangezogen! Ich stand ganz unverteidigt vor befangenen Richtern. Mein Verteidiger hatte einen Verteidigungsplan entworfen, der wohl den Mitangeklagten nützte, mich aber ins Verderben stürzte. Ich vertraute blind der blinden Gerechtigkeit und das wurde mir zum Verhängnis.

In später Nachtstunde zog sich der Gerichtshof zur Urteilsberatung zurück. Das Urteil schmetterte mich nieder wie ein Blitz aus heiterem Himmel: Sechs Jahre schweren Kerkers für mich, Paul Pander zu acht, Walter Moldauer zu sechs Monaten Arrest bedingt verurteilt, alle übrigen Mitangeklagten freigesprochen!

Wo blieb da die Gerechtigkeit?

Ich wurde in meine Zelle gebracht, die »Andern« waren frei! Ich fühlte mich verloren, der entsetzliche Druck grenzenloser Verlassenheit lastete beklemmend auf meiner Brust. Ich konnte nicht lügen, hatte nichts zu verbergen und wollte nicht geschont sein, aber ich konnte auch nicht das ungesetzliche Unrecht ertragen. Mit grauenhafter Deutlichkeit, überdeutlich und riesengroß tauchte die Welt in ihrer ganzen Erbärmlichkeit vor mir auf, ich sah die Zeugen und die Mitangeklagten, sah den Gerichtshof und die Verteidigung, sah in einer unerhörten Vision ihre heuchlerischen Fratzen, ihre scheinheilige Zerknirschung und gut gespielte Entrüstung in den Mienen, und über allem sah ich den aufgeblähten Machtdünkel der obrigkeitlichen Gewalt thronen! Ich fühlte mich plötzlich alledem entrückt, wie als ob ich nichts gemein hätte mit diesen Larven im Ameisenhaufen »Gesellschaft« und nicht der Mittelpunkt gewesen wäre ihrer schauerlichen Komödien...

Das Herz stieß in übermäßiger Anstrengung das Blut durch meine Adern. Die Brandung in meinem Körper war uferlos. Ausgestreckt, die weit aufgerissenen Augen starr ins Leere gerichtet, lag ich in meinem Bett des Inquisitenspitals, eine Beute wildester Fieberdelirien...

In nebelhafter Ferne tanzten schemenhafte Gestalten in unzüchtiger Haltung vor meinen Augen auf und nieder. Ich erkannte die zynischen, fratzenhaft verzerrten Züge des Richters... die grinsenden, grotesk wirkenden Häßlichkeiten der Gerichtspsychiater... die Masken der listig-verlogenen Mitangeklagten und ihrer lüsternen Verteidiger in unglaublich laszieven Stellungen als blutgierige Füchse und Wölfe in menschlich-karrikierter Gestalt... Sie alle verrenkten sich in teuflisch wilden Orgien vor mir, bedrohten mich feige und forderten meine Abwehr heraus! Ich griff nach einer visionären Peitsche und führte sausende Hiebe über die grauenhaften Gesichter dieser höllischen Spukgestalten, die winselnd und heulend auseinanderstoben, um sogleich ihr obszönes Treiben noch wilder, noch rasender, noch teuflischer fortzusetzen...

Schemenhaft erschaute ich alle Personen und Kinder, die im Prozeß aufgetreten waren, an mir in greifbarer Nähe vorüberziehen, sah Grete und Willy mit erschreckender Deutlichkeit in bekannten und unbekannten Stellungen mich umgaukeln. – Grete, die mit unbeschreiblich gemeinen Zügen so naturgetreu vor der Zeugenbarre stand, blöde grinsend, mit schiefem, verrenktem Hals und der perfiden Tücke des Vulgären. Willy, der verlogene Bursche mit dem Wasserkopf und dem idiotischen Gesichtsausdruck des Caliban, der für seine Lügen vom mitleidigen Richter mit Bonbons belohnt wurde... Diese nichtswürdigen Kreaturen warf ich im Fieber über die Zeugenbarre, drückte ihre monstruösen Köpfe tief nach abwärts, riß ihnen die Hüllen vom Leibe und peitschte so lange auf ihre nackten Hintern los – bis meine Kräfte erlahmten...

Hohes Fieber, akute Delirien und wildeste Phantasien verwirrten meine Gedanken. Ein Ekel vor den Menschen und der Welt erfaßte mich, so abgrundtief, daß ich nicht mehr zu atmen vermochte in dieser Luft des Grauens! Ich wollte fort, los von allem, was mich quälte, nicht mehr sein, ohne Bewußtsein...

Vorsichtig, um die Schlafenden nicht zu wecken, riß ich langsam, ruckweise den Rand der Bettdecke als Bandstreifen ab, knüpfte eine Schlinge, legte sie um meinen Hals, erhob mich lautlos und knotete das andere Ende des Streifens an den Haken fest, worauf meine Kopftafel hing. Dann ließ ich mich fallen und die Schlinge schnürrte mir die Kehle zu...

Durch mein Röcheln erwachten bald einige Zellengenossinnen. Meine nächste Nachbarin sprang aus ihrem Bett und riß das Band vom Nagel. Ich stieß sie zurück, – wehrte mich gegen ihr Dazwischentreten.

Aufseher und Pflegeschwestern wurden alarmiert, man steckte mich in eine Zwangsjacke und band mich an das Gurtenbett fest. Das finsterste Mittelalter kam mir in den Sinn und erschien mir im Vergleich zur modernen Zeit noch wie eine sternenhelle Nacht...

Mein Zustand, der völlige Zusammenbruch meiner Nerven, gab den Ärzten zu denken. Die Aufrechterhaltung der Untersuchungshaft nach dem Urteil der ersten Instanz bis zur Berufungsverhandlung hatte gar keinen Sinn und widersprach der Strafprozeßordnung. Trotzdem wurde ich noch weiter in Untersuchungshaft behalten und alle Enthaftungsanträge meines Verteidigers wurden ohne Anführung von Gründen abgewiesen.

Nach wenigen Wochen jedoch erfuhr ich zu meinem größten Befremden, daß ich in die Irrenanstalt »Am Steinhof« überführt werden sollte. Wozu, blieb mir rätselhaft. Im Parlament war bereits darüber debattiert worden, daß meine Untersuchungshaft widerrechtlich fortdauere. Mein Verteidiger sagte mir geheimnisvoll: »S e i e n S i e k l u g !«, aber ich verstand absolut nicht, was er damit meinte, was man mit mir vorhatte und welche Wendung man dem Verfahren geben wollte.

Da ließ mich mein Richter zu einer Besprechung rufen und teilte mir mit, daß ich nach Steinhof gebracht werde, um von den Ärzten der Irrenanstalt für unzurechnungsfähig erklärt zu werden, worauf ich sofort meine vollständige Befreiung erreichen würde.

Ich gab ihm zur Antwort, daß ich geistesgesund sei und nicht einsehe, wofür solche Manöver aufgeführt werden, da doch der Oberste Gerichtshof in meinem Fall das letzte Wort zu sprechen hätte. Ich war fest überzeugt, daß die Berufungsinstanz den barbarischen Urteilsspruch des Erstgerichtes niemals bestätigen würde!

Wenige Tage später wurde ich wirklich nach Steinhof überführt. Es war dies zwar keine Enthaftung, obgleich ich gegen Kaution und Gelöbnis aus dem Landesgericht entlassen worden war, doch setzte ich mein ganzes Vertrauen auf die menschliche Einsicht der Anstalts-Ärzte, die mich retten konnten.

Aber auch mein Empfang in der Irrenanstalt stand unter dem Eindruck des unmenschlichen Urteilsspruches, der die Öffentlichkeit darin bestärkte, daß alle Gerüchte, die über mich in Umlauf waren, der Wahrheit entsprachen. Ich m u ß t e also wirklich namenlose, unnennbare Verbrechen begangen haben, für die sechs Jahre schweren Kerkers nur eine milde Sühne bedeuten!

Was ich bei meiner Ankunft und während meines kurzen Aufenthaltes in Steinhof an feindseliger Einstellung und Gehässigkeit seitens der behandelnden Ärzte, des diensttuenden Pflegepersonals und der aufgehetzten Patienten erfuhr, war kulturlos und beschämend. Man behandelte mich als Häftling, sperrte mich in eine Zelle und wollte von meiner Enthaftung gegen Kaution und Gelöbnis absolut nichts wissen. Die Ärzte wiesen eine solche Behauptung als Lüge zurück und sagten mir ins Gesicht, daß sechs Jahre Zuchthaus für mich noch viel zu wenig seien!

»Wir wissen schon, wer Sie sind! Wir wissen schon, woher Sie kommen!« – höhnte mich die Oberschwester, als sie bei meiner Aufnahme meinen verfehmten Namen las.

Ich beklagte mich über solche unzulässige Äußerungen beim

diensthabenden Arzt und erklärte hier nicht länger bleiben zu wollen. Es nützte mir aber nichts. Abends wurde ich mit schweren, mir unbekannten Schlafmitteln betäubt und tagsdarauf in einem Konsilium von sieben Ärzten der Anstalt, mit dem Direktor an der Spitze, begutachtet.

Der damalige Primarius von Steinhof rühmte sich mir gegenüber, daß er seit zwanzig Jahren dafür kämpfe, das Empfindungsleben der Menschen den Klauen der Justiz zu entziehen. Bei diesen Worten ging mir das Herz auf und ich klagte ihm, daß ich ein Opfer der Unwissenheit und des Unverstandes geworden sei und von i h m meine Rettung erhoffe. Ich sagte ihm, daß ich die Kinder züchtigte, weil ich sie liebte und ihr Bestes wollte, daß ich als Mutter und Lehrerin eine Züchtigung der Kinder jederzeit verantworten konnte und daß die Wohlerzogenheit der Kinder am schönsten meine mütterliche Strenge rechtfertige ...

Der Primararzt ließ mich zu Ende sprechen und schrie mir dann voll sittlicher Entrüstung seine Meinung ins Gesicht:

»Oh, ja! Wir wissen ganz gut, was Sie getan haben! – Gehen Sie einmal im Zimmer auf und ab. – Warum gehen Sie auf den Zehenspitzen? – Spielen Sie ja nicht die Geisteskranke! Wir sind gewiegte Psychiater, uns können Sie nichts weismachen!«

Und die übrigen Ärzte sprachen ebenso in haßerfülltem Ton auf mich ein:

»Sie sind vollkommen geistesgesund, wir können Sie hier nicht behalten! Wir werden Sie wieder dorthin zurückschikken, woher Sie gekommen ...«

Wieder wurde ich in eine Einzelzelle gesperrt und durch Narkotika vergiftet. Meine Gemütsdepression war so ungeheuer, daß ich dem Irrsinn nahe stand. Ohne Trost und Hoffnung sah ich mich von lauter haßerfüllten Feinden umgeben und die Sehnsucht nach dem Nichts überkam mich wieder mit unwiderstehlicher Gewalt. Das Leben hatte für mich jeden Sinn verloren ...

Wieder riß ich einen Streifen vom Leintuch ab, bildete durch einen auf das Bett gestützten, umgekehrten Stuhl eine Art Gerüst, steckte meinen Kopf durch die Schlinge und knüpfte das Ende des Bandes an dem Stuhl fest. Mit schlaffen Muskeln kauerte ich am Boden, bloß den Kopf hochgezogen durch das würgende Band. Ich empfand dabei ein Wohlgefühl der Erlösung – das Blut stockte und das Bewußtsein schwand ...

— — — — — — — —

Das Leben ließ mich noch nicht. Ich erwachte wieder im gemeinsamen Krankensaal unter den Halbtieren. Die Einzelzelle hatte ich mir verwirkt, – den Ärzten war mein Selbstmordversuch äußerst peinlich – der Beamte im Arzt rührte sich: Nur keine Verantwortung! Sie ließen es mich deutlich fühlen. Sie hätten mich retten können, aber ihre beste Weisheit war am Ende: »Zurück mit ihr ins Kriminal!«

Wohl retteten sie mich nach ihrer Art und zwangen mich zu einem qualvollen Leben, dem ich durch freiwilliges Sterben entrinnen wollte. Aber das ließen sie nicht zu, daß ich mir's leichter machte. Denn was ich damals durch das Zusammentreffen widriger Umstände durchlitten hatte, können gröber geartete Naturen kaum fassen. Und Schopenhauer sagt mit Recht: »Man ist nur so unglücklich als man intelligent ist.«

In der Irrenanstalt war ich weder psychiatrisch begutachtet noch freigelassen worden, sondern landete nach etlichen vierzehn Tagen wieder im Landesgericht – trotz Kaution und Gelöbnis! Hier war wenigstens von Seiten der höheren Organe die Behandlung etwas humaner.

Bald nach meiner Ankunft ließ mich der Richter neuerdings zu einer Unterredung rufen. Er erwartete mich in einer Verhörzelle und teilte mir ohne Umschweife mit, daß ein Hofrat Piggisch die Vormundschaft über meine Tochter übernommen habe und mir einen Besuch abzustatten wünsche, ich möge ihn beruhigt empfangen, denn er sei sehr einflußreich und habe die besten Beziehungen zum Obersten Gerichtshof.

Als der Richter meinen entsetzten Gesichtsausdruck, hervorgerufen durch die niederschmetternde Wirkung seiner Mitteilung bemerkte, fuhr er mit diplomatischer Überredungskunst fort, auf mich einzuwirken:

»Aber bedenken Sie doch, Hofrat Piggisch wird beim Obersten Gerichtshof zu Gunsten Ihrer Freisprechung intervenieren!«

Ich wies alle Kompromisse zurück und wollte nichts als

objektive Gerechtigkeit. Ich lehnte ebenso jede Einmengung von mir unbekannten dritten Personen in meine persönlichsten Angelegenheiten ab. Der Richter versuchte nochmals mit seiner ganzen Überredungskunst mich dazu zu bewegen, daß ich den vorgeschobenen Hofrat Piggisch empfange und als Edith's Vormund anerkenne. Wieder schüttelte ich energisch ablehnend den Kopf, würgendes Mißtrauen verschloß mir die Kehle und beklemmendes Unbehagen lastete in meinem Innern. Noch stand ich der Sache verständnislos gegenüber, doch eine instinktmäßige Abwehr in mir sträubte sich dagegen, fremde Leute an mich herankommen zu lassen, deren Absichten ich nicht durchschaute.

Nach stummer Überlegung fragte ich den Richter, mit welchem Recht sich dieser mir und meiner Tochter gänzlich fernstehende, fremde Hofrat ganz unerwünscht in unsere Angelegenheiten eindränge. Ich wollte wissen, wie dieser uns unbekannte Mann dazu komme, sich hinter meinem Rücken, ohne meine vorherige Befragung, zum Vormund meiner Tochter bestellen zu lassen, und verlangte, daß er sofort als ungesetzlich dieses Amtes enthoben werde, da ich selbst noch immer die Vormünderin meines Kindes war.

Es erschien mir so ungeheuerlich und unheimlich, daß ein fremder, gedungener Mann sich in das Amt der Vormundschaft über meine schutzlos gewordene Tochter eingeschlichen hatte und weigerte mich entschieden, ihn kennen zu lernen. Wie hatte doch dieser unerwünschte Fremde hinter meinem Rücken die amtliche Bestellung zum Vormund erlangen können? Wer hatte ihn zu diesem Amte vorgeschlagen?

Der Richter geriet in sichtliche Verlegenheit über meine bedenklichen Fragen und beantwortete mir keine einzige davon. All seinem Zureden gegenüber blieb ich unbeugsam.

Ich litt unter dem immer stärker auftauchenden Mißtrauen und wußte zum Schluß, daß ich in jeder Hinsicht getäuscht werde, vor allem über die Rolle, die dieser Hofrat Piggisch in meinen Angelegenheiten zu spielen hatte! Ich ließ mir Hofrat Piggisch nicht aufdrängen und ließ ihn nicht an mich herankommen.

Der Richter sichtlich enttäuscht, daß er sein Ziel nicht erreichte, zog einen kleinen Brief aus der Rocktasche und legte ihn mir vor. Es waren ein paar Zeilen von meiner Tochter, so unpersönlich und nichtssagend, so absichtlich formell von dritter Seite diktiert, daß ich nach flüchtigem Durchlesen in nervöse Weinkrämpfe verfiel...

Edith schrieb mir in diesem Brief, daß Hofrat Piggisch, den sie »Onkel« nenne, ihr Vormund sei, und daß sie in unserer Wohnung in der Biberstraße lebe; das Gymnasium besuche sie nicht mehr, weil der Onkel sagt, daß sie kein Latein und Griechisch mehr brauche...

Ein krampfartiges Schluchzen schüttelte minutenlang meinen Körper, die Augen flossen über, ich brachte keinen Ton aus der Kehle hervor, nur stumm und verzweifelt sträubte sich mein Inneres gegen den mir aufgezwungenen Fremden, der sich als Trennungsmauer zwischen mich und mein Kind stellte... Unverrichteter Dinge mußte der Richter nach einstündigem Bemühen diese denkwürdige Unterredung abbrechen.

In meine Krankenzelle zurückgekehrt, empfand ich den heftigsten Widerwillen gegen alle Eingriffe in meine allerpersönlichsten Rechte und ahnte schmerzlich, daß meine ärmste Tochter ohne Mutter zum Spielball fremder Interessen, zum ohnmächtig duldenden Opferlamm werden mußte!

Nach langem Zuwarten wurde ich doch noch bis zur Berufungsverhandlung enthaftet und in Freiheit gesetzt. Die erlegte Kaution haftete für mich und ich leistete das Gelöbnis, Wien nicht zu verlassen. Als Aufenthaltsort wurde mir von amtswegen das Sanatorium Hacking zugewiesen. Die Kosten dieses Aufenthaltes – so hieß es – würden von Leopold Wendehals getragen.

In maßgebenden Kreisen rechnete man bestimmt mit meiner Flucht ins Ausland. Man legte mir von allen Seiten nahe, zu fliehen und stellte mir reichlich die Mittel zur Verfügung. Damals jedoch baute ich so fanatisch auf Gerechtigkeit und öffentliches Gewissen, daß ich sie glühend erleben wollte und mit Inbrunst erwartete...

Zum erstenmal nach meiner Verhaftung befand ich mich im Sanatorium wieder unter Menschen, die menschlich und mitfühlend mit mir umgingen. Auch meine freigesprochenen Mitangeklagten fanden sich mit Ausnahme von Leopold

Wendehals und Dr. Stieglitz fast täglich bei mir ein. Meine Tochter und ihr Vormund Hofrat Piggisch erschienen ebenfalls bei mir und taten so, als ob sie alles zu meinem Besten lenken wollten.

Unter der Maske der Freundschaft trieb Hofrat Piggisch sein falsches Spiel gegen mich. Trotz meines ständigen Protestes blieb er weiter Vormund meines Kindes. Er sorgte nicht dafür, daß Edith ihre begonnenen Mittelschulstudien fortsetze, sondern ermöglichte ihr an seiner Seite ein Leben des Müßiggangs und Luxus, um das Herz des Kindes für sich zu gewinnen. Autofahrten, Konditoreibesuche, Kino und Theater, Tag für Tag, in ständiger Begleitung dieses »Onkels« waren für das liebreizende vierzehnjährige Mädchen bei absoluter Untätigkeit und Langweile ein depravierendes Gift.

Die ständige Gesellschaft dieses Onkels mit der ewig heraushängenden Zunge, der das auffallend anmutige junge Mädchen auf Schritt und Tritt, zuhause und in der Öffentlichkeit überall hin begleitete, wurden meiner Tochter bald widerwärtig. Er verbot ihr jeden andern Verkehr, sperrte sie hermetisch gegen alle Bekannten ab, so daß Edith in der lästigen Umgebung dieses »Onkels«, der ihr Vormund war, von einem Ekel gegen sein falsches, widerliches Wesen erfaßt wurde und mir bei ihren Besuchen im Sanatorium ihr Leid klagte.

Ich konnte meiner Tochter nicht helfen und litt mit ihr!

Unter dem Deckmantel gutgespielter Freundschaft drängte sich Hofrat Piggisch an mich heran und beteuerte, daß die Aufrichtigkeit seiner Gefühle für mich und mein Kind die wahren Motive zur Übernahme der Vormundschaft über Edith gewesen seien. Er wollte mir weismachen, daß ich infolge der Taktik meines Verteidigers so schwer zu Schaden gekommen sei und daß es nur einen Ausweg gebe, das Urteil in zweiter Instanz zu mildern — denn ganz freigesprochen könne ich nicht werden, sondern müsse »e i n b i s s e l w a s« bekommen — nämlich, daß ich meinem bisherigen Verteidiger in der Berufungsverhandlung meine Verteidigung entziehe und einen andern Anwalt damit betraue. Wenige Tage vor der Berufungsverhandlung kündigte ich ihm wirklich meine Vollmacht und vollzog den Wechsel in meiner Verteidigung.

Ob es gut war oder schlecht, bleibe dahingestellt: das eine aber ist gewiß: Ich stand auch in der Berufungsverhandlung unverteidigt vor meinen Richtern. Der Oberste Gerichtshof bestätigte alle Urteile der Erstinstanz mit der einen Ausnahme, daß die Strafdauer für mich von sechs Jahren auf f ü n f Jahre schweren Kerkers herabgesetzt wurde, – das war alles.

Das Urteil hatte damit die Rechtskraft erlangt und meine letzte Hoffnung auf Gerechtigkeit war zunichte.

Polizisten umringten das Sanatorium und der Pöbel wartete auf der Straße vor dem Haus auf meine neuerliche Gefangennahme. Meine Tochter weilte bei mir, als die Polizisten, den Haftbefehl in der Hand, in mein Zimmer eindrangen, wo ich krank zu Bette lag. Vor den Augen meines fassungslosen Kindes wurde ich mittels Auto, unter den Schmährufen des Straßenpöbels, in das Landesgericht zurückgebracht.

XIV.

HINTER KERKERMAUERN

Am 1. Juli 1924 wurde ich vom Wiener Landesgericht in das Gefängnis des Kreisgerichtes von St. Pölten zum Strafvollzug überstellt. In diesem Bollwerk mittelalterlicher Greuel, dieser Hölle für alle Gefangenen, war ich nun, losgetrennt von der Außenwelt, abgeschnitten von jeder Verbindung mit menschlichen Wesen meiner Art, lebendig begraben – geistig tot.

Die vollständige Isolierung, die vom mittelalterlichen Geist getragene Behandlung der Gefangenen, dies alles war für mich erschütternd. Der danteske Charakter des Strafvollzuges blickte deutlich aus allen Geschehnissen. Hier herrschte kein Leben, hier herrschte unumschränkt das Schema. Hier galt noch immer das alte böse Wort: Fiat justitia, pereat mundus! »Ihr laßt den Armen schuldig werden, dann überlaßt ihr ihn der Pein.«

Der Strafvollzug versetzte mich in eine fremde höllische Welt. Eine schauerliche Melancholie umdüsterte vom ersten Tage an mein Gemüt und steigerte sich im Laufe der Monate zum Wahnsinn, der mein Bewußtsein trübte. Qualvolle Weinkrämpfe befielen mich und schüttelten meinen Körper unaufhörlich – tage- und nächtelang. Vor Schwäche konnte ich nicht aufrechtstehen, ich lag kraftlos auf dem harten, nackten Strohsack in meiner Zelle. Nachts brauchte eine unbesiegbare Schlaflosigkeit meine Energien auf. Ich war krank, konnte keinen Schluck einer Nahrung behalten, kein Auge schließen. Körper und Geist revoltierten in gleicher Weise gegen die unerhörte Vergewaltigung des Organismus. Tagsüber warf ich mich in Fieberdelirien auf den Strohsack; man entfernte den Strohsack aus meiner Zelle, da es verboten war, am Tage darauf zu liegen.

Zur Bekämpfung meiner aufreibenden Schlaflosigkeit verordnete der Gerichtsarzt Veronal, wovon ich allabendlich zwei Pastillen vor dem Einschlafen erhielt. Ich sammelte diese Tabletten und betäubte mich von Zeit zu Zeit mit sechs bis acht Stück auf einmal, um das grauenhafte Elend nicht zu fühlen.

Die Gefangenen wurden vom Aufsichtspersonal gehässig, roh und unmenschlich behandelt. Beamte ohne Mitgefühl führten ein starres Zwangsregime über unglückliche, der Freiheit beraubte Wesen, die keine Lebensbasis mehr hatten. Jeden Morgen um sechs Uhr wurden die Gefangenen durch den schrillen Ton der Gefangenhausglocke zum Aufstehen geweckt. Die Kerkertüren wurden unter lautem Schlüsselgerassel aufgesperrt, damit der in jeder Zelle befindliche, höchst übelriechende Fäkalienkübel zum Entleeren vor die Tür gestellt werde. Das Ausleeren besorgten gewisse zur Hausarbeit befohlene Häftlinge, die hernach die entleerten Eimer wieder vor die Zellentüren hinstellten. Jeder Zelleninhaber mußte dieses Gefäß selbst in seine Zelle nehmen, wo es wieder vier undzwanzig Stunden seiner Bestimmung zu dienen hatte. Seine Bestimmung war, die traurige Kerkerzelle mit seinem infekten Gestank zu erfüllen und dem hilflos Eingekerkerten die Zimmerluft gründlichst zu verpesten. Tag und Nacht, mit jedem Atemzug atmete er die mit Miasmen geschwängerte Zellenluft in seine gequälten Lungen ein...

Nach der Hereinnahme der ekelerregenden Eimer, meist aber auch schon zugleich mit diesen, wurde die Frühstückssuppe ausgeteilt und mit der täglichen Brotration jedem Insassen ebenfalls vor die Zellentür auf dem Boden serviert, auf derselben Stelle, wo der Kübel stand oder auch gleich neben diesem. Jedem Zellenbewohner wurde also wie einem Hund oder Schwein die tägliche Nahrung auf den Fußboden gestellt, von wo er sie entgegennehmen mußte. Nach dem Verzehren dieser unappetitlichen Speise mußte er das leere Eßgefäß neuerdings vor seine Zellentür auf den Fußboden zum Absammeln hinstellen, worauf es die Häftlinge in die Küche trugen.

Es erschien mir wie eine andere Welt, fremd und unmenschlich, wo so etwas möglich war. Und je länger ich gezwungen war, dieses menschenunwürdige Treiben mitzumachen, desto unerträglicher wurde mir das Leben. Die ersten acht Wochen aß ich keinen Bissen. Mein Magen reagierte mit Üblichkeiten und Brechreiz, sobald ich nur an die Möglichkeit einer Nahrungsaufnahme dachte. Ich konnte gar nicht schlucken, die Speiseröhre war krampfartig verschlossen und meine gepeinigten Nerven widersetzten sich bereits dem Geruch der Gefängniskost.

Jeden zweiten Tag gab es zu Mittag eine Eßschale voll einer sehr kompakten Masse, die Graupen, ganze gelbe Erbsen und bunte Bohnen zusammengekocht enthielt und »Ritschert« genannt, von allen Häftlingen ausnahmslos mit Ekel zurückgewiesen wurde. Einmal schaute ich mir diese Masse genauer an, rührte sie um und fand, daß die Zutaten dieser infekten Speise aus dicken, weißen mitgekochten Würmern bestanden, die in den ungeschälten Erbsen eingenistet, eine Art unfreiwilliger Fleischzugabe bildeten.

Die Herren der Gefangenhausverwaltung hielten sich Schweine und hatten gar nichts dagegen, daß die Gefangenen, von Ekel und Grausen übermannt, die infekte Nahrung unberührt zurückwiesen. Denn damit wurden kostenlos die Schweine gemästet, und wenn diese zu Weihnachten geschlachtet wurden, bildeten sie ein lohnendes Benefizium für die Gefangenhaus-Direktoren und ihre Familien. Die Arbeit der Schweine-Aufzucht und die Wartung dieser nutzbringenden Haustiere wurde, ebenso wie das nötige Futter, von den Häftlingen unentgeltlich geliefert. Der fette Gewinn dieser Fronarbeit aber fiel alljährlich als Oster- und Weihnachtsschinken den gestrengen Herren Direktoren der entbehrenden und unterjochten Gefangenen mühe- und kostenlos in den Schoß.

Allerdings, es gibt und kann nichts Geschenktes geben, aber die Kosten mußten hier die armen Sträflinge an ihrer Gesundheit in Form von Hunger, Krankheit und Elend bezahlen.

Was begriff ich von den stumpfen Gefühlen dieser gemarterten Kreaturen auf der niedersten Stufe der Menschheit! Was verstand ich von dem Maß und dem Sinn ihrer trägen Gedanken! Ich sah nur die wehrlose und deshalb beschämende Ausbeutung hungernder, der Freiheit beraubter Menschen, die von Beamten als Sklaven ausgenützt, zum Nutzen und Gedeihen ihrer Schweine verbluten mußten. Das war mir unfaßbar!!!

Wenige Wochen später jedoch wußte ich schon, daß der leiseste Widerstand mit Kellerhaft bis zu vierzehn Tagen, Fasten und hartem Lager unmenschlich bestraft wurde. Sträflinge, die außerdem noch bestraft werden – wie absurd! Und auf welche unwürdige Weise! Ich begriff nun, daß jede Beschwerde, die sie in ihrer dumpfen Verzweiflung vorzubringen wagten, die Maßregelung nur noch verschärfte.

Es gab einfach keinen Ausweg, keine Rettung: Entweder Zwangsdienste niedrigster Art oder im feuchten Keller zu hungern und zu verrecken. Lungenkranke und bresthafte Gefangene wurden nicht anders behandelt. – Und zum ersten Mal schämte ich mich, Mensch zu sein!

Ich galt in anbetracht des hohen Strafausmaßes im Gefangenhause als eine Schwerverbrecherin, an welcher der Strafvollzug nicht scharf und drakonisch genug geübt werden konnte. Die Begünstigungen der übrigen Mitgefangenen, einmal in vier Wochen den Besuch der Angehörigen zu empfangen oder einen Brief zu schreiben, kamen mir in keiner Weise zugute. Es war mir verboten, Briefe zu schreiben und zu empfangen oder den Besuch eines mir nahestehenden Menschen zu erhalten.

In dieser infernalischen Atmosphäre vegetierte ich halbwahnsinnig die ersten vier Monate dahin. Seit meiner Ankunft im Gefangenhause saß ich in Einzelhaft, sorgfältig abgeschlossen von jeder Berührung mit den übrigen Häftlingen. Indessen versuchten die Mitgefangenen selbst, heimlich sich mir zu nähern, weil sie – abgesehen von der naiven Neugier der Primitiven – in erster Linie daran interessiert waren, die mir täglich verabreichte und ungenossen zurückgestellte »Krankenkost« und die Brotration von mir zu bekommen.

Hauptsächlich waren es die sogenannten »Amtsreinigerinnen«, die zum täglichen Aufräumen der Bureaus im Kreisgericht verwendet wurden und um die Mittagszeit hungrig und müde von der schweren Arbeit des Bodenaufwaschens und Stiegenkehrens in ihren Zellen eintrafen.

Die »bessere« Krankenkost wurde von ihnen sehr geschätzt, und zwecks leichterer Essenübergabe rieten mir diese Frauen, daß ich um meine Transferierung in ihre Gemeinschaftszelle ansuche. Als Revanche wollten sie mich mit Schreibmaterial versehen und meine Briefe hinausschmuggeln. Sie besorgten den Briefschmuggel für das ganze Gefängnis. Bleistift, Tinte, Federn, Schreibpapier und Briefumschläge fanden sie in den Gerichtskanzleien, so viel sie nur wollten und verteilten es heimlich an Mitgefangene zur Ermöglichung des freien Verkehres mit der Außenwelt.

Der Oberdirektor erfüllte meine Bitte und verlegte mich aus der Einzelzelle, die mich monatelang umschloß, in die Gemeinschaftszelle der Amtsreinigerinnen. Hier wurde ich von den Frauen gut aufgenommen und mit allem Nötigen versorgt. Unter dem Schutze dieser Mithäftlinge begann ich nun hinter dem Rücken der Obrigkeit Briefe an Privatpersonen zu schreiben, die alle durch die braven Amtsreinigerinnen hinausgeschmuggelt, richtig an ihren Bestimmungsort, teils frankiert, teils unfrankiert, beim Empfänger einlangten.

Durch die hilfsbereiten Frauen aufgemuntert, legte ich mir einen Fluchtplan zurecht, um mich aus der Hölle des Kerkers zu befreien. Ich meldete mich zur Arbeit, wollte mit den Amtsreinigerinnen im Kreisgerichte die Bureaux aufräumen und bei geeigneter Gelegenheit einen Fluchtversuch unternehmen. Ich hatte ja niemals das Gelöbnis geleistet, getreulich bis ans Ende im Kerker zu verkommen!

Alles war umsonst! Zu den Kanzleiarbeiten im Kreisgericht durfte ich nicht zugelassen werden, denn – so hieß es in der amtlichen Begründung – es sei verboten, mit fünf- oder mehrjährigen Kerkerstrafen belastete Schwerverbrecher zu Außenarbeiten zu verwenden. Nur solche Sträflinge durften damit betraut werden, deren Strafhaft das Ausmaß bis zu einem Jahr Gefängnis beträgt. Den Gedanken an Flucht gab ich nun endgültig auf.

Da ich keine offizielle Schreiberlaubnis erhielt, schmuggelte ich einen sehr dezidiert gehaltenen Brief an den gedungenen Vormund meiner Tochter hinaus, worin ich ihn mit scharfen Worten aufforderte, sein widerrechtlich usurpiertes Amt als

Vormund sofort freiwillig niederzulegen. Dieses durch die Amtsreinigerinnen unfrankiert hinausgeschmuggelte Schreiben kam pünktlich in die Hände des Adressaten und tat seine aufreizende Wirkung. Hofrat Piggisch nahm Rache an der wehrlosen Gefangenen für die offene Feindschaft, die ich ihm mit diesem Briefe ansagte. Er rächte sich auf die unfaire Art des Verräters.

Ahnungslos wurde ich eines Morgens von der Aufseherin dem Oberdirektor zum »Rapport« vorgeführt. Der Gewaltige fuhr blindwütend auf mich los und schrie mir in Anwesenheit der übrigen zum Rapport geführten, der Reihe nach aufgestellten Frauen und Männer ins Gesicht, daß er wegen unverschämten Briefschmuggels zweimal vierundzwanzig Stunden Kellerhaft über mich verhänge, welche Strafe ich sofort anzutreten habe.

Ich entgegnete ihm gelassen, daß mein körperlicher und geistiger Zustand wohl kaum fähig sei, eine Haftverschärfung zu ertragen, und bat um die Erlaubnis, ein gerichtsärztliches Gutachten darüber einzuholen. Dies durfte mir nicht verweigert werden. Der Gerichtsarzt wurde mir in die Zelle geschickt und begutachtete meinen Zustand dahin, daß ich derzeit nicht fähig sei, eine Disziplinarstrafe zu erleiden. Die Disziplinarstrafe des Herrn Oberdirektors wurde auf eine spätere Zeit verschoben.

Die tödliche Eintönigkeit der Kerkerhaft wurde bald neuerdings durch eine übereifrige gegen mich gerichtete Tätigkeit der Gefangenhausbeamten unterbrochen. Den Anlaß dazu bildete ein zwanzigjähriges Bauernmädchen, eine Kuhmagd vom Lande, die als Zuwachs in unsere Gemeinschaftszelle kam und den Platz neben meinem Bett angewiesen erhielt.

Dieses junge Mädchen namens Marie Bachinger fing gleich zu erzählen an, daß sie noch keine Menstruation habe und noch vollkommen unberührt sei, und daß sie bei dem Bauer, wo sie als Stallmagd arbeitete, mit der Kucheldirn zusammen in einem Bett geschlafen habe, während allnächtlich bei dieser Kucheldirn ihr Geliebter schlief, so daß sie zu dritt im Bett lagen.

Ich betrachtete das dralle Ding mit den schwellenden Formen etwas näher und genauer und erkannte unschwer an ihrem aufgedunsenen Gesicht, ihrer typischen Körperhaltung und ihrem stark vorgewölbten Bauch, daß Marie Bachinger, die Unschuld vom Lande, sich mindestens im sechsten oder siebenten Monat der Schwangerschaft befinde und sagte ihr meine richtige Vermutung auf den Kopf zu.

»Du kannst natürlich keine Menstruation haben, weil Du hochschwanger bist! Und wenn Du es nicht weißt, so will ich Dich darüber aufklären«, sagte ich wohlwollend zu dem Mädchen.

Marie Bachinger tat sehr verschämt, bestritt entschieden diesen Umstand als ganz unmöglich, da — wie sie behauptete — sie »noch niemals nichts mit Burschen zu tun gehabt habe«, und versuchte in jeder Weise, ihre Jungfräulichkeit glaubhaft zu machen.

»So unmöglich ist es ja nicht, daß sich der Geliebte der Kucheldirn einmal oder öfters in der Dunkelheit der Nacht in der Person geirrt haben könnte«, — — erwiderte ich scherzend, — »während Du Dich in tiefem Schlaf befandest.«

Aber ernstlich schlug ich ihr eine Probe vor und verlangte, daß sie mir ihre Brüste zeige, um die Milchbildung zu konstatieren, was das sicherste Zeichen für eine vorgeschrittene Schwangerschaft bildete. Das Geschöpf tat mir in seiner Unwissenheit leid und ich wollte ihm durch die Aufklärung über ihren eigentlichen Zustand helfen. Aber das prüde Bauernmädel wollte nichts davon wissen und weigerte sich, die Brüste zu entblößen. An der strotzenden Fülle des Busens konnte man erkennen, daß er zur nahrungsspendenden Quelle für das kommende Wesen bereits gerüstet war.

Bachinger meldete sich tags darauf wegen ihres Zustandes zur ärztlichen Ordinationsstunde. Auch ich befand mich unter den Kranken und konnte mitanhören, daß die Schwangerschaft der Bachinger vom Arzt einwandfrei als im siebenten Monat stehend festgestellt wurde. Die Jungfrau vom Lande verhehlte nun nicht mehr diese feststehende Tatsache, und es wurde auch nicht mehr weiter davon gesprochen.

Wie erstaunt war ich jedoch, als wenige Tage später der Oberdirektor mit seiner grimmigsten Amtsmiene in der Zelle erschien, um mich in Gegenwart der übrigen Frauen zur Rede zu stellen über »unsittliche Anträge«, die ich der Bachinger gemacht haben sollte! Ich antwortete ruhig, daß mein Verhalten wohl niemals die Geschmacklosigkeit gezeigt habe, die den Vorwurf »unsittlicher Anträge« rechtfertigte, sondern daß ich einzig und allein die Absicht hatte, eine arme Unwissende über ihren wahren Zustand zu belehren.

Der erzürnte Oberdirektor entrüstete sich über die Art, mit der ich natürliche Dinge erörterte, und jagte mich sofort aus der Gemeinschaft der Mithäftlinge zur Strafe in meine Einzelzelle zurück. Hierauf verhängte er über mich abermals vierundzwanzig Stunden Kellerhaft mit Fasttagen, die ich ohne ärztliche Untersuchung sofort anzutreten hatte.

Wie ein renitenter Messerheld wurde ich in krankem, hilflosem Zustand von der Aufseherin in einen finsteren, mit stickigen Fäulnisgasen erfüllten, feuchten Keller geführt, worin sich als einziger Gegenstand eine Pritsche mit zerfetztem, von Schmutz starrendem Strohsack ohne Leintuch und Decke befand. Die Aufseherin schob mich brutal durch die eiserne Kerkertür in diesen ekelerregenden Raum hinein und schloß klirrend hinter mir zu. Schwerer übelriechender Dunst umfing mich, klebriger Schmutz auf dem Betonboden ließ meine Füße ausgleiten, herabhängende Spinnweben an Wänden und Decke, ätzender Modergeruch und der Gifthauch der Pest peinigten meine gequälten Nerven. Ich konnte in dieser Stickluft weder atmen noch sehen noch bewußt existieren. Ein eisiges Frösteln des Grauens durchdrang mir die Knochen, – ich fühlte mich hier lebendig begraben.

Unter klirrendem Schlüsselgerassel öffnete sich noch einmal die Grabestür und ein Häftling stellte durch den Türspalt einen Steinkrug mit Wasser und einen Trinkbecher in meine schauerliche Gruft auf den glitschigen Fußboden nieder. Dann schloß sich die Kerkertür unter Schlüsselgeklirr wieder zu... Als die Fußtritte der abgehenden Personen dumpf verhallt waren, umfing mich schaurige Grabesstille...

Ein nie gefühltes Grauen erfaßte mich, ich schämte mich tief bis ins Mark über die schauerlichen Erfolge der Zivilisation, ich empfand die Schande der ganzen Menschheit in meinem Schicksal zusammengedrängt, und wollte es nicht mehr ertragen. Ich sah die entsetzlichen Widerwärtigkeiten ganz aus der Nähe, sie drängten sich immer enger an mich heran und ich sagte mir schaudernd: »Stirb! bevor du dich so erniedrigst!«

Durch die lange Kette äußerster Selbstüberwindungen zermürbt, empfand ich eine unsägliche Erniedrigung vor mir selber – ich konnte doch nicht dem Höchsten, das in mir war, abtrünnig werden. Der Tod lockte mich wieder. Meine unterliegende Gesundheit, die entsetzlichen Dinge, die seit Monaten über mich herstürzten, zwangen mich jetzt, meinen Weg zu verlassen ...

Im Hohlsaum meines Strumpfes hatte ich die gesammelten Veronalpastillen verborgen. Diesen ganzen, ängstlich gehüteten Vorrat von zweiundzwanzig Stück Tabletten löste ich in dem mit etwas Wasser gefüllten Trinkbecher auf und trank die Lösung – lechzend nach dem Nichts – in einem Zuge aus. Der leere Becher fiel dumpf zu Boden, ich hörte noch das rollende Geräusch des hohlen Blechgefäßes auf dem feuchten Kellerbeton – dann glitt ich sanft, wie im Traum, auf den halbverfaulten Strohsack nieder, und im selben Augenblick entschwand mein Bewußtsein ...

Nach vierundzwanzig Stunden, als der Aufseher die Kellertür öffnete, um den Kübel entleeren und frisches Wasser hereinstellen zu lassen, fand er mich regungslos in tiefster Bewußtlosigkeit auf dem Betonboden der Kellerzelle liegen. Er holte vier Sträflinge und ließ mich von ihnen aus der Kellergruft in meine Zelle hinaufschaffen. Hier verharrte ich im lethargischen Zustand, kalt, starr und leblos wie eine Leiche, volle sechs Tage hindurch.

Der Arzt sah mich an, und als er mich totenähnlich, fast ohne Puls- und Herzschlag auf dem Strohsack liegend vorfand, sagte er einen letalen Ausgang voraus. Er meinte zur Aufseherin, daß stündlich mit meinem Ende zu rechnen sei, weshalb er von jeder Behandlung und Pflege absehe.

Niemand sorgte sich um mich und ich wußte nichts von mir. Am siebenten Tage aber dämmerte in mir wieder das Bewußtsein herauf. Ich fing an, mich zu regen und herumzuwerfen, zu schreien und zu toben, schlug die Fenster meiner Zelle ein und begann ein so sinnloses Treiben, daß daraus meine völlige Unzurechnungsfähigkeit klar hervorging.

Der Oberdirektor, die Gefangenhausärzte und die Aufseher schauten wohl durch das Guckloch der Zelle meinem Treiben zu, ließen mich aber Tag und Nacht ohne Pflege allein. Sie waren der Ansicht, daß ich meinen Zustand bloß simuliere, denn kein Mensch wußte von meinem Selbstmordversuch.

Am neunten Tage, als meine Sinne von den schweren Vergiftungserscheinungen noch unklar und benommen waren, trat der Oberdirektor in meine Zelle und schrie wutschnaubend, daß er gegen mich wegen boshafter Sachbeschädigung die Strafanzeige erstattet habe, da ich zweimal bewußt und absichtlich die Fensterscheiben in meiner Zelle einschlug. Wie durch einen Nebelschleier hindurch sah ich den Mann vor mir stehen, blickte dann auf die tatsächlich leeren Fensterrahmen und stammelte mühsam die Worte: »Ich weiß von nichts.«

»Spielen Sie keine Komödie,« brüllte der Oberdirektor voll Zorn, »ein Narr macht seine Sache glaubwürdiger! Sie werden sich wegen Ihrer Renitenz und Bosheit vor Gericht zu verantworten haben.«

Eine Stunde später holte mich die Aufseherin zu einer Besprechung hinunter. Es war der erste Besuch meines neuen Verteidigers, der gekommen war, mit mir ein Gesuch um Wiederaufnahme meines Strafverfahrens auszuarbeiten. Noch gar nicht völlig aus der überstandenen Betäubung erwacht, befand ich mich in einem desolaten inneren und äußeren Zustand: meine Nerven waren stumpf, die Glieder versagten bei jeder Bewegung und die Sprache war lallend und schwer. Seit meiner Einsperrung im Kellergewölbe war ich aus den beschmutzten Kleidern nicht herausgekommen, weder gewaschen, noch gekämmt, noch gelabt worden. Verstört und vertiert, mit unklaren Sinnen, stumpfen Nerven, schwankender Haltung und dem Gesichtsausdruck einer Toten trat ich vor meinen Anwalt hin.

»Das ist eine perfide Quälerei! Man hat mich vierzehn Tage lang in einem Kellergrab eingeschlossen! Man muß diesen Keller zuschütten, denn er ist kein Aufenthalt für Menschen! Bitte, sorgen Sie dafür ...« stotterte ich ganz unzusammenhängend hervor und kam nicht weiter, weil mich meine Kräfte im Stich ließen.

Mein Anwalt erschrak bei meinem erbarmungswürdigen Anblick so sehr, daß er anfangs nicht imstande war, ein Wort an mich zu richten. Dann sprach er tröstend und beruhigend auf mich ein und intervenierte bei der Direktion, um mir eine rücksichtsvolle und humane Behandlung zu erwirken. Jedoch das nützte nicht viel.

Als mein Anwalt von mir gegangen war, setzten die Herren der Gefangenhausverwaltung die Verfolgung gegen mich fort.

Strafanzeige auf Strafanzeige ließen sie auf mein Haupt niederregnen, in der Absicht, mich zu ihrer »Sittlichkeit« zu bekehren. Die erste Strafanzeige an das Bezirksgericht wurde wegen unzüchtiger Handlungen gegen mich erstattet, die zweite wegen boshafter Sachbeschädigung fremden Eigentums und endlich die dritte abermals wegen boshafter Beschädigung fremden Eigentums, und ich sollte mich bald wegen aller drei zusammen in einer Verhandlung vor Gericht zu verantworten haben.

Unterdessen, als der Verfolgungswahn der Gefangenhausbeamten gegen mich Orgien feierte, bemühte sich die Journalistin Elisabeth Janstein angestrengt, mir durch einen Besuch in meiner Verlassenheit Trost und Linderung zu bringen. Vergebens bemühte sie sich seit Monaten, die Erlaubnis dazu vom Bundesministerium zu erhalten. Ihr menschliches Empfinden aber ließ sie nicht ruhen, sie bestürmte den Oberdirektor mit Briefen und Bitten um Erleichterung meiner schweren Lage, von deren Wirkung ich nicht berührt wurde. Das Grauen des Kerkers verschlang jede Anstrengung von Liebe und Menschlichkeit und übertönte in stummer Qual alle Teilnahme der Welt...

Der lange Aufenthalt im Kerker zerbricht Körper und Geist. Dies ist nicht mehr Strafe, sondern Mord, langsam ausgeführter Menschenmord! Die grenzenlose Verlassenheit, die erzwungene Untätigkeit, dieses Verurteiltsein zu absoluter Zwecklosigkeit, die das Dasein nicht rechtfertigt, während man draußen eine Aufgabe zu erfüllen hat, die das Leben selber einem auferlegt, eine Aufgabe, die zu erfüllen nur ausschließlich dem bestimmten Wesen zukommt, – dieses Lebendigbegraben-sein in den Mauern des Kerkers führt zur Verzweiflung, zum Wahnsinn, zur Selbstvernichtung.

Die zerstörenden Einflüsse dieser aufgezwungenen Qual machten sich in meinem Seelenleben arg fühlbar. Nicht nur mein eigenes Leid drückte mich nieder, sondern noch mehr das Los der Mitgefangenen, die, auf niederer Stufe stehend, aus Unwissenheit jedes Unrecht erduldeten.

In dieser Epoche meiner tiefsten Trostlosigkeit erhielt ich den Besuch von Elisabeth Janstein, die mir Nachrichten von meinem Kinde brachte. Ein Wiedersehen mit Edith wurde mir von den Behörden konsequent verweigert.

Auch äußerlich schwebte eine düstere Fatalität über meinem ungerechten Prozeß. Es gab niemand, der die Verantwortung für die zerstörenden Wirkungen dieses Justizirrtums trug. Alle Funktionäre, die die Senate bildeten, waren verschwunden und in alle Windrichtungen zerstoben. Niemand blieb übrig, sich um mein Geschick zu kümmern. Alle meine Gesuche und Eingaben blieben ohne Beachtung, alle meine Appelle an das Gericht fanden nur eine Antwort: »Wir haben Sie ja nicht verurteilt!«

Die Strafanzeigen des Herrn Oberdirektor gegen mich wegen unsittlicher Handlungen und boshafter Sachbeschädigung führten zur Erhebung der Anklage und bald darauf kam es beim Bezirksgericht in St. Pölten zur Verhandlung. Dr. Jellinek aus Wien kam als mein Verteidiger zu dieser Verhandlung und bewies, daß die Anzeigen keine feste Basis hatten und nur auf böswilligen Verdächtigungen aufgebaut waren. Zum angesetzten Termin kam es zur Durchführung der Hauptverhandlung und ich atmete befreit auf. Ich mußte in allen Punkten von der Anklage freigesprochen werden.

Das Urteil führte aus, daß ich von der Anklage, fremdes Eigentum im Gefangenhause des Kreisgerichtes St. Pölten boshaft beschädigt zu haben, und von der Anklage durch unzüchtige Handlungen die Sittlichkeit und Schamhaftigkeit gröblich und auf eine öffentliches Ärgernis erregenden Art verletzt zu haben, indem ich Marie Bachinger ersucht habe, den Busen zu entblößen und betasten zu lassen, freigesprochen werde.

In der Urteilsbegründung wurde ausgeführt, daß die mir zur Last gelegte Übertretung gegen die Sicherheit des Eigentumes im Zustand der Bewußtlosigkeit und Sinnesverwirrung verübt wurde, und daß das Gericht auch zu einem Freispruch von der Anklage wegen Übertretung gegen die öffentliche Sicherheit gelangen mußte, weil das Beweisverfahren die Überzeugung gebracht hatte, daß die Handlungen aufgebauscht worden waren. Daß es dazu gekommen ist – hieß es in der Urteilsbegründung – sei deshalb begreiflich, weil bekannt war, daß ich pervers veranlagt sei und weil man deshalb allen meinen Handlungen voreingenommen gegenüberstand.

Nach dem günstigen Ausgang dieses durch die Gefangenhausfunktionäre angezettelten Strafverfahrens gegen mich, und insbesondere durch die zu Tage getretenen Mißstände des Strafvollzuges, die Leben und Gesundheit der Strafgefangenen skrupellos dem Ärgsten aussetzten, trat eine merkliche Änderung in der Behandlung der Gefangenen ein. Auch ich wurde nicht mehr wie bisher von Aufsichtspersonen, Verwaltungsbeamten und Ärzten als Lügnerin, Simulantin und abgefeimte Spitzbübin betrachtet, sondern genoß sogar einiges Ansehen betreffs Anerkennung meiner Charakterzüge, die sich in Gerechtigkeit und Humanität äußerten.

Der Oberdirektor gestattete mir freiwillig, Bücher und Zeitschriften — allerdings zensuriert — in meiner Zelle zu haben. Ebenso erteilte er mir die Erlaubnis, Tinte, Feder und Schreibpapier zu meinem beliebigen Gebrauch zu besitzen, wogegen ich ihm spontan das Versprechen gab, keine Briefe mehr hinauszuschmuggeln. Ich vertrieb mir die Zeit damit, Eingabe auf Eingabe an das Wiener Landesgericht zu senden, um eine Wiederaufnahme meines Verfahrens zu erreichen.

So weit war es also mit mir, nach einem Jahre Kerkerhaft gekommen: mein Geist schweifte in die Irre, mein Körper war zum Skelett abgemagert und meine Nerven waren am Versagen. Ich lebte nur von einem bißchen Milch, das mir früh und mittags gereicht wurde. Meine Anwesenheit im Kerker fing an, das Verantwortungsgefühl des Beamten zu beunruhigen, denn sie erkannten in den grauenhaften Symptomen meinen körperlichen und geistigen Verfall, dem nicht Einhalt zu gebieten war.

Man fing an, mir nahezulegen, daß der Zeitpunkt für eine Begnadigung günstig wäre, falls ich ein solches Ansuchen mit Rücksicht auf meinen Gesundheitszustand einbringen wollte. Diese Zumutung wies ich höchst unwillig zurück: ich verlangte mein Recht und lehnte eine Begnadigung für erlittenes Unrecht als feiges Kompromiß für meine Person ab. Mein Anwalt Dr. Jellinek beschwor mich, doch so etwas nicht zu sagen, da ich mir dadurch die einzige Möglichkeit zu meiner Befreiung verderbe. Ich aber verschloß mich allen Vernunftsgründen und verbohrte mich in die fixe Idee, daß eine Begnadigung für zugefügtes Unrecht etwas so Ungeheuerliches sei, und wie ein Schimpf wirke.

Das durch Dr. Jellinek eingebrachte Gesuch um Wiederaufnahme des Verfahrens wurde in beiden Instanzen abgewiesen. Nun vegetierte ich dahin ohne Hoffnung auf baldiges Ende. Und ich sah keinen andern Ausweg, dieser Qual zu entrinnen, als das Ansuchen um Begnadigung. Auf dringendes Anraten aller Beamten verfaßte ich ein kurzes Gnadengesuch, das in den Worten ausklang: »Ich habe genug gelitten!«

Dieses Gesuch schickte ich an den Justizminister zur Weiterleitung an den Bundespräsidenten und bat ihn um seine persönliche Befürwortung. Das war anfangs November. Als es abgeschickt war, flossen die Kerkertage und − Nächte in öder Trostlosigkeit dahin. Briefe und Besuche bekam ich von der Außenwelt nicht, meine Tochter kam während der ganzen Gefangenschaft nicht zu mir und nun stellte man mir ihren nahen Besuch in Aussicht. Dr. Jellinek hatte die Sache in die Wege geleitet, die Vormundschaft rekurierte gegen einen Besuch des Kindes bei der Mutter bis in die höchste Instanz. Man befragte das Kind selbst, ob es seine eingekerkerte Mutter sehen wolle, es bejahte freudig und erschien bei mir im St. Pöltner Gefangenhaus drei Wochen vor meiner endgültigen Entlassung aus der Kerkerhaft.

Das Maß war voll und ich hatte also doch genug gelitten! Meine Gesundheit, meine wirtschaftliche Existenz, mein Kind und jeglicher Besitz waren vernichtet. Nun konnte ich wieder in die Freiheit zurückkehren, buchstäblich vor dem Nichts stehend.

Und ich kehrte in die Welt, ins Leben zurück. Am 18. Dezember 1925 öffneten sich mir nach fast zweijähriger Freiheitsberaubung die Kerkertüren wieder und entließen, halbirrsinnig, das zermalmte Opfer, die gebrochene Mutter, die ihr einst blühendes Kind zerbrochen vorfand, hinuntergestoßen in den Abgrund menschlicher Gemeinheit und gemeuchelt von den Klauen eines amtlichen Apparates!

Meine Muttergefühle, die kein Gesetz der Welt tangieren konnte, wurden zum Tode verurteilt und meine Tochter blieb in aufgezwungener Mutterlosigkeit dauernd von mir getrennt. Zu vieles wurde sinnlos zertreten in ihrem Innern, und der Weg zum Herzen ihrer Mutter war ihr gewaltsam verschüttet worden.

Ich gab mich keiner Illusion mehr hin, denn ich wußte: ein Zeitraum von sieben Jahren Zerstörung und Haß richtet größeres Unheil im Herzen eines jugendlichen Menschen an, als ein ganzes Leben in Armut und Leid. Nur schwer oder vielleicht gar nicht läßt sich eine verwüstete Seele heilen. Auch die Gefühle der Zuneigung zwischen Mutter und Kind bedürfen beständiger Pflege, sonst können sie sich nicht entfalten.

Es war vollbracht. Ich konnte in meinem Kinde nicht mehr den Menschen und Freund finden, den ich in ihm suchte! ... Nun war es geworden wie die gedungenen Erzieher, die es hinabstießen in den Abgrund ihrer Gemeinheit, ihrer Verlogenheit und ihrer Hölle ...

Meine Edith-Françoise, geliebteste zarte Menschenblüte! In deinem süßesten Jugendalter wurdest du gekreuzigt und geopfert um deiner Mutter willen, von der Gemeinheit der Welt ...

XV.

NEUES GLÜCK

Ruf in der Wüste.

Ich suche einen Menschen, der modern, aber außergewöhnlich, eine ganze Seele bietet und restloser Hingabe fähig ist.

Gibt es das?

Ich bin fünfundvierzig Jahre alt, selbstherrlich, stolz und unabhängig, — eine moderne Sphinx: Ich verstehe Macht zu entfalten und Macht fühlen zu lassen.

Nicht gewöhnliche Antworten werden erwartet unter »Dominatrix«, Wien.

———

Berlin, am 2. März 1926

Dominatrix? — Habe ich den richtigen Sinn des Wortes erraten? — Seit achtzehn Jahren suche ich die Eva Dominatrix in jeder Frau, die mir auf meinem Wege begegnet: gefunden habe ich sie nie und nirgends — es war überall Halbheit und Schwäche; aus der Küche entlaufene Kleinbürgerinnen!

Dominatrix? — Wirklich? — Das wäre vielleicht die Erfüllung der Sehnsucht, die in mir ist, seit ich empfinden kann und die durch alle erlebten Enttäuschungen nur noch stärker geworden ist.

Habe ich Sie wirklich richtig verstanden, so liegt es nur an

Ihnen zu bestimmen, was geschehen soll. Sie werden mit mir zufrieden sein – – – Habe ich mich aber geirrt, so antworten Sie, bitte, nicht mehr.

Ich bin Wissenschaftler, dreiunddreißig Jahre alt, Rheinländer von Geburt und Lebensart. Trotz meiner angeborenen Willensschwäche und gänzlichem Mangel an Energie habe ich Erfolg in meiner Laufbahn gehabt.

Werden Sie mir antworten? – Vier Tage lang werde ich wieder eine Hoffnung haben – – –

Schreiben Sie an: Dr. Eugen Beyer, Berlin.

Wien, am 6. März

Dr. Eugen Beyer, Sie haben mich richtig verstanden! – Ich werde Ihnen nun sagen, wie ich bin und wie ich Sie mir wünsche.

Mein ganzes Wesen und Sein ist eingeschlossen in die Formel: Herrschaft über den Mann und erotische Unterwerfung des Mannes unter meinen Willen. Mir unterworfen und dienstbar zu sein, dienstbar in jeder nur denkbaren Weise, mit Körper und Herz, meine erotischen Wünsche und Launen, mögen sie sein wie sie wollen, willenlos und ohne inneren und äußeren Widerstand zu befriedigen – dies ist der Zweck des Mannes, den ich suche...

Sollten diese Zeilen in Ihnen Widerhall finden, so werde ich meine dominierenden Einflüsse brieflich entwickeln, sobald Sie mir geantwortet haben.

Dominatrix

Berlin, am 11. März

Gnädige Frau, – mit welchen Gefühlen ich Ihr Schreiben öffnete und las, wage ich Ihnen gar nicht zu schildern! Ich bin oft und schwer getäuscht worden und aus diesem Grunde skeptisch. Aber in Ihren Worten liegt etwas, das mich meine Ruhe verlieren läßt und das mich in Ihren Bann zwingt. Erst einmal im Leben hat ein ähnlicher Brief mich in eine solche Stimmung versetzt. Damals war es ein großer Fehlschlag – wie wird es diesmal gehen? –

Es gibt so unendlich wenige Frauen, die auf diesem Wege

gehen, und die es tun, gehen ihn nicht bis zu Ende. Und was sie bisher alle vermissen ließen, war Geist.

Ich fühle mich innerlich verpflichtet und gedrängt, Ihnen über mein Eigenleben und meine innere Persönlichkeit wenigstens so viel zu sagen, daß Sie entscheiden können, ob ich Ihnen genehm bin oder nicht...

Die einzige Leidenschaft, die in mir existiert und die alles andere in mir zu unterdrücken vermag, die mich all mein Wissen und meine Fähigkeiten, auf die ich sonst so eitel bin, vergessen lassen, ist die: vollkommene Dienstbarkeit und Unterwerfung unter die selbstherrliche Frau, die mich durch ihren starken Willen beherrscht.

Es ist dies bei mir mehr als eine bloße Passion, es ist ein wesentlicher Teil meines Selbst, den ich nicht mehr von mir trennen kann und will. Seit zwanzig Jahren habe ich diese Dinge bei mir sich entwickeln sehen; nicht aus Überreizung oder Übersättigung oder Überdruß am Gewöhnlichen sind sie bei mir entstanden – es ist Schicksal und nicht Schuld bei mir! –

Anfangs war mir dies alles sehr zur Qual, dann aber kam ich – ich war fünfzehn Jahre alt – unter den Einfluß einer reifen Frau, die mich begriff, und mit sicherem Instinkt das, was in mir schlummerte, zu wecken und auszubilden wußte. – Die Bürger würden sagen, es war ein Verbrechen, was sie mit mir – dem unwissenden Knaben – tat, aber welch namenloses Glück habe ich dadurch erfahren! Es dauerte nur kurze Zeit und dann kam der Alltag – ein schrecklicher Alltag, der bis heute gedauert hat, angefüllt mit vergeblichem Suchen und Irren nach einem neuen, großen Erlebnis! Nichts blieb übrig als meine Träume und Phantasien...

Was mir unter diesen Umständen Ihr Brief bedeuten mußte, gnädige Frau, werden Sie verstehen! Endlich wieder eine Hoffnung! – Soll es diesmal wirklich wahr werden? Werde ich Ihnen so, wie ich mich geschildert habe, wirklich genehm sein? – – Ich werde nicht schlafen können, bis ich Ihre Antwort habe, aber ich werde gerne wachen und träumen von dem, was sein könnte – – –

Wenn Sie mir noch antworten wollen, habe ich nur eine Bitte! Nennen Sie mich »Du« und mit meinem Vornamen. Auf diese Weise könnte ich mich schon jetzt als das fühlen, was ich so gerne sein möchte: Ihnen ganz und gar ergeben und hörig, ganz Objekt Ihrer erotischen Wünsche — auch der exzentrischesten — ohne eigenen Willen als den, Ihnen genehm zu sein...

Können Sie mich so gebrauchen? — Dann erwarte ich Ihre Befehle!

Eugen Beyer

Wien, den 13. März

Eugen, — Dein Brief ist heute eingelangt. Ich fühle darin das Vibrieren Deiner Nerven und die Spannung Deiner ganzen Empfindung. Wenn ich will, bist Du mir willenlos verfallen! Ich bin die Sphinx, die Dich ganz verschlingt. Ich habe die Grausamkeit meines Urbildes in verfeinerter Form beibehalten und die Anwendung antiquer Tyrannei bereitet mir stilles Vergnügen.

Es gibt nur wenig Menschen, die ich an mich herankommen lasse. Ich bin maßlos unabhängig, maßlos unnahbar und maßlos unduldsam.

Ich liebe nur ein einziges Wesen auf Erden: das ist meine Tochter. — Kannst Du das verstehen?

Freunde sind ganz unzulänglich: In Momenten tiefsten Leidens versagen sie völlig. Hast Du das erfahren? —

Ich habe ein ganz großes Unrecht erlitten und will los von allem. Ich streckte die Fühler aus nach neuen Menschen, nach neuen Erlebnissen, um eine neue persönliche Sphäre um mich herum zu schaffen. Meine Wohnung hier ist abgeräumt, ich war kurz in einem Sanatorium und wohne jetzt in möblierten Zimmern. Ich hasse Wien, wo mich alles irritiert; ich hasse die Mittelmäßigkeit und will ihr entfliehen. Ich mache kein Programm, sondern wende mich dahin, wohin mich das Leben treibt. Ich suche nach Menschen, die aus besonderem Holze sind und mir ebenbürtig...

Wünsche nichts und erwarte nichts, Eugen, — laß alles so kommen zwischen uns, wie es kommen muß! Alles Gewollte und Beabsichtigte ist eine Farce. Nur das elementar Gefühlsmäßige ist allein wertvoll! Und niemals enttäuschend, niemals! —

Ich kenne nur Mutterliebe, Gattenliebe ist mir fremd. Ich

suche auch das Kind im Manne. Aber welcher Mann vermag als Kind zur angebeteten, zärtlich-grausamen Mutter und Gebieterin emporzublicken? — Ihr zu Füßen zu fallen, der Strengen, Einzigen, die ihn knechtet, von deren süßer Hand er alles erdulden wollte?! —
Ich will Dich zwingen — — — mit physischen Schmerzen! Kennst Du die Wollust, die darin liegt, einen geliebten Menschen zu fesseln, zu knebeln und ihn so lange, ganz ohne Erbarmen zu peitschen, bis er ganz willenlos ist? — — — So elementar, so frei von allem Kulturzwang, so egoistisch, so spielend mit dem Allerheiligsten denke ich mir Frauenliebe...
Ich weiß, meine Worte treffen Dich mitten ins Herz, gerade dorthin, wo Deine Nerven am sensibelsten sind. Du leidest an mir, an meiner Unfaßbarkeit, an meinem Fernsein, an der Furcht, ich könnte nur eine schöne Fata Morgana sein — — —
Dieser Brief muß Dich bestimmen, mir Dein Wesen zu offenbaren, und in Deiner Antwort an mich wirst Du aller Sehnsucht Ausdruck verleihen müssen! Grundbedingung zwischen uns: restlose Wahrhaftigkeit! Alles andere entscheidet
Dominatrix

Berlin, am 17. März

Dominatrix! — Was könnte ich jetzt noch vor Ihnen verbergen, gnädigste Frau, nachdem ich heute morgen endlich Ihren Brief erhalten habe — diesen Brief, der die entsetzlichste, fürchterlichste Erregung in mir hervorgerufen hat, die ich jemals erlebte! —
Noch jetzt, nach vier Stunden, bin ich unfähig, die Gewalt über meine Nerven zurückzugewinnen, — in der ersten halben Stunde aber war es so, daß ich mich vor den Menschen verbergen mußte: ich wäre nicht imstande gewesen, ein Wort herauszubringen!
Ja, gnädigste Gebieterin, dieser Brief ging mir mitten ins Herz, ich bin Ihnen nun rettungslos, hoffnungslos verfallen, tun Sie mit mir, was Sie wollen, — das ist alles, was ich Ihnen noch sagen kann!
Ich denke nun nicht mehr daran, daß endlich meine Träume erfüllt sein sollen — ich kann überhaupt nichts mehr

denken, ich fühle mich nur überwältigt, zu Boden gedrückt und vernichtet von der ungeheuren Gewalt eines ungeheuren Erlebnisses, das stärker ist als alles, was ich bisher kannte!
Ich hoffe nichts, ich wünsche nichts, ich verlange nichts – ich liege in Ihren Händen wie ein Stück Wachs; was auch immer mit mir geschehen mag von Ihrer Hand, ich werde alles hinnehmen als den Beweis einer unverdienten Gnade! – Ich will nichts sein, außer durch Sie – ich knie vor Ihnen und küsse in demütigem Entzücken Ihre Füße, meine grausamsüße Gebieterin! – Lassen Sie mich vor Ihnen meine Erniedrigung gestehen, lassen Sie mich stammeln, womit ich Ihnen dienen möchte – strafen Sie mich, peitschen Sie mich auf's Blut, wenn Sie glauben, daß noch ein letzter Rest eigenen Willens in mir ist, – daß noch ein schwacher Versuch der Auflehnung gegen Ihren Willen bei mir zu bemerken ist... Alles, alles, a l l e s will ich ergeben tun, was Ihnen Wollust bringt: Verfügen Sie über meinen Körper, über meine Seele wie über eine leblose Sache, die ganz Ihnen gehört...

Darf ich Ihnen gestehen, welche Stelle Ihres Briefes mich in die größte Aufregung versetzt hat, wobei ich einer Ohnmacht nahe war? – Es war Ihre Frage »Welcher Mann vermag als Kind zur angebeteten zärtlich-grausamen Mutter und Gebieterin emporzublicken, ihr zu Füßen zu fallen, ihr, der Strengen, Einzigen, die ihn knechtet und von deren süßer Hand er alles erduldet?« – Diese Frage, gnädigste Frau, hat mich im Innersten aufgewühlt, denn in ihr ist der Angelpunkt meines Wesens getroffen! – So möchte ich Ihnen gehören, ganz wie das Kind seiner Mutter ausgeliefert ist, preisgegeben ohne Scham, ohne Widerstand, in blindem Gehorsam, – ausgeliefert auch ihrer Züchtigung! – Oh! wenn Sie mich züchtigen werden! Körperliche Schmerzen sind das Schrecklichste, was es für mich gibt, – aber wie ergeben werde ich sie ertragen, wenn sie von Ihnen kommen... Ich sehe mich vor Ihnen, nackt, ausgespannt, wehrlos, und Sie quälen mich, lächelnd, ohne sich anzustrengen, bis ich ohnmächtig stöhne und vor Schmerz klage und Sie selbst anflehe, das tun zu dürfen, was ich vorher, als sie es wünschten, zu tun scheute! –

Aber Sie werden die Peitsche nicht oft benötigen! Wie gerne werde ich alles tun, a l l e s, was Sie wünschen, in hündischer Ergebenheit!...

Vieles möchte ich Ihnen gerne noch gestehen, Ihnen das Innerste meines Innern enthüllen, aber ich wage es nicht bis ich weiß, daß Sie es wollen – ein Rest von Scham hält mich so lange noch zurück. Aber Sie wissen ja nun, daß es bloß eines Winkes von Ihnen bedarf, und ich bin das, was Sie wollen. – –

Rückhaltlose Wahrhaftigkeit haben Sie am Schlusse Ihres Briefes von mir verlangt. Dann muß ich Ihnen, selbst auf die Gefahr hin, daß Sie mir nicht mehr antworten werden, ein Bekenntnis machen, das ich bisher verschwiegen habe. Sie mögen daraufhin endgültig entscheiden; denn ich habe Ihnen sonst n i c h t s mehr zu verbergen.

I c h b i n v e r h e i r a t e t! Seit mehreren Jahren, mit einer Frau, die von meinem innersten Wesen – ebensowenig wie alle andern Menschen außer Ihnen –, nicht die geringste Ahnung hat. Die mich liebt, obschon ich sie manchmal tyrannisiere, daß ich mich vor mir selbst schäme... Sie aber hat eine Engelsgeduld mit mir, hält mich für nervös aus Überarbeitung und wundert sich nur darüber, daß ich oft mehrere Tage lang buchstäblich kein einziges Wort mit ihr spreche. Sonst ist unsere Ehe das, was man so eine »glückliche« nennt. Mir selbst sind alle die damit verbundenen Dinge niemals nahe genug gegangen, als daß ich mich dadurch hätte unglücklich fühlen können, zumal mir seit langem klar ist, daß die Frau, die meinem Ideal entspricht, niemals in der Ehe gefunden wird... Meine Frau aber fühlt sich zufrieden, wohl am meisten aus dem Grunde, weil mein Einkommen, nicht groß, aber genügend, um vor schweren Sorgen zu schützen, sie in den Stand setzt, gut bürgerlich zu leben – und das ist ja das höchste Ziel aller kleinen Frauen.

Kinder habe ich keine und werde keine haben.

Damit, gnädige Frau, habe ich Ihnen alles gesagt. Ich habe es anfangs verschwiegen, weil ich fürchtete, daß dann wieder meine Hoffnungen gleich ins Nichts zerrinnen würden.

Sie glauben, daß alle Freunde unzulänglich sind? – Das ist eine bittere Wahrheit, die auch ich erfahren habe und die wohl jeder erfahren muß. Hat man aber einmal diese schreckliche Erkenntnis, daß Einsamkeit unser Schicksal ist, hinter sich, und hat man die zweite entscheidende Wahrheit, daß alles im Leben »Un-Sinn« ist, erlebt, dann ist es nicht mehr gar so schwer, mit dem Leben fertig zu werden. Auch ich bin mit ihm fertig geworden, habe auf alle Hoffnungen verzichten gelernt und habe begonnen, in resignierter Entsagung ohne Haß und ohne Liebe zur Welt und zum Leben, mir ein künstliches Dasein in meiner Bücherstube aufzubauen – – – da kam Ihr Brief, die erste große Erschütterung, die mich seit anderthalb Jahrzehnten ergriffen und überwältigt hat, die das Innerste in mir nach außen gekehrt hat, sodaß ich selbst rat- und hilflos vor dem zertrümmerten Kartenhaus stehe!

Gnädigste Frau, ich bin viel mehr in Ihrer Hand, als Sie vielleicht selbst glauben: ich bin Ihnen preisgegeben mit Leib und Seele, so wie ich es noch nie einem andern Menschen war! Entscheiden Sie, wie Sie wollen, – nehmen Sie mich auch weiter zu Gnaden an oder stoßen Sie mich, nachdem ich Ihnen nun alles gebeichtet, zurück... Für mich selbst gibt es keine zwei Wege mehr, ich bin Ihnen hörig für mein ganzes Leben – mag kommen was wolle – –

Und nun warte ich auf Ihre Entscheidung, gnädigste Frau. Ich werde Sie dankbar und ergeben hinnehmen, wie sie auch ausfallen möge. Sollten Sie aber wirklich auch weiterhin geneigt sein, meine grausam-süße Gebieterin zu werden, so seien Sie versichert, daß Sie niemals einen demütigeren, ergebeneren und gehorsameren Sklaven, ein willenloseres Werkzeug für alle Ihre Wünsche und Lüste haben werden als mich, der Sie anbetet und immer anbeten wird...

Eugen

Wien, den 24. März

Eugen, – ich habe vom ersten Moment an geahnt, – nein, mit sicherem Instinkt gewußt, daß Du so bist, wie ich Dich wünsche! –

Was ich in meinem ersten Brief so stolz ankündigte, und was mir damals nur ein Achselzucken kostete – – ist Wahrheit geworden: Du bist in meinem Bann! Du verschreibst Dich mir mit Leib und Seele!

Ich habe in Dir einen Vulkan zum Toben gebracht, weil es in mir geradeso tobt. Unsere sexuelle und erotische Spannung geht aus den seelischen Urtrieben hervor: dem Willen zu herrschen und sich beherrschen zu lassen. Für mich beginnt das erotische Interesse erst, wo höhere Begriffe als nur der – Unterleib in Frage kommen, mag man sie nun Herz, Geist, Seele oder Phantasie nennen, die sexuellen Zuckungen völliger Seelenarmut haben mit Erotik, mit Liebe, wie ich sie verstehe, nicht das geringste zu tun! Das Wunder erotischer Verbundenheit, wie es sich zwischen uns vollzieht, das Überströmen der Kräfte von Ich zu Ich, kann sich nur im seelisch-geistigen Beglücktsein – in der Lust wie im Schmerz – kundgeben, – was wir jetzt beide gleichzeitig erfahren!

Das sind die wunderbaren Augenblicke, in denen wir uns so unvergleichlich befreit, so überirdisch erhoben fühlen, weil wir das Herrschen und Aufgehen in fremdem Willen als die höchste Bestätigung, Bekräftigung und Erfüllung unseres Ich empfinden...

Aber es gibt eine Gefahr: unsere Erotik, die eine unbekümmerte, nur sich selbst wollende Leidenschaft ist, muß Illusion bleiben, solange sie sich im real Sinnlichen nicht auswirken kann. Du bist verheiratet und unfrei – ein Loskommen ist unmöglich! – Durch unser Getrenntsein verströmt unsere Leidenschaft im Übersinnlichen: sie lebt von der Phantasie. Phantasie aber ist weder freier Geist noch sinnliche Funktion: sie verliert die sinnliche Wahrnehmung, wenn sie nicht im Realen wurzelt...

Das kühnste Wort Goethe's: »Wenn ich dich liebe, was geht's dich an«, zeigt, daß die Erotik, die sich allein in der Phantasie auslebt, kein Vorgang zu zweien mehr ist. Sollte das Wunder erotischer Erwiderung und Ergänzung in der Wirklichkeit überflüssig sein?

Ich sehe keine Verwirklichung unserer Träume, die uns zueinander zwingen; Deine sozialen und zivilen Bindungen sind Hindernisse, die uns unfrei machen. Es gibt keinen andern Ausweg als zu verzichten, wenn wir nicht durch Heimlichkeit und Betrug unsere heiligsten Gefühle profanieren wollen. Ich bin frei und habe es nicht nötig, auf Schleichwegen nach meinem Glück zu suchen – aber Du, – und Du würdest mich mitschuldig machen...

Aus meinem Brief kannst Du erkennen, wie nervös, wie erregt ich bin: Du gehörst zu mir und bist äußerlich an eine andere gebunden. Darüber komme ich nicht hinweg. Es ist das Streben nach Ganzheit...

Schließe Dich tagelang ab von den Menschen und lasse Dich von der Wirkung meiner Worte durchdringen – – – dann antworte mir.
Ich werde einige Tage vorbeigehen lassen, ruhiger werden... Zuerst wollte ich direkt nach Berlin reisen, – Dich zu meinen Füßen rufen! Oder Dir den Befehl geben, zu mir nach Wien zu kommen... Alles ist unmöglich: Du bist v e r h e i r a - t e t ! Wie könntest Du Dich darüber hinwegsetzen? I c h kann es nicht! –
Ich wünsche, daß Du mir darüber schreibst. Ich verlange auch alles aus Deinem bisherigen Leben zu wissen.
Ich hoffe, Du bist noch nicht restlos aufgeklärt und wartest zitternd und schamhaft auf unerhörte Geheimnisse und Sensationen, die nur i c h Dir sinnenbetörend zu enthüllen weiß! Ich hoffe, Du bist der gelehrige Schüler, der sich den exzentrischesten Wünschen seiner unerbittlichen Lehrmeisterin fügt, seinen eigenen Willen auslöschend und nur dem ihrigen gehorchend und untertan... Ich hoffe, Du bist der kleine Bub, der der Mutter auf Gnade und Ungnade willenlos ausgeliefert, als Spielball ihrer Lust mit Körper, Herz und Seele dienstbar ist...
Eugen, ich kann nicht anders, als Deine strenge Gebieterin sein! – aber mache es möglich, daß unsere Träume Wirklichkeit werden, ohne daß wir uns in Niedrigkeit und Unredlichkeit verstricken...

                                          Dominatrix

                                Berlin, am 26. März
Gnädigste Frau! – Soeben erhielt ich Ihren Brief. Er hat mich auf's tiefste erschüttert – er hat mir ein Übermaß von Freude gebracht, denn er enthält tausendmal mehr, als ich zu hoffen gewagt hatte. Aber was Sie schreiben, beunruhigt mich sehr: ich sah bis jetzt immer nur das Wesentliche, Sie aber verweilen bei Dingen, die ich niemals für wichtig gehalten habe! Heute abend, wenn ich ruhiger geworden bin, werde ich Ihnen antworten. Ich kann Ihnen gar nicht sagen, wie erlöst ich mich fühle! Endlich! Endlich! E n d l i c h !
                                               Abends.
Gnädige Frau! – Die maßlose Freude, die ich beim Lesen Ihres Briefes empfand, ist einer großen Bestürzung gewichen,

die über mich kam, als ich nach der ersten Aufregung Ihre Worte überlegen konnte.

Sie sagen: »Es gibt keinen andern Ausweg, als zu verzichten ...« — Sie finden ein unüberwindliches Hindernis, an dem all unsere Wünsche scheitern sollen, darin, daß ich »unfrei« bin, unfrei durch meine Bindung an eine Andere, unfrei durch meine soziale Stellung! Das ist etwas, woran ich bis jetzt gar nicht einmal gedacht hatte. — Alle diese Dinge liegen mir so sehr an der Peripherie, daß ich mir keine Mühe gab, sie zu dem ungeheuren und alles überwältigenden Erlebnis der letzten Tage in Beziehung zu setzen ...

Sie sprechen von Schuld, von Mitschuld, Unredlichkeit und Niedrigkeit, — Sie gebrauchen das böse Wort »Schleichwege«! — Es ist mir unfaßbar! Wie können Sie einen Menschen schuldig nennen, der sein ganzes Leben lang in höllischer Einsamkeit geirrt und an Leib und Seele verdurstet ist, wenn er nun die Hände nach der Quelle ausstreckt, die er endlich, e n d l i c h vor sich sieht? — Wie können Sie eine Frau mitschuldig nennen, die, getrieben von ihrem eigenen Dämon, sich dieses Menschen erbarmt, um seinet- und ihretwillen? — Gegen wen soll ich schuldig sein?

Gegen die, der ich nichts nehme, weil ihr nie etwas von dem gehört hat, was ich Ihnen darbiete; die auch äußerlich nicht geschädigt oder gekränkt wird, weil es mir nicht schwer fällt, von der Arglosen alle Schatten fernzuhalten, solange ich nur darauf achte, daß die Dehors gewahrt werden? Oder schuldig gegen die Forderungen einer abstrakten Moral, die sich die Menschen zu ihrer Bequemlichkeit erfunden haben? —

Ich unfrei, der ich mich nichts, aber auch gar nichts in der Welt verbunden fühle als dem Menschen, der mein Innerstes erkannt hat und bei dem ich die gleiche Melodie des Empfindens höre? — Schleichwege und Niedrigkeit sehe ich in einem einzigen Falle: wenn wir uns gegenseitig selbst belügen! Wo aber ist Lüge und Verstellung zwischen uns, auf die es doch ganz — ganz allein ankommt? —

Gnädige Frau, verzeihen Sie mir, ich kann Ihre Gründe nicht ernst nehmen! Sie haben sich mir so gezeigt, daß ich weiß: Sie sind über alle Äußerlichkeiten erhaben! — Jedoch Sie befürchten, daß die Erotik, die sich allein in der Phantasie auswirkt, kein Erleben zu zweien mehr ist. Gewiß ist das richtig. Aber ist denn keine Realisierung möglich? — Wohl kann ich jetzt nicht nach Wien kommen, — nicht aus dem Grunde, den Sie angeben — (ich reise auch sonst meistens allein —), sondern weil mich meine Stellung als Mitglied eines Forschungsinstitutes, an dem noch recht strenge altpreußische Traditionen wirksam sind, an Berlin fesselt und mir das Reisen auch für wenige Tage unmöglich macht. Aber im Herbst kann ich Urlaub nehmen, und Sie werden es mir gewiß glauben, daß ich dann Himmel und Hölle in Bewegung setzen werde, um dahin zu gehen, wohin mich alles zieht, — wenn ich darf, wenn Sie es mir erlauben. Zu wünschen, daß Sie nach Berlin kommen, wäre vermessen von mir, aber sollten Sie einmal Zufall oder Laune hierher führen, so wäre das der glücklichste Tag meines Lebens! Wenn Sie mich riefen, immer, immer, immer stände ich zu Ihrer Verfügung. Ich kann es nicht ausdenken — es wäre höchste Seligkeit — — —

Sie sprechen von Schuld, von Niedrigkeit, wo ich überwältigt bin von einem Gefühl, das tausendmal stärker ist als alle Überlegungen und Gründe! Was ist denn überhaupt das einzig Problematische bei uns? Doch nur das, daß ich mehr wie Sie gezwungen bin, r e i n ä u ß e r l i c h auf die Anschauungen der großen Masse Rücksicht zu nehmen und daß ich wünschen muß, derjenigen, die an mich gebunden ist, das Leben nicht durch einen Eklat, — der ja so leicht vermieden werden kann, — schwer zu machen! Und das soll Grund genug sein, gnädigste Frau, um das zu zerstören, was Sie selbst ein Wunderwerk nennen und was für mich eine entscheidende Epoche in meinem Leben bedeutet? —

Und dann, gnädige Frau, ist es denn wirklich so, wie Sie sagen, daß durch unseren Briefwechsel die Leidenschaft im Übersinnlichen verströmt, daß sie so nichts weiter als Phantasie bleibt? Sind denn nicht schon unsere Briefe eine Realisation unseres Erlebnisses, hat es nicht mit diesen schon angefangen, aus der Phantastik der Träume heraus sich wirklich und wirksam zu gestalten, hundertmal verstärkt durch die Resonnanz, die es bei dem andern findet? — Ist nicht schon dadurch aus der Einsamkeit des Traumlebens eine Zweisamkeit geworden, untrennbar und erfüllt von ganz neuen und unendlich viel stärkeren Wirkungen als früher? Sind nicht gerade aus der räumlichen Trennung Wirkungen und Einflüsse möglich, die oft subtiler sein können als die von Auge zu Auge?

Gewiß, gnädige Frau, ich weiß, all das ist nicht das Letzte; ich wage nicht abzuleugnen, daß die Ergänzung und Erwiderung im Realen, mit den Sinnen, das Wesentliche sind, wenn auch ich mit Ihnen glaube, daß der Ursprung nie im Unterleib, in dem, was wir mit den Kaninchen gemeinsam haben, liegen kann. Aber sind nicht auch durch den Briefwechsel E i n f l ü s s e u n d E i n w i r k u n g e n s e h r r e a l e r A r t möglich für den, der a l l e s befehlen kann?

Gnädige Frau, lassen Sie mich schweigen von alledem. Was ich Ihnen sagen könnte, wissen Sie ja so gut oder besser noch als ich und ich habe trotz Ihres Briefes das Empfinden, daß auch Sie bei Ihrer Entscheidung das Gefühl sprechen lassen werden und nicht kühle Erwägungen. Das sagt mir auch der übrige Inhalt Ihres Briefes. Wie könnte ich Ihnen genug danken für das, was Sie mir damit gegeben haben! Noch nie und nirgends sah ich ein so klares Spiegelbild meiner selbst! — Eine grenzenlose Freude war in mir, als mir mit jedem Ihrer Worte mehr klar wurde, daß hier ein Mensch ist, der nicht Sensationen begehrt aus Überdruß am Gewöhnlichen, sondern dem ich rückhaltlos vertrauen, dem ich mich völlig preisgeben kann! —

Was könnte ich Ihnen nach diesem Briefe noch verbergen? Mein bisheriges Leben? Das einzig Wesentliche wissen Sie daraus.

Ich kam als fünfzehnjähriger Gymnasiast in das Haus der Frau, die als einzige vor Ihnen in meinem Innenleben eine Rolle gespielt hat. Wie es war, will ich Ihnen beichten: Diese Frau, die die Richtung meines Innenlebens bestimmt hat, wendete einige Mittel an, die für mich einschneidender waren als der zwar heftige, aber vorübergehende Schmerz der Peitsche. Sie hatte mir — um nur ein Beispiel anzuführen, eine Kette von Stahl, ziemlich schwer, umgelegt, die ich auf dem bloßen Leib Tag und Nacht tragen mußte und zu deren Schloß sie allein den Schlüssel besaß. Wollte sie mich für eine kleine Unachtsamkeit strafen, so schloß sie die Kette für einen Tag enger, sodaß die Schmerzen schließlich fast unerträglich wurden. Sie liebte es auch, mich auf scharfkantigem Holz stundenlang knien und besonders reiten zu lassen; vor allem aber sperrte sie mich wegen jeder Kleinigkeit ein. In den Ferien verging wohl kein Tag, an dem ich nicht fünf bis sechs Stunden in einer kleinen Dunkelzelle eingesperrt war, ganz unbekleidet, und vor allem, ohne eine Bewegung machen zu können, denn entweder fesselte sie meine Arme hoch ausgestreckt an die Decke der Zelle, oder sie schloß mich ganz krumm. Oft band sie mich auch, wenn sie schlief, die ganze Nacht an ihr Bett fest, und ich mußte regungslos zehn Stunden stehend verharren. Noch heute überläuft es mich heiß und kalt, wenn ich mich an das Lächeln erinnere, das bei solchen Szenen um ihre Augen und ihren Mund lag. Auf diese Weise brachte sie mich aber sehr bald dahin, wohin sie mich haben wollte, und wohin ich selbst aus innerstem Zwang unwiderstehlich getrieben wurde. Ihre Wünsche, die mir anfangs oft Widerstreben, ja sogar Grauen verursacht hatten, erfüllte ich schließlich auf einen bloßen Wink ihrer Augen, ja, ich suchte ihnen zuvorzukommen und strengte mich immer mehr an, sie zu ihrer vollen Zufriedenheit auszuführen, und so kam es, daß ich bald auch die seelischen Demütigungen, denen sie mich unterzog, gar nicht mehr als solche empfand. Sie hatte Worte, die stärker wirken konnten als Peitschenhiebe und verstand es hauptsächlich damit, in kurzer Zeit alles in mir, was ich mit meinen sechzehn Jahren von Mannesmut und Manneswürde erträumte, zu ersticken. Es war schließlich so weit, daß die geringste Kleinigkeit in meinem Leben, jeder Schritt, den ich ging, jede Bewegung, die ich machte, jedes Wort, das ich sprach, von i h r e m Willen veranlaßt wurde, daß mein eigener Wille gänzlich ausgeschaltet war. Die geringste Unaufmerksamkeit bestrafte sie hart und unerbittlich, niemals geschah es, daß sie eine einmal ausgesprochene Bestrafung wieder zurücknahm oder ermäßigte. Sie war im Grunde ihrer Seele grausam, aber ihre Grausamkeit richtete sich mehr auf das Seelische als auf das Körperliche. Nie leuchteten ihre Augen stärker, als wenn sie mir, bloß mit einer Handbewegung, die tiefste Erniedrigung meiner selbst befahl. Meinen Körper hatte sie so hergerichtet, daß ich ihn, auch wenn ich die Kette auf dem bloßen Leib nicht getragen hätte, unmöglich vor einem andern Menschen hätte entblößen können, ohne aufs tiefste beschämt zu werden. Ich war ganz ihr Eigen, nichts mehr ohne sie.

Diese Frau ist seit sechzehn Jahren tot. Ich selbst habe sechzehn Jahre lang von Träumen gelebt, die niemals lebendig wurden. Nun übergebe ich mich Ihnen – nehmen und behalten Sie mich, wie jene Frau mich gehabt hat, ich gehöre I h n e n, wie ich ihr gehört habe ...

Sie schreiben: »Ich hoffe, Du bist noch nicht restlos aufgeklärt und wartest zitternd und schamhaft auf Geheimnisse...« – Ich habe gezittert, als ich diesen Satz las! Ja, gnädigste Gebieterin, jene Frau hat mich vieles gelehrt, sie hatte viele Wünsche, aber der letzte Schleier ist nicht gefallen – und auch später niemals. In meinen heißen Träumen habe ich versucht, ihn zu lüften, es blieb aber nur ein Ahnen, nie ein Wissen! –

Gnädigste Frau, ich warte auf Sie, lehren Sie mich, was Sie für gut finden, ich verspreche Ihnen, zu lernen, Ihnen alles zu sein, was Sie wollen, zitternd und schamhaft, ja, aber gänzlich Ihnen hingegeben mit Leib und Seele! Welchen Sturm von Erregung haben diese Worte von Ihnen in mir verursacht! Ach, warum sind Sie nicht hier, wie wollte ich Ihnen beweisen, daß ich wirklich nichts bin, nichts sein kann, als Ihr kleiner Bub! Wie wollte ich Ihnen dienen, wie wollte ich bitten und betteln, daß Sie meinen Körper als Werkzeug zur Befriedigung Ihrer erotischen Launen benützen, daß Sie meine Seele aufs tiefste erniedrigen, bis ich den Grad der Unterwerfung unter Ihren Willen erreicht habe und so sehr nur mehr in Ihnen lebe, daß es nicht mehr der Worte und Winke bedürfte, um mich wissen zu lassen, was ich zu tun habe.

Was soll ich sonst noch von meinem Leben erzählen? – Als jene Frau tot war, überkam mich anfangs das Gefühl des Befreitseins, aber wie bald schon mußte ich merken, daß sie der einzige Inhalt meines Lebens gewesen war. Was dann kam, war schrecklich. Ich suchte vergebens Ablenkung in der Arbeit, ich suchte später auf der Universität in Heidelberg und Berlin Ersatz in andern Frauen, die meinem Ideal zu entsprechen schienen, aber immer und überall hoffnungsloses Versagen. Dann kam der Krieg, aus dem ich ohne Verwundung und Erkrankung heimkehrte, dann die Examina, Anstellung, Heirat – alles düsterer, trostloser Alltag. Nur in meinem Innern brannte das Feuer fort, aber es verzehrte mich langsam selbst. Schließlich kam die Resignation, ich begann Bücher zu sammeln, mich fachwissenschaftlich zu betätigen und war allmählich auf dem Wege, mir einen »geachteten Namen« in meinem Fach zu erwerben, diesen kümmerlichen Ersatz, den das Leben seinen Stiefkindern mitgibt. Meine Bekannten haben mich gern, weil ich es verstehe, jedem das zu sagen, was er am liebsten hört. Man hält mich für einen Libertin, weil ich gelernt habe, meine innere Befangenheit jeder Frau gegenüber durch gut gespielte Keckheit und Zweideutigkeit zu verbergen. In Wirklichkeit habe ich seit jenem ersten Erlebnis zu keiner einzigen Frau erotische Beziehungen gehabt: Das unauslöschliche Siegel, das die erste mir aufgeprägt hatte, machte es mir unmöglich, alltägliche Wege zu gehen. Und in der Ehe? – Ich habe Ihnen schon geschrieben, daß ich keine Kinder habe und keine haben werde...

Was ich innerlich bin, wissen Sie selbst am besten, gnädigste Frau! – Meine Eigenart, die die Bürger krankhaft nennen – ich weiß nur, daß mir seit drei Wochen wieder höchstes Glück, unendliche Seligkeit aus ihr erwächst – zeigt sich auch in meinem Intellekt: Ich bin von unbegrenzter Rezeptionsfähigkeit, sammle mit Leidenschaft Bücher und suche mir ein Dasein in Weisheit und Schönheit zu formen, das abseits von der großen Straße des übrigen Lebens liegt. Aber alles, a l l e s, gnädigste Frau, ist dem einen untergeordnet, ist überwältigt und vernichtet von dem E i n e n, das lange Zeit beschwichtigt, in diesen Tagen wieder mit stürmender Gewalt sich in mir erhoben und mich zu Boden geschlagen und alles in mir zerrissen hat, von dem, was der Urkern, die bewegende Kraft meines ganzen Seins ist:

Aufzugehen in dem Willen der Frau, ganz und gar ausgelöscht zu sein und nur mehr zu sein durch das göttliche Wort der Frau, m e i n e E r f ü l l u n g u n d V o l l e n d u n g z u f i n d e n i n I h n e n!

Ach, gnädigste Frau, schreiben Sie bald und lassen Sie es genug sein der Gründe und nüchternen Erwägungen! Ich zähle die Stunden, die bis zu Ihrer Antwort vergehen!

Eugen

Wien, den 10. April 1926

Eugen! – Ich habe Deinen Brief empfangen. Nachdem ich alles Irritierende von mir abgetan habe, weiß ich, daß es für mich absolut nichts bedeuten kann, daß Du verheiratet bist.

Du weißt nicht, bis zu welchem Grade ich duldsam sein kann. Ich habe eine tiefe Abneigung gegen alles, was mit »Ehe« zusammenhängt und meine unüberwindliche Ehescheu überträgt sich auf alle in solche Fessel geschlagenen Personen. Glaube mir, sie verdienen ihr Los . . .

Ich suchte einen Menschen, wie ich ihn träumte und finde ihn wie durch ein Wunder in so vollkommen entsprechender Art wie in unserem Falle – – und im ersten Augenblick bin ich bereit, ihn fortzuwerfen, nur weil er in diesem rein äußerlichen Punkte meinen Erwartungen nicht entspricht.

Gegenwärtig denke ich so: Was geht's mich an, wenn Du äußerlich an eine Andere gebunden bist, was gehen mich Ehe und soziale Stellung an, wenn Du mir mit Leib und Seele, im Denken, Handeln und Sein restlos angehörst? Nie werde ich auch nur eine Sekunde im Zweifel sein, daß Du nicht alles daransetzest, meine Befehle, – wie auch immer sie sein mögen – auszuführen! Was geht's mich an, welche Schwierigkeiten Du zu überwinden und welche List Du anzuwenden hast, um ihnen blind und widerspruchslos nachzukommen? . . .

Du existierst nur für mich und durch mich – alle Äußerlichkeiten sind uns belanglos! Meine Befehle und Wünsche werden so zwingend und suggestiv sein, daß Du ihnen gehorchen mußt. –

Ich will, daß Du mir gegenüber den letzten Rest von Zurückhaltung ablegst und mir hüllenlos entgegentrittst, da Du kein Recht hast, mir etwas an Dir zu verbergen. Ich will, daß Du bebend fühlst, wie mein herrschender Wille Dich auslöscht als Wesen, um Dich wie einen leblosen Bestandteil zu betrachten, der ganz zu mir gehört.

Ich verlange von Dir rückhaltlose Offenheit, damit ich das, was in Deinem Innern vorgeht, erkenne und Dich nach meinem Geschmack erziehe. Ich habe von Dir Besitz ergriffen, Du wirst unendlich viel lernen und erfahren müssen durch mich, um tatsächlich mein Geschöpf und mein Werk zu werden. Deine ersten Erlebnisse sind eine Erfahrung für sich; die Begegnung mit mir aber ist Deine schicksalhafte Bestimmung. Wenn Du mir Briefe schreibst, schreibe sie in der Ekstase, die der Gedanke an mich in Dir auslöst. Dann schildere mir alle Empfindungen und Erschütterungen, die Dich überkommen. Meine bloße Existenz wirkt schon verwirrend auf Dich ein.

Jedoch die Unmittelbarkeit der Erlebnisse wird erst in engster Berührung möglich sein! In lang geübtem Verkehr, in restlosem Aufgehen, in Deiner Hingebung an mich, müssen die Einzigkeit und Einmaligkeit ungeahnter Ekstasen jene Schönheit und Höhe erreichen, die uns zu Auserwählten stempelt...

Ich befehle Dir: Jeden Tag vor dem Einschlafen alle Deine Gedanken, Träume, Sehnsüchte und Phantasien auf mich zu konzentrieren. Ich befehle Dir: täglich um sieben Uhr abends Dich zehn Minuten lang in meine Gewalt zu begeben, Dich von mir gedemütigt und erniedrigt zu meinen Füßen zu fühlen... Denn Deine Bestimmung, Erfüllung und Vollendung kannst Du nur in restloser Hingabe an Deine Gebieterin finden!

Dominatrix

Berlin, am 15. April 1926

Gnädigste Gebieterin! – Morgen sind es sechs Wochen, daß ich Ihnen meinen ersten Brief schrieb. Ihr Appell brannte mir wie grelle Sonne in die Augen und zwang mich, vom Tisch aufzustehen und zu antworten!

Heute erscheint es mir wie ein Wunder, daß alles so gekommen ist. Damals gehorchte ich einfach einem Zwang – meine Einsicht und Überlegung ließen mich nichts hoffen. Im besten Falle, sagte ich mir, wird ein sexuelles Abenteuer daraus, aber nicht ein von höherer Erotik getragenes Erlebnis. Und wie ist es nun geworden? In Wahrheit viel, viel mehr, als meine überspanntesten Träume zu fordern und zu wünschen gewagt hätten. Daß nicht das rein Körperliche den Ausschlag geben würde – daß das Körperliche notwendig und wesentlich ist, daß ohne das Körperliche alles andere nur Feuerwerk und Schall und Rauch ist, daran werde ich immer festhalten – das war mir aber schon nach Ihrem zweiten Brief klar!

Aber Ihr letzter Brief erst hat mir a l l e s gegeben, denn nun sehe ich erst, daß auch ein seelischer Gleichklang möglich ist und daß er hier vorliegt: Das war die Erfüllung meiner letzten und größten Sehnsucht! In dem früheren Erlebnis, das ich Ihnen, gnädigste Frau, erzählte, war das nicht der Fall gewesen. Damals handelte es sich um die Befriedigung erotischer Bedürfnisse einer Frau, bei der gewiß beide Teile auf ihre Kosten kamen — es war auch damals durchaus mehr, als bloß eine Angelegenheit des Unterleibs — aber es war doch wohl ein verschiedener Erlebnisinhalt bei den beiden Teilen, es war nicht das Zusammenschwingen nicht nur aller Sinne, sondern auch der Seelen, eben das, was ich jetzt Liebe nennen möchte.

Lassen Sie mich dieses Wort gebrauchen, gnädigste Frau, auch wenn Sie darüber lächeln wollen. Ich weiß kein besseres für das, was ich für Sie empfinde. Mit jeder Stunde sehe ich mehr, daß das, was ich jetzt erlebe, tausendmal anders, tausendmal höher ist, als das Erlebnis meiner Jugend, nicht nur unendlich gesteigert in dem Grade seiner Auswirkung, sondern auch in seiner Art gänzlich verschieden! Damals wurzelnd in der eben erweckten Sexualsphäre und von dort aus unsicher Brücken schlagend in das Seelische, geht es jetzt aus von seelischer Blutsverwandtschaft, um sich dann auszuwirken auf seinem natürlichen Boden, dem Sexuellen, im Weg also vom Zentrum zur Peripherie hin. Jenes Erlebnis hätte aufgehört mit dem Aufhören des rein körperlich Funktionellen — dieses aber könnte nur aufhören mit dem Aufhören des Lebens. Das ist der Grund, gnädigste Frau, warum ich jetzt fühle, was ich bisher nie, n i e gefühlt habe, eine Verwirklichung und Erfüllung meiner selbst in Ihnen, ein Aufgesaugtsein von Ihnen, losgelöst von allem, fest verankert nur mehr in Ihrer Persönlichkeit. Keine Stunde, keine Minute vergeht mehr, ohne daß meine Seele und meine Sinne von Ihnen erfüllt sind. Die dauernde Anspannung der Sinne bereitet mir körperliche Schmerzen, aber es erschiene mir wie ein Betrug an Ihnen, wollte ich mich selbst von meinen Schmerzen befreien. Gerne will ich sie ertragen, bis Sie die Zeit für gekommen erachten, letzte Geheimnisse dem Knaben zu entschleiern. Wie freue ich mich jetzt, daß ich noch nicht alles erfahren habe, daß ich Ihnen noch ein gelehriger Schüler sein kann! Wie gern will ich lernen, wie gern will ich alle Wege und Abwege gehen, die Sie mir zeigen werden, wie gerne will ich Ihnen Mittel und Werkzeug sein, alle Höhen und Tiefen erotischen Rausches zu durchmessen, nur mit dem einzigen Ziel, das meine größte Wollust ist: Ihnen, der geliebten, angebeteten Gebieterin, Wollust zu verschaffen! Ihnen ganz und gar hingegeben, ausgelöscht und verzehrt von Ihnen, nur mehr lebend durch Ihren Willen! —

Ich werde mich morgen den ganzen Tag in mein Zimmer einschließen mit Ihren Briefen. Sie haben es mir nicht befohlen, aber Sie haben einen solchen Wunsch ausgesprochen. Oh! wenn alle Ihre Befehle so leicht auszuführen sein werden wie dieser, so werden Sie die Peitsche nie nötig haben! — Vor der Peitsche habe ich eine entsetzliche Angst: sie bereitet mir durchaus nicht etwa einen körperlichen Reiz wie so vielen andern Menschen, nur wahnsinnige Schmerzen ...

Und doch, welche Wollust, welche unendliche, grenzenlose Wollust, vor Ihnen auf dem Boden zu Ihren Füßen zu liegen, nackt, unbeweglich gefesselt und von Ihnen gepeitscht zu werden, erbarmungslos, unaufhörlich, bis in dem Übermaß der Schmerzen der Gezüchtigte zu jeder, auch der tiefsten Erniedrigung bereit ist ...

Aber ich weiß, daß Sie aus diesem Grunde die Peitsche nie bei mir anwenden werden, denn es gibt nichts, n i c h t s, was bei Ihnen zu tun ich erst gezwungen werden müßte! — Meine Träume sind Tag und Nacht nur S i e. Ich sehe mich vor Ihnen, in zitternder Scham, aber glühende, ekstatische Hingebung in den Augen — — —

Wird mir Ihr nächster Brief endlich das Positive Ihres Wollens offenbaren? — Werden Sie alle Bedenken zurückstellen und nur mehr das Gefühl sprechen lassen, von dem Sie selbst sagen, daß es das Wertvollste ist?

Gnädigste Frau, wir beide haben viel zu verlieren! Ebenso sehr als ich weiß, daß ich nie, n i e mehr im Leben eine Frau finden werde, die mir das sein kann, was Sie sind, so weiß ich auch, daß Sie in mir einen Menschen besitzen, der die reinste und vollkommenste Ergänzung Ihrer eigenen Persönlichkeit werden kann — wenn Sie wollen, und der Ihnen vielleicht nicht mehr begegnet in Ihrem ganzen Leben ... Was bleibt aber dann für uns noch übrig vom Leben? Das Grauen!

Verzeihen Sie mir diese anmaßenden Worte, aber es geht für mich um alles! Ziehen Sie Ihre Hände nicht zurück von mir, sonst bin ich nichts mehr! In Ihnen, mit Ihnen und durch Sie – mein Herz schlägt in dem Takt, den Ihre Briefe ihm vorschreiben, meine Gedanken und Wünsche gehen die Wege, die Sie ihnen weisen!

Ach schreiben Sie bald und oft, bis meine unsagbare Sehnsucht, Ihnen auch körperlich nahe zu sein, mich Ihnen auch körperlich hinzugeben, Ihnen auch äußerlich zu gehören, erfüllt werden kann!

Ich küsse Ihre Hände und Füße – nehmen Sie endlich Besitz von meinem Körper und Geist – ich gehöre ganz I h n e n !

Eugen

Wien, am 25. April 1926

... Ich kann nicht schlafen! – Ein Machtrausch ist in mir, eine ungeheure elektrische Spannung, die sich entladen will! – Im ganzen Weltall sind nur I c h und D u und alles Übrige ist nicht vorhanden! ...

Du bist ein Teil von mir! Ich lese Deine Briefe und lasse sie auf mich wirken! Ich fühle mich als unumschränkte Herrscherin über Körper und Geist, über Sein und Nicht-Sein!

Von jetzt an sprichst Du mich mit ‚Du' an, mit jenem ganz inbrünstigen, geweihten ‚Du', mit dem man das höchste Wesen in scheuer Anbetung um Gnade und Geneigtheit anfleht ... Das ‚Sie' in Deinen Briefen an mich entspricht nicht mehr meinem Rang, aber ich habe Dir noch nichts anderes vorgeschrieben. ‚Sie' sind alle andern, die Dich umgeben, Ich allein bin dein D u ... Auch Deine Frau hast Du mit ‚Sie' anzusprechen! Ich verbiete Dir auch jede sexuelle Annäherung an Deine Ehegattin! Du wirst es auch gar nicht tun können, solange Du in meinem Bann lebst.

Die Sklavenkette um Deinen Leib sei ein sichtbares Zeichen Deiner Hörigkeit. Verschenke Deinen Zigarettenvorrat, denn ich verbiete Dir das Rauchen! Sei einsam und lebe nur in der Atmosphäre, die das Fluidum, das meinen Briefen entströmt, um Dich verbreitet: Lebe nur in meinem Geiste ...

Dein Leben nimmt nun die Formen an, die ich ihm vorschreibe. Ich weiß, daß nur mein Wort gilt und ich trage allein alle Verantwortung! – Ich will Dich leiten, ich mache aus Dir, was mir gefällt. Ich weiß, daß ich auf dem Instrument meines Geistes alle Melodien zum Klingen bringen kann, die mir zusagen. Du bist entsagend-demütig, weiblich-hingebend, kindlich-zärtlich wenn es mir gefällt, – – Du bist leidenschaftlich und voller Glut, wenn ich es wünsche. Du bist das Gefäß, das ich mit meinem Inhalt beliebig fülle. Nur ein Konstantes ist in Dir: bedingungslose Hingabe an mich, bedingungslose Unterwerfung unter meinen Willen, wie immer er sich auch äußern mag.

Ich kenne Dich besser als Du Dich selbst kennst und weiß, wo die Urgründe Deines Wesens liegen. Ich werde Dir zeigen, wie Du wirklich bist, ich will Dir das Leben im wahrsten Sinn erst geben, denn Du bist nichts als ein winziges Teilchen von mir!

Ich habe Deine Empfindungen mit M i r erfüllt und jetzt schwingen sie nur durch M i c h und unter M e i n e r H a n d ...

Dominatrix

Berlin, am 28. April

Gnädigste Frau, Göttin, Gebieterin – die ich D u nenne, wie man seinen Gott und Erlöser Du nennt. Nach zehn Tagen voll Höllenqual, dieser Brief! Ich kann mich nicht mehr aufrecht halten – ich soll um acht Uhr einen Vortrag halten, aber ich m u ß t e abtelephonieren. Als ich Ihren Brief öffnete, ging eine Erschütterung durch mich – ich mußte fliehen, daß ich's nur gestehe: ich lief zur nächsten Bedürfnisanstalt, sperrte mich ein und tat das, wovon mich seit Tagen nur äußerste Willensanstrengung zurückgehalten hatte. Ich konnte nicht mehr anders – hätte ich es nicht getan, wäre ich dieser entsetzlichen Aufregung erlegen ...

Verzeih mir, wenn Du kannst, daß ich an diesem ekelhaften Ort dies tat und Dich und Dein Bild schändete. Glaube mir, ich konnte nicht mehr. Ich war in einer Wut, die mich alle Vorsicht vergessen ließ, die alle Scham in mir vernichtete! Die Auslösung war nur Qual und die Aufregung nach ihr ist noch gewachsen. Was wird nun geschehen? Wenn ich nachhause komme, wird sich das alles wiederholen – ich weiß das

– und morgen früh ebenso; denn ich kann ja nicht mehr an Dich denken, ohne es zu tun!

Ich bin nun ganz Dein, nur Dein, auf immer und ewig. Daß ich den Koitus nicht mehr ausüben soll, war doch nur ein scherzhafter Befehl von Dir! Wie hätte ich dies tun können in den letzten Wochen, seit Du, Göttliche, in mein Leben getreten bist, wie könnte ich es vor allem in Zukunft noch tun! – Die Schachtel Zigaretten, die ich in der Tasche hatte, habe ich in die Spree geworfen. Ich versichere Dir und schwöre es Dir bei allem, was mir heilig ist: alle Deine Befehle werden von mir buchstäblich ausgeführt – es gibt nichts Unmögliches, wenn Du es befiehlst...

Du, meine Gebieterin, – ach, das alles sind nur Worte, abgebraucht und abgestanden, sie sagen nicht ein Tausendstel von dem, was Du mir bist, Du mein Schicksal, meine mir von Ewigkeit gesetzte Bestimmung! Wie sehr weiß ich jetzt, daß es nur einen Schmerz, nur eine Strafe geben kann, die Du mir zufügen könntest: mich von Dir fortzustoßen!

Die Qualen der letzten zehn Tage, die ich ohne Nachricht von Dir war, übertreffen das Schlimmste, das ich jemals erlebt habe! Oh, ich bitte Dich auf den Knien, ich flehe Dich an: Tu alles, alles mit mir, was Du willst, aber Dein Schweigen kostet mir das Leben! – Nie habe ich stärker gefühlt als in diesen Tagen, wie himmelweit entfernt von aller Leichtigkeit und Fröhlichkeit, von welcher furchtbaren Dämonie, von welchem todbringenden Ernst diese Leidenschaft ist, die die letzten Fasern meines Körpers und meiner Seele erfüllt und die mich mit alles vernichtender Gewalt zu Dir, – Du mein Schicksal – hinreißt! Aller Widerstand, alles Wehren – selbst wenn ich wollte – wäre sinnlos, – ich habe nur noch die eine flehende Bitte: Laß mich nicht im Stich, denn dann wäre ich verloren!

Jeder Tag, an dem ich ohne Nachricht von Dir bin, ist ausgestrichen aus meinem Leben! Meine Existenz hängt von Dir ab; schreibst Du mir nicht mehr, so weiß ich nicht, was geschehen wird...

Und heute Dein Brief – wie ich mit ihm nachhause gekommen bin, weiß ich nicht mehr. Nur die eine brennende Schmach, die ich mir selbst und Dir, Du Göttliche, antat, ist noch in meinem Gedächtnis. Verzeih mir, verzeih mir, ich bin gestraft genug durch dieses fürchterliche Gefühl, das ich empfand, als ich die Augen wieder öffnete und mich in dieser ekelhaften schmutzigen Umgebung wiederfand!

Und doch, und doch, welche Erlösung nach dieser tagelangen, unmenschlichen Qual! Deinen Brief hatte ich fest auf das Gesicht gepreßt, um einen Hauch von dem Duft Deines Leibes, der diesen Blättern nahe gewesen war, zu verspüren, da kam die Auslösung, ungeheuer und wahnsinnig wie eine Sturzflut – dann wurde ich nüchtern und floh.

Abends sollte ich einen Vortrag halten, ich ging hin und entschuldigte mich und dann nach Hause! Hier sitze ich seit zwei Stunden, allein, unfähig zu denken, aber – ich muß es sagen: Ich habe schon zum dritten Male heute abend das Opfer vollbracht und ich weiß, es ist nicht das letzte Mal für heute! Während ich dies schreibe, ruht meine linke Hand in meinem Schoß, sie hält wie im Krampf das Glied umspannt – Herrin, was soll das noch werden?

Du hast mir befohlen, jeden Morgen und jeden Abend zehn Minuten in Gedanken vor Dir zu knien. Ich bin den ganzen Tag, die ganze schlaflose Nacht immer, immer bei Dir. Aber weißt Du, was in diesen zehn Minuten passieren wird, in denen ich Dir noch ganz besonders gehöre? – Ich weiß es und fürchte, es wird mein körperlicher Ruin sein. Aber Du hast es befohlen, Du willst es und ich gehorche, in wollüstiger Erniedrigung werde ich D i r o p f e r n!

Ach, erziehe Du mich wie Du mich haben willst – ordne Du die geringsten Kleinigkeiten meines Daseins, in allem gehöre ich Dir, meine Herrin, in der ganz aufzugehen, völlig zu versinken meine einzige Sehnsucht ist! – Mein ganzes Leben wird nun den Verlauf nehmen, den Du ihm vorschreibst...

Morgens

Seit gestern bin ich etwas ruhiger geworden. Ich sehe nun mein Schicksal erfüllt, ich fühle mich unentrinnbar umfaßt und festgehalten von Deiner Kraft, mystisch gebunden an Deine starke Persönlichkeit, ganz von ihr aufgesogen und aufgelöst! – Ein Glücksrausch ist in mir, den ich mit nichts vergleichen kann, und der durch den einen Umstand getrübt wird, daß ich Dir nicht auch körperlich angehören, Dir nicht auch körperlich untertan sein kann wie ich möchte...

Dein letzter Brief hat mir mehr gegeben, hat mich gewalti-

ger erfüllt, als alle Erlebnisse der letzten zehn Jahre! — Ich gehöre Dir mit Leib und Seele, mache aus mir, was Dir gefällt. Möge mir Dein Geist und Deine Kraft den Inhalt und die Form geben, die Deiner Göttlichkeit entspricht!!!
I c h   o p f e r e   D i r ! !   H e r r i n —————————

Wien, den 2. Mai 1926

Eugen, hat Dir Deine Büchersammlung in Deinem ganzen Leben solche Emotionen bereitet wie ein einziger kurzer Brief von mir in einem kurzen Augenblick? Ist Deine Wissenschaft Dir jemals die stolze, strenge Gebieterin gewesen, die Dich zu ihren Füßen niederzwingt, damit Du sie anbetest? Deine Eitelkeit auf Dein Wissen und Können ist ein Dünkel, der Deine innere Leere verdeckt! Ein Kräuseln meiner Lippen und alles ist weggefegt, verweht ins Nichts, und Du liegst im Staube vor meiner Allmacht...

Die Tatsache allein, daß ich existiere, als Ergänzung zu Dir, macht alles andere für Dich wertlos! Und daß ich keine bloße Mutmaßung bin, sondern denkbar, fühlbar, sichtbar auf Dich einwirke und Dein Leben mit mir erfülle, gibt Dir die unendliche Sicherheit des Geborgenseins vor allen Irrwegen und Selbsttäuschungen der Welt des Scheins.

Sich ganz dem inneren Leben hinzugeben, ist das Streben der Seele nach Selbstverwirklichung! Alles abtun von sich und nichts anderes sein als ein Mensch, der sich zum andern ergänzt, erfüllt und bestätigt. Alles Äußerliche ist nichts.

Dein letzter Brief zeigt mir, daß alles so geschehen ist, wie ich voraussah. Die erotische Besitzergreifung Deines Geistes und Deiner Seele wirkt sich so elementar in Dir aus, als hätte ich Dich wirklich körperlich genommen.

Das wird nun immer so sein: Ich bringe in Deinem Innern zur Auslösung, was mein unbegrenzter Machtwille von Dir fordert! Opfer der Liebe, Opfer der Demut, Opfer der Hingabe an mich! Ich habe Dich den Niederungen des Alltags entrissen und so hoch emporgetragen, daß Du die Wertlosigkeit dieser Niederungen erkennst. Ich habe in Dir das wahre Licht, die heilige Flamme des Lebens entzündet!

Könntest Du noch leben ohne mich? — Du müßtest in meiner engsten Umgebung atmen, wie wollte ich Dich dann meine strenge, weiblich-kindliche Erziehung genießen lassen, um alle seelischen Eigenschaften Deines gynadrischen Charakters in Dir zu entfalten. Du bist Wachs in meinen Händen: Du bist so, wie ich Dich träume als mein Kind und mein Werk...

Die Aufhebung aller Grenzen zwischen Ich und Du, das himmlische Gleichgewicht zwischen Selbstherrlichkeit und Demut, zwischen Macht und Unterwerfung gibt es nicht in reinerer Form als zwischen Mir und Dir.

Den dicken, rauhen Hanfstrick, den ich Dir sende, schnüre fest und schmerzhaft um Deine Lenden, ziehe die beiden Enden von rückwärts nach vorne zwischen den Beinen hindurch und knüpfe ihn — stark angespannt — am Gürtel fest. Trage ihn beständig Tag und Nacht, um bei jeder Bewegung daran erinnert zu werden, daß mein Wille über Dir und in Dir ist.

Ich werde bald eine persönliche Zusammenkunft zwischen uns herbeiführen.
Dominatrix

Berlin, am 5. Mai 1926

Dominatrix — oh, könnte ich Worte finden, um all das Glück auszudrücken, das Du mir schenkst! — Wie ein heller Blitz sind Deine Worte durch mich gefahren: »Strenge, weiblich-kindliche Erziehung...« Wie viel tausendmal habe ich den Wunsch Kind-Weib zu werden in heißen Nächten vor mich hingestammelt, und nun höre ich diese Worte im Ernst von der Frau, die ich über alles verehre! Das ist das höchste und letzte Ziel meiner Sehnsucht: von der geliebten Gebieterin bewußt und planmäßig zu einem solchen Wesen erzogen zu werden!!!

Daß ich Kind-Weib bin, das nach der Ergänzung und dem Aufgesaugtwerden durch die selbstherrlich herrschende, willensstarke Frau schreit, weibliche Seele, weiblich-kindliche Empfindungen, weibliche Erotik, ja überhaupt weibliche Mentalität in einer durch einen sonderbaren Zufall männlichen Hülle besitze, das ist bei mir nicht das Produkt der fin-de-siècle-Dekadenz, sondern eher eine Steigerung des Möglichen: Androgyn im hellenischen Sinne, und auch das nicht ganz — denn der Androgyn hat seine Erfüllung in sich selbst, ich aber bin nichts ohne Dich! Der Androgyn ist männlichweiblich aus Schwäche, ich aber bin gesund, bin von einer starken Sexualität, ich müßte, wenn ich vor Dir knie, hingerissen, überwältigt, vernichtet, mich in das brausende Meer stürzen, in die »Tat«, das ist für mich: Hingabe! Daß ich »Kind-Weib« bin, ist bei mir nicht das Ergebnis einer Verkümmerung männlicher Eigenschaften.

Ach, Herrin, wie danke ich Dir für diese Worte, daß Du mir eine weiblich-kindliche Erziehung angedeihen lassen willst! Mein Inneres liegt vor Dir wie ein offenes Buch. Du siehst in seine geheimsten Falten! Du erkennst mich und leitest jetzt schon die Richtung meiner Empfindungen, daß mir nichts mehr zu tun bleibt, als in seliger Hingabe Deinem Willen zu folgen. Nimm mich in Deine Hände, Herrin, dann wird alles gut sein!

Heute morgen habe ich meinen ganzen Zigarettenvorrat einem Bekannten — Freunde habe ich nicht mehr seit ich Dich kenne — übergeben. Er war etwas erstaunt, glaubte mir aber ohne weiteres, als ich ihm sagte, »ich dürfe nicht mehr rauchen.« Das zweite war nicht leicht durchzuführen, das mit der Anrede der Andern — ach, warum quälst Du mich, daß Du sagst »deine Frau«! Meine Frau ist nur eine Frau in dem alldeutschen Sinn. Mit der »Andern« ging ich heute eine Wette ein, daß ich sie ein halbes Jahr lang »Sie« zu nennen fertig brächte, und sie, die mich so selten scherzen gehört hat, war froh darüber und ging auf den »Scherz« ein. — Schwer fallen wird mir von all dem nur, daß ich nicht mehr rauchen darf; es war der einzige Genuß, den ich noch hatte. Aber ich werde es nicht tun, nie mehr, wenn Du es mir nicht erlaubst! Wie könnte ich noch irgend etwas genießen gegen Deinen Willen!

Eine wahnsinnige Freude durchzuckte mich, als ich las, daß Du bald ein Zusammentreffen zwischen uns herbeiführen willst! — Ach, Dominatrix, ich gebe mich Dir hin mit Leib und Seele, in Demut und Anbetung! Nimm mich und forme mich nach Deinem Wohlgefallen in strenger, zielbewußter Zucht. Bilde Du aus mir das Kind-Weib, das ganz und gar mit Dir verwachsen ist, nur mehr ein Teil von Dir selbst, nur mehr eine Funktion Deines göttlichen Willens, — das gar nicht mehr existieren kann ohne Dich und jämmerlich zugrunde geht, wenn Du Deine Hand von ihm wendest ...

So sehe ich meine Zukunft, eine Zukunft voller Seligkeit

für mich — ich bin nur mehr eine Pflanze, die Du züchtest und pflegst, der Du Nahrung und Licht und Wärme gibst. Jetzt schon sind es nur mehr Deine Briefe, die mir Kraft zum Leben geben — ach, wo ist alle Wissenschaft, wo ist das, was die Menschen »Leben« nennen? Unsinn! Un-Sinn! Ich habe den Sinn gefunden! In D i r ! !

Den Hanfstrick trage ich Tag und Nacht: er schmerzt zwar sehr, aber ich sehe Dich vor mir! — Wie ganz anders ist das jetzt als früher! Auch damals tat ich solche Dinge, als ich allein war, wenn ich mir gar nicht mehr anders zu helfen wußte als durch Qualen, die ich mir selbst zufügte, — aber alles blieb Phantastik — künstlicher Rausch...

Oh, Dominatrix, wie soll ich Dir danken für das Wunder, das Du an mir vollbracht hast, Du hast mein Wesen erweckt und zur vollen Blüte gebracht! Wie könnte ich Dir anders angehören, immer, ewig, als in Dir aufzugehen, und nichts, nichts mehr zu sein, als eine Äußerung Deines Lebens und Deines schöpferischen Willens.

Dein Wille wird geschehen immer und überall. Im kleinsten und im größten — ich bin Dein. Ich bin Dein. Ich kann keine andern Wege gehen als die, die Du mich gehen heißest. Und a l l e Wege gehen der Morgenröte meines Lebens entgegen — — —

Du, meine Gebieterin, ich bete Dich an. Eugen

Wien, den 8. Mai 1926

Um Deines heutigen Briefes willen, mein geistiges Geschöpf, das meine Träume und Sehnsüchte verwirklicht haben, um dieses Briefes willen, mein Uge, umschließe ich Dich mit meiner ganzen mütterlichen Zärtlichkeit. Nie ist mir deutlicher und klarer Deine Art und Bestimmung bewußt geworden, als beim Lesen Deiner Zeilen...

Nicht Androgyn, nein, reine Weiblichkeit oder doch Nicht-Männlichkeit in allem Geistigen und auch im Körperlichen insoweit, als der Geist sich in den Körperformen ausdrückt. Weibestum durch ein Spiel des Schicksals in einen Körper mit männlichen Attributen gegossen, — mehr noch, übersteigerte Weiblichkeit in allen Eigenschaften, die Teil des weiblichen Eros sind: in der Sehnsucht nach Hingabe, nach Dulden statt

Handeln, Geleitetwerden statt Führen, Gehorchen statt Herrschen – seltsam bizarr das Ganze wie eine Figur von Beardsley.

Ich bin Deine Göttin und Mutter, Deine Gebieterin und Erzieherin, die Dich geistig geboren hat als mein Kind, mein Geschöpf und mein Werk. Du bist mein Wirklichkeit gewordener Traum.

Fühlst Du meine Allmacht in Dir? Denkst Du manchmal darüber nach, wie meine Stimme auf Dich wirken könnte? – meine Sprache? – meine Art auf Dich zu blicken und mich zu bewegen? – Du bist meine zu mir gehörige Ergänzung und würdest nicht leben ohne mein Machtwort! Du lebtest nur als armselige Hülle, leer wie bisher ... Nun bist Du mir, was ich brauche! Und nichts mehr außer mir, alles, a l l e s durch mich!

In zehn Tagen treffe ich in Berlin ein und rufe Dich zu meinen Füßen. Antworte noch einmal bevor wir uns sehen!

Dominatrix

Berlin, am 12. Mai 1926

Meine angebetete Dominatrix – welch ein Überschwang unendlicher Dankbarkeit erfüllte mich, als ich heute morgens Deinen Brief in Händen hielt und las. – Noch nie war meine Seele so voll innigster und wahrhaft weiblicher Zärtlichkeit gegen Dich erfüllt, Dir so hemmungslos und ohne Vorbehalt hingegeben, als beim Lesen dieses Briefes. In mir ist ein ganz und gar unkörperliches Berauschtsein von Dir, das nichts mehr von sinnlichem Begehren an sich hat.

Du große Künstlerin, Du spielst auf meiner Seele wie auf einem Instrument. Du kennst mich besser als ich mich selbst kenne, erst Du hast mir gezeigt, wo die Urgründe meines Wesens liegen. Ein einziges Wort von Dir, das Du von weiblich-kindlicher Erziehung gesprochen hast, hat wie ein Blitz alles in mir erhellt und mir gezeigt, wie ich wirklich bin. Ich ahnte diese Dinge und Zusammenhänge schon immer, aber erst seit Du da bist, weiß ich sie. – Seit Du mir die Augen geöffnet hast, sehe ich sie in voller Klarheit und weiß, daß ich in Wahrheit »nichts« bin als eine leere Hülle, wenn Du mich nicht erfüllst mit Deiner Stärke, wenn ich nicht durch Deinen allmächtigen Willen zu einem Etwas werde. Es ist alles nur Form an mir, der Inhalt aber bist Du. Unter Deinen Händen wandelt sich die Form tausendfach, wie Du sie haben willst.

Ich spreche nicht mehr von meiner Wissenschaft, von meinen Geistesgaben — ich weiß, daß das alles »nichts« ist, alles mir nur angeklebt, das von mir abfällt wie Staub, sobald Dein Blick mich trifft. Vor Dir stehe ich in hüllenloser Nacktheit da, ein Nichts, ein schwacher Hauch Deines Geistes, der entsteht und vergeht, wie Du es willst.

Ich glaube die gesamte Literatur, die sich mit Menschen unserer Art beschäftigt, gut zu kennen: die medizinische, die in ihrer Borniertheit des Pudels Kern gefunden zu haben meint, wenn sie eine alberne Terminologie aufstellt, und die erotische, oder besser pornographische, denn wahrhaft erotische Literatur über diese Dinge gibt es ja kaum — den Plattheiten Sacher-Masoch's kann man doch nicht den Namen Literatur geben — nur zwei oder drei Bücher kenne ich, die die Abgründe dieses Eros wirklich auszuschöpfen versuchen, ohne platt und unflätig zu werden — sie sind in dem letzten Jahrzehnt mein tägliches Brot gewesen.

Aber was waren all diese Bücher gegen das, was ich jetzt an Leib und Seele erlebe. Es war ein Hindämmern in dumpfer Betäubung, ein Tappen im Finstern. Nun aber ist es taghell in mir. — Nie habe ich deutlicher empfunden, daß Du mein Schicksal bist, daß nur in Dir meine Erfüllung liegt, auf die ich dreiunddreißig Jahre warten mußte. Ich möchte fast an Wunder glauben, wenn ich an die Ereignisse zurückdenke. Denn in diesen kurzen Wochen hat sich mehr ereignet, als in den langen dreiunddreißig Jahren seit meiner Geburt. Von Dir erst wurde ich zu einem neuen Leben wiedergeboren, bisher war mein Dasein ein dämmerndes Vegetieren, Du aber hast es mit Deinem strahlenden Licht erfüllt, und — jetzt l e b e ich!!!

Dominatrix, ich kann ohne Dich nicht mehr sein, jeder Tag, an dem ich nicht von Dir höre, ist für mich ausgelöscht. Ich bitte Dich auf den Knien: Komm bestimmt nach Berlin — Es gibt für mich keine Möglichkeit mehr zu leben ohne Dich, außerhalb Deines engsten Kreises Deiner Persönlichkeit — das fühle ich jeden Tag stärker.

Ach, warum bin ich nicht frei von all dem Plunder um mich herum, — wie würde ich in Deine Arme fliehen und der

Welt Adieu sagen. Wie wäre ich glücklich, wenn ich den Rest meines Lebens zu Deinen Füßen, zwischen den vier Wänden Deines Zimmers, das ich niemals wieder verlassen würde, verbringen dürfte. — Warum, w a r u m sind wir so an die Dinge gefesselt, die jede vollkommene Selbstverwirklichung unmöglich machen?

Wenn ich davon träume, daß Du in Berlin eintriffst, werde ich übervoll von Glück: Zu wissen, daß ich Tag und Nacht auf Deinen bloßen Ruf hin, bei Dir, zu Deinen Füßen sein könnte, jeden Augenblick Dir zur Verfügung — dieses Bewußtsein allein wäre schon Seligkeit.

Dominatrix, ich flehe Dich an: Komm bestimmt nach Berlin. In glühender Sehnsucht erwarte ich Deinen magischen Ruf. Eugen

---

Wien, den 18. Mai 1926

Uge, — ich kann nicht nach Berlin kommen, aber ich werde Dich bald nach Wien rufen. Dann wirst Du in meiner engsten Umgebung leben dürfen, in leiblicher und seelischer Intimität mit mir. Ich werde den äußeren Verlauf Deines täglichen Lebens bestimmen und die geringsten Nichtigkeiten Deines Daseins regeln. Denke daran, daß Du ganz und gar mein Kind bist, das der strengen mütterlichen Leitung und Erziehung bedarf!

Liebst Du mich? Hast Du schon jemals ein Wesen mehr geliebt als mich? Lieben heißt, für jemand auf der Welt sein. Jede Liebe bedarf des Wunders der Erwiderung, sonst bleibt sie ewig Illusion. Jede Liebe ist das größte Glück, weil von ihr die Erhöhung unseres Lebensgefühls ausgeht...

Meine Nerven sind ganz aufgebracht vor wahnwitzig-wollüstigen Phantasien. Was ich mit Dir alles treibe! Ich habe Dir schon zum vierten Male befohlen, vor meinen Augen, kniend, schamlos zu onanieren, Dein weißes Herzblut über meine nackten Füße zu verspritzen in dem Augenblick — in dem Augenblick, wo das Feuer in meinem Körper so hoch auflodert, um Dich zu verbrennen...

Warum bist Du j e t z t nicht bei mir, Uge? Meine Hand muß sich bemühen das zu tun, was Deiner Zunge vorbehalten ist. Meine Finger sind ermüdet von dieser strengen Arbeit —

und in meine Sinne kehrt noch keine Ruhe ein ... Das Verlangen nach Dir glüht immer heftiger, meine zuckenden Schamlippen warten auf unerhörte Liebkosungen, die Deine Zunge zu spenden da ist. Es gibt keine Entspannung, solange Du fern von mir bist ... Du müßtest Dich mit Deinem Munde an meinem Geschlecht festsaugen und als Pflanze auf meinem Körper leben, vielmehr wachsen wie der Epheu auf der Tanne ... Du müßtest ganz abhängig von mir sein, kein selbständiges Wesen mehr.

Heute ist meine Seele so übervoll von Glück, so überströmend, daß ich selbst fühle, es ist ein Vorgang zu zweien, eine Einheit und Einzigkeit, die uns, getrennt, verbindet. Der Aufruhr in meinem Geschlecht ist heute zu stürmisch. Ich sehe Dich vor mir stehen, Dein Glied mit der rechten Hand umklammernd, und so aufgewühlt durch das s t u n d e n l a n g e, wollüstige Küssen an allen meinen Körperöffnungen, daß Du mich inbrünstig anflehst, Dein Opfer hinzunehmen ... Ich sehe Dir ekstatisch zu, wie Du meine Befehle ausführst: zuerst bewegt sich Deine Hand langsam auf und ab, dann flüstere ich Dir zu: Schneller, schneller! Du stöhnst und flehst mich an: »Darf ich schon ...? Ich kann nicht mehr! — Bitte, sag, ob ich schon darf ...? Erlaubst Du es jetzt? ...« Nein, ich erlaube es noch nicht! Meine Finger versenken sich im Brennpunkt meiner Nerven und vollführen dasselbe Spiel, das ich von Dir verlange ... Dann schreie ich wie wahnsinnig: »Jetzt! J e t z t ! — Zugleich mit mir ...« Überwältigt vom Gleichklang des Orgasmus sinkst Du in die Knie und vergießt den heißen, weißen Strahl Deines Herzblutes über meine nackten Füße ... Ich habe Dein Opfer wohlgefällig aufgenommen.

Tu dies zu meinem Gedenken, mein Uge, täglich, nächtlich, bis ich Dich rufe ... Dominatrix

---

Berlin, am 23. Mai 1926

Dominatrix — Du gibst meinem Leben die Ordnung und Richtung, die Du haben willst und machst mich zum immer bereiten Werkzeug Deiner göttlichen Wollust. — Die Zungenübungen, die Du willst, oh, ich habe sie geübt, heute in der Nacht, lange, lange — ich schloß die Augen und drückte mein Gesicht in die Kissen — ich glaubte die feinen Härchen Deines

Körpers in meinem Munde und auf meiner Zung zu fühlen – auf das Kissen hatte ich ein starkes Parfum geschüttet, das mir den Duft Deines Leibes vortäuschen sollte, um den Leib und zwischen die Beine hatte ich einen Lederriemen ganz eng und fest geschnallt, um mich ganz in Deiner Gewalt zu fühlen – dann begann meine Zunge zu arbeiten. Es strengte an und ich fürchte, daß ich in der ersten Zeit nicht ohne Strafe Dich werde zufriedenstellen können. »Stundenlang«, hast Du befohlen! Wenn ich daran denke, beginne ich zu zittern. Es wird der seligste Tag meines Lebens werden, an dem ich vor Dir knien und meinen Mund auf Deinen Schoß drücken darf. Wie glücklich bin ich, daß auch Du Genuß daran findest. Denn diese Art der Verehrung der Frau war, seit ich denken kann, einer meiner größten und geheimsten Sehnsüchte.

Meine grausam-süße Dominatrix, ich muß Dir auch gestehen: nicht die Sehnsucht nach körperlichen Schmerzen dominiert bei mir – die waren in meinen Augen nur immer Mittel zum Zweck – sondern die Sehnsucht nach Erniedrigung, die Sehnsucht nach dem – Gemeinen. Das Niedrigste zu erdulden von der geliebten Frau, das, was die Welt »ekelhaft« nennt, in ihrem Dienste, an ihr, mit ihr und vor ihr zu verrichten, das ist der letzte Inhalt meines Eros. Das, was ich nur stammelnd gestehen kann in meiner wilden Aufregung, und was ich Dir heute, rot vor Scham, aber getrieben von innerem Zwang, in nackten Worten sagen muß, das ist wirklich der innerste Kern meines Wesens: Von Dir gezwungen zu werden, Dir als Nachtgefäß zu dienen, die verschiedenen Gaben Deines Leibes in mich aufzunehmen, das ist letzte und höchste Wollust für mich, weil mir gerade das die tiefste Erniedrigung des Mannes vor der Göttlichkeit des Weibes zu sein scheint.

Meine Phantasien klammern sich aber natürlich nicht nur an diese eine Vorstellung, nein, – a l l e s was mich als Mann erniedrigt und demütigt, alles was meine Menschenwürde zu vernichten geeignet ist, wird mir höchstes Glück sein, wenn es von D i r, meine über alles angebetete Göttin kommt...

Heute mittag, als ich allein in meinem Zimmer war, hatte ich eine schreckliche Phantasie. Ich sah mich in Deiner Wohnung; neben Deinem Schlafzimmer befand sich ein enger, halbdunkler Winkel, in dem ich mich Tag und Nacht aufzuhalten hatte, jeden Augenblick Deines Rufes gewärtig. Jeden

Morgen, wenn Du aufwachtest, begann mein Dienst: Du riefst mich vor Dein Bett, ich kniete nieder und Du erhobst Dich; zitternd hob ich mit den Fingerspitzen Deine Hülle aus dünner Seide hoch, mit größter Vorsicht, da nur meiner Zunge erlaubt war, nicht aber den Händen Deinen Körper zu berühren, und preßte meinen Kopf zwischen Deine Schenkel, die sich leicht über mir öffneten. Unbeweglich und mit größter Aufmerksamkeit wartete ich so, bis Du plötzlich den goldenen Strahl mit aller Kraft in meinen weit geöffneten Mund rauschen ließest... Lange, lange dauerte es, dann richtetest Du Dich langsam auf, während meine Zunge schnell und sorgfältig die letzten Tröpfchen aufnahm.

Ein Blick Deiner Augen trifft mich. Mein Kopf verschwindet blitzschnell unter der Decke, meine Hände falten sich automatisch auf meinem Rücken, und mein Mund sucht in dem Dunkel, das von dem starken süßen Duft Deines Leibes erfüllt ist, das Allerheiligste. Mein Gesicht preßt sich fest in die geheimnisvolle Wirrnis zwischen Deinen weichen, weißen Schenkeln und die Zunge des Sklaven beginnt ihren Dienst, aufmerksam, sorgfältig, auf die kleinsten Bewegungen Deines Körpers reagierend, dem geringsten Druck Deiner Schenkel gelehrig folgend. Lange, lange geht es so fort – ich selbst bin nur mehr Maschine, Dein Körper aber bewegt sich kaum – eine halbe Stunde, eine Stunde...

Plötzlich trifft mich Dein Unwillen, Du stößt mich zurück. Ich habe nicht zu Deiner Zufriedenheit gearbeitet! Ich bin vernichtet, erschlagen, meine Zunge brennt wie Feuer im Munde, aber ich wage nicht, um Verzeihung zu bitten, denn ich weiß, daß dann die Strafe nur noch verschärft wird. Ich liege auf den Knien, das Gesicht am Boden, schweigend – Du scheinst wieder zu schlafen. Da öffnet sich die Tür und Deine Tochter kommt herein, fällt Dir um den Hals und kommt in Dein Bett – – –

Verzeih, Dominatrix, daß auch Deine Tochter – – Du schriebst von ihr »sie betet mich an, liegt vor mir auf den Knien« – – – – Verzeih mir und befiehl mir zu schweigen, meine Phantasie ist krank. Ich bin auch Deiner Tochter untertan, in a l l e m, was D u willst...

Und dann sehe ich mich, wie ich hinter Dir hergehe, völlig nackt, als Du zur Toilette gehst. Ich warte vor der Tür, bis ich Deinen Ruf höre — Du erhebst Dich, ich knie schnell hinter Dir nieder, und meine Zunge verrichtet auch hier ihren zarten, liebkosenden Reinigungsdienst, bohrt sich in die weiche wollüstige unter meinen Liebkosungen sich öffnende Rosette — — dann fällt Deine Hülle und Du gehst zum Frühstück.

Du liegst mit Deiner Tochter leicht ausgestreckt auf dem Ruhe-Sopha und der Sklave kniet vor Dir, regungslos wie aus Stein, und seine Hände halten vor sich wie einen Tisch die große Platte mit dem Frühstück ...

Und dann beim Ankleiden! Du streckst Deine Füße aus, der Sklave nimmt die Zehen in den Mund, eine nach der andern, und saugt, bis die Nägel weich werden, die er dann mit seinen Zähnen sorgfältig zu bearbeiten beginnt ...

Du sitzest teilnahmslos da, leicht im Sessel zurückgelehnt, da siehst Du auf einmal, wie der Blick Deines Sklaven sich in wollüstiger Erregung festsaugt an dem weißen Fleisch Deiner Oberschenkel, das zart unter der dünnen Seide Deiner Wäsche hervorleuchtet. Dein Gesicht wird rot, Deine Augen blitzen .. — »Pfui, schäme Dich, Deine Mutter mit so geilen Augen anzublicken! Leg Dich hin auf dem Rücken! Die Beine ganz weit auseinander!« — Und dann sausen hageldicht die pfeifenden Hiebe des dünnen Stockes zwischen meine Beine, auf den Körperteil, mit dem ich zu sündigen versuchte ... Ich winsle und flehe laut um Gnade — da nimmst Du Deinen Strumpf und stopfst ihn mir in den Mund ... Die Schläge fallen weiter, ich krümme und winde mich wie ein Wurm, wage aber nicht die befohlene Lage zu verändern ...

Endlich, endlich hörst Du auf! — »Steh auf, stell dich dort in die Ecke und schäme dich! — Eine Stunde bleibst du so stehen!« — Und Deine Tochter kommt, lacht mich aus — ich aber stehe unbeweglich da, mit dem Gesicht an die Wand...

Ich weiß ja nun, daß ich Dir gehöre, daß Du mich angenommen hast, als Dein Kind, Deinen Sklaven, D e i n G e s c h ö p f, und daß mich nichts mehr Dir entreißen kann ... Ich habe mein Schlafzimmer für mich allein und kann mich ungestört der Verwirklichung meiner Traumphantasien hingeben. Ich habe mir eine dünne Kette verschafft, mit der feßle ich in der Dunkelheit meines Schlafzimmers meine Hände auf den Rücken und lasse dann den Schlüssel zu Boden fallen; es ist mir dann unmöglich, ihn wiederzufinden und das Schloß zu öffnen, bevor es am nächsten Morgen hell wird – und ich muß die ganze Nacht mit rückwärts gefesselten Händen liegen. Dadurch werde ich auch vor dem einen bewahrt, dem ich mich in den letzten schlaflosen Nächten, wenn ich Dein Bild vor mir sah, nicht mehr entziehen konnte: meine Körperkräfte über Gebühr zu schwächen durch Ausschweifungen, die zu begehen ich kein Recht habe, weil Du nicht Teil daran hast... Uge

---

Wien, den 27. Mai 1926

Uge, mein kleiner Bub, – ich bin nicht bei Dir und Du treibst, von Deiner Leidenschaft gepeitscht, den Kult mit Deiner Gebieterin zu Deinem eigenen Genuß! Deine wollüstigen Opfer, die Du der angebeteten Mutter darbringst, tragen nichts von demütiger Erniedrigung an sich, ich sehe nur, wie schamlos geil Du Dich Deiner Brunst hingibst und ich kann Dich nicht züchtigen für Deine eigensüchtigen Ausschweifungen. Dies ist kein Vorgang zu zweien mehr und der Gedanke an mich ist nur ein Vorwand für Deine eigene Befriedigung! Ich bin deshalb über meinen »Sklaven« erzürnt, und stoße Dich zur Strafe aus dem Himmel, in den ich Dich gehoben, zurück in den niedrigsten irdischen Staub!

Und dies ist mein strenger Strafbefehl gegen Dich:

Ich befehle Dir, Uge, sobald sich Deine Brunst regt, w e n n D u a n m i c h d e n k s t, als Strafe zu jeder Tages- und Nachtzeit mit D e i n e r F r a u d e n K o i t u s auszuführen, kalt, brutal und fühllos wie ein Stier, der auf höheren Befehl die Kuh bespringt. Das ist die niedrigste Strafe, die ich ersinnen konnte für Dein unheiliges Tun: I c h s c h e n k e D i c h D e i n e r F r a u, solange ich nicht anders anordne, und das gemeinste, verächtlichste und vulgärste »Vergnügen« – wie ich den tierischen Koitus nenne – soll Dir zum Bewußtsein bringen, daß Du nun den letzten Rest von Selbstbestimmung und Menschenwürde eingebüßt hast.

Während des befohlenen Koitus mit Deiner Frau, denke, daß ich Dir nahe bin, Dich sehe und mich an Deiner grenzenlosen Selbstenteignung ergötze. Du gehörst mir und ich verlange von Dir das Verächtlichste zu tun, worüber jede menschliche Seele vor Entsetzen erstarrt. — Und dann schilderst Du mir brieflich Deine Qual und jede Einzelheit Deiner Seelen- und Körperverfassung, als Du meinen Befehl ausführtest. Und wie oft es nötig war, diesem Befehl nachzukommen! Ich verbiete Dir, auch nur ein Wort der Erklärung mit Deiner Frau zu wechseln — Du hast meinen Befehl zu vollziehen, über alle Hindernisse hinweg, ohne Zaudern und Zögern ...

Daß Du vermessen genug bist, Uge, in Deine brünstigen Phantasievorstellungen meine süße Tochter hineinzuziehen, ist teuflisch! Wer bist Du? — Bist Du Uge, mein gehorsamer, ergebener, leibeigener kleiner Bub? — Fast möchte ich jetzt daran zweifeln. Beim Lesen dieser Stelle Deines Briefes erfaßte mich wütender Zorn gegen Dich, ich riß Dich im Geiste zu Boden und schlug Dich wohl fünfzigmal mit einer Hundepeitsche ins Gesicht, bis zu zusammenbrachst! Und als Du wohlgefesselt und wehrlos gemacht auf dem Bauche liegend, die scharfen Hiebe meiner Peitsche auf Deinem übrigen Körper zu fühlen bekamst, um Gnade und Erbarmen flehend, Deiner Gebieterin restlosen Gehorsam versprachst, da besänftigte sich endlich mein Zorn an Deinen Schmerzen, und im wahnwitzigen Orgasmus mißbrauchte ich Dich zum Niedrigsten ... Nicht Uge, das Kind-Weib, sondern Uge, den Mann, der unter Aberkennung seiner Männlichkeit zu Hund und Schwein erniedrigt, der Herrin jede Wollust bereitet, die ihre ewig vibrierenden Nerven verlangen — gequält und zur Sache gestempelt, aller Menschenwürde entkleidet, nur Ihrem Kult und Ihrer Anbetung lebend, in Ihrem Dienste sich verzehrend ... Du bist Uge, die geile, brünstige Hündin, als welche Du Dich in Deinem letzten Briefe mir zeigtest, und deshalb sollst Du auch wehrlos gezwungen sein, unter meiner Zuchtrute in gemeiner Schamlosigkeit meinen Befehl zu vollziehen, der Dich der Läuterung zuführt. Ein anderes Heilmittel gibt es dafür nicht!

Schreibe mir sofort ...   Dominatrix

Berlin, Mittwoch Abend

Gnädigste Gebieterin. — Vor zwei Stunden habe ich Deinen Brief abgeholt. Es ist fürchterlich. Ich kann mich nicht mehr aufrecht halten. – Habe ich Dich so schwer beleidigt, als ich mein Inneres vor Dir ausbreitete, daß Du mir dies zu tun befiehlst, was ich nicht kann. Du weißt so gut wie ich, daß Du das U n m ö g l i c h e verlangst, warum tust Du es? Um einen Grund zu haben, mich von Dir zu stoßen???

Ach, verzeih mir, ich k a n n nicht, ich habe es versucht, als ich nach Hause kam, – es war fürchterlich! Ich habe ja nur meinen Geist in der Gewalt und der w i l l gehorchen – aber der Körper – es war u n m ö g l i c h! Ich hatte den Anfang zu machen versucht, da überkam mich ein so entsetzliches Gefühl des Ekels, daß mein Magen sich umkehrte. Fürchterlich, f ü r c h t e r l i c h!!

Ach, erlaß mir das, befiehl mir das Schwerste, sieh, ich liege Dir zu Füßen, ich gehorche D i r i n a l l e m, aber hier bin ich machtlos. Ach, Herrin, verzeih mir, ich r ü h r e m i c h j a n i c h t m e h r a n, nie, nie, schon seit zwei Tagen, seit ich den Hanfstrick trage, tue ich es nicht mehr, ich werde zu Eis erstarren, wenn Du willst. Nur das nicht! Ich flehe Dich an, nimm diesen Befehl zurück, ich würde zugrunde gehen, wenn ich noch einmal den Versuch machen müßte, ihn auszuführen... Glaube mir, ich spiele nicht Theater – ich bin in entsetzlicher Aufregung. Und die Angst, Du suchtest nur einen Vorwand durch dieses unmögliche Verlangen, um mich von Dir zu stoßen.

Verzeih mir, und sei mir wieder gnädig. I c h w e r d e m i c h n i e w i e d e r b e r ü h r e n o h n e D e i n e n B e f e h l!! Ich werde nie mehr, n i e m e h r den Namen Deiner Tochter erwähnen. Verzeih mir dies eine Mal noch und Du wirst nie mehr mit mir unzufrieden sein. – Ach Du glaubst nicht, daß es noch ein Vorgang zu zweien war, was ich tat. Oh, es war das Stärkste und Mächtigste, was ich fern von Dir erleben konnte. Aber ich werde n i c h t s mehr tun, ich werde kalt sein. Verzeih mir, ich bitte Dich kniefälligst, schreibe mir bald, ob Du mir verzeihen kannst – strafe mich wie Du willst – alles, a l l e s w a s v o n D i r k o m m t, ist mein Glück, nur erlaß mir das eine, das U n m ö g l i c h e!! Heute Nacht werde ich wieder schreiben... Uge

Nacht von Mittwoch auf Donnerstag, 2 Uhr

Dominatrix, – **ich habe das Unmögliche möglich gemacht**. Aber ich bitte Dich, erlaß es mir, davon zu sprechen. Es war entsetzlich. – – Erst jetzt weiß ich, was Scham ist! – – – Ach, laß es das letzte Mal gewesen sein!!!

Donnerstag morgen

Ich brachte es heute nacht nicht mehr fertig, weiter zu schreiben. Ich war vernichtet und zerschlagen, ich glaubte, alles sei dahin.

Warum mußtest Du mir eine so grausame sinnlose Schmach antun – habe ich Dich so sehr beleidigt? – Aber ich soll es Dir ja auch noch schildern!

Als ich Deinen Brief auf dem Postamt öffnete, überfiel mich ein wollüstiges Grausen, als ich das Unfaßbare las, was Du von mir verlangtest. Und dann in der Bahn, auf der Heimfahrt, las ich es wieder – neben mir saß eine Dame, die hatte Dein Parfum, da schloß ich die Augen und es schien mir alles, alles ausführbar. Aber dann zuhause! Das Entsetzen packte mich, als ich mich vor das Tatsächliche gestellt sah. Ich war wütend über mich, biß mich in den Arm vor Aufregung und brachte es schließlich mit Gewalt dahin, daß es wenigstens physisch möglich schien.

Ich tat die ersten Schritte – fürchterlich, unbeschreiblich! Ich brach zusammen, ein Ekel schüttelte mich, der meinen Körper umwendete! Und da floh ich und sperrte mich ein und schrieb Dir. Und als ich den Brief eingeworfen hatte, wurde ich ruhiger, ich ging nachhause und begann Deine Briefe abzuschreiben und wie ich mich nun ganz wieder in diese versenkte, überfiel mich eine fanatische Wut gegen mich, weil ich Deinen Willen nicht ausgeführt hatte, und ein ekstatischer Drang, Dir zu gehorchen, koste es was es wolle... Mit Bewußtsein ließ ich meine Phantasie schweifen und steigerte mich mit allen Mitteln in eine künstlich in Spannung gehaltene Erregung hinein, dann trank ich noch viel Kognak und dann geschah es! – – –

Du wärest mit mir zufrieden gewesen: **ich war ein Vieh**. – – Aber das Vieh empfindet noch körperliche Wollust; ich aber – Ekel, **Ekel**!! Als es vorbei war, da war ich halb ohnmächtig, ich lief ins Badezimmer. – – – Nie warst

Du mir so fern wie in diesem Augenblick — ich begriff Dich auf einmal nicht mehr!

Wie konntest Du mir befehlen, etwas zu tun, was weniger eine Schändung meiner, als eine Schändung D e i n e r Person war! Hättest Du mir befohlen, mir eine wildfremde Frau von der Straße zu kaufen und mich ihr preiszugeben oder das an ihr zu tun, was der Stier tut, wenn er an die Kuh geführt wird, so hätte ich es verstanden und hätte es widerstandslos ausgeführt, voll innerer Abwehr zwar, aber doch in dem freudigen Bewußtsein, Deinen Willen zu erfüllen. Ich hätte die Augen geschlossen und es wäre möglich gewesen, wenn auch nicht leicht. Aber hier — Du weißt gar nicht, in welchen Abgrund der Erniedrigung und Gemeinheit Du mich gestoßen hast, als Du mir befahlst, dies zu tun, was nicht einmal das Tier kennt: Sexualakt ohne Empfindung, bloß Unterleib und nicht einmal dieser ganz, und was das Schlimmste ist: Du wolltest die »legalisierte« Form dieses Aktes, Du wolltest, daß meine rein und hell schwingende, f ü r D i c h schwingende Erotik g e s c h ä n d e t würde, indem Du mich zwangst, hinabzusteigen in den Sumpf des von der Polizei bewachten Ehebettes, mich zwangst, das Heiligste, was in mir ist, das allein Wertvolle: meine Seele preiszugeben zur Befriedigung »legaler Ansprüche«!!! —

Das, was ich — mit einer Ausnahme — nicht getan habe, bevor ich Dich kannte, daß mußte ich jetzt tun, weil D u es wolltest, das, was nur möglich und denkbar ist, wenn die beiden Seelen rein ineinander abgestimmt zusammenschwingen in starker Leidenschaft oder wenn sie wenigstens, getrieben von dem mächtigen Instinkt ihrer Arterhaltung, dem alles Lebendige zwingenden Naturgesetz unterliegen — was aber sonst nur Widersinn ist und kalte Gemeinheit, um so schrecklicher, als dadurch die feinsten Regungen unserer Seele in Mitleidenschaft gezogen werden.

Ekel und Scham — nun weiß ich, was das ist! — — Es ist geschehen, wie Du es gewollt hast! Bist Du nun zufrieden? — — —

Dominatrix, nur eine einzige Bitte laß mich aussprechen, ich verspreche Dir, daß es die letzte sein wird: Laß es genug sein mit diesem einzigen Mal, unter dem ich fast zusammengebrochen bin. Sieh, ich kann Dich nicht belügen: In meinem ersten Schrecken gestern abend flüsterte eine Stimme in mir:

»Schreib, du hättest es getan, wenn's auch nicht wahr ist!«
Ich habe gemerkt und weiß, daß mir das nicht möglich ist, ich m u ß Dir die Wahrheit sagen. Daher erlaß mir die weitere Ausführung Deines Befehles, der mich mit Grauen und Schrecken erfüllt hat und der alles andere in mir zerstört...

Wär ich aus stärkerem Holze, so würde ich das Schreckliche, das Unfaßbare, Unmögliche dieser Dinge nicht so stark erleben, aber meine Nerven sind nicht grob, meine Empfindungen sind nicht stumpf, und Du hast sie erfüllt mit Dir und sie schwingen nur in Dir und unter Deiner Hand!!

Herrin Dominatrix, − sieh, Uge liegt zu Deinen Füßen, tu alles mit ihm, er dient Dir mit jeder Faser seines Körpers, mit jeder Regung seiner Seele, aber steige nicht m i t i h m hinab in den Schlamm sinnloser, ekelhafter, bürgerlicher Kaninchenerotik, zu der es v o n u n s a u s k e i n e B r ü c k e gibt. Und Du würdest m i t herabsteigen, denn Du, die Du weißt, daß nur Dein Wort gilt, trägst allein die Verantwortung!!

Verzeih mir, meine Dominatrix, daß ich den Namen Deiner Tochter aussprach. Ich weiß, daß es eine Sünde war, für die ich Strafe verdiene, aber Du wolltest mich hüllenlos − ich schüttete meine Träume vor Dir aus und dabei verlor ich über mich selbst die Gewalt.

Verzeih mir, ich werde den Namen Deiner Tochter nicht mehr aussprechen, ich werde nicht mehr an sie denken als in Demut. −

Leite Du mich, mach Du aus mir, was Du haben willst: Du weißt ja, daß Du auf diesem Instrument Deines Geistes alle Melodien zum Klingen bringen kannst, die Dir zusagen. Ich bin ertragend-demütig, weiblich-hingebend, voller Glut, ein geiles Tier, schamlos und gemein, wenn es Dich erfreut! Die Welt versinkt vor mir und ich bin voll von Dir, meiner Göttin, wunschlos, willenlos, Dir hingegeben, mein ganzes Sein verströmt in Anbetung vor Dir...

Aphrodite imperatrix! − Ich küsse die Spuren Deiner geheiligten Füße, ich küsse Deine Hand, die die Peitsche trägt, ich küsse die Peitsche, die meinen Rücken zeichnet. Drücke mir das unvergängliche Brandmal meiner Hörigkeit, Deiner Herrschaft über mich auf, das mich ewig daran erinnert, daß ich D i r gehöre so wie der Name, den Du mir gegeben hast und den ich nicht laut aussprechen kann, ohne vor Scham zu erröten!

Ja, Herrin, Uge ist Dein Kind, an dem Du den Irrtum der Natur, die ihm den Körper eines Mannes gegeben hat, korrigierst — Uge ist willig, ist schamhaft-zärtlich, voll keuscher Hingebung — Uge ist gehorsam, auch wenn er vor Scham vergeht — Uge ist ein Stückchen weiches Wachs in Deiner Hand, das Du knetest in alle Formen und zu allen Zwecken... Mit zitternden Nerven und geschlossenen Augen wird er die Geheimnisse aufnehmen, die Dein Körper ihm verkündet — ausgelöscht und vernichtet wird er das tun, was die Welt das Niedrigste nennt...

Uge wird unter Deinen Händen das werden, wozu er von Anfang an bestimmt ist, W e i b, um andern Frauen untertan zu sein, — und er wird D i r untertan sein, wird D i r gehören im Leben und im Tod...

Am Samstag wird vielleicht schon ein Brief von Dir da sein, der den entsetzlichen Bann, mit dem Du mich belegt hast, wieder von mir nimmt. Du bist zwar meine grausam-wollüstige Gebieterin, aber Du bist auch die süße Mutter, die die Kräfte des Kindes kennt und weiß, was ihm schadet und die Kräfte ihres Geschöpfes für sich aufspart und zu ihrem eigenen Genuß! Herrin, verzeih Deinem Uge!

―――

Donnerstag Nachts

Dominatrix, Dein Brief von gestern läßt mir keine Ruhe! Er ist von einer so berechnenden, kühlen Grausamkeit, von einer so uninteressierten Kälte, daß mich die Angst gepackt hat. Willst Du mich denn nicht mehr? — — — Wolltest Du wirklich den Garten verwüsten, der nur für Dich blühen sollte, wolltest Du in ihm zwischen Deinen Orchideen — Kartoffeln züchten lassen? Womit habe ich Dich so beleidigt, daß Du Dein Eigentum in den Schmutz wirfst, und wenn ich Dich beleidigt habe, warum ersinnst Du keine andere Strafe, die Deinen Zorn besänftigt und auf mich wirkt, ohne daß Du Dich selbst herabwürdigst!? Du wolltest Brücken schlagen zum Gewöhnlichen — Du weißt ja nicht, w i e gewöhnlich und daher w i e undenkbar das ist, was Du verlangst! — — Sind es denn bei Dir oder bei mir lediglich kalte Libertinagen, die sich auswirken wollen, ist es lediglich der Unterleib, der befriedigt werden muß, oder aber liegt das Zentrum unseres So-Seins und unserer Verbundenheit nicht im Geiste, dem das körperliche nur notwendiges Mittel zur Verwirklichung und Darstellung ist? –

Siehst Du, Herrin, hättest Du in dem Augenblick, als ich Deinen Willen ausführte, leibhaftig vor mir gestanden, lächelnd, die Peitsche in der Hand, so wäre mir auch dies möglich und leicht gewesen. Aber dann wäre auch das Erlebnis ein ganz anderes geworden. Denn dann wärest D u ja der Mittelpunkt und der Sinn der Handlungen gewesen, alles andere nur Werkzeug und Objekt...

So aber sah ich nur das Sinnlich-Greifbare, das Tatsächliche und dies war angetan mit dem Mantel der Legalität, des Gesetzlich-Privilegierten, die ganze Situation erfüllt von einer Atmosphäre der plattesten, niedrigsten Gewöhnlichkeit, in der ich erstickte. Und auf diesem Altar sollte ich das heiligste, reinste, stärkste Feuer verbrennen – für wen??? Wer war der Gewinnende dabei? – Für mich war's ein psychischer und schließlich auch ein körperlicher Chok, dem ich fast unterlegen bin...

Herrin, ich habe das, was Du von mir verlangtest, nur vor langen Jahren in meiner Lehrzeit auf erotischem Gebiet getan, nicht oft, nie mit großem Genuß, meist aus bloßer Neugierde. Als ich mir mit der Zeit immer mehr über meine eigene, von den andern abweichende Art klar wurde, habe ich es n i e mehr getan. Nur einmal noch, vor einigen Jahren, als ich es pflichtgemäß tun mußte. Es geschah unter Qualen!!! – Dann habe ich es für immer gelassen. Einmal habe ich später einen ganz leisen Versuch gemacht, meine eigene Art der Andern zu zeigen, indem ich einmal das tun wollte, was bei Dir zu verrichten mir höchste und letzte Seligkeit ist... Da stieß ich auf ein so geradezu groteskes Unverständnis, auf ein so vollkommenes, gänzliches Versagen jeder Mitempfindung, auf eine so vollkommene Ahnungslosigkeit aller tieferen Zusammenhänge, daß ich voll Schrecken und Scham floh! – Seit der Zeit: n i e m e h r ! Und nur heute Nacht – es war entsetzlich! Was soll nur jetzt werden! Ich glaubte diese Klippe glücklich überwunden zu haben und nun stehe ich wieder

täglich von neuem vor dieser Gefahr. – J e d o c h A l l e s
w i e D u w i l l s t ! – –

Herrin, ich habe mich nicht mehr angerührt, seit ich weiß, daß Du es nicht willst, und ich werde es auch nicht tun. Meine einzige Wollust ist an Dich zu denken, Dir im Geiste zu dienen, D e i n e Wollust im Geiste zu sehen, Deiner Wollust unterworfen zu sein, in dem Vibrieren Deiner Nerven mitzuschwingen, aber passiv, regungslos nach außen zu bleiben, bis die Berührung Deiner Hand dem Stein Leben und Bewegung gibt. Ich weiß jetzt, daß ich, wenn ich vor Dir knie, äußerlich starr und kalt sein werde, meine Männlichkeit wird verschwunden und vernichtet sein, wenn Du willst, daß ich Dich liebkose. Ich werde stöhnen, unruhvoll und matt, überhitzt, wenn das heiße Fleisch Deiner göttlichen Schenkel meinen Kopf zusammenpreßt – wenn meine Zunge die Geheimnisse Deiner Göttlichkeit durchirrt, wenn Du dem Weib-Knaben die letzten Schleier unerhörter Mysterien enthüllst, wenn Du ihm die letzten Abgründe der Wollust aufdeckst... Aber ich werde starr bleiben, meine Hände werden beben, aber sie werden gefaltet bleiben, sie werden es nicht wagen, sich nach dem Verbotenen auszustrecken, so wenig, wie sie es wagen werden, Dich, meine Gebieterin, zu berühren. Nur meine Augen und mein Atem und das Zittern meiner Zungenspitze in Deinem Heiligtum werden Dir anzeigen, welches Feuer in mir brennt und mich verzehrt – – –

———

Freitag Abend

Auch heute noch kein erlösendes Wort von Dir! Die Angst beginnt schon wieder in mir. Herrin, ich will nicht klagen, aber ich l e b e von Deinen Briefen, ich hungere und dürste nach ihnen. Wie erlebe ich in ihnen die Wonnen der Erniedrigung! Wie liege ich da am Boden vor Dir! Nie habe ich deutlicher empfunden, als in Deinen Briefen, daß Du mein Schicksal bist! Ich habe ja keine größere Sehnsucht, als Dir mit meinem Leben zu dienen, solange ich atmen kann. Laß mich in Wahrheit Dein Kind sein, der Bub, den Du durch Deine weiblich-strenge Zucht zum Mädchen machst, das Du daran gewöhnst, den Irrtum der Natur an seinem Körper zu verbergen und – soweit es durch äußere Mittel möglich ist –

zu beseitigen. Den Du zu Deinem zarten, aller Männlichkeit baren Liebesgeschöpf abrichtest. Das Du zu Dir ins Bett nimmst, wo es still, ohne sich zu rühren, neben Dir schläft wie Dein Kind, das aber in höllischen Wollustqualen sich windet, wenn es Dir gefällt... Das Du abrichtest, in hündischer Demut und Selbsterniedrigung Deinen geheiligten Körper mit blinden Augen und stumpfen Sinnen zu liebkosen, bis Du den Funken in ihn wirfst, der auch seine Wollust entzündet. Dessen Mund Du erzogen hast, nicht nur stunden- und nächtelang Deiner Wollust auf jede Art, die Dir gefällt, zu dienen, sondern, das auch gehorsam und willig alles in sich aufnimmt, was Dein geheiligter Körper ihm gibt. Das Du mit den grausamsten körperlichen Qualen und seelischen Erniedrigungen an die Grenze des Wahnsinns treibst, das Du erziehst, auch die schlimmsten Züchtigungen widerstandslos und ohne einen Laut zu ertragen und die Schmerzen innerlich zu verarbeiten. Das, während Du es mit der Peitsche züchtigst, sein Gesicht zwischen Deinen weißen Gliedern vergraben hat in Deinem Schoß, in den es seine Qualen hineinstöhnt, während die Hiebe Deiner Peitsche die Tätigkeit seines Mundes und seiner Zunge langsamer oder schneller werden lassen, nach Deinem Wohlgefallen. Das hier aus der Ferne nach Dir, nach Deinem Schoß und nach Deiner Peitsche seufzt und sich windet, das aber auch fern von Dir Deinem Willen untertan ist und nicht versucht, seine Qualen zu lindern, weil es weiß, daß Du es nicht willst. — — —

Herrin, gib mir bestimmte und genaue Verhaltungsmaßregeln für mein ganzes tägliches Leben! Ich bitte Dich, laß alle Kleinigkeiten von Deinem Willen abhängen. Gib mir Vorschriften für Essen, Trinken, Kleidung, für meine Tagesarbeit, für alles, alles! — Du, meine Göttin, nimm die Zügel fester in die Hand, setz' Deinen Fuß auf meinen Nacken — ich gehöre D i r !

Ach, Dominatrix! — ein Koitus mit der Andern ist ja ein Un-Ding, er k a n n n i e, nie mehr vorkommen! Laß mich mein glühendes Gesicht zwischen Deine Hinterbacken drücken und dort das Symbol Deiner Göttlichkeit, Deiner Herrschaft über mich in Demut und Innigkeit anbeten. Sieh, mein Körper liegt vor Dir ausgebreitet, er öffnet sich Dir ganz, gib Deinem Sklaven a l l e s von Dir!

Sage mir, was ich tun soll, um die männlichen Attribute zum Schwinden zu bringen. Am einfachsten wäre das Messer! Aber was wäre ich dann noch? Ein armseliger Zwitter, der auch Dir nichts mehr bedeuten könnte. – Oder eine Infibulation? Aber welcher Arzt führte sie aus? Hier in Berlin sicher keiner! Und dann müßtest Du selbst ja auch dabei sein, um Schloß und Siegel anzulegen. Ich weiß keinen Rat. Warum gibt es kein harmloses Mittel, um jenen Teil ganz zum Schwinden zu bringen, ohne daß damit zugleich auch Anlage und Trieb, durch die allein ich Dir etwas bedeute, verschwinden? Wie wäre ich glücklich, wenn das möglich wäre!

Ach, wenn Du nur selbst einmal kämest! Wenn ich daran denke, daß Du mich bald sehen willst, so erstarrt das Blut in meinen Adern. Du hättest das Mittel, wenn ich mich jemals vergessen sollte und eine Erregung zeigte, die Dir mißfällt: die Peitsche! Oh, es gibt kein wirksameres Mittel, jede selbständige Regung und Erregung so schnell in mir zu ersticken, alles Eigene so gründlich aus mir herauszutreiben, als die Peitsche in D e i n e r Hand!

Ich bitte Dich, meine Herrin, bestimme Du den Verlauf meines täglichen Lebens, ich kann es ja ganz nach Deinem Gutdünken einrichten. Ich schwöre Dir, daß ich treu und gewissenhaft Deinen Willen ausführen werde, jetzt und allezeit! Von 8 bis 13 Uhr bin ich täglich im Dienst, nachmittags arbeite ich manchmal auf der Bibliothek, sonst zuhause, abends bin ich immer zuhause, auch Sonntags den ganzen Tag. Ich habe seit jeher nicht viel Wert auf Umgang mit Menschen gelegt und sitze daher meistens allein in meinem Zimmer, oft tagelang, ohne mit einem Menschen zu sprechen. Zwei- oder dreimal muß ich abends zu Sitzungen gehen. Alkohol und lärmende Restaurants liebe ich nicht, das einzige Getränk, das ich tagsüber zu mir nehme, ist starker Kaffee. Das ist jetzt der tägliche Verlauf meines Lebens.

Und noch etwas laß mich Dir sagen: Ich habe vor, am 15. Juni auf zwei Tage zu verreisen, um an einer Tagung teilzunehmen. Erlaubst Du es mir, oder willst Du, daß ich hier bleibe? Bestimme Du, meine Gebieterin, und ich werde freudig folgen!

Ich bitte Dich inständigst, Dominatrix: Schreibe bald Deinem   Uge

Samstag Morgens

Herrin, ich bin am Verzweifeln! Ich bin auch in maßloser Erregung, die nicht durch »Opfer« befriedigt werden kann. Gestern konnte ich nicht mehr weiterschreiben. Ich schloß mich in mein Schlafzimmer ein – ich war in wahnsinniger Aufregung! Es war ein wüster, alles vernichtender Sturm, der mich durchbrauste und der meine Glieder im Krampf auseinanderzerrte. Ich war beschämt und verwirrt, als es vorbei war, denn d i e s e Art, Dir zu opfern, ist nicht die richtige. Verzeih mir, Dominatrix, und strafe mich dafür, ich habe ganz die Macht über mich verloren, weil Du mir nicht mehr schreibst.

Meine männlichen Körperteile, die ich nicht ansehen kann, seit ich sie auf Deinen Befehl zu dem Entsetzlichsten gebrauchen mußte, haben, wie Du weißt, nicht oft das getan, was wir mit den Kaninchen gemeinsam haben, und seit drei Jahren gar nicht mehr, bis zu jenem Grauenhaften, das Du haben wolltest, und das mich noch immer viel von meiner Ruhe kostet. Jenes eine Mal hat wieder Wünsche und Erwartungen hervorgerufen – (nicht bei mir, natürlich!!!) – die vorher längst beschwichtigt waren, die mir aber jetzt mit manchmal peinlicher Deutlichkeit ausgedrückt werden. Ich bemühe mich zu tun, als verstände ich sie nicht, aber ich fürchte, wenn es so weitergeht, werde ich einmal brutal meine Ablehnung aussprechen müssen. Mein Widerwille gegen all das ist ja so unsagbar groß, daß ich nicht einmal daran denken kann! Und nun muß ich täglich Blicke, Worte über mich ergehen lassen, die ein Grausen in mir hervorrufen! – Du hast es gewollt, Herrin, und was Du willst, ist gut! –

Süße, angebetete Dominatrix! Wann werde ich wieder einen Brief von Dir bekommen, der mich von aller Vulgarität um mich herum befreit??? Deine Briefe sind a l l e s für mich, solange Du selbst nicht da bist und ich vor Dir knien kann...

Uge

Telegramm aus Wien an Dr. Eugen Beyer, Berlin:
Strafe erlassen und alles verziehen – Dominatrix

Wien, am 2. Juni 1926

Uge – Mein Kind-Mädchen, in welcher Gestalt Du mir am wohlgefälligsten bist! Um Deines heutigen Briefes willen, dessen Inhalt sich vollkommen mit meinen Träumen deckt, um Deiner Inbrunst willen zürne ich Dir nicht mehr! Ich habe nur Deiner blindwütenden Brunst befohlen, das verächtlichste Werkzeug des tierischen Koitus zu sein; nun aber ist mein Zorn besänftigt. Ich wußte ja, daß dieser Strafbefehl das Entsetzlichste war, was Dich treffen konnte. Ich fühlte selbst das lähmende Grauen meines Befehls, der Dich in Bann schlug.

Nun wirst Du morgen diesen Eilbrief erhalten, der Dich wieder froh macht. Ich telegrafierte Dir auch, um Dich rascher zu befreien.

Nicht der Umstand, daß Du vor mir Dein Inneres ausgebreitet hast, hat mich gegen Dich erzürnt, sondern, daß Du Dich an Deiner eigensüchtigen Wollust berauscht und Deiner hündischen Brunst gefrönt hast. Ich empfand Dich als den gemeinen Alltagsmann, der seiner vulgären Geschlechtsgier nachjagt. Dafür gab es nur d i e Strafe, die ich aussprach.

Uge, in Deinem Brief sprichst Du in einem Ton zu mir, der Dir mir gegenüber n i c h t zukommt. Du machst zuviel Redensarten, erzählst zuviel Nichtigkeiten und hast die Anmaßung, eine eigene Meinung zu haben. Das kommt Dir nicht zu, ist Dir unangemessen! Und noch etwas irritiert mich, erzürnt mich gegen Dich: Die Ungebührlichkeit Deines »Befehlens«! Dadurch greifst Du den berückendsten Ereignissen vor, raubst ihnen die Ursprünglichkeit und allen Reiz! Gleich in Deinem zweiten Brief hast Du geschrieben: »Nennen Sie mich Du und bei meinem Vornamen...« (Ich hätte dies aus eigenem getan und es hätte eine schönere Wirkung gehabt!) Von Dir war es äußerst unpassend. Und dann: »Gib mir genaue und bestimmte Vorschriften...« (Du hast mir doch nicht zu befehlen, was ich befehlen soll!) Oder: »Nimm die Zügel fester in die Hand, setz Deinen Fuß auf meinen Nakken...« –

Ich w i l l es nicht, Uge! Befiehl es Deiner Haushälterin oder einem Dienstmann, aber nicht Deiner Gebieterin! Ich verabscheue alles Mechanische, Gewollte und Absichtliche! Ich k a n n nichts gegen mein Gefühl tun. Alles, was kostbar und wertvoll ist, entspringt ihm spontan!

Ich will auch nicht mehr hören, daß Du von Dir als »Sklaven« sprichst! Ich verabscheue dieses Wort als abgeschmackt und komödienhaft, es war mir schon immer verhaßt, es ist ein dummes, albernes, nichtssagendes Wort, ein abgegriffener häßlicher Ausdruck, der dazu noch den üblen Beigeschmack einer geschäftsmäßigen Bezeichnung für einen bestimmten Ablauf der sexuellen Funktionen hat! Es liegt für mich ein so abstoßend männlicher Begriff dahinter, daß ich dieses Wort nicht ohne Überwindung anhören kann!

Uge, Du bist nicht mein »Sklave«, Du bist meine treuergebene, hingebungsvolle M a g d, die ein Teil von mir ist und deren weiblich-kindliche Seele sich bloß in eine äußerlich-männliche Form verirrt hat. Dein tägliches Gebet soll lauten: »Sieh, ich bin die Magd meiner Herrin und das Männliche an mir ist das zu tiefst Gehaßte!« –

Aus demselben Grund wie das Wort, hasse ich auch alle sadistisch-masochistische Literatur. Ich kann nichts von alldem lesen, es geht mir wider den guten Geschmack! Und erst die Masochisten aus Mode und Sensation! – »Ich bin Ihr Sklave, bitte, peitschen Sie mich!« – Oh, Uge, wie ekelhaft sind die Menschen, die mechanisch ihre Geschlechtsgier nach bestimmten Riten befriedigen können! Nur kalte Zoten ohne Leidenschaft, geistlose Obszönitäten, ganz und gar Unterleib, gänzliches Fehlen der Fähigkeit, ihren Eros aus dem Geiste heraus zu gestalten.

Du fragst, wie Du Dein Glied zum Verschwinden bringen kannst? Nimm ein vier cm breites Band, umwickle damit Deinen Penis, lege ihn zwischen die Beine nach rückwärts und binde ihn in dieser Lage mit den Bandenden um Deine Hüften fest. Gewöhne diesen eigenwilligen Teil dauernd an diese Lage! Wann und wie Du mir opfern darfst, werde ich bestimmen.

Du fragst, was Du essen sollst? Die Reste, die auf meinem Teller liegen bleiben. Trinken? Nur das, was in meinen Gläsern und Tassen zurückbleibt. Kleiden? Von mir abgelegte Kleider, Wäsche, Strümpfe, Schuhe und Handschuhe. Schlafen? Zwischen meinen Schenkeln soll Dein Kopf gebettet sein. Tagesarbeit? Bei mir sein, von mir erfüllt sein, an mich denken...

Uge, mein weiblicher Knabe, es ist wunderbar, wie gleichartig unsere Charaktere sind! Was Du mir von Deinen Neigungen erzählst, haben wir gemeinsam. Allen Zerstreuungen und Vergnügungen weiche ich aus. Wie gerne würde ich die Ernährungsfrage bei Dir bestimmen. Du müßtest auf weibliche Art ernährt werden, weibliche, klösterliche Speisen erhalten. Sag Dich von der Küche Deiner Haushälterin los. Begib Dich ganz in meine Abhängigkeit. Ich werde für Dich sorgen!

Fahre auf meinen Befehl hin zur Tagung und stelle Deine Wissenschaft in ein schönes Licht. So reist Du am 15. in meinem Auftrag und denke, daß es mein Wille ist, der Dich leitet. Zigaretten für die ganze Woche bis Samstag, den 15. sind Dir n i c h t erlaubt. Erst auf der Reise zur Tagung darfst Du wieder drei Stück täglich rauchen. Laß Dich nicht von Deinen mitreisenden Kollegen verleiten, mein Gebot zu übertreten.

Während dieser Reise und des Aufenthaltes bei der Tagung hast Du den Hanfstrick so am bloßen Leib zu tragen, wie ich es Dir vorschreibe. Du darfst mir wieder opfern, aber nur in meinem geistigen Beisein. Es darf nur geschehen, wenn Du meinen Willen so zwingend in Dir fühlst, daß Du es in meinem Antrieb und in meinem Gedenken tust und nicht zu Deiner eigenen Befriedigung. Du mußt die Riten erfüllen, die nötig sind, um geistig mit mir vereint zu sein. Du kleidest Dich vollständig aus, Punkt neun Uhr abends werde ich zu Dir ins Schlafzimmer treten. Du legst den dicken Hanfstrick um Deine Lenden, ziehst die beiden Enden zwischen den Beinen hindurch von vorne nach rückwärts, und spannst den Strick sehr straff, um ihn am Gürtel fest zu knüpfen. Dein nacktes Glied bleibt frei.

Punkt neun Uhr fühlst Du, daß ich bei Dir bin und empfindest die spontane unmittelbare Wirkung meines Einflusses auf Dich, dem Du wehrlos und willenlos unterliegst. Wenn Du nackt in Deinem Zimmer, mit fest gegürtetem Leib, vor meinem Bild kniest und mit glühendem Gesicht mich anbetest, ruhe ich unbewegt auf dem Sopha und betrachte wohlgefällig Deine Nacktheit. Ich sehe die Aufgeregtheit Deines steif und starr erigierten Gliedes und Du schämst Dich vor meinen Blicken. Deine Sinnesverwirrung regt mich auf, ich sage tonlos: »Komm näher, Uge, – knie nieder vor mir, – küsse meine Füsse, meine Knie . . .« –

Deine Zunge irrt demütig über meinen ganzen Körper, sie

kost mich an allen Stellen, wo meine Nerven empfindlich sind, von den Sohlen meiner Füße angefangen bis zu meinem Busen und den beharrten Höhlungen meiner Achseln und den Härchen meines Nackens. Dann prüfe ich Dich, ob Du die besonderen Zungenübungen, die ich wünsche, zu meiner Zufriedenheit geübt hast! –

Du zitterst. Ich lege meine weißen Schenkel wie Polypenarme um Deinen Hals und zwinge Dich sanft, Deine Zungenliebkosungen dort auszuüben, wo mir die höchste Wollust erblüht. Voll Hingabe und Demut erfüllst Du Deine Aufgabe, an allen Gliedern zitternd, stundenlang! – Stundenlang küßt Deine Zunge, die glühende dunkle Spalte zwischen meinen Schenkeln, bis mein heißer Tau Dein ganzes Gesicht, Augen, Mund und Nase benetzt und Dich in wahnwitzige Aufregung stürzt ... In ekstatischem Verlangen fordere ich von Dir das Opfer des Kindes, das Opfer des Priesters, das Opfer der Magd ... Du bist Dir Deiner körperlichen Wollust so wenig bewußt, daß Du rein mechanisch Deine Hände bewegst, Du opferst mir, Deiner Göttin, Dein Stöhnen singt mir Hymnen und Du bemerkst die Auslösung erst, wenn Du mitten im orgastischen Taumel zusammenbrichst ...

Uge, ich erwarte Dein Opfer! Dominatrix

Samstag Abends

Dominatrix, süße, geliebte, mütterliche Herrin, ein Überschwang unendlicher Dankbarkeit gegen Dich erfüllte mich, als ich heute morgen Dein Telegramm in den Händen hielt und las, daß Du nicht nur die Strafe von mir genommen, sondern daß Du auch verziehen hast. Und dann heute abend Dein Eilbrief. Noch nie war meine Seele so voll innigster, kindlicher und wahrhaft weiblicher Zärtlichkeit gegen Dich erfüllt, Dir so hemmungslos und ohne Vorbehalt hingegeben, wie beim Lesen Deines Briefes.

Ein ganz unkörperliches Berauschtsein von Dir, das nichts mehr an sich hat von der entsetzlichen Brunst, durch die meine letzten Briefe Dir mißfallen haben. Du große Künstlerin, spielst auf meiner Seele wie es Dir gefällt. Als ich Deinen Brief gelesen hatte, da habe ich getan, was Du mir erlaubt hast: Ich habe Dir – geopfert. Aber wie verschieden

war dies Opfer von den früheren! Damals war es stürmische, geile, aktive Brunst – jetzt aber nichts als ein Erfülltsein von einer unnennbar süßen, unkörperlichen Zärtlichkeit gegen Dich, meine Mutter und Gebieterin, nichts als ein vollkommen passives, in Seligkeit aufgelöstes Ausgebreitetsein vor Dir, Inbesitzgenommen werden durch Dich, ein langsames wonnevolles Versinken in Dir!
Der körperliche Vorgang dabei war so unwesentlich, daß es mir gar nicht bewußt wurde, als er zu Ende war – er kam ungewollt und nicht in einer Explosion, sondern in seligem und nur ganz zart an- und abschwellendem Verfließen und Verdämmern.
Meine süße Gebieterin, da bin ich so ganz kindliches Weib gewesen, wie noch nie vorher, Weib, bestimmt, dem Weibe untertan zu sein – es war nicht mehr Hingabe, denn auch darin liegt noch etwas von »geben«, nein, es war ein Genommenwerden, ein wehrloses Preisgegebensein, nichts mehr von eingenem Wollen, eigenem Trieb, eigener Lust, nur mehr ein Erfülltsein und Bewegtsein von der Lust der Herrin! – So wie ich aufgelöst vor Deinen Blicken lag, so wird, glaube ich, die jungfräuliche Frau vor den Augen des Mannes liegen, den sie liebt, wenn sie nur noch zwei Worte stammeln kann: »Nimm mich!« – – – – –
Meine süße Göttin und Mutter, diesmal war es kein »paradis artificiel«, diesmal war es wirklich und wahrhaftig ein Vorgang von zweien, und so unendlich verschieden von allen früheren Räuschen, das diese mir jetzt schal und leer vorkommen. Deshalb werde ich auch – mit Deiner Erlaubnis – nur in ganz seltenen Feierstunden meiner Liebe dies Erlebnis zu wiederholen versuchen, soweit man überhaupt in diesem Falle »versuchen« kann, – denn es kommt von selbst und ungewollt. –
Nur eines könnte mich jetzt fast beängstigen. Seit einer Woche, seitdem ich mich nach Deinem Willen nicht mehr berührt habe – von jenem Entsetzlichen laß mich schweigen – ist mir das Körperliche in einer Weise Nebensache geworden, die fast unnatürlich ist. Zuerst mußte ich es mit allen Kräften und mit Gewalt unterdrücken, aber dann kam es, daß gerade die Enthaltsamkeit (die mir körperliche Schmerzen verursachte) mir eine neue Quelle innerlicher Wollust

wurde. Aber ist das nicht eine Gefahr? Ist das Körperliche nicht das notwendige Gefäß für die Gestaltung des Geistigen? Und ist nicht zu befürchten, daß durch die Vernachlässigung des Körperlichen eine solche Verkrümmerung und Sublimierung des Erlebnisses eintritt, daß es sich schließlich ganz verflüchtigt? – Sage mir, wie das ist, Du bist klug und ich werde so sein, wie Du es sagst ...

Ich danke Dir, daß Du mir Vorschriften gegeben hast für mein tägliches Leben. Es ist etwas seltsames vorgegangen in mir, Deine Einflüsse haben mich in eine neue Form gegossen. Das Nicht-Männliche in mir ist jetzt so stark geworden, daß ich männliche Dinge wie Rauchen, Trinken und noch anderes, mit andern Augen ansehe als früher.

Göttin, Herrin, Mutter, ich bin auf ewig und immer D e i n, ich lebe in Dir! Ich flehe Dich an, komm bald nach Berlin. Uge

---

Wien, den 10. Juni 1926

Weinst Du, Uge? – Aus Deinen Briefen klingt es wie Weinen. Meine Nerven sind in Aufruhr – es gibt keine Entspannung, solange Du fern von mir bist! Ganz abhängig müßtest Du sein von mir, kein selbständiges Wesen mehr ... Ich fühle Deine zärtlichen, weiblich blickenden Augen auf mich gerichtet, voll Hingebung und Demut. Ich empfand, wie Du selbst das Schmachvolle der Tatsachen, in die ich Dich gezwungen habe! Es war Wahnwitz, was ich mit Dir tat, aber ich rechnete doch mit einem Rest von robuster und primitiver Weiblichkeit Deiner Frau, die diesen Affront Deiner durch mich befohlenen Annäherung an sie in wilder Auflehnung des Gefühls abwehren würde ...

So hätte die Sache einen gewünschten Abschluß gefunden und Du wärest gar nicht in die Lage gekommen ... Was ist es für eine Frau, die eine solche Ungeheuerlichkeit gleichgültig, ja, vielleicht als selbstverständliche Befriedigung legaler Ansprüche ergeben hinnimmt!!! Diese Haushälterin ist wirklich zu wenig, um in unserem Geschick eine Rolle zu spielen.

Welche ungeheure Sicherheit bedeutet es für Dich, daß ich Dich nicht mehr zurückstoße in Dein früheres Nichts. Ich, Deine Gebieterin, übernehme alle Verantwortung für Dich.

Du bist ganz mein Eigentum, über das ich nach Belieben schalten und walten kann ... Dein Schicksal ist besiegelt und es ist ganz von selbst gekommen, daß Du mein Eigentum geworden bist.

Ich erlaube Dir auch nicht, daß Du am 15. und 16. zur Tagung fährst, sondern rufe Dich an meine Seite nach Wien, wo Du am 14. eintreffen sollst. Gleich nach Deiner Ankunft begibst Du Dich zu mir, damit ich Dich endlich auch körperlich besitze und Du zu meinen Füßen knien kannst, daß Du endlich die Gewißheit erlangst, ob ich Dich behalten will oder nicht! In Dir ist keine Spur von Widersetzlichkeit, denn alles geschieht nach meinem Willen und unter meiner Verantwortung!

Triff sofort alle Vorbereitungen für Deine rascheste Abreise nach Wien für einen Aufenthalt von vier Wochen. Alles andere bestimme ich. Ich erwarte Deine Nachricht von Tag und Stunde Deiner Ankunft bei mir ...   D.

Berlin, am 14. Juni 1926

Meine süße, angebetete Herrin, — gestern Nacht kam Dein Eilbrief, der mich zu Deinen Füßen ruft! —

Dominatrix, laß mich nüchtern bleiben, denn ich muß Dir etwas sagen, was ich Dir hätte schon längst sagen müssen, aber ich schämte mich zu sehr, von diesen Dingen zu Dir zu sprechen ... Nun muß ich es Dir sagen — mit dürren Worten, denn anders kann man über diese Dinge nicht reden, wenn man bei der Wahrheit bleiben will. Dominatrix, ich kann nicht nach Wien kommen, mir sind wirtschaftlich die Hände gebunden.

Herrin, ich lebe nicht in äußerem Wohlstand. Mein Einkommen ist ein Existenz-Minimum, ich selbst bin gänzlich unfähg mit Geld umzugehen, und es bedarf des genauen Rechnens derjenigen, der Du den richtigen Namen gegeben hast, um zu verhüten, daß die Karre stecken bleibt. Sie ist dazu geeignet und geht darin auf.

Dominatrix, verzeihe mir, daß ich Deinem Befehle nicht nachkommen kann, ich bin dagegen machtlos. Verzeih mir, daß ich Dir Dinge schreibe, — schreiben muß, gerade in dem Augenblick, wo Dein Brief mir wieder gezeigt hat, was Du mir bist. Aber muß ich Dir das nicht sagen, weil ich ehrlich und wahrhaftig gegen Dich sein muß, weil Du alles von mir und über mich wissen mußt!? –

Es ist eine große Qual für mich, daß ich gezwungen bin, es niederzuschreiben, ich schob es auf von einem Tag zum andern, aber es geht nicht mehr länger, wenn ich nicht unehrlich sein will – mein Gewissen ist schlecht und die ewige Angst, daß daran schließlich noch alles scheitern könnte, ertrage ich nicht mehr... Alle Briefe, die ich Dir bisher schrieb, waren für mich eine Quelle höchster Erhebung – dieser hier drückt mich zu Boden nieder, er fällt mir entsetzlich schwer.

Was wirst Du nun sagen? Was wird nun kommen?

Dominatrix, – wie auch immer Deine Antwort ausfallen möge, ich bitte Dich um das Eine: Sag es mir gleich und sag es mir offen. – Und sei versichert, Du bist und bleibst das einzig Wertvolle in meinem Leben, alles andere ist nichts und wird nichts sein, ich werde innerlich ewig mit Dir verbunden sein, auch wenn Deine Entscheidung gegen mich ausfällt. Ach, Dominatrix, antworte mir bald...

Heute abend um 9 Uhr habe ich getan, was Du wolltest. Es war eine Stunde höchster Seligkeit, geladen mit Schwermut und mit der dumpfen Angst, es könnte die letzte sein. Ich wünschte nicht mehr zu erwachen, weil ich fürchtete, vor dem Nichts zu stehen. – Ich werde sehr leiden, bis ich Deine Antwort habe.

Süße, angebetete Gebieterin, antworte mir bald. Ich möchte Dir heute abend so viel schreiben – wie mein Herz geschmolzen wurde von den glühenden Worten Deiner Briefe, daß ich mich wand in wollüstiger Todesqual! Welch grenzenlose unsagbare Seligkeit – aber diese quälenden Zweifel. – – – –

Laß mich schweigen. Was ich Dir erzählen müßte, würde durch den übrigen Inhalt meines Briefes entweiht werden. Meine Gedanken sind schwer – ich sehe vor mir, was für mich auf dem Spiele steht. Wenn ich Dein Bild ansehe, vor dem ich knie, – ach, ich kann es Dir mit Worten gar nicht sagen, was ich vor ihm empfinde – dann schöpfe ich Hoffnung – – aber die Angst!! – – Und ich schwöre Dir nochmals: Wie auch Deine Entscheidung ausfallen möge, – ich werde Dir, meiner Mutter und Göttin, ewig dankbar sein, denn Du hast mir das Leben gegeben... ⎯⎯ Uge

Dienstag Abend

Dominatrix, mein Herz verzehrt sich nach Dir! Das Schweigen, das ich mir selbst auferlegen wollte, bis ich Deine Antwort erhielte, halte ich nicht mehr aus, schon heute nicht mehr. Ich knie vor Deinem Bilde – –

Dein Bild mit dem lachenden Gesicht und dem halbgeöffneten Mund, Deine Hände, die den Körper Deiner Tochter – deren Namen ich seit jenem Brief, den Du »teuflisch« nanntest, nicht mehr auszusprechen wage vor Scham – so fest und sicher halten, haben mein Schicksal besiegelt. Wie es ausfallen wird, werde ich in drei Tagen wissen. Entscheidest Du f ü r mich – ach, Dominatrix, Mutter, Göttin, ein solches Glück kann ich gar nicht ausdenken! Entscheidest Du gegen mich, so heißt das Weiterirren im Dunkeln bis zum trostlosen Ende, nur mit der einen tröstenden Gewißheit im Auge, daß e i n e Frau lebt, der ich bestimmt bin und für die ich lebe, und dann erst wird für mich das Wort gelten: »Wenn ich Dich liebe, was geht's Dich an!« –

Ich bin seit gestern, seit ich den Entschluß faßte, Dir a l l e s zu sagen, auf die Gefahr hin, verlassen zu werden, nicht mehr froh geworden. Oft fragte ich mich schon, ob es nicht besser gewesen wäre, zu schweigen und den Traum so lange wie möglich weiter zu träumen . . .

Der Brief von gestern ist mir sehr schwer gefallen, aber er mußte geschrieben werden. Ach, wie werden diese drei Tage vergehen bis zu Deiner Antwort!

Ich bin unfähig zu denken, unfähig zu arbeiten. Dein Bild steht vor mir, überall, im Bureau und hier, ich sauge mich an es fest und versuche zu träumen, alles sei gut. Aber mein Herz ist unruhig und meine Träume zerfliegen, meine Nerven sind zum Zerreißen gespannt. Deine Entscheidung wird eine schwerwiegende Entscheidung für mich sein. Ich bitte Dich nur um eines: Gib sie mir bald und gib sie mir offen.

Ich kann nicht mehr schreiben, verzeih mir, Dominatrix! Meine Unruhe ist zu groß . . .   Uge

---

Mittwoch Morgen

Dein letzter Brief ist so seltsam, es ist so viel Unruhe in ihm, ganz anders als sonst. Deine früheren Briefe waren alle so voll süßer, umfangender Zärtlichkeit, so voll Sicherheit im Geben und Nehmen, daß ich mich mit geschlossenen Augen Dir überließ und an Deiner Hand wie im Traume wandelte und die schwere Süße Deiner Worte in mich aufnahm. Dieser Brief aber hat mich aufgeschreckt. Dominatrix, verzeih mir, ich bitte ja um nichts. Ich weiß, daß ich nicht bitten soll und darf. Das einzige, was mich in dieser Woche aufrecht erhalten wird, ist, daß dann a l l e s entschieden sein wird — so oder so! Aber wie lange ist eine Woche!

In wie wunderbarer Weise hat mir Dein Brief wieder gezeigt, daß ich ein Teil von Dir bin: Sieh, das Wort »Sklave« war auch mir immer verhaßt; es ist nur bei denjenigen im Schwang, die Du Mode-Masochisten nennst, diesem widerlichen und ekelhaften Affenzücht, als beliebter Terminus technikus für ihre aus dekadentem Schwachsinn und Rückenmarkstörungen geborenen »Passionen«. Bei ihnen ist es im Kurs. Ich konnte das Wort nie in den Mund nehmen, es widerstrebte mir immer, es niederzuschreiben, aber ich konnte nicht wissen, ob es nicht für Dich einen besonderen höheren Sinn habe. Nun, da ich Klarheit habe, wird es mir nicht schwer sein, dies Wort zu vermeiden. Du hast mir die richtige Bezeichnung gegeben! Welch ein Strom von unsagbarem Entzücken ging durch mich, als ich diesen Satz las! »Sieh, ich bin die Magd meiner Herrin!«

Ja, meine gütige, süße, über alles angebetene Herrin, sieh, ich bin Deine Magd, sieh, ich liege vor Deinen Füßen und trockne Dir Deine Füße mit meinen Haaren, sieh, ich küsse mit leisem und zartem Kuß, in scheuer Innigkeit die Nägel Deiner Zehen, sieh, ich presse meinen Mund auf die Pforten Deines Leibes, dorthin, wohin Dein Finger leise winkend deutet ...

Deine Magd, die die Überreste Deines Tisches verzehrt, die ihren Körper einhüllt in das, was von Dir kommt — — Herrin, s i e h , i c h b i n D e i n e M a g d — s i e h , i c h v e r g e h e i n D i r ! ! !

Herrin, Du, die für mich der Mittelpunkt der Welt ist, verzeih mir, daß ich durch mein »Befehlen« Dir vorgegriffen habe. Ich weiß, daß es Unrecht war. Die Form meiner Worte waren nicht angebracht, und der Inhalt noch weniger, ich weiß es. Verzeih mir, ich werde anders werden. Nur das ist höchste, unendliche Seligkeit für mich, ein Glück, das Worte nicht beschreiben können: In Dir zu sein, und Du, meine Göttin und Mutter, in mir. H e r r i n, s i e h, i c h b i n D e i n e M a g d, m i r g e s c h e h e n a c h D e i n e m W i l l e n! – Fühlst Du etwas von der unsagbaren Seligkeit, die für mich in diesem Bekenntnis liegt?

Herrin, von der Andern erlaube mir zu schweigen. Laß sie, es ist eine andere Welt!

Oh, wäre doch die wahnsinnige Angst vorbei, mit der ich auf Deine endgültige Entscheidung warte. Ich leide sehr.

Dein Uge küßt auf dem Papier die Stelle, auf welcher Deine Hand geruht hat. Uge

---

Wien, den 20. Juni 1926

Uge, Du naseweiser, lächerlich vernünftiger Bub! – Was geht es mich an, wie viel Einkommen Du hast und wofür Du es verwendest u. s. w. Ich habe auch gar keine Vorstellung, ob es viel oder wenig ist. Mein Wunsch, Dich ganz von mir abhängig zu machen, ist nur in wahnwitzigen Ekstasen denkbar, aber nüchtern nicht realisierbar! Mein Brief war in wildestem Orgasmus geschrieben! Fühltest Du das nicht? Warum antwortest Du also in nüchternen Ziffern, die für mich nichts bedeuten können. Ich verbinde damit keine Absichten und Ziele. Aber es ist nicht ganz unwichtig, daß ich es jetzt weiß, damit ich nichts von Dir verlange, was unmöglich ist. Es ist also gut, daß Du mir alles gesagt hast und ich so unerwünscht in Deine Angelegenheiten Einblick bekommen habe.

Aber wie schlecht beurteilst Du mich, wenn Du fürchtest, daß ich mich deshalb von Dir abwenden könnte! Es ist alles so wie früher, nur die Ekstasen sind durch Deine Vernunft verflüchtigt. Sie werden wiederkommen, sobald Du von allen banalen Äußerlichkeiten schweigst. Was geht uns das Geld an? Wir wollen unsere Leidenschaften erleben und können sie verwirklichen. Sie liegen in uns, sie sind da und lassen sich nicht für alles Geld erkaufen! Die kalte Vernunft ist das Grab aller Gefühle ...

Das einzig Störende ist für mich Dein Verheiratetsein, aber habe ich Dir schon einen Vorwurf daraus gemacht? Und es stört mich gefühlsmäßig und nicht verstandsmäßig!

Gestern war ich bei meiner Tochter. Dieses süße Geschöpf ist unbeschreiblich. Ich liebe nur sie, restlos, vernunftslos. Sie ist mein richtiger, Wirklichkeit gewordener Traum. Sie hat einen aktiven primären Affekt von T. B. Das zarte Kind hat unter der Katastrophe, die die Mutter betroffen, am schwersten gelitten ...

Du fürchtest für das Fortbestehen unserer Gefühle? Ich kann einmal nichts Gewaltsames vertragen. Was fürchtest Du im Hintergrund? Du zitterst um Deine Stellung, um Dein Einkommen? Wie kleinlich! Das wahre Leben beginnt erst dann, wenn man der Gesellschaft den ganzen Plunder vor die Füße geworfen hat!

Die Welt hat mir das ungeheuerlichste Unrecht zugefügt, sie hat mir mein äußeres Leben zerschlagen, hat mein Kind wie ein Stück Vieh von meiner Seite gerissen, aber mein inneres Leben ist dadurch nur reicher geworden!

Ich bin mit Dir zufrieden, Uge, besonders weil Du Dich so gezeigt hast, wie Du bist. Du bist noch nicht weise genug, bist noch zu sehr in den Fesseln der Welt verstrickt.

Alles zwischen uns muß sich von selbst ordnen. Aber nur nicht vorgreifen, nur nicht etwas herbeiführen wollen, was zu rechter Zeit von selbst kommt ... Dominatrix

---

Berlin, Samstag Nachmittag. Auf dem Postamt

Dominatrix, ich habe gezittert vor Schmerz, als ich Deinen Brief las. Hattest Du wirklich ein Recht anzunehmen, ich könnte Dir üble Absichten unterstellen, als ich Dir von meiner wirtschaftlichen Gebundenheit sprach? Für so schlecht hättest Du mich nicht halten sollen.

Und daß ich nicht gegen die »Gesellschaft« und ihre äußeren Formen ankämpfen kann, Herrin, kannst Du das denn gar nicht verstehen und verzeihen? Und dann, hast Du denn nicht auch unter diesem Koloß »Gesellschaft« geblutet, hat er nicht auch Dein Leben zertrümmert, weil Du Dein eigenes Leben unabhängig von ihm aufrichten wolltest? Ich bitte Dich tausendmal um Verzeihung, daß ich von diesen Dingen spreche, die vergangen sind, und über die eine Meinung zu haben, ich mir nicht anmaße — wenn ich eine hätte, wäre es die, daß Du ohne »Schuld« bist, aber ich habe darunter gelitten und leide noch, daß Du es nicht für gut erachtet hast, mir Dein Vertrauen zu schenken, so wie ich Dir restlos vertraut habe und die innersten Winkel meines Herzens vor Dir öffnete.

Sieh, Dominatrix, s e i t z w e i J a h r e n habe ich von D i r geträumt, seit zwei Jahren trug ich Dein Bild, eine grobe und schlechte Zeichnung, aus einer Zeitung ausgeschnitten, bei mir, und als ich durch einen blinden Zufall die Zusammenhänge erkannte, da wollte ich an ein Wunder glauben...

Und sieh, das alles hat mich bewogen, mich zu hüten vor der Gesellschaft; sie vernichtet jeden, der gegen sie kämpft. Dominatrix, kannst Du das gar nicht verstehen – besitzest Du mich deshalb weniger? Und daß mir in Geldfragen die Hände gebunden sind, und daß ich gezwungen bin, einfach zu leben, und daß ich davon zu Dir sprach, nicht wahr, meine gütige Mutter, Du bist mir deshalb nicht mehr böse! Ich wollte ja nur w a h r sein gegen Dich!

Du kommst nach Berlin?!!

―――

Samstag Abend

Dominatrix, meine süße und angebetete Mutter und Gebieterin, wie unendlich befreit und glücklich bin ich, seit ich Dir diesen Brief geschrieben habe. Nun habe ich Dir alles gesagt und es ist nichts mehr in mir, was ich Dir verbergen müßte!

Begreifst Du nicht, mit welcher Freude mich das erfüllen muß, daß Du, der Mensch, den ich über alles verehre und der mir in diesen vier Monaten mehr geworden ist wie mein ganzes Leben, mich nun ganz kennst, innerlich und äußerlich! Und Deine Antwort auf meinen blöden Brief, der aber doch einmal geschrieben werden mußte:

Sieh, Dominatrix, schon ehe ich Dich kannte, als ich nur von Dir gehört habe, war ich von Dir fasziniert und träumte von Dir. Ein einziges Wort von Dir, das ich vor zwei Jahren gelesen hatte, brachte mich in deinen Bann. Und als ich Deine ersten Briefe las, die mit der ganzen Gewalt des großen Erlebnisses, das jeder Mensch nur einmal erlebt, auf mich wirkten, da unterlag ich Dir ganz, da war ich ganz in Deinen Händen.

Aber dann, als ich Deine unendliche Güte, Deine wahrhafte Mütterlichkeit erkannte, da erst ging mir ein Wunder auf, das ich mir nie erträumt hatte. Dominatrix, ich danke Dir, — — Was hast Du mir alles gegeben in diesen vier Monaten, wie hast Du mich in allem gewandelt. Und dieser Brief, voll Deines festen, starken Willens, aber auch voll Deiner gütigen verzeihenden Mütterlichkeit, die sich über den dummen, tölpelhaften Jungen ärgert, ihn dann aber lächelnd bei der Hand nimmt und ihn auf den rechten Weg zurückführt. Nein, Du bist nicht die Sphinx, die ich zuerst in Dir gesucht hatte. Du wärst sie, wenn ich ein »Mann« wäre. Nun aber bist Du mir unendlich viel mehr.

Ich wünsche von ganzem Herzen, daß Deine Tochter wieder gesund wird. Du liebst sie so sehr, daß auch ich sie lieben muß. Ihre Krankheit ist — in diesem Alter — nicht ganz leicht zu nehmen. Seelische Pflege, eine zarte und gütige Mutterhand werden ihr mehr helfen als alles ärztliche Handwerk. Du selbst wirst hier mehr wirken können als die Ärzte. Was ihr nützen oder schaden kann, weißt Du besser als sie. Deine Liebe wird sie gesund machen! Möchte es Dir gelingen, sie vor dem Alltag zu bewahren und vor dem Schicksal der vielen, die im Schlamm der Ehe versinken!

Dominatrix, ich schäme mich heute sehr wegen einer Stelle in einem meiner Briefe — ich bitte Dich nochmals, sie mir zu verzeihen, ich war damals ganz verwirrt und der Brand in meinem Innern hatte eine Raserei hervorgerufen, die mich alles vergessen ließ. Ich fühlte mich auf einmal frei von allen Hemmungen und Bindungen, ich wollte in wahnwitziger Wut mit voller Absicht die Grenzen überspringen, die die Natur selbst — nicht die Gesellschaft — gesetzt hat, um in einem Gefühl unendlichen Triumphes über das ganze Weltall D i c h als Mittelpunkt alles Seins zu stellen und mich in Dir! Losgelöst, befreit von a l l e m zu sein — das war der Sinn jener Blasphemie, mir selbst damals nicht klar bewußt. Verzeih sie mir! Aber Du hast ja schon verziehen: Jeder andere hätte sich bei diesen Worten erschreckt von mir abgewandt und mich verflucht, Du aber schüttelst nur unwillig den Kopf und weisest mich zurecht und verzeihst!

Nie wurde mir deutlicher klar, wie sehr Du über allen andern stehst und damals nahm ich mir vor, niemals etwas in meinem Innern vor Dir geheim zu halten, denn Du hast selbst für das Krankhafte in mir noch Verständnis und die

Fähigkeit und den Willen, es nachzufühlen. Und wie vieles ist noch krankhaft in mir! Sieh, die unüberwindliche, übermächtige Begierde, nicht nur zu dienen mit Leib und Seele und Dir untertan zu sein, sondern Dir zu dienen in dem »Gemeinen«, in dem, was die Menschen ekelhaft nennen, für das der normale Mensch das Wort »schmutzig« gebraucht – daß gerade in d i e s e m Trieb für mich die höchste Wollust liegt, ist das nicht doch etwas Krankhaftes?

Nicht die Liebkosungen, die mein Mund Deinem Körper erweist, – das ist für mich Gottesdienst – sondern die andern Dienste, die ich Dir erweisen möchte und die niederzuschreiben mich erröten machen würde, erscheinen m i r als der Inbegriff und die stärkste äußere Gestaltung unserer Gemeinsamkeit! Und ich fürchte, das ist krankhaft, fürchte es vor allem deswegen, weil ich mich selbst manchesmal schäme, mir diese Sehnsucht einzugestehen, die stärker ist als alles in mir, von der ich nicht lassen kann und die mich – trotzdem – glücklich macht!

Aber dann sage ich mir auch wieder, daß nichts gut oder schlecht an sich ist, sondern es erst wird durch die Divergenz zwischen Schein und Sein. Liegt eine solche Divergenz aber hier vor? Nein! tausendmal nein! Denn all das ist ja nur ein Ausfluß meines innersten und wahrhaftesten Lebens, ein Sichtbarwerden meines Wesens, das ja doch nur einen Inhalt hat: D i r z u s e i n und für Dich zu sein und Dir zu dienen!

Und so werde ich mich auch weiterhin diesem dunklen Zauber überlassen, wenn es Dein Wille ist, mag er krankhaft sein oder nicht! Ich werde auch weiterhin nicht nur demütig sein, sondern die »Demütigung« ersehnen! Ich weiß nicht, ob das auch Deinem Willen entsprechen wird; ist es aber nicht Dein Wille oder sind diese Dinge für Dich gleichgültig, so werde ich sein, wie Du es willst. Denn alles ist haltlos und leer für mich, auch das, was mich jetzt mit Wollust erfüllt, wenn es nicht von Dir ausgeht und zu Dir zurückströmt. Ich brenne nur dann, wenn Du den Brand entzündest.

Dominatrix, meine angebetete Herrin, als deren Magd ich mich heute mehr fühle denn je, nimm mich so wie ich bin und mach aus mir, was Du willst. Ich folge ja der leisesten Regung Deines Willens, es gibt nur noch e i n Leben und einen Antrieb in mir, und der bist D u ! Ich verstehe jetzt selbst nicht mehr, daß ich in meinen ersten Briefen Wünsche und Hoffnungen ausgesprochen habe – sieh, ich habe keine mehr. Ich nehme hin, was Du mir gibst, mag es sein, was es will! Dir zu dienen, Dir zu gehorchen, Dir untertan zu sein, Deinen Willen zu erfüllen, das ist nicht mein »Wille«, sondern das bin ich selbst. Wunschlos glücklich in dem Bewußtsein von Dir abzuhängen, Leben von Deinem Leben zu sein, in Dir restlos aufzugehen. – – –

Meine Zukunft ist fest bestimmt. Sie liegt in Deinen Händen. Meine Herrin und Mutter, ich küsse die Spuren Deiner Füße – sieh, ich bin Deine Magd – mir geschehe nach Deinem Willen – –
Uge

Wien, den 18. Juli 1926

Uge, – der berauschende Duft der Rosen, der Hochflug meiner Seele, das Brausen meines Blutes, das Vibrieren meiner Nerven und die ungeheure Spannung in meinem Körper, der Taumel der Freude und der Machtrausch, der mich erfaßt hat, seitdem Du mir gehörst, mein Eigen bist – das ist Glück! – – – Ich werde dafür sorgen, daß wir eine köstliche Zeit in einsamster Abgeschiedenheit, ungestört nur mit und für einander lebend, zeitlos in engster Verbundenheit verbringen können. Dann behalte ich Dich für immer. Dann bist Du geweiht zu meinen Priester und zu meiner Magd!

Löse Dich los vom Alltag und lebe mit mir in meinen Sphären. Ich vermisse bei Dir die Einfalt, die große Unbekümmertheit in materiellen Dingen. Ich werde bald bei Dir sein und will sie Dich lehren...

Was die Zukunft betrifft, ist es für mich unmöglich, sie ohne Dich zu bestimmen. Ich denke fürs erste wieder ein eigenes Haus zu haben, ich bin müde des Zwanges, der Kerker, der Sanatorien und Pensionen, der Hotels und Mietzimmer: Ich brauche meine eigenen vier Wände und die Wesen um mich herum, die allein zu mir gehören. – Dich und meine Tochter!

Ich bin an keinen bestimmten Ort gebunden, könnte überall leben und mich mit literarischen Arbeiten befassen, wo ich meinen Wohnsitz habe. Ich könnte ja nach Berlin kommen, weil Du dort lebst. Eine dauernde Trennung mit spärlichen und schwierigen Begegnungen wäre qualvoll für uns beide...

Dieser Taumel der Freude, diese glühenden Nächte, die ich in Gedanken an Dich erlebe, der Hanfstrick um Deinen Leib, die Riten, die Du in meinem Namen erfüllst, versetzen mich in einen Rausch, der mich in ekstatische Sphären emporträgt... Nur in solchen Ekstasen will und kann ich leben und glauben, es gäbe nur zwei Menschen im Weltall: I c h und D u !!

Zwischen fünf und sieben Uhr nachmittags machte ich heute mit meiner Tochter einen Spaziergang durch den blühenden Park, und während dieser Zeit fühlte ich ununterbrochen Deine Anwesenheit so stark, daß es mir vorkam, Du nahmst an unserem Gespräch teil und hörtest schweigend zu...

Was tatest Du heute zwischen fünf und sieben Uhr, und warum fühlte ich Deinen Geist so gegenwärtig um mich?

Ich sprach über unsere Zukunft und davon, wieder meine eigenen vier Wände zu haben und die Wesen um mich, die ich liebe. Ich brauche endlich wieder einen Wohnsitz! In Berlin? – Ich habe eine Abneigung gegen die Amerikanisierung dieser Großstadt, aber Du lebst dort und wenn ich Dein Leben an meines kette, will ich mich dort niederlassen.

Ich werde Dir erst wieder in acht Tagen schreiben.

Dominatrix

Berlin, Montag Abend 11½ Uhr

Heute habe ich keinen Brief von Dir bekommen und Samstag auch nicht. Es ist eine Unruhe in mir, meine Nerven quälen mich, ich bin zu jeder Arbeit unfähig. Es ist ganz sonderbar – an den Tagen, an denen ich Nachricht von Dir erhalte, kann ich arbeiten wie ein Bär, die halbe Nacht hindurch, ohne müde zu werden; und wenn Du schweigst, gelingt mir nichts, der Kopf ist mir wie ausgehöhlt. Was soll das noch werden? Welch ein Recht habe ich eigentlich, so mit Dir verbunden zu sein, so ganz von Dir abzuhängen?

Es ist mir so, als ob es nie eine Zeit in meinem Leben gegeben hätte, in der Du nicht da gewesen wärst. Ich bin so mit Dir verwachsen, daß das Ausbleiben Deiner Briefe Zustände in mir hervorruft, die unerträglich sind. Eine unbeschreibliche nervöse Angst, es könnte Dir etwas zugestoßen sein, eine

Angst, die sich durch keine Vernunftsgründe beschwichtigen läßt. Ich habe mich selbst beobachtet und mich verspottet und zu mir selber gesagt: »Du hast ja nur deiner selbst willen Angst, weil du fürchtest, dein Erlebnis könnte auf einmal zu Ende sein.«

Jetzt weiß ich, daß dies nicht wahr ist. Ich selbst bin gar nicht mehr der Mittelpunkt im Inhalt meines Seins, ich denke, fühle gar nicht mehr aus mir und für mich – ach, ich weiß nicht mehr ein noch aus, ich kenne mich selbst nicht mehr, – was ich aber weiß, ist, daß ich glücklich, restlos glücklich bin, daß es so ist! Ich will nichts mehr, wünsche nichts mehr, hoffe nichts mehr – mit geschlossenen Augen versinke ich in Dir!

Uge

Dienstag Nachmittag. Postamt

Auch heute nichts von Dir! Ich bin am Verzweifeln. Als ich hörte, daß keine Post von Dir da sei, mußte ich mich festhalten, sonst wäre ich umgefallen, ich konnte fast nicht mehr von der Stelle.

Zürnst Du mir vielleicht deswegen, weil ich, unaufgefordert von Dir, Dinge erörterte, deren Erwähnung alte Wunden in Dir wieder aufgerissen haben? Verzeih mir meine Plumpheit, sie kam aus gutem Herzen – ich bildete mir ein, Du könntest es vielleicht als angenehm empfinden, daß ein Mensch lebt, der wie Du empfindet und der wie Du die Dummheit und Borniertheit dieser Menschen, die Richter zu sein wagen über Dinge, die sie gar nicht zu sehen fähig sind, verurteilt. Ich sah, daß Du einsam bist und wollte mich Dir in meiner Einfalt zum Genossen Deiner Einsamkeit anbieten! – Dominatrix, verzeih mir die Fehler meines Herzens. Heute weiß ich, daß es taktlos und anmaßend war, Dir mein Wissen um Dich und um Dein Leben in dieser Form zu enthüllen.

Aber nicht wahr, meine angebetete Mutter, wenn Du mir auch böse bist, so wirst Du meine Beweggründe verstehen und mir auch wieder verzeihen. Meine Nerven sind in den letzten Wochen so überempfindlich geworden, daß ich mich selbst nicht mehr kenne. Jedes laute Geräusch macht mich fast irrsinnig – ich kann mit keinem Menschen mehr fünf Minuten sprechen, ohne erregt zu werden. N u r D e i n e B r i e f e existieren noch für mich – ich trage sie mit mir, wo ich gehe und stehe – i c h l e b e v o n i h n e n !

Dominatrix, sieh, ich erkenne Deine unumschränkte Herrschaft, Deine allmächtige Gewalt über mich an, ich bin unendlich glücklich, daß Du in mir und über mir bist – aber muß i c h s o l e i d e n u n d s o e l e n d w e r d e n , d a m i t D e i n e M a c h t ü b e r m i c h s i c h t b a r w e r d e ?

Wenn es sein muß, wenn Du willst, so geschehe Dein Wille, ich unterwerfe mich. Aber liegt es wirklich in Deiner Absicht und in Deinem Interesse, daß ich so aufgerieben werde, bevor Du mich überhaupt körperlich erkannt hast?

Dominatrix, wenn es möglich ist, wenn es in Deinem Willen liegt, so bitte ich Dich mit der ganzen Kraft, mit der zu bitten ich fähig bin: sei gnädig Deiner Magd, die Du ganz in Händen hältst, die Du allein aufrecht erhalten kannst, die ohne Dich n i c h t s , n i c h t s mehr ist! Das ist mehr wahr, als Du vielleicht glaubst, und daß es wahr ist, hat mich glücklich gemacht; aber nun erfahre ich, daß man auch unglücklich dadurch werden kann. Dominatrix, Dein Wille geschehe, jetzt und immer! Uge

---

Berlin, am 15. Juli 1926

Laß mich Dir danken, meine süße Herrin, für Deinen lieben, lieben Brief, der mich mit einem Male alle die unbeschreiblichen Qualen der letzten Tage vergessen ließ. Als ich heute nachmittag von der Post nachhause fuhr, war ich so voll Glück und Jubel, daß ich Mühe und Not hatte, mich wenigstens äußerlich zu beherrschen. Und als ich zuhause war, lief ich gleich wieder fort ins Freie, bis zum Abend, um ganz allein mit Dir zu sein!

Dominatrix, – jeder neue Brief zwingt mich tiefer vor Dir auf die Knie. Was bist Du doch für ein Mensch, der so frei und sicher mit beiden Füßen fest auf der Erde steht und mit lachendem Munde das Leben meistert. Wie sehr fühle ich heute wieder Deine unendliche Überlegenheit über mich, der sich in den Falten Deines Kleides vor der Welt und den Menschen verbergen möchte. In Dir ist ursprüngliche Kraft und fester Glaube an Dich selbst!

Je mehr ich Dich erkenne, umso genauer erkenne ich mich selbst, und umso unbegreiflicher ist es mir, daß ich bis jetzt ohne Dich existieren konnte, der ich doch die von der Natur verlangte Ergänzung Deiner Persönlichkeit bin und weiter nichts, eine Funktion von Dir, eine Abspaltung von Teilen Deines Wesens, die nach ihrem Ausgangspunkt zurückstreben, nur durch Dich und in Dir wahrhaft lebendig. Nur dadurch, daß Du in allem der gerade Gegensatz zu meinem Wesen und meiner Art zu empfinden bist, und daß gerade aus der Vereinigung dieser Gegensätze die wahre Harmonie entstehen muß, ist mein Aufgehen in Dir und mein Erfülltsein von Dir so vollkommen geworden.

Meine Schwäche und Deine Kraft, meine Sehnsucht nach Anlehnung und Stützung und Deine Lust, zu fassen und zu halten; meine Eigenart auf den leisesten Eindruck zu reagieren, mich jedem Einfluß zu unterwerfen, und Dein starker Wille, Dich selbst zur Geltung zu bringen, zu führen und zu herrschen; — meine Demut und Dein Stolz, daß diese beiden Pole sich so wunderbar anziehen, könnte in mir beinahe den Glauben an eine lenkende Vorsehung erwecken!

Es wäre das Ereignis meines Lebens, wenn Du wirklich dauernd nach Berlin übersiedeln wolltest. Dominatrix — wenn es wirklich möglich wäre, daß Du Dich hier niederließest — ich wage es gar nicht auszudenken! Verzeih mir, ich denke zu sehr an mich statt an Dich, aber vielleicht wäre es auch für Dich ein Ruhepunkt: Dauernde, sichere, ungestörte Gemeinschaft, freie durch nichts eingeschränkte Verfügung über den, der Dir gehört — — —

Am Mittwoch Nachmittag zwischen fünf und sieben Uhr, während Deines Spazierganges erhielt ich gerade Deinen Brief. Ich war in einer Stimmung, die ich Dir mit Worten nicht beschreiben kann! — Und das hast Du gefühlt auf Deinem Spaziergang! Ich bin ja immer bei Dir, meine Gedanken kommen gar nicht von Dir los, aber wenn ich Deinen Brief in der Hand halte und ihn küsse und Deine Worte wie ein Verdursteter in mich hineintrinke, dann empfinde ich Dich körperlich — in mir und um mich!

Gerne möchte ich Dir noch die geheimsten, dunkelsten Regungen meiner Sehnsucht nach Dir schildern, aber das Bewußtsein, daß nicht meine Begierde, sondern nur Deine

Wünsche zu befriedigen sind, hält mich davon ab und bewegt mich, von diesen Dingen zu träumen, statt zu sprechen, solange bis Dein Gebot mir den Mund öffnet. Ich könnte diese Sehnsucht auch gar nicht in Worte kleiden — in Worte, die nur im Rausch und im Orgasmus gesprochen und geschrieben werden dürfen — und dieser Rausch wäre verflogen, bis die Worte zu Dir gelangen. Du hast mir einmal gesagt, es fehle mir die kindliche Unbefangenheit und durch meine Wünsche greife ich den Ereignissen vor. Du hast recht und deshalb schweige ich.

Mit jeder neuen Erfahrung sehe ich deutlicher und klarer, daß meine Seele nur ein Spiegel Deiner Seele ist, und daß meine Erregungen und Seligkeiten nur darin bestehen können, die Deinigen zu reflektieren! Dir, meiner Göttin, die Ekstasen zu verschaffen, die Deiner würdig sind, das ist die einzige Befriedigung, die mir möglich ist!

Wenn ich Dir opfere, Dominatrix, so denke deshalb auch nicht, daß ich dies zu meiner Begierde tue, sondern im Bewußtsein, nur in Deinem Dienste zu handeln. Und so war es auch heute Mittag: Die faszinierende, mich buchstäblich zu Boden schlagende Wirkung Deiner Worte führten mich zu einem körperlichen Vorgang, der mich zwang, mich in eine Telephonzelle zu verbergen ... Aber das hatte mit meiner eigenen Begierde nicht das geringste zu tun. Der Vorgang, von mir nicht gewollt und in keiner Weise herbeigeführt, war nichts als die spontane, unmittelbare Wirkung Deines Einflusses auf mich, dem ich wehrlos und willenlos unterlag ...

Wenn ich abends in meinem Zimmer mit festgegürtetem Leib vor Deinem Bilde knie, und mit glühendem Gesicht Dich anbete, und Dir opfere, und mein Stöhnen Dir Hymnen singt, so bin ich mir meiner körperlichen Wollust so wenig bewußt, daß ich die Auslösung erst merke, wenn ich mitten im Taumel zusammenbreche ...

Ich habe nur eine Begierde: Deiner Göttlichkeit zu dienen, Dir Lust zu verschaffen in Demut und Gehorsam! Alles andere ist gleichgültig! Ich küsse Deine Füße   Uge

Wien, den 20. Juli 1926

Ahnungsvoller Uge — der Zauber, der Deinen dunklen Andeutungen entströmt, versetzt mich in Erregung. Schon längst wollte ich Dir sagen, daß Du mir in klaren Ausdrücken den dunklen Zauber Deiner Sehnsüchte offenbarst und über diese Dinge schreibst, deren Verwirklichung auch ich im Triumphe meiner Macht erträume.

Seit heute morgen bin ich in einer ganz seltsamen Erregung, deren Grund mir nicht klar ist. Ganz unmittelbar und ohne Zusammenhang erschien plötzlich Dein Bild in mir. Ich ging in mein Schlafzimmer, las Deinen Brief und sah Dich ganz meinem Willen unterworfen zu meinen Füßen. Den groben Hanfstrick, den Du mir zu Ehren jetzt immer trägst, zog ich so fest um Deine Hüften, daß es Dich schmerzte... So knietest Du vor mir wohl eine halbe Stunde lang in vollkommener Passivität, nur Ich war lebendig in Dir und erfüllte Dich mit fremdartigen Sensationen. Mein Wille zwang Dich zu äußerlicher Ruhe, ich hielt Dich in einem Zustand dauernden Glühens, schmerzhaft brennender Lust, in einem Angespanntsein aller Nerven bis zur Grenze des Möglichen, in einer Ekstase, die zur Folter wird, weil ihr die Auslösung fehlt, – ein Krampf ohne Ende...

Ein Chaos ausschweifenster Visionen tobte in meinem Innern. Ich sah und hörte Dich, ich fühlte Dich, Dein Kopf ruhte still auf meinen Knien, Deine Hände waren auf Deinem Rücken zusammengebunden, sodaß es Dir nicht möglich war, mich mit ihnen zu berühren. So lagst Du in wahnwitziger Erregung, in Schweiß gebadet und todesmatt vor mir, küßtest voll fanatischer Hingebung meine Füße stundenlang...

Und war ich Deiner Küsse müde, so stieß ich Dich zurück, und ließ Deinen Kopf auf meinen Knien ruhen, bis neue Lust nach Deinen Liebkosungen mich überkam. Und im letzten und äußersten Triumph meiner Macht befahl ich Dir die letzte und tiefste Erniedrigung, die Du nur mit einem stumpfen Stöhnen gänzlicher Selbstentäußerung ertragen konntest...

Da lagst Du, die Hände fest auf dem Rücken gebunden, nicht imstande, Deiner wahnsinnigen Erregung abzuhelfen...
Du flehtest mich an, Dich freizugeben und die Auslösung zu

erlauben! — Aber ich lächelte nur, und als sich Dein Körper in der Begierde zu winden und zu krümmen begann, da nahm ich die Peitsche und züchtigte Dich, bis Dir alle Begierde verflogen war, und Du scheu und demütig wie ein kleines Hündchen vor mir krochst...

Nichts, n i c h t s warst Du mehr, als ein Werkzeug meines Willens, für nichts warst Du da, als um mir Lust zu bereiten, keine eigene Lust durftest Du haben als die, welche meine Glut in Dir weckte!

In loderndem Feuer zu entbrennen, wenn ich es will, und fühllos wie Eis zu werden auf meinem Wink, vor mir ausgebreitet zu liegen, um mich an den ohnmächtigen Zuckungen Deiner Begierden zu ergötzen, an dem hilflosen Winden Deiner Glieder, die nach der Erlösung schreien, die ich nicht erlaubte... Ich weiß, daß alle ‚Opfer' keine Erlösung bringen, denn innerlich gibt es keine Erkaltung und wird es keine geben. Ich stehe in Flammen und Du brennst wie Stroh: ein ewiges Vibrieren durch mich, ein ewiges Erhitztsein durch die Wirkung meiner Glut:

Nicht Du, Uge, lebst, nicht Du bist, sondern Ich bin und unter der Ausstrahlung meines Wesens wird es lebendig in Dir... Dominatrix

---

Berlin, am 24. Juli 1926

Dominatrix, angebetete, geliebte — ich kann Dir nicht sagen, welche Erlösung mir Dein Brief gebracht hat, der mir diesen Tag zu einem Freudentag machte! Als ich zwei Tage auf ihn wartete, da war ich elend! Was soll das noch werden, wenn Du nicht nach Berlin kommst!

Ich habe Angst, daß es so, wie es jetzt ist, nicht mehr lange weiter gehen kann. Meine Nerven gehen zugrunde in den Tagen des Wartens! Ich bin unfähig zu jeder Arbeit, ich kann keinen Menschen mehr sehen. Ich bin ohnmächtig, ich kann nicht mehr ohne Dich sein — jeder Tag, an dem ich nichts von Dir höre, ist für mich ausgelöscht. — Herrin, ich bitte Dich auf den Knien: Komm nach Berlin!!!

Es gibt für mich keine Möglichkeit mehr zu leben ohne Dich, außerhalb des engsten Kreises Deiner Person, — das fühle ich mit jedem Tag stärker. Ach, warum bin ich nicht frei von all dem Plunder um mich herum, ich würde in Deine Arme fliehen und wäre glücklich, wenn ich den Rest meines Lebens zu Deinen Füßen, zwischen Deinen vier Wänden mit Dir verbringen dürfte! Dominatrix, es gibt eine Möglichkeit, die alle Schwierigkeiten löst: daß Du Dich in Berlin niederläßt.

Wenn ich von der Möglichkeit träume, werde ich übervoll von Glück! Zu wissen, daß ich Tag und Nacht, auf Deinen bloßen Ruf hin, bei Dir, zu Deinen Füßen sein könnte, jeden Augenblick Dir zur Verfügung – dieses Bewußtsein allein schon wäre Seligkeit! – Dominatrix, ich flehe Dich an: Wenn es Dir möglich ist, so komm nach Berlin! Die Stadt wird dich vielleicht enttäuschen, aber für das, was Dir hier fehlt, werde ich Dir einen kleinen Ersatz zu geben versuchen, denn mein ganzes Denken und Handeln hat nur die eine glühende Sehnsucht zum Inhalt: Dir zu dienen, Dir zu gehören! Es gibt nichts mehr in mir, wovon Du nicht Besitz ergriffen hättest, worüber Du nicht Herr geworden wärest!

Ich presse mein glühendes Gesicht in die Falten Deines Kleides und küsse Deine Füße ...   Uge

---

Wien, den 2. August 1926

Mein Uge – Ich werde erst im Herbst nach Berlin kommen, denn ich bin eben daran, mit meinem Rechtsanwalt einen neuen Antrag zur Wiederaufnahme meines Prozesses auszuarbeiten, dessen Gründe so zwingend sein werden, daß eine neuerliche Abweisung dieses Ansuchens nur als Rechtsverweigerung gedeutet werden müßte.

Ich werde Dir bald wieder schreiben.   Dominatrix

Berlin, am 6. August 1926

Dominatrix, – darf ich Dir einen ganz kleinen Rat geben, nicht einen Rat, dem Du folgen sollst, sondern den Du vielleicht eine Minute lang erwägen könntest, um dann zu tun, was Du für gut findest. Glaube mir, er kommt aus einem Herzen, das unendlich glücklich wäre, wenn es Dir einen ganz kleinen Dienst erweisen könnte!

Du bist gerade jetzt im Begriffe, etwas zu tun, worüber ich den Kopf schütteln muß: Du willst »Dein Recht« suchen! –

Dominatrix, ist es Dir wirklich ernst mit dem Glauben, daß Du Dein R e c h t bei einem Gericht finden könntest? Können Dir diese Biedermänner Dein Recht nehmen, können sie es Dir wieder zurückgeben? Und was für ein »Recht«, und für wen? Kann es D i r etwas ausmachen, daß Du in den Augen der Crapule rehabilitiert wirst? Gibt es für einen Menschen Deines, unseres Geistes – und auf die allein kommt es an – noch einen Zweifel, daß »Recht« und »Gesetz« himmelweit von einander verschieden sind? Und der Erfolg? Neue Qualen, neue Aufregungen, neue Schändung und Preisgabe Deines Innersten! Und am Schlusse v i e l l e i c h t ein lahmes Eingeständnis, daß das Gericht falsch geurteilt hat, vielleicht aber auch nicht einmal das, und dann mußt Du mitansehen, wie Dein Name wiederum in den Kot gezerrt wird wie damals, vor zwei Jahren!

Gewiß, ich selbst habe vielleicht eine allzugroße Scheu vor der Öffentlichkeit. Ich wurde bis zu meinem vierzehnten Lebensjahre im Konvikt in Trier erzogen. Dicht neben diesem Hause liegt das Gefängnis und ich mußte von meinem Schlafzimmer aus jeden Morgen um $\frac{1}{2}6$ Uhr ansehen, wie die Gefangenen zur Arbeit geführt wurden. Es war einer der fürchterlichsten und nachhaltigsten Eindrücke, die mir ins Leben mitgegeben wurden.

Jeden Morgen zu der bestimmten Zeit ging ich wie unter einem Zwang zum Fenster, jeden Morgen weinte ich in maßloser Erregung die bittersten Tränen, des Mitgefühls, der Scham – ich weiß es nicht. Seit dieser Zeit datiert bei mir eine geradezu krankhafte Angst vor aller Öffentlichkeit, die oft ganz verrückte Formen annimmt.

Und nun hatte ich vor kurzem – ehe ich Dich p e r s ö n - l i c h kannte – hier einen Prozeß gegen einen Gelehrten verfolgt, der des Diebstahls von Autographen angeklagt war und zu zweieinhalb Jahren Gefängnis verurteilt wurde. Ich habe entsetzlich gelitten während der Verhandlung – und ich habe an D i c h und an Deinen Prozeß gedacht und daran, was Du vor zwei Jahren vor einem ähnlichen Forum von Unwissenden und Blinden, die nur die Tat sehen und nicht die Motive, ausgestanden haben mußtest! Als ich nachhause kam, suchte ich die Zeitungsausschnitte von Dir wieder hervor und las sie wieder — es war qualvoll, es wurde mir körperlich elend zu Mute.

Für Dich empfand ich nur eines: Restlose Bewunderung und die Sehnsucht, daß es mir vergönnt sein möge, Dich e i n m a l in meinem Leben zu sehen. — — Und das alles willst Du wieder über Dich ergehen lassen? Dominatrix, diese Schmach, Dein Innerstes vor einer stumpfsinnigen, verständnislosen Menge enthüllen zu müssen, ihrem Gelüste nach Sensationen zu dienen? — Verzeih mir, aber ich kann nicht verstehen, daß Du Dich nicht mit Ekel von all dem absonderst.

Glaube mir, meine gütige, angebetete Mutter, ob das Gericht Dir »Recht« gibt oder nicht, das wird für alle die, an deren Meinung Dir allein gelegen zu sein braucht, gänzlich gleichgültig sein. Ich bitte Dich, weil Du mir mehr wert bist als alles, weil ich Dir auch hierhin dienen möchte, noch einmal zu überlegen, wenn es möglich ist, ob Dein Weg nicht etwa der falsche ist. D e i n R e c h t i s t i n D i r und nicht in Gesetzesparagraphen und nicht im Urteil der Bürger.

Gewiß, es ist unangenehm, wenn sie einen bemitleiden, aber ich meine, noch abstoßender wäre es, wenn sie »auf unserer Seite« stehen!! Nicht wahr, meine liebe, über alles verehrte Herrin, Du bist mir nicht böse, daß ich hier so weitschweifig meine Meinung ausspreche, ohne von Dir gefragt zu sein? Ich lebe zu sehr in Dir, um nicht alles leidenschaftlich und stark zu empfinden, was Dich bewegt! Aber es geschehe alles nach Deinem Willen!

Jetzt ist es ½21 Uhr nachts.

Uge, Deine demütige Magd küßt Deine heiligen Füße — sie dankt Dir mit jedem Atemzug, daß sie Dir gehören darf...

Wien, am 15. August 1926

Uge, mein kleines, weises Kind! — Wie recht hast Du mit Deiner vernünftigen Ansicht! — Ich wünsche, daß Du alles tust, um für eine Woche zu mir nach Wien zu kommen. Tu alles, um es möglich zu machen, sonst trenne ich Dich von mir los und schenke Dich für immer Deiner Haushälterin!

Dominatrix

Berlin, am 18. August

Meine Gebieterin, – Dein letzter Brief hat mich erschreckt! Was hast Du gedacht, als Du diese Worte schriebst? – Ist es ein Scherz? Dominatrix, ich kann über diese Dinge nicht scherzen!

Ich habe mich selbst und die Welt und die Menschen nie ganz ernst genommen, aber mit Dir ist etwas in mein Leben getreten, was mir von der ersten Minute als Schicksal bewußt war, und bei dem mir alles Lächeln vergangen ist! Und Du tust alles mit einer so leichten Gebärde ab, die ich einfach nicht begreife, während doch sonst alles in Dir und alle Deine Äußerungen reinsten Zusammenklang mit meinem eigenen Erleben sind!

Dominatrix, ich denke nicht daran, Dir Vorstellungen zu machen oder zu klagen – auch hier möge Dein Wille geschehen, und wenn Du es für gut hälst, mich von Dir zu stoßen, so werde ich gehorchen. Aber wisse: Das Wesentliche kannst Du nun nie und nimmer beseitigen! Es liegt gewiß in Deiner Macht, das Erlebnis zu formen nach Deinem Willen, – Du kannst mir unsagbares Glück geben, Glück, das mit allem, was ich bisher erlebte, gar nicht verglichen werden kann, Du kannst mich unglücklich machen, wenn Du Dich mir wieder entziehst – aber **Du kannst mir dieses Erlebnis nicht mehr nehmen!**

Daß Du da bist, daß Du existierst, auch in Zukunft, daß es nicht mehr ein Traum ist wie früher, sondern daß **ich einen Menschen weiß, den einzigen, lebenslangersehnten, der mir gleich ist,** das ist das Wesentliche. Ich bin nicht so vermessen, vom Schicksal zu verlangen, daß es mir alles in den Schoß wirft; ich bin in diesen Monaten so überirdischer Seligkeiten teilhaftig geworden, daß ich zufrieden sein muß, **einmal** in meinem Leben diesem Menschen begegnet zu sein!

Und die Zukunft?!: **Wenn ich Dich liebe, was geht's Dich an!!!** – Das schrei ich Dir ins Gesicht!! Nimm mir alles, nimm mir Dich selbst, ich werde vielleicht zugrunde gehen daran, aber dann hat mein Leben **einen** Feiertag gehabt, den Du ihm nicht mehr nehmen kannst! Bis zu meinem letzten Atemzug wirst Du mir das sein, was Du mir heute bist: Die Verwirklichung meiner Sehnsucht, der Sinn meines eigenen Lebens, der Mittelpunkt meines Seins, um den von Ewigkeit her die Atome kreisen, aus denen mein Ich gebildet ist, und um das sie in alle Ewigkeit weiterkreisen werden! — Was kannst Du daran zerstören?!

Dominatrix, glaube mir doch, ich k a n n diese Dinge nicht leicht nehmen, die mein innerstes Leben angehen. Wenn es für mich irgendeine Möglichkeit gäbe, zu Dir zu kommen für immer, glaubst Du dann, ich würde nicht aus eigenem Antrieb alles in Bewegung setzen, um sie zu verwirklichen? Daß ich k e i n e sehe, bringt mich zur Verzweiflung, weil ich die Drohung, die Du in Deinem Briefe aussprichst, schon längst vorausgeahnt hatte!

Ich fühle Deine ganze Güte und Fürsorge für mich, ich liege vor Dir auf den Knien, drücke mein Gesicht in die Falten Deines Kleides und möchte weinen vor namenlosem Glück, daß es einen Menschen gibt, der mich nicht nur beherrscht, sondern der mich auch mit seinen Armen mütterlich umfängt und festhält. Dein Brief aber gibt mir einen schweren Stoß! Ich halte es nicht für möglich und glaube einfach nicht daran, daß es Dein Ernst gewesen ist!

Herrin, den Gürtel trage ich jetzt Tag und Nacht genau so, wie Du es willst. Nur, daß ich ihn einmal fester, das andere Mal loser anziehe, wenn die Schmerzen sich melden. Ich habe mich so an ihn gewöhnt, daß ich ihn nicht mehr ablegen werde. Er ist für mich mit Deinem Bilde unzertrennlich verbunden. Wirksamer wäre es und zwingender, wenn der Gürtel eine Kette aus Stahlgliedern wäre, und Du hättest sie mir angelegt, und verwahrtest den Schlüssel dazu ... L i e b s t D u m i c h ? ? ?

Dominatrix, ich bitte Dich um baldige Nachricht. Uge

Wien, am 24. August

Uge, Dein Brief ist vermessen und anmaßend! — Ich brauche Deine Anbetung nicht und meine Macht und Selbstherrlichkeit ist unabhängig von Dir! ‚Was geht's mich an, wenn Du mich liebst', — das schreist Du mir ins Gesicht. — Gewiß, was geht's mich an? Was geht's mich an, wenn Du zugrunde gehst an Deiner Liebe? Ich kann die Katastrophe von Dir nicht ab-

wenden... In diesen Tagen hat sich der Kontakt zwischen uns gewaltig gelockert. Du spürst dies zu deutlich in Dir...
Ob ich Dich liebe? – Liebe im Sinne Goethe's oder auch nur Stendhal's habe ich nie erlebt. Ich bin einer solchen Liebe ganz und gar unfähig. Mein Inneres besteht doch wesentlich aus Intellekt und von dem, was man Herz nennt, und wovon man soviel Aufhebens macht, habe ich nicht allzuviel mitbekommen. Und so ist Liebe für mich – abgesehen von meiner mütterlichen, gewissermaßen philosophischen Einstellung zum Menschenwesen, abgesehen auch von meiner eigenen Aktivität und des dadurch bedingten notwendigen Strebens nach dem passiven, willenlosen Geschöpf – ein Berauschtsein und Erregtsein, eine Ekstase der Nerven und der höheren Organe voll stärkster Wirkungen auf mein ganzes Sein!
Diesen Rausch habe ich oftmals im Leben erfahren, er schenkte mir Ekstasen, die mir ewig wertvoll sind durch ihre gewaltige Wirkung auf mein ganzes Dasein und auf meine Einstellung zum Leben. Ich habe diesen Rausch durch Dich wieder erlebt und durch die Gewalt Deines Empfindens, Uge! Es waren diesmal weit mehr als bloße Ekstasen, denn sie haben mir zugleich die Gewißheit gegeben, daß die Ergänzung zu mir existiert. Und was das Wichtigste ist, sie gaben mir die volle Erkenntnis meiner selbst.
Ich will bald nach Berlin kommen, um Dich den Alltäglichkeiten, in denen Du versinkst, zu entreißen. Wenn ich Dich leite, wirst Du aus den Wirrnissen herausfinden. Eine Kette aus Stahlgliedern werde ich Dir beschaffen und sie Dir selbst anlegen, damit Du das Gefühl hast, daß es nur in meiner Macht liegt, den Gürtel zu tragen oder abzulegen. Heute fehlt Dir das dauernde Unter-Aufsichtstehen, das Beobachtetwerden durch mich!
Es wird wieder anders werden, sobald ich in Berlin bin und Dich ganz in meine mütterlichen Arme schließe. Jetzt aber ist es entsetzlich! Diese fürchterliche Anspannung aller Energien ist auf die Dauer gar nicht mehr zu ertragen...

                Dominatrix

Berlin, 28. August

Meine Herrin! – Ach, es wäre wohl gut für uns beide, wenn Du bald nach Berlin kämst. – Ich habe eine Woche voll Aufregung, Ärger und Sorgen hinter mir, ich habe ganz den Kopf verloren! Ich glaubte, über dem Alltag zu stehen, und welche Qualen erleide ich durch ihn.

Meine Nerven sind am Ende!

Dominatrix, wirst Du wirklich nach Berlin kommen? Könntest Du mir darüber nicht etwas Sicheres sagen? Ich muß die Entscheidung wichtiger Fragen davon abhängig machen.

Gestern Abend spät kam ich nachhause, abgehetzt, ermüdet und mit geschundenen Nerven, nach fünftägiger, ruheloser und fruchtloser Arbeit, die mich nun schon zwei Wochen quält und noch weiter quälen wird. Du hast recht, wenn Du sagst, daß in diesen Tagen der Kontakt zwischen uns sich gelöst hat! Ich stecke hier in einem Wirrwarr von Geschäften, die mich umsomehr erschöpfen, als sie mir keine Freude machen, – aber es geht um meine Stellung und um meine Zukunft, und so unwesentlich mir das alles erscheint, so muß ich mich doch darum kümmern, denn nur so gewinne ich die notwendige Grundlage, um mein inneres und eigentliches Leben so gestalten zu können, wie es mir vorschwebt.

Meine Nerven aber sind am Versagen. Die zwei letzten Wochen haben mich mehr Lebenskraft gekostet als ein ganzes Jahr wissenschaftlicher Arbeit. – Es war alles umsonst.

Ich finde Deinen Brief vor, und frage mich, ob Du wirklich nach Berlin kommen wirst. Wirst Du wirklich bald hier sein? Ach, es wäre wohl gut für uns beide – denn so geht es nicht weiter, es mußte ein nervöser Zusammenbruch kommen, wie ich ihn jetzt erlebe.

Diesen ununterbrochenen Rausch der Ekstasen habe ich erst einmal in meinem Leben erfahren: es geschah durch Dich und durch die Gewalt Deines Einflusses. Ich hatte mich selbst und die Welt früher nie ganz ernst genommen, und kann es, offen gestanden, auch jetzt noch nicht, – aber durch Dich ist etwas in mein Leben getreten, an dem ich nicht mehr vorbei kann!

Ich bin ein anderer Mensch geworden, nicht ganz so, wie Du mich vielleicht wünschest und wie Du selbst bist mit Deinem göttlich-freiem Ja-Sagen, und mit Deinem lachenden Mut, das Schicksal bei den Haaren zu packen, aber e s existiert doch wieder etwas in mir, um das sich mein Dasein bewegt, es ist wieder ein Streben in mir, es erscheint mir doch nicht mehr alles als Un-Sinn, was um mich her vorgeht.

Deine Briefe schenkten mir Ekstasen, die ich vorher n i e erlebte und die ich — weiß ich gewiß — nie wieder werde erleben können, wenn sie einmal aufhören sollten. Ich habe etwas zu verlieren, ich habe a l l e s zu verlieren! Ich besitze keine Spur von Aktivität, ich bin immer ‚genommen' worden und werde immer ‚genommen' werden! Aber dafür besitze ich das, was mir wichtiger erscheint: ich sehe und fühle und erkenne viele Dinge, die andere Menschen nicht begreifen.

Dominatrix, ich halte es fast nicht mehr aus! Ich bin aus dem Hause geflohen, um allein zu sein. — Dominatrix, wirst Du kommen? Bitte, schreibe mir, wann ich Dich erwarten soll. Ich werde alles nach Deinem Wunsche erfüllen. Wenn Du kommst, so hoffe ich, daß ich Dich weniger enttäusche als dieser Brief, den ich verfluche und über den ich wütend bin — ich bin so zerfahren, daß ich keinen klaren Gedanken mehr fassen kann.

Dominatrix, verzeih mir! Uge

Wien, am 5. September 1926

Mein Freund, ich weiß, Du wartest auf die Nachricht meines Eintreffens in Berlin. Was mir aber noch vor einer Woche vom Gesichtspunkt leidenschaftlicher Empfindung unabweisbar erschien, ist heute so unmöglich und unvereinbar mit meinem Wesen geworden, daß ich Dir offen sagen muß: Ich werde nicht nach Berlin kommen!

Der Grund ist ausschließlich in Deinem ‚Verheiratet sein' gelegen, über das ich n i e , n i e m a l s hinwegkommen werde können. Ich kann unmöglich zu einem ‚verheirateten' Mann reisen: das geht gegen mein innerstes Empfinden, geht gegen meinen ureigenen Geschmack, gegen Gefühl, Vernunft und rechte Gesinnung. Oh, gewiß nicht aus Spießbürgerlichkeit, aus Achtung vor den Gesetzen verhalte ich mich so — meine Geringschätzung für alle Dinge des äußeren Lebens ließ mir viel Zeit, um die des inneren Lebens höher zu achten — sondern aus ureigenster Selbstherrlichkeit einem Zustand gegenüber, der mir und meinem Begriff von – sagen wir Sittlichkeit (ich finde keinen andern Ausdruck) im Innersten widerspricht!

Ich selbst lebte im Alter von fünfundzwanzig bis achtundzwanzig Jahren in einer Ehe, die der Deinigen analog war, nur mit dem Unterschied, daß es bei mir der Mann war, der meiner Eigenart fremd gegenüberstand. Er begriff mich nicht und hatte das Unglück, mich zu lieben und leidenschaftlich zu begehren, was mich bis zum Ekel abstieß. Nach zweijähriger, Nervenaufreibender Abwehr gegen ihn, willigte er in die Scheidung, nachdem ich ihn vor die Tatsache meiner Schwangerschaft durch einen Andern gestellt hatte.

Seither habe ich eine Scheu vor jeder ‚ehelichen Verbindung'; ich fühle ihren Widersinn heraus und möchte mich nicht daran beschmutzen, – noch weniger aber jemand, der wie Du diesen Zustand erträgt, seinem Einfluß entziehen... Gattenliebe kenne ich nicht und kann daher in keiner gesetzlichen Ehe leben: auch Dir ist Gattenliebe fremd und doch führst Du eine Ehe fort, die innerlich niemals eine gewesen ist! Da sie aber durch Dich nach außen hin aufrecht erhalten wird, will ich sie respektieren. Etwas anderes ist nicht möglich. Denn sich restlos auszuleben hinter dem schützenden Paravent legaler und sozialer Bindungen ist nicht nach meinem Sinn, der mein eigener, mutiger persönlicher Wille ist, dem ich nachleben muß...

Bist Du denn imstande, mein weiser Uge, ein Doppelleben zu führen als öffentlicher Staatsfunktionär und Bürger, das ‚Fortkommen' und ‚Ansehen' einträgt und als Mensch, hinter den Kulissen vor der Scheinwelt verborgen, Dein eigentliches und wesentliches Leben, das sonst verkümmern müßte in der Ausübung ‚bürgerlicher' »Tugenden«!!?

Durch dieses Doppelleben stempelst Du Dich selbst in meinen Augen zum hypokriten Philister, der ganz und gar nicht meinem Geschmack entspricht. Wert und Tiefe des Lebens, glaube ich, hängen davon ab, daß man sich besinnt, Lebensform und Lebensinhalt in schöner Harmonie zu einander auszugleichen, wozu Goethe uns die höchste Formel gezeigt hat, ohne damit Verrat an seinem tiefsten Menschentum zu begehen.

So lebe auch ich und kann mich auf eine ‚Ausnahme' nicht einlassen, die den kläglichen Zusammenbruch für eine solche

Konzession schon in sich trägt. Du scheinst zu unreif und zu unbedeutend zu sein, weil Du Dich der völligen Selbstsicherheit eines großen Gefühles nicht ganz überläßt. Mißverstehe mich nicht, Uge: Ich ziehe mich nicht von Dir zurück, die Anziehung zwischen uns besteht, wirkt weiter und wird nie aufhören; aber ich kann unser Erlebnis nicht verwirklichen auf einer Grundlage, die keinen Bestand sichert.

Für Dich, Uge, scheint das Wertvolle jedenfalls Dein äußerliches Leben zu sein, Deine Funktion als Staatsbeamter und Ehegatte; ich aber mache den tausend Äußerlichkeiten des öffentlichen Lebens keine Konzessionen und schaffe an der ästhetischen Gestaltung meiner Gesamtpersönlichkeit durch restloses Auswirken-lassen meines tiefsten Seelen- und Innenlebens!

Die unvereinbaren Widersprüche von Sein und Schein Deiner Persönlichkeit sind Klippen, an denen unsere Leidenschaft scheitert. Es gibt nur eine Lösung: besuche Du mich in Wien, denn dann würdest Du wenigstens symbolisch durch Dein Kommen die spontane Befreiung von allen äußeren Fesseln der Gesellschaft andeuten, und unsere Gemeinsamkeit wäre möglich!

Antworte mir sofort und ausführlich! Dominatrix

Berlin, am 8. September 1926

Meine Gebieterin, ich habe gezittert, als ich Deinen Brief in der Hand hielt, weil ich seit langem wußte, daß mir sein Inhalt nichts Gutes bringen würde. Dominatrix, daß Du nicht nach Berlin kommen würdest, war mir klar, lange bevor Du es mir schriebst. Eine leise Hoffnung hatte ich ja, aber in klaren Augenblicken lächelte ich selbst über mich. Solche Erlebnisse, wie sie zwischen uns sich abspielen, verwirklichen sich nie ganz – früher oder später werden sie durch die Wirklichkeit zerschlagen. Das war meine ewige Furcht. Auch wenn Du wirklich nach Berlin gekommen wärest, wärest Du vielleicht schon enttäuscht, abgestoßen von einem Menschen, der Deinen Erwartungen nicht entspricht. Ich fürchtete stets: Du kämest meinetwegen hierher und ich könnte Dir nicht genügen.

Freilich, d i e Gründe, die Du anführst, an die habe ich dabei nie gedacht. Dominatrix, ich weiß, daß dies nicht die

Gründe sind, die Dich von der Reise abhalten. Du, die Du mir hundertmal geschrieben hast, daß das Wesentliche allein den Ausschlag gibt, daß alles andere gleichgültig ist, – solltest Du jetzt an einem Hindernis Anstoß nehmen, das zu lächerlich ist, um überhaupt davon zu reden – an dem äußerlichsten aller äußeren Zufälligkeiten??? – Würde Dir ein ‚Paravent' legaler und sozialer Bindungen jemals mehr bedeuten können als ein Paravent, solange das Erlebnis stark genug ist, um das Wesentliche dahinter zu sehen?

Dominatrix, Du nimmst Deine Beweise und Gründe weit her, nennst mich einen hypokriten Philister und zitierst eine Zeile später einen Deutschen als Schöpfer der höchsten Form des menschlichen Daseins – Du sprichst von meiner »Funktion als Staatsbeamter« (diese Stelle hat mir bitter weh getan – wie konntest Du mich s o t i e f verkennen?) und vergißt, daß auch Goethe »Geheimer Rat« im verächtlichen Sinn war! Dominatrix, Du glaubst ja selbst nicht an die Berechtigung Deiner Beweisführung!

Welches sind also Deine wahren Gründe? Ich kenne sie nicht.

Ist es, daß dies Erlebnis Dir nichts mehr wert ist? Und daß Du es nun beiseite schiebst mit dem Fuß wie eine ausgepreßte Frucht? Du schreibst, daß die Anziehung zwischen uns auch weiterhin fortbestehen wird! Ich weiß nicht, wie Du das meinst und ob es wahr ist. Für mich kann ich nur sagen: Dominatrix, ich danke dem Schicksal täglich auf den Knien, daß es mich in Deine Bahn geführt hat, für mich wird diese Anziehung, dieses E i n s - S e i n   m i t   D i r   u n d   i n   D i r   i n   a l l e   E w i g k e i t   f o r t b e s t e h e n ! – über alle äußeren Zufälligkeiten, die Dir soviel Sorgen machen, erhaben.

Dies Erlebnis, Dominatrix, geht bei mir so tief, daß es von seiner äußeren Gestaltung nicht mehr berührt wird. Jeder Brief von Dir, den ich empfangen werde, wird mich mit unaussprechlichem Glück erfüllen, und ein Zusammensein mit Dir wäre für mich die Erfüllung meines Lebens, a b e r   d a s   a l l e s   i s t   n i c h t   d a s   W e s e n t l i c h e . Ich habe in Dir meinen letzten und endgültigen Ruhe- und Angelpunkt gefunden, der bestehen bleibt, auch wenn Du nichts mehr von mir hören willst. Ich lebe nur mehr in Dir, in einer mystischen, mir unerklärlichen und undeutbaren Einheit, die besteht, auch wenn Du sie nicht willst!

Die Erlebnisse dieser Monate waren für mich das Schicksal, sie können in mir nicht mehr ausgelöscht werden. D a f ü r d a n k e i c h D i r, nicht nur für die Ekstasen, deren ich durch Dich teilhaftig geworden bin und die mich so erschüttert haben, daß es unmöglich ist, daß in Zukunft noch irgendeine andere Frau Einfluß auf mich gewinnen kann. Daß diese Ekstasen einmal Gestalt gewinnen würden, habe ich erhofft und ersehnt mit allen Kräften meines Herzens, aber ich hätte wissen müssen, daß das unmöglich ist! Was soll nun werden? Dominatrix? Wendest Du Dich ab von mir? So schreibe es mir offen! Soll ich nicht mehr schreiben? – Ich werde tun, was Du mir sagst! Dein Wille soll geschehen!

»Das Wertvollere für Dich ist jedenfalls Dein äußeres Leben, Deine Funktion als Staatsbeamter und Ehegatte!« – Dominatrix, wenn Du dies wirklich in allem E r n s t von mir glaubst, dann ist es wohl das Beste, Schluß zu machen. Denn über solches Mißverstehen führt keine Brücke! Diese Worte also mußtest Du schreiben, unreif oder unbedeutend mußtest Du mich nennen, bloß aus dem Grund, weil ich nicht in der Lage bin, Dich zu belügen, weil ich es für wesentlich und notwendig hielt, unsere Gemeinsamkeit auf dem Boden der realen Wirklichkeit und ihrer Zwangsläufigkeiten aufzubauen, weil sie mir zu wertvoll war, als daß ich sie nur in luftleerer Phantastik erleben wollte!!!

Es handelt sich bei mir um das L e b e n – und das ist an die Erde und ihre Bedingtheiten gebunden – und nicht um erotische Sensationen in künstlichem Licht! Du schiltst mich unbedeutend, aber ich weiß eines: wie unbedeutend ich auch sein mag, gewiß ist, daß Du niemals einen Menschen finden wirst, der so sehr eine Ergänzung Deiner selbst wäre wie ich es bin! Du magst mich beiseite schieben und andere Menschen an meine Stelle setzen: in Augenblicken, in denen Du ganz bei Dir selbst und mit Dir allein bist, wirst Du mich n i c h t vergessen können!

Ich gehöre Dir, auch ohne daß Du es willst. »Wenn ich Dich liebe, was geht's Dich an!« Erst jetzt weiß ich, was dieser Satz bedeutet: Er hat gar nichts von Trotz und nichts von Enttäuschung, er umschließt das Wesentlichste und Tiefste!

»Soziale und legale Bindungen«! Ach, Dominatrix, wenn ich Dir sagen könnnte, wie unendlich gleichgültig all das mir heute erscheint! Es kann nicht Dein wahrer Grund sein, und den wahren Grund kenne ich nicht. Aber es geschehe wie Du willst. Ich werde nicht bitten und nicht wünschen, sondern nach Deinem Willen handeln. Ich bin und bleibe Deine Magd mein ganzes Leben lang, mag geschehen was will. Die Fesseln, die ich von Dir trage, sind stärker als der geknotete Strick, der auch jetzt noch meinen Körper einschnürt. Ich wollte Dir dienen mit meinem Körper und mit meiner Seele, nun wird meine Seele allein Dir dienen...

Ich werde schreiben, so oft Du es willst. Uge

Wien, am 12. September 1926

Mein Uge, – Dein letzter Brief, so angefüllt mit bangen Ahnungen des sicheren Endes, wirkt schmerzlicher auf meine Seele als jeder offene Verzicht. Von der ungeheuren Höhe erotischer Verstrickung, an der Ich und Du im gleichem Sinne schuldig und nicht schuldig sind, wirft meine unüberwindliche Abneigung gegen eine sinnlose Institution das Problem auf das gemeine Niveau des »Ehebruches«. In gewollter Maßlosigkeit denke ich an den unwiederbringlichen Verlust, den ich meinem und Deinem Leben zufüge, wenn ich mich gegen rein äußerliche Schranken stelle! Wünschen, daß Du frei wärest – alles Wünschen ist Torheit und nur die Wirklichkeit zählt – wie k a n n ich also hinwegkommen???

Mit meinem innersten Empfinden ist es unvereinbar, daß ich zu Dir fahre an den Ort, wo Du als ‚Verheirateter' lebst. – Es ist doch alles so einfach: Komm Du zu mir! Eine mündliche Aussprache wird Klarheit in die Verworrenheit bringen, in die Deine letzten Briefe geraten sind, und wird in unseren Gefühlen den Gleichklang wieder herstellen.

Unser erotisches Leben ist aber nicht im gleichen Grade das Lebenszentrum unserer Seelen. Du räumst ihm eine weniger ausschließliche Rolle ein und bleibst nach außen hin der korrekte Pflichtmensch Deiner bürgerlichen Bindungen, während ich als Besitzergreifende vollkommen bedenkenlos – und unbedingt darin aufgehe! Ich will jede Begrenzung verlieren, ich w i l l den Rausch tödlicher Seligkeit aus dem übervollen Gefäß des Eros trinken und w i l l n i c h t herausgerissen werden aus meiner erotischen Erfüllung durch D e i n e »Bürgerpflicht!«

Mein Leben geht auf in der Liebeserfüllung, ich will nichts darüber hinaus; Du aber bist, wenn auch rein äußerlich, der Ehegatte einer Andern und damit ist der Konflikt gegeben, der die Harmonie, das wunderbare Eins-Sein erotischer und sexueller Ergänzung und Erwiderung zerstört. In meinem Wesen ist nichts von jenem seelenlosen Genießenwollen à tout prix, das mechanisch nach Dir wie nach einem Sexualobjekt greift und Dich sinnlos begehrt. Dann würde es mir auch gleichgültig sein, ob Du frei oder gebunden bist! Aber es ist jenes Einswerden des eigenen Ich mit dem Deinem, jenes Entzücken am Wesen Deines Lebens, das das meinige vollkommen ergänzt! Wäre es nicht so, gäbe es keine Konflikte und keine unlösbaren Probleme ...

Du schwelgst in Deinem Brief in unlogischen, inhaltlosen Phrasen. Du hast das Streben, aus diesem Labyrinth herauszukommen – Du findest aber keinen Ausgang. Warum sollte ich mich von Dir abwenden? Warum sollte ich nichts mehr hören wollen von Dir? Ich will, daß Du mir schreibst wie bisher. Was tut's, ob wir uns heute sehen oder erst morgen? – Du bist mein Werk und meine Magd und hängst ewig mit mir zusammen!
Dominatrix

Wien, den 1. Oktober 1926

Uge, – seit mehr als zwei Wochen bin ich ohne Nachrichten von Dir. Ist Dir mein letzter Brief nicht zugekommen?

Armer, kleiner Androgyn, es gibt für Dich wie für mich keine andere Rettung als Resignation. Ich bin frei und ohne Fessel, aber Du bist mit einer Frau verbunden, die Dich nicht begreift und ich ermesse die Unermeßlichkeit, die sich zwischen ehelicher Verbindung und erotischer Verbundenheit ausdehnt! Nie und niemals läßt sich dieser Abgrund überbrücken.
Dominatrix

Berlin, am 6. Oktober

Angebetete Dominatrix, seit fast drei Wochen leide ich wieder an einem Augenanfall. Ich kann weder lesen noch schreiben, sitze dauernd im Dunkelzimmer. Deine beiden Briefe habe ich erhalten — ich konnte sie nur unter großen Schmerzen lesen, — aber ich danke Dir tausendmal dafür. Sobald es mit den Augen besser geht, werde ich sofort schreiben. Der Arzt meint in zwei Wochen etwa, aber ich werde Dir schon früher schreiben.

Dominatrix, vergiß mich nicht! Ich gehöre Dir, ich fühle Dich, nur Dich, in meiner Einsamkeit und sie wird mir nicht schwer, weil ich bei Dir und in Dir bin.

Sei nochmals bedankt für Deine Briefe. — D e i n e M a g d i m m e r u n d e w i g — — Uge

---

Wien, am 15. Oktober 1926

Mein ärmstes Kind, ich habe Dir absichtlich so lange nicht geschrieben, um Dir nicht Gelegenheit zu geben, während Deiner Augenerkrankung den Anordnungen Deines Arztes entgegen zu handeln. Tu nichts, was Deiner baldigen Genesung schaden könnte.

In der Einsamkeit Deiner Krankheit und in ihrem Zwang, mit Dir allein zu sein, wochenlang, wirst Du die klare Erkenntnis Deiner Gefühle erlangen und über den Lebenssinn und Inhalt, den ich Dir gab, zum vollen Bewußtsein erwachen.

Ich suche die erotische Verbindung mit Dir, Uge, und kann ich diese nicht verwirklichen, so liegt mir an Deiner Freundschaft gar nichts! — Ich will die erotischen Ekstasen und nicht jenes kühle Interesse, das der Freundschaft zugrunde liegt. Ich will, daß Du in meinem Garten lebst, dessen Zauber einen Sommer lang der Inhalt Deines Lebens gewesen ist.

Ich bin voll von Erotik. Mein inneres Leben spielt sich allein auf dieser Grundlage ab. Du bist mir genau so hörig wie in den Sommermonaten, wenn ich es will! Du bleibst zeitlebens mein Gefangener. Ich sende Dir die Sklavenkette mit Schloß und Schlüssel, damit Du das Symbol Deiner Knechtschaft von mir auch äußerlich trägst. Lege sie um Deinen nackten Leib, hänge sie mit dem Schloß zusammen, das Du mit dem Schlüssel absperrst. Den Schlüssel aber schicke mir in Deinem nächsten Brief zurück ...

Wie es mit Deinen Augen geht, ob die Gefahr der Erblindung gebannt ist und die Besserung anhält, und was der Arzt sagt, und ob eine Operation nötig ist, dies alles Uge, schreibe mir ausführlich. Ich wünsche Deine rasche und gänzliche Genesung und werde mich freuen, wenn es gute Nachrichten sind, die Du mir sendest.

Alles Liebe und Herzliche! Dominatrix

Berlin, am 20. Oktober 1926

Dominatrix, – warum quälst Du Dich und mich so wahnwitzig! Ich hatte das feste und gläubige Vertrauen, Dir Freund und Mitmensch sein zu können und hoffte, Dir auch als solcher wertvoll zu sein, – aber Du willst mich nicht! So kalt sprichst Du es aus: Daß Dir an meiner Freundschaft gar nicht liegt, Du suchst die erotische Verbindung und die Ekstasen!

Gewiß, der Zauber Deines Gartens war für mich während sechs Monaten der Inhalt meines Lebens, es ist wahr. Aber ich bin durch ihn hindurch gegangen und er hat mir geholfen frei zu werden, und ich habe gesehen, daß auch die Selbstverwirklichung im erotischen Erlebnis, wie ich sie mit Dir und in Dir gefunden hatte, nicht das letzte und endgültige ist.

Das erotische Erlebnis ist für mich vorbei, Dominatrix, und ich suche eine geistige Gemeinschaft mit Dir. Aber ich kann den Anschluß nicht finden, das fühlst Du so gut wie ich selbst.

Die Kette, die Du schicktest, trage ich nicht. Als ich das Päckchen öffnete und sie sah, habe ich sie leise geküßt, so wie man eine vertrocknete Rose küßt, weil sie mir die Erinnerung bildet an ein Erlebnis, das so tief und stark war wie keines vorher. Aber was jetzt da ist, ist die Frucht dieses Erlebnisses, und die ist zu wertvoll und wesentlich, als daß ich sie durch Dinge und Vorstellungen, die nicht mehr aus meinem innersten und echtesten Empfinden kommen, zerstören darf.

Was mir dies Erlebnis gebracht hat, ist dies: Befreiung meiner selbst von den Fesseln erotischer oder besser sexueller Gebundenheit, Vergeistigung des Eros in mir. Ich betrachte dies als eine ungeheure Wandlung meines Wesens. Alle Menschen sind mir erotisch gleichgültig, ich empfinde nur mit Dir eine starke geistige Gemeinschaft und Verwandtschaft, mit Dir, der ich dies alles verdanke, und worüber ich glücklich bin.

Wenn ich die Augen schliesse und alles an mir vorüberzieht, was meinem Leben seit einem halben Jahre Kraft und Inhalt und Richtung gegeben hat, und wenn ich sehe, welch schicksalhafte Wandlung mein Ich in dieser Zeit erfahren hat, so werde ich von einer starken und tiefen Dankbarkeit gegen Dich, meine gütige Freundin, erfüllt. Von allen Geheimnissen ist der Schleier gefallen, alles ist klar, nicht mehr gut und schlecht, sondern absolut und rein! Ich bringe es auch nicht mehr fertig, die Ekstasen des Sommers, die Du allein anerkennst, in mir wieder zu wecken. Dominatrix, es ist nicht so wie Du schreibst: Ich bin nicht mehr Dein Gefangener, weil in meinem Leben die Erotik aufgehört hat, eine Rolle zu spielen. Daß es so ist, verdanke ich Dir und den Ekstasen, die Du mir geschenkt hast. Ich bin durch diese Erschütterungen hindurch gegangen und in einen andern Ring meines Lebens eingetreten, wo es nicht mehr Weib und Mann gibt...

Alle Ekstasen sind in mir verflogen, es ist nichts zurückgeblieben als die Erkenntnis von der Unzulänglichkeit alles Lebens und Erlebens. Wir waren so hoch gespannt, daß die Ernüchterung der Phantastik kommen mußte. Ein ‚Verströmen im Übersinnlichen' nanntest Du einmal unser Erlebnis. – Ja, es war ein Verströmen im Unendlichen, die ganze Welt erfüllten wir mit uns, und gerade darin lag seine ungeheure Gewalt und Maßlosigkeit, die nur in Träumen Wirklichkeit werden konnte.

Und darin bestärkte mich eine weitere Erfahrung, die ich vor einigen Wochen an mir selbst machte, und die mich ganz umgeworfen hat: Die Erfahrung, daß ich unter entsprechenden Umständen ebenso stark aktiv ‚sadistisch' empfinde wie passiv. Seit der Zeit bin ich an mir selbst irre geworden! – Was soll das bedeuten? Daß mein ‚Masochismus' nur ein gegen sich selbst gekehrter ‚verdrängter' Sadismus ist? Wo bleibt da das Absolute, das unser gemeinsames Erleben so stark machte, das ihm seine Richtung und seinen Halt gab?

Wenn ich heute wieder Deine Briefe durchlese, die zu den wenigen Dingen gehören, die mir teuer und kostbar sind, so ist es mir, als sähe ich in einen Garten voll seltsamer Blumen und köstlich duftender Rosen. Aber ich werde nicht mehr sinnlos berauscht von diesem Duft, daß alles Denken und Wollen ausgelöscht wird — Deine Briefe bewirken in mir keine erotische Auslösung mehr, aber dafür etwas, was ich jetzt als das Wichtigste und Wertvollste betrachte: Die Befreiung meiner selbst!

In diesem neuen Zustand behaupte ich mich jetzt ohne Kampf und Anstrengung, und ich will mich durch nichts in Verwirrung bringen lassen. Dominatrix, ich reiche Dir die Hand, aber es gibt nichts mehr, dem ich unterliegen könnte. Dafür bin ich Dir dankbar.

Meine gütige und mütterliche Freundin, ich küsse in Dankbarkeit Deine Hände. Uge

---

Wien, den 24. Oktober 1926

Mein armer Freund Uge, diesen Weg, den ich Dich — wenn auch ungewollt und unbewußt geführt habe — ist ein Weg der Erkenntnis für uns beide. Denn wir gehen denselben Weg, ich im Wollen und Du im Entsagen und unser Ziel ist das gleiche: Befreiung unser selbst. Bei mir durch die Gewalt meines Willens, bei Dir durch bewußtes Verzichten auf alles Wollen. Ich werde Dir Freund sein und bleiben, auch nachdem alle Räusche verflogen sind. —

Uns persönlich kennen zu lernen und zu sehen ist zwecklos. Unser Erlebnis war und bleibt irrational, ein Gegenüberstehen Auge in Auge könnte ihm nichts Wesentliches mehr hinzufügen. Es ist unmöglich, mir vorzustellen, daß Du mir einmal gegenübersitzen und Zigaretten rauchen und Kaffee trinken und plaudern könntest. Die Wirklichkeit würde solche Situationen bringen und dies wäre eine Enttäuschung.

Laß mich daher auch weiter so mit Dir verkehren, wie ich es bis jetzt getan habe — es war sehr, sehr schön! Ich hätte niemals in meinen Briefen an Dich philosophieren sollen, sondern Dir nur die brutalen Forderungen meiner Wollust offenbaren.

Ich befehle Dir, Uge, alle meine Briefe durchzulesen, in denen meine Leidenschaft braust, worin jeder meiner kalt und klar ausgesprochenen Wünsche ein Schlag ins Gesicht für Deine Scham ist, worin ich mit raffiniertem Genießen beschreibe, welche Dienste ich von meiner Magd haben wollte, zynisch und unverhüllt, aber gerade darum so wahnsinnig aufreizend in ihrer Wildheit. Trage die Kette und schicke mir den Schlüssel. Dominatrix

---

Berlin, am 31. Oktober 1926

Dominatrix, — zehn Tage lag ich an einer Grippe im Bett und als ich heute wieder in meinem Zimmer saß, nahm ich die Kassette, in der ich Deine Briefe aufbewahre und begann damit, sie von Anfang an wieder zu lesen. Es ist mir dabei etwas seltsames passiert. Je weiter ich las, desto mehr geriet ich in Erregung, und Stimmungen, die ich längst entschlafen geglaubt hatte, wurden wieder wach und stark...

Um bei der Wahrheit zu bleiben, Dominatrix, es ist etwas ganz anderes als damals, es ist nicht mehr mein ganzes Leben, das mitschwingt, es ist Sensation und Phantastik, aber eine tolle, erregende, aufreizende und aufreibende Phantastik, die mich umso stärker mitreißt, als ich durch die Krankheit geschwächt bin.

Oh, wie konntest Du Briefe schreiben, Dominatrix, wie keine andere Frau! — Ich habe heute zum ersten Mal wieder einen körperlichen Zustand gehabt, den ich überwunden zu haben glaubte. Es ist a n d e r s als damals, ich sehe es daran, daß jetzt gerade d i e Stellen in Deinen Briefen, vor denen ich damals etwas Angst und Scheu hatte, mich am stärksten gepackt haben: Die Stellen, in denen Du in nackter, wilder Realistik das Paradies Deiner sadistischen Lust mir zeigst... Oh, es war doch schön, dies Paradies!

Heute stehe ich über diesen Dingen — ich merke es daran, daß ich mich jetzt selbst beobachten kann, was ich damals nicht fertig brachte, — und heute ist mir nur Sensation, was mir damals Lebensinhalt und Lebenssinn zugleich war, aber es ist stärkste, wildeste Sensation — — —

Dein Bild stand vor mir, ich nahm Deine Kette aus der Schachtel und spielte mit ihr, und meine Hände halten sie noch, und ich lese Deine Briefe, in denen Deine Leidenschaft braust, in denen Du klipp und klar Deinen brutalen Forderungen Ausdruck gibst... in denen Du schreibst, welche Dienste Du von Deiner Magd haben willst... so wahnsinnig aufreizend, daß ich jetzt, wo ich sie zum zweitenmal lese, – nicht mehr weiterschreiben kann – – – Jetzt werde ich mich in meinem Zimmer einschließen... Uge

---

Wien, am 6. November 1926

Uge, meine Magd, sei bereit zu den demütigsten Diensten, knie nieder vor meinem Lager und sei bereit – – – Nicht Worte noch Winke sind nötig zu Deiner tiefsten Erniedrigung, sondern nur kalte, brutale, selbstverständliche Inanspruchnahme Deines zitternden Leibes und Deiner schamhaften Seele – – – Du weißt, welche Dienste Deine Herrin von ihrer Magd verlangt – – –

Halte Dich bereit für Deine Herrin!

Hätte ich Dich immer nur als mein Werkzeug und meine Hündin behandelt, nicht aber als ein mit mir denkendes, mit mir fühlendes und strebendes Wesen, hätte ich niemals versucht, auch mit Argumenten unser Erlebnis zu deuten und auf Dich einzuwirken, sondern bloß mit der unwiderstehlichen und unwiderlegbaren Brutalität meines Willens, dessen Forderungen Du i m m e r unterlegen wärest ohne nachzudenken, d a n n   w ä r e s t   D u   n i e   a u s   d i e s e m   T r a u m e   e r w a c h t, dann wäre L e b e n geblieben, was Dir jetzt I l l u s i o n ist. –

Aber was schadet es? – Es ist ein unvergleichlicher, dyonisischer Glücksrausch... Dominatrix

---

Berlin, am 10. November 1926

Hier der Schlüssel. Daß ich Dir ihn schicke, wird Dir mehr als Worte tun können, beweisen, wie sehr Dein Brief auf mich gewirkt hat.

Die Kette liegt zweimal um meinem Leib. Sie ist eng und schmerzt sehr, aber ich werde sie tragen und mich daran gewöhnen. – – Ich werde sie tragen, solange Du es bestimmst.

Warum waren nicht alle Deine Briefe so wie dieser letzte! Dann hättest Du n i e Deine Macht über mich verloren und n i e wäre die bittere Erkenntnis über mich gekommen, daß das, was ich mit Dir erlebte, nur Sensationen und künstliche Paradiese, nicht aber wirkliches Leben ist...

Darüber bin ich mir klar: es ist nur Illusion, aber was schadet es! E n d l i c h, e n d l i c h wieder fühle ich den Einfluß Deiner Macht, fühle alle Scheu und Scham und Unlust in mir erstickt werden durch Deine Brutalität, die mir die Peitsche ins Gesicht schlägt...

Ach, wenn es nur ein einziges Mal Wirklichkeit würde!!!

Dein Brief hat mich erschöpft, — es waren zum ersten Mal seit langer Zeit wieder höchste Ekstasen... Ich fühlte nur eines nachher: daß ich die Kette anlegen müßte, und daß ich Dir den Schlüssel schicken müßte.

Ach, könnte ich doch mehr tun, — könnte ich doch wirklich vor Deinem Lager liegen, unbeweglich gefesselt die ganze Nacht, könnte ich doch wirklich Deinem Körper mit meinem Munde dienen — nicht nur Deiner Wollust!

Ich verzehre mich danach, daß Du mich nötigst, in letzter und tiefster Erniedrigung die Gaben Deines Leibes in mich aufzunehmen... Ich sehne mich danach, Dir diese Dienste zu erweisen wann, wo und wie Du willst... Du läßt Dich auf mein Gesicht nieder und die Gaben Deines Körpers strömen in meinen Mund, in den Mund Deiner Magd, die dann nur eine Empfindung hat: für Deine körperlichen Bedürfnisse da zu sein...

Ich hätte vielleicht Scham und Scheu von manchem, aber ich weiß auch, daß diese Scheu und Scham, die nur äußerlich an mir haftet, bald ausgelöscht würde durch die Selbstverständlichkeit Deiner Forderungen und durch die Art, wie Du diese Forderungen durchzusetzen weißt. Du hättest vielleicht nicht nötig, mich viel zu strafen...

Verzeih mir die Verworrenheit dieses Briefes, ich bin unfähig, klar zu denken... Es ist eine maßlose, mit nichts zu vergleichende Wollust in mir!

Ich knie hinter Dir hin und drücke mit geschlossenen Augen den zitternden Mund fest auf die Öffnung Deines Körpers, die allein zu küssen dem Hunde erlaubt ist...

Ich danke Dir, D u S i e g e r i n!

XVI.

NEUE LEBENSPERIODE

Als die erotischen Spannungen der letzten Leidenschaft in meinem Innern verklungen waren, fand ich in die Einsamkeit meines Geistes und zur nüchternen Wirklichkeit wieder zurück. Dieser unsagbare Glückszustand geistig-seelischer Erotik war für mich ein unvergleichliches Erlebnis gewesen, nicht »schöner« als irgendein anderes, sondern von absoluter Notwendigkeit und Schönheit getragen. Diese unvergeßlichen und unvergänglichen Monate waren für mich so, daß ich nicht hätte wählen können zwischen einem andern Begebnis und dem, was geschah.

Jenes Gefühl, das in mir war, und für das das Wort »Glück« zu abgebraucht ist, wurde noch gesteigert durch die persönliche Fühlungnahme, die ich mit meiner physisch und psychisch kranken Tochter unterhielt. Das einst so blühende und nun gesundheitlich herabgekommene Mädchen war in der Lungenheilstätte Baumgartnerhöhe untergebracht, wo es bis zur vollständigen Genesung in ärztlicher Behandlung und Aufsicht zu verbleiben hatte. Allwöchentlich einmal durfte ich Edith dort besuchen und einen ganzen Nachmittag lang in ihrer Gesellschaft verweilen.

Das natürliche Verhältnis zwischen Mutter und Kind hatte durch die zweijährige Trennung nichts an Innigkeit eingebüßt, ja, es war im Gegenteil noch fester und fragloser geworden. Meine hilflose Tochter hatte nach der Gerichtskatastrophe jeden Willen und allen Glauben an die Menschen verloren und klammerte sich jetzt umso fester an die Mutter, die sie als einzigen Rettungsanker in der Welt nicht mehr loslassen wollte.

Mit wachsender Ungeduld sehnte sich Edith nach endlicher Rückkehr zu mir, nach der Ruhe und Geborgenheit des mütterlichen Heims. Ihrer Genesung war es nicht zuträglich, daß sie sich in solcher Sehnsucht verzehrte. Das Glücksgefühl, das von mir ausging, strömte auf sie über, und in meiner Nähe empfand sie lebenssteigernde Zuversicht. Sie machte Pläne zur Beendigung ihrer Mittelschulstudien, denn sie wollte noch immer ihren Lieblingswunsch verwirklichen und sich nach dem Abitur dem Studium der Naturwissenschaften widmen. Ich freute mich über ihre geistigen Bestrebungen. Dieses Kind trug das Gepräge meiner Persönlichkeit und war voll meines Geistes; den passiven Charakter aber besaß sie vom Vater.

Ich gab meiner Tochter das heilige Versprechen, ihr alle verlorenen Lebensgüter, worauf sie Anspruch hatte, in Kürze zurückzuerobern: das mütterliche Heim, die sichere Geborgenheit unter meinem Schutz und die ruhige Entwicklung ihres so arg erschütterten jungen Lebens. Die sinnlosen Geschehnisse sollte sie rasch vergessen im Sonnenschein meiner Liebe und an der Herzenswärme meines mütterlichen Empfindens. Unter meiner Führung sollte sie zum inneren Leben erwachen und zu wahrem Menschentum gelangen.

Mein eigenes Lebensvertrauen war trotz der Stürme, die es hätten wegfegen können, unverändert stark geblieben. Ich fühlte mich gleich Luzifer, dem gefallenen Engel. Er war ein Lichtbringer und ein göttlicher Künder der Schönheit. Sein Sturz war ein Triumph: er wurde zum schöpferischen Prinzip des Künstlers.

Mein Antrieb war die Zukunft meiner Tochter, die ich menschlicher und schöner gestalten wollte, als sie dauernd in den Zähnen einer verheuchelten Gesellschaft verkümmern zu lassen.

Ich wohnte in Untermiete, besaß keinen eigenen Haushalt und keinen Erwerb. Meine Wohnung in der Biberstraße war während meiner Kerkerhaft von Amts wegen geräumt worden und meine Möbel lagerten in zertrümmertem Zustand in einem Schlachthaus. Ich hatte keine Möglichkeit, sie in Gebrauch zu nehmen, denn es war die Zeit der drückendsten Wohnungsnot. Schritt vor Schritt, langsam und unermüdlich, immerwährend von dem Gedanken an mein vertriebenes Kind beflügelt, erwarb ich mir allmählich die Überreste meines verlorenen Eigentums zurück. Zuerst erlangte ich eine eigene Wohnung, die ich Ende 1926 bezog, übernahm meine Möbel und lebte wieder unabhängig in meinen vier Wänden. Dann erwarb ich einen neuen Namen und zuletzt meine schriftstellerische Zukunft. Ich hatte in meinem Leben Empfindungen, Gedanken und Erfahrungen gehabt, die andere nicht kennen, und fühlte mich berufen, aus eigener lebendiger Sachkenntnis heraus über Dinge zu schreiben, deren Wahrheit ich für mich selbst durch eigenes Denken erworben hatte. Als Lehrerin wollte ich nicht mehr wirken, denn ich hatte zu viel leiden müssen für das Gute, das ich gewollt hatte.

Der Besitz eines eigenen Heims, die Neuschaffung der Grundlage zu meiner Lebensexistenz waren die Voraussetzungen, daß mein Kind zu mir zurückkehren und alle Lebensbedingungen zu seinem körperlichen und geistigen Gedeihen vorfinden konnte. Gestützt auf diese wichtigen Vorbedingungen, beantragte ich beim Jugendgericht die Enthebung der Vormundschaft und die Rückgabe meines Kindes in mütterliche Obhut und Erziehung. Die Vormundschaft bekämpfte meinen Antrag und auch das Jugendgericht entschied unter Hinweis auf das erflossene Strafurteil dagegen.

Mein weit über den Durchschnitt hinaus entwickeltes und gebildetes Kind wurde von der Vormundschaft in geistige Unterordnung gezwungen und auf dem Niveau einer Dorfmagd, fern von Wien, jahrelang, Sommer und Winter, in den Baracken eines ehemaligen Kriegsgefangenenlagers in einem haftähnlichen Zustand festgehalten. Jeder briefliche und persönliche Verkehr mit mir und mit Menschen, die mir nahestanden, wurde ihm untersagt. Die Liebe zur Mutter wurde im Herzen des Kindes gewaltsam erstickt und jedes natürliche Gefühl in ihm künstlich in das Gegenteil umgewandelt. Das mir gesetzlich zuerkannte Besuchsrecht wurde mir wieder entzogen und die Korrespondenzfreiheit mit meiner Tochter unterbunden. Ich wurde meiner Mutterrechte enteignet. Jede Möglichkeit, mein Kind zu sehen, zu sprechen, zu lieben und zu beschützen blieb mir dauernd verwehrt. Meine arme Tochter war wehrlos der Gewalt ihrer Vormünder ausgeliefert und in aufgezwungener Mutterlosigkeit einem System absoluter Leibeigenschaft unterworfen. Damit wurde mir der Kampf um mein vergewaltigtes Kind aufgezwungen.

Mein Herz glühte in diesem Kampf, denn es wollte siegen. Die Leidenschaft, die es ansponrte, teilte sich nicht mit erotischen Ekstasen. Aber ich empfand keine geringe Wollust, das Schicksal zu versuchen und gegen das kalte Gespenst abstrakter Behörden zu kämpfen. Es war ein ungleicher Ringkampf mit einer fiktiven, bestandlosen Macht um mein geliebtestes Gut, um meine Tochter. Die Liebe zu ihr entflammte mich, der Kampf um sie umfaßte das Höchste: er schloß glühende Träume von Menschenglück und Seligkeit in sich. Dieser Zustand war nicht frei von Rausch, denn ich durchlebte im Geiste die Erfüllung meiner tiefsten Sehnsucht, ein ganzes Leben an Hoffnungen und Befürchtungen, an Siegen und Niederlagen.

Mit offenem Visier kämpfte ich gegen gedungene Feinde, die als Vormünder die Unterdrückungen meiner Tochter verewigten. Von innerer Besessenheit ergriffen, fühlte ich, daß ein überpersönliches Walten aus mir handelte und mein persönliches Wollen leitete. Ich hatte nichts anderes mehr zu tun, als meinem innersten Antrieb zu folgen.

Schmerz und Empörung einer gequälten Mutter sprachen aus mir und trieben mich an, gegen die Einsichtslosigkeit starrer Behörden zu kämpfen. Ich führte den Kampf mit den kühnsten Waffen, mit furchtbaren Anklagen gegen die gedungene Vormundschaft und ihre unmenschlichen Methoden. Und je erbitterter ich kämpfte, desto drakonischer wurden die administrativen Verfügungen, die mein Kind von mir abtrennten. Als Mutter aber war ich unbeugsam und kannte keine Resignation — bei mir gab es keine Trägheit des Herzens ...

Ich dachte nicht daran, Besuche bei meiner Tochter mit Gewalt zu erzwingen. Ich erschöpfte alle Rechtsmittel, stellte wohlbegründete Anträge, um meiner Tochter die Befreiung aus amtlichem Zwang zu verschaffen. Es blieb alles erfolglos. Es war nur ein schauerlich-groteskes, erbärmliches Spiel, ein qualvolles, aufreizendes Hin und Her zwischen mir und der unfaßbaren Macht eines kalten Untiers! Mir war es so schmerzlich-ernst und todtraurig zu Mute bei dem lebendigen Einsatz, den meine blutjunge, lebenswarme Tochter dabei abgeben mußte! Wenn sich mir das Gesicht zu bitterstem Weinen zusammenkrampfte vor namenlosem Leid, wenn mir das Herz fast stillestand in der gequälten Brust über all dem Jammer und ohnmächtigen Gram, den eine sinnlose Macht über fühlende Wesen ausgoß, dann mischte sich unwillkürlich ein wahnsinniges Hohngelächter über all den Widersinn in meine heißen Tränen ...

Wie deutlich empfand ich mitten im Kampf, daß nur im Leiden die wahre Lust liegt. Ihm verdankte ich alles, was gut in mir war, alles, was meinem Leben Wert verlieh: ihm verdankte ich den Mut, alle Tüchtigkeit und Weisheit. Das Gefühl allein schien mir die Grundlage der Moral. Wer die Leidenschaft tötet, vernichtet mit demselben Schlag alle Freude und alle Qual, alle Liebe und Wollust, alles Gute und Schlechte alle Schönheit und Kunst! In der Liebe wie in der Kunst genügt der Instinkt. Frei von Leidenschaft gibt es weder Liebe noch Kunst. Der Verstand greift viel weniger als man glaubt in die Instinkte und natürlichen Gefühle ein.

Die Frau ist auch hierin die große Lehrmeisterin des Mannes. Sie zeigt ihm, daß ihre Lebensinstinkte immer Recht behalten gegenüber seinen abstrakten Begriffen von Zivilisation und Kultur. Sie beweist, daß Phantasien des Gefühls unüberwindbar sind, und daß es nicht die Gewalt ist, die die Menschen regiert.

Die Lebensfeindlichkeit des amtlichen Apparates ging soweit, meine Muttergefühle zum Tode zu verurteilen und mein Kind in der Ableugnung seiner nächsten Blutsverwandten zu erziehen! Ein seltsam schauriges Bild eröffnete sich mir, als ich die Zivilisation auf ihren Irrwegen verfolgte. Wie eine Dampfwalze ging sie dahin über lebendige Menschen, die unter ihren Rädern den starren Tod finden, statt das Leben zu gewinnen.

Sieben Jahre lang rauschte die papierne Diktatur fühllos und kalt über zuckende Menschenherzen hinweg. Der bürokratische Apparat besaß weder ein menschliches noch öffentliches Gewissen und funktionierte als lebloser Zweckmechanismus sinnlos weiter, bis er sich selber ad absurdum führte.

Wie ein vergifteter Pfahl saß die gedungene Vormundschaft fest in meiner tiefsten Herzenswunde, bohrte sich immer tiefer hinein und fraß sich immer weiter in das lebende Fleisch und schmerzte und blutete in mir und brach aus mir heraus wie ein böses Geschwür und verdarb mir das Leben. Die staatlichen Behörden verhalfen meinem Kinde nicht zu seinem Recht und ich selbst durfte die Übeltäter nicht abschießen wie Krähen, die böswillig die schönste Blüte meines Gartens vernichteten.

Gegen diese brennende Qual und Schmach kämpfte ich mit festem Willen und glühender Leidenschaft. Fünf Jahre lang vergoß ich die bittersten Muttertränen vor Gram um mein Kind. Ich überschaute das Meer von Verzweiflung und Leid, in das ich durch die gewaltsame Lostrennung meines Kindes gestürzt wurde. Und mein Schmerz änderte nichts, besserte nichts. Der Verlust meiner Tochter bereitete mir unsägliche Qual.

Und nun kam ich zur Einsicht: was mir Qual bereitete, hielt ich für falsch, verkehrt und unheilsam, denn es brachte mir Schaden und nützte meinem Kinde nicht. Statt Wohl brachte es Wehe. Fahren lassen und frei werden vor allem Gefühl, – in dieser Erkenntnis fand ich Einkehr bei mir. Ich sah die Nutzlosigkeit alles Kämpfens ein und wollte mich von dem Jammer befreien.

Das Licht der Erkenntnis begann mir zu leuchten. Mein Bewußtsein war durch die ungeheuren Leiden der letzten Jahre zur Reife gelangt und es lag nun in meiner Möglichkeit, meinen Willen zum Schweigen zu bringen. Ich stieg in die Tiefen meines Trieblebens hinab, um zu erkennen, zu welcher Leidenschaft mein Wille mich führte, wenn der Einfluß der Vernunft aufgehoben war. Frei geworden von der Liebe zu meinem Kinde, konnte ich nicht mehr an ihm hängen. Ich mußte ihm also entsagen und meine Mutterliebe überwinden.

Es war fraglos das Schwerste, was ich vollbringen konnte. Aber ich machte mich auf den Weg, das Schwerste zu vollbringen, was eine liebende Mutter überhaupt vollbringen kann: in vollem Umfang den Kampf mit sich selbst aufzunehmen, einen Kampf, gegen den alle andern ein Kinderspiel sind. Unter bittersten Seelenkämpfen trotzte ich dieser elementarsten Liebe zu meinem Kinde, die mich tausendmal stärker bewegte als jede andere.

Es trat in mir eine vollständige Umkehrung aller Verhältnisse ein. Sobald das Verlangen nach meinem Kinde sich in mir erhob, litt ich namenlose Qual, weil es getrennt von mir war. Überwand ich aber das intensive Begehren nach meinem Kinde, hatte ich keine Sehnsucht und kein Interesse mehr, mit ihm vereint zu sein, kam alles in mir zur Ruhe. Ich litt nicht mehr an seinem Verlust.

Die qualvollen Jahre 1927/28 hatte ich kämpfend durchlitten; der mütterliche Trieb in mir war stärker als meine arme Vernunft und Einsicht. Er hatte sich zwingend zur Wehr gesetzt gegen die Vergewaltigung meines jugendlichen Kindes. Ich konnte die törichte Hoffnung nicht aufgeben, daß Muttertreue dem Kinde mehr nütze als alle »Fürsorge« blutloser Ämter. Nun war ich erlöst von dem Wahn.

Inmitten des verzweifelten Ringens um die Befreiung meines Kindes, empfing ich von unbekannter Hand aus dem Ausland einen Brief, der in rührend mangelhaftem Deutsch folgenden Inhalt hatte:

»Liebe Frau Cadivec! Mit tiefstem Verstehen und größtem Interesse las ich Ihr Buch. Ich möchte dankend meine Zustimmung zu Ihren Gedanken geben. Ich fühle so ganz mit Ihnen, da mein eigenes Schicksal – wenn auch nicht mit dem gleichen Verlauf – dem Ihrigen sehr ähnlich ist. Leider traf ich mein Leben lang keinen Menschen, dem ich mich anvertrauen durfte. Dies war mir ein Leiden. Ich durfte niemandem meine Gedanken und Gefühle offenbaren, lebte mein Leben wie abgesondert und doch mitten im pulsierenden Leben... Ich wirke seit dreiundzwanzig Jahren als Vorsteherin eines größeren Waisenhauses für Mädchen in unserem Lande. Meine Kindheit und Erziehung ist der Ihrigen nicht ganz ähnlich, doch bin ich durch die damals mir begegnenden Verhältnisse, durch Gedanken und Seelenleben so geartet, daß ich mich mit Ihrer Seele eng verschwistert fühle.

Mein Brief – ich hoffe, daß Sie mein schlechtes Deutsch verstehen – sollte außer Dank, Beifall und Mitgefühl, Ihnen noch die Bitte vorbringen, einige Briefe mit mir zu tauschen.

Ich bin der Meinung, daß ein Briefwechsel – kurz oder lang – von Interesse für uns beide werden könnte. Ich jedenfalls sehne mich danach, doch einmal im Leben meine Gedanken einer verstehenden Seele gegenüber ausdrücken zu dürfen. Ich durfte es nie in meinem eigenen Lande tun.

Ich sende meinen Brief an Ihren Verleger mit der Bitte, ihn an Sie weiter zu befördern. Darf ich hoffen, von Ihnen zu hören mit der Angabe, wohin ich fernere Briefe senden kann?

Mit meinen besten Grüßen bin ich Ihre ergebene
        Senta von Lohstein.«

Die Sympathie dieser unbekannten Seele rührte mich, aber ich fühlte keinen Antrieb in mir, sie zu erwidern. Ich hielt mir meine Muttergefühle als Quelle meines Leidens gegenwärtig vor Augen, erkannte die Liebe als Ursache aller Qual und w o l l t e kein Verlangen irgendwelcher Art in mir mehr aufkommen lassen. Nichts konnte mich bestimmen, fremde

Seelenzustände zu berühren und mit heiliger Scheu legte ich den Brief in eine Lade meines Schreibtisches.

Als ich dahin gelangt war, mit vollkommenem Gleichmut den Verlust meines Kindes zu betrachten, trat ein Ereignis von außen an mich heran, das meine Gedanken in die Zeit meiner Jugend zurückleitete. Die Stiefmutter war hoch betagt gestorben und ich erhielt die Mitteilung, daß ihr Nachlaß, der das väterliche Erbe umfaßte, meiner Schwester Gabrielle und mir als Haupterben zufalle. Er bestand in einer guteingerichteten Villa mit großem Garten in Gösting bei Graz und einigem Barvermögen. Dieses Ereignis, das uns gemeinsam betraf, brachte mich mit meiner Schwester wieder in nahe persönliche Berührung.

Wir standen uns jetzt als reife Menschen gegenüber. Alle Gegensätze der Jugend waren geschwunden und gleiche Interessen führten uns als Freunde zusammen. Nach beendeter Verlassenschaftsabhandlung, besorgte Gabrielle den Verkauf des Besitzes und zahlte mir meinen Anteil an der Erbschaft aus. Die Abwicklung dieser mühevollen amtlichen und geschäftlichen Angelegenheiten dauerte länger als ein Jahr. Während dieser Zeit verkehrten wir viel miteinander, sprachen uns oft aus und ich hatte Gelegenheit die Wesensart meiner Schwester zu ergründen.

Gabrielle zeigte sich mir als die vernünftigste und nüchternste Frau, die ich kenne. In ihr waren alle Gefühle vertrocknet und damit hatte sie die volle Gesundheit oder besser Nichtkrankheit erreicht. Denn nach dem klassischen Bilde Vergils ist das Gefühl der Geier, der tief in der Brust wohnt und unaufhörlich die Leber zerpflückt. Ganz so wie Kant rein theoretisch es durchschaut und herausgefunden hat, daß jedes Gefühl überhaupt pathologisch ist.

Mit ihren fünfzig Jahren weiß Gabrielle nichts von Liebe und Leidenschaft, von deren Zuständen und Merkwürdigkeiten. Sie hat nur ein Ziel in ihrem Leben: die Arbeit, die Pflicht. Sie hat sich geweigert, einen Mann in ihre Nähe kommen zu lassen, sie hat es vorgezogen, zu altern und alles von der Liebe zu ignorieren. Niemals hat sie geahnt, daß es Leidenschaften gibt. Gabrielle, meine Schwester, trägt eine Binde vor den Augen, dicker als eine Wand von Gips...

Eines Tages besuchte sie mich wieder, um mir von dem günstigen Ergebnis der Verkaufsverhandlungen mit einem Käufer der Villa und des Grundstückes zu berichten. Sie wollte meine Einwilligung dazu erlangen und als wir einig wurden, sagte Gabrielle ganz unvermutet, in einem Anfall von Güte, indem sie meine Hand ergriff:

»Du und Dein Kind, Ihr habt viel gelitten; ich möchte meinen Anteil an der Erbschaft Deiner Tochter schenken. Ob ich die paar tausend Schillinge mehr oder weniger besitze, macht mir nichts aus; Deiner Tochter werden sie besser zustatten kommen.«

Im ersten Augenblick war ich verwirrt und konnte an den Ernst ihrer Worte nicht glauben. Dann aber fühlte ich mich überwältigt von ihrer Güte. Die Liebe zu meinem Kinde bricht elementar aus mir hervor und ich mache seine Sache zu der meinigen. Ich antworte meiner Schwester, daß ich ihren Entschluß von ganzem Herzen gutheiße und im Namen meines Kindes die Schenkung dankbar annehme. Aber ich durfte ihr nicht verschweigen, daß mein Kind seit Jahren von mir gewaltsam abgetrennt worden und gänzlich in die Hände einer an elternstatt gedungenen Vormundschaft übergegangen ist. Ich mußte ihr auch sagen, daß das der Minderjährigen von der Tante zugedachte Barvermögen den daran interessierten Vormündern ausgefolgt werden müßte, die es ungehindert und ohne Kontrolle nach ihrem Belieben zum Schaden des Mündels verwenden und verschwenden könnten.

Schließlich machte ich meiner Schwester den Vorschlag, mich bis zur erlangten Großjährigkeit meiner Tochter mit der Verwahrung der Schenkung zu betrauen, damit das Kapital dem Kinde erhalten bleibe. Meine Schwester schüttelte den Kopf und fand keine Worte der Abwehr gegen die Zwangserziehung zum moralisch Schlechten. Denn ich hatte ihr auch mitgeteilt, daß meine Tochter zielbewußt und planmäßig von diesen Vormündern zu Haß und Mißtrauen gegen ihre leibliche Mutter erzogen wurde.

»Wenn die Dinge so stehen«, entgegnete Gabrielle, »dann muß ich wohl meine Absicht fallen lassen. Du besitzest ohnedies Deinen Anteil an der Erbschaft. Wegen Edith aber rate ich Dir: mach Dir keine Sorgen ihretwegen, laß sie laufen, wohin sie will. Ein abtrünniges Kind zählt nicht mehr zur Familie. Der Staat hat Dich als Mutter beiseite geschoben und sich selbst an Deine Stelle gesetzt. Er trägt dafür alle Verantwortung. Sei froh, daß Du das entartete Kind los hast.«

Ihre Worte treffen mich wie glühende Nadelstiche mitten in mein wundes Herz. Da ich mit Tränen in den Augen schweige, fährt Gabrielle zu sprechen fort:

»Ein abtrünniges Kind! Steht gar nicht dafür, daß man ein Wort darüber verliert. Das ist Deine geliebte Tochter! Da hast Du den Lohn für Deine Mütterlichkeit: sie will von Dir nichts mehr wissen!«

Ich: »Du weißt nicht, Ella, mit welchen Mitteln man sie gezwungen hat, ihre leibliche Mutter zu verunglimpfen, sich von mir abzuwenden und ihre natürlichen Gefühle zu verleugnen! In meinen Augen ist Edith unter allen Umständen unschuldig.«

Gabrielle: »Das Mädel ist achtzehn Jahre alt; niemand kann es zwingen, in einer Umgebung zu bleiben, die seine Mutter verleumdet, insofern es ihm nicht paßt.«

Ich: »Bedenke doch, ein armes Kind, dem mütterlichen Einfluß entzogen, in schlechter Umgebung, in fremden Händen, zu Mißtrauen und Abneigung gegen die einst so geliebte Mutter dressiert... Aber das, was ich meiner Tochter gegeben habe, an Liebe, an mütterlicher Erziehung, an Zärtlichkeit und Strenge wird sie ihren Kindern einst wiedergeben. Das ist Naturgesetz. Nichts Gutes geht verloren, ist umsonst getan...«

Gabrielle: »Ein schönes Naturgesetz, ein schöner Lohn für das, was Du für Dein Kind getan hast! Hättest Du es lieber gleich nach der Geburt ins Findelhaus gesteckt, und Dein Leben wäre gerettet gewesen! Ich wenigstens habe nichts verloren... Aber Du, was bleibt Dir?«

Ich: »Was mir bleibt? Alles, was ich gegeben habe! An Liebe, an Mütterlichkeit, an Güte und Strenge, an Zärtlichkeit und Entzücken... Die Wirkung davon ist das Einzige, was ich in mir forttrage...«

Gabrielle: »Wohin? Ins Jenseits? Du bist doch nicht unter die Kirchengläubigen gegangen, wie ich Dich kenne mit Deinem freien Geist!«

Ich: »Man sieht, Du bist nur eine strenge, harte Tante, aber keine Mutter.«

Gabrielle: »Wenn eine Frau so töricht ist, ein Kind in ihrem

Körper entstehen zu lassen, so soll sie ins Findelhaus gehen und das Menschenwesen dem Staat vermachen. Noch immer laßt Ihr Euch von der bösen Natur mit dem Kinde alle Süßigkeit und Seligkeit des Lebens vorgaukeln, kniet nieder wie das Kamel und nehmt alle Leiden und Lasten des Kindes auf Eure schwachen Schultern. Die moderne Frau hat den Geschlechtsgenuß längst materialisiert unter Ausschaltung des Kindes. Es gibt keine Ehe, keine Mutter und keinen Vater, und wenn der Staat Kinder will, so soll er sie den Müttern gegen hohes Entgelt abkaufen und im Pferch seiner Fürsorge wie Nutzvieh selber aufziehen!«

Ich: »Du sprichst sehr nüchtern, meine Schwester! Wenn eine Frau den Geschlechtsgenuß aber kein Kind haben will und die Frucht in ihrem Leib abtreibt, kommt sie ins Zuchthaus; zieht sie aber ein Kind zu ihrer eigenen Lust und Freude auf, wird sie ebenfalls eingekerkert. Unter Verzicht aller Freude und Lust — aus Unlust aber wird wohl keine Mutter ein Kind aufziehen. Außer gegen hohe Bezahlung...«

Gabrielle: »In einigen Jahrzehnten der Zivilisation wird es keine Menschen mit ursprünglichen Lebensinstinkten mehr geben, sondern nur noch nützliche Staatsbürger und Steuerzahler, die ohne Illusionen und Leidenschaften im Staate ein gesichertes materielles Dasein haben werden.«

Ich: »Gesichert? Wieso gesichert? Der Staat wird ihren Lebensunterhalt bestreiten? Alle Staatsbürger werden Leibeigene des Staates sein wie die Häftlinge in den Zuchthäusern?«

Gabrielle: »Jawohl. Die im staatlichen Menschenpferch der Fürsorge ohne Mutter und Familie rein materiell aufgezogenen Staatsbürger werden keine Freuden und Leidenschaften haben und aus Langeweile das Leben nicht bis zum natürlichen Ableben ertragen können. Wer früher ausscheiden will, für den wird es staatliche Anstalten zur freiwilligen Lebensabkürzung geben. Zuchthäuser aber werden überflüssig geworden sein.«

Gabrielle hatte sich während des Sprechens zum Fortgehen erhoben, reichte mir die Hand zum Abschied und sagte mit weicher Stimme:

»Du hast viel gelitten, Edith, tröste Dich, nach dem Tode steigst Du empor in eine Lichtwelt und kehrst nicht mehr wieder in die Hölle des Daseins.«

Durch die Erbschaft kam ich in den Besitz einiger Geldmittel, die mir wieder eine Reise nach Paris ermöglichten. Ich hatte die Sehnsucht, die Stätten meiner Jugend zu besuchen und Erinnerungen auf mich wirken zu lassen, um sie lebendig zu erhalten. Soeur Marie-Thérèse fand ich nicht mehr am Leben. Während ich im Kerker von St. Pölten den Tod ersehnte, starb sie im Alter von sechsundsechzig Jahren an einer Lungenentzündung dahin. Auch meine geistliche Tante weilte schon längst nicht mehr unter den Lebenden.

Die Zeit hatte alles verändert.

Ich reiste nach Trouville und verbrachte einige Sommerwochen in meinem Lieblingsort. Auch er war nicht mehr derselbe, aber er beschwichtigte mein schmerzliches Sehnen. Hier lag ich tagsüber träumend am Strand, in steter Berührung mit Sonne, Wind, Wasser und Sand. Abends weilte ich einsam unter der Menge im Kasino von Deauville oder saß allein im Café meines Hôtels in Trouville. In meinem Innern war vollkommene Gemütsruhe eingekehrt und alles Wollen in mir schwieg.

Eines Abends sah ich im Kasino von Deauville vor meinen Blicken ein bekanntes Gesicht auftauchen. Es gehörte dem Architekten Jules Lautrec aus Paris, der auf mich zutrat und mich herzlichst begrüßte. Wir kannten uns aus früheren Jahren, er wußte von meiner Gerichtsaffäre, die ihn lebhaft interessierte. Er wollte von mir alle Einzelheiten erfahren.

Jules Lautrec, am Ende der Fünfzig, ist elegant, hübsch und wirkt jugendlich. Er gefällt den Frauen. Das kann ich sofort an den Blicken feststellen, die ihn aus schönen Augen treffen. Trotzdem schließt er sich mir an. Wir sind täglich beisammen, baden, schwimmen zusammen im Meer, liegen einträchtlich im Sand und finden uns abends im Restaurant zur Hauptmahlzeit wieder. Ich nehme ihn mütterlich in meine Obhut, bestimme die Tageseinteilung und verbiete mondäne Vergnügungen. Ich tue dies mit größter Selbstverständlichkeit, ohne Absicht, ohne Ziel. Er fügt sich geschmeichelt, fühlt sich wohl in meiner Gesellschaft und unterwirft sich meinem Willen.

Eine böse Sekunde jedoch hatte genügt, um alle Unbefangenheit zu vernichten. Ich sah plötzlich in seinen Augen die Lüsternheit blitzen, und seine auf Beute lauernde Männlichkeit. Damit war alles zu Ende. Ich, die Selbstherrliche in der

Leidenschaft, die Mutter, trotz aller Perversitäten, die in meinem Innern ans Licht drängen, war angeekelt von dieser brutalen Macht, die »Mann« heißt.

Für Lautrec war ich also die begehrte Beute, die er in den Klauen seiner sexuellen Wünsche hielt? Mich, die Befreite wollte er seiner Männlichkeit beugen, diesem bewaffneten Räuber, diesem Zerstörer alles Gefühls? Ich, einem Manne willfahren? Den unüberbrückbaren Kampf der Geschlechter ertragen? Ich, die Mutter??? Welch unmöglicher Wahnsinn!!! Ich wußte doch längst, daß erotische Ergänzung nur durch das gleiche Geschlecht möglich ist. Das Heil und die Erlösung liegt allein in der Gleichgeschlechtlichkeit der Liebe.

Ich blicke dem Gegner kalt und abweisend in die Augen und sage ganz ruhig:

»Ich kann niemals so werden wie andere Frauen. Ich, die Anarchistin der Liebe, deren wechselnde Feuer mich locken, kann mich nicht beugen unter das Joch des männlichen Begehrtwerdens. Nur weil ich restlos geliebt und gelitten habe, bin ich nicht verdorben.«

Lautrec fühlt sich ertappt und entwaffnet und senkt beschämt seinen Blick. Das Gespräch ist verstummt und schweigend sitzen wir uns an dem Tisch im Hôtelcafé gegenüber.

Warum ist auch er so wie die andern – denke ich im Stillen –, dieser Mann, der alt und edel und weise sein könnte und reif zur Freundschaft mit mir. Muß er mich denn sinnlich begehren und die Hoffnungslosigkeit mit der Tragik dieser unter Menschen so seltenen Sache mischen: der Freundschaft? Ich tat doch niemals etwas, um diesem Mann zu gefallen! Nicht diesem und keinem.

Meine eigenwilligen Gedanken schweifen ab zu jener irrsinnigen Leidenschaft mit Kata Par. Eine brennende Röte steigt mir bei ihrer Erinnerung ins Gesicht. Ich wende den Kopf seitwärts und zufällig fällt mein Blick auf ein großes Mädchen, schlank und biegsam, das nachlässig auf den Elbogen aufgestützt, an einem kleinen Tisch im Hôtelcafé sitzt. Blond mit sehr weißer Haut, gleicht sie entfernt jener Dionysia aus dem Kloster, die ich einst heiß geliebt hatte. Aber sie ist unendlich verwirrender und begehrenswerter als die kultivierte kleine Klosterschülerin, die niemals diese göttliche Ungezwungenheit hatte. Sie saß auf ihrem Barstuhl, und ihr volles Gesäß wölbte sich üppig über den Rand hervor. Als ich sie anblicke, kommt es wie Verblendung über mich. Ich fühle mich blaß werden, zusammenbrechen, meine Glieder schlaff werden.

Ohne Vorwand und Redensarten verabschiedete ich mich von Lautrec, stand auf und setzte mich abseits allein an einen Tisch. War ich krank? Nein, nur vom Blitz getroffen. Ihre Erscheinung war der Blitzschlag, der mich getroffen hatte. Ich fühlte, daß ich diesem Mädchen in Liebe verfallen war, trotz allem. Meine Gedanken, meine Sehnsüchte, mein ganzes erotisches Empfinden waren von ihr erfüllt. Mein Herz schlug in wahnsinniger Aufregung in meiner Brust... Ihr wundervolles Gesäß umnebelte meine Sinne...

Um sie besser bewundern zu können, ziehe ich mein Lorgnon hervor und betrachte sie in allen ihren Bewegungen. Niemals habe ich ein Mädchen begehrenswerter und vollkommener gefunden. Sie raucht eine Zigarette und pfeift leise vor sich hin. Absicht oder Gleichgültigkeit? Ich weiß es nicht...

Ich wende mich an den Kellner und frage, ob er die Dame dort kennt. Das blonde Mädchen, das ich kennen lernen möchte, ist Risa Bey, sagt er, und Animierdame in der Bar. Sie verkauft natürliche Rosen an die Gäste und ihren Körper dazu, wenn es sich lohnt. Ob sie meine Annäherung gestatten würde? Ja, sagt der Kellner, sie ist eigentlich nur für Frauen, aber sie hat einen merkwürdigen Charakter. Wenn sie einmal nein gesagt hat, so ist das nein. Ganz vergebens, sie umzustimmen. Wenn man ihr nicht gefällt, selbst für Geld — und sie ist sehr interessiert und geldgierig — ist nichts zu machen.

Vom ersten Augenblick, als ich Risa Bey erblickte, erweckte sie meine glühende Leidenschaft. Ein heißer Strom durchrieselte mich, der wie rasend das Zentrum meiner Nerven mit einer siedenden Blutwelle angriff...

Ich gebe dem Kellner den Auftrag, das Terrain abzutasten. Er wird fragen, ob ich einige Chancen habe, ihr zu gefallen, und wird mir dann die Antwort bringen.

Mein Stolz versucht sich aufzulehnen. Ich, die ich immer frei gewählt habe, ohne Hindernisse zu begegnen, unbestritten, selbstherrlich, souverän, deren Wünsche und Launen man sich immer gefügt hat, ich, die ich befehle, unterwerfe mich??? Der Wille des Fräuleins Risa Bey, das den Gästen für einige Francs

Rosen verkauft, ist momentan stärker als der meinige, und ich w i l l mich beugen...

Ich sehe sie scharf an – dieses Gesicht, dieser Mund und das schwellende Gesäß faszinieren mich. Wie prächtig ist alles an ihr! Sie besitzt diese nonchalante, katzenhafte Schönheit, die mich entzückt. Sie fordert zum Züchtigen heraus...

Keinen Augenblick hat sie den Kopf nach meiner Seite gedreht. Ist es Berechnung, daß sie so handelt? Oder Zufall? Schau doch her, laß Dich besiegen! Ich bettle fast um das Almosen ihres Lächelns, ihrer Blicke, ich begehre sie! Ich l i e b e sie! Ich w i l l Fräulein Risa Bey unter meine R u t e b e u g e n...

Mit zusammengeschnürter Kehle, sehe ich, wie der Kellner sich ihr nähert und leise zu ihr spricht. Sie hört ihn an, was wird sie antworten?... Ein Lachen, niedrig, feindlich und gemein kommt von ihren Lippen und sehr laut erklärt sie:

»Oh, das ist nicht die Erste, der ich gefalle! Wo ist die Dame? Ich muß sie mir erst anschauen.«

Risa Bey erhebt sich ganz sachlich und nähert sich meinem Tisch. Fünf Schritte vor mir bleibt sie stehen, zeigt mit dem Finger auf mich und fragt wie ein unartiges Kind:

»Ist es diese da?«

Der Kellner bejaht, und höhnisch macht sie ihre Bemerkungen. Jedes ihrer Worte trifft mich wie ebensoviele im Feuer glühendgemachte Nadeln mitten ins Herz. Es ist eine unerträgliche, köstliche Qual: sie spricht mit dem Kellner von mir.

Risa Bey kommt an meinen Tisch und ich mache ihr neben mir Platz. Bevor sie sich setzt, erklärt sie beschwichtigend:

»Ich bin keine schlechte Person, aber das macht mich wild, wenn man mich so anschielt. Trotzdem sind wir Freunde.«

Sie reicht mir die Hand, preßt die meine lang und fest und setzt sich dann an meine Seite. Gleich darauf fragt sie:

»Also man ist fasziniert von Risa Bey? Das ist wohl nicht die große Liebe, denke ich.«

Nun beginnt für mich der erotische Rausch des Entzückens, der drei Wochen dauert. Risa, geschmeichelt durch meine Liebe, durch die Eroberung derjenigen, die geistig weit über ihr steht, gefällt sich, überall mit mir zu zeigen, mit mir zu prahlen, mich auszunützen nach allen Regeln der Kunst. Ich bin mit Ketten an ihren Wagen gespannt. Sie zeigt sich anspruchsvoll, eigensüchtig, fast feindlich wie ein verzogenes Kind.

Sie verlangt Schmuck, Wäsche aus Seide, Kleider, Hüte... Sie will Geld. Ich mache das Unmögliche für sie. Ich denke nicht an meine nächste Zukunft und vertraue auf meinen guten Stern. Ich will die gegenwärtige Stunde genießen, was bekümmert mich der Rest! Mein Leben ist augenblicklich auf Risa beschränkt, es hat kein anderes Ziel als Risa, bei Risa macht es halt, bei ihr allein. Meine Träume gehen nicht weiter...

Obwohl ich nicht – wie sie zu allen Gelegenheiten erklärt – ihr Geschmack und die Art ihres Charakters bin, gewährt sie mir doch zwei oder drei Zusammenkünfte in der Woche, die mir die Seligkeit erschließen. Die übrige Zeit lebe ich in Hypnose. Ich warte, ich hoffe, ich träume und ersehne sie.

Oh, diese Stunden, diese seltenen Stunden bleiben mir unvergeßlich! Wenn sie mit mir allein ist, erlischt ihr Spott, den sie vor der Welt zur Schau trägt, ihr Zynismus fällt von ihr ab, ihre grünen Augen blicken hündisch-fragend und demütig-ergeben, ihr Mund lächelt engelhaft und spricht zu mir die Wahrheit. Sonst lebt Risa nur für den Schein. Sie ist prahlerisch, sie hängt ihre armselige Unabhängigkeit an die große Glocke. Es gefällt ihr, überall meine Gutwilligkeit zur Schau zu stellen, um sich damit zu brüsten und den Leuten zu zeigen, wie sie gewußt hat, mich zu dressieren und ihrem Willen gefügig zu machen. Alles dies ist falscher Schein. In der Intimität ist sie das anlehnungsbedürftige, armselige Kind, das süße Worte findet und sich mit köstlicher Willenlosigkeit meinen mütterlichen Züchtigungen unterwirft...

Risa Bey ist kaum sechzehn Jahre alt und ein Kind der Assistance publique. Sie kannte weder Vater noch Mutter, weiß nicht, woher sie kam. Mit dreizehn Jahren diente sie als Magd bei einem Bauer, lief davon und landete in den Straßen von Paris. Unverhohlen plaudert sie ihre bedenklichen Abenteuer aus. Sie gesteht mir, daß sie schon öfters wegen Diebstahls mit Gefängnis bestraft wurde. Sie macht sich nichts daraus.

»Laß es nur gut sein«, tröste ich sie, »Du tatest es aus Unschuld.«

»Aber nein, ich tat es aus Lust am Stehlen«, erwidert sie naiv.

»Nicht das Gefängnis hättest Du dafür verdient, kleine Risa, sondern die mütterliche Rute! Da Du keine Mutter hast, betrachte mich als Deine Mutter.«

Während ich diese Worte sagte, streichelte ich mit meiner Hand liebkosend die Hügel ihres runden Gesäßes. Sie verstand aber nichts, drückte sich eng an mich und nahm meine Liebkosungen hin wie ein unschuldiges Naturkind, das sie war. Solche Liebkosungen hatte sie bisher nicht erfahren. Sie war entzückt über meine Zärtlichkeit und küßte mich von selbst auf meinen Mund. Sie ahnte nicht, welche meine Ziele waren. Ahnte nicht, daß in ihrer nächsten Nähe für ihr wundervolles Gesäß eine frische Birkenrute bereits vorhanden war, die ich schonungslos gebrauchen wollte. Sie ahnte nicht im entferntesten, daß meine Liebkosungen nur das Vorspiel zur Erfüllung meiner glühendsten Sehnsucht bildeten, nämlich, ihr Gesäß zu entblößen und mit meiner Birkenrute so gründlichst zu peitschen, daß jeder Gedanke an Liebkosungen dabei ganz ausgeschlossen war.

Risa ist schön wie eine frische Blüte und nicht geschaffen von der Natur zum Haustier der Bürger. Ich bade sie so oft sie bei mir ist, stelle sie unter die Douche, trockne sie ab und verwende eine besondere Sorgfalt auf ihre formvollendete Rückenpartie. Ich benütze jede Gelegenheit, ihr schönes nacktes Mädchengesäß zu beobachten. Sie lächelt entzückt, wenn ich es mit einigen liebevollen Klapsen zum Wackeln bringe, es massiere und belebe. Sie versteht aber nichts. Sie sieht mich nur mit dem fragenden Hundeblick ihrer großen Augen erstaunt an. Solche Passionen waren ihr offensichtlich ganz fremd. Mir aber jauchzte das Herz, und in Erwartung kommender genußreicher Augenblicke, erregte sich mein Geschlecht...

Risa war wie eine wilde Katze ohne jede Disziplin und Erziehung aufgewachsen. Ich bekam bald Anlaß sie ernstlich zu züchtigen. Sie stahl mir Geldbeträge und kleine Gegenstände, die ich vermißte. Ich stelle sie darüber zur Rede. Sie gibt sich nicht einmal die Mühe, zu lügen.

Im Massenpferch rein materieller Fürsorge-Erziehung lieblos großgezogen, hatte Risa niemals die wohltätige Wirkung einer richtigen körperlichen Züchtigung erfahren. Nach und nach wollte ich sie an eine solche gewöhnen. Ich wußte, wie unvergleichlich schön und erregend es ist, einem noch »unschuldigen« Mädchen zum ersten Mal die Hosen abzuziehen, um ihm die Rute auf den blanken Hintern zu geben. Ich beschloß, Risa fürs erste Mal par dessus les culottes zu züchtigen, was ich halb im Scherz androhte und im vollsten Ernst meinte.

In strengen Tadelworten hielt ich ihr das Ungehörige ihres Fehlers vor. Ich zog sie eng an mich, blickte ihr fest in die Augen und fragte sie, ob sie jemals ihr Gesäß mit der Rute gewärmt bekommen hätte. Risa verneinte es weinend.

— »Dann sollst Du es heute zum ersten Mal bekommen«, — sagte ich voll innerer Erregung, faßte sie am Arm und warf sie schreiend und sträubend quer über das Bett, in dessen weicher Daunendecke ihr Oberkörper versank. Ich hob nun ihre Röcke rückwärts hoch, straffte ihre dünnen Hosen so eng über die plastischen Rundungen, daß der Stoff tief in die Gesäßfurche einschnitt und die prallen Halbkugeln zum Hervorquellen brachte... Ich hatte ein langes Lineal genommen und damit bekam Risa über die strammgezogenen Hosen einen Hagel von klatschenden Schlägen, die ihr brennende Schmerzen, mir aber unsägliche Wollust bereiteten.

Während der Züchtigung schrie sie verzweifelt um Hilfe und wand und krümmte sich wie ein Wurm... Mit trunkenen Augen folgte ich dem Tanz der Gesäßhälften, — jeder Schrei, jede Bewegung und das wilde Gezappel versetzten mich in wachsende Erregung. Risa fühlte vielleicht die Schwingungen meines von rasender Wollust feuchten Geschlechts ganz nahe ihres von brennenden Schmerzen gepeinigten Hinterteils...

Nach der Züchtigung schmiegte sich Risa zärtlich an mich, suchte meinen Mund und drückte ihre Lippen darauf. Ich aber verabschiedete sie rasch und sperrte mich in meinem Zimmer ein. Und während ich das süßeste aller Spiele spielte, ruhte das noch warme Lineal fest auf meinem Mund — bis der Orgasmus der Wollust die erotische Spannung löste...

Zwei Tage später war Risa wieder bei mir. Es ergab sich die so heiß ersehnte Gelegenheit zum Abziehen der Hosen. Ihre fragenden großen Augen, die sie auf mich heftete, waren von Angst und Verzweiflung erfüllt, große Tränen — wie süß! w i e s ü ß ! — rieselten über ihre von Scham geröteten Wangen, das eben noch so selige Lächeln verwandelte sich in flehendes, schluchzendes Betteln um Verzeihung und Befreiung von der

Strafe. Ich lehnte alles kategorisch ab, aber Risa klammerte sich an den letzten Strohhalm und bettelte wenigstens um Erlassen des Hosenabknöpfens. Sie wollte lieber sterben als ihr nacktes Gesäß meiner Rute preisgeben. Doch gerade diese ungewöhnliche Schamhaftigkeit und Angst waren mir ein Entzücken mehr...
 Als Risa schließlich von meiner Strenge überwältigt, mit abgestreiften Hosen, hochgeschürztem Kleid und Hemd, weinend vor mir auf den Knien lag, waren alle meine Sinne in wildestem Aufruhr. Diese so lange ersehnte Rutenzüchtigung von Risas splitternacktem Popo erlebte ich als den Gipfel des erotischen Genusses einer Züchtigung... Während Risa, den Kopf in meinem Schoß vergraben, meine feurigsten Rutenküsse auf ihrem blanken Gesäß zu spüren bekam, da wußte sie endlich, daß es brennende Liebe war, die ihr die schmerzende Glut verschaffte...
 Schluchzend vor bittersüßer Seligkeit, von rätselhaften Empfindungen verwirrt, konnte sie ihr glühendes, scharlachrotes Mädchengesäß in den Hosen verbergen und weggehen. Ich konnte es nicht erwarten, bis sie außerhalb der Tür war, um in meinem Wollusttaumel allein zu sein...
 Ich sperrte mein Zimmer ab, riß meine Hosen herunter und warf mich auf das Sopha... In wenigen Augenblicken führten die flinken Finger meiner rechten Hand die seligsten Erschütterungen des Orgasmus herbei, die nur empfunden, aber niemals mit Worten geschildert werden können...
 Wenn ich Risa nach vierundzwanzigstündiger Abwesenheit wiedersah, wurde mir dies jedesmal zu einer unbeschreiblichen Feststunde. Ich liebte sie wie mein eigenes Kind. Ihre Nähe stürzte mein ganzes Wesen um. Die Züchtigung ihres nackten Gesäßes ist mir ein Genuß, der mich alle Schauer der Liebe fühlen läßt und mich erschöpft. Wenn sie es wollte, würde ich sie ganz zu mir nehmen, für sie sorgen und sie in alle Zukunft vor der Welt beschützen. Ich liebe sie. Was immer sie von mir verlangt, sie bekommt es. Es bleibt mir nur ein kleiner Rest flüssigen Geldes, um einen Monat oder höchstens zwei zu leben. Und nachher, nachher? – Ich weiß nicht, weiß nichts mehr! Allem habe ich entsagt, seit dieser erotische Liebeswahn mich beherrscht...
 Risa behagt das sogenannte bürgerliche Leben nicht. Sie

macht sich nichts aus einem anständigen Milieu. Wenn sie mir vorschlagen würde: ‚willst du mir folgen und mit mir Blumen verkaufen, deine Hand ausstrecken, um Geld zu bekommen? Alles aufgeben und mich niemals verlassen?' – Ich hätte es getan ohne den Schatten eines Zögerns...

Aber im Gegenteil, sie kommt mir zuvor, versetzt mir den Todesstoß. Als sie eines Abends mit mir soupiert, erklärt sie entschieden:

»Du mußt mich nicht mit Deiner Treue erdrücken. Alles, was Du willst, nur das nicht! Was fange ich denn damit an? Du hemmst mich in allen, Deine Güte langweilt mich. Ich bin eine geborene Dirne, daran ist nichts zu ändern... Du bist gebildet und gut, bist fein und distinguiert, hast eine unwiderstehliche Macht, ich verstehe, daß man Dich lieben kann, aber ich muß Dir sagen, daß Du nicht mein Genre bist – nicht mein Typ, der zu mir gehört.« –

Traurig und zerrissen senke ich den Kopf. Was geht's mich an, daß ich nicht ihr Typ bin? Ihre Unterscheidung ist Unwissen, ich aber weiß die Wahrheit, dünke mich weder besser noch minder, noch stelle ich mich ihr gleich, denn ich sehe die Wirklichkeit. Ich will in ihr weder das Schlechte ausroden noch das Gute anbauen, denn alles ist so, wie es sein muß.

Ich habe nächtelang durchwacht vor Sehnsucht. Ich habe auf ein Wunder gehofft: von diesem Mädchen geliebt zu werden um der Liebe willen, die mich leitete... Alles war hoffnungslos und Risa versank im Sumpf ihres Lasters. Abend um Abend bin ich in ihrer Nähe, ohne daß sie mich bemerkt. Ein elendes möbliertes Zimmer birgt ihre Habseligkeiten. Wie oft habe ich hier vergebens auf ihre Heimkehr gewartet, verzweifelt, gerädert von dem Dämon der Leidenschaft. Eines Nachts, als sie gerade allein ausgeht, komme ich zu ihr, zitternd vor Erregung... Ihr Gesicht verhärtet sich vor Haß, als sie mich erblickt.

»So? Zu dieser Stunde bin ich also auch nicht sicher vor Deinen Nachstellungen? Das fehlt mir gerade noch! Ich will Schluß machen mit Dir, will Dich nicht mehr sehen, Du bist mir lästig und langweilig. Ich will Schluß machen!! Schluß...« –

Ich beschwöre sie, bitte sie, mit mir zu kommen, ganz bei

mir zu bleiben, unter meinem mütterlichen Schutz. Die Schultern zuckend, grinst sie:
»Ich glaube Du bist verrückt! Ich passe gar nicht zu Dir!«
Sie hat natürlich recht, aber ich stecke in der Zwangsjacke der Liebe und meine Vernunft ist völlig ausgeschaltet. Wenn man liebt wird man eine kleine Sache, verloren im großen Nichts... Ich habe keine Erinnerung mehr, habe keine Vergleiche. Keine Züchtigung kommt der Züchtigung von Risa Beys blankem Mädchengesäß gleich, keine Hingabe ist die ihrige... Mein armes Herz ist durchbohrt, mein Leben ist ein Bagno. Ich muß abreisen, fliehen...
Ihre letzte Laune erfülle ich mit den Banknoten, die mir noch bleiben. Ein Schimmer von Vernunft läßt mich abreisen. Ich vermeide es, auf die Straße zu gehen, um Risa nicht zu begegnen. Ich gehe von ihr ohne Abschied. Niemand benachrichtige ich von meiner Abreise, nur im Hotel lasse ich meine Wiener Adresse zurück. Ich hoffe, daß sie nach mir fragen wird oder zu mir schickt...
Nach Wien zurückgekehrt, lebe ich in mönchischer Abgeschiedenheit in meinen vier Wänden. Von Fräulein Risa Bey hörte ich nichts. Sie geruhte nicht das kleinste Interesse für mich zu zeigen. Briefe kamen für mich an, aber keiner von Risa. Ein Monat verging, sie hatte mich also vergessen und alles war wieder zu Ende...
Schmerzliche Dinge von früher machten sich mir wieder bemerkbar und trübten meine innere Beruhigung. Ich wurde verständigt, daß in der Haltung der Vormundschaft eine unerwartete Wendung eingetreten sei, und zur Einbringung meiner Anträge aufgefordert.
Die an elternstatt gedungene Vormundschaft war plötzlich amtsmüde geworden und verlangte ihre Enthebung. Meine Tochter stand knapp vor Vollendung ihres zwanzigsten Lebensjahres, ihre Erziehung war abgeschlossen und niemand konnte daran etwas ändern. Ich stellte beim Jugendgericht den Antrag, die erwachsene Minderjährige für volljährig und eigenberechtigt zu erklären, bei nicht erlangter geistiger oder physischer Reife oder sonstiger Erziehungsfehler jedoch die Vormundschaft n i c h t aus ihrer Haftung und Verantwortung dem Mündel gegenüber zu entlassen.
Meine Nerven waren noch nicht abgestumpft gegen die un-

geheure Vergewaltigung der natürlichsten Menschenrechte, die mein Kind seit Jahren erduldete. Was meine Tochter brauchte, war **Befreiung** von jedem **Zwang**. Sie lehnte jedoch eine Volljährigkeitserklärung ab und die Vormundschaft konnte ihres Amtes nicht enthoben werden. Sie allein hatte nun alle Verantwortung zu tragen.

Das junge Mädchen stand nun grenzenlos verlassen und allein in der Welt. Kein Mensch nahm Anteil an seinem Geschick. In einem Jahre mußte es die Volljährigkeit erlangen und das Recht, sein Leben nach eigenem Willen zu gestalten. Würde es dazu fähig sein? Ich wußte seit sieben Jahren nichts von meinem Kinde, kannte es nicht. Alle Bande der Zusammengehörigkeit von Mutter und Tochter waren zerrissen, meine Muttergefühle überwunden und der Bruch irreparabel.

Mit völligem Gleichmut stand ich diesen Dingen gegenüber. Ich war in das Reich der Leidlosigkeit gelangt, das die Quelle aller Weisheit und das Ziel aller Erkenntnis ist. Es war praktische Erlösung, die mir nicht von außen, sondern aus eigener Kraft gekommen war. Die Unwissenden verurteilten mich, denn sie wußten nichts von meinen inneren Kämpfen, ahnten nicht, wie unheilvoll es für mich war, vergebliche Kämpfe zu führen um mein verlorenes Kind. Ich hätte dabei zum Menschenmord – zum Meuchelmord an den Schergen der Justiz gelangen können!

Auch der gedungene Vormund warf Steine auf mich, weil ich den Fußangeln und Schlageisen, die er mir legte, nicht auf den Leim gegangen war. Er schalt mich lieblos und kalt, weil ich mein Kind nicht entführte, das er in Knechtschaft unterjocht und zu Widerstand und Abwehr gegen die Mutter abgerichtet hatte. Ich ließ mich durch Nadelstiche nicht ins Verderben hetzen, weil ich meiner Tochter wohlwollte, die als mein teuerstes Gut auf Erden gefährdet und zugrundegerichtet wurde, ohne daß ich es hindern konnte. Von diesem Gesichtspunkt aus, wertete ich meinen Mutterschmerz nicht mehr als Leid, sondern lächelte unter Tränen, indem ich ihn gelassen ertrug...

Mein einziges Kind wurde durch die Einsichtslosigkeit starrer Behörden in Elend und sittliche Verwahrlosung gestürzt. Diese unmenschliche Tatsache ist vom höchsten Standpunkt aus betrachtet, ganz besonders geeignet, die Menschen über ihr wahres Verhältnis zum Staat zur Besinnung zu bringen. Ich selbst aber mußte meinem Gemüte den Frieden sichern, indem ich die Mutterliebe in mir überwand, um mich vor Unheil und Verbrechen zu bewahren. Die ganze Wucht der Verantwortung für das Wohl meines Kindes lastete auf den Schultern des staatlichen Bürokratismus.

Ich konnte in Frieden beharren und ohne Verblendung die Tatsachen betrachten. In dieser Gemütsverfassung fiel mir der beiseite gelegte Brief Senta von Lohsteins wieder in die Hände. Ich las seinen Inhalt, der zwingender als früher zu meinem Herzen sprach. Ich empfand das Bedürfnis, dieser fremden Frau, die aus der Ferne den Weg zu mir suchte, in ihrer Seelennot beizustehen und antwortete ihr in Worten aufrichtigster Sympathie.

Sie schrieb mir mit Begeisterung zurück, einen Brief voll zärtlichster Leidenschaft und genialer Naivität, voll der intimsten Enthüllungen ihres erotischen Empfindens. Sie schilderte mir die Erlebnisse ihrer Kindheit, ihre Tätigkeit als Vorsteherin des Waisenhauses für Mädchen, der Stätte ihres Wirkens. Staunend erkannte ich eine seltsame Analogie ihres inneren Lebens zu dem der dahingegangenen Soeur Marie-Thérèse aus den Tagen meiner Jugend.

Allmählich ergriffen Sentas glühende Briefe so mächtig mein Herz, daß ich in flammender Liebe zu dieser gleichempfindenden Frau entbrannte. Meine Nerven waren ja nicht stumpf geworden und meine Empfindungen nicht ausgeglüht, nachdem die Erkenntnis mir leuchtete. Meine zündenden Gegenbriefe entfachten die Glut auch in Sentas Herzen. In heißer Sinnlichkeit berichtete sie mir alle erotischen Erlebnisse, die der Beruf als Lehrerin ihr darbot. Sie begleitete ihre erregenden Schilderungen mit selbstverfertigten Handzeichnungen, die Strafszenen darstellten und mich in Verwirrung und Entzücken versetzten. Diese suggestive Art, mich alle ihre erotischen Schwingungen miterleben zu lassen, führte mich empor in Eros' mächtiges Reich...

Mit Ungestüm forderte Senta meine Gegenbriefe voll sinnlicher Leidenschaft heraus. Sie, die Kindlich-Unerfahrene sehnte sich danach, alle meine erotischen Erlebnisse und Erfahrungen mit mir zu teilen. Sie empfand die höchsten geschlechtlichen Wonnen, wenn ich ihr sehr realistisch die ekstatischen Erschütterungen meiner Nerven und Sinne beschrieb.

Durch unseren Briefwechsel verschafften wir einander die sinnlich erregendsten Stunden und die wunderbarsten Seelenzustände geschlechtlicher Liebe. Senta verstand es vollkommen, mich durch die suggestive Gewalt ihrer Briefe und Bilder so zu erregen, daß ich gezwungen war, unserem gemeinsamen Eros glühende Opfer darzubringen. In der kindlich-naiven Senta erkannte ich die wahre Gefährtin meiner Seele und meines Herzens. Leibhaft stand sie vor meinem geistigen Auge und fesselte meine Sinne und Seele in selig träumender Hypnose.

Das köstliche Verhältnis geistig-seelischer Verbundenheit mit Senta von Lohstein bildete den Ausgangspunkt zu einer neuen Lebensperiode. Was jetzt kam, gehört in ein neues Buch.

Ende

DOSSIER

mit Beiträgen von

Robert Müller,
Alfred Polgar,
Johannes R. Birlinger,
Erich Wulffen,
Julius Epstein,
Harald Seyrl
und
Neda Bei

sowie
Armand Coppens
nebst bibliographischen Verweisen

Robert Müller

SADISTENPROZESS IN WIEN (1924)

Der Prozeß Kadivec mit der Peitsche »Dominatrix« als Corpus delicti und Kindern als corpus dilecti hat für sich erstens die Eleganz, sonst würde er in der Interesselosigkeit des Publikums für jene weit darüber hinausgehenden täglichen Kindermißhandlungen hinter Proletariertüren, in Hausmeisterhöhlen, Schusterwerkstätten, Lehrlingsschlafstuben und Elendsquartieren untergehen. Aber die Kadivec hat ein elegantes Laster; oder: das Laster elegant. Es ist nicht so sehr das Laster, als die Eleganz der Beteiligten und der Formalitäten, die anrüchig werden und reizen. Man muß es in der Tat der angeklagten Frau, bei aller pflichtigen Schutzschuld an erotisch ausgebeuteten wehrlosen Kindern, zugutehalten, daß sie den ästhetischen Erotismus ihrer Handlung mehr genoß als die eigentliche quantitative Grausamkeit. Das ergab das Verfahren. Aber es ist noch ein »Zweitens« da, das diesen Prozeß markiert. Er ist ein revolutionäres Ereignis. Er bietet Lücken des Gesetzes und der juristischen und polizeilichen Bürokratie, die nie so kraß aufleuchteten, wie diesmal. Die erotische Diskrepanz der Zeit wird klar. Optima perfide wird ein Urteil gefällt, das der ganzen, seit Vater Noahs Zeiten unveränderten pandektenstaubigen Legislatur des Eros selbst sein Urteil spricht. Mit Wien hat die Affäre nur zu tun, als sie eben elegant ist, und das ist ihr lasterhafter Reiz. In der stilisierten Grausamkeit lag Güte, aber diese äußerte sich, und das wäre wienerisch, ästhetisch.

Wien hat sich seit je vor anderen Metropolen der europäischen Zivilisation durch die Gleichmäßigkeit und den Wohllaut seiner Erotik ausgezeichnet. Der Verkehr der Geschlechter vollzog sich hier mit einer selbstverständlichen Anmut, denn es war das wichtige Ereignis des einzelnen und der Mittelpunkt einer gesellschaftlichen Solidarität, die gerade in Wien auf allen anderen Gebieten des gesellschaftlichen Leistens problematisch blieb. Dem Außenseiter erschien das Leben Wiens, ähnlich wie das Leben von Paris, völlig erotisiert. Während die Menschen hier in allen Dingen Eigenbrödler sind und privatistischer als der spleenigste Engländer, vollzog sich sozusagen der Geschlechtsakt in voller Oeffentlichkeit: freilich nur im Symbol, denn der Vollzug war keuscher und zurückhaltender als in irgendeiner anderen Stadt. Das Wiener Liebespaar drängte sich mit heidnischer Gleichgültigkeit gegen die eigene Existenz und die der anderen weder der Aufmerksamkeit mit Nachdruck auf (wie zumal in Berlin oder an Großorten des internationalen Vergnügens, wo der Tratsch den intellektuellen Exhibitionisten- und Voyeurgenuß einleitet), noch zog es sich mit auffälliger Ostentation ins Brautverließ zurück. Es ist Wiens historischer Reiz, daß es dem Geschlechtlichen eine einzig dastehende heidnisch-katholische konziliante Kultur zu geben vermocht hat. Exzesse, Perversionen, Skandale stießen hier auf weniger Sensationslust als anderswo, aber auch auf mehr theoretische Bereitschaft zur Diskussion in passionierter Form. Auch in Wien gibt es Homosexuelle, sie sind gering an Zahl und gehören den impotenten Abfällen der oberen und obersten Schichten an, die sich sonst in nichts von der Liebesanschauung der unteren Schichten unterscheiden. Aber diese Wiener Homosexuellen sind wirklich homosexuell, sie sind nicht Anhänger eines snobistischen Sexualfortschrittes wie in den nordischen Ländern. Es gibt auch Sadisten in Wien und sie sind wirklich Sadisten, wenn auch mit mehr Anmut, als anderswo in der Welt. Die Gesetze in Oesterreich aber, als einem alten Militär- und Feudalstaat, waren und sind von der gleichen Rigorosität wie in allen Militärstaaten. Denn die Gesetze schonen nicht so sehr den angeblichen, den künstlich herauspräparierten reinen Naturtrieb, den man sich in einer plastischen Schablone verkörpert vorstellen muß, als vielmehr die Vollzähligkeit des Rekrutenkontingents. Jede Perversion gefährdete nach alter Auffassung die Bevölkerungsziffer. Auch feudalkapitalswirtschaftliche Prärogativen spielten in den monarchischen Gesellschaften und Staaten mit. Die billige Arbeitskraft hängt von der Kopfzahl ab. Viele Arbeiter sind billige Arbeiter (und Beamte). Wenige Arbeiter sind teure Arbeiter. Ausschweifungen und Extravaganzen sind keineswegs physiologisches Monopol oberster Schichten. Im Gegenteil; im Tiersport und in der Jagd, im Florett, überhaupt im raffinierteren Waffenhandwerk reagieren die oberen Schichten die sogenannten perversen Imponderabilien eher ab, als die in ihren Sehnsüchten und Bedürfnissen gestauten und gehemmten Mittel- und Unterschichten: freilich haben die Oberschichten vor den Unterschichten die Muße voraus, die als Bresche dem Wiedereinströmen abreagierter Sadismen, Sodomismen und jeder Art allotroper Sexualität entgegenklafft. Im allgemeinen aber wird das symbolische Liebesverhältnis der Komtesse mit ihrem Lieblingshengst und selbst die Chance der Peitsche, auch wenn sie sparsam geführt wird, genügen, und die Dame wird kühl und keusch bleiben können, während in der Bürgerstochter ohne ästhetische Ablenkungsmittel, oder gar im Proletariermädchen die Vorstellungen unterdrückter Liebeslust geil aufgären. Der junge Mann, der, mit der graziösen Nadel des Floretts autistisch beschäftigt, erstens seinen Narzißkörper erschüttert bis in die Nervenspitzen erlebt und zweitens die fremde Haut in seine blutig zeichnende Gewalt bekommt, wird viel reiner träumen als der verrußte Plebejerjunge, der Unterdrückung passiv kennen lernt und nach Verkehrung dieses Geschmackes giert. Diese bevorzugten, durch Freiheit, Schönheit, Ableitungsmöglichkeit geläuterten Oberschichten haben im Zusammenhang mit der grundherrlich-kapitalistischen Herrschaftsraison, die oben angedeutet wurde, Gesetze erlassen, die dem Bürger das Perversionszölibat auferlegen.

Diese Gesetze gelten auch in Oesterreich und in Wien, besser gesagt, sie gelten noch, obwohl die Voraussetzungen zugleich mit jener Gesellschaftsklimax erloschen sind. Im alten Oesterreich hätte man trotzdem aus einem Tatsachenmaterial wie dem des Kadivec-Prozesses kein forensisches Kapital geschlagen, höchstens den Stoff für Gesellschaftscauserie und spitzfindigen Kulissenwitz geschöpft. Man hätte vertuscht, weil man bei Aufrechterhaltung jener Gesetze der Herrschaftsraison, dem Menschlichen des Vorgangs, wie stets in Oesterreich, Einsicht entgegengebracht hätte. Die ganzen Tatsachen wären mehr komisch denn grauenvoll erschienen.

Ein solcher Mangel an Humor, wie bei diesem Prozesse, ist in Wien vielleicht noch nie zu verzeichnen gewesen. Selbst der Giftmordversuch der Vukobrankovic wurde, damit verglichen, als Hetz' aufgefaßt. Diesmal war es keine Hetz', sondern eine Hetze und zwar in deutlichen zwei Akten mit deutlicher Peripetie. Zuerst schüttelte die Stadt der Abscheu, und kaum war das abnormale Urteil gesprochen, das Erbarmen.

Wien erlebt mit diesem Phänomen als, was das Erotische anlangt, Europas Naive einen Konflikt, der durch das ganze gesellschaftliche Leben unserer Zivilisation geht: die Inkongruenz veralteter Gesetze mit der naturwissenschaftlichen Lebensweisheit.

Was sich in Wahrheit vollzogen, war das folgende: Eine Sprachlehrerin etwas abenteuerlicher Vergangenheit, mondainen Zuschnitts und exotischer Herkunft (italo-kroatisch), nahm über ein halbes Dutzend armer, meist unehelicher, schwer verwahrloster Kinder zu sich, zog sie an und auf, lehrte sie die bürgerlichen Kenntnisse der Volksschule, des Französischen und des Klavierspiels. Die Kinder machen nachgewiesenermaßen einen guten Eindruck, und Pädagogen und Psychiatriker stellen zum großen Teil Erziehungserfolge fest. Nur in einem Falle eines Knaben wird seelische Depression auf sexueller Grundlage konstatiert: der Knabe ist pubereszent, allerdings; aber die Lehrerin übertreibt bei einer ihr nach bürgerlichem Bemessen nicht nur konzedierten, sondern sogar konzessionierten Erziehungsmethode die Strafen für Additions- oder Schreibfehler. Die Kinder werden mit Ruten geschlagen, wobei die Zeremonie stärker ins Gewicht fällt als der brutale Akt selbst. Grausamkeit beruht überhaupt auf der Vorstellung, nicht auf dem physischen Vorgang. Es ist nachgewiesen, daß grausame Tode nur subjektiv, nicht objektiv schmerzhafter sind: genau so wie erotische Freuden und Nuancen des Genusses auf der Vorstellung beruhen. Die Strafprozeduren der Kadivec an den Kindern reduzieren sich also auf das normale Maß der durch die deutsche Erziehung ja so herrlich empfohlenen Züchtigungsmethode: das Staberl. Noch in der vorigen Generation haben Eltern, Lehrer, Katecheten, Gouvernanten, Kinderfrauen, Hofmeister und nicht zuletzt die ehrwürdige Erscheinung der gewerblichen Meister das Lineal, das Staberl, den Riemen mit Meisterhaftigkeit praktiziert. Beim Militär war es überhaupt der deus ex machina, der in den hartnäckigsten Fällen zaubern konnte, und noch das Leben des heutigen Schiffsjungen hat den bösen Dämon der neunmal geschwänzten Katze, des Tauendes, zum Symbol. Von der Grausamkeit, die auf Schiffen sich austobt und von der sexuellen Libido des, wie der Bürger glaubt, keuschesten Männertyps, des Seemannes, macht sich niemand eine Vorstellung, der nicht persönlich im sogenannten »siebenten Himmel« – man merke die Ironie dieser Begriffsspiegelung ins Konkave – im Kielraum der Gesellschaft Nautika studiert hat. Waisenhäuser, Kadettenschulen, Pensionate, von Gefangenenhäusern und Irrenanstalten ganz zu schweigen, brüten unter dem Deckmantel spartanischen Trainings dumpfe Wollustgase der Grausamkeit. Es gibt keine Erziehung der Welt, die von vornherein, wenigstens unter sogenannten zivilisierten Nationen, stärker auf die Polarität des Sadi-Masochismus gestellt wäre als die deutsche. Hier klagt das Gesetz nicht an, es unterstützt. Es unterstützte auch die Kadivec. Bei einem früheren Prozeß war sie im Falle eines kleinen Jungen der Kindermißhandlung angeklagt. Sie präsentiert dem Richter als Entschuldigung ein Selbstbefleckerhöschen und wird mit Aplomb freigesprochen. In ihrem letzten großen Falle gelang es ihr nur darum nicht, einen Monstre-Pädagogenpreis zu erzielen und zur Generalissima aller deutscharischen Jugendbrutanstalten zu avancieren, weil sie auf neugierige Aushorcherei den Untersuchungsrichtern verriet, daß sie bei der Verabreichung ihrer zeremoniösen Prügel persönliche Annehmlichkeiten empfunden habe.

Sie wurde mit 6 1/2 Jahren Kerker und einigem netten Verschärfungszubehör bestraft. Sie schrie bei der Verkündigung des Urteils auf: »Ich bin unschuldig, das ist ein sadistisches Urteil.« In der Voruntersuchung ist ein kleiner, für das ganze Geschehnis charakteristischer Zug, an ihr der Oeffentlichkeit entgangen. Der Untersuchungsrichter frägt sie, warum sie »es« getan habe. Sie öffnet den Mund, bricht plötzlich ab und macht eine resignierte Handbewegung: »Wozu soll ich es Ihnen erklären. Sie würden es doch nicht verstehen.« In dieser müden Geste des Verzichtes eines um die Nuance Wissenden gegenüber dem Nicht-Wissenden liegt eine Welt. Aus dieser Welt dringt nur jener erzene Posaunenschall des Nietzscheschen Gedichtes über die Lust: »Denn alle Lust will Ewigkeit ... « Ist ein Richter taub für diesen Fanfarenstoß der mysteriösen Lebensenergie? Wir glauben nicht, wie die Kadivec, er sei es. Denn er wäre sonst kein Richter geworden. Staatsanwalt und Richter sind nur durch Grade vom Henker entfernt. Es gehört dazu eine tiefe libidinöse Neigung für diese Berufe. Selbst Menschen mit den stärksten Nerven würden auch gegenüber der Verlockung sozialer Macht und ökonomischer Sicherheit dem Rufe zu widerstehen trachten, wenn er nicht das Echo einer inneren Stimme aus ihnen ist. Und der Beweis ist diesmal gegeben, weil der Richter nicht locker ließ und mit der Begleitmusik seiner Lüsternheit solange an ihren körperlichen Geheimnissen fingerte, bis die Frau in der Ohnmacht des niemals ungeschlechtlichen Beichterausches ihre Veranlagung gestand. In diesem Augenblick trat dem Richter das Ereignis ein und er überklappte sie mit seiner männlichen Macht.

Wäre ich die Frau Richter gewesen, an diesem Tage des Urteilsspruches hätte ich Eifersucht empfunden und den Gatten seines gewissen geheimen Treubruchs gemahnt. Die Kadivec ist vielleicht nicht hübsch, aber pikant und sehr mondain. Die Justiz muß sein, gut. Die Richter und Staatsanwälte müssen auch sein, gut, so wie der Henker, nicht wahr? Ja, wo käme die menschliche Gesellschaft sonst hin. Auch Spione sind ja bekanntermaßen eine Natureinrichtung der jeweilig heimlichen Armee-Oberkommandos, und wo käme so ein Stratege hin ... aber doch, ein Spion ... usw. Wer aber wagt zu entscheiden, wieviel subjektives Vergnügen noch im gerechtesten Urteilsspruch tumesziert? Wer könnte überhaupt die Erektionen des bekannten Sittlichkeitswahnes vom Blutzudrang befreien? Die Kadivec wurde also nicht wegen Kindermißhandlung oder Uebertretung des Züchtigungsrechtes bestraft, denn jeder deutsche Mann wird eine Kasusanomalie oder eine Additionsverirrung, eine Buchstabenperversion oder die grammatikalische Schändung nur durch fünfundzwanzig Beistriche auf den Hintern gesühnt erklären. Aber daß dabei noch subjektive Lüste mitspielen dürften, das wird gerade er zu leugnen trachten. Und ganz mit Recht. Berufserscheinungen sind Reservat, und ein Staats- oder Gesellschaftsfunktionär neidet sie dem andern.

Die Verurteilung der Kadivec erfolgte unter der ausdrücklichen Betonung und Paragraphierung, daß sie dabei, wie sich der Wortlaut des Gesetzes nicht gegen den guten Geschmack zu sagen sträubt: »ihren Lüsten frönte«. Eine Hilfslehrerin, Degrassi, der eine zweimalige Auspeitschung eines Kindes unter gleicher zeremoniöser Aufmachung nachgewiesen werden kann, wird trotzdem freigesprochen, weil ihr das »Frönen« nicht nachzuweisen ist, dagegen dem mißhandelten Kinde die orthographischen Fehler.

Die schwere Strafe entsteht auch durch ein juristisches Valorisierungsverfahren, indem nämlich diese ganze, an sich mehr komische als bedeutsame Theaterpeitscherei – die ja allerdings exotischer Import und ganz unwienerisch ist – zur Schändung hinaufgestempelt wird. Der Paragraph über Eingriff in eine fremde, unbeteiligte Geschlechtssphäre wird angezogen; wobei freilich die Voraussetzung unterschlagen wird, daß eine physische Beschädigung stattgefunden haben muß. Denn die physische Beschädigung des Sitzmuskels ist keineswegs gleichwertig jener streng lokalisierten Beschädigung, die das Gesetz zwar nicht definiert, aber selbstverständlich meint, weil es eine andere Auslegung gar nicht ahnt. In diesem Fall hat also ein listiger Richter mit böser Absicht – der Urteilsprechende ist einer der humansten, angesehensten Richter Oesterreichs, seine Aktion ist also keineswegs eine der persönlichen, sondern der berufsmäßigen Indolenz entspringende unbewußte, mehr Bösheit als Bosheit, summiert um die allgemeine juristische Indolenz des Publikums – die Dummheit eines unvollkommenen Gesetzes befruchtet, so daß ein aktueller Jurisdiktionsakt daraus wurde, der, in reines Deutsch übersetzt, so lauten müßte: Ein anderer wird geschändet, wenn du Lust empfindest, weil er nichts davon ahnt; und für diese Schändung unbewußt dienender Lustobjekte wirst du mit der vollen stabilisierten Valuta des Schändungsparagraphens bestraft. Das bedeutet richterliche derbe Integration eines hoch-differenzierten Gesetzteiles, wodurch augenscheinlich der Richter die Integrität reaktiviert zu haben glaubt.

Ein Hauptanklagepunkt gegen die Kadivec war auch das aus deren zwölfjähriger Tochter erpreßte Geständnis, daß Mutter und Tochter, die ineinander sehr verliebt waren, gemeinsam in einer Badewanne badeten, wobei den gegenseitigen Reinigungsspielen Zärtlichkeiten unterliefen. Die junge Edith Kadivec ist ein schönes, kluges, hochstehendes, harmloses Kind. Sie wurde unter fürchterlichen Beichtemartern in ein sogenanntes Erziehungsheim gesteckt, wo sie unter schweren sexuellen Aufklärungserscheinungen zusammengebrochen ist. Das nennt man Läuterung. Weder Richter noch Publikum bringen die Kraft zu einer Differenzierung auf, die zwischen einem von beiden Teilen selbstgewollten und sich aus natürlichem Schönheitstrieb einstellenden Liebesverhältnis und etwa dem Ueberfall eines Gorilla-Vaters auf eine widerstrebende Tochter unterscheidet. Die Anklage beschuldigt die Kadivec der seelisch-leiblichen Verwüstung von Jungfräulichkeiten. Wenn die Richter und Geschworenen und das aburteilende Publikum nur ein Minimum an naturwissenschaftlicher Bildung besäßen, so würde man sich nicht länger der dummen Zwangsvoraussetzung beugen, daß Kinder sexuell keusch sind. Kinder sind nur begrifflich und vom dialektischen Bewußtsein aus keusch, in ihren Handlungen und Träumen sind sie stets libidinös. Es hätte garnicht erst der Psychoanalyse mit ihrer Lehre vom Mutter- und Oedipuskomplex bedurft, zahlreiche Jugenddichtungen (siehe Robert Musils »Zögling Törless«, der auch »Kadeterln unter sich« schildert) erzählen von den Leidenschaften der Kinder füreinander oder für ihre Mütter, die an der Grenze der Handlung manchmal, an jener der Vorstellung davon niemals Halt machen. Die mechanische Auslegung des Gesetzes, das den gewaltsamen Eingriff in eine jungfräuliche Geschlechtszone verpönt, hört wiederum an dem Akzent vorbei der auf dem Worte »gewaltsam« ruht, worunter natürlich auch die Verlockung oder Verführung in ihrer süßeren Form verstanden werden kann. Aber die Grenzen sind hier schwingend. Anhaltspunkt für die Aburteilung kann stets nur der Wunsch eines sich Beschädigtfühlenden sein; also ein Kind, das gegen seine Neigung vergewaltigt oder verführt wird. Selbst bei den aufgeklärtesten und freiesten Menschen wird für den erotischen Liberalismus noch immer eine Hemmung zu überwinden sein: Der Grund liegt in dem Vorurteil, das die hygienischen Folgen frühzeitiger Sexualhandlungen weit überschätzt. Unsexualisierte Kinder, die keine »perversen« Jugendverhältnisse haben, sind selten und nur unter den Unbegabten zu finden. Die Folgen jugendlicher Sexualhandlungen bei normaler Ernährung und sonst guter körperlicher Erziehung sind nach den neuesten Forschungen als Null zu betrachten. Sie hinterlassen überhaupt keine Spuren. Aus schwer sexualisierten Kindern sind nicht nur die genialsten, sondern auch die ethischsten Persönlichkeiten geworden, weil die Sublimation der Erotik um so sicherer einsetzt, je früher die unteren Stufen erlebt und überwunden werden. Jugendliche Impotente sind mit 50 Jahren Lebemänner, während kindliche Erotiker im Mannesalter Weise, Erfinder und Religionsstifter sind. Man lese sich genau den Tolstoi durch. Ganz zu schweigen von der Bagatellisierung des Jugendlasters (sozusagen; eigentlich ist es das Witwenlaster, beiderlei Geschlechts, und entspringt der Vereinsamung. Europäische Jugend eben ist vereinsamt und voll Witwengrams) durch Autoritäten, woraus einst die Höllen geweissagt wurden. Darüber lese man bei Forel, Freud und Hirschfeld.

Wir stecken mit unseren erotischen Gesetzen und unserem Liebeskodex tief im Mittelalter, mit unseren Nerven, unserem Hirn, mit den Ansprüchen unseres Fleisches und unseres Geschmackes aber leben wir in einem naturwissenschaftlich-heidnischen Zeitalter. Das Gesetz soll uns die Unschuld unserer Empfindungen wiedergeben. Der Prozeß Kadivec ist für Wien selbst ganz uncharakteristisch. Er ist der typische Großstadtprozeß, der erotische Prozeßfall des Großstädters, reliefiert durch eine Stadt voll von erotischer Anmut und, außerhalb aller grünen Tische, grünender sinnlicher Freude. Ueber das Bedauern hinaus, das dieses Justizmordachtel – die Kadivec ist in den dreißig – für die Protagonistin erotischer Großstadtmorphologie erweckt, fordert ihr Fall die Opposition aller konsequent biologisch und kulturell denkenden Menschen heraus. Es gibt einen einzigen Sadismus, um den sich die andern zu kümmern haben, und das ist jener aus der Idee des Rekrutenkontingents geborene; der Sadismus laut Gesetzen, die Etrusker und Scholastiker vor grauen Zeiten gemacht haben, nicht aber Forscher, Naturwissenschaftler und Mediziner.

Erstmals publiziert in: *Das Tagebuch*, Berlin, 22. März 1924, Jg. 5, Heft 12, S. 386–392.

Alfred Polgar

EIN KRIMINALFALL (1924)

Frau Kadivec, die, ihrer krankhaften Neigung folgend, Kinder prügelte und hierbei zahlende Zuschauer hatte, wurde zu sechs Jahren schweren Kerkers verurteilt.

Wegen dieses mörderischen Urteils spricht man von dem Prozeß hier allgemein als von dem »Sadistenprozeß«.

Der Sadismus ist eine Berufskrankheit der Richter, etwa wie die Bleivergiftung der Bleiberg-Arbeiter oder die Wadenmuskelhypertrophie der Tänzer. Man sollte die Verurteiler, ehe man sie verurteilt, gerichtspsychiatrisch untersuchen lassen.

Frau Kadivec hat wenig Anspruch auf Sympathie. Als Lehrerin gab sie den Kindern, zur Legitimierung der nachfolgenden Prügel, unlösbare Aufgaben: eine moralische Folter, die noch viel grausamer scheint als die körperlichen Mißhandlungen. (Vermutlich gehörte die Seelennot, die das Kind angesichts der unlösbaren Aufgabe empfand, schon in den Lustkomplex der Frau Kadivec.)

Es ist also in Ordnung, daß man die Frau, trotz der pathologischen Grundlagen ihrer Handlungen, einsperrt. Schließlich, sie hatte, zur Befriedigung ihrer Lust, geschlagen: zur Befriedigung unserer Lust (Übeltätern Übles zu tun) schlagen wir jetzt sie. So will es die Parole: Zahn um Zahn, Aug um Aug, Lust um Lust.

Aber sechs Jahre schweren Kerkers ... das heißt gegen die Peitsche den Totschläger setzen. Das heißt die sadistische Reihe in einer fürchterlichen geometrischen Progression weiterführen. Hoffen wir, daß sie an den Grenzen des Irdischen abbricht. Wie würde es sonst dem Richter ergehen, wenn er vor seinen Richter kommt? Vor dem, den die Sadisten mit einiger Berechtigung als Patron ihrer Gilde ansprechen dürfen, weil von ihm ausdrücklich es heißt: wen er liebt, den züchtigt er.

Sechs Jahre schweren Kerkers ... belieben, sich das langsam auszudenken, es schmeckerisch im Bewußtsein zergehen zu lassen ... sechs Jahre schweren Kerkers. Sechsmal wird es Frühjahr – draußen –, sechsmal kommt und dauert, sechsmal unendlich, der Winter.

Ich möchte nur wissen, ob die Richter so grausam waren gegen die Kadivec, weil sie eine Sadistin ist ... oder obzwar sie eine ist. Wie halten es denn Sadisten untereinander? Für gewöhnlich hackt eine

Krähe der andern, aus Solidaritätsgefühl, kein Auge aus; aber bei sadistischen Krähen kompliziert sich die Angelegenheit. Wollte am Ende die Hand des Gesetzes, als sie so hart zuschlug, der Kadivec was Liebes tun? War vielleicht hier die Strenge ... Wohltat? Unter Kameraden im Pathologischen ist ja beides ganz egal.

Erstmals publiziert als: Zwei Kriminalfälle und ein dritter als Epilog. In: *Das Tage-Buch*, 5. April 1924, Jg. 5, Nr. 14, S. 451–454. Dort: S. 452f. Ausserdem in: Alfred Polgar: *Taschenspiegel*, Wien: Löcker 1979, S. 111f. sowie in Alfred Polgar: *Kleine Schriften. Band 1. Musterung*, Reinbek: Rowohlt 1982. S. 353–355. Copyright © 1982 by Rowohlt Verlag GmbH, Reinbek bei Hamburg.

Johannes R. Birlinger

DAS GRAUSAME WEIB (1928; Auszug)

Daß auch bis ins 20. Jahrhundert hinein in den Klöstern, die sich mit der Erziehung der Jugend abgeben, die Züchtigung der Kinder teilweise bis ins Alter der Mannbarkeit gang und gäbe ist, das ergibt sich aus der im tiefsten Seelenschmerz geschriebenen, daher auch unbedingt zuverlässigen Selbstbiographie der Edith Kadivec*, die 1923 in Wien wegen häufiger Züchtigungen ihrer Schüler und Schülerinnen in Gegenwart perverser Besucher zu fünf Jahren schweren Kerkers verurteilt worden war. Sie, die sich selber nicht schont, die auch in dem fraglichen Prozeß von vornherein ein freimütiges Geständnis abgelegt hatte, sie schreibt über die Erziehungsmethode des Nonnenklosters zu Graz, in dem sie in ihrem 13. Lebensjahre zu weiterer Ausbildung untergebracht wurde:

»Häufige körperliche Züchtigungen für geringe Unarten waren die Folge meiner Fehlerhaftigkeit.«

An einer anderen Stelle schreibt sie:

»Ein Mädchen sollte für eine Missetat bestraft werden. Es wurde von der Nonne in das Strafkabinett gerufen. Ich zitterte am ganzen Körper vor Erregung über ihre Strafe, wollte dabei sein und bat, mitkommen zu dürfen. Nein, das wäre verboten!

Dann will ich an der Türe horchen, ohne daß jemand es sieht! Das Mädchen geht mit der Nonne hinaus – – – ich wollte später nachschleichen! Ich mußte, auch wenn man mich angebunden hätte, ich hätte losgerissen! So stark war der Trieb in mir ...

Das Mädchen kam in wenigen Minuten zurück — befreit lächelnd. ›Wie war es?‹ fragte ich. Und sie antwortete ohne Scheu: ›Ich werde nicht bestraft, ich bin unwohl.‹« – Dann erzählt die Verfasserin, wie sie selber – 15 Jahre alt – wegen fortgesetzter Unaufmerksamkeit der Klosterzucht verfiel:

»Nach dem Unterricht wurde ich dafür bestraft. In meiner Angst und Aufregung umklammerte ich das Bein der Nonne. Zehn Streiche mit einer dünnen Birkenrute fielen langsam (sic!) auf meinen Körper nieder ... «

Bald nach Beendigung ihrer Klostererziehung nahm die Verfasserin eine Stelle als Erzieherin in einem Wiener Bürgerhause an, die ihr

*) *Unter der Peitsche der Leidenschaft, Bekenntnisse,* Astra Verlag, Leipzig, Wien.

nicht zusagte. Sie wandte sich daher nach Paris, wo eine Schwester ihres Vaters im Alter von 17 Jahren in ein französisches Kloster, das sich mit Mädchen- und Knabenerziehung befaßte, als Nonne eingetreten war, und wo diese Nonne jetzt als Oberin wirkte. In diesem Kloster nahm die Verfasserin eine Stelle als Hilfsarbeiterin an. Sie schreibt über die den Kindern gegenüber angewandte Disziplin:

»Ich wurde unter die Obhut einer ungefähr 40jährigen Nonne gestellt, die mich in meine Agenden einführte. Bald konnte ich ihre wundervolle Erziehungsmethode und ihre Haltung als Lehrerin bewundern.

Soeur Marie-Thérèse leitete die Erziehung und den Unterricht einer Gruppe von 50 Kindern im Alter von 6 bis 13 Jahren. Ihr wurde ich als Hilfslehrerin zugeteilt, und sie hatte mich in ihre Erziehungsmethode einzuweihen. Ihr Grundsatz war, unerbittliche Strenge und Gerechtigkeit gegenüber den Zöglingen einzuhalten. Dadurch erzielte sie auch bei mittelmäßig begabten Kindern gute Erfolge.

Sie züchtigte die Mädchen für jede Unstatthaftigkeit, doch kam sie nicht allzu oft in die Lage, solche Strafen zu erteilen, weil sich die Kinder in acht nahmen, straffällig zu werden.

Soeur Marie-Thérèse war 42 Jahre alt, ich 20 ...

Sie versäumte nie, mich zu bitten, anwesend zu sein, wenn sie ein Kind bestrafte. Die klassische Methode der Rutenstrafe führte sie so wundervoll aus, daß eine solche Prozedur, abgesehen von den erregenden Momenten einen wirklich ästhetischen Genuß bedeutete ... Ich als Zuseherin empfand solche Eindrücke als Erlebnis, das tagelang in meiner Seele fortwirkte ...

Eine zehnjährige Schülerin hatte einem Mädchen ein Heft gestohlen; sie leugnet, erzählt eine Geschichte über die Herkunft des Heftes, die unwahr ist, will ihren Fehler absolut nicht bekennen.

Soeur Marie-Thérèse stellt dem Kinde eine Rutenstrafe in Aussicht. Sie bittet mich zum ersten Mal, das Kind unter ihrer Assistenz nach dem Unterricht zu strafen ...

Nach der Schule nehme ich die Kleine an der Hand und führe sie in den Bußraum (Chambre de Pénitence).

Mit vor Erregung zitternden Händen*, fliegendem Atem, öffnete Marie-Thérèse einen Kasten, worin, nach der Größe geordnet, die verschiedenen Züchtigungsinstrumente auf Haken aufgehängt waren:

---

*) Die hier geschilderte Nonne ist, wie sich aus weggelassenen Stellen in dem Buche ergibt, eine masochistisch orientierte Lesbierin, die in Frau Kadivec ihre aktive Partnerin gefunden zu haben glaubte und auch tatsächlich gefunden hatte. D. Verf.

Leder- und Riemenpeitschen in allen Größen und Stücken, chats à neuf queues, Ruten für Geißelungen, Stricke mit großen Knoten für Kasteiungen, Rohrstöcke, dünn, biegsam und einige in Wasser gelegte Birkenruten mit ganz feinen Zweigen. (Alle diese Instrumente dienten den Nonnen für die vom strengen Orden anbefohlenen Kasteiungen der Büßerinnen zur Abtötung des Fleisches und der Sinne.)

Ueberrascht und erstaunt blickte ich in den Kasten, dem Marie-Thérèse, ohne zu zögern, eine eingewässerte Birkenrute entnimmt, die sie mir ganz sachlich reicht.

›Das Mädchen hat gestohlen und gelogen‹, beginnt die Nonne, ›und will auch angesichts der Strafe seine Fehler nicht bekennen. Sie erhält, um gebessert zu werden, eine Strafe von zehn Rutenstreichen. Willst du die Strafe annehmen? – Dann bitte darum!‹

Weinend trat das Kind vor, faltete die Hände und schluchzte: ›Ich bitte um meine Strafe!‹

›Hast du gestohlen?‹ fragte ich.

›Ja.‹

›Hast du gelogen?‹

›Ja.‹

›Warum hast du deinen Fehler nicht gleich offen eingestanden?‹

›Ich habe mich geschämt!‹

›Jetzt wirst du dich noch mehr schämen müssen‹, sprach Marie-Thérèse, ›wenn ein unschuldiger Körperteil die Schmerzen für ein verstocktes Herz auf sich nehmen muß!‹

Das Kind nestelte an seiner Hose, zog sie aus und legte sich wie selbstverständlich auf eine gepolsterte, lange Bank ohne Lehne der Länge nach hin, mit dem Gesicht nach abwärts. Es schien mit der Prozedur ganz vertraut. Soeur Marie-Thérèse trat hinzu und schlug mit einem Griff die Kleidung des Mädchens auf den Rücken zurück.

›Une bonne fessée de dix coups sera convenable‹, sprach sie und machte mir Platz.

Meine Nerven bebten, mein Blut raste, ich hob die Rute, die auf den entblößten Körper erst langsam, dann rascher niederfiel …

Das Kind erhob sich, bedankte sich für die Strafe und versprach, sich zu bessern.«

So geschehen in einem französischen Nonnenkloster nicht allzu lange vor dem Weltkrieg. Daß diese Nonne und die des Klosters in Graz mit den Strafgesetzen in keinerlei Konflikt gerieten, obwohl sie, woran füglich nicht zu zweifeln ist, einem wenn auch maßvollen Flagellationsdrange nachgaben, liegt einzig und allein daran, daß sie die äußeren Grenzen des Züchtigungsrechtes nicht überschritten und daß ihre sexuelle Erregung den Kindern nie zum Bewußtsein gekommen ist.

Wie man sieht, geht die flagellantistische Neigung der Kadivec bis in ihre Jugend zurück. Die hier empfangenen Eindrücke begünstigten ihre später immer deutlicher hervortretende Peitschsucht.

Wohl selten sind derartige Neigungen von Frauen, die sich dem Erziehungsgeschäfte gewidmet haben, so deutlich und unmißverständlich der Allgemeinheit offenbar geworden als in dem gegen sie geführten Wiener Sadistenprozeß, in dem sie als Hauptangeklagte figurierte. Sie, die in Wien lange Jahre Kindern Privatunterricht erteilte, kam 1922, 1923, als die Klagen über ihre Prügelleidenschaft sich mehrten, schließlich mit dem Gerichte in Konflikt. Sie hatte anscheinend eine große Zahl von Schülern und Schülerinnen zu ihrer Verfügung, an denen sie ihre irregeleiteten pädagogischen Bestrebungen betätigte. Abgesehen von einer anscheinend großen Begabung für den Beruf einer Lehrerin kam ihr ihre Strenge zugute, so daß sie im Unterricht gute Erfolge erzielte, wodurch sie als gewissenhafte und tüchtige, wenn auch energische Lehrerin bekannt wurde. Insbesondere scheint sie gern schwer erziehbare Kinder in ihrem Lehrinstitut aufgenommen zu haben, wohl deshalb, um nach Uebertragung des elterlichen Züchtigungsrechtes auf sie um so häufiger Gelegenheit zur Vornahme von körperlicher Abstrafung zu haben.

Ihre häufigen Inserate hatten aber, wie wir ihr gern glauben wollen, eine ihr unangenehme Begleiterscheinung hervorgerufen. Denn neben Eltern mit schwer erziehbaren Kindern meldeten sich bei ihr auch Flagellationsvoyeure und Masochisten, an denen ihr als typischer Lesbierin nichts liegen konnte, die sich unter den verschiedensten Vorwänden, aber alle in der Absicht bei ihr einschlichen, bei den häufigen Abstrafungen der Kinder zugegen sein zu dürfen.

Manchmal gelang ihnen das, insbesondere den Voyeuren, die auf ihre Kosten arme Kinder bei ihr unterrichten ließen, um, was für sie die Hauptsache war, den Bestrafungen zusehen zu dürfen. Diese Zuschauer »drängten« ihr auch des öfteren die Vormundschaft über arme und verwahrloste Kriegswaisen im Alter von 4 bis 10 Jahren auf. Diese Kinder mußten sich zur Kontrolle ihrer Fortschritte jeden Samstag bei ihr einfinden, wo sie dann »mütterlich« belohnt und bestraft wurden. Dann erhielten sie Aufgaben, die sie nach acht Tagen gelernt haben sollten, aber fast nie gelernt hatten, so daß stets Gelegenheit für die Lehrerin zum Strafen, stets Gelegenheit für die männlichen und auch weiblichen Voyeure zum Zuschauen vorhanden war. Auch idiotische Kinder führten ihr die Zuschauer zu, da sie anscheinend bei derartigen Kindern die Gefahr, entdeckt zu werden, für gering hielten.

Die Bestrafungen der Knaben und Mädchen gingen meist derart vor sich, daß die Lehrerin, die sich auf einen Stuhl setzte, die Kinder über den Schoß legte und ihnen mittelst Rute und Stock das entblößte Gesäß mit langsamen Streichen durchprügelte. Bemerkenswert ist hierbei auch, daß die Bestrafungen der Tat nicht auf dem Fuße folgten, sondern nach einer gewissen Zeit vorgenommen wurden.

Nach solchen Exekutionen rauchte sie mit vibrierenden Nerven, im Fauteuil sitzend, eine Zigarette, wobei einer der erwachsenen Zuschauer, der Masochist war, vor ihr zu knien und sein Gesicht in ihren Schoß zu drücken pflegte.

Jahrelang schlürfte diese Erzieherin die Wonnen der Peitschleidenschaft, jahrelang erfreuten sich Zuschauer und Masochisten an der strengen Zucht, bis im Dezember 1923 die Reinigungsfrau Keller in Begleitung ihrer Tochter Grete, die bei der Kadivec in voller Verpflegung gestanden hatte, vor dem Jugendgericht erschien und zur Anzeige brachte, daß das Kind von seiner Vormünderin oft und schwer gezüchtigt worden war. Der Polizeiarzt konstatierte Striemen am Gesäß, die von Blut unterlaufen waren. Die Reinigungsfrau gab an, daß das Kind schon dreimal entwichen und wieder eingebracht worden sei, jetzt aber nicht mehr zurückkehren wolle, da sie es nicht mehr aushalte. Eine daraufhin vorgenommene Haussuchung, bei der zahlreiche Peitschen, Ruten und Stöcke, auch rein sadistische Briefe eines Malers aus Innsbruck vorgefunden wurden, führte zur Verhaftung der Erzieherin und zur Erhebung der Anklage. Gleich nach ihrer Verhaftung gab Frau Kadivec ein Geständnis ab, das überaus lehrreiche Aufschlüsse über ihren Sexualcharakter eröffnete. Sie bekannte nämlich, sadistisch veranlagt zu sein, vor dem Manne, den sie nur zur Kindererzeugung für nötig erachtete, einen Abscheu zu haben. Mutterschaft und Mütterlichkeit seien für sie das Höchste auf der Welt. Sie sei überzeugt, daß Mütterlichkeit und Sexualität nicht zu trennen seien, daß vielmehr die Liebe der Mutter zu ihrem Kinde und umgekehrt immer auch einen erotischen Hintergrund habe. Sie gibt zu, ihre Tochter gezüchtigt zu haben und dabei sexuell erregt worden zu sein, leugnet aber, diese Strafen ohne Anlaß gegeben zu haben. Für sie gebe es keine Erziehung ohne Prügelstrafe.

Wenn sie bei Vollzug einer verdienten Züchtigung erotisch erregt würde, so vermöge sie die Strafbarkeit dieser Handlungsweise nicht einzusehen.

Die Angeklagte, die in der Berufungsinstanz zu fünf Jahren schweren Kerkers verurteilt worden war, wurde Ende 1925 im Gnadenwege auf freien Fuß gesetzt.

Doch schließen wir das Kapitel über die Flagellomanie der Frau auf dem Gebiete der Erziehungstätigkeit; denn wir glauben, in ausreichendem Maße den Beweis erbracht zu haben, daß sadistische Grausamkeitsinstinkte beim Weibe nicht, wie viele meinen, eine selten anzutreffende Perversion des Sexualtriebes, sondern eine in jeder Frau schlummernde und bei vielen geweckte Neigung ist, die sich eben nach Eberhard* aus den Mutterschaftsinstinkten erklären läßt. Wie dem aber auch sei, begründeten Zweifeln kann es kaum unterliegen, daß die aktive Flagellation bei den Frauen mindestens ebenso häufig anzutreffen ist als die passive bei den Männern.

*) *Das Sexualleben des Kindes.* Berlin 1909.

Erstdruck in: Johannes R. Birlinger: *Das grausame Weib. Sexualpsychologische und pathologische Dokumente von der Grausamkeit und Dämonie der Frau.* Wien/Leipzig: Verlag für Kulturforschung 1928. Dort: S. 118–126.

Erich Wulffen

EDITH CADIVEC (1929)

Es handelt sich um die abweichende Erotik einer Frau, deren Fall zwar mit ähnlichen Darstellungen der Kriminalgeschichte und wissenschaftlichen Literatur im allgemeinen übereinstimmt, aber doch Besonderheiten insofern bietet, als ihre Persönlichkeit durch Intelligenz, Bildung, schriftstellerische Begabung, Leidenschaftlichkeit und einen seltsamen aus ihrer Veranlagung gesogenen Idealismus Interesse erregt. Ich schildere auf Grund der Akten, einer ausführlichen (veröffentlichten) Selbstbiographie und anderen schriftstellerischen Arbeiten der Frau selbst sowie eines Briefwechsels zwischen ihr und mir.

Edith Cadivec wurde im November 1880 in San Martino di Pinquente in Italien als zweites Kind ihrer Eltern geboren. Väterlicherseits stammt die Familie aus der Bretagne, aus dem Orte Quimper, wo noch heute Vertreter des Namens Cadivec leben sollen. Der Urgroßvater des Vaters wanderte mit Frau und Kindern aus und siedelte sich in Triest an. Ein Sohn dieses Auswanderers kam nach Bischoflack in Krain und wirkte als Arzt; er war der Großvater des Vaters. Durch Verheiratung mit slowenischen oder slawischen Frauen kam slawische Blutmischung in die Familie. Der Vater studierte vier Semester Medizin in Wien, mußte aber wegen seines Augenleidens das Studium aufgeben und ergriff dann als Verkehrsbeamter die Eisenbahnlaufbahn. Auch der Großvater hatte schon am grauen Star gelitten und war mehrere Male operiert worden. Die Familie der Mutter ist seit zweihundert Jahren in Griffen in Kärnten begütert; ihre Mitglieder sind Landwirte, Kaufleute, Offiziere und Forstbeamte. Die arische Abstammung zeigt germanisch-romanischen Einschlag. Keiner der Elternteile lebte in der Großstadt; erst Edith wandte sich nach Wien. Die Großeltern erreichten ein hohes Lebensalter. Der Vater starb im Alter von 58 Jahren am Magenkrebs. Die Mutter litt an Epilepsie und stand jahrelang in ärztlicher Behandlung. Eine Tochter ihres ältesten Bruders verheiratete sich mit einem Gymnasiallehrer in Klagenfurt; in einem Anfall von Eifersucht erschoß sie 1903 ihren Mann, wurde aber vom Gericht freigesprochen. Die Krankheit der Mutter wurde vor den Kindern verheimlicht, was aber nicht verhindern konnte, daß sie epileptische Anfälle der Kranken mit ansehen mußten. Edith hatte hiervon Eindrücke von Angst und Schrecken und konnte dann tagelang nicht zur Ruhe kommen. Ihre etwas ältere Schwester hatte stärkere Nerven und half dem Vater in Behandlung der Mutter; sie sollte später Ärztin werden. Vater und Schwester ähnelten sich und harmonierten sehr. Edith war der Mutter nachgeraten und fühlte sich nur zu ihr, nicht zu Vater und Schwester hingezogen. »Die Mutter war für mich der Inbegriff alles Zärtlichen, Warmen, aller Liebe und Geborgenheit. Ich hatte früh die vage Vorstellung, in ihrem Körper für immer verschwinden zu können, geborgen zu sein vor allem Drohenden, Feindlichen, besonders vor Vater und Schwester, die mir dahin nicht folgen konnten. So oft ich konnte, kletterte ich auf den Schoß der Mutter und versteckte mein Gesicht an ihrer Brust. Sie schloß mich zärtlich in ihre Arme, mich dabei innig küssend. Das tat sie aber heimlich, wenn sie mit mir allein war und Vater und Schwester es nicht sehen konnten. Mein Vater duldete nicht, daß mich die Mutter verwöhne und verzärtele. Einmal schlüpfte ich meiner Mutter unter die Kleider, klammerte mich an ihren Beinen fest und wollte nicht loslassen. Die Mutter zog mich hervor und schlug mich dafür. Ich war damals drei bis vier Jahre alt. Die Wärme und der Körperduft der jungen Mutter sowie die Schläge ihrer Hand hinterließen in meiner kindlichen Seele so starke Eindrücke, daß die Erinnerung noch heute in mir angenehme Empfindungen auslöst. (In diesem Kindereignis wäre die erste Verankerung der künftigen Triebabweichungen zu erblicken.) Ich fühle dann stets die zwingende Sehnsucht, nochmals dasselbe zu tun, aber gleichzeitig empfinde ich auch die abweisende Strenge der Mutter, die mir Furcht und Scham einflößte. Zwischen Vater und Schwester wurden niemals, wie zwischen mir und meiner Mutter, Zärtlichkeiten getauscht. Es war eine Zuneigung anderer Art, die nichts Erotisches an sich hatte. Mein Verhältnis zu meiner Mutter war ein erotisches: ausschließliche Liebe zur Mutter – Haß gegen Vater und Schwester. Weitere erotische Eindrücke waren die Schwangerschaft der Mutter und die Geburt eines Brüderchens, das nur einen Tag lebte.«

In ihrer Selbstbiographie erzählt Edith Cadivec manches Böse von sich. Der Vater bevorzugte die Schwester und spendete ihr Lob; Edith hörte nur lieblose Worte. Die kranke Mutter kümmerte sich gar nicht um die Erziehung der Schwestern, die ganz in den Händen des Vaters lag. Bei Edith kamen schlechte Triebe zum Vorschein. Sie log, stahl ihrer Schwester, was sie vom Vater erhielt, vernichtete, was ihr Freude machte, war störrisch, unfolgsam, feindselig und bösartig, kratzte und zwickte die Schwester, stieß sie mit Füßen, riß sie an den

Haaren. Die Schwester beklagte sich beim Vater, und Edith bekam Schläge von ihm, die sie empörten, sie wollte von ihm nicht berührt sein. In der Schule war sie unaufmerksam, hatte wenig Freude am planmäßigen Lernen, erfreute sich aber bei den Mitschülerinnen der Beliebtheit.

Edith hatte mit ihren Mitgespielen besondere Lieblingsspiele: sie spielten Mutter und Kind, Edith war immer die Mutter; sie wurde sogar schwanger, stopfte sich den Leib aus und bekam eine Puppe als Kind. Man spielte Schule; Edith war »die strenge, unerbittliche Lehrerin, die über den Schülern drakonisch den Rohrstock schwang«. Man spielte drittens Arzt und Patient, Edith stellte immer den Arzt vor, der zu einem kranken Kinde gerufen wurde, das sie heimlich körperlich genau untersuchte. In diesen Kinderspielen sehen wir die schon erwähnte Triebverankerung mit deutlichem Hinweis auf die künftige Lebensbetätigung sich weiter entwickeln.

Als Edith neun Jahre alt war, starb die epileptische Mutter nach jahrelangem Siechtum am Herzkrampf. Zwei Jahre später kam eine Stiefmutter, die Witwe eines Arztes, ins Haus, fünfunddreißig Jahre alt, gegen die Kinder kühl, im Haushalt nüchtern, aber praktisch, zum Vater voll Zärtlichkeit. Einmal überraschte Edith ohne Absicht die Eltern im Schlafzimmer bei der Liebesumarmung. »Ich lief in den Garten, warf mich in das Gras, an allen Gliedern zitternd.«

Die Schwestern kamen zur weiteren Erziehung in ein Nonnenkloster nach Graz. Ediths »heidnische Natur« sträubte sich gegen eine aufgenötigte Gläubigkeit, sie sah sich zu Heuchelei gezwungen. »Innen trug ich ein Chaos von tausend nach außen drängenden Gefühlen, ich war durch mein lebhaftes Temperament immer die Widerspenstige, die Sündhafte, die Verderberin der anderen Mädchen: der Teufel. Häufige körperliche Züchtigungen für geringe Unarten waren die Folge meiner Fehlerhaftigkeit.« Brieflich hat Frau Cadivec nicht unwichtige Einzelheiten aus dem Grazer Klosterschulleben mitgeteilt. Während des Handarbeitsunterrichts, da die Mädchen im Alter von elf bis vierzehn Jahren Strickmuster erlernen mußten, schluchzte in einer Ecke des Schulzimmers vor Scham und Schmerz eine Mitschülerin, die eben eine Rutenstrafe erhalten hatte. Durch diesen Anblick angeregt, ließ Edith eine Stricknadel unter ihrem Kleide verschwinden und bewegte sie in ihrem Schoße, bis sie halb ohnmächtig wurde. Sie wurde von der Lehrerin entdeckt, nach der Stunde hinausgeführt und selbst mit der Rute auf das nackte Gesäß geschlagen. »Ich fühlte mich geläutert und erleichtert, rein wie ein Engel.« Ein andermal schlüpfte eine Mitschülerin zugleich mit ihr, was streng verboten war, in den Toilettenraum, tauchte kniend unter ihre Kleider und küßte sie durch den Spalt der Beinkleider. Seitdem ist dieser Liebesgenuß seitens Dritter, alle anderen Behelfe unterdrückend, bei ihr vorherrschend geworden. Bis zum dreizehnten Jahre trugen die Mädchen in der Klosterschule »geschlossene Hoserln«, von da an aber offene sog. Frauenbeinkleider; es war sogar streng verboten, die »Hoserln« anzuziehen. Die Phantasie bemächtigte sich nun bei Edith dieses neuen Toilettenstückes, das sie »furchtbar erregte« und veranlaßte, ihren sitzenden Mitschülerinnen mit kurzen Kleidern zwischen die Beine aufwärts zu schauen. Sie selbst dagegen nähte sich ihre eigenen Beinkleider zu. »Das war Gegenstand einer Konferenz und deren Ergebnis eine an mir zu vollziehende Strafe.« Frau Cadivec will noch bis zum siebzehnten Jahre im Grazer Kloster auf den entblößten Körper gezüchtigt worden sein. Sie will nie Unarten verübt haben, um – wie bekanntlich Rousseau es tat – gezüchtigt zu werden. Im Gegenteil. Ihre geheime Wonne war, den Züchtigungen ihrer Mitschülerinnen, wenn irgend möglich, beizuwohnen. Ja, sie verleitete gern andere Mädchen zu Ungezogenheiten, um, wenn sie nunmehr beide bestraft wurden, die Züchtigung der Mitschuldigen mitanzusehen. Diese Einzelheiten zeigen, deshalb führe ich sie an, die Gefahren der Internate, die Gefahren der Züchtigung und lehren, welche Dinge und Umstände die Phantasie eines Kindes oder jungen Menschen sexuell aufzufangen vermag.

Während der Ferien im Elternhause sieht sie eines Abends in der Wäsche der Schwester Blutflecke, ohne die biologische Ursache zu ahnen. Ihre Neugier, bei anderen Mädchen Blut zu sehen, war so zwingend, daß sie im Pensionat sie abends beim Auskleiden belauerte. Dann eine erste Zärtlichkeit und körperliche Betastung mit einer Klosterschülerin im Bett. Am nächsten Tage Unaufmerksamkeit in der Schule und Strafe. »In meiner Angst und Aufregung umklammerte ich das Bein der Nonne. Zehn Streiche mit einer dünnen Birkenrute fielen langsam auf meinen Körper nieder. Meine Hand, die sich am Bein der Nonne festhielt, zauberte mir die Verbindung mit der strafenden Mutter vor. Der Schmerz verwandelte sich in Lust; ich fühlte mich gebessert! Alle Wildheit war aus mir gewichen, ich fühlte mich wie umgewandelt, befreit von allen Dämonen, die in mir gehaust hatten, und erfüllt von unendlicher Liebe und Zärtlichkeit für die Mutter.« Danach in den Ferien zu Hause eine erste Umarmung mit leidenschaftlichem Kuß, der ihr die Besinnung raubte, mit einem

Jugendbildnis Edith Cadivec

jungen Beamten. Endlich Erfolge im französischen und englischen Unterricht, ihr Sprachentalent wurde anerkannt. Sie nahm in Wien wechselnde Stellen einer Erzieherin an, konnte sich aber in die untergeordnete Position nicht finden. Sie litt an der Kleinheit und Mittelmäßigkeit der Verhältnisse und Menschen. Ekel am Leben erfaßt sie, sie will sterben, legt sich über die Schienengleise der Eisenbahn, wird aber rechtzeitig entdeckt: Aufenthalt in der psychiatrischen Klinik. Eintritt in ein Pariser Kloster als Hilfslehrerin für die Klosterschülerinnen, wo eine Tante, Vaters Schwester, tätig war. Hierzu schreibt mir Frau Cadivec noch: »Die Vorliebe und Neigung zum Lehr- und Erziehungsberuf war in mir frühzeitig bemerkbar. Ich fühlte die lustbetonten Momente, die in dieser Betätigung des Führens, Leitens und Lehrens liegen, schon früh heraus. Ich bewunderte als Kind die Erziehungsgewaltigen in ihrer unumschränkten Macht über ihre Unterstellten.« Sie träumte als junges Mädchen mit Vorliebe davon, daß sie einmal selbst, Mutter oder Lehrerin geworden, in ihrer Tätigkeit die gleichen lebenssteigernden Machtgefühle erfahren werde. Das ließ ihr die Mütterlichkeit und die Erziehung als einen Quell der Freude und der Lust erscheinen, was sie ihr auch später wurden. Eine zweiundvierzigjährige Schwester Marie-Thérèse gerät in den Bann der Zwanzigjährigen. Die Ältere läßt die jüngere bei Bestrafung ihrer Schülerinnen anwesend sein. »Die klassische Methode der Rutenstrafe führte sie so wundervoll aus, daß eine solche Prozedur, abgesehen von den erregenden Momenten, einen wirklich ästhetischen Genuß bedeutete (Edith Cadivec bezeichnet sich selbst als Ästhetin, darf auch als solche anerkannt werden, hier setzt ihre seltsame Idealisierung ihrer Veranlagung ein, die noch weiter zu verfolgen sein wird.) Die leidenschaftlichen Forderungen der Strafenden und die demütige Hingabe der Gestraften verschmelzen zu einem Akkord vollkommener Schönheit. Ich als Zuseherin empfand solche Eindrücke als Erlebnis, das tagelang in meiner Seele fortwirkte. Marie-Thérèse fühlte das Beben meiner Nerven, das Rasen meines Blutes und den Taumel meiner Sinne, welche sie in mir durch ihr künstlerisches Wirken auszulösen imstande war, und triumphierte.« Eine Zehnjährige hat einer Mitschülerin ein Heft gestohlen. Edith wird von Marie-Thérèse gebeten, die Rutenstrafe unter ihrer Assistenz an dem Kinde zu vollziehen. Das Mädchen wird in den Bußraum geführt; in einem Kasten hängen Peitschen, Ruten für Geißelungen, Rohrstöcke, Keulen, auch zur Selbstkasteiung der büßenden Nonnen bestimmt. Die Kleine faltet weinend die Hände und schluchzt unter

Bekenntnis ihrer Diebereien: »Ich bitte um meine Strafe.« Sie zieht sich selbst das Höschen ab, legt sich wie selbstverständlich auf eine gepolsterte Bank der Länge nach; die Nonne schlägt ihr die Röcke auf den Rücken. Edith hat die Birkenrute zu zehn Schlägen in der Hand. »Meine Nerven bebten, mein Blut raste, ich hob die Rute, die auf den entblößten Körper erst langsam, dann rascher niederfiel ... Das Kind erhob sich, bedankte sich für die Strafe und versprach, sich zu bessern. Es küßte mir und Schwester Marie-Thérèse spontan die Hände und hüpfte mit heiterer Miene zur Tür hinaus. Marie-Thérèse und ich standen uns allein gegenüber. Der ekstatische Ausdruck ihres Gesichtes, ihrer ganzen Haltung wirkte unheimlich. Ich selbst konnte kein Wort sprechen. Und ehe ich wußte, wie es geschah, fiel sie vor mir auf die Knie.« Abends kommt Marie-Thérèse zu Edith, erklärt ihr, daß sie willenlos in ihrem Banne stehe, will verachtet, geschlagen, gepeitscht sein. Es erfolgte eine Liebesvereinigung.

So verfiel Edith dem »Dämon der Macht«. Ihre sensiblen Nerven wurden eine Beute der innerlich und äußerlich in ihr ausgelösten Empfindungen. Ihr physischer Körper war vollkommen androgyn. Ihr Geist, ihre Energie, ihr Drang nach Unabhängigkeit waren männlich. »Ich war groß, schlank, hüftenlos, von grazilem Bau und zarten Formen, meine Augen waren blau, die Haare blond.« Der Mann im Manne war ihr völlig gleichgültig, eher suchte sie in ihm das Kind. Sinnliches Begehren eines Mannes verletzte sie, stieß sie ab.

Das Verhältnis mit Schwester Marie-Thérèse nahm ganz folgerichtig seinen Lauf zum Höhepunkt der Leidenschaft. »Der Machtrausch fiel mich an ... Plötzlich fühlte ich: sie war die Ergänzung zu meinem Wesen; mit ihr verbunden sein, hieß für mich: vollkommen sein. Sie und ich sind einzeln nur Halbheiten, die ein Ganzes werden sollten.« Marie-Thérèse ließ sich von Edith geißeln, aber die jüngere liebte jene nicht, der Machtrausch dauerte nur wenige Monate, die Ältere begann ihr bald lästig zu werden. Die Atmosphäre des Klosters ward ihr zu schwül, in der sie über vier Jahre lebte, sie stand im 25. Lebensjahr. Sie ging nach Wien. Hier Zusammenleben mit einem Manne, ehemaligem Offizier, der sie heiraten wollte. Obwohl er sie sorglos gestellt hätte, konnte sie sich nicht zur Ehe mit ihm, einem Koloß an Stärke und Dicke, entschließen und floh vor ihm in ihr Kloster nach Paris zurück. Aber der Mann kam ihr nach, und in Paris wurde die Ehe geschlossen, die in zweijährigem Zusammenleben bei Edith »eine vollständige Lahmlegung des Gefühlslebens« bewirkte und unglücklich verlief, bis der Mann sie freigab.

Edith Cadivec

Danach ein neues Abenteuer mit einem effeminierten Grafen von weiblichem Empfindungsleben und gynandrischer Gestalt, das zu Ediths Schwängerung und zur ersehnten Mutterschaft, aber zunächst sehr bald wieder zur Trennung von dem außerehelichen Vater führte, der ihr nur Mittel zum Zweck, Mittler eines Kindes werden sollte. Der Graf war ausgesprochener Masochist und wurde als solcher von ihr behandelt. Der Zeugungsakt, den Frau Cadivec eingehend beschreibt und der dann zur Geburt der Tochter führte, kann beinahe eine künstliche Befruchtung genannt werden, der Erzeuger war dabei gefesselt und angeschnallt. Die Schwangerschaft war ein Zustand ununterbrochener Exaltation und Ekstase. Alle bösen Triebe brachen machtlos aus ihr heraus.»Ich war von einem Machtrausch, von einem Taumel und von unbezwingbarem Grausamkeitsdrang erfaßt.« Im April 1910 kam eine Tochter zur Welt, das Kind mußte mit der Zange genommen werden. Der heißeste Wunsch war erfüllt, sie war Mutter und hatte ein Kind. »Der Hunger nach Ewigkeit, nach Verneinung aller Schranken, nach unendlichem Leben konnte sich doch nur in der Liebe erfüllen! Nur in der Mutterliebe! Denn die Liebe von Mann und Weib schien mir ein ungeheurer Betrug, geschaffen, um die Leere und Inhaltslosigkeit des Lebens zu verhüllen! Nur in der Mutterliebe schien mir Ewigkeit und im menschlichen Geiste.« Wir werden den Sinn dieser Thesen noch zu ergründen haben. Das Kind wird von der Mutter allein erhalten und erzogen. Dazwischen ein leidenschaftliches erotisches Abenteuer mit einer Ungarin, »Wochen innigsten Zusammenseins, losgelöst von der Welt, vom Alltag, zeitlos in fühlbarer Ewigkeit. So wollte, mußte es ewig bleiben ...« Aber die Ungarin litt an Nervenzerrüttung, an Selbstmordideen – eines Tages war sie aus der gemeinsamen Pension verschwunden, sie hatte die Flucht vor Edith ergriffen, die sich nunmehr in Wien eine neue Existenz schaffen mußte.

Es folgen im weiteren Verlaufe die Ereignisse, die 1924 zur gerichtlichen Verurteilung führten. In einem vornehmen Hause der inneren Stadt Wien bewohnte Edith Cadivec als Sprachlehrerin eine aus vier Räumen bestehende Atelierwohnung. Ihre guten Umgangsformen scheinen ihr einen aristokratischen Anstrich gegeben zu haben – nach der Anklage des Wiener Staatsanwalts nannte sie sich Baronin. Sie hatte ihre damals dreizehnjährige Tochter bei sich und ein zwölfjähriges Mündel mit Namen Grete, die sie zu sich in Pflege genommen hatte und die gleichzeitig die Stelle einer Hausgehilfin ersetzen mußte. Durch Erteilung unentgeltlichen Unterrichtes kamen auch noch andere Kinder, Mädchen und ein Knabe, ins Haus, die den ärmeren Kreisen angehörten. An allen diesen Kindern, auch an der eigenen Tochter, übte Frau Cadivec Erziehung und Unterricht wie im Pariser Nonnenkloster aus. Eine Haussuchung förderte eine Sammlung von Ruten, Peitschen, Rohrstäbchen, sadistischen Bildern, Briefen und Katalogen zutage. Eine mit Silbergriff versehene Peitsche trug die Widmung »Dominatrix«. Das Verfahren und die »Ästhetik« wurden von den Klosterzüchtigungen übernommen. Das Kind mußte sich selbst das Höschen ausziehen, zuweilen auch ein eng anliegendes, aus dünnem weißen Glacéleder gefertigtes sog. Strafhöschen anziehen. Dann sausten langsam die Schläge auf den jungen Körper nieder. Vielfach mußte das Kind sich vorher selbst das Strafinstrument aussuchen, die Anzahl der Schläge bestimmen und sie während der Züchtigung zählen. Vor und nach der Bestrafung mußten die Kinder ihrer strengen Lehrerin die Hände küssen und wurden auch selbst geliebkost und mit Näschereien beschenkt. Die Kinder wurden auch sonst gut behandelt und gepflegt. Ihre eigene Tochter pflegte Edith meist erst abends vor dem Schlafengehen zu strafen.

Der Staatsanwalt sah in Ediths Pariser Verfahren keine »Ästhetik«, vielmehr Umstände, welche den Wollustgrad der Strafenden und der Zuschauer steigern sollten. Frau Cadivec hatte auch erwachsene männliche Schüler, die bei ihr Sprachunterricht gegen gute Honorare, die sich in einem Kassabuch eingetragen fanden, zu nehmen pflegten. Zu solchen Schülern gehörten ein ehemaliger Diplomat, ein früherer Burgschauspieler, ein Korrepetitor der Staatsoper, ein Universitätsdozent und Arzt. Es wurde vom Gericht als erwiesen angesehen, daß einige dieser Herren planmäßig aus wollüstigen Gründen der Bestrafung der Kinder zugeschaut haben. Ein entarteter junger Mann bekundete, wie er schon durch das Klatschen der Schläge und das Schreien der Kinder maßlos erregt und zu orgastischem Genusse gelangt sei. Auch Frau Cadivec gab zu, daß sie nur dann erotisch genieße, wenn sie Kinder strafe. Sie bestritt aber die Behauptung der Anklage, daß die Bestrafungen lediglich zu diesem Zwecke erfolgt und den Kindern deshalb vorher unlösbare Aufgaben gestellt worden seien. Die Kinder seien zeitweise faul und unfolgsam gewesen, sie hätten die Strafen verdient und seien auch nicht über Gebühr geschlagen worden. Erwachsene seien nur zufällig Zeugen der Bestrafungen geworden. Das Gericht schenkte aber diesen Einwänden in der Hauptsache keinen Glauben und verurteilte Frau Cadivec wegen Schändung der zu Wollustzwecken körperlich mißbrauchten Kinder, also auch ihrer eigenen dreizehnjährigen Tochter, zwischen der und der Mutter überdies unzüchtige Berührungen im Badezimmer als erwiesen angesehen wurden, und wegen Verführung zur Unzucht zu sechs Jahren schweren Kerkers mit Verschärfungen. Die zweite Instanz bestätigte die Feststellungen und Rechtsausführungen des ersten Urteils, setzte aber die Strafe auf fünf Jahre schweren Kerkers herab. Die Gnadeninstanz kürzte die viel zu hohe Strafe nach zweijähriger Verbüßung ab. Frau Cadivec war im Verfahren gerichtsärztlich untersucht und für zurechnungsfähig erklärt worden. Gegen die erwachsenen Zuschauer wurde das Verfahren wohl aus Mangel an Beweis eingestellt bzw. auf Freisprechung erkannt. Die Erziehung ihrer Tochter blieb ihr gerichtlich auch nach ihrer Strafverbüßung entzogen. Frau Cadivec fühlt sich heute noch als unschuldig Verurteilte und behauptet sowohl hinsichtlich der Beweisannahmen als auch bezüglich der Rechtsauffassung ihrer Handlungen als Schändung einen Rechtsirrtum der Gerichte. Der Jurist vermag ihr darin nicht zuzustimmen, wohl aber den tragischen Entwicklungsgang zu bedauern, den ihre Veranlagung von frühester Jugend an freilich nicht ohne ihr Verschulden genommen hat.

Edith Cadivec fühlt sich bei ihrer Veranlagung – begreiflicherweise – nicht schuldig, kann keine Reue empfinden, vermag sich nicht zu bessern, nicht zu ändern. Sie schreibt mir: »Meine erotischen Machtgelüste erreichen die höchste und schönste Erfüllung als Mutter und Erzieherin. Auch dem Manne gegenüber fühle ich als Mutter. Übrigens ist für mich das Geschlecht eines Menschen von keiner Bedeutung: ich kann erotisch mit einem Manne wie mit einer Frau verbunden sein, die Stärke der Empfindungen ist durch nichts beeinträchtigt. Sinnliche Funktion als solche ist mir widerwärtig, das Strafen der Kinder, das höchst selten geschah, wirkte erregend auf mich, ohne daß ich aber darin etwas Besonderes gesehen hätte: ich habe gedacht, daß alle Menschen so empfinden, und nahm es als selbstverständlich, ohne darüber nachzudenken. Mein Prozeß war jüdische Mache in Verbindung mit polizeilicher Borniertheit und Taktlosigkeit. Ich habe nie über meine Veranlagung als etwas Anormales nachgedacht, sondern alles ganz natürlich gefunden – daß jemals eine so schmutzige Angelegenheit daraus gemacht werden könnte, hielt ich nie für möglich!« In diesen offenbaren Abschwächungsversuchen, die auch mit ihrer biographischen Selbstdarstellung nicht übereinstimmen, liegt wohl ein Stück Wahrheit: sie hat nicht geglaubt, sich der Schändung der kleinen Kinder schuldig zu machen, weil sie ja die Kinder nur züchtigte, nicht aber – nach ihrer Meinung – unzüchtig berührte und weil sie durch den Züchtigungsakt selbst niemals zu Orgasmus unmittelbar, vielmehr erst hinterher durch ihren Lieblingsbehelf gelangt sei. Aber, wie gesagt, auch die deutsche Rechtsprechung bestraft den Tatbestand, den Frau Cadivec erfüllte, als Verbrechen, und Unkenntnis des Strafgesetzes schützt bekanntlich nicht vor Strafe.

Unter den Sittlichkeitsverbrechern an Kindern bilden die Kinderzüchtiger, die keine Seltenheit sind, eine besondere Gruppe. Sie züchtigen fast nur Kinder nach einem recht einförmigen System; sadistische Akte gegen Erwachsene fehlen meist. Die Kinderzüchtiger sind infantile Naturen, an irgendwelchen Kindheitserinnerungen hängengeblieben. Edith Cadivec ist offenbar an ihrer Mutter haftengeblieben, für die sie eine überbetonte Zärtlichkeit empfand, die die Mutter, wohl auch zufolge ihrer Erkrankung, nicht in die richtigen Grenzen zu weisen wußte. So hätte auch in diesem Falle – allerdings unschuldig – die Mutter ihrem Kinde die abgleitende Bahn bereitet. Aus dem überbetonten Verhältnis zur Mutter scheint sich auch die homosexuelle Neigung entwickelt zu haben, die in der Bisexualität deutlich erkennbar wird.

Unverändert kehrte Frau Cadivec in die Freiheit zurück. Sie ließ sich durch Vermittlung von Zeitungsinserat sehr bald mit einem ihr nicht bekannten, verheirateten jüngeren Akademiker in einen jener sadistisch-masochistischen Briefwechsel ein, wie sie die Wissenschaft kennt. Sie hat die Briefe in einer literarischen Arbeit auszugsweise zusammengefaßt, die sie mir als Manuskript zur Einsicht vorgelegt hat. Darin schreibt sie u.a. an den Partner: »Wenn ich will, bist Du mir willenlos verfallen! Ich bin die Sphinx, die Dich ganz verschlingt. Ich habe die zügellose Grausamkeit meines Urbildes in verfeinerter Form beibehalten, und die Anwendung einiger Mittel antiker Tyrannei bewirkt mir stilles Vergnügen ... Ich habe ein ganz großes Leid erlitten und will los von allem ... Ich kenne nur Mutterliebe, Gattenliebe ist mir fremd ... Die erotische Spannung zwischen uns geht aus dem seelischen Urtriebe hervor: dem Willen, zu herrschen, und der Sehnsucht, sich beherrschen zu lassen. Aber für mich beginnt das erotische Interesse erst, wo höhere Begriffe als nur der – Unterleib in Frage kommen, mag man sie nun Herz, Geist, Seele oder Phantasie nennen, die sexuellen Zuckungen völliger Seelenarmut, einer Blutlosigkeit des Geistes, haben mit Erotik, mit Liebe, wie ich sie verstehe, nicht das geringste zu tun! Das Wunder erotischer Verbundenheit, wie es sich zwischen uns vollzieht, das Überströmen der Kräfte von Ich zu Ich, kann sich nur mit elementarer Gewalt im Beglücktsein, in der Beseligung wie im Schmerz, kundgeben, was wir jetzt beide gleichzeitig erfahren! Das sind die wunderbaren Augenblicke, in welchen wir uns so unvergleichlich befreit, so überirdisch erhaben fühlen, weil wir das Herrschen und das Aufgehen in fremden Willen als die höchste Betätigung, Bekräftigung und Erfüllung unseres Ich empfinden ... Ich will, daß Du lebend fühlst, wie mein herrschender Wille Dich auslöscht als Wesen, um Dich wie einen leblosen Gegenstand zu betrachten, der ganz mir gehört ... Ich kann nicht schlafen! Ein Machtrausch ist in mir, eine ungeheure elektrische Spannung, die sich entladen will! Im ganzen Weltall sind nur Ich und Du, und alles übrige ist nicht vorhanden. Du bist ein Teil von mir ... Ich kenne Dich besser, als Du Dich selbst kennst, und weiß, wo die Urgründe Deines Wesens liegen. Ich werde Dir zeigen, wie Du wirklich bist, ich will Dir das Leben im wahrhaften Sinne erst geben, denn Du bist nichts mehr als ein winziges Teilchen von mir ... Das Streben der Seele nach Selbstverwirklichung ist, sich ganz und restlos dem Leben hinzugeben! Alles abtun von sich und nichts anderes sein als ein Mensch, der sich ergänzt, erfüllt und bestätigt. Alles Äußerliche ist nichts ... Du bist Weibestum, durch ein Spiel des Schicksals in einen Körper mit männlichen Attributen gegossen, mehr noch, übersteigerte Weiblichkeit in allen Eigenschaften, die Teile des weiblichen Eros sind: in der Sehnsucht nach Hingabe, nach Duldung statt Handeln, Geleitetwerden statt Führen, Gehorchen statt Herrschen. Ich bin Deine Göttin und Mutter, Deine Gebieterin und Erzieherin, die Dich geistig geboren hat als mein Kind, mein Geschöpf und mein Werk. Du bist mein Wirklichkeit gewordener Traum ... Der berauschende Duft der Rosen, der Hochflug meiner Seele, das Brausen meines Blutes, das Vibrieren meiner Nerven und die ungeheure Spannung in meinem Körper, der Taumel der Freude und der Machtrausch, der mich erfaßt hat, seitdem Du mir gehörst, mein Eigen bist – das ist Glück! ... Nur in solchen Ekstasen will und kann ich leben und glauben, es gäbe nur zwei Menschen im Weltall: Ich und Du!«

In ganz ähnlichem Tone sind die Gegenbriefe des unterwerfungsbedürftigen erotischen Partners gehalten, die mir zum Teil in Urschrift vorgelegen haben. In ihren Briefen erklimmt Dominatrix den Gipfel dessen, was ich ihre seltsame Idealität genannt habe. Und beide Partner schreiben und lesen unter künstlicher Nachhilfe in orgastischer Wonne!

Es scheint offenbar zu werden, daß ihre polaren Empfindungen sich als erotisch konzentrierte Abbilder der beiden großen Welt- und Lebensauffassungen darstellen, die in Friedrich Nietzsches Willen zur Macht und in Schopenhauers irdischer Abkehr vom Leben und Selbstaufgabe zum symbolischen Ausdruck kommen und die Welt der hohen Geistigkeit erfüllen. Und ich glaube wohl, daß die Weisheit Nietzsches wie Schopenhauers, auf das Erotische stärkstens konzentriert, die höchsten orgastischen Wonnen der Ekstase in sich schließt, die nur wenigen Sterblichen beschieden und von uns anderen mit scheuem Sehnen ihnen beneidet werden.

Das Wiener gerichtsärztliche Gutachten meint, man müsse berücksichtigen, daß Frau Cadivec sich sehr eingehend mit den Lehren der Psychoanalyse beschäftigt und so mit Hilfe der Auto- und Fremdsuggestion sich eine Auffassung gebildet habe, die ihre Handlungsweise mit der Moral zu versöhnen suche. Aber es sei glaubhaft, daß sofort mit dem Erwachen ihrer Erotik die sadistisch-päderastische Neigung aufgetreten sei. Vielleicht sei sie erblich belastet, sie sei aber als intellektuell hochstehende und insbesondere sehr vernünftige Frau durchaus fähig, mit Überlegung zu handeln und die Folgen ihres Tuns zu berechnen, leide keinesfalls an Labilität der Stimmung oder an krankhafter Affekterregbarkeit. Sie werde von ihrer gesteigerten und perversen Erotik nicht so stark beherrscht, daß sie die Grenzen des gesetzlich und sozialethisch Erlaubten zu erkennen nicht fähig sei. Es hing von ihrem Willen ab, ob sie ihrem Trieb nachgab oder ihm widerstand.

Das Männliche macht erotisch und sexuell auf Frau Cadivec keinen Eindruck. Sie hat nicht, wie sonst Frauen und junge Mädchen, Phallusphantasien und Phallusträume. »Aber rotglühende Gesäße junger Mädchen, die aus weißer Umrahmung des Hosenschlitzes hervorleuchten, von strengen Mutterhänden gestraft«, sind die Wonnen ihrer Gedankenorgien. Ihre Abneigung gegen den »Mann« geht so weit, daß sie die entsprechend ihrer Erotik Veranlagten nur in Mädchenkleidern um sich duldet; der Graf mußte Mädchenkleider tragen. »Solche von mir abgelegte oder eigens dazu gemachte Kleider liegen bei mir immer bereit.« Sie liebte es, im Manne das Kind zu sehen und ihn danach zu behandeln. Die von der Natur vorgesehene Geschlechtsvereinigung dürfe nur für die wirklich gewollte Zeugung gelten und sei ein animalischer Akt ohne Seele und Geistigkeit. Die erotische und sexuelle Geistigkeit beginne erst mit den ästhetischen Veranstaltungen in ihrem Sinne, die den Menschen von allem Animalischen frei machen und zur Geistigkeit der höchsten Wonnen gelangen lassen. Die Einstellung der höher organisierten Frau zum Manne als einem Kind entspreche der Urmütterlichkeit als einem Weltprinzip. Ihre Mütterlichkeit wirke sich »überpersönlich« aus und sei eine »souveräne, gestaltende« Kraft ihres weiblichen Urinstinktes. »Mein So-Sein ist von ungeheurer Bedeutung für die Entwicklung einer höheren Art Mensch, die sich nur dort entfalten kann, wo die Region des Geistes beginnt.« Also ein ganzes ästhetisch-ethisches System mit philosophischer Gipfelung!

In einem Briefe schreibt mir Frau Cadivec: »Ich selbst war schon sechzehn und siebzehn Jahre alt, als ich noch immer gezüchtigt wurde. Es war mir eine unbeschreibliche Sensation, eine beispiellose Erschütterung der Nerven, ein Zusammenströmen des Blutes in rasendem Tempo und ein mit nichts zu vergleichendes seelisches Erlebnis von solcher Stärke, das die höchsten Fähigkeiten und fast überirdische Eigenschaften meinem innersten Wesen entlockte. (Edith war also, wie die Selbstgeißler, sadistisch und masochistisch zugleich gestimmt.) Nach solchen Erschütterungen war ich am fähigsten, das Höchste an Leistungen zu vollbringen, ich war emporgehoben und befreit von aller irdischen Schwere des Körpers. Alles Schlechte in mir schwieg, und ich fühlte mich einem Engel gleich. Natürlich sprach niemand über solche Wirkungen. Der Gedanke kam mir oft, daß vielleicht Christus die Wollust des Schmerzes und Leidens restlos auskostete. Aber alles war unbewußt in mir und ich dachte auch nicht weiter darüber nach. Ich halte meine Veranlagung für etwas ganz Natürliches und sehe gar nichts Besonderes darin. Diese Veranlagung war immer latent in mir vorhanden, ich betrachtete sie als normal und glaubte fest, daß die anderen Menschen ebenso beschaffen wären. Ich sprach ja mit niemand darüber. Und meine Jugenderziehung ohne schwächliche Verzärtelung hat das Phänomen gezeitigt.«

Das sind wundersame, für den Sexologen übrigens durchaus glaubhafte Bekenntnisse, die einen tiefen Blick in unser Menschliches-Allzumenschliches und dessen Zusammenhang mit wichtigsten Kulturerscheinungen gewähren. Hinter diesem Menschentum versinken die kleinlichen Kriminalia des Falles Edith Cadivec, und eine Märtyrerin steigt uns empor.

Frau Cadivec hat immer wieder die innere seelische Befreiung von Schuld und die Gehobenheit ihrer Kräfte zur Besserung nach einer empfangenen Züchtigung betont. An dieser Bemerkung ist etwas Richtiges. Wir wissen aus unseren Kinderzeiten, daß die erlittene

Züchtigung unser Vergehen, unsere Unart sühnte und den erwünschten Ausgleich mit den Eltern brachte, also tatsächlich eine Erlösung von der Schuld. Viele Kinder spüren auch, ohne den Zusammenhang zu ahnen, eine sich ihrem ganzen Wesen mitteilende Wohligkeit, weil von dem gezüchtigten Gesäß ein lebhafterer Blutumlauf ausgeht und die wohlige Wärme sich auch über die Sexualorgane verbreitet. In dieser so erzeugten Stimmung können tatsächlich beste Vorsätze Platz greifen und sich für eine Zeit Geltung verschaffen. In solchem Zustande fühlte sich Frau Cadivec »rein wie ein Engel«, wobei die Beschämung der Züchtigung und die erlittenen Schmerzen ganz in den Hintergrund treten. Es ist auf diese »Reinigung« durch die körperliche Züchtigung bisher kaum aufmerksam gemacht worden. Könnte sie erzieherische Bedeutung haben?

Deshalb will Frau Cadivec – im Widerspruche mit sich selbst – eine geschlechtliche Färbung solchen Zustandes nicht gelten lassen. »Man kann nicht kaltblütig und völlig gleichgültig die aufregende Prozedur einer Kinderzüchtigung, bei der ja immer der Widerstand des Kindes überwunden werden muß, vollziehen: das Blut beginnt zu rasen, Herz- und Pulstätigkeit erhöhen sich ganz gewaltig, die Nerven vibrieren ... es ist vielleicht Machtrausch oder Lust am Überwältigen, ich weiß es nicht, ich kann es nicht erklären, aber es ist sicher keine Sensation geschlechtlicher Art ... vielleicht ist es auch nur ästhetische Lust am nackten Körper, am Schauspiel der Machtentfaltung.« An anderer Stelle schreibt mir Frau Cadivec: »Ich kann aus eigener Überzeugung sagen, daß ein Kind – vielleicht jedes Kind – die Sensation der körperlichen Züchtigung durch die Mutter oder die dazu berufene Frau braucht, um nicht in trostloser Eintönigkeit einer rein materiellen Erziehung sein Empfindungsleben, seine Phantasie und künstlerische Neigungen verkümmern zu lassen. Warum eigentlich vermeidet man so ängstlich, das Kind ›aufzuregen‹? Ich finde im Gegenteil, daß nur durch ›Aufregungen‹ der Geist und das Empfindungsvermögen des Kindes ins Ungeahnte gesteigert werden könnten. Es gibt so viele armselige Menschen, die erotisch gar nicht empfinden können und deshalb auch nicht das Wesen der Kunst begreifen.«

Deshalb behauptet Frau Cadivec mit Hartnäckigkeit, daß ihre Richter sie brutal zu einer Sadistin gestempelt haben, anstatt zu erforschen und zu sehen, was sie innerlich sei und was sie im tiefsten Grunde betroffen habe: die »Dämonie der Unschuld«!

Gerade als Frau Cadivec verhaftet worden war und die Untersuchung in ihren Anfängen schwebte, hielt ich im Festsaale der Wiener Hofburg einen Vortrag über »Sexualität und Verbrechen«, zu dem sich u.a. die Richter, Staatsanwälte, Polizeibeamten und Verteidiger Wiens eingefunden hatten. Vor Beginn meines Vortrags machte sich mir der Verteidiger der Verhafteten bekannt, gab mir den Tatbestand in kurzen Zügen und bat mich, in meinem Vortrage mich auch über den Sadismus näher zu verbreiten. Ich besinne mich auch, daß die Wiener und gesamte österreichische Presse über den Fall in sensationeller Weise berichtete, was wohl vor allem mit Rücksicht auf die in die Angelegenheit verwickelten bekannten Wiener Persönlichkeiten geschah. Ich ahnte damals nicht, daß einige Jahre später Frau Cadivec sich ihrerseits in einer literarischen Frage an mich wenden und ich so Gelegenheit haben würde, ihren Fall genau zu studieren. Aber die Sensation, die damals einsetzte, erhielt sich aufrecht, obwohl alle jene Persönlichkeiten, wie ich schon erwähnte, freigesprochen wurden. Die Verurteilung der bis dahin unbestraften Frau zu sechs oder fünf Jahren schweren Kerker bedeutete selbst eine Sensation, die aus sensationellen Untergründen ihre Nahrung sog. Dies sei der Gerechtigkeit halber für die Annalen der Kriminalgeschichte festgestellt.

Erstdruck in: Erich Wulffen: *Irrwege des Eros.* Hellerau bei Dresden: Avalun-Verlag 1929. Dort: S. 259–282.

Julius Epstein

DER FALL CADIVEC (1933)

Dieser von unserem Gesellschaftsmitglied Julius Epstein mitgeteilte Fall der durch ihren Prozeß und die Publikation ihrer Lebenserinnerungen berühmt gewordenen Frau Cadivec hat neben seiner inzestuösen Basis für uns noch deshalb besondere Bedeutung, als er eine weitere Illustrierung zu dem Problem des »Amazonismus« darstellt, den wir in einem der vorigen Kapitel erstmalig in die sexologische Literatur eingeführt haben.

Ich möchte hier einen Fall ausführlicher beschreiben, weil ich – was selten genug ist – gute Gelegenheit hatte, ihn, wenn auch Jahre nach seinem Vorkommen, aus nächster Nähe zu studieren.

Mme. Cadivec, um deren Fall es sich handelt, hatte den Mut der bedingungslosen Ehrlichkeit und ich habe an dieser Stelle zu danken für ihr Entgegenkommen und die Erlaubnis, von ihren Mitteilungen publizistischen Gebrauch zu machen.

Der Leser erinnert sich noch des Sensationsprozesses aus dem Jahre 1924, in dessen Mittelpunkt diese Frau stand. Uns interessiert an diesem Fall vor allem die inzestuöse Struktur seiner Psychologie. Er stellt einen Inzest reinsten Wassers dar. Einen lesbischen Inzest, da Mme. Cadivec nur eine Tochter hat, aber das Gleichgeschlechtliche dieses Inzests ist sein unbedeutendstes Akzidens, er wäre in prinzipiell gleicher Weise auch mit einem Knaben vorgenommen worden.

Ich entnehme den Aufzeichnungen über diesen Fall, die das unmittelbare Produkt langer Unterhaltungen sind, Folgendes:

Der Vater liebte die erstgeborene Tochter Gabriele über alles. Mit gleicher Liebe hing diese an ihrem Vater. Als 1880 die zweite Tochter *Edith*, die Heldin unseres Falles erschien, reagierte Gabriele sofort mit großer Eifersucht.

Gabriele riß Edith von der Brust der Mutter fort und schrie: »Sie darf nicht!« Der Vater gab sich weiter in einseitigster Weise mit Gabriele, seinem Lieblingskind ab. Er nahm Gabriele ins Bett. Hingegen prügelte er Edith zu wiederholten Malen. Diese spukte [sic] ihn an.

1889 stirbt die Mutter.

1901 verheiratet sich der Vater mit einer Arztwitwe zum zweiten Male. Die Familie, die seit 1886 in Baden bei Wien lebte, geht nun nach Graz. Der Vater stirbt dort nach einigen Jahren an Magenkrebs. Die Stiefmutter schlägt Edith von Anfang an. Das Verhältnis zwischen beiden ist ein feindliches. (Der Tod der Stiefmutter erfolgt 1927.)

Edith kommt mit 11 Jahren in ein Grazer Kloster. Später nach Paris zu den Schwestern von Nôtre Dame de Charité, wo sie später, von ihrem 19. bis zum 23. Jahre als Lehrerin wirkt. Dort macht sie die entscheidende Bekanntschaft mit sœur Marie Thérèse. Nach ihrem Aufenthalt in Paris wirkt sie als Gesellschafterin in Baden bei Wien bei Else von R. (Ich habe selbstverständlich alle Namen außer die von Mme. Edith Cadivec und ihrer Tochter Edith verändert.) Sie hatte ein lesbisches Verhältnis mit Frau Else, der Dame des Hauses, in dem sie beschäftigt war. »Sie war unendlich süß, aber nicht hinreißend natürlich; sie hatte keine Lebensinstinkte«, sagte Mme. Cadivec von ihr. Es war die glücklichste Zeit der Frau Else. Auch der Gatte der Frau Else stand zu Mme. Cadivec in einem erotischen Verhältnis. Er war seiner Frau gegenüber Sadist, Mme. Cadivec gegenüber ein absoluter Masochist. Sie trug seine Anzüge auf der Jagd.

Im Herbst 1905 verläßt sie Baden und geht nach Wien. Sie hatte in Baden, kurz vor ihrer Abreise den Mann kennengelernt, den sie später heiratete. Er war Offizier. Sexuell war er ganz »normal«, das heißt das, was die Gesellschaft darunter versteht. Mme. Cadivec charakterisierte diese unbedeutende Periode ihres Lebens mit den Worten: »Es war ein Mißgriff, Im Heiraten hat man keine Erfahrung, solange man es nicht probiert hat.« Die Ehe wurde bald geschieden. Edith Cadivec lief einfach davon.

Nach verschiedenen Reisen lebt sie 1909 wieder in Wien. Im Mai dieses Jahres lernt sie den Mann kennen, der der Vater ihrer Tochter werden sollte. Nennen wir ihn Graf Z. Sie sagt wörtlich von ihm: »Wir ergänzten uns vollkommen. Er war ein Masochist reinsten Wassers, ein Mensch ohne Willen.«

Sie will von ihm ein Kind. Nur zu diesem Zweck ist sie bereit, einen Coitus auszuführen, den sie sonst verabscheut. Im Juni 1909 erfolgt der erste, aber erfolglose Versuch. Am 4. Juli 1909, einen Tag nach Beendigung der Menstruation, der zweite. Sie konzipiert. Von dem Moment des Bewußtwerdens der Schwangerschaft an wurde ihr jener Mann zum Ekel. Sie verläßt ihn. Es beginnt die große Periode der Liebe zu ihrer Tochter. Wir werden sie später genauer erörtern. Edith Cadivec geht schwanger zu ihrem Gatten nach Paris und verlangt und erreicht die Scheidung dieser Pseudoehe. Dann lebt sie einige Zeit unter dem Namen Cadwé in Passy. Während dieser Zeit ist sie teilweise gelähmt. Im Frühjahr 1910 geht sie wegen des Pariser Hochwassers nach Brüssel. Am 15. April dieses Jahres kommt das Kind, das schon eine Woche früher erwartet wurde. Es ist eine Tochter. Sie wird Edith heißen. Die Geburt vollzog sich unter Narkose der Mutter. Die Schwangerschaft selbst empfand die Mutter durchaus lustvoll. »Immer, immer habe ich mich befriedigt in Gedanken ans Kind.« Und in einer schriftlichen Aufzeichnung, die sie mir gab, sagt sie von der Zeit ihrer Schwangerschaft: »Ich erblickte in Phantasien und Wachträumen das Kind in meinem Leib liegen, beglückt und entzückt, mit allen Gliedern begliedert, sinnenfällig, bald als Knaben, bald als Mädchen, bald als beides in der Einheit und eine rauschhafte Ergriffenheit umfing mich bei dem Gedanken an dieses Kind, und je größer die Frucht wurde und sich ausdehnte in meinem Körper, desto größer wurde die sexuelle Spannung in meinem Körper und in den spezifischen Nerven, ich kam aus einer immerwährenden erotischen Ekstase nicht heraus, immer war das Objekt meiner sexuellen Lust das Kind in meinem Leib, das sich regte und mir unerhörte Wollustgefühle und -gedanken vermittelte, wie sie weder ein Mann noch ein Weib außerhalb des begrenzten Körpers zu verschaffen imstande ist! Und das ist der Gipfelpunkt der Schwangerschaft: niemand kann einfach die sexuelle Spannung zur Auslösung bringen, nur allein das Kind mit seinem Leib ... «

Die Mutter treibt mit ihrer eigenen Frucht im Leibe die wahnsinnigsten Liebesorgien, sie rast vor Wollust mit ihrem Kinde im Leib, sie ist so enge verbunden mit ihrem Kinde solange es noch in ihrem Leib eingeschlossen ist, wie mit keinem Wesen vor- und nachher, es sei denn, sie erinnere sich ihrer eigenen Entstehung im Mutterleibe, und *im fanatischen Orgasmus ist sie fähig, die lange Kette von Mutterleib zu Mutterleib zurück bis zur Weltentstehung zu überblicken ... Diese ununterbrochene Kette geht immer von Mutter zu Mädchen, von Mutter zu Mädchen ... der Junge unterbricht die Kette, es sei denn, die Mutter nimmt ihren Jungen später, wenn er mannbar geworden ist, zu ihrer eigenen Wollust und schwängert sich an ihm ... So will es das natürliche Liebesleben und -verlangen jeder Mutter!*

Das ist eine reine Inzestphantasie, ungehemmt von allen Vorschriften der Kultur und Zivilisation. Eine Welternphantasie, die die ganze Erde, alle gewordene Kreatur als Schöpfung der Mutter

Frau Cadivec mit ihrem Töchterchen
Amateur-Aufnahme

auffaßt, die Mutter selbst ist nur Frucht einer anderen Mutter und so ohne Ende.

Das Verhältnis dieser Mutter zu ihrer Tochter stellt einen vollendeten lesbischen Inzest dar. Das zu den ihr anvertrauten Kindern einen Pseudoinzest. Für diese Frau hat es niemals einen sich selbst genügenden Coitus gegeben. Sie verabscheut den Mann, soweit er das Weib zum Zwecke des Koitierens gebrauchen will, besonders wenn er nicht die Verwirklichung der Fortpflanzung erstrebt. Sie erzählte mir die Geschichte ihrer Schwängerung. »Ich schwängerte mich an diesem Mann«, sagte sie, »*er lag gefesselt auf einer Prügelbank mit dem Gesicht nach oben. Ich saß stundenlang auf seinem Gesicht und peitschte ihn wahnsinnig, dann setzte ich mich auf seinen Penis und schwängerte mich.*«

Diese Frau ist eine vollendete Sadistin, bei der alle Triebe stark und ungebrochen erscheinen. Sie lebt in ihrer Phantasie ausschließlich der Verwirklichung des Lustprinzips. An dieser organisch gewordenen Weltanschauung konnte auch die Verurteilung zu sechs Jahren schweren Kerkers, von denen sie zwei Jahre absaß, nicht das geringste ändern. Sie sagte: »Man hat mich verurteilt, weil ich das Mutterrecht auf den Thron erhoben habe. Eine Mutter darf ihr Kind züchtigen, sie muß es züchtigen.« Sie behauptet, daß das Kind in seinem inneren Wesen danach verlange, und führte als Argument dafür die trotz, ja die infolge der Züchtigungen bestehende Liebe ihres eigenen sowie der anderen Kinder zu ihr an.

Edith Cadivec hat damit offensichtlich eine Wahrheit ausgesprochen, die neuerdings von der psychoanalytischen Forschung bestätigt wurde. René Laforgue sagt in seinen vor kurzem erschienenen psychoanalytischen Studien »Libido, Angst und Zivilisation« (Internationaler Psychoanalytischer Verlag Wien, 1932): »So wurden wir vertraut mit dem Strafbedürfnis des Menschen und der Tendenz der infantilen Libido, sich durch Angst, Schmerz und Leid zu sättigen. Mit anderen Worten: Angst, Schmerz und Leid können der Sättigung eines Bedürfnisses dienen, und dies Bedürfnis steckt der Libidoentwicklung bis zu einem gewissen Grade ihre Grenzen. Es ist eine noch offene Frage, inwieweit sie nicht die hauptsächlichste erotische Befriedigung der infantilen Psyche bilden – dies beim Kinde im analen Stadium ebenso wie beim Primitiven oder bei gewissen Neurotikern. Wir möchten diese

Frage vorläufig nur dem allgemeinen Interesse näher bringen und diesbezüglich darauf hinweisen, welch große Bedeutung der Erzieher den angst-, schreck- und schmerzeinflößenden Mitteln beimessen muß. Wir haben den deutlichen Eindruck, daß die Psyche des Kindes diese Mittel bis zu einem gewissen Grade erheischt, um sich entwickeln zu können, und daß eine Erziehung, die diese Mittel vermeidet, in vielen Fällen ebenso sehr die Entwicklung eines Kindes hemmen kann wie eine Erziehung, die diese Mittel übertreibt. Ja noch mehr – wir haben oft gesehen, wie Kinder oder Neurotiker die Anwendung derartiger Gewaltmittel direkt erstrebten oder, falls das Leid nicht durch Umgehung erreichbar war, es direkt durch neurotisch geschaffenes Leid ersetzten.«

Das Studium des Falles Edith Cadivec bestätigt diese These aufs Neue. Es fand auch hier sehr häufig ein Arrangement der Kinder statt, dessen Zweck einzig und allein die Herbeiführung der Strafe war.

Kehren wir zu unserem speziellen Thema zurück! Der Inzest der Mme. Cadivec ist deshalb ein vollendeter zu nennen, weil die Mutter den sexuellen Lustbezug nicht nur durch die sekundären erotischen Zonen des Kindes bewerkstelligte, sondern direkt durch Akte an ihrem und der Tochter Genitale. So wurde in der geheimen Hauptverhandlung ihres Prozesses erörtert, daß die kleine Edith, ihre Tochter, im Bade das Genitale der Mutter küßte. Diese erzählte mir, daß die Kleine den Cunnilingus bei ihr ausübte, während sie selbst ihre Tochter digital masturbierte. Alle Gefühle dieser Mutter zu ihrem Kinde stehen unter dem einzigen Aspekt der Lustgewinnung. »Das Saugen des Kindes an den Brustwarzen, das ist ja schon ein Cunnilingus.« Ein anderes Mal erzählt sie in völlig natürlicher Art, mit welcher Wollust sich die kleine Edith im Bad von der Mutter über ihren Körper urinieren ließ. Als die Tochter noch klein war, verlangte sie von der Mutter, sie möge sich auf ihr Gesicht setzen, was die Mutter tat. Das Verhältnis der Tochter zu ihrer Mama war also ganz masochistisch, zu den anderen, der Mama zur Erziehung übergebenen Kindern aber ausgesprochen sadistisch. Es gibt eben nur selten mehr oder weniger reine Typen nur masochistischer oder sadistischer Natur. Meistens liegt beides bipolar im Menschen und er selbst kann beide Triebe cultivieren. Die kleine Edith hielt den anderen Kindern die Hände, während diese von der Mutter strafweise gezüchtigt wurden. Die Mutter erzählte mir einmal, daß ihre Tochter

Frau Cadivec
Amateur-Aufnahme

schon mit acht Jahren von einem vierzehnjährigen Buben ganz energisch verlangte, er solle vor ihr niederknien. Als der Bub sich mit der Begründung weigerte, er kniee nicht vor einem Mädchen, versetzte sie ihm rasch ein paar Ohrfeigen, bis er sich bequemte, niederzuknien und um Verzeihung zu bitten. Vermutlich handelte es sich hier um ein Arrangement der Kinder, also auch des Knaben, der offenbar ein Masochist war, eines jener zahlreichen sexuellen Spiele, von denen das Leben der Kinder erfüllt ist, über die man selbst ein ganzes Buch schreiben müßte und die von den Erwachsenen weder bemerkt, noch, wenn bemerkt, verstanden, sondern nur bagatellisiert werden.

Mme. Cadivec lebt jetzt allein. Man hat ihr das Kind weggenommen. Dieses von ihr areligiös erzogene Kind wurde in eine streng katholische Korrektionsanstalt gesteckt. Das ist die große Wunde im Herzen der Mutter. Der Wiedereroberung ihres Kindes gilt ihr Denken und Tun. Was macht aber ihr Triebleben, des geliebten Objektes beraubt? Nun, es verschafft sich jene Ersatzbefriedigungen der Phantasie, indem es zu mehr oder weniger gelungenen Objektivationen des Geistes drängt. Es vollzieht, von der unerbittlichen Realität dazu gezwungen, die Flucht in das große Reich der Phantasie, jederzeit bereit, in das Reich der Wirklichkeit zurückzukehren.

Zum Schluß seien noch einige allgemeine Bemerkungen zum psychologischen Fall dieser Frau gemacht. Ihr Lustempfinden ist in seinen Keimen durchaus normal, wenn man diesem Begriff keine philiströse, sondern eine den modern wissenschaftlichen Erkenntnissen angemessene Bedeutung zugrunde legt. Es erscheint nur jenen so sehr anormal, die nicht gewohnt sind, psychologisch zu denken. Die Logik des psychischen Geschehens muß unter den gegebenen Umständen zu diesen Resultaten führen. Die Wissenschaft hat nicht zu werten, sondern zu verstehen. Das Lustempfinden der Edith Cadivec erscheint durch ihr persönliches Schicksal individuiert nach der Seite eines inzestuös determinierten Sadismus. Daß sie beim Sättigen ihres Kindes Lust empfindet, ist durchaus normal. Daß sie sich des sexuellen Charakters dieser Lust bewußt wird, zeigt, daß sie nicht die Vorurteile jener Mitmenschen teilt, die Lust (vor allem bei anderen) an und für sich für strafbar halten. Aller Lebenssinn ertrinkt für diese Frau in zu erwerbender Lust. »Ich kann den Übergang von Zärtlichkeit zu Grausamkeit gar nicht abgrenzen, denn es verfließt alles ineinander«, sagte sie mit großer Offenheit. Sie ist ihrem natürlichen Triebleben derart verbunden, daß sie ausschließlich dem Lustprinzip lebt. Sie anerkennt – wenigstens theoretisch – keinerlei Anpassung an die Realität und nichts ist ihr fremder als Triebversagung. Sie ist so gewissermaßen phylogenetisch auf jener Stufe der Menschheitsentwicklung stehen geblieben, da es noch durchaus angängig war, die inzestuöse Verbundenheit von Mutter und Kind zur Schau zu tragen, sie nicht nur heimlich zu praktizieren. Auf jener Stufe, da das einzige Gesetz der Lebenstechnik lautete: Gewinne Lust, wo immer du kannst! »Man sollte froh sein«, äußerte sie, »wenn eine Mutter zu ihrem Kinde noch eine erotische Bindung hat. Das Kind der Mutter wegreißen, das ist Unzucht!« Und mit Entzücken erzählte sie mir, wie ihre Tochter als kleines Kind zu ihr sagte: »Mama, *ich will wieder zurück, woher ich gekommen bin.*«

So fordert diese Frau in ihrem Gefühlsleben eigentlich die Ausrottung der Welt zugunsten der Befriedigung ihres Triebes, während der sozial gewordene Kulturmensch im Sinne Freuds die Koexistenz aller Menschen akzeptiert und daraus die Notwendigkeit des Triebverzichts anerkennt.

Daß Edith Cadivec, ihrem Triebe folgend, unbeirrbar von Anfang an ihrem gigantischen, atavistisch anmutenden Lustbedarf lebt, dadurch verurteilt, in einer Welt äußerster Triebversagung dauernd im Realen zu scheitern, macht ihre Bedeutung und ihre Tragik aus.

Erstabdruck in: Dr. [Ernst] Schertel: *Fetisch und Fantasie*. Hamburg: Eros Publishing [um 1970]. Unpaginiert. Es handelt sich bei diesem Nachdruck um das unter dem Namen von Ernst Schertel publizierte *Jahrbuch für Triebforschung*, das Anfang 1933 in Berlin erschien und im selben Jahr verboten wurde. Die 2. Auflage dieses *Jahrbuchs für Triebforschung – Eine Sammlung erotischer Selbstbekenntnisse, Briefe, Reflexionen und Literaturzitate*, Privatdruck, Studiengesellschaft für Triebforschung, Paris, verzeichnet Dr. med. F. Grandpierre als Herausgeber.

Harald Seyrl

DER FALL KADIVEC (2003)

Das damalige »Amtsgericht Wien« (Bezirksgericht Innere Stadt) verkündete mit Gerichtsbeschluss vom 24. Mai 1940, dass eine gewisse Ida Edith Kristally, ihres Zeichens Schriftstellerin, wegen Geisteskrankheit beschränkt entmündigt wird. Vier Wochen später erfolgt auch die Bewilligung der Zuerkennung des »Armenrechtes« für die mittellose, alternde Frau.

Der Gerichtsbeschluss von 1940 sowie die erst im Jänner 1941 erfolgte Bestellung eines Beistandes der Entmündigten war die Antwort der Justiz auf eine ungemeine Fülle an Eingaben, Petitionen und Anzeigen, mit denen Kristally seit Jahren die unterschiedlichsten Behörden und Dienststellen geradezu überschwemmt hatte. In all diesen Eingaben klagte die Frau, dass ihr durch eine »jüdisch-freimaurerische Verschwörung« seit 15 Jahren der Kontakt zu ihrer Tochter unmöglich gemacht würde und sie dadurch an der Erziehung des »... edlen deutschblütigen Wesens ...« gehindert würde.

Mit den erwähnten Gerichtsbeschlüssen endet für den Wissenden jener Zeit ein ebenso interessantes wie dramatisches Kapitel der Wiener Kriminalgeschichte. Es erfüllt sich damit ein menschliches Schicksal, das fünfzehn Jahre zuvor nicht nur die breite Öffentlichkeit aufgerüttelt hatte, sondern auch Anlass heftigster Diskussionen in der damals fortschrittlich-intellektuellen Welt gewesen war, handelte es sich bei der entmündigten Frau doch um keine Geringere, als die ehedem berühmt-berüchtigte »Sprachlehrerin« Ida Edith Kadivec.

Ida Edith Kadivec war 1879 im istrischen St. Martin als Tochter eines Beamten der Südbahngesellschaft geboren und hatte eine umfassende Bildung genossen. In den Jahren 1885 bis 1890 besucht sie die Volksschule in Unterwaltersdorf, später in Graz die Fortbildungsschule bei den Schulschwestern. 1894 bis 1898 ist sie Schülerin der Lehrerbildungsanstalt der Ursulinen, ebenfalls in Graz, und kann diese Ausbildung erfolgreich abschließen. Nachdem sie ein Jahr als Privatlehrerin in einer Wiener Familie tätig war, erhält sie eine Anstellung im Lycée de filles von Notre Dame in Paris, wo sie, nach ihren späteren Angaben, nebenbei auch an der philosophischen Fakultät der Universität inskribierte. 1904 hatte sie ihr Studium erfolgreich beendet und erhielt die definitive Anstellung am Pariser Lyceum. Bereits in dieser Zeit betätigt sie sich als Schriftstellerin, wobei sie nach eigenen Angaben in erster Linie »pädagogische Schriften zur Mädchenerziehung« verfasst.

1907 lernt die junge Lehrerin in Paris den Offizier Erwin Baron Rozsa de Nagy-Eged kennen und heiratet ihn standesamtlich, wie sie später behauptet. Nach achtzehn Monaten ist diese Beziehung beendet und Kadivec begibt sich wegen eines Nervenleidens in Wien in Behandlung, wo sie den Grafen Franz Schlick kennenlernt. Schlick lädt die interessante Frau zur Erholung in ein Forsthaus seines Gutes, wo sie einen Sommer gemeinsam verbringen. Die sich hier ergebene intime Beziehung bleibt nicht ohne Folgen, Kadivec wird schwanger. Schlick bedrängt sie, das Kind abtreiben zu lassen, sie weigert sich und kehrt nach Paris zu ihrem angeblichen Gatten zurück, von wo sie nach Brüssel reist und am 15. April 1910 ihrer Tochter Edith das Leben schenkt. Ein halbes Jahr nach der Geburt kehrt die junge Mutter mit ihrem Kind bereits wieder nach Wien zurück.

1912 zieht Kadivec mit ihrem Kind wieder nach Paris, um den Nachlass ihres inzwischen nach einer Operation verstorbenen (angeblichen) Gatten zu regeln, wie sie später versicherte. Der Ausbruch des ersten Weltkrieges im Jahre 1914 macht ihre Rückkehr nach Österreich unmöglich und Ida Edith Kadivec findet gemeinsam mit dem Kind in ihrer ehemaligen Schule in Paris gastliche Aufnahme.

Da sie befürchtet, wegen ihrer langen Abwesenheit ihre Wiener Wohnung zu verlieren, setzt sie alles in Bewegung, um nach Wien zurückkehren zu können, was ihr schließlich angeblich mittels eines belgischen Flüchtlingszuges, der über die Schweiz fuhr, auch gelingt. Allerdings muss sie wegen einer Erkrankung der kleinen Edith, ihrer Tochter, in der Schweiz die Reise unterbrechen und erreicht so erst im Dezember 1915 die österreichische Hauptstadt.

In Wien erwartete sie eine unangenehme Überraschung: sie war aus ihrer Wohnung in der Rechten Wienzeile 29 im vierten Wiener Gemeindebezirk delogiert worden und das Mobiliar befand sich bereits in einer Lagerhalle des Exekutionsgerichtes. Nur eine Unterkunft in einer Pension kann ihr diesen ersten Aufenthalt nach langen Jahren der Abwesenheit von Wien ermöglichen.

Zu dieser Zeit dürften sich bereits manche, für sie später verhängnisvolle, wenn auch gewinnbringende Kontakte ergeben haben. Sie findet jetzt eine Reihe vermögender Gönner, kann ihr Mobiliar schon bald auslösen und die schöne und viel größere Wohnung in der Inneren Stadt, in der Biberstraße 9, mieten. In dieser Wohnung eröffnet sie am 1. Februar 1916 eine »Privatschule für moderne Sprachen«. Das Florieren dieser Sprachschule überrascht den Bekanntenkreis der Kadivec um so mehr, wo diese Schulgründung doch mitten in die Notzeit des Ersten Weltkrieges fällt. Es wirft jedoch auch ein bezeichnendes Licht auf die bereits regen Kontakte zu zahlungskräftigen Herren der Wiener Gesellschaft, die bald in der neuen Sprachschule ein und aus gehen. Zudem wird später bekannt, dass ein Großteil der Schüler und Schülerinnen Kinder aus mittellosen Familien sind, die nichts für den Unterricht bezahlen konnten. Kadivec sieht sich als Gönnerin der Bedürftigen und betont diese Rolle, wo immer es nur geht.

Neben der eigenen Tochter Edith, die ständig kränkelte, lebte im Haushalt in der Biberstraße auch ein damals (1924) zwölfjähriges Mündelkind namens Grete Pilz, die von der Kadivec kostenlos zur Erziehung und Ausbildung aufgenommen worden war. Dieses Kind sollte ihr zum Verhängnis werden, da es später die polizeiliche Amtshandlung gegen die Pflegemutter auslöst. Am 22. Dezember 1923 war Grete Pilz – nicht zum ersten Mal – aus der Obhut ihrer strengen »Erzieherin« entwichen, wird jedoch aufgegriffen und berichtet über die Vorgänge in der Sprachschule. Die Polizei, inzwischen aufmerksam geworden, findet bald weitere Zeugen, so dass am 3. Jänner 1924 eine Hausdurchsuchung in der Sprachschule sinnvoll und notwendig erscheint. Aufgrund des dabei sichergestellten belastenden Materials – den Ruten, Peitschen, Rohrstäben, Riemen und diversen erotischen Hilfsmitteln sowie zahlreichen pornographischen Bildern und Briefen – wird Ida Edith Kadivec in Untersuchungshaft genommen und ihr zudem das Erziehungsrecht für ihre Tochter entzogen. Über ein Tagebuch und auch durch die Angaben der Beschuldigten gelangt die Polizei zu einer Liste von Persönlichkeiten der Wiener Gesellschaft, deren spätere Aussagen die Kadivec schwer belasten. Es sind honorige Persönlichkeiten, wie der Sohn eines ehemaligen Finanzministers, ein ehemaliger Staatssekretär, ein Großgrundbesitzer, ein bekannter Burgschauspieler, Industrielle und ein Universitätsprofessor. Die Männer und auch eine Frau waren in die Biberstrasse gekommen, nachdem sie auf Inserate in Wiener Tageszeitungen geantwortet hatten, in denen eine »strenge Sprachlehrerin« Sprachkurse anbot.

Meist hatten sie bereits beim ersten »Unterricht« in der Biberstraße erkannt, dass gemeinsame Neigungen der Lehrerin und der

»Sprachschüler« vorhanden waren und »mangelnde Lernerfolge« gerne gegen bares Geld mit Rute oder Peitsche »strengstens bestraft« wurden. Dies aber ist nicht der direkte Anlass der polizeilichen Untersuchung. Die Herren berichteten, dass ihre »wahre Freude« das Beobachten des Bestrafens der Kinder war, und zu dieser Freude habe ihnen eben die Kadivec verholfen.

Die Tochter der Frau, das Mündel und viele andere kindliche Sprachschüler wurden im Salon der Sprachschule zu einer Prüfung gleichsam vorgeführt. Oft war einer der Herren anwesend, der den Kindern als »Schulinspektor« oder »Prüfungsleiter« vorgestellt wurde. Wenn das Kind die an solchen Tagen besonders schweren Prüfungsfragen nicht richtig beantworten konnte, wurde »eine Strafe« in Form einer körperlichen Züchtigung verfügt. Das Kind konnte dabei zwischen Peitsche, Rute, Riemen oder Rohrstock wählen und auch die Anzahl der Streiche selbst bestimmen. Es hatte dann das Gesäß zu entblößen und die Kadivec oder ihre »Hilfslehrerin« führten die Streiche, wobei die Kinder mitzählen mussten. Nach Ende der Tortur wurde aber der anwesende, vorher so gestrenge »Schulinspektor« meist sehr freundlich und zärtlich, küsste das Kind sogar auf das wunde Gesäß und beschenkte es. Sehr oft wurden auch mehrere Kinder »gezüchtigt«, die sich dann »zum Auskühlen«, wie die Kadivec sagt, mit dem blanken, wunden Gesäß an eine an den Nebenraum grenzende Wand stellen mussten, ohne zu bemerken, dass hinter der Tür von sehnlichst wartenden Herren ihre Schmerzensschreie belauscht und sie durch einen Türspalt beobachtet wurden. Fallweise mussten die Kinder auch eine eigens bereitgestellte »Strafhose« anziehen, die später dem Gericht als Beweisgegenstand vorgelegt werden konnte.

Als die Ereignisse in der Biberstraße bekannt wurden, stürzt sich die Presse mit ungemeiner Vehemenz auf den Fall, und es entbrennt ein regelrechter Pressekrieg großer Wiener Blätter Pro und Kontra Kadivec. Von totaler Vorverurteilung im populistischen »Abend« bis zur Verteidigung der »neuen sexuellen Freiheit« im »Tribunal« spannt sich der Bogen der Meinungsmacher. Das »Prügeltheater in der Biberstrasse« – wie manche Blätter schrieben – war zum Hauptgesprächsthema der zeitgeistigen Wiener Gesellschaft geworden. Alles harrte mit Spannung auf das Gerichtsverfahren, in der Öffentlichkeit nur als »Sadistenprozess« bezeichnet, das für Ende Februar 1924 im Wiener Landesgericht anberaumt wurde. Neben Ida Edith Kadivec, die sich damals noch fälschlicherweise Cadve nennt und sich als Witwe bezeichnet, obwohl sie keinen Nachweis der in Paris geschlossenen Ehe erbringen kann, sitzen eine Reihe ihrer ehemaligen »Schüler« bzw. »Gäste« als Mittäter auf der Anklagebank.

Kadivec verwahrt sich vehement gegen die einzelnen Anklagepunkte und betont, dass die »Bestrafung« der kindlichen Sprachschüler nur als tatsächliche Strafe für den schulischen Misserfolg gedacht war. Die beobachtenden Herren seien die beauftragten Agenten einer gegen sie vom Vater ihres Kindes angezettelten Verschwörung. Erst bei intensiverer Befragung durch den Richter erklärt sie sich zur Aussage bereit, dass sie »... nur dann erotisch empfinden könne, wenn Kinder in ihrer Gegenwart bestraft würden ...« Dies sei eine Krankheit, betont sie, die ein medizinisches und kein rechtliches Problem darstelle.

Am 1. März 1924 wird das mit Spannung erwartete Urteil gefällt – sechs Jahre schwerer Kerker für die Hauptbeschuldigte, geringere, bedingte Strafen für zwei der Mitbeschuldigten. Der Rest der Angeklagten wird freigesprochen. Kadivec war des Verbrechens der Schändung, des Verbrechens der Verführung zur Unzucht und weiterer Übertretungen für schuldig befunden worden.

In einer Berufung gelingt es den Anwälten der Verurteilten, das Strafmaß auf fünf Jahre Freiheitsentzug herabzusetzen. Am 18. Dezember 1925 aber – sie war der Weihnachtsamnestie des Bundespräsidenten teilhaftig geworden – öffnen sich die Gefängnistore für Frau Kadivec bereits wieder.

1927 wird ihrem Antrag auf Änderung des Nachnamens von Kadivec auf Kristally stattgegeben, unter dem sie in den folgenden Jahren nicht nur als Schriftstellerin tätig ist, sondern auch unzählige Eingaben an die Justiz macht. Allein zehn Mal stellt sie einen Antrag auf Wiederaufnahme des Verfahrens von 1924, erhebt dann Einspruch gegen die jeweilige Ablehnung ihres Antrages und richtet gegen die folgende neuerliche Ablehnung erneute Beschwerde.

In einer Reihe von Publikationen nimmt sie in den folgenden Jahren immer wieder zum Themenkreis Sadismus und Masochismus Stellung und versucht, eine breite Öffentlichkeit von ihrer seinerzeitigen Schuldlosigkeit zu überzeugen. Sie sei nur das Opfer einer Verschwörung geworden, und ihre »Kunden« in der Biberstrasse seien lediglich »Lockspitzel« der gegen sie gerichteten, »teuflischen Kampagne« gewesen.

Auch nach ihrer Teilentmündigung während des Krieges befasste sie die Justiz weiter mit ihrem Fall. Diesmal versuchte sie mit allen

Mitteln, die Aufhebung des Entmündigungsbeschlusses zu erreichen, was ihr jedoch aufgrund ihrer Anhaltung in der Wiener psychiatrischen Heil- und Pflegeanstalt Am Steinhof in den Jahren 1951 bis 1952 nicht gelingt. Auch ihr letzter diesbezüglicher Versuch aus dem Jahre 1953 blieb erfolglos ...

Erstabdruck in: Michael Farin (Hg.): *Phantom Schmerz – Quellentexte zur Begriffsgeschichte des Masochismus.* München: belleville 2003. Dort: S. 382–387. Der Beitrag wurde geringfügig bearbeitet.

Neda Bei

ZUM STRAFVERFAHREN GEGEN EDITH
KADIVEC IM WIENER »SADISTENPROZESS«, 1924
(2005/2007)

Im Zusammenhang mit der vorliegenden Textausgabe habe ich mich auf die Rekonstruktion der Chronologie und der rechtlichen Substanz des historischen Strafprozesses gegen Edith Kadivec beschränkt. Grundlage war der im Wiener Stadt- und Landesarchiv erhaltene äußerst umfangreiche, jedoch in wesentlichen Teilen unvollständige und insgesamt unübersichtliche historische Strafakt. Etliche Fragen sind daher offen geblieben. Ergänzend habe ich Rechtsquellen, Presseberichte und die ohne Jahresangabe im Astra-Verlag erschienene Fassung der »Bekenntnisse« herangezogen. Der Schwerpunkt liegt bei der Rekonstruktion der Sichtweise der Strafjustiz.

Der besseren Lesbarkeit halber sind einige Aktenstücke nicht in Fußnoten bzw. mit der vollständigen Aktenzahl zitiert, sondern im Text nur kurz unter ihrer Ordnungsnummer (ON) in Klammern angegeben.

Die historische Distanz erschien ausreichend, um Beteiligte mit Namen und persönlichen Daten anzuführen.

Chronologie

Im November 1923 bestand die Republik Österreich seit genau fünf Jahren. Der Übergang von der Rechtsordnung und Verwaltung der Monarchie war im Fluss, doch galten viele Gesetze inhaltlich unverändert weiter. Der katholische Kleriker und bisherige christlich-soziale Bundeskanzler Ignaz Seipel bildete sein drittes Kabinett. Die Regierung vertrat, unter Aufsicht und mit einer Anleihe des Völkerbundes, eine Politik der Austerität und Deflation. Die Schilling-Währung war jedoch noch nicht eingeführt, und man rechnete weiterhin in Kronen und Hellern.

In Wien folgte im November 1923 Karl Seitz als Bürgermeister auf Jakob Reumann; beide waren Sozialdemokraten. Die Lebensbedingungen im »Roten Wien« waren von Massenarbeitslosigkeit,

Inflation und Wohnungsmangel gekennzeichnet. Die Person des damaligen Wiener Polizeipräsidenten Johannes Schober weist auf spätere Entwicklungen zur christlich-sozialen Entmachtung des Parlaments und zum autoritären Staat hin: Engagierte sich Schober 1923 für die Zusammenarbeit mit der Interpol, gab er 1927 den Befehl, in die Menschenmenge zu schießen, die vor dem Justizpalast gegen den Freispruch der Attentäter auf eine sozialdemokratische Versammlung demonstrierte. Schober ging weit mehr durch diesen seinen Schießbefehl als »Arbeitermörder« und Karl Kraus' Protest dagegen in das kollektive Gedächtnis ein als durch seine Funktion als Bundeskanzler im Jahr 1929.

Anzeige, polizeiliche Erhebungen

- 24. Dezember 1923: Kadivec' abgängiges Mündel Margarete Pilz *(Grete/l, Gretl)* zeigt in erwachsener Begleitung Misshandlungen beim Wiener Jugendgericht an.
- 3. Jänner 1924: amtsärztliche Untersuchung und polizeiliche Vernehmung von Grete Pilz; polizeiliche Vernehmung der 10-jährigen Anna Nowotny.
- 3.1.1924: polizeiliche Hausdurchsuchung auf Grund von Pilz' Angaben sowie Beschlagnahmen bei Kadivec; ab 19 Uhr Festnahmen von Walter Taussig *(Werner Neumann/Walter Moldauer)*[1], Kadivec und Paul Kotanyi *(Peter Tornik/Paul Pander)* mit darauf folgenden Vernehmungen; Edith Kadivec iunior vernommen.
- 4.1.1924: weitere Vernehmung von Edith Kadivec und Grete Pilz; Universitätsdozent Dr. Ernst Bachstez (*Carl Harries/ Dr. Stieglitz*), Leopold Chlumecky *(Fred Bernet/Baron Leopold Wendehals)*, Oskar Löwit *(Oskar Larsen)* und ein weiterer Besucher von Kadivec vernommen.
- 5.1.1924: Edith Kadivec iun., Wilhelm Worsch, Edith Kadivec, noch ein Besucher vernommen; Überstellung von Kadivec, Taussig und Kotanyi ins Gefangenenhaus des Landesgerichtes für Strafsachen I.
- 7.1.1924: polizeiliche Anzeige an die Staatsanwaltschaft mit Berichtlegung (»Erhebungsakt«); darin Übergabe von Edith Ka-

---

[1] Der zuerst angeführte Name entspricht der Verschlüsselung in: Mein Schicksal. Bekenntnisse von Edith Cadwé, Astra-Verlag (Leipzig/Wien) o.J.; der zweite der Verschlüsselung in: Edith Cadivecs: *Bekenntnisse und Erlebnisse*. München (Heyne) 1977; Edith Cadivec: *Eros, der Sinn meines Lebens*. München (Heyne) 1978.

divec iun. und Margarete Pilz »bis auf weitere Verfügung des Jugendgerichts« an das Louisenheim im 18. Bezirk erwähnt.

Gerichtliche Voruntersuchung
- 7.1.1924, 3:15: Untersuchungsrichter Dr. Friedrich Berger verfügt über Kadivec, Taussig und Kotanyi die Untersuchungshaft.
- 8.1.1924: Beschuldigtenvernehmungen von Kadivec, Taussig, Kotanyi; die Neue Freie Presse berichtet in der Morgenausgabe über die Verhaftungen.
- 9.1.1924: Der Untersuchungsrichter fordert vorhandene Akten zu Grete Pilz, Kadivec und Taussig beim Jugendgericht an; zahlreiche Berichte der Tageszeitungen.
- 10.1.1924: Untersuchungshaft über Bachstez und Eugenie Degrassi *(Nella Magrich/Eugenie Graßl)* verhängt; eine »anonyme Korrespondenzkarte« zum Akt genommen.
- Bis Ende Jänner: intensive Vernehmungstätigkeit des Untersuchungsrichters; polizeiliche Nacherhebungen; Meldungen und Kommentare der Tageszeitungen.
- 14.1.1924: Untersuchungshaft über Leopold Chlumecky verhängt.
- 16.1.1924: Beschuldigtenvernehmung Paul Kuh-Chrobak *(Pierre Ochs-Gora/Pierre Ochs-Roba)*; Zeugenvernehmung Hermann Romberg *(Opernsänger Georg Stahl/Burgschauspieler Hermann Berg)*.
- 25.1.1924: Einlangen der psychiatrischen Gutachten zu Degrassi, Bachstez, Kadivec, Taussig und Kotanyi.
Kein Untersuchungshäftling dringt mit einem Enthaftungsantrag durch.

Versetzung in den Anklagestand
- 4. Februar 1924: Anklageschrift.
- Erfolgreicher Einspruch von Kuh-Chrobak gegen die Anklage.
- Kadivec, Taussig, Kotanyi, Bachstez, Degrassi, Chlumecky und Romberg angeklagt.
- 16.2.1924: Hauptverhandlung für 27., 28. und 29.2. ausgeschrieben (Staatsanwalt Kadečka).

Hauptverhandlung
- 27.2.1924: Ausschluss der Öffentlichkeit noch vor der Verlesung der Anklageschrift (Neues Wiener Journal Nr. 10.875, 28.2.1924, S. 12).
- 1. März 1924: Kadečka zieht die Anklage gegen Romberg und Chlumecky zurück; etwa 18 Uhr: Freisprüche öffentlich verkündet, Chlumecky sofort enthaftet; danach Fortsetzung der Hauptverhandlung unter Ausschluss der Öffentlichkeit.
- 1.3.1924, Abend: Urteilsverkündung; Bachstez und Degrassi freigesprochen; Kotanyi und Taussig zu bedingten Freiheitsstrafen von acht bzw. sechs Monaten Arrest verurteilt und enthaftet; Kadivec: unbedingte Freiheitsstrafe von sechs Jahren schweren Kerkers.

Rechtsmittelverfahren
Sowohl die Verurteilten als auch der Staatsanwalt bekämpfen das Urteil.
- Kadivec bleibt in Untersuchungshaft (Strafurteil noch nicht rechtskräftig).
- 5.3.1924: erster, erfolgloser Enthaftungsantrag von Kadivec.
- 27.3.24: Kadivec nach Selbstmordversuch in die psychiatrische Heilanstalt Steinhof überstellt.
- 4. April 1924: Kadivec' Verteidiger versucht, über den Primararzt am Steinhof die Überstellung in private Pflege zu erwirken (ON 247, Bl 516)[2]; dieser verständigt jedoch umgehend das Präsidium des Straflandesgerichtes; neuer Haftbefehl.
- 7.4.1924: Kadivec vom Steinhof an das Straflandesgericht überstellt.
- 21.4.1924: Enthaftung von Kadivec und Unterbringung in einem privaten Sanatorium gegen Gelöbnis, Auflagen und Kaution; zuvor amtsärztliche Untersuchung, die eine Depression und einen insgesamt angegriffenen körperlichen Zustand bestätigt.
- 13.6.1924: Der Oberste Gerichtshof (OGH) verwirft die Nichtigkeitsbeschwerden von Kadivec, Taussig und Kotanyi; gibt der Berufung von Kotanyi keine Folge; setzt das Strafausmaß von Kadivec auf fünf Jahre schweren Kerkers, »verschärft durch einen Fasttag vierteljährig«, herab (ON 273).

2) Landesgericht für Strafsachen I Wien, XI Vr 150/24 Ordnungsnummer (ON) 247, Blatt (Bl) 516. Zunächst war die Abteilung XXXI des Wiener Straflandesgerichtes I zuständig.

Strafvollzug – Enthaftung

- Amtsarzt bejaht Kadivec' Haftfähigkeit (ON 271, 274); Überstellung zum Strafvollzug in das Gefangenhaus St. Pölten.
- Juni/Juli 1924: »Bitte um bedingte Haftentlassung« (ON 354), weitere Eingaben.
- September 1924: »Bitte um Wiederaufnahme« an das Straflandesgericht Wien.
- 14. Oktober 1924: Strafunterbrechungsantrag (Rechtsanwalt Dr. Ernst Jellinek).
- 17.10.1924: Ersuchen des Kreisgerichtes St. Pölten um Aktenübermittlung in einer neuen Strafsache gegen Kadivec; Haftvermerk.
- 20.10.1924: Strafunterbrechungsantrag abgewiesen.
- 8. November 1924: Wiederaufnahmeantrag (Rechtsanwalt Jellinek).
- Dezember 1924: weiteres Strafverfahren beim Bezirksgericht St. Pölten eingeleitet.
- Jänner 1925: Wiederaufnahmeantrag in zweiter Instanz abgewiesen.
- März 1925: Gnadengesuch.
- 6.3.1925: (zweiter) Wiederaufnahmeantrag; April bis Mai 1925: neun ergänzende Eingaben; Zeugenvernehmungen durch das Straflandesgericht Wien.
- 2.7.1925: Wiederaufnahmeantrag abgewiesen (bestätigt durch Oberlandesgericht Wien 21.7.1925).
- Ende Juli 1925: erfolglose Eingaben an Bundeskanzler und Staatsanwalt.
- August/September 1925: zwei erfolglose Gnadengesuche an den Bundespräsidenten.
- 17.12.1925: Gnadenerlass nach weiterem Antrag an das Bundeskanzleramt (Justiz).
- 18.12.1925: Entlassung aus dem Strafvollzug.

Rechtliche Grundlagen

Strafrecht und Strafprozessrecht zu Beginn der Ersten Republik

Die maßgeblichen Rechtsgrundlagen für das Strafverfahren gegen Edith Kadivec[3] waren die österreichische Strafprozessordnung aus 1873 (StPO) und das Strafgesetz von 1852 (StG). Während die StPO als von liberalen Grundsätzen geprägt gelten konnte, stand das StG 1852 für den restaurativen Neoabsolutismus der Habsburgermonarchie. Bestrebungen zu einer umfassenden Strafrechtsreform im 19. Jhdt. scheiterten; so kam der Entwurf des liberalen Justizministers Julius Glaser (1874) zu einem Strafgesetz – darin vorgesehen waren etwa die Einschränkung der Todesstrafe und die gänzliche Entkriminalisierung der weiblichen Homosexualität – gar nicht zur Beratung im Plenum des Abgeordnetenhauses.

Der Strafrechtsbestand war bereits gegen Ende des 19. Jahrhunderts unübersichtlich geworden; er umfasste außer StPO und StG, gleichsam den »Hauptgesetzen«, die dazu ergangenen Einführungspatente, nicht wenige Einzelgesetze (»Nebengesetze«) sowie eine Reihe von Verordnungen und Erlässen. Mit dem Übergang zur Republik kam es zu zahlreichen Neuerungen und Detailänderungen. Manche hatten grundsätzliche Bedeutung wie die StPO-Novellen aus 1918 und 1920 oder das Gesetz vom 23. Juli 1920, StGBl. [= Staatsgesetzblatt] Nr. 373, über die bedingte Verurteilung[4], andere waren vorwiegend rechtstechnisch. So gab es zwischen 1920 und 1922 fünf Änderungen des StG zur Anpassung von Wertgrenzen allein.

Bestimmungen über Jugendgerichte und Kindesmisshandlung

Jugendgerichte wurden 1920 vorerst nur in Wien eingerichtet; Grundlage war das Jugendgerichtsgesetz 1919.[5] Die Jugendgerichte

---

3) Slowenisch wird der Name auf der zweiten Silbe betont, sprich: *Kadíwets*; in Wien war jedoch durchaus die Betonung auf der ersten Silbe üblich.
4) Dieses Gesetz schuf die Möglichkeit bedingter Strafen.
5) Durch § 1 des Gesetz vom 25. Jänner 1919, StGBl. Nr. 46, über die Errichtung von Jugendgerichten, ermächtigte die Provisorische Nationalversammlung »bis zur Erlassung gesetzlicher Bestimmungen über die Jugendfürsorge und das Jugendstrafrecht« den Staatssekretär für Justiz, »durch Vollzugsanweisung Jugendgerichte zu errichten oder die Bestellung von Jugendrichtern [...] anzuordnen [...].« Eine solche Vollzugsanweisung erging im September 1920 für das »Gebiet der 21 Wiener Gemeindebezirke«; Vollzugsanweisung des Staatsamtes für Justiz im Einvernehmen mit dem Staatsamte für soziale Verwaltung vom

konnten in bestimmten Angelegenheiten die Pflegschaftsgerichtsbarkeit über Minderjährige mit der Strafgerichtsbarkeit in Jugendsachen »vereinigen«, d.h. zusammenführen (§ 1 Ziffer 1 Jugendgerichtsgesetz 1919). Für letztere galten Sondernormen; so konnte die Öffentlichkeit in der Hauptverhandlung ausgeschlossen werden.[6] Sachlich waren die Jugendgerichte u.a. zuständig

1. zur Pflegschaft über unmündige und jugendliche (14- bis 18jährige) Personen, für die weder Eltern noch andere Personen sorgen oder denen nur so unzulängliche Fürsorge zuteil wird, daß ihr Wohl oder das der Allgemeinheit gefährdet ist, insbesondere zur Pflegschaft über alle mißhandelten, [...] oder durch ihre Umgebung gefährdeten Personen [...];

2. zur Pflegschaft über die [...] durch eine strafbare Handlung verletzten oder gefährdeten Unmündigen und Jugendlichen, die pflegschaftsbehördlicher Fürsorgemaßnahmen bedürfen.
(§ 4 Jugendgerichtsverordnung 1920).

Dem damals noch geltenden Züchtigungsrecht von Eltern gegenüber ihren Kindern[7] zog das Strafrecht in Vorschriften über Misshandlung zwar Grenzen (»wodurch der Gezüchtigte am Körper Schaden nimmt«, § 413 ff StG[8]), Misshandlungen waren jedoch als min-

23. September 1920, Nr. 439, zu dem Gesetze über die Errichtung von Jugendgerichten; Karl Lißbauer/Hugo Suchomel: Die österreichischen Strafprozeßgesetze. Mit einer Übersicht über die Rechtsprechung des Obersten Gerichtshofes. Nach dem Stande der Gesetzgebung vom 15. September 1928 4. Aufl. (Wien 1929). Zu einer umfassenden gesetzlichen Regelung kam es erst durch das Jugendgerichtsgesetz 1928, Bundesgesetz vom 18. Juli 1928, BGBl. Nr. 234, über die Behandlung junger Rechtsbrecher.

6) § 3 Abs 1 Z 3 Jugendgerichtsgesetz 1919; vgl. zum Ausschluss der Öffentlichkeit in der Hauptverhandlung des »Sadistenprozesses«: Der Sittenprozeß gegen die Sprachlehrerin Kadivec und ihre Mitbeschuldigten, in: Neue Freie Presse, Nr. 21 359, 27. Februar 1924.
7) § 145 Allgemeines Bürgerliches Gesetzbuch von 1811 (ABGB) lautete: »Die Eltern sind berechtigt, vermißte Kinder aufzusuchen, entwichene zurückzufordern und flüchtige mit obrigkeitlichem Beistand zurückzubringen; sie sind auch befugt, unsittliche, ungehorsame oder die häusliche Ordnung und Ruhe störende Kinder auf eine nicht übertriebene und ihrer Gesundheit unschädliche Art zu züchtigen.« Die körperliche Züchtigung war als Strafmittel im Justizsystem 1867 abgeschafft worden; § 1 des Gesetzes vom 15. November 1867, RGBl. 131, wodurch mehrere Bestimmungen des allgemeinen Strafgesetzes und anderer damit im Zusammenhange stehenden Anordnungen abgeändert werden. Gustav Kaniak: Das österreichische Strafgesetz samt den einschlägigen strafrechtlichen Nebengesetzen [Kommentar], 6. Aufl. (Wien 1969), 777.
8) § 413 StG: Misshandlungen bei häuslicher Zucht; §§ 414–416 StG: von Eltern an ihren Kindern; §§ 417 f: der Mündel von Seite der Vormünder; § 419: Gegenseitige Miss-

der schwere »Vergehen« geregelt und waren nach überwiegender Meinung nur auf Grund ihrer Folgen als schwere Körperverletzung oder Totschlag strafbar. Ein Erlass aus 1917 lässt vermuten, dass die Rechtsanwendung unzureichend oder widersprüchlich war. Er erläuterte den Begriff der Kindesmisshandlung und verpflichtete die Staatsanwälte, in schweren Fällen, bei Wiederholungsgefahr oder der Gefahr, »daß die beschuldigte Person [...] angedrohte Mißhandlungen ausführen könnte«, den Antrag auf Verhaftung zu stellen (siehe Textanhang).

Den »Sadistenprozess« brachte der Staatsanwalt beim Jugendgericht Wien, Kadečka, in Gang, indem er nach der Anzeige von Kadivec' abgängiger Pflegetochter Grete Pilz die Einleitung polizeilicher Erhebungen verfügte. Nach seiner Rechtsauffassung, die er bis zum Obersten Gerichtshof durchsetzte, ging es um etwas wesensgemäß Anderes als Misshandlung.

Im »Sadistenprozess« zunächst herangezogene Straftatbestände

Die Polizei betitelte ihre Anzeige an die Staatsanwaltschaft vom 7. Jänner 1924 mit »Rosza Kadivec (Cadwé)/Schändung/Kuppelei« und schrieb:

> Schwere sadistische Verfehlungen an Kindern haben sich zu Schulden kommen lassen: Ida Edith Rosza Kadivec falsch Cadwé [...], und ihre Komplizen Walter Taussig [...] und Paul Kotany [...].Gem.[äß] §§ 93, 128, 132 StG wird gegen die Gen.[annten] [...] mit dem Bemerken die Anzeige erstattet, dass wegen Flucht, Kollusions und Wiederholungsgefahr [sic] ihre Einlieferung an das d.[ort]g.[erichtliche] G.[efangenenhaus] erfolgte (Vr XXXI 150/24–3).

Alle drei angeführten Tatbestände galten nach der Systematik des StG, das der »Schwere« nach zwischen Verbrechen, Vergehen und Übertretungen unterschied, als Verbrechen. § 93 StG betraf die Einschränkung der persönlichen Freiheit.[9] Die beiden anderen herange-

---

handlung der Eheleute; § 420: Der Lehrer oder Erzieher an ihren Zöglingen; § 421: Der Gesindehalter und Lehrherren an Dienstboten oder Lehrjungen.
9) Im Wortlaut des StG: »9. Hauptstück: Von öffentlicher Gewalttätigkeit. § 93. Wenn jemand einen Menschen, über welchen ihm vermöge der Gesetze keine Gewalt zusteht, und welchen er weder als einen Verbrecher zu erkennen, noch als einen schädlichen oder

zogenen Bestimmungen fanden sich als Normen des Sexualstrafrechts im 14. Hauptstück des StG (»Notzucht, Schändung und andere schwere Unzuchtsfälle«).

§ 128 StG erster Fall, »Schändung«, betraf den sexuellen Missbrauch von Knaben oder Mädchen unter vierzehn Jahren, ohne dass es zum vollzogenen Geschlechtsverkehr kam oder eine homosexuelle Handlung vorlag.[10]

Mit »Kuppelei« – die Strafdrohung war ein bis fünf Jahre schweren Kerkers – meinte die anzeigende Polizeidienststelle den § 132 IV StG:

> [...] Als Verbrechen der Unzucht werden auch nachstehende Arten der Unzucht bestraft: [...] IV. Kuppelei, woferne dadurch eine unschuldige Person verführt wurde, oder wenn sich Eltern, Vormünder, Erzieher oder Lehrer derselben gegen ihre Kinder, Mündel oder die ihnen zur Erziehung oder zum Unterrichte anvertrauten Personen schuldig machen.

Während der Voruntersuchung entfielen die Beschuldigungen wegen Einschränkung der persönlichen Freiheit sowie wegen Kuppelei. Der Staatsanwalt gründete seine Anklage wesentlich auf die Tatbestände der Schändung (§ 128 StG) und der Verführung zur Unzucht, »wodurch jemand eine seiner Aufsicht oder Erziehung oder seinem Unterrichte anvertraute Person zur Begehung oder Duldung einer unzüchtigen Handlung verleitet« (§ 132 III StG; Strafdrohung wie bei Kuppelei).

---

gefährlichen Menschen mit Grund anzusehen Anlass hat, eigenmächtig verschlossen hält, oder auf was immer für eine Art an dem Gebrauche seiner persönlichen Freiheit hindert; [...]«

10) »Wer einen Knaben oder ein Mädchen unter vierzehn Jahren, oder eine im Zustande der Wehr- oder Bewußtlosigkeit befindliche Person zur Befriedigung seiner Lüste auf eine andere als die im § 127 bezeichnete Weise geschlechtlich mißbraucht, begeht, wenn diese Handlung nicht das im § 129, lit. b, bezeichnete Verbrechen bildet, das Verbrechen der Schändung, und soll mit schwerem Kerker von einem bis zu fünf Jahren, bei sehr erschwerenden Umständen bis zu zehn, und wenn eine der im § 126 erwähnten Folgen eintritt, bis zu zwanzig Jahren bestraft werden.« Vgl. § 126 StG: »... wichtiger Nachteil an der Gesundheit oder gar am Leben.«

Gegen Edith Kadivec
insbesondere herangezogene Bestimmungen

Kadivec wurde nicht nur wegen Schändung und Verführung zur Unzucht in mehreren Fällen, sondern bezüglich ihrer Tochter auch wegen »Unzucht wider die Natur« (§ 129 I b StG) angeklagt.[11] Diese Bestimmung stellte (bis 1971) die Homosexualität beider Geschlechter unter Strafe und lautete: »§ 129. Als Verbrechen werden auch nachstehende Arten der Unzucht bestraft: I. Unzucht wider die Natur, das ist [...] b) mit Personen desselben Geschlechtes.« Die Strafdrohung war ein bis fünf Jahre schweren Kerkers. Diesbezüglich wurde Kadivec freigesprochen.[12]

Angeklagt und schließlich verurteilt wurde Kadivec weiters nach den Übertretungen der § 320 e, f StG.[13] Diese Bestimmungen betrafen die polizeiliche Meldepflicht und pönalisierten insbesondere das Irreführen von Behörden sowie Manipulationen an Meldezetteln, die keine strenger zu bestrafenden Urkundenfälschungen darstellten. Die jeweilige Vorlage eines veränderten Meldezettels konnte allerdings als neuerliche Falschmeldung und somit als so genanntes Zustandsdelikt gelten, das eine Verjährung ausschloss.[14] Die Polizei ging

11) »Blutschande«, § 131 StG, war heterosexuell definiert und setzte Koitus voraus.

12) Die Endverfügung vermerkt einen Freispruch hinsichtlich des § 129 I b StG; Vr XI 150/24 ON 283. Da die Geschworenen darüber nicht berieten, ist anzunehmen, dass der Staatsanwalt in der Hauptverhandlung die Anklage in diesem Punkt zurückgezogen hatte; Beratungsprotokoll Vr XI 150/24 ON 214.

13) § 320 e lautete: »Wenn jemand in dem Meldungszettel sich einen falschen Namen beilegt, einen falschen Stand, eine falsche Beschäftigung oder andere fälschliche Umstände angibt, oder überhaupt die Polizei- oder sonst eine Staats- oder Gemeindebehörde außer dem Falle strafgerichtlicher Untersuchungen, wofür besondere gesetzliche Bestimmungen bestehen, mit falschen Angaben über seinen Namen, seinen Geburtsort, seinen Stand oder sonst über seine Verhältnisse auf eine Weise hintergeht, wodurch die öffentliche Aufsicht irregeführt werden kann. Dabei ist es gleichgültig, ob er dadurch Unrichtigkeiten in den von den Behörden ihm ausgestellten Pässen oder anderen Urkunden veranlasst, oder endlich, auch abgesehen von beigebrachten Pässen und Urkunden, der öffentlichen Behörde auf Befragen über seine Person Angaben macht.

Die Bestrafung ist Arrest von drei Tagen bis zu einem Monate. Findet sich bei der Untersuchung, daß der Übertreter die Irreführung der Obrigkeit wirklich beabsichtigte; so ist die Bestrafung ebenso langer strenger Arrest. Bei sich zeigender Bedenklichkeit in Ansehung der Umstände oder Person ist der Übertreter nach vollendeter Strafzeit aus dem Orte, ein Ausländer aber nach Beschaffenheit der Umstände auch aus [sämtlichen Kronländern des österreichischen Kaiserstaates] Bundesländern der Republik Österreich abzuschaffen.«

§ 320 f lautete: »Wenn jemand eine öffentliche Urkunde ohne die im § 197 vorausgesetzte böse Absicht nachmacht oder verfälscht. Die Strafe ist Arrest von drei Tagen bis zu einem Monate.«

14) Richard Benda/Arnold Lichem: Die österreichische Strafgesetzgebung nach dem Stande bis Ende Juni 1929. Graz (Leykam) 1929, S. 313.

in ihrem ersten Erhebungsbericht an die Staatsanwaltschaft (ON 11) ausführlich auf den Personenstand von Kadivec ein und schlug ihre sofortige »Abschaffung« aus dem Bundesgebiet vor (siehe Textanhang). Eine rechtmäßige Abschiebung hätte allerdings das Fehlen der österreichischen Staatsbürgerschaft und eine Verurteilung nach § 320 e StG vorausgesetzt. Edith Kadivec war zwar im slowenischen Gebiet von Istrien geboren, hatte sich jedoch 1919 für die österreichische Staatsbürgerschaft entschieden, wie die gerichtliche Voruntersuchung in der Folge zweifelsfrei bestätigte. Diese brachte allerdings auch hervor, dass sie wegen der Manipulation ihres Meldezettels vorbestraft und somit trotz der Tilgung der Vorstrafe polizei- und gerichtsbekannt war.[15] Im letzten Stadium der Voruntersuchung ermittelte der Untersuchungsrichter außer nach dem Meldedelikt des § 320 e StG nach den schwerer wiegenden Tatbeständen des Betruges (§ 197 StG) und der Urkundenfälschung (§ 199 d StG).[16]

In den autobiographischen Texten über den Strafprozess sind der inzestuöse Aspekt und die Meldedelikte ausgeblendet.

Während des Strafvollzuges in St. Pölten (Niederösterreich) wurden zwei weitere Strafverfahren eingeleitet, deren Anlass, Verlauf und Ausgang jedoch nicht aus den vorhandenen Quellen hervorgehen; das erste in engstem zeitlichen Zusammenhang mit dem im Oktober 1924 eingebrachten Strafunterbrechungsantrag[17] (Teilnahme an einer lesbischen Handlung, §§ 9, 129 I b StG; »gröbliche und öffentliches Ärgernis verursachende Verletzung der Sittlichkeit oder Schamhaftigkeit«, § 516 StG).[18] Ein weiteres Verfahren war im Dezember 1924 anhängig (»boshafte Beschädigung fremden Eigentums«, Übertretung nach § 468 StG; öffentliches Ärgernis, § 516 StG; ON 317).

---

15) Das Aktenverzeichnis erwähnt unter ON 29 den Tilgungsakt, der jedoch im vorhandenen Aktenkonvolut fehlt.
16) Mitteilung des Untersuchungsrichters vom 21.1.1924 an das Jugendgericht Wien, Vr XXXI 180/24–105.
17) Dieser langte bei Gericht am 14.10.1924 ein (Vr XI 150/24 ON 303); die mit Haftvermerk versehene Mitteilung über die Einleitung eines Strafverfahrens datiert vom 17.10.1924 (ON 304).
18) § 516 lautete: »Wer durch bildliche Darstellungen oder durch unzüchtige Handlungen die Sittlichkeit oder Schamhaftigkeit gröblich und auf eine öffentliches Ärgernis erregende Art verletzt, macht sich einer Übertretung schuldig, und soll zu strengem Arreste von acht Tagen bis zu sechs Monaten verurteilt werden. Wurde aber eine solche Verletzung durch Druckschriften begangen, so ist sie als ein Vergehen mit strengem Arreste von sechs Monaten bis zu einem Jahre zu ahnden.« Vr XI 150/24 ON 304.

Zur Sichtweise von Polizei, Untersuchungsrichter und Staatsanwaltschaft

Ausgangspunkt

Die Büglerin und Wäscherin Anna Griessl war sowohl bei Edith Kadivec als auch in einem anderen Privathaushalt beschäftigt. Ihr zweiter Arbeitgeber, Isidor Zinser, erstattete für sie am 23. Dezember 1923 die Anzeige über die Abgängigkeit ihrer 12jährigen Tochter Margarete Pilz; Gretl Pilz führte den Namen ihrer Mutter, bevor diese geheiratet hatte. Kadivec hatte Gretl Pilz als Pflegekind aufgenommen und sich im Juli 1923 zur Vormünderin bestellen lassen. Pilz war seit 22.12.1923 abgängig. Sie war zu einer Bekannten, einer Bedienerin, gelaufen; diese ging mit ihr am 24.12.1923 zum Jugendgericht, wo Pilz Anzeige erstattete.

Der Amtsarzt stellte bei Gretl Pilz am 3.1.1924, also noch dreizehn Tage nach der Abgängigkeit, einen 2 cm messenden Bluterguss in der Gesäßgegend fest.[19] In ihrer darauf folgenden ersten polizeilichen Vernehmung sprach Gretl Pilz zunächst über ihre Verpflichtung zur Hausarbeit und die gute Kost. Als Grund, warum sie davongelaufen sei, und das zum dritten Mal seit der Übernahme der Pflegschaft durch Edith Kadivec, gab sie ständige Schläge an, die sie nicht mehr ausgehalten habe, und beschrieb ritualisierte Bestrafungen. Kadivec habe sie auch in der Anwesenheit männlicher Zuschauer geschlagen, die Kadivec dafür Geld gegeben hätten (s. Textanhang).

Noch am gleichen Tag nahm die Polizei eine Hausdurchsuchung mit Beschlagnahmen bei Edith Kadivec vor. Die Ermittler waren nachhaltig von der augenscheinlichen Übereinstimmung mit Gretl Pilz' Angaben beeindruckt (ON 11 – Textanhang). Kadivec selbst gab in ihrer ersten polizeilichen Vernehmung noch am Abend des 3.1.1924 zu Protokoll: »Ich bin (masochistisch) sadistisch veranlagt [...]; ich fühle sexuell nicht normal. [...] Ich bin mehr sadistisch als masochistisch sexuell orientiert; einen normalen Geschlechtsverkehr mit Männer[n] perhorresziere ich« (vollständig im Textanhang). Sie bestritt auf wiederholtes Fragen nicht mehr, Gretl Pilz »gezüchtigt« zu haben. Dies wertete die Polizei zunächst im Zusammenhang

---

19) »Befund. Bei Margarete Pilz findet sich oberhalb der linken Gesäßhälfte eine rundliche, ca. 2 cm im Durchmesser [unleserlich]ende Blutunterlaufung. Die Verletzung hatte keine Gesundheitsstörung zur Folge. Das Kind ist gut genährt und gut gepflegt. 3./1.24. [Unterschrift und mit Bleistift ergänzter Name unleserlich]«, Vr XI 150/24 Blatt 23 [?], vermutlich im Anhang zu ON 11.

mit der zitierten Selbstcharakterisierung als Geständnis. Gretl Pilz' Aussagen waren somit nicht nur glaubwürdige, sondern augenscheinlich so gut wie bewiesene Angaben eines Opfers.

Pilz' Aussagen und Kadivec' eigene Angaben hatten intensive Ermittlungen über Personenstand und ökonomische Verhältnisse zur Folge, durchaus unter dem Aspekt der Prostitution. Dem Jugendgericht war Kadivec nicht nur durch Pflegschaftsakten zu ihrer außerehelichen Tochter Edith[20] sowie zu ihren Pflegekindern Hermine Richter und Grete Pilz bekannt, sondern auch durch ein Strafverfahren aus dem Jahr 1922. In diesem Verfahren war sie erst in zweiter Instanz vom Vorwurf der Misshandlung eines Schülers (§ 420 StG) freigesprochen worden, dessen Eltern Anzeige erstattet hatten.

Sachverhalt – Beweislage

Ausgehend von Gretl Pilz' Aussagen sowie Kadivec' Angaben in ihrem Notiz- und in ihrem Haushaltsbuch waren Staatsanwalt, Untersuchungsrichter und Polizei vor ein quantitatives Problem gestellt (vgl. ON 11, Textanhang). Welche und wie viele Kinder und Jugendliche waren betroffen? Wie viele BesucherInnen hatte sie insgesamt, welche waren primär an perversen Inszenierungen interessiert, welche tatsächlich am Erlernen einer Fremdsprache?

Die ersten Beschuldigtenvernehmungen durch den Untersuchungsrichter erfolgten parallel zur ersten Berichterstattung der Tagespresse; der Kreis der ZeugInnen und Beschuldigten weitete sich aus. Es scheint, dass die Berichterstattung der Presse eine Vielzahl von ZeugInnen, Aussagen sowie anonymen und namentlichen »Rela-

---

20) »Franz Schlick in Kitzbühel, Villa Thurn«, der Vater von Edith iun., war verheiratet; er zahlte nach Angaben des Jugendamtes regelmäßig Unterhalt. Das Gericht setzte den monatlichen Unterhaltsbeitrag ab Mai 1923 mit monatlich 500.000 Kronen fest; siehe die ohne ON zum Strafakt genommene Ausfertigung des Bezirksgerichtes Landstraße vom 7.9.1923 zum Pflegschaftsakt P I 111/10/100 (ohne ON). Zum Vergleich: die miete für die Atelierwohnung in der Biberstraße betrug Anfang 1924 120.000 Kronen (ON 83); für Mai 1923 verzeichnete Edith Kadivec in ihrem Notizbuch aus Stunden eine monatliche Gesamteinnahme von 3.420.000 Kronen, wobei als monatliche Einnahmen einzelner »Schüler« Beträge von 50.000 bis zu 800.000 Kronen verzeichnet sind. Durch das Gesetz vom 20.12.1924 (Schillingumrechnungsgesetz) wurde eine Umrechung von 10.000 Kronen gleich einem Schilling festgelegt. Dem umgerechneten Betrag von 342 Schilling für 1924 sei der monatliche Kollektivvertragslohn (Mindestlohn) einer Kaffeeköchin für 1926 von rund 169 Schilling oder einer Küchengehilfin von rund 134 Schilling gegenübergestellt; Angaben nach: Käthe Leichter: Von Kochherd und Waschtrog (Die Unzufriedene, 21. August 1926), in: Kammer für Arbeiter und Angestellte für Wien (Hrsg.): Käthe Leichter zum 100. Geburtstag. Texte zur Frauenpolitik. Wien (Manz) 1995, 65f.

tionen« an Polizei, Gericht und Staatsanwaltschaft erzeugte.[21] Am 10.1.1924 erging jedenfalls eine Nachtragsanzeige der Polizeidirektion Wien (ON 20) an die Staatsanwaltschaft gegen Eugenie Degrassi. Degrassi behauptete, sie hätte sich bereits 1922 – im Strafverfahren gegen Edith Kadivec wegen der Misshandlung eines Schülers – mit einem anonymen Schreiben an den zuständigen Richter des Jugendgerichtes gewandt; »sie habe auch darauf aufmerksam gemacht, dass die Mutter mit ihrer Tochter Edith ein lesbisches Verhältnis unterhalte« (dies konnte dieser Richter jedoch gegenüber der Polizei nicht bestätigen). Der Untersuchungsrichter vernahm Edith Kadivec iun. als beschuldigte Mittäterin der »Unzucht wider die Natur« – für sie wäre bei weiterer Strafverfolgung das Jugendgericht zuständig gewesen – und hielt ihr § 129 I b StG vor.

> Bezüglich des Vorhaltes in der Richtung des § 129 I b Stg. bleibe ich bei meinen polizeilichen Angaben, die ich nicht wieder wiederholen will [Anm NB: genaue Referenzstelle unklar]. Der erwähnte Vorfall ereignete sich dreimal in längeren Intervallen und ist es richtig, dass mir meine Mutter, die mich übrigens darüber, wie die Kinder zur Welt kommen, vollkommen aufgeklärt hatte, zu mir sagte, dass [sic] sei die richtige Liebe zwischen Mutter und Kind. Meine Mama sagte mir auch öfters, dass ich wenn ich grösser werde, heiraten oder auch ledig bleiben könne, sie schreibe mir da garnichts vor.
> Ein einziges Mal vor einigen Monaten habe ich die Mama aus Spaß im Bade auf ihren Geschlechtsteil geküsst. Die Mama sagte gar nichts dazu. Ich tat dies aus eigenem Antriebe, nicht über Verlangen meiner Mama. Ich habe sonst alles bei der Polizei wahrheitsgemäß erzählt und möchte nicht noch einmal alles wiederholen.
>
> V.g.g. Edith Cadwé

---

21) Inwieweit sich die vorwiegend sensationell aufgemachten Zeitungsmeldungen darüber hinaus auf die Tätigkeit von Staatsanwalt und/oder Untersuchungsrichter auswirkten, lässt sich weit mehr vermuten als belegen. Staatsanwalt Kadečka sprach – allerdings unmittelbar im Zusammenhang mit der Hauptverhandlung – von einem »schnellen Prozess« (Neuigkeits-Weltblatt 28.2.1924).

Amtsvermerk: Die Angezeigte brach während ihrer Vernehmung wiederholt in heftiges Weinen aus, sodass sich eine eingehendere Befragung als nicht möglich erwies. Sie machte einen intelligenten Eindruck, sieht in körperlicher Beziehung wie ein Mädchen von 15 Jahren aus und ihre Angaben machen den Eindruck der Glaubwürdigkeit.

Dr Berger[22]

Aus heutiger Sicht ist festzuhalten, dass das Objekt des inzestuösen Missbrauchs selbst eine strafrechtliche Verfolgung zu gewärtigen hatte (vgl. Aktenvermerk 21.1.24, ON 106).

Tatbestand – zur rechtlichen Qualifikation des Sachverhalts als Schändung (§ 128 StG)

Generell kann gesagt werden, dass die scholastisch differenzierende Regelungstechnik des StG im Sexualstrafrecht mit einer umfangreichen, kasuistischen und uneinheitlichen Judikatur einherging. Dies gab wohl auch in der polizeilichen Praxis Anlass zu Unsicherheiten; so wies die Polizei die Staatsanwaltschaft in ihrem ersten Erhebungsbericht abschließend auf eine oberstgerichtliche Entscheidung aus 1906 zur Strafbarkeit von Zuschauern bei sadistischen Vorführungen hin (ON 11 – Textanhang). Zudem bestanden in der Rechtsprechung Auffassungsunterschiede über die Anerkennung einer Perversion im klinischen Sinn als Straf- oder auch Schuldausschließungsgrund. Diesbezüglich war die Haltung des Obersten Gerichtshofs gegen Ende des 19. Jhdts. restriktiver als die mancher unterer Instanzen; so verneinte er etwa auch bei Homosexualität mit Bestimmtheit die Relevanz der medizinisch-psychiatrischen Zugangsweise für die strafrechtliche Wertung von Sachverhalten. Der Untersuchungsrichter sicherte sich jedenfalls durch psychiatrische Gutachten über alle Beschuldigten (mit Ausnahme von Chlumecky) ab, in denen die strafrechtliche Verantwortlichkeit durchgehend bejaht wurde.

Die Vorsätzlichkeit des Handelns von Kadivec bejahte das Gericht erster Instanz, das hierin offenbar dem Staatsanwalt folgte.[23] Es nahm als erwiesen an, sie habe

22) Vr XXXI 150/24–49 Beschuldigtenvernehmung Edith Kadve (Edith Cadwé iun.)
23) Die Polizei hatte nach der ersten Vernehmung von Gretl Pilz betont, dass diese keineswegs einen schwachsinnigen Eindruck mache. Als Indiz für ein arglistiges bzw. planmäßiges Vorgehen, Grete Pilz dem Privatunterricht im eigenen Haushalt zuzuführen, wurde

> ihre angeblichen pädagogischen Grundsätze Kindern aus wohlhabenden Häusern gegenüber nicht zur Anwendung gebracht. [...] Wenn man bedenkt, daß die Kinder aus wohlhabenden Häusern erfahrungsgemäß nicht fleißiger oder lernbegieriger sind als die aus den ärmeren Schichten, so muß der Schluß als gerechtfertigt angesehen werden, daß Ida Kadivec ihre Prügelmethode nur den ärmeren Kindern gegenüber aus dem Grunde zur Anwendung brachte, weil sie von dieser Seite weniger Entdeckungen zu fürchten brauchte. Daß dieser Gedankengang, daß die Gefahr einer Anzeige von Seiten der ärmeren Kinder nicht so groß sei, ein richtiger war, beweist der Umstand, daß sie ihr Handwerk durch Jahre hindurch fortsetzen konnte.[24]

Zum Vorwurf der Schändung insbesondere führte Kadivec' Strafverteidiger in der Nichtigkeitsbeschwerde an den Obersten Gerichtshof u.a. aus, Züchtigungen könnten an sich keine Schändung sein (»objektive Tatseite«). Staatsanwalt Kadečka stellte in seiner Gegenäußerung heraus, dass die Tat von der so genannten subjektiven Tatseite her »nach § 128 StG gekennzeichnet sei«, also durch die ihr zu Grunde liegende Intention.

> [...] Der Einwand, der gegen das Urteil erhoben wird, ist im wesentlichen der, dass eine Subsumtion unter § 128 StG deshalb nicht statthaft sei, weil die Handlungen, wenn sie auch zum Zwecke geschlechtlicher Erregung vorgenommen wurden, an sich keinen geschlechtlichen Mißbrauch bedeuten. Zur Widerlegung dieses Einwandes wird vor allem darauf hingewiesen, daß die Handlungen, die Ida Kadivec zur Last liegen, dem Wesen nach etwas anderes sind, als blosse Züchtigungen von Eltern oder Lehrern an ihren Kindern und Zöglingen. Mit Recht betont das Urteil, dass die Handlungen der Ida Kadivec nicht ohne die sie begleitenden Nebenumstände beurteilt werden dürfen (nicht ohne Rücksicht auf das sadis-

---

gewertet, dass sich Kadivec im August 1923, während der Sommerferien an der Klinik Pirquet und bevor sie Pilz in Pflege nahm, mit Unterstützung von Bachstez ein heilpädagogisches Attest über die fehlende Eignung zum Besuch der Normalschule beschafft hatte (ON 11 – Textanhang). Damit konnte zugleich der häusliche Unterricht als empfohlen gelten, Mitteilung Regierungsrat Lazar 19.1.1924 an die Staatsanwaltschaft mit »Intelligenzprofil« von Grete Pilz, ON 111 (Blatt 121).
24) Auszüge aus der Urteilsbegründung (Beweiswürdigung) erster Instanz im Wortlaut nach: Mein Schicksal, o.J., 143.

tische Rituale, wenn man diesen Ausdruck brauchen darf). Schon in Handlungen, wie Aussuchen der Peitsche oder Entblössenlassen, oder Abziehen der Strafhose, liegen Entehrungen der Kinder, die niemals mit dem Strafzweck, der in der Züchtigung liegen soll, vereinbar sind. (Vr XI 150/24 ON 254 = StA [= Staatsanwaltschaft] II 13/24–16).

Der Oberste Gerichtshof folgte dieser Rechtsansicht von Kadečka, setzte das Strafmaß jedoch von sechs auf fünf Jahre schweren Kerkers herab.[25]

Der inzestuöse Aspekt der Schändung wurde vermutlich als erschwerender Umstand bei der Strafbemessung gewertet. Er war ausschlaggebend dafür, dass das Städtische Bezirksjugendamt Ottakring als Generalvormundschaft Kadivec' zweites Gnadengesuch vom September 1925 an den Bundespräsidenten nicht befürwortete. Das Jugendamt begründete seinen Standpunkt ausführlich. Kadivec sei wegen der Schändung an ihrem »bluteigenen Kinde« verurteilt worden, der Freispruch wegen § 129 I b StG (Homosexualität) nur erfolgt, weil sich Kadivec' Tochter der Aussage als Zeugin entschlagen hatte;[26] diese Sichtweise motivierte wahrscheinlich auch spätere pflegschaftliche Entscheidungen, Edith Kadivec iun. weiterhin von ihrer Mutter zu trennen. Noch der Sachbearbeiter des Antrages nach dem Amtshaftungsgesetz, mit dem Kadivec im April 1953 eine Entschädigung begehrte, stellte in einer Zusammenfassung des Strafverfahrens den inzestuösen Aspekt als wesentlich heraus.[27]

25) Die Berufungsentscheidung des OGH im »Sadistenprozess« wurde – durch die Datumsangabe als solche zweifelsfrei kenntlich – als bis 1975 relevante Klarstellung zu § 128 StG zitiert, dass das sadistische Auspeitschen von Kindern den Tatbestand der Schändung erfülle (OGH 13.6.1924 SSt IV 63), vgl. etwa den Strafrechtskommentar von Gustav Kaniak, Entscheidung 8 zu § 128 StG (Tathandlung), S. 263.

26) »Die Kindesmutter blickt auf ein bewegtes Vorleben zurück, ihre ganze Existenz war, wie der Vormundschaftsakt beweist, auf ein schwer entwirrbares Lügengewebe aufgebaut, und mit allem Nachdruck muss daran festgehalten werden, dass sie, von den an fremden Kindern begangenen sadistischen Verfehlungen abgesehen, auch wegen des an ihrem bluteigenen Kinde vollbrachten Verbrechens der Schändung verurteilt worden ist und dass sie von der Anklage, mit demselben lesbische Liebe betrieben zu haben, nur freigesprochen wurde, weil ihre Tochter sich der Zeugenaussage entschlug. Der Kindesvater, der übrigens auch früher seiner Alimentationspflicht nachgekommen ist, bestreitet jetzt restlos die Kosten der Lebensführung des Kindes; es trifft also die Behauptung der Gnadengesuche, dass die Mutter für den Unterhalt aufkommen müsse, nicht zu.« Äußerung des Städtischen Bezirksamtes Ottakring als Generalvormund an das Jugendgericht Wien, 10.12.1925, Vr XI 150/124 ON 380.

27) Bericht ON 455 zum Antrag an die Finanzprokuratur vom 15.4.1953 wegen einer Entschädigung gem § 8 AHG, Jv 3111–31/53, ON 454.

Fokussierung der Strafverfolgung auf Edith Kadivec

Freisprüche

Leopold Chlumecky und Eugenie Degrassi wurden vom Schöffensenat am Straflandesgericht Wien von der Anklage wegen Schändung (§ 128 StG) freigesprochen, Ernst Bachstez und Hermann Romberg von der Anklage wegen Schändung und Verführung zur Unzucht (§§ 128, 132 III StG).[28] Der Staatsanwalt hatte während der Hauptverhandlung die Anklagen gegen Chlumecky und Romberg zurückgezogen; Bachstez und Degrassi wurden jeweils auf Grund eines einhelligen Schöffenvotums freigesprochen.[29]

Schuldsprüche

Die Schöffen sprachen Edith Kadivec der Schändung (§ 128 StG) in insgesamt sechs Fällen schuldig: der Schändung an ihrer eigenen Tochter Edith, an Grete Pilz, Willi Worsch, Anna Orzo, Hermine Richter und Marie Kohoutek. Außer bei Willi Worsch – eine Gegenstimme – war das Votum einhellig. Vom Vorwurf der Schändung an Anna Novotny sprachen die Schöffen Kadivec einhellig frei. Weiters befanden die Schöffen Kadivec einhellig der Verführung zur Unzucht (§ 132 III) von Friederike Breitner sowie von Edith Kadivec iun. schuldig. Der Schuldspruch wegen der Urkundendelikte (§§ 320 e, f) war ebenfalls einstimmig (ON 214).

Walter Taussig und Paul Kotanyi waren zwar als Mittäter der Schändung angeklagt; die Staatsanwaltschaft hielt bis zum Schluss der Hauptverhandlung daran fest.[30] Verurteilt wurden beide jedoch schließlich wegen Vorschubleistung zur Schändung; die Vorschubleistung (§ 212 StG) war mit einer wesentlich geringeren Strafe bedroht.[31] Taussig und Kotanyi wurden des Vorschubs durch vor-

---

28) Endverfügungen, Vr XI 150/24 ON 283.
29) Beratungsprotokoll bei dem Landesgerichte für Strafsachen I, Vr XI 150/24 ON 214.
30) Gegenäußerung des Staatsanwaltes zur Nichtigkeitsbeschwerde von Taussig, Vr XI 150/24 ON 254 (StA II 13/24–16)
31) Endverfügungen, Vr XI 150/24 ON 283, sowie Gegenäußerung des Staatsanwaltes zu den Nichtigkeitsbeschwerden von Taussig und Kotanyi, ON 254. Das StG im Wortlaut: »26. Hauptstück. Von dem Verbrechen geleisteten Vorschube. Vorschub zu Verbrechen. a) durch boshafte Unterlassung der Verhinderung. § 212. Erster Fall. Wenn jemand ein Verbrechen zu hindern aus Bosheit unterläßt, da er es doch leicht, und ohne sich, seine, Angehörigen [...] oder diejenigen Personen, die unter seinem gesetzlichen Schutze stehen, einer Gefahr auszusetzen, hätte verhindern können.« Die Strafdrohung betrug grundsätzlich zwischen sechs Monaten und einem Jahr schweren Kerkers.

sätzliches »boshaftes Unterlassen« schuldig befunden, das heißt, sie hätten Kadivec nicht an deren strafbaren Handlungen gehindert. Taussigs Verurteilung betraf Kadivec' strafbare Handlungen an ihrer Tochter, an Grete Pilz und Willi Worsch. Kotanyi wurde verurteilt, der Schändung von Kadivec' Tochter, von Grete Pilz und Anna Orzo Vorschub geleistet zu haben. Das Schöffenvotum war bezüglich der Schuldfrage bei Taussig einhellig, bei Kotanyi stimmte in allen drei Fällen ein Schöffe dagegen.[32]

Grete Pilz und Wilhelm Worsch hatten sich dem Strafverfahren als Privatbeteiligte angeschlossen. Das bedeutete, dass der Zivilrichter in einem dem Strafverfahren nachfolgenden Schadenersatzprozess Tat- und Schuldfrage nicht mehr prüfen musste, die bereits Gegenstand des Strafurteils waren; nur mehr die Höhe des Schadenersatzes war Gegenstand des zivilgerichtlichen Verfahrens. Es ist nicht bekannt, wann und in welcher Höhe Pilz und Worsch Schadenersatz einklagten; Kadivec gab an, sie habe sich mit den privatbeteiligten Kindern über eine Summe von 2.000.000,– Kronen verglichen.[33]

Außerordentliche Rechtsmittel und verwandte rechtsbezogene Aktivitäten

Kadivec verfasste bereits zu Beginn des Strafvollzugs Eingaben an das Erste Wiener Straflandesgericht. Zwischen September 1924 und April 1949 stellte sie insgesamt zehn Wiederaufnahmeanträge im formellen Sinn; bei Ablehnung war in zweiter Instanz das Oberlandesgericht Wien zuständig. Darüber hinaus richtete sie weitere Eingaben und Anträge an verschiedene Stellen, um eine Neudurchführung des Verfahrens und die Aufhebung des Strafurteils zu erreichen. Allen diesen Schritten blieb der Erfolg versagt.

---

32) Der Schöffe Gustav Gruber sah es nicht als erwiesen an, dass Edith Kadivec Willi Worsch am Geschlecht betastet hätte, und stimmte diesbezüglich, nicht jedoch hinsichtlich der Züchtigung gegen den Schuldspruch wegen Schändung (§ 128 StG). Gruber beantragte eine mildere als die schließlich verhängte Strafe bei Walter Taussig und beantragte für Paul Kotanyi überhaupt einen Freispruch gem. § 259 Z 3 StPO. Beratungsprotokoll Vr XI 150/24 ON 214.

33) Blatt 952 zu ON 434, ergänzender Nachtrag 23.3.1937 ON 434 zum Wiederaufnahmeauftrag vom 2.3.1937, ON 432. Kadivec gab an, außer ihr habe sich Chlumecky mit den Kindern verglichen, und zwar über 6.000.000 Kronen.

1924 bis 1927

Kadivec stellte aus dem Strafvollzug zwei Anträge auf Wiederaufnahme des Verfahrens, den ersten im November 1925 über einen neuen Strafverteidiger, Rechtsanwalt Jellinek (vom Oberlandesgericht Wien im Jänner 1925 abgewiesen). In ihrem zweiten Wiederaufnahmeantrag griff Kadivec die Zeugenaussage von Wilhelm Worsch an. Dazu ermittelte das Straflandesgericht Wien ergänzend, wies den Antrag jedoch mangels neuer Tatsachen Anfang Juli 1927 ab. Noch im gleichen Monat bestätigte das Oberlandesgericht Wien die Abweisung. Im Dezember 1925 wurde Kadivec aus dem Strafvollzug entlassen und stellte im darauf folgenden Jahr zwei weitere Wiederaufnahmeanträge über Rechtsanwalt Kramer, ihren Verteidiger im Strafverfahren.

In ihrem dritten Wiederaufnahmeantrag (Mai 1926) machte sie geltend, sie habe niemals sexuelle Befriedigung beim Züchtigen gesucht noch gefunden; das Straflandesgericht wies ihn im August 1926 ab.[34] Den vierten Wiederaufnahmeantrag begründete sie im November 1926 mit einer anonymen Postkarte, die die Glaubwürdigkeit von Willi Worsch angriff. Das Straflandesgericht folgte der Äußerung von Staatsanwalt Kadečka, wonach anonyme Äußerungen kein Beweismittel darstellten, und wies den Antrag im März 1927 ab (in zweiter Instanz noch im gleichen Monat bestätigt).[35]

Im Juli 1927 bewilligte der Wiener Bürgermeister einen Antrag auf Namensänderung von Mutter und Tochter Kadivec, nunmehr Christally (Vr XI 150/24–414).

1935 bis 1937

1935 setzte Kadivec/Christally eine Art rechtlichen Rundumschlag. Sie beantragte zunächst im Februar die Akteneinsicht in den Strafakt und begründete dies mit der Absicht, gegen Chlumecky eine Entschädigungsklage einzubringen; das Oberlandesgericht Wien wies ihr Ansuchen am 19.4.1935 ab.[36]

---

34) Wiederaufnahmeantrag Vr XI 150/24 – ON 191, ergänzt durch Eingabe vom 8.8.1926, ON 393; Abweisung Straflandesgericht I Wien 20.8.1926, Vr XI 150/24 ON 395.
35) Abweisung Vr XI 150/24 ON 402; Beschwerde an das OLG Wien ON 403; Beschluss OLG Wien 29.3.1927.
36) Beschwerde gegen die Ablehnung der Akteneinsicht, Vr XI 150/24 ON 422; OLG Wien 19.4.1935 ON 424.

Vom 20.4.1935 datiert ein umfangreicher »Antrag auf Disziplinaruntersuchung« an die Disziplinaroberkommission im Bundeskanzleramt mit vorangestelltem Dollfuß-Zitat (ON 423). Als »österreichische arische Mutter« folge sie dem »Aufruf der autoritären Regierung an die Staatsbürger, am Neuaufbau unseres Staates mitzuwirken, um insbesondere einen integeren Beamtenkörper im Staate zu erhalten«. Sie behauptete u.a., informelle Verbindungen von Chlumecky zu Polizeipräsidenten Schober hätten das Strafverfahren gegen sie negativ beeinflusst (»staatliche Unrechtspflege«). Weiters erstattete sie eine Strafanzeige gegen den Vormund ihrer Tochter, Eselböck, wegen Amtsmissbrauchs, Verleumdung, Betruges und Einschränkung der körperlichen Freiheit.

Am 30.8.1935 klagte sie beim Kreisgericht Leoben Chlumecky auf Leistung einer ihrer Tochter versprochenen monatlichen Rente bzw. auf Schadenersatz für deren Nichtleistung (ON 426). Am gleichen Tag stellte sie den nunmehr fünften Wiederaufnahmeantrag an das Straflandesgericht Wien. Dieses verwies auf vorangegangene Entscheidungen zu den Wiederaufnahmeanträgen, würdigte ihn also noch als rechtliches Vorbringen, und wies ihn im Oktober 1935 ab (in zweiter Instanz im November bestätigt).[37] Im Zusammenhang mit der Abweisung des nächsten, sechsten Wiederaufnahmeantrages (März 1937, in zweiter Instanz im Mai 1937 bestätigt) – »Ich war in der Untersuchungshaft dieser giftgeschwollenen Ehrabscheidungs- und Verleumdungswut durch die rote Judenpresse hilflos ausgeliefert« – findet sich der Hinweis auf eine Psychiatrierung.[38]

1938 und 1939

Den siebenten Wiederaufnahmeantrag (12.9.1938) unterzeichnete »Pgn. Ida F. Christally« mit »Heil Hitler!« und beantragte, das Strafurteil aus 1924 – »Lügenschuldspruch eines eidbrüchigen Richters«, »jüdische Machinationen gegen mich«– als nichtig zu erklären. Das

---

37) Abweisung Straflandesgericht I 12.10.1935; Vr XI 150/24 ON 427; Beschwerde an OLG Wien 21.10.1935, ON 428; Bestätigung der Abweisung OLG Wien 23.11.1935, ON 430.
38) Wiederaufnahmeantrag 2.3.1937, Vr XI 150/24–432 mit ergänzendem Nachtrag vom 23.3.1937, ON 434; Abweisung durch Beschluss LG für Strafsachen I 15.3.1937, Vr XI 150/24–438; Beschwerde 30.3.1937 an LG f Strafsachen I, in der Abweisung 24.5.1937, Vr XI 150/24–437 Hinweis auf Psychiatrierung; Entscheidung des OLG Wien 19.5.1937 mit Bestätigung der Abweisung, Vr XI 150/24–441.

Straflandesgericht I wies den Antrag im Rekurs auf die bisher ergangenen Entscheidungen ab und wertete die Antragstellung explizit als »Ausfluss der geistigen Erkrankung« der Antragstellerin (22.9.1938).[39]

Ähnlich begründet ist der achte Wiederaufnahmeantrag aus dem Februar 1939. Ein weiteres Ansuchen aus dem Februar 1939 – es zielte auf die Revision des Strafverfahrens sowie auf »Rechtsschutz wegen fortgesetzter Rechtsbeugung und -verweigerung sozialistisch geschulter Rechtsbeamten« – wertete das Oberlandesgericht Wien als (neunten) Wiederaufnahmeantrag und wies ihn im April 1939 ab.[40]

1949 und 1953

Mit dem zehnten und letzten Wiederaufnahmeantrag – beim Landesgericht für Strafsachen I am 20.4.1949 eingelangt – strebte Kadivec/Christally neuerlich die »Aufhebung des Präjudizurteils« an. Die Staatsanwaltschaft bezog sich am 6.5.1949 auf das Protokoll der Hauptverhandlung, wonach Kadivec über das »Tatsächliche« geständig gewesen sei, das heißt, die ihr zur Last gelegten Handlungen nicht bestritten habe. Im Abweisungsbeschluss (1.6.1949) stellte das Gericht fest, dass die Voraussetzungen für eine beschränkte Entmündigung gegeben seien.[41] Zuletzt dokumentiert ist ein Antrag an die Finanzprokuratur aus dem Frühjahr 1953, in dem Kadivec/Christally erfolglos ein Amtshaftungsverfahren und Entschädigung für die Strafhaft anstrebte.[42]

---

39) Wiederaufnahmeantrag 12.9.1938, Vr XI 150/24–443; Abweisung 22.9.1938 Vr XI 150/24–444. Der Wiederaufnahmeantrag strotzt vor antisemitischen Konstrukten: »Lügenfeldzug der Juden-Weltpresse gegen meine Person«; die Mitangeklagten werden als »Halbjude«, »Talmudjude«, »Jude, Burgschauspieler und Logenbruder« klassifiziert. Auch von der »jüdisch durchsetzten Polizei« ist die Rede.
40) (Achter) Wiederaufnahmeantrag 15.2.1939, Vr XI 150/24–445; als (neunter) Wiederaufnahmeantrag gewertete Beschwerde an das OLG Wien vom 27.2.1939, Vr XI 150/24–446; Entscheidung des OLG Wien 5.4.1939, Vr XI 150/24–448. In der Beschwerde an das OLG Wien – »arische Mutter«, »lasterhafte Juden« – waren die Nummer des Ariernachweises sowie die NSDAP-Mitgliedsnummer angeführt.
41) In einem Aktenvermerk vom 16.1.1948 zu einem Auskunftsbegehren über den Strafakt ist der Hinweis auf eine beschränkte Entmündigung im Jahr 1940 sowie auf ein gegen Kadivec auf Grund ihrer zahlreichen Eingaben aus 1935 eingeleitetes Verleumdungsverfahren (§ 209 StG) enthalten, vgl. XI Vr 150/24–449; Wiederaufnahmeantrag 20.4.1949, Vr XI 150/24–451.
42) Antrag an die Finanzprokuratur vom 15.4.1953 wegen einer Entschädigung gem § 8 AHG, Jv 3111-31/53, ON 454.

Zur Quellenlage

Der Strafakt im Wiener Stadt- und Landesarchiv
Die Struktur eines gerichtlichen Strafaktes war von der StPO und dem rechtsstaatlichen Gebot der Nachvollziehbarkeit aller Verfahrensschritte vorgegeben. Eine Orientierung im vorhandenen, über große Teile ungeordneten Konvolut ist durch die glücklicherweise erhaltene Aktenübersicht, das obligatorische Inhaltsverzeichnis am Anfang des Aktes, mit 455 verzeichneten Ordnungsnummern für Vorgänge bzw. Teilstücke möglich.[43] Mit Ausnahme des psychiatrischen Gutachtens zur Schuldfähigkeit von Kadivec ist die Voruntersuchung weitgehend dokumentiert, so durch den Verfügungsbogen des Untersuchungsrichters und die Polizei- und Vernehmungsprotokolle. Sie stellen eine abgesicherte Basis für die Rekonstruktion der rechtlichen Sichtweise von Polizei und Untersuchungsrichter dar.

Neben einer Reihe kleinerer Aktenstücke fehlen jedoch die Anklageschrift, das Protokoll der Hauptverhandlung (gemäß StPO ein Wortprotokoll), das vom Untersuchungsrichter beauftragte psychiatrische Gutachten über Edith Kadivec sowie die Urteile erster und zweiter Instanz. Die Rekonstruktion der rechtlichen Substanz des Verfahrens ist somit erschwert.[44] Dies könnte durch den Sensationscharakter des Prozesses bedingt sein. So soll der Journalist Valentin Schuster – er schrieb u.a. für die 1933 verbotene *Deutschösterreichische Tageszeitung* (Doetz) und später für den *Völkischen Beobachter* – im November 1924 wegen »Kokainismus« am Steinhof in Behandlung gewesen sein und aus der Anstaltsregistratur wesentliche Teile des Strafakts von Edith Kadivec gestohlen haben.[45] Schuster

---

43) Der Akt umfasst 1053 fortlaufend nummerierte Blätter (entspricht 2206 Seiten); hinzu kommen beschlagnahmte Schriftstücke, die nicht durchgehend nummeriert sind.

44) Bestimmte österreichische Justizakten der Neuzeit und Zeitgeschichte, insbesondere der Zwischenkriegszeit, sind nicht mehr oder nur erschwert zugänglich. Zu den generellen archivarischen Problemen beim Bewerten, Bewältigen und Skartieren österreichischer Gerichtsakten vgl. etwa Peter Csendes: Das Massenproblem in den öffentlichen Archiven. In: Scrinium 44/45 (1991) S. 200–205; Josef Franz Desput: Skatierung von Gerichtsakten. In: Scrinium 44/45 (1991) S. 211–213; Wilhelm Wadl: Praxisbezogene Überlegungen zur Skartierung von Gerichtsschriftgut. In: Scrinium Heft 44/45 (1991) S. 214–220.

45) Der Mungo der »Doetz«, in: Arbeiter-Zeitung, 21.9.1933. Zu Valentin Schuster siehe weiters: Verbrecherlaufbahn eines führenden braunen Journalisten, in: Reichspost (Wien), 20.9.1933, Tagblattarchiv, Valentin Schuster; mwH: Eckart Früh: Valentin Schuster alias Mungo – das ist der Name eines tropischen Stinktiers im braunen Blätterwald, in: Macht Literatur Krieg. Österreichische Literatur im Nationalsozialismus, hrsg. v. Uwe Baur/Karin Gradwohl-Schlacher/Sabine Fuchs (Fazit. Ergebnisse aus germanistischer und komparatistischer Literaturwissenschaft 2), Wien – Köln – Weimar 1998, S. 227–245.

hat, soweit bekannt ist, Aktenstücke zum »Sadistenprozess« nicht in einer Publikation verwertet. Der Aktenschwund ist möglicherweise auch nicht ihm allein anzulasten. So bezieht sich der Bearbeiter im Amtshaftungsverfahren 1953, der eine Zusammenfassung des Strafakts vornahm, auf das Protokoll der Hauptverhandlung und das psychiatrische Erstgutachten von Kadivec, in dem ihr eine »perverse und gesteigerte Erotik« attestiert wurden; diese Aktenstücke standen ihm also noch zur Verfügung. Der Akt war jedenfalls in den verschiedenen Verfahrensstadien sehr oft zwischen verschiedenen österreichischen und auch ausländischen Gerichten und Behörden im Weg der Amtshilfe hin- und hergesendet worden.[46]

Presseberichte

Der Wiener »Sadistenprozess« im Februar 1924 war ein Sensationsprozess und wurde von ZeitgenossInnen auch so empfunden.[47] Die Berichterstattung zur Hauptverhandlung überdeckte in den Wiener Tages- und Wochenzeitungen zunächst in rein quantitativer Hinsicht, dann von der Platzierung her jene über den zeitgleich in München stattfindenden Hochverratsprozess gegen Adolf Hitler.[48] Worum es in dem Strafverfahren ging, darüber hatte die Presse ja bereits seit den ersten Festnahmen Anfang Jänner ausführlich berichtet.

Die sensationellen Aspekte waren zunächst das als erwiesen beschriebene Vorgefallene: »Furchtbarer Mißbrauch von Kindern«[49]; »Die sadistischen Vorführungen einer Sprachlehrerin«[50], dann die Beteiligung von Personen aus der »Gesellschaft«, die mit dem »Sadistensalon« zu tun hatten.[51] Die früheste vorgefundene Meldung in der Morgenausgabe der *Neuen Freien Presse* (8.1.1924) war weitgehend mit dem Bericht im ersten Polizeierhebungsakt an die Staatsanwaltschaft (ON 11 – Textanhang) identisch. Einzig die sozialdemokra-

---

46) Akten, die der Untersuchungsrichter von anderen Stellen anforderte, wurden nicht in den Akt aufgenommen, sondern ohne Anfertigung von Abschriften rückgesendet. So finden sich auch die Pflegschafts- und Strafakten, die Sichtweise von Staatsanwalt und Untersuchungsrichter maßgeblich bestimmten, nur vereinzelte Hinweise wie »Faktum in Akt XY« sowie die Verzeichnisse der Aktenzahlen in den so genannten Endverfügungen über die Angeklagten.

47) Vgl. etwa: Der Sensationsprozeß Kadivec. Heute Beginn der Verhandlung vor dem Schöffengericht, in: Neues Wiener Journal Nr. 10.874 vom 27.2.1924, S. 5.

48) Vgl. jedoch: Hitlerprozeß, in: Wiener Bilder 9 (1924), S. 4.

49) Neue Freie Presse Nr. 21.310 (Morgenblatt) vom 8.1.1924, S. 8 und 10.

50) Neue Freie Presse Nr. 21.311 (Abendblatt) vom 9.1.1924, S. 4.

51) »Der Sadistensalon. Verhaftung des Dozenten Dr. Bachstez.« In: Neues Wiener Journal Nr. 10.830 vom 13.1.1924, S. 7.

tische *Arbeiter-Zeitung* kritisierte bereits am 9.1.1924 die Polizei – und somit wesentlich Polizeipräsidenten Schober – wegen der Praxis, »gewissen kapitalistischen Blättern« Informationen zur Verfügung zu stellen, »während sich die offizielle Polizeikorrespondenz in Schweigen hüllt«.[52] Sie forderte Diskretion im Interesse der Untersuchung und verwies auf die Problematik der Berichterstattung im Licht der so genannten Lasser'schen Artikel. Diese untersagten die öffentliche Erörterung von Beweismitteln sowie die Wiedergabe der Anklageschrift vor einem strafgerichtlichen Urteil erster Instanz (vgl. jedoch z.B. *Neue Freie Presse* Nr. 21.359 vom 27.2.1924) und konkretisierten somit die Unschuldsvermutung als Pressinhaltsdelikte.[53] Doch neben den notorisch hetzenden rechten Tageszeitungen berichteten auch die seriöse Tagespresse und der linke Boulevard mehr oder weniger laufend im Jänner über die Voruntersuchung. Aus heutiger Sicht auf Unschuldsvermutung und Persönlichkeitsrechte sind die Berichte der Tageszeitungen zum »Sadistenprozess« in unterschiedlicher Weise problematisch, wegen der Lückenhaftigkeit des Strafaktes jedoch unverzichtbare Quellen.

Sensationell an der Hauptverhandlung war, dass noch vor Verlesung der Anklageschrift die Öffentlichkeit von der Verhandlung ausgeschlossen wurde;[54] dass am 1. März 1924 Staatsanwalt Kadečka die Anklagen gegen den Burgschauspieler Hermann Romberg und den Statthaltereisekretär a.D. Leopold Chlumecky zurückzog und sie freigesprochen wurden;[55] schließlich die Härte des Urteils gegen Edith Kadivec.

52) Arbeiter-Zeitung Nr. 9, 9. Januar 1924, S. 7.
53) Artikel VII und VIII des Gesetzes vom 17. Dezember 1862, RGBl 1862, Nr. 8 ex 1863, betreffend einige Ergänzungen des allgemeinen (und des Militär-)Strafgesetzes. Artikel VIII des betreffenden Gesetzes aus 1862 untersagte es unter Androhung einer Freiheitsstrafe, »in einer Druckschrift den vermutlichen Ausgang eines Strafverfahrens oder den Wert eines Beweismittels vor dem Urteil der ersten Instanz« zu erörtern. Artikel VII untersagte unter der Androhung einer nicht unerheblichen Geldstrafe die Veröffentlichung eines Anklagebeschlusses oder einer Anklageschrift vor der Hauptverhandlung, weiters die Veröffentlichung »der im Laufe einer strafgerichtlichen Untersuchung zu den Akten gebrachten Beweisurkunden oder Aussagen von Beschuldigten, Zeugen oder Sachverständigen vor Beendigung der Untersuchung und bevor davon in der Hauptverhandlung Gebrauch gemacht worden ist, über welchen die gerichtliche Behandlung bevorsteht, oder eine[r] Anklageschrift, ehe die Anklage in der Hauptverhandlung entwickelt worden ist.«
54) Gerichtssaal. Der Prozeß Kadivec. Ausschluß der Öffentlichkeit für die ganze Verhandlung, in: Neues Wiener Journal Nr. 10.875 vom 28.2.1924, 12 f; Der Sittenprozeß gegen die Sprachlehrerin Kadivec und ihre Mitbeschuldigten, in: Neue Freie Presse, Nr. 21.359, 27. Februar 1924.
55) Gerichtssaal. Sensationelle Wendung im Kadivec-Prozeß. Leopold Chlumecky und Hermann Romberg nach Rücktritt des Staatsanwaltes von der Anklage freigesprochen, in:

Literarische Zeugnisse

Das Erscheinen der Schrift »Edith Kadivec: Mein Schicksal/Bekenntnisse von Edith Cadwé« – ohne Jahresangabe im Astra-Verlag (Leipzig/Wien) – steht vermutlich im Zusammenhang mit einem der Wiederaufnahmeanträge aus 1926; diese frühe Fassung der »Bekenntnisse« zitiert geschlossene Passagen des Urteils erster Instanz und der Nichtigkeitsbeschwerde.[56]

Noch vor der Hauptverhandlung erschien ein tendenziell apologetisches Feuilleton von Adalbert Sternberg; nach der Urteilsverkündung äußerten sich Alfred Polgar und Robert Müller.[57] In einem weiteren Kontext sind die dichterische Prosa und die Feuilletons von Elisabeth Janstein[58], deren teilnehmende Besuche im Strafvollzug Kadivec erwähnt, von Interesse.

Im Strafakt selbst ist eine eher biographisch als literarisch interessierende Korrespondenz von Kadivec mit Arthur Trebitsch enthalten.[59]

Neues Wiener Journal Nr. 10.877 vom 1.3.1924, 13; Aus dem Gerichtssaal. Der Prozeß Kadivec, in: Neue Freie Presse, 1. März 1924, S. 10.

56) Edith Kadivec: Mein Schicksal. Bekenntnisse von Edith Cadwé. Leipzig – Wien (Astra-Verlag) o.J. wird gelegentlich, so von der Österreichischen Nationalbibliothek und der Staatsbibliothek Berlin, 1927 datiert; es findet sich aber auch eine Datierung mit 1925 (siehe den in diesem Band dokumentierten Eintrag von Gugitz im »Bilderlexikon der Erotik«). An dieser Stelle wird der vertriebene österreichische Journalist, Essayist, Lyriker und Übersetzer Josef Kalmer (Joseph Kalmer, recte: Josef Kalmus) als Verfasser in Kadivec' Auftrag genannt. Joseph Kalmer wurde 1898 in Nehrybka (Galizien) geboren. Er emigrierte über die CSR nach England und kehrte 1945 nach Wien zurück, wo er im Juli 1959 starb; Harry Zohn: »... ich bin ein Sohn der deutschen Sprache nur ...«. Jüdisches Erbe in der österreichischen Literatur. München 1986; vgl. den Überblick über Leben und Werk von Konstantin Kaiser: Nicht fremde Weite. Der Lyriker, Journalist, Übersetzer Joseph Kalmer, in: iwk-Nachrichten 1987/2, S. 52–59.

57) Alfred Polgar: Ein Kriminalfall. In: Alfred Polgar: Kleine Schriften. Hrsg von Marcel Reich-Ranicki/Ulrich Weinzierl, Rowohlt 1982, Seite 353 f.; Robert Müller: Der Sadistenprozess in Wien, in: Das Tagebuch, Berlin, 22.3.1924, Jg, 5, Heft 12, S. 386–392; Adalbert Sternberg: Der Sadismus, in: Neues Wiener Journal, Nr. 10.830, 13.1.1924. Ein »Adalbert (Graf) Sternberg« ist – auf einem nicht zuordbaren Blatt – im Strafakt als »Vertrauensmann« für Paul Kotanyi genannt; es ist unklar, ob damit die Funktion im Vermittlungsamt der Gemeinde gemeint war und ob sie von Bedeutung im Zusammenhang mit der Kautionserstellung war, vgl. Gesetz vom 27.2.1907, RGBl. Nr. 59, Lißbauer/Suchomel, Strafprozeßgesetze (1929), S. 744.

58) Vgl. Elisabeth Janstein: Gebete um Wirklichkeit. Wien 1919; Die Kurve. Aufzeichnungen. Wien (E. Strache) um 1920; mir liegen eine Reihe von Texten vor, die Janstein als Korrespondentin der Neuen Freien Presse in Paris und Brüssel schrieb, so: Colette in der Music Hall, Neue Freie Presse Nr. 25.669 vom 26.2.1936, S. 11.

59) Arthur Trebitsch (Pseud. R. Stibert) wurde 1880 in Wien geboren und starb 1927 in Eggendorf bei Graz. Werke von Trebitsch sind u.a.: Geist und Judentum (1919); Wir Deutschen aus Österreich (1920); Deutscher Geist oder Judentum (1921); Arische Wirt-

Abschließende Bemerkungen

Zahlreiche Gesichtspunkte und Details des Strafverfahrens sind hier außer Acht geblieben, so die Rekonstruktion der Verwicklung von Edith Kadivec iun. in das Strafverfahren und eine Annäherung an das Beziehungsgeflecht der Angeklagten. Das Gleiche gilt für den rechtshistorischen Blick auf die institutionelle Realität der Strafjustiz (Interaktion mit der Polizei; Sittenpolizei); auf einzelne ihrer Akteure (Staatsanwalt Kadečka); auf die Berührungspunkte mit den Diskursen der (forensischen) Psychiatrie, der Psychoanalyse und des Fürsorgewesens; auf die Medien, kurz für die sozialhistorische Sicht auf das Umfeld des Prozesses. Ebenso ausgespart blieb der Bezug zu aktuellen rechtspolitischen Diskussionen.

Die Fokussierung des Strafverfahrens und der Presseberichterstattung auf Kadivec ist durch den als erwiesen anzunehmenden Sachverhalt hinreichend erklärt. An der Authentizität der ausführlichen Aussage von Grete Pilz in ihrer ersten polizeilichen Vernehmung kann kein Zweifel bestehen.

Die Berichterstattung war geeignet, wenn ich von mir und meiner Beschäftigung mit diesem Strafverfahren ausgehe, Empörung, Entsetzen, Angst und voyeuristische Neugierde auszulösen; eine mehr oder minder intensive Phantasietätigkeit über das vermutlich Vorgefallene; eine mehr oder minder unbewusste Mobilisierung perverser Energie; und die Abwehr all dieser Emotionen. Welchen Namen wir der Perversion geben, mag dahinstehen – so wie am Ausgangspunkt von Freuds Annäherung an die Phantasievorstellung »Ein Kind wird geschlagen«.[60] Die bestimmte Benennung als »sadistisch« in der polizeilichen Anzeige, das Herausarbeiten und Betonen der ritualisierten Elemente des Strafens durch Polizei und Staatsanwalt mögen uns an den Satz von Viktor Tausk erinnern, »dass also der Jurist auch über die Möglichkeiten der Liebesbedingungen und -wirkungen sicheren Bescheid weiß«.[61] Kadivec wiederum hat der Justiz

---

schaftsordnung (1925); vgl. Harry Zohn: »... ich bin ein Sohn der deutschen Sprache nur ...«. Jüdisches Erbe in der österreichischen Literatur, München 1986. Trebitsch hatte zumindest in zwei Fällen Aufmerksamkeit erregende gerichtliche Auseinandersetzungen; die Arbeiter-Zeitung meinte: »Der wütendste Wiener Antisemit ist der Jude Artur Trebitsch«, Nr. 348 vom 28.12.1922.
60) Sigmund Freud, »Ein Kind wird geschlagen« (Beitrag zur Kenntnis der Entstehung sexueller Perversionen). (1919). In: Studienausgabe Band VII: Zwang, Paranoia und Perversion.
61) Viktor Tausk: Zur Psychologie des Deserteurs (1916). In: H.J. Metzger (Hrsg.): Gesammelte psychoanalytische und literarische Schriften. Berlin – Wien (Medusa) 1983.

die Strafverfolgung durch ihre prompte Selbstetikettierung »(masochistisch) sadistisch« erleichtert. Die in den autobiographischen Texten betonte Unerfahrenheit mit dem Strafrechtssystem entspricht nicht der Realität.

Die Fokussierung des Strafverfahrens auf Edith Kadivec bleibt erklärungsbedürftig. Elemente von Klassenjustiz können wir darin erblicken, dass der Untersuchungsrichter zu den nicht weiter verfolgten oder freigesprochenen Beschuldigten – Angehörigen des Beamtenadels, der Staatstheater und der medizinischen Fakultät – gesellschaftlich ebenso angesehene Leumundszeugen vernommen hatte.[62] Eugenie Degrassi, ebenfalls freigesprochen, war mit einem Unternehmer verheiratet. Der Vater (»Industrieller«) von Walter Taussig (»Handelsangestellter«) kämpfte für seinen Sohn und legte zu dessen psychischer Befindlichkeit insgesamt fünf ärztliche Gutachten vor, zuletzt ein Gutachten des Psychoanalytikers Ludwig Jekels (ON 141; siehe den Textanhang). Kuh-Chrobak konnte ein psychoanalytisches Attest von Wilhelm Stekel vorweisen (ON 116). Edith Kadivec waren, so scheint es jedenfalls, vergleichbare Wege verschlossen.

Darüber hinaus lässt sich fragen, inwiefern der »Sadistenprozess« Elemente einer patriarchalischen Geschlechterjustiz aufweist. Kadivec' Status als Paria war, abgesehen von den ihr zur Last gelegten Taten, mehrfach determiniert: Sie galt als Geheimprostituierte und als Hochstaplerin; sie war vorbestraft; sie war nicht verheiratet, d.h. sie stand im Gegensatz zu Eugenie Degrassi nicht unter der sozialen Kontrolle eines Mannes; sie hatte ein außereheliches Kind von einem verheirateten Mann; möglicherweise hatte sie lesbische Freundschafts- und Liebesbeziehungen. Schließlich war sie Objekt psychiatrischer Interventionen. Die Gesellschaft beharrte auf der Trennung der inzestuösen Mutter-Tochter-Symbiose.

---

62) Obwohl im Habsburgergesetz 1919 der Adel in Österreich aufgehoben und das Führen von Adelstiteln untersagt wurde, waren diese in den Köpfen präsent. Im Akt sind wiederholt Adelstitel angeführt: Leopold Chlumecky (Freiherr; »Baron«, ON 91) bot »Karl Fürst Fugger v. Babenhausen« als Leumundszeugen auf (ON 93), als Vertrauensmänner: »Eduard Prinz zu Lichtenstein [sic]; Heinrich Graf Taffe; Regierungsrat Dr. Grötzinger«. Alfons Peter »Pierre« Kuh-Chrobak war Korrepetitor an der Staatsoper und wurde auf einer anonymen Postkarte als »Sohn des Herrn Ritter von Kuh« bei der Polizei »vernadert« (ON 32); sein Vater sagte als Leumundszeuge aus, u.a. dass sein Sohn seit zwei Jahren bei Wilhelm Stekel in Behandlung sei (ON 54 und 56). Für Bachstez sagte als Leumundszeuge außer seinem unmittelbaren Dienstvorgesetzten auch der bekannte Psychiater und Universitätslehrer Wagner-Jauregg aus (ON 107).

Die Rekonstruktion des Strafverfahrens gegen Edith Kadivec bleibt ein letztlich offenes Unternehmen. Kadivec befasste ohne Erfolg die Instanzen der Ersten Republik, das austrofaschistische Regime, das nationalsozialistische Regime und auch noch die Zweite Republik mit Eingaben und Wiederaufnahmeanträgen. Die späteren, paranoid anmutenden Eingaben enthalten ausführliche autobiographische Passagen. Wir können sie als Intertext zu den autobiographischen Schriften lesen, in denen wiederum das Strafverfahren eine bedeutende Stelle einnimmt. Der Intertext der Wiederaufnahmeanträge erhellt die beharrend apologetische Intention des autobiographischen Textes.

Identifizieren wir uns mit der Sichtweise der geschlagenen Kinder und der Strafjustiz, finden wir in den Kadivec'schen »Erlebnissen und Bekenntnissen« Verleugnen, Beschönigen und Ungeschehenmachen, Stigmata im Grandiosen, und können uns fragen, inwieweit Heuchelei stets sadistische Lust ist.

Ich danke Dr. Eckart Früh (Tagblattarchiv) für die stete Freundlichkeit, mit der er seit 1992 meine Arbeiten zu Edith Kadivec durch zahlreiche Hinweise unterstützt hat. Das Tagblattarchiv ist seit 2002 nicht mehr in der Arbeiterkammer Wien, sondern in der Wiener Stadt- und Landesbibliothek untergebracht.

Dr. Madeleine Wolenksy (Sozial- und wirtschaftswissenschaftliche Studienbibliothek der Kammer für Arbeiter und Angestellte für Wien) danke ich für die Unterstützung bei der bibliographischen Recherche.

Andrea Maria Dusl und Gerald Demmel haben mir immer wieder versucht zu zeigen, wie JournalistInnen denken und Zeitungen funktionieren. Das war für einen Teil dieser Arbeit wichtig.

Textanhänge

Erlaß vom 25. Mai 1917, JMVBl. [Verordnungsblatt des Justizministeriums] **Nr. 27, über die Verfolgung von Kindermißhandlungen**

Text nach Karl Lißbauer/Hugo Suchomel: Die österreichischen Strafprozeßgesetze. Mit einer Übersicht über die Rechtsprechung des Obersten Gerichtshofes. Nach dem Stande der Gesetzgebung vom 15. September 1928. Vierte Auflage Wien (Österreichische Staatsdruckerei) 1929, S. 1094 ff.

Mehrere in der letzten Zeit bekanntgewordene schwere, zum Teil tödlich verlaufene Kindermißhandlungen veranlassen das Justizministerium, die Staatsanwaltschaften anzuweisen, der Verfolgung der Kindermißhandlungen ihr besonderes Augenmerk zuzuwenden. Dabei wird zu beachten sein, daß die nachsichtigen Bestimmungen der §§ 414 bis 418, 420 und 421 StG. nur anwendbar sind, wenn es sich tatsächlich objektiv und subjektiv um Mißhandlungen »bei häuslicher Zucht« handelt.

Dazu ist – abgesehen davon, daß dem Täter gegenüber dem Mißhandelten überhaupt ein Züchtigungsrecht zustehen muß – erforderlich:
1. daß die Mißhandlungen, wenn auch nicht dem Grade, so doch der Art nach solche sind, wie sie herkömmlich als Züchtigungsmittel angewendet werden (hieher gehören z.B. Rutenstreiche, Schläge mit der flachen Hand und ähnliches, dagegen nicht etwa Hiebe mit schweren oder sonst die Unversehrtheit des Körpers gefährdenden Werkzeugen, das Schleudern irgendwelcher Gegenstände nach dem Kinde oder Mißhandlungen, die mit besonderen Qualen verbunden sind);
2. daß sie durch unsittliches, ungehorsames oder die häusliche Ordnung und Ruhe störendes Verhalten eines mindestens dem Säuglingsalter entwachsenen Kindes hervorgerufen sind (vgl. § 145 ABGB);
3. daß sie *animo corrigendi*, also in erzieherischer Absicht und nicht etwa bloß aus Haß oder Feindschaft gegen das Kind geschehen und
4. daß der Schade am Körper des Gezüchtigten weder direkt noch eventuell beabsichtigt ist.

Nur wenn alle diese Voraussetzungen zutreffen und der Züchtigende lediglich das erlaubte Maß der Züchtigung überschreitet, oder, wie das Gesetz sagt, das Recht der häuslichen Zucht zu Mißhandlungen ausdehnt, wodurch der Gezüchtigte am Körper Schaden nimmt, ist der Täter nach den Sonderbestimmungen über die Überschreitung des Züchtigungsrechtes zu bestrafen. In allen anderen Fällen sind die allgemeinen Bestimmungen des Strafgesetzes zum Schutze von Leib und Leben, insbesondere die Bestimmungen über Körperbeschädigung, Mord und Totschlag anzuwenden.

Ob im einzelnen Falle die oben angeführten Voraussetzungen vorliegen, wird stets sorgfältig geprüft werden müssen. Die Staatsanwälte werden daher darauf zu sehen haben, daß sich das Gericht nicht etwa mit dem Parere des Arztes und der Aussage des meist im Banne des Angeklagten und unter der Drohung weiterer Mißhandlungen stehenden Kindes begnüge, sondern durch Vernehmung der Hausgenossen und Nachbarn und eine Nachfrage in der Schule festzustellen versuche, wie sich der Angeklagte im allgemeinen gegen das Kind verhält. Wenn der Angeklagte erst vor kurzer Zeit die Wohnung gewechselt hat, werden auch seine früheren Hausgenossen zu befragen und, wenn seine frühere Wohnung nicht im selben Gerichtssprengel gelegen war, bei dem Strafgerichte oder der Sicherheitsbehörde Erkundigungen einzuziehen sein, in deren Sprengel er früher wohnte.*

Auch das Pflegschaftsgericht wird unter Umständen wichtige Aufschlüsse zu geben imstande sein, da es nach den Justizministerialverordnungen vom 10. November 1893, JMVBl. Nr. 31, und vom 3. Dezember 1899, JMVBl. Nr. 49, von allen wichtigeren Vorkommnissen Kenntnis erhalten muß.

Die Staatsanwaltschaften haben dafür zu sorgen, daß diese Weisungen auch von den staatsanwaltschaftlichen Funktionären genau beachtet und gerichtliche Entscheidungen, die auf einer abweichenden Auslegung der gesetzlichen Bestimmungen oder auf ungenügender Erhebung des Sachverhaltes beruhen, angefochten werden.

---

*) Vgl. dazu die Mitteilung im JABl. 1927, S. 45, über die Verfolgung von Kindermißhandlungen.

Endlich werden die Staatsanwälte, wenn der Verdacht eines Verbrechens vorliegt und die Gefahr besteht, daß die beschuldigte Person die Mißhandlungen wiederholen oder versuchte oder angedrohte Mißhandlungen ausführen könnte, der Antrag auf Verhaftung zu stellen haben.

Wenn der Gefahr der Fortsetzung der Mißhandlung nicht auf diese Weise vorgebeugt werden kann, ist Sorge zu tragen, daß außer dem Pflegschaftsgerichte jedenfalls auch die Sicherheitsbehörde ohne Verzug benachrichtigt werde, damit sie bis zur Entscheidung des Pflegschaftsgerichtes die dringend notwendigen Schutzmaßnahmen treffe und erforderlichenfalls veranlasse, daß das Kind sofort der Gewalt der Person entzogen werde, die es mißhandelt hat.

Über alle Mißhandlungen mit schwerem Erfolge ist vor Erhebung der Anklage oder vor dem Antrage auf Einstellung oder Abtretung des Verfahrens im Wege der Oberstaatsanwaltschaften dem Justizministerium zu berichten.

Textauszug: Einführung in das österreichische Strafrecht. In gemeinverständlicher Darstellung von Dr. Ludwig Altmann, Landesgerichtspräsident in Wien, und Dr. Max Leopold Ehrenreich, Hofrat des Landesgerichtes in Wien. Wien/Leipzig/München (Rikola) 1923, S. 183–185. [Den hier wiedergegebenen Text hat Altmann verfasst.]

Hier wäre auch der Überschreitung des Züchtigungsrechtes zu erwähnen (§§ 413 ff.). Die heilsame Wirkung einer körperlichen Züchtigung zu rechter Zeit wird wohl niemand in Abrede stellen wollen; aber im allgemeinen darf gesagt werden, daß ein Kind, das der Prügelstrafe bedarf, in der Regel schlecht erzogen worden ist. Ganz besonders muß aber vor einer allzuhäufigen Anwendung der Prügelstrafe gewarnt und hervorgehoben werden, daß ihr die Bedeutung nicht zukommt, die ihr von manchen Eltern und Erziehern beigelegt wird. Eine nicht auf das Maß des unbedingt Notwendigen eingeschränkte körperliche Züchtigung wird in der Regel ihren Zweck verfehlen. Sie schwächt oder ertötet das Ehrgefühl im Kinde und macht es »ver—stockt«, störrisch infolge häufiger Anwendung des Stockes. Insbesondere muß man sich davor hüten, im Zorn und in der Erregung zu prügeln. Nichts bedarf so sehr ruhiger Überlegung als die Bestimmung der Strafe gegen ein Kind. Und daran will der Gesetzgeber die Inhaber der Züchtigungsgewalt mahnen, wenn er vorschreibt, daß das Züchtigungsrecht in keinem Fall bis zu Mißhandlungen ausgedehnt werden darf, wodurch der Gezüchtigte am Körper Schaden nimmt. Man wird allerdings nicht jeden Striemen, nicht jeden blauen Fleck als eine Schädigung des Körpers ansehen müssen, denn unter Umständen kann hier ein »Zuwenig« mehr schaden als ein »Zuviel«, aber wenn Beulen, offene Stellen, ausgedehnte Blutunterlaufungen auftreten, dann wird solchen Grausamkeiten mit Strenge begegnet werden müssen, die allerdings durch unser Strafgesetz nicht genügend gewährleistet wird. Mißhandeln Eltern ihre Kinder, so ist ihnen das erstemal die Lieblosigkeit ihres Betragens mit Ernst und Nachdruck vorzuhalten, das zweitemal ist ihnen ein Verweis zu erteilen. Das drittemal oder wenn schon die erste Mißhandlung sehr schwer war oder aus der Gemütsart der Eltern Gefahr für das Kind zu besorgen ist, ist ihnen das Kind abzunehmen und auf ihre Kosten an einem anderen Orte zu erziehen. Können die Eltern die Erziehungskosten nicht tragen, so wird die Mißhandlung mit Arrest oder strengem Arrest bis zu drei Monaten bestraft. Auch beim Vormund werden die wirtschaftliche Lage berücksichtigende Unterschiede gemacht. Die Mißhandlung eines Mündels hat zwar sofort die Entsetzung des Vormunds zur Folge, aber die Strafe ist verschieden, je nachdem ob es sich um eine entgeltliche oder unentgeltliche Vormundschaft handelt. Für den ersteren Fall ist strenger Verweis angedroht, für den zweiten Arrest von einer Woche bis zu einem Monate. Daß die Regelung dieser Materie im geltenden Strafgesetz unbefriedigend und daher sehr reformbedürftig ist, bedarf keiner weiteren Erörterung und wird auch allgemein anerkannt. Das Gesetz spricht z.b. nichts davon, was zu geschehen hat, wenn die Züchtigung den Tod des Kindes zur Folge hat. Ist die Mißhandlung sehr schwer, so begnügt sich das Gesetz bei Eltern, welche die Erziehungskosten zu zahlen vermögen, mit der Abnahme des Kindes (§ 415), für den Fall des Todes des Gezüchtigten wird man wohl § 335 anwenden können, zumal ja dann die Strafen des Vorhaltes, Verweises oder der Kindesabnahme keinen Sinn hätten.

Voraussetzung für die Anwendung der §§ 413 ff. ist aber, daß der Täter in Ausübung eines ihm zustehenden Züchtigungsrechtes, somit in guter Absicht gehandelt hat. Wo also ein Züchtigungsrecht überhaupt nicht besteht, kann auch von einer Überschreitung desselben nicht die Rede sein. Mißhandlungen eines Säuglings z.B. sind nicht als bloße Überschreitung des Züchtigungsrechtes zu behandeln. Oft werden unter dem Scheine der Züchtigung Kinder in grausamer Weise mißhandelt. In solchen Fällen sind natürlich die Bestimmungen über vorsätzliche Körperbeschädigungen anzuwenden, unter Umständen kann auch das Verbrechen des Totschlages, ja selbst des Mordes in Frage kommen.

Erste polizeiliche Vernehmung von Gretl Pilz
[Vr XXXI 150/24] ON 11 Polizeierhebungsakt: **Vernehmungsprotokoll Margarete Pilz** 3.1.1924 im Anhang zur Anzeige der Pol-Dion Wien 7.1.1924 zu S.A. 138/24, Blatt 22 ff. Wiener Stadt- und Landesarchiv, Edith Kadivec [handschriftlich/Kurrent, Feder auf Konzeptpapier, nachträgliche Hervorhebungen und Anstreichungen unberücksichtigt].

3/1.24.

Margarete Pilz Grissl 1911.28/6. Eichenwang g. Perg OÖ. z.[uständig] kl. dzt. bei Frl. Maria Weiss Bedienerin XVII. Kalvarienbergg. 10/14 gibt an:

Durch die Tochter des Kaufmannes Zimmsner [sic] Grünetorg 28/7, bei dem meine Mutter Anna Grissl im Dienst ist, kam ich am 15. Februar 1923 zu Fr. Cadwé Edith. Ich mußte dort gleich alle häusl. Arbeiten verrichten. In die Schule bin ich gar nicht mehr gegangen, da sie mich – sie ist auch meine Vormünderin – privat selbst unterrichtete. In der Kost wurde ich von ihr g[unleserlich] gut gehalten, dagegen hat sie mich bei dem geringsten Versehen oder Fehler sowohl bei den Arbeiten ~~bzw.~~ wie beim Lernen grausam gezüchtigt. Dabei entblößt sie mir immer den Popo, bzw. mußte ich über ihren Befehl selbst meine Hose herunterziehen, oft sogar ganz nackt mich ausziehen, sie setzte sich auf einen Sessel, schob sich die Kleider über die Kniee nach oben zurück, legte mich über ihre Kniee und züchtigte mich mit einer Lederpeitsche solange bis ich nicht mehr stehen und sitzen konnte, ich musste dann arbeiten. Schrie ich, so schlug sie mich mit der Hand auf den Mund, wehrte ich mich, so drohte sie mir, mich anzubinden. Ihre 13j. Tochter Edith hielt mir dabei mehrmals die Hände. Geprügelt wurde ich nur dann, wenn ein Herrenbesuch kam; mir wurden dann so schwierige Aufgaben zum Lernen gegeben dass ich eben Fehler machen musste. Während ich sonst in der Küche meine Aufgaben machen und zu lernen hatte, wurde ich wenn ein Herrenbesuch da war, in den Salon gerufen und musste dort meine Aufgaben machen; meist las sie mir ganze Sätze vor, die ich dann auswendig nachschreiben musste. Ich bekam dabei jedes Mal Prügel; es waren meist anwesend Paul Kotany, Walter Taussig und noch 2 oder 3 andere Herren, die dabei zusahen und dafür ihr Geld gaben. Kotany zahlte ihr 200 bis 300.000 K[ronen]. Taussig, ein 23j. Bursche, wohnt Schottenring 15/III. Er beruhigte mich, als ich ihm einmal ein Brieferl von Fr. Cadwé überbrachte, damit, dass er in früheren Jahren auch so wie ich geprügelt wurde. Ihre Tochter Edith hat sie meines Wissens nicht geschlagen, ich habe dies wenigstens nie gesehen. Ich musste immer im Sommer i[m, n?] Wohnung nackt herumgehen, auch wenn fremde Herren dort waren, einmal im Herbst als es schon kalt war, bei offenem Fenster in der Küche Kartoffel schälen. Die Wäscherin Frau Bretterbauer, die im Bek. f [Hw?] Aufräumarbeiten besorgt, hat Fr. Cadwé deshalb getadelt. Sie wurde auch einmal im Volksbade in der [...]gasse, wo sie mit ihrer Tochter und mir ganz nackt mit den Kindern badete, von einer Mutter scharf zur Rede gestellt. Ich habe aber auch gehört, wie sie fremde Männer im Salon mit einer Peitsche, die mit Riemen und Knoten versehen ist, geschlagen hat. Einmal kam ich in den Salon und überraschte sie, wie sie einen Herrn, der den Popo entblößt hatte und über dem Diwan lag, gerade durchgepeitscht hatte; die Peitsche warf sie weg, haute mir links und rechts eine herunter, sodass ich zu Boden fiel. Unter diesen Besuchern war auch ein Italiener, der aber seltener kam. Kotany kommt täglich gegen 6 h. Vier Tage vor meiner letzten Flucht (am 22/12 23) hat mich Fr. Cadwé im Beisein des Kotany das letzte Mal gepeitscht. Außer im Schreibtisch sind Peitschen und Ruten noch im Schlafzimmerkasten und am Balkon in einem Kasten. Jedes dritte Wort war bei ihr Peitsche und Rute. Da ich schon 2mal wegen dieser Mißhandlungen ihr durchging, so drohte sie mir sie würde sich ein anderes Waisenkind oder ein Kind deutscher Flüchtlinge nehmen. Sie bezeichnet sich als Französin und hasst die Deutschen, sie beschimpfte mich in grober Art ich sei ein »verfaulter Knochen,[1] blödes Vieh, Hund« etc. Ihre Tochter schickt sie ins Gymnasium. Taussig erzählte mir, dass er sich vor ihr hin knien und um Verzeihung bitten musste, wenn sie ihn prügelte. Im Klavierspiel unterrichtet sie außer ihrer Tochter jetzt [Niemanden] mehr. In den Ferien fuhr sie auf 4 Tage fort und gab mich zu ihrer Freundin Degrassi; es war an einem Samstag, da gab sie mir gleich ein Diktatschreiben auf; da ich mehr als 21 Fehler machte, so sagte sie, sie werde es mir noch [nach?] einbringen [?]; nächsten Tag aber gegen 6 h führte sie mich, da ich über Magenschmerzen klagte, zu dem Augenarzt Dozent Dr Bachstetz in den 8. Bz [Bezirk]; er ist Spitalsarzt und hat gestutzten

1) Wenn wir »verfaulter Knochen« als »gefaultes (gefäultes) Bein« bzw. »gfeuds baa« (bān) lesen, kommen wir zu einer sehr »tiefen« Schicht des Wienerischen (Bān = Hure). Anm. NB

Schnurrbart. Vor ihm musste ich wieder nach Diktat schreiben und wurde von beiden mit der Peitsche, die ich selbst in einem Papier gewickelt mitgebracht hatte – es ist dieselbe die Fr Cadwe benützt hatte, nacheinander viermal ~~durch~~ auf nacktem Popo durchgeprügelt; sie legten mich über den Diwan, der eine hohe Lehne (Chaiselongue?) hatte. Nachher waren beide genauso wie Fr. Cadwé sehr liebevoll zu mir, wie die Engel und beschenkten mich mit Schokolade; Fr Cadwé hat mich nach dem Prügeln immer stürmisch abgeküßt, sonst musste ich immer ihr und der Tochter die Hände küssen. Fr. Degrassi beabsichtigt für sich ein Kind zu nehmen.

Frau Cadwé ließ mich von einem Arzte untersuchen, der mich für schwachsinnig erklärte. Es war nach der Operation.

       g.g.g. [gesehen gelesen gefertigt]

[...] Hauke [?]
Polizeirat
       Pilz. Margarete.

Erste polizeiliche Vernehmung von Edith Kadivec
Vr XI 150/24 ON 11 Polizeierhebungsakt: **Vernehmungsprotokoll Edith Kadivec 3.1.1924** im Anhang zur Anzeige der Polizeidirektion Wien 7.1.1924 zu S.A. [Sittenamt?]138/24, Blatt 26. Wiener Stadt- und Landesarchiv, Edith Kadivec [wie Seite 432].

Haft seit 8 h abd. 3/1.24.

Edith Cadvé verw. Rousza Sprachlehrerin I Biberstr 9/11 [...] 27.11.82. St Martin Istrien g.[eboren] optiert. konfessionslos. verw. gibt an: Ich bin (masochistisch) sadistisch veranlagt und stand bei einem Kliniker, dessen Namen ich vorläufig nicht preisgebe seit 6 Jahren in Behandlung; ich fühle sexuell nicht normal. Ich bestreite, dass ich das Kind die »Gretl« in Gegenwart von Herren auf den nackten Popo mit einer Peitsche gezüchtigt und für diese Schaustellungen von den Besuchern ein Honorar erhalten habe. Es mag sein, dass ab und zu Taussig dabei zugegen war, dies war aber ganz zufällig. Ich habe mir von ihm höchstens die Gasrechnung bezahlen lassen. Er verkehrte fast täglich bei mir, ich verbot ihm schließlich das Haus wegen seiner epileptischen Anfälle und sonstigen Erregungszustände. In sexueller oder sadistischer Hinsicht hatte ich zu ihm keinerlei Beziehungen, auch meiner Tochter hat er nicht den Hof gemacht, ich wußte wohl, dass er abnormal sexuell veranlagt ist, weiß jedoch nicht, ob er Sadist oder Masochist ist. Ich selbst bin mehr sadistisch als masochistisch sexuell orientiert einen normalen Geschlechtsverkehr mit Männer [sic] perhorresziere ich. Mein Gatte ist 1911 in Paris gestorben. Richtig ist, dass ich die Grete die Strafhose anziehen ließ und sie dann züchtigte, es mag sein, daß hiebei auch Kotany anwesend war, ich ließ mich jedoch für diese Prozedur nicht honorieren. Dr Bachstez war bestimmt nie dabei, wir sind gute Freunde; er hat bei mir sich 1916–17 in der franz. Sprache sich [sic] vervollkommnet. In der Presse habe ich als Sprach\Lehrerin annonziert immer Mittwoch. Die Ruten, Peitschen und Schnüre bzw. Riemen habe ich mir aus purer Freude an diesen Dingen angeschafft und habe sie nie benützt. Ich gebe zu ~~früher~~ einen Taufschein unter dem Namen Cadivec Edit Ida Aurora Franziska besessen zu haben und dürfte möglicherweise 1880 geboren sein.

[..]Hauke g.g.g. [gesehen gelesen gefertigt] Edith Cadve

Vr XXXI 150/24 – 11 (St II 13/24) Polizeilicher Erhebungsbericht und Anzeige der Polizeidirektion Wien vom 7.1.1924, Wiener Stadt- und Landesarchiv, Edith Kadivec [Maschinenschrift, oberer und rechter Rand beschädigt]

mit urschriftl[...]
Polizeidirektion in Wien

S.A. [Sittenamt?] 138/24   **Haft** [Stampiglie]
Wien, am 7. Jänner 1924

Kadivec Rose (Cadwe)   [handschriftlich eingefügt] St XXV 892/22
Edith u. Genossen,   (Vr XXXII-10870/22 3/1.23=390)
Schändung, Kuppelei. –

*[Stampiglie] Staatsanwaltschaft in Wien I
Eingelangt am – 8. JAN.1924* [handschr] 12 h 30 I [Paraphe unleserl]
Mit _____ *Beilagen*
[handschriftl] St II 13/24

An

die Staatsanwaltschaft I,

in

Wien.

Durch die in mitfolgenden Erhebungsakten genauer ausgeführte Darstellung eines von h.a. [hieramts] durchgeführten Einschreitens wurden Sittenzustände blossgelegt, die zu einem Martyrium eines unehelichen Kindes ausgeartet waren. In ihrer Wohnung, I., Biberstraße 9/11 erteilte die Sprachlehrerin Ida Edith Rosza Kadivec, die sich fälschlich Cadwé nannte, am 27. November 1879 in St. Martin, Krain geboren [...] vermutlich nach Paris zuständig, konfessionslos, verwitwet [... Un]terricht in französischer und englischer Sprache. Zu diesem B[ehufe] liess sie fallweise entsprechende Annoncen in der Neuen Freien Pre[sse] einschalten. 1907 hat sie angeblich in Paris den Privatier Erwin Rousza oder Rosza geehelicht, liess sich von ihm jedoch schon 1909 scheiden. Er soll 1911 in Paris gestorben sein;

sie hat für Österreich unter dem falschen Namen Cadwé optiert. (B.M.f.I. [Bundesministerium für Inneres], Zl. [Zahl] 146697/[...] Abt.[eilung] 6). Die Option dürfte daher nicht rechtsgiltig sein. Ihre uneheliche Tochter Edith Kadivec, 15. April ~~1900~~ 1910 Brüssel geboren, konfessionslos, ledig, besucht die 3. Klasse des Gymnasiums, VI., Rahlgasse.

Fr. Kadivec-Rosza nannte sich fälschlicherweise »Baronin«, be[zw.] »de« Cadvé und wurde deshalb schon 1916 dem Bez.Ger. [Bezirksgericht] Josefstadt nach § 320 e StG. zur Anzeige gebracht und von amtswegen ihre rich[tige] Anmeldung als »Ida Kadivec« veranlasst. Zur Illustrierung liegen die Kopien der beiden Meldezettel bei. Auf dem ebenfalls mitfolgenden Originaltaufschein aus dem Jahre 1916 und Heimatschein aus dem [J]ahre 1917 sind Korrekturen ersichtlich, die aus dem Namen Kadivec durch Hinwegradierung des Punktes auf dem Buchstaben »i« und Umwandlung des »c« zu einem »e« den falschen Namen »Kadwé« erworben. [sic] Unter Vorweisung dieser gefälschten Dokumente hat offenbar Fr. Rosza-Kadiwec [sic] optiert. Ihr Vater Franz Kadiwec war Südbahnbeamter, ihre Mutter hieß lt. Taufschein Maria, geb. Kasperl. Dies wird deshalb hervorgehoben, weil Fr. Rosza-Kadivec offensichtlich bestrebt ist, über ihre Herkunft ein gewisses Dunkel zu breiten und u.A. erzählte, ihr Vater sei Franzose, ihre Mutter Engländerin gewesen. Außer diesen hochstaplerischen Wesenszügen bekennt sie mit einem gewissen Zynismus, sie sei Sadistin aus Naturanlage, gewissermaßen von Geburt; die Männer verabscheue sie in sexuellen Belangen, habe einen Ekel vor dem normalen coitus und könne nur auf sadistischem Wege ihr geschlechtliches Triebleben befriedigen. Dieses ihr Gefühlsleben kompliziere sich dadurch, dass sie wahre geschlechtliche Erregung und Befriedigung nur im Zusammenhange mit einem Kinde finde, da dieses völlig von ihr beherrscht wurde und sich vollkommen in ihrer Gewalt befinde. Bei Züchtigung, bezw. Auspeitschung von erwachsenen Personen beiderlei Geschlechtes empfinde sie nicht diese\s Wollust-gefühl und zwar deshalb, weil sie erst ihre Phantasie gewaltsam umstellen und den Erwachsenen, wolle sie zur geschlechtlichen Befriedigung gelangen, sich als Kind vorstellen müsse. Dem steht jedoch bei Fr. Rosza gegenüber, dass durch Zeugenaussagen hervorkam, sie habe auch auf normalem Wege den Geschlechtsverkehr vollzogen. Wie aus mitfolgenden 2 Gerichtsakten des Jugendgerichtes Wien – P III – 104/23 u. U VI 27/23, bezw. J.St. 518/23 hervorgeh[t], hat die Mehrgenannte schon im Jahre 1922 das Jugendgericht, bezw. das Landesgericht I wegen sadistischer Züchtigung des damals 10 [jäh]rigen Schülers Rudolf Nowotny, V., Hauslabgasse 40/11, beschäftig[t]. Ihr Anbot, ihm kostenlosen Klavierunterricht zu erteilen, führte gleich bei der ersten, in Gegenwart eines unausgeforscht geblieb[enen] Zuschauers vorgenommenen Klavierstunde zu einer Auspeitschung des Knaben, dessen Eltern sogleich in richtiger Erfassung der Sachlag[e] die Anzeige erstatteten. Nach Einstellung der Untersuchung nach § 128 STG. wurde die Beschuldigte nach § 420 STG. am 19. Mai 1923 vom Jugendgerichte Wien sub Zl. U VI 27/23 zu 48 Stunden Arrest verurteilt, im Berufungswege jedoch vom Landesgericht I in Wien am 9. Oktober 1923 sub XVIII 608/23 freigesprochen. Aus diesem Straffalle wäre bemerkenswert, dass sie in zwei Briefen knapp nach der Tat die Eltern des Knaben noch gröblich beleidigte und zweitens, dass sie damals bei Feststellung ihrer Identität, bezw. Frage nach ihren Dokumenten erklärte, sie behufs Erlangung einer Stelle eingesendet zu haben, ohne diese Stelle zu nennen. Inzwischen hatte sie anderweitig darnach Ausschau gehalten, ein anderes Kind in ihre Obhut, bezw. Gewalt zu bekommen. Aus ihren Eintragungen auf der letzten Seite ihres Notiz- bezw. Kassabuches – A – ist zu entnehmen, dass sie unter Anderem an den Wiener Frauenverein zum Schut[z] verlassener Kinder herantrat; die bezüglichen Erhebungen wurden veranlasst, das Resultat wird nachgetragen werden. Durch Vermittlun[g] des IX., Grünetorgasse 28/7 wohnhaften Fr. Vally Zimser wurde sie mit deren Hausgehilfin Anna Griesl bekannt, die ihr schliesslich i[h]re uneheliche Tochter Margarete Pilz (Grissl), 28. Juni 1911 Eichenwang geboren, Perg zuständig, katholisch, ledig, am 11. Februar 19[...] in Pflege übergab, über die sie sich lt. mitfolgendem Vormundscha[fts]dekret des Jg. [Jugendgerichtes] Wien am 2.VII. 1923 als Vormünderin über eigenes A[n]suchen bestellen liess. Vorausblickend hatte sie inzwischen am [...] 1923 das Kind von der Universitätsklinik (Prof. Pirquet) als sch[wach]sinnig und zum Normalunterrichte nicht geeignet erklären lassen; d[er] Privatdozent der Augenklinik Dr. Bachstetz, von dem später noch di[e] Rede sein wird, hatte ihr ein diesbezügliches Empfehlungsschreibe[n] an seinen Kollegen mitgegeben. Auf Grund der erwähnten u. Einem m[it]folgenden Bestätigung der Kinderklinik übernahm sie den Priva[t]unterricht der Gretl, auch Margerit gerufen, während sie ihre Toc[hter] das Gymnasium besuchen liess. Das Mündel musste alle häuslichen [...]verrichtungen vollführen und wurde bei den kleinsten Versehen ba[rba]risch gezüchtigt; die Prüfungen aus den Unterrichtsgegenständen [wurden] fast regelmässig, wie das Kind angibt, im Salon anlässlich des E[rschei]nens von Besuchern vorgenommen und gingen nie ohne Fehler und sc[hwe]re Züchtigungen ab. Hiebei musste sich die Gretl zuerst vor ihr[er] »Herrin«, ihr die Hände küssend, niedernknien [sic], ihre Hosen herunterlassen, bezw. eine sogenannte »Strafhose« anziehen und wurde sodann von der auf einem Sessel sich niederlassenden Angezeigten, die ihre Kleider hochschürzte, auf nacktem Gesäss mit Peitsche, Birkenrute oder Rohrstaberl grausam gezüchtigt. Hiebei soll auch die Tochter Edith zweimal den [sic] schreienden, die Schläge abwehrenden Kinde die Hände festgehalten habe. Nach solchen Prozeduren liebkoste die Herrin ihr Opfer, das sie sonst in Kost und Verpflegung gut hielt; trotz des guten Essens ist »Gretl« 3 Mal entwichen, wurde zweimal von den Polizeiorganen herumirrend aufgegriffen und, da sie von ihren Leiden keine Erwähnung tat, ihrer Vormünderin zurückgestellt. Bei ihrer letzten Flucht suchte sie Unterkunft bei einer Bekannten, in deren Begleitung sie am 24. Dezember 1923 beim Jugendgerichte die Anzeige erstattete. Die von h.a. am 3. Jänner verfügte Hausdurchsuchung ergab ein derartig überraschendes Belastungsmaterial, dass an den Angaben des Opfers nicht der geringste Zweifel mehr möglich war. Das saisierte[2] Material soll stellt gewissermaßen eine Kollektion von Peitschen, Ruten und Rohrstaberln, sadistische[n] Bildern, Katalogen, etc., vor. Auch angesichts dieses vernichtenden Beweisergebnisses verlor die Angezeigte nicht ihren Gleichmut; schrittweise gab sie die Anschuldigungen zu und versuchte sie gewissermassen als berechtigte Gefühlsäusserungen auch noch zu verherrlichen[.] Sie meinte herablassend, diese Art der Befriedigung sexueller Bedürfnisse sei die ideale, die der wirklichen Intelligenzkreise. Unerklärt ließ sie, warum sie an diesen verpönten Akten noch dritte Personen teilnehmen liess und Bezahlung begehrte, bezw. nahm. Aus dem erwähnten Kassabuch – A – sind ihre Tageseinnahmen klar ersichtlich; es sind aber auch die Namen (Pseudonyme) ihrer Besucher darin verzeichnet.

Von diesen Besuchern konnten bisher folgende Teilnehmer an diesen sadistischen Vorführungen festgestellt werden und zwar:

---

2) beschlagnahmte, Anm. NB

1. Walter Taussig, Handelsangestellter, 24. Jänner 1896 Wien geboren und zuständig, katholisch, ledig, I., Schottenring 15/7 bei den Eltern wohnhaft;
[2.] der Teppichhändler Paul Kotany, 15. Juli 1885 Wien geboren und zuständig, konfessionslos, geschieden, Grand Hotel wohnhaft,
3. Dozent Dr. Ernst Bachstetz, 20. Mai 1888 Baden geboren, Wien zuständig, evangelisch, verheiratet, VIII., Langegasse 65/13.

Taussig und Kotany waren wiederholt bei den angeführten Exekutionen als Zuschauer anwesend und intime Freunde der Rosza-Kadi[vec.] Taussig ist rückhaltlos geständig und gibt an, durch das blosse [Zu]schauen die vollkommene sexuelle, mit Samenerguss verbundene Befriedigung gefunden zu haben.

Fr. Rosza-Kad. hatte eine intime Freundin, die, III., Ungargasse 24/16 wohnhafte Eugenie (Jenny) Degrassi; beide sollen Lesbierinnen sein. Diese hat ebenfalls an diesen sadistischen Akte[n,] und zwar aktiv, teilgenommen. Sie hat während einer kurzen Erholungsreise ihrer Freundin die Gretl, gleichzeitig mit der mit Gravierung »Dorninatrix« [sic] (Herrscherin) versehenen kleinen Peitsch[e] übernommen; sie nahm nun am nächstfolgenden Tage beide in die Dienstwohnung des Privatdozenten, wen wo in der üblichen Weise nach Angabe des Mädchens Degrassi und Dr. Bachstetz sie alternierend mit der Peitsche prügelten.

Degrassi soll in den nächsten Tagen aus Deutschland zurückkehren und wird sodann verhaftet werden. Von der Verhaftung des Privatdozenten Dr. Bachstetz musste mit Rücksicht auf seine Angabe, das[s] er auf seiner Klinik den abwesenden Primarius vertrete, über 100 Patienten liegen, den ganzen Betrieb zu leiten und dringende Operationen vorzunehmen habe, Abstand genommen werden.

Zu den Besuchern, bezw. Schülern der Kadiwec gehörte, soviel bis jetzt h.a. hervorkam:

1. der Fabrikant Franz Hofmeier, VII., Kaiserstraße 43/III, g[enannt] »Francois«,
2. der Fabrikant Oskar Löwit, XIX., Peter Jordanstrasse 25/I (Larse[n),]
3. Leopold Chlumetzky, Statthaltereisekretär, III., Sebastianplatz [...]
4. Dr. Mick Emilian, Sektionsrat, I., Köllnerhofgasse 3,
5. Schlafwagenkondukteur Rudolf Slaby,

6. sein Kollege Josef Schwanzer,
7. Anni Koller, 20 Jahre, Seilergasse 1,
8. Grete Stark, 17 Jahre, Schülerin im Frauenverein,
9. Kurt Wendland, Bankbeamter,
10. Hedwig Reicher, Bankbeamtin,
11. Margit Prinz, Bankbeamtin,
12. hier »Larue«, offenbar Pseudonym,
13. Walter Hirschfeld, Fabrikant aus Prag, Zlatnicka 8 b wohnha[ft] (Hans Molin) und
14. Branko Sava Mirkovic, VIII., Langegasse 25/46.

Bemerkenswert wäre, dass Löwit sie als Kokotte betrachtet und nach normalem oder nach sadistischem Geschlechtsverkehr jedesmal mit 200.000 K[ronen] bezahlt haben will. Er bestätigte also den durch die Eintragungen in das Kassabuch sofort wachgewordenen Verdacht, Rosza-Kadivec sei der Prostitution, bezw. einer Abart derselben ergeben gewesen.

Abschliessend sei hervorgehoben, dass sie auch bis in das letzte Jahr an ihrer Tochter die gleichen Züchtigungen vornahm, ferner, d[ass] bisher noch ein 4. Kind ausgeforscht wurde, an dem sie sich in sa[dist]ischer Weise vergangen hat; es ist der Volksschüler Wilhelm Wo[rsch,] 21. Dezember 1914 in Liesing geboren, XVII., Antonigasse 99/14 wohnhaft.

Der Zuschauer im Falle Nowotny soll Walter Taussig gewesen sein.

Taussig und Kotany sind im Strafregisteramte als bestraft nich[t] vorgemerkt. Bezüglich Rosza wird auf das dem früheren Straffalle beiliegende Leumundsschreiben verwiesen. Die saisierten Ruten, Peitschen, Bilder, Kataloge, Korrespondenzen, wurden dem dg. [dortgerichtlichen] Depositenamte abgeführt; diese für das Polizeimuseum wertvollen Stücke werden seinerzt. rückerbeten.

Hievon beehrt sich die Polizeidirektion gem. §§ 93 = 128, 132, 19[...] 320e gegen Ida Edith Rosza Kadivec, gem. § 128 STG., gegen Walt[er] Taussig, Paul Kotany, Dr. Ernst Bachstetz und Eugenie Degrassi [mit] dem Bemerken die Anzeige zu erstatten, dass wegen Flucht-Kollusio[ns]gefahr und Wiederholungsgefahr Rosza Kadivec, Taussig und Kotany dem dg. Gerichte eingeliefert wurden.

Um seinerzt. Rückstellung der Rosza\Kadivec behufs Abschaffung wird dringend ersucht.

Das Jugendgericht und Wohnungsamte wurden von h.a. im Gegensta[nd] informiert. Die jugendliche Edith Rosza-Kadivec und

Margarethe Pilz wurden bis auf ~~weiteres~~ weitere Verfügung des Jugendgericht[es] dem Louisenheim, XVIII., Staudgasse 35 übergeben, letztere wegen Kollusionsgefahr; sie macht durchaus keinen Eindruck eines schwachsinnigen Kindes. Endlich wird auf die oberstgerichtl. Entscheidung vom 15. Juni 1906, Zahl 4960 ~~Journal~~ E Nr. 3209 verwiesen, die die Frage, ob Zuschauer bei sadistischen Vorführungen sich strafbar machen, bejaht. –

[Unterschrift 1 unleserlich]

Haft [Stampiglie]

[Stampiglie:] Landesgericht für Strafs. Wien I
Eingelangt am 8. JAN.1924__ Uhr
Mit_____ Beilagen
___ Rubriken
[handschriftlich:] Dem
H. UR [Untersuchungsrichter]
zur V.U. [Voruntersuchung] gegen Roza Kadivec u. Gen[ossen]
wegen § 93, 128, 132 St.G.
[handschriftlich ergänzte Stampiglie:] Staatsanwaltschaft Wien I
...8/1. 1924 [Unterschrift 2 unleserlich]

[handschriftlich Bleistift:] mündliche Rücksprache erbeten **drgd**
[dringend] [Unterschrift 2 unleserlich]

Attest des Psychoanalytikers Ludwig Jekels für Walter Taussig
[handschriftlich]

150/24
[Ordnungsnummer] 141 [Blatt] 297

Aerztliche Bescheinigung

[Stempelmarke 2.000 Kronen]

Über Wunsch des Herrn Ludwig Taussig bestätige ich hiemit wahrheitsgemäss, dass am 8. November 1922 bei mir dessen Sohn, Herr Walther Taussig, 26. J. Alt, Beamte, vom Herrn Univ. Prof. Dr. Sigmund Freud an mich gewiesen, erschienen ist, um meinen ärztlichen Rath u. Hilfe speziell wegen der Störungen seines Geschlechtslebens in Anspruch zu nehmen.

Damals wie auch bei den nachfolgenden Consultationen machte Herr Walther Taussig mir den Eindruck \eines/ nicht zum geringsten Theil auch infolge schwerer hereditärer Belastung psychopathischen Menschen, bei dem insbesondere das Geschlechtsleben mannigfache Abnormitäten aufwies, die, – conform der wissenschaftlichen Erfahrung, – unzweifelhaft das Gepräge des Zwanghaften tragen.

Wien, den 12. Jänner 1924.

Dr. Ludwig Jekels
Nervenarzt
IX. Berggasse 29.

Armand Coppens

MEMOIREN EINES EROTICA-HÄNDLERS
VON ARMAND COPPENS
UNTER MITHILFE
SEINER MÜDEN EHEFRAU CLEMENTINE
UND IHRES FERNEN LIEBHABERS
VERFASST
(Auszug; 1969)

[Maurice Girodias] »machte sich an die Herstellung von Erotika. Bei seiner neuen Aufgabe war ihm die wunderbare Bibliothek, die er von seinem Verleger erworben hatte, bald unentbehrlich. Die Börter in seinem Landhaus waren mit erotischen Büchern und vielen Werken über die verschiedenen Aspekte des Sexus wohlversehen. Maurice verdächtigte den alten Herren, ein verhinderter Casanova gewesen zu sein, aber die Bücher waren ihm offensichtlich eine Quelle großen Vergnügens gewesen. Darüber hinaus waren sie eine ausgezeichnete Investition. Währungen sind Kursschwankungen unterworfen, aber seltene Bücher steigen von Jahr zu Jahr im Wert.
Diese Bibliothek machte aus Maurice einen eifrigen Studenten und Sammler von Erotika. Überdies beeinflußte die Aura der Sinnlichkeit, die von den Büchern ausging, sein ganzes Leben auf eine höchst angenehme Weise. Während er als Schreiber von Thrillern niemals die leiseste Versuchung gespürt hatte, die Rolle des Mörders einzunehmen, fand er nun, daß er sein Vergnügen steigern konnte, wenn er die verschiedenartigen Stellungen, von denen er gelesen hatte, erprobte. Zu dieser Zeit waren er und Karin schon ungefähr fünfundvierzig Jahre alt, und es muß zugegeben werden, daß die erste Blüte der Leidenschaft in ihrem ehelichen Leben dahingewelkt war. Durch Maurices Studien aber fanden sie eine neue Welt erotischer Freuden, und ihr Sexualleben wurde aus frischen Quellen gespeist. Sie waren derart in diese Welt versponnen, daß sie mit Freunden über ihre Entdeckungen zu sprechen begannen. Einige dieser Freunde waren natürlich entrüstet und brachen alle Beziehungen zu ihnen ab. Andere aber zeigten ein gesundes Interesse an der Sache, und aus diesem Interesse heraus wurden Maurices heute berühmten Parties geboren.

Das erste Buch, das Maurice verlegte, war [in französischer Sprache] Edith Cadivecs CONFESSIONS AND EXPERIENCES[1] (dtsch. Ausgabe: BEKENNTNISSE UND ERLEBNISSE, o.J.), dem er [ebenfalls in französischer Sprache] die Fortsetzung EROS, THE MEANING OF MY LIFE[2] auf dem Fuße folgen ließ. Das war eine kluge Wahl, weil diese Titel ein sauberes, genau passendes Glied in

1) und 2) Am 3. Januar 1924 wurde die 43jährige Edith Cadivec verhaftet und wegen Kuppelei und Notzucht angeklagt. E.C. entstammte dem Mittelstand und verdiente sich ihren Lebensunterhalt mit Sprech- und Klavierunterricht. Am Ende desselben Jahres wurde sie von einem Wiener Gericht nach dreitägiger Verhandlung zu sechs Jahren Gefängnis verurteilt. E.C. war von acht Kindern unter vierzehn Jahren beschuldigt worden, diese Kinder in einer Weise zur Befriedigung ihrer sexuellen Wünsche mißbraucht zu haben, die »von der normalen Kopulation abweicht«. Die Anklage wurde vor Gericht in vier Punkten spezifiziert.
1. E.C. hatte Minderjährige in unbekleidetem Zustand gepeitscht und mißhandelt.
2. E.C. hatte Kinder, die ihrer Obhut anvertraut waren, zu obszönen Handlungen verführt.
3. E.C. hatte verschiedenen Personen erlaubt, diesen unzüchtigen Handlungen beizuwohnen, und dafür Geld angenommen.
4. E.C. hatte sich mit den Mädchen unter den Kindern sexuellen Akten hingegeben.
Unumstößliche Zeugnisse untermauerten diese vier Anklagepunkte. Nach Zeugnis eines jungen Mädchens hatte die C. sie mehrfach mit einem Lederriemen auf das bloße Gesäß geschlagen. Die Polizei entdeckte eine Sammlung von Ruten, Peitschen und Rohrstöcken, sadistischen Bildern und Briefen in ihrer Wohnung. Eine dieser Peitschen hatte einen silbernen Knauf, in dem das Wort »Dominatrix« graviert war. Außerdem fand die Polizei Briefe aus einer Korrespondenz zwischen der C. und einem Innsbrucker Maler, aus denen hervorging, daß erotischer Sadismus die Grundlage ihres Verhältnisses bildete. In der Verhandlung zeigte sich, wie unmöglich es ist, mit einem echten Neurotiker in eine vernünftige Diskussion zu treten. Von Anfang an, und angesichts erdrückender Beweise, pochte die C. auf ihre Unschuld. Nach ihren Aussagen war sie durch ihren Beruf in die Rolle und die Pflichten von Mutter, Beschützerin und Lehrerin gleichzeitig gedrängt worden. Sie hatte nur diese Pflichten wahrgenommen, wenn sie die Kinder zu deren eigenem Besten strafte. Sie behauptete, daß ihr Verhalten dabei stets unpersönlich gewesen sei und daher eine kriminelle Handlung nicht vorläge. Schließlich gab sie zu, bei den Bestrafungen sexuelle Erregung verspürt zu haben, aber sie behauptete, daß diese Gefühle angeboren seien und sich ihrer Kontrolle entzögen, schon aus diesem Grunde könnten sie nicht strafbar sein. *Wie sollte sie für etwas verantwortlich gemacht werden, womit sie geboren war und was sie nicht nur zu dem noblen Beruf einer Lehrerin geleitet, sondern sie dazu gebracht habe, der heiligsten Berufung, der Mutterschaft, zu folgen. Gefühle, die sie zu diesen erhabenen Rollen geführt hätten, könnten nicht getadelt werden.*
E.C. offenbarte während der Verhandlung niemals ihren Haß gegen das männliche Geschlecht. Im Manne sah sie lediglich den Erzeuger von Kindern. Sie erwähnte auch mit keinem Wort ihre Überzeugung, daß das Mutter-Kind-Verhältnis hauptsächlich erotischer Natur sei. Ebensowenig sprach sie von der sexuellen Lust, die sie beim Auspeitschen ihrer eigenen Tochter empfunden hatte. Kurz gesagt, sie überging alle wirklich sadistischen Tendenzen, die sie in ihren Konfessionen, die unmittelbar nach ihrer Haft geschrieben wurden, offenbarte. So ging sie auch nicht auf den Vorwurf des Generalstaatsanwaltes ein, der sie in ein sehr schlechtes Licht setzte, indem er ihr vorhielt, daß sie außer ihrer eigenen Tochter nur die Kinder armer Eltern geschlagen, gepeitscht oder sexuell mißbraucht habe.

444

der Kette der Bücher bildeten, die Maurice bisher produziert hatte. Beide Bücher sind autobiographisch und, wegen des Fehlens irgendeiner umständlichen Fabel, leicht lesbar. Außerdem hatten sie den hohen Zusatz von Grausamkeit, der Maurices Thrillern bisher so gute Dienste geleistet hatte. Schließlich haben sie – im Gegensatz zu exklusiver sadistischer Literatur – echte erotische Elemente, da sich die Autorin nicht nur mit Flagellation, sondern auch mit ganz normaler Liebe vergnügte. Maurice gewahrte bald, wie weise er seine ersten erotischen Publikationen gewählt hatte. Der simple, unmittelbare Stil Edith Cadivecs, vereinfachte die Identifikation zwischen Leser und Autor. Ihre Welt war die Welt des Lesers. Der Erfolg stellte sich sofort ein und, obwohl der Text französisch war, regnete es selbst aus Deutschland und Österreich Aufträge. Um dieser Nachfrage entgegenzukommen, gab Maurice eine deutsche Ausgabe heraus.

Ich habe Maurice einmal eine signierte Photographie der Cadivec verkauft, die er dann als Frontispiz für die Bücher verwandte, die er ihr mit folgenden Worten dedizierte:
›Für Edith Cadivec, eine Frau, die oft mißverstanden, dennoch von unzähligen Männern und Frauen geliebt wird.‹

Die einzige Reaktion, die die C. während der Dauer ihres Prozesses erkennen ließ, war jene Mischung von Selbstmitleid, Paranoia und Aggression, die aus dem Auszug eines Briefes hervorgeht, den sie an ihren Rechtsanwalt schrieb: »Der einzige Trost, der mir geblieben ist, ist der Gedanke an meine Peitsche; ich werde dieses Gefängnis ungebrochen verlassen, alle Leidenschaften rasen stürmischer und wilder in mir.«
    Wegen ihrer deutlichen geistigen Unausgeglichenheit wurde die C. im Dezember 1925 freigelassen. Sie war jedoch furchtbar unglücklich, und ihr klagender Ton, der schon in ihren Briefen zu erkennen gewesen war, wurde nun auch in ihrem Buch MY FATE. Confessions by Edith Cadwé (sic!) tragend, die allerdings tatsächlich im Jahre ihrer Freilassung von Joseph Calmer geschrieben worden sind. Ein heute außerordentlich seltenes Buch.
    »Nun war ich frei; ohne ein Zuhause, mittellos ... ich war eine Fremde im Leben. Ich wußte, die Verhandlung war nur eine Halluzination gewesen ... Nichts ist übriggeblieben, als das zerstörte Leben einer gequälten Mutter und eines verbannten Kindes.«
    1930–31 erschienen BEKENNTNISSE UND ERLEBNISSE und EROS, DER SINN MEINES LEBENS in einer Auflage, die ausschließlich für Ärzte, Soziologen, Juristen und wissenschaftliche Bibliotheken bestimmt war. In diesen Arbeiten beschreibt die C. ihre Taten, stellt sich selbst in der Rolle der »gemarterten« Mutter dar und beklagt wieder und wieder das ihr zugefügte Unrecht durch eine harte und engherzige Justiz. Die Bücher sind jedoch von unbezweifelbarer Authentizität. Ihr reiner Infantilismus machte sie zur Bibel der weiblichen Sadisten und männlichen Masochisten. Es überraschte mich denn auch nicht, von dem Erfolg von Maurices Neuauflage zu hören.

Maurice gab zu, daß dies als abgeschmackte Sentimentalität gedeutet werden könne, vertrat aber die Meinung, daß es seinerseits nicht mehr als eine faire Geste gegenüber dieser Frau sei, die monatelang eingekerkert gewesen sei, und die ihm viel Geld eingebracht habe. Er ließ auch eine Büste von Edith Cadivec auf seinem Schreibtisch stehen, die er nach der gleichen Photographie hatte anfertigen lassen. Ich hatte immer angenommen, daß diese Büste ein Zeichen von Maurices besonderer Verehrung der Cadivec und ihrer speziellen sexuellen Interessen darstelle.

Bis er mir eines Tages diese Geschichte erzählte: ›Keineswegs‹, sagte er. ›Ich teile ihre sexuellen Neigungen nicht im geringsten. Ich bewundere einfach die Art und Weise, mit der die Frau ihre Rechte auf solchen besonderen Geschmack verteidigt. Außerdem ist die Büste sozusagen ein Talisman gegen die Behörden. Der Richter, der sie paragraphengetreu für die Auspeitschungen und Verführungen von Teenagern verurteilte, hatte von ihren Motiven keine Vorstellung, ebensowenig wie von den sexuellen Nöten der sogenannten unschuldigen Opfer. Ich verachte Männer, die aufgrund starrer Satzungen Strafen austeilen, die von der Lebenswirklichkeit so weit entfernt sind wie mein Bungalow vom Südpol.‹

Während ich Maurices Verachtung für eine Rechtsprechung teile, die auf starren gesellschaftlichen Systemen beruht, hatte ich doch das dunkle Gefühl, als ob seine Einschätzung Edith Cadivecs als Marktwert realistischer wäre als seine Meinung über die Frau selbst. Jedoch war Maurices Verachtung für die Bastionen des Gesetzes sicherlich wohlbegründet, wie denn überhaupt die ganze Sache für ihn eine Art Steckenpferd war.«

Armand Coppens' *The Memoirs of an Erotic Bookseller assisted by his tired wife CLEMENTINE and her distant lover*, Volume One, erschien 1969 by Grove Press, New York, als Lizenz von Luxor Press, London. (Dort: S. 70–73.) Die deutsche Ausgabe wurde 1970 vom Gala Verlag, Hamburg publiziert. (Dort: S. 102–108.)

Trotz intensiver Recherche konnte bisher keine französische Ausgabe der Cadivec-Bände nachgewiesen werden. In den offiziellen Bibliographien zur Geschichte des Verlages von Maurice Girodias: Olympia Press findet sich keinerlei Erwähnung. Der Verleger von Henry Miller und Samuel Beckett dürfte diese Bände ausschließlich für den grauen Markt produziert haben. Hinweise auf die Existenz dieser Bände werden dankbar entgegengenommen.

BIBLIOGRAPHISCHE
VERWEISE

»Kadivec, Edith, Mein Schicksal. Wien 1925. 8°. 196 S. Frau K., die im Jahre 1924 im Mittelpunkt eines aufregenden Wiener Sadistenprozesses stand, ließ sich dieses Buch über Wunsch des Renaissanceverlages von dem Wiener Journalisten Josef Kalmer schreiben. Nicht nur ihr Leben als Erzieherin und Sprachlehrerin, auch der Sensationsprozeß selbst wird in allen seinen Phasen vor dem Leser aufgerollt. Das Buch ist später als Titelauflage als ›Unter der Peitsche der Leidenschaft‹ erschienen. – Sr.«
Adolf Schmieger, Schriftsteller, Wien, ist der Autor dieses Eintrages im *Bilder-Lexikon – Literatur und Kunst – Ein Bibliographisches und biographisches Nachschlagwerk, eine Kunst- und Literaturgeschichte für die Gebiete der erotischen Belletristik, der galanten, skandalösen und sotadischen Literaturen, der Facetien, folkloristischen und skatologischen Curiosa von der Antike bis zur Gegenwart – Ein Sammelwerk der sexuell betonten Produktion aller Völker und Zeiten auf den Gebieten der bildenden Kunst.* Wien/Leipzig: Verlag für Kulturforschung 1929. Dort: S. 563.

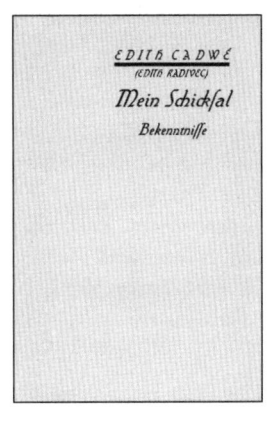

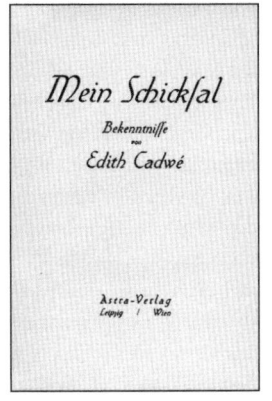

In der *Bibliotheca Germanorum Erotica & Curiosa – Verzeichnis der gesamten deutschen erotischen Literatur mit Einschluß der Übersetzungen, nebst Beifügung der Originale –* Herausgegeben von Hugo Hayn und Alfred N. Gotendorf – Band IX (Ergänzungsband) Herausgegeben von Paul Englisch – München: Georg Müller 1929 – finden sich zwei Einträge. Und zwar auf Seite 170: »Cadwé (Kadivec), Edith. Mein Schicksal. Bekenntnisse. Leipzig, Astra-Verlag [; überklebt:] Leipzig, Berlin, Wien: Renaissance-Verlag, o.J. 8°. 196 S. [Umschlagtitel:] Kadivec, Edith: Unter der Peitsche der Leidenschaft. Roman eines Schicksals.« Auf S. 176: »KADIVEC. – Kadivé, Edith (Edith Kadivec). Mein Schicksal. Bekenntnisse von —. Leipzig-Wien, Astra-Verlag. 8°. 196 S.« Sowie auf S. 167: »ADIVEC, E.I.K. Die Schülerin des Sadisten oder Ernas Erziehung. Wien 1924. Kl. 8°. 89 S. mit einem Titelbild. Verb. d. Ldg. I Berlin 38 J. 1042/ 11.«

Des weiteren publizierte Edith Cadivec den Beitrag »Die Sadistin – Die Masochistin – Die Flagellantin« in dem Band von Gräfin Agnes Eszterhazy (Hg.): *Das lasterhafte Weib. Bekenntnisse und Bilddokumente zu den Steigerungen und Aberrationen im weiblichen Triebleben. Psychologie und Pathologie der sexuellen Ab- und Irrwege des Weibes.* Wien/Leipzig, Verlag für Kulturforschung, 1930. 249 S. (= Allmacht Weib. Erotische Typologie der Frau.) Nachdruck: Frankfurt a.M./Berlin: Ullstein 1989. Dort: S. 81–127.

Der Band *Mein Schicksal* wurde fortgeführt, fortgeschrieben. Er ging auf – erweitert, gekürzt, akzentuiert – in dem Buch *Bekenntnisse und Erlebnisse*: erweitert zugunsten einer offeneren Darstellung sexueller Thematik und Aktivität; gekürzt um Aussagen zur eigenen Schuldproblematik, Passagen aus juristischen Schriftsätzen und auch um einige wenige Anzeichen rassistischer Geisteshaltung; akzentuiert sowohl im Stilistischen als auch was psychologische Einschätzungen angeht. Etwa 80 % des Textes wurden nahezu wörtlich übernommen, auch der Aufbau und die Struktur des Textes blieben erhalten. Die stärksten Eingriffe und Kürzungen erfährt *Mein Schicksal* am Schluß. Ab Seite 232 des Bandes *Bekenntnisse und Erlebnisse* beginnt dann der Bericht über neue Erlebnisse und Erfahrungen. Ein genauerer textkritischer Vergleich muss allerdings weiteren Forschungen vorbehalten bleiben. (Siehe dazu auch den Beitrag von Neda Bei in diesem Band!)

Edith Cadivecs Bücher *Bekenntnisse und Erlebnisse* (346 S. mit einem Porträt) und *Eros, der Sinn meines Lebens* (323 S. mit einem Porträt) erschienen im Juli und im Dezember 1931 als »Privatdruck«, ohne Jahres-, Orts- und Verlagsangabe und mit dem Vermerk: »Dieses Buch wurde als Privatdruck in einer nur für Bibliotheken und Wissenschaftler bestimmten Subskriptions-Ausgabe hergestellt. Alle Rechte vorbehalten.«

»Geheim! Nur für amtlichen Gebrauch!«: Im POLUNBI-KATALOG, dem *Nachtrag Nr. 2 zum Verzeichnis der auf Grund des § 184 des Reichsstrafgesetzbuchs eingezogenen und unbrauchbar zu machenden sowie der als unzüchtig verdächtigten Schriften* (3. Auflage 1936), »Herausgegeben von der Reichszentrale zur Bekämpfung unzüchtiger Bilder, Schriften und Inserate bei dem Preußischen Landeskriminalpolizeiamt in Berlin; Als Manuskript gedruckt; Nachdruck, auch teilweise, verboten; Berlin 1936; Gedruckt in der Reichsdruckerei« finden sich alle vier Titel gelistet:

Seite 15: »Bekenntnisse und Erlebnisse. Privatdruck. [Autor:] Edith Cadivec. [Verlag:] – [Gericht:] L.G. Dresden [unbrauchbar zu machen gemäß § 41 R.St.G-B.:] 13. St.A. 2391/31. = St.A. I Berlin [unbrauchbar zu machen gemäß § 41 R.St.G-B.:] 1. Unz.M. 46.31. = (II D 9475)«

Seite 32: »Eros, der Sinn meines Lebens. Privatdruck. [Autor:] Edith Cadivec. [Verlag:] – [Gericht:] L.G. Dresden [unbrauchbar zu machen gemäß § 41 R.St.G-B.:] 13. St.A. 2391/31. = St.A. I Berlin [unbrauchbar zu machen gemäß § 41 R.St.G-B.:] 1. Unz.M. 46.31. = (II D 9476)«

Seite 111: »Peitsche der Leidenschaft, Unter der. Roman eines Schicksals. (Mein Schicksal. Bekenntnisse v. Edith Cadwé). [Autor:] Edith Kadivec. [Verlag:] Astra-Verlag, Leipzig-Wien. [Gericht:] St.A. Leipzig [frei durch Verfügung einer Staatsanwaltschaft] 9. St.A. 1335/28.«

Seite 126: »Schülerin des Sadisten, Die. Privatdruck. [Autor:] E.J.K. Adivec. [Verlag:] – [Gericht:] Sch.G. Leipzig [unbrauchbar zu machen gemäß § 41 R.St.G-B.:] 2. G.G. Av. 27/27. = St.A. I Berlin [unbrauchbar zu machen gemäß § 41 R.St.G-B.:] 1. Unz.M. 5/32 = (II D 7023)«

Bekenntnisse und Erlebnisse erschien zudem in zwei »Buchhandels«-Ausgaben: 1970 in der *Boudoir Bibliothek* des Gala Verlages, Hamburg, herausgegeben von Richard Hagedorn, 371 S. (Neusatz) und 1977, als Reprint der Erstausgabe, in der Reihe Exquisit Bücher des Wilhelm Heyne Verlages, München, 346 S. (1979 in 3. Auflage). 1971 war bei Grove Press, New York, unter dem Titel *Confessions & Experiences* eine Übersetzung ins Amerikanische erschienen, translated from the German by Hugo Gaspari, 383 S.

Die zahlreichen weiteren Nachdrucke, Reprints und Neuauflagen dieses Buches zu bibliographieren, ist nicht leicht, da zumeist auf den Abdruck von Verlags-, Orts- und Jahresangaben gänzlich verzichtet wurde. Eine Auflistung wäre nur beschreibend möglich, etwa anhand von Format, Papier und Ausstattung. Auf eine zweibändige Ausgabe sei abschließend dennoch hingewiesen: LIBERTY/Dänemark, 175 S./184 S.

Die *Bekenntnisse und Erlebnisse* sind in Auszügen unter anderem erschienen in: Gerald and Caroline Green: *S-M: The Last Taboo*, New York, Grove Press, 1973, S. 243-260; Hans Heinz Hahnl (Hg.): *Wiener Lust – Eine Anthologie österreichischer erotischer Literatur*, Wien, Löcker, 1989, S. 317-332; Claudia Gehrke (Hg.): *Purpurmund und Honiglippen – Erotika von Frauen*, Frankfurt/M, Berlin, Ullstein, 1991, S. 165-179 und *Liebhabereien – Ein erotisches Lesebuch*, München, Droemer Knaur, 1991 (Neuauflage 2002), S. 117-133.

Auch von *Eros – der Sinn meines Lebens* wurden mindestens drei »nicht-klandestine« Ausgaben publiziert: 1970 in der *Boudoir Bibliothek* des Gala Verlages, Hamburg, herausgegeben von Richard Hagedorn, 304 S., und 1978, als Reprint der Ausgabe des Gala Verlages, in der Reihe Exquisit Bücher des Wilhelm Heyne Verlages, München, 269 S. (1979 in 2. Auflage). 1969 war bei Grove Press, New York, unter dem Titel *Eros: The Meaning of My Life* eine Übersetzung ins Amerikanische erschienen, translated from the German by Hugo Gaspari, 317 S. (Reprint: New York: Blue Moon Books 1995).

Für die zahlreichen »versteckten« Ausgaben dieses Buches zwei Beispiele: 1989 publizierte der ORION-Verlag, Flensburg, das Buch *Eros – der Sinn meines Lebens* unter dem Titel *Bizarre Lüste* und dem Autorinnennamen Eleonore Caminsky (392 S.). 1994 erschien eine 2. Auflage, dieses Mal jedoch ohne Autorennamen und mit dem Titel *Liebe und Hiebe im Mädchenpensionat.*

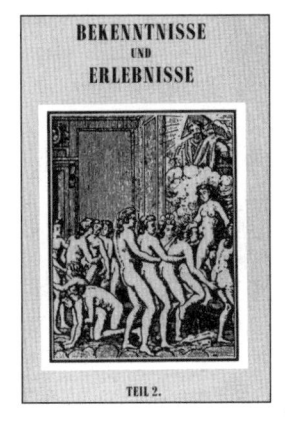

Demnächst erscheint als Privatdruck:

Nur zur Subskription

Edith Cadivec:
EROS DER SINN
MEINES LEBENS